条解刑事诉讼法

——主旨·释评

夏永全 著

西南交通大学出版社
·成 都·

图书在版编目（CIP）数据

条解刑事诉讼法：主旨·释评 / 夏永全著. —成都：西南交通大学出版社，2014.8
ISBN 978-7-5643-3282-2

Ⅰ. ①条… Ⅱ. ①夏… Ⅲ. ①刑事诉讼法－法律解释－中国 Ⅳ. ①D925.205

中国版本图书馆 CIP 数据核字（2014）第 190920 号

条解刑事诉讼法
——主旨·释评

夏永全 著

责任编辑	杨岳峰
助理编辑	赵玉婷
封面设计	墨创文化
出版发行	西南交通大学出版社 （四川省成都市金牛区交大路 146 号）
发行部电话	028-87600564　028-87600533
邮政编码	610031
网　　址	http: //www.xnjdcbs.com
印　　刷	四川川印印刷有限公司
成品尺寸	185 mm×260 mm
印　　张	21.5
字　　数	537 千字
版　　次	2014 年 8 月第 1 版
印　　次	2014 年 8 月第 1 次
书　　号	ISBN 978-7-5643-3282-2
定　　价	48.00 元

从立法论转向解释论

（代序）

本书主要源起于2012年《刑事诉讼法》的再次修正。法律的生命在于适用，而法律正确适用是基于对法律的解释。“法治并非仅仅依靠大量立法就能完结或者实现，它需要通过合法合理的解释，实现合理合法的适用。”[①]法律修订结束后，它们如何适用，应当成为学习、研究的重点。套用张新宝教授的话来说，刑事诉讼法学的使命应当由立法论转向解释论[②]。性质上，本书大致可归入“注释书”之列。目前，有关刑事诉讼法的注释书已有不少，它们各有其优点，但在深度、广度上均有不足之处。“事实上，注释刑事诉讼法学、规范刑事诉讼法学的研究能够直接产出解决中国问题、推进中国法治进步的知识产品，是立法者撰写法律条文、执法者严格执法、司法者依法作出判决的直接根据，理应成为刑事诉讼法学者必须加以熟练掌握的基本方法。”[③]立足于这一点，笔者撰写本书，旨在为不同读者研习刑事诉讼法提供一些素材。

一、刑事诉讼法解释的特殊性与重要性

大概少有人会否认法律解释的重要性，不过，法律解释在不同法律部门中的境遇，却犹如“冰火两重天”：民法解释与刑法解释在相关学者大力推动下，如日中天，产生了一系列重要成果，对实践影响巨大。然而，（刑事）诉讼法中的解释问题却长期不受重视，除个别学者外，大部分人似乎对此不够重视。这种情况在“重实体、轻程序”传统下看似正常，其背后实则隐藏着实体法与诉讼法相互隔绝的危机。我们知道，案件是作为一个整体而存在的，诉讼法与实体法实际上犹如一车之两轮，一鸟之两翼，须臾不可分离。从法理上看，诉讼法的适用与实体法当然有共性，比如，一样有适用者在事实与法律之间的“往返流转”；不过，相比较而言，二者却区别甚大。可以说，诉讼法适用的主要目的并非定纷止争，而是一种针对有关主体（在刑事诉讼程序中主要是公权力机关）的行为规范，其目标总是指向下一步。如果再考虑到诉讼程序结构本身的复杂性[④]，以及是否存在司法审查等因素，应当承认，诉讼法确实与实体法有着截然不同的面相。由此，诉讼法解释论实际上与实体法解释论不可“等而视之”，唯有认真对待，方能挖掘出其真实意蕴。特别是，2012年《刑事诉讼法》虽对许多规则进行了修正，并增设了不少内容，但仍旧有许多条文“毫发未损”地保留了下来，对“新旧混杂”的法律如何理解与适用疑问颇多。这样，刑事诉讼法解释论应当是“大有可为”，并且“必有可为”。

---

① 高秦伟：《行政法规范解释论》，中国人民大学出版社2008年版，第4页。

② 张新宝：《侵权责任法学：从立法论到解释论的转变》，载《中国人民大学学报》2010年第4期，第1页。当然，转向并不意味着立法论与解释论再无关联，实际上，二者是相辅相成的。

③ 陈卫东：《从刑诉法修改看刑诉法学研究方法的转型》，载《法学研究》2012年第5期，第14页。

④ 比如刑事审判前程序与审判程序的不同特质、利益主体的多元化等，均远胜于刑事实体法。

二、基本立场

笔者认为，在刑事诉讼法解释的问题上，一个必须坚守的基本立场就是“尊重法律，善待法律”。在我国，法律规定过于原则、精细化程度不够是事实，由此，法律也成为各方经常讨伐、指责的对象，不少人更是动辄提出要求修改法律。然而，“即便如很多人所愿，刑事诉讼法经过再次修改后终于形成了相对完善的体例和内容，仍然会因为成文法的固有局限而出现适用上的困扰，届时学者们必然又会制造出大量要求修改、完善新刑事诉讼法的舆论呼声”[①]。实际上，“从司法运作的机理分析，法律的规定过于原则，未必会导致法律实施受阻，许多问题可以通过实施中的解释机制得以弥合”[②]。就理论研究而言，尊重法律、善待法律是必须坚守的底限，因为“法学者为法学上之认识，不在批评法律或其他实证法之是否对错，而系将法律当成一个权威的命题，兹为解决实际问题之基础。……法学者应认法律具有权威，有拘束性，不得任意加以修改。换言之，法学者应以法律规定为前提，并就此导引出解决实际社会问题的法律见解，俾法律知识或法律见解得以体系化，成为一有体系的学科或知识”[③]。一言以蔽之，“我们既然信仰法律，就不要随意批判法律，不要随意主张修改法律，而应当对法律进行合理的解释，将‘不理想’的法律条文解释为理想的法律规定”[④]。

三、基本方法

刑事诉讼法解释论的核心在于解释方法，具体解释结论是否合理，与解释方法是否正确息息相关。“事实上，法律解释方法不仅有利于解释结论的证立，使其结果能够经受得住正义、理性与目的论的考验，而且还可以在可能的范围内克服法律解释所附有的主观随意性，使其过程和结论尽量客观化。”[⑤]法律解释方法有多种，由于标准不同，其在分类以及称谓上也是五花八门。笔者认为，从解释手段看，文义解释、体系解释、目的解释和历史（社会）解释是较为基本和常用的方法[⑥]。

（一）文义解释

法律既由文字组成，因此，“法律解释首先是从法律条文的词义出发的，借助一般的习惯用语和技术性法学用语来了解条文的词义。这种解释倾向于借助词的各种含义作为固定的范围来操作，它是法学最古老的方法”[⑦]。法律人在面对法律文本时，总是怀揣着对语词的惯常理解而开始阅读，只有依一般语义无法得出结论，或是结论不合理时，方才转而求助于其他解释方法。

运用文义解释方法，无可回避的一个问题是，法条文义究竟是一种客观存在（客观解释论），还是有所谓“立法原义”（主观解释论）？对此，理论上长期存在争议。应当承认，不管是客观解释论，抑或主观解释论，它们均各有优缺点。在笔者看来，过度强调客观解释与主观解释之间的对立，并且试图分个“你死我活”，于实践并无助益。因为“理解一直同时是客观的和主观的，理解者带着客观与主观进入‘理解视界’，他不是纯消极地反映要被理解的

---

① 万毅：《刑事诉讼法解释论》，载《中国法学》2007年第2期，第82页。
② 杨伟东：《权力结构中的行政诉讼》，北京大学出版社2008年版，第195页。
③ 杨仁寿：《法学方法论》（第二版），中国政法大学出版社2013年版，第53页。
④ 张明楷：《刑法格言的展开》，法律出版社1999年版，第3页。
⑤ 吴学斌：《刑法适用方法的基本准则——构成要件符合性判断研究》，中国人民公安大学出版社2008年版，第125页。
⑥ 为节约篇幅，各种解释方法下本该有的例证均从略。
⑦ [德]H. 科殷：《法哲学》，林荣远译，华夏出版社2002年版，第211页。

现象，而是构建被理解的现象。易言之，他不是简单地按照法律对案件进行推论，自己完全置身于这个进程之外，而是在那个所谓‘法律适用’中，发挥着积极的创建作用”[①]。也即，文义解释，或者说整个解释活动，就是在作者、文本与读者之间寻求“视域融合”的过程。

（二）体系解释

所谓体系解释，是根据《刑事诉讼法》条文在整个刑事诉讼法中的地位，即依其编、章、节、条、款、项的前后关系位置，联系相关法条的含义，阐明法律用语意旨的解释方法。体系解释的目的在于避免断章取义，以维护刑事诉讼法的完整流畅和适用上的统一性。[②]换言之，在体系解释中，并不是单独地孤立观察某个法律规范，而是要观察这个规范与其他规范的关联；这个法律规范和其他的规范，都是共同被规定在某个特定法领域中，就此而言，它们共同形成了一个“体系”[③]。对刑事诉讼法进行体系解释，从形式上讲是文本逻辑的要求，从实质上讲则是程序正义的要求。《刑事诉讼法》中需要运用体系解释的地方很多，其不仅有具体语词含义的确定；而且更涉及制度整体方面的考量。实际上，“每个具体的制度和程序的实施，都需要其他相关制度、程序的支持；否则，一个孤立的制度或程序，即使本身设计得十分完美，也往往因缺乏配套制度和程序而难以得到有效执行”[④]。当然，需要指出，根据哲学上普遍联系的原理，任何事物之间都可能存在某种关联，由此，所谓体系可能无限扩展，而这，显然不利于具体法律实践活动开展；所以，“体系”本身需要选定一定边界。基于实用性和有效性的考虑，本书以国内成文法作为体系解释的最大界限。

（三）目的解释

所谓目的解释，是指根据刑事诉讼法律规范的目的，阐明刑事诉讼法条文真实含义的解释方法。[⑤]前已提及，解释既是主观的，也是客观的，鉴于目的本身具有复杂性，这里需要对目的解释方法中的“目的”进行限制，否则就容易产生混淆而使其失去意义。应当看到，“目的解释方法中的目的是法律解释中的一个因素，它与法律解释的其他因素并列，是法官等据以解释法律的一种依据。这里的目的既包括人的各种目的，也包括制定法创制时的目的、当代人的目的、立法者的目的、司法者的目的等。当然，最后能成为法律解释根据的目的，是表现在法律文本中的法律目的，或经过选择论证能够被大众，起码是被职业法律群体所接受的目的”[⑥]。

（四）历史（社会）解释

法律作为一种客观现象，总是特定历史和社会的产物，在解释刑事诉讼法时，有时就需要从这些背景性要素发掘出有价值的资料。历史（社会）解释方法主要应考虑以下三种情况：一是立法的一般历史背景；二是该项法律的制定过程；三是同一项法律的修改过程或发展史[⑦]。例如，对我们来说，研习刑事诉讼法，自然绕不开中国自1979年以来的巨大社会变迁，迄今为止的三部《刑事诉讼法》，无不深深打上了特定时代的烙印，如果离开这个背景，可能就无法理解法律文本中一些表述的由来，以及具体制度设计的根据。但是，历史解释并非是就要

① [德]阿尔图·考夫曼、温弗里德·哈斯默尔：《当代法哲学和法律理论导论》，郑永流译，法律出版社2002年版，第145页。

② 万毅：《刑事诉讼法解释论》，载《中国法学》2007年第2期，第88页。当然，有时候也会参考其他法律规定，这样，“体系”实际上已经扩展到一国之内的整个法律体系了。

③ [德]英格博格·普珀：《法学思维小学堂——法律人的6堂思维训练课》，蔡圣伟译，北京大学出版社2011年版，56页。

④ 宋英辉：《刑事诉讼法修改问题研究》，中国人民公安大学出版社2007年版，第9页。

⑤ 万毅：《刑事诉讼法解释论》，载《中国法学》2007年第2期，第90页。

⑥ 陈金钊：《目的解释方法及其意义》，载《法律科学》2004年第5期，第40页。

⑦ 有关具体分析参见蒋惠岭：《历史解释法在司法裁判中的应用》，载《法律适用》2002年第11期，第38-40页。

探寻所谓“立法原义”，因为其可能根本不存在，或者难以确定，历史解释的出发点在于考察法律制定的特定历史、社会语境，而这，显然是一个动态过程。正如德国学者拉德布鲁赫所言，法学阐释要努力探究的意志，不是一种曾想过的观念，它是处在不断发展中的，一种终结了的历史事实；它回答具有新意义的，改变了的时代关系所提出的法律需要和法律问题，而对于这种意义，法律起草人根本不知道。[①]

（五）各种解释方法的位阶

在进行具体解释活动时，上述解释方法（当然也包括其他方法）是否存在一定位阶（优先性）关系？对此，理论上存在不同看法。有人主张，各种解释方法应大致遵循一定的先后顺序；有人则不承认有此解释规则存在；也有人持折中观点，既不认为各种解释方法之间有一种固定不变的位阶关系，也不认为解释者可以任意选择一种解释方法[②]。应当说，上述观点均有相当说服力，相比较而言，笔者更倾向于第一种观点，即各种解释方法之间存在一定位阶关系，但认为这种位阶关系不具有绝对性。这是因为，从人们认识事物的思维逻辑过程看，首先都需要运用文义解释，如果无法得出妥当结论，才会转而寻求其他解释方法，至于具体会运用哪些方法，会因案件情境不同而有所区别。并且，文义解释对其他解释方法还具有基础性作用。“因为所有的解释都是对于一个制定法的文本所为，所以解释必须要从字面上的解释（所谓的文理解释）开始。只有从法条的文义出发，才能够描述解释问题，才能确定法律的体系位置或目的。”[③]尽管得出某种结论，可能只运用了其中一种或几种方法，也不意味着其他方法就完全无“用武之地”，实际上，其他方法往往可以从不同层面对解释结论是否合理予以验证，由此可以说，这些解释方法之间是一种相互影响的关系，甚至是循环影响关系，任何一种方法都无法完全独立存在。比如，虽然文义是解释的起点，然而文义的确定，怎么能够脱离被解释文本的上下文位置，而孤立进行呢？又如，运用目的解释时，就无法超越文义“射程”，否则其解释结论会缺乏公众认同的基础。

四、本书结构与使用方法

本书既以“条解”为名，在结构上自然是按照法律文本顺序展开；同时，在每一条文下，分设【主旨】与【释评】两部分。其中，【主旨】是对条文主要内容的归纳，【释评】则是对条文内容的解释和评析。另外，考虑到读者的不同需要，在每一编、章处，均设有若干概述，既对应相应内容总结，也有适当评析、展望。因此本书若作为教学参考，配合有关教材使用可能效果更佳；若是其他，则读者可根据自身情况各取所需。

需要说明的是，因各个条文重要程度以及实践意义有别，故此有关释评也存在详略之分：多者几近万言，而少者仅寥寥数语。写作时，笔者并非简单地“就事论事”，而是把多年研习所得融入其中，力图运用法律解释学的基本原理和方法，将法条背后的道理讲得透一些，尽可能对有关制度的“为什么”，以及“怎么办”提出自己的理解。最后必须坦承的是，限于时间与功底，书中纰漏之处在所难免，恳请读者不吝赐教。笔者电子邮箱为：yongquanc@tom.com。

夏永全

二零一四年三月于西华大学

① [德]拉德布鲁赫：《法学导论》，米健、朱林译，中国大百科全书出版社 1997 年版，第 170 页。
② 陈金钊：《法律方法论》，北京大学出版社 2013 年版，第 134-135 页。
③ [德]英格博格·普珀：《法学思维小学堂——法律人的 6 堂思维训练课》，蔡圣伟译，北京大学出版社 2011 年版，80 页。

本书所用主要相关规定及其简称

全　称	简　称
《中华人民共和国刑事诉讼法》（2012.3.14）	本法
《最高人民法院、最高人民检察院、公安部、国家安全部、司法部、全国人大常委会法制工作委员会〈关于实施刑事诉讼法若干问题的规定〉》（2012.12.26）	《六机关规定》
《最高人民法院关于适用〈中华人民共和国刑事诉讼法〉的解释》（2012.12.20）	《解释》
《人民检察院刑事诉讼规则（试行）》（2012.10.16）	《诉讼规则（试行）》
《公安机关办理刑事案件程序规定》（2012.12.13）	《程序规定》

目　录

第一编 总 则

在大陆法系中，自《德国民法典》首创总则、分则、附则的立法体例后，因其独有的特点而对后世影响极大。我国刑事诉讼立法从拟定之时起，即采用了该体例，并保留至今。从立法技术和立法原理上讲，总则部分是整部法典“一以贯之”的灵魂和核心，是对法典根本性内容的概括和综合。它由法典分则的实际材料提炼升华而成，源于分则又高于分则。[①]

① 封丽霞：《法典编纂论——一个比较法的视角》，清华大学出版社2002年版，第322页。

第一章　任务和基本原则

本章所规定的刑事诉讼法的立法目的、任务以及基本原则大都属于宏观层面之内容，其对刑事诉讼程序规则的构建，以及程序运作具有巨大影响。虽然许多条文的规范性较弱，实践中难以直接适用，但并不能因此否认它们在人们理解和适用具体规范时的作用（影响）。本章中重要者有二：

首先，需要注意所谓“刑事诉讼基本原则”的范围问题，本章中名为“原则”的规定不少，它们实际上并不见得都是“原则”，有的明显属于规则或者制度范畴，有的则明显与刑事诉讼活动无甚关联，或者属于政治性原则，称其为刑事诉讼基本原则并不合理。而很多国际通行的原则，我国并未加以规定，比如不告不理、职权追诉等，但这并不意味着我国就没有这些原则。[①]其次，刑事诉讼基本原则需要结合本法其他规定，甚至其他层次的规定，从体系上全面理解，否则，仅从字面意思出发，就容易出现一些误解，比如两审终审制的适用范围，公安司法机关对被追诉人辩护权的保护职责，等等。

第一条　为了保证刑法的正确实施，惩罚犯罪，保护人民，保障国家安全和社会公共安全，维护社会主义社会秩序，根据宪法，制定本法。

【主旨】本条规定了刑事诉讼法制定的目的与根据。

【释评】本条自1996年有所修改后，本次修法未作改动。

（一）刑事诉讼法的工具性价值

本条开宗明义，制定刑事诉讼法的目的是为了保证刑法正确实施，即强调了刑事诉讼法的工具性价值，这无疑是正确的。因为刑事诉讼法作为诉讼法，不能凭空展开，当然需要有实体内容作为依托。但是，据此并不能否认刑事诉讼法自身所具有的独立价值。按照德国学者的看法，“刑法与刑事诉讼法的结构功能是不分轩轾的重要的，刑法条文之规定，只有当其能在程序中得以贯彻施行时，才能在实务上显现其功效。反之，如果没有设计良好的实体刑法与之搭配，也无法成就一种令人满意的诉讼规则。”[②]然而，这一点在本法中却并未得到充分体现，结合本条以及下一条有关刑事诉讼法任务之规定可以发现，不管是惩罚犯罪也好，保障无罪的人不受刑事追究也好，其实质还是保证刑法规定在刑事诉讼活动的最终结果中得到体现，也就是说，结果的正确性和公正性是被放在第一位的。

（二）“惩罚犯罪，保护人民”

这一表述很常见，但理解时应注意，落脚到诉讼法层面，法律能够惩罚的不是犯罪，而

---

① 其中一些评论可参见易延友：《刑事诉讼法》（第二版），法律出版社2004年版，第103-106页。

② [德]克劳思·罗科信：《刑事诉讼法》（第24版），吴丽琪译，法律出版社2003年版，第8-9页。

是犯罪分子[1]。最近有学者提出，可以把惩罚改为“控制”[2]，这个观点值得重视。另外，把“人民”与“犯罪”对应，在语词上显得不太妥当。

（三）制定根据

在解释“根据宪法，制定本法”时，人们一般都要引用《中华人民共和国宪法》中有关司法体制、公民基本权利等规范，来论证刑事诉讼法制定的宪法依据，试图为其寻找合法性根据。因为宪法是国家的根本大法，具有最高的法律效力，制定法律、行政法规以及地方性法规，都将以宪法为根据，不得与宪法的规定相违背。制定刑事诉讼法也必须以宪法为根据。[3]然而，在我国刑事诉讼法学研究中，这种关系却往往被简单化处理，没有深入下去。[4]笔者认为，制定刑事诉讼法当然有其宪法上的依据，但这主要还是从立法权限上来讲的，而事实上，刑事诉讼法中的诸多具体制度，甚至是非常重大的制度，却并不一定，也不可能在宪法中都有明确规定，譬如本法第十三条中的人民陪审员制度便是明证。同时，由于各种原因，宪法规范目前在司法活动中基本上还难以直接适用，这是我们未来需认真面对的问题。

（四）刑事诉讼的目的

本条明确提出了制定刑事诉讼法的目的，而制定刑事诉讼法的目的，基本上又可以等同于“刑事诉讼法的目的”，而因为刑事诉讼法的主要内容是规定国家机关如何依照程式追究犯罪，其大致又可以替换为“刑事诉讼（活动）的目的”。

“刑事诉讼目的论”是刑事诉讼法学的基础理论之一，目的论的重要性表现在，“无论刑事诉讼哪个阶段的设计理念，几乎都与刑事诉讼法的目的息息相关，并且，许多刑事诉讼的争议问题，往往必须回溯其根本目的及相互冲突时的解决途径”[5]。具体而言，因为刑事诉讼的目的不同，必然带来诉讼结构，乃至法律解释上的差异，比如在证据可采性问题上，如果诉讼的目的是发现事实真相，而不是，比如说使犯罪人回归社会，人们就希望证据的采用更加自由[6]。由于各国历史文化传统不同、制度发展脉络不同，对刑事诉讼目的的认识也不尽一致。目前，我国刑事诉讼法学界的主流学说，基本上都把刑事诉讼的目的界定为，“以观念形式表达的国家进行刑事诉讼所要期望达到的目标，是统治者按照自己的需要和基于对刑事及其对象固有属性的认识预先设计的关于刑事诉讼活动的理想模式”[7]。简言之，刑事诉讼的目的就是“国家进行刑事诉讼的目的”，据此，我国学者一般都把刑事诉讼的目的概括为“惩罚（控制）犯罪和保障人权”两个方面。[8]

笔者认为，由于目的本身就具有主观性（主体性），学理上先入为主地就认为，刑事诉讼的目的只能是“国家目的”明显缺乏合理性。从微观层面看，刑事诉讼是一个多向利益集合

---

① 本法第二条即提到刑事诉讼法的任务之一是“惩罚犯罪分子”。
② 冀祥德：《最新刑事诉讼法释评》，中国政法大学出版社 2012 年版，第 1 页。
③ 胡康生、李福成：《〈中华人民共和国刑事诉讼法〉释义》，法律出版社 1996 年版，第 2 页。这种理解可谓影响巨大，以致耳熟能详。
④ 林劲松：《刑事诉讼法与宪法关系研究之不足》，载徐静村：《刑事诉讼法前沿研究》（第一卷），中国检察出版社 2003 年版，第 19 页。
⑤ 林钰雄：《刑事诉讼法》（上编），中国人民大学出版社 2005 年版，第 6 页。
⑥ [德]托马斯·魏根特：《德国刑事诉讼程序》，岳礼玲、温小洁译，中国政法大学出版社 2004 年版，第 13 页。
⑦ 宋英辉：《刑事诉讼目的论》，中国人民公安大学出版社 1995 年版，第 3 页。
⑧ 当然还有所谓直接目的和根本目的之分。参见宋英辉、甄贞主编：《刑事诉讼法学》（第四版），中国人民大学出版社 2013 年版，第 20-21 页。陈光中、徐静村主编：《刑事诉讼法学》（第四版），中国政法大学出版社 2010 年版，第 36-37 页。

场，控辩审三方各有自己不同的诉讼利益和立场，由此决定了他们进行刑事诉讼的目的也各不相同。当我们抛开各利益主体的诉讼追求而笼统讲刑事诉讼目的时，这个目的就必须具有包容性，能够涵盖刑事诉讼这个利益场中的各种情况[①]。显然，上述以国家为本位的目的论无法合理解释实践，实际上，控制犯罪与人权保障都无法独立成为刑事诉讼的目的；控辩审三方的不同立场和职能决定了如果二者并存，则势必取消其中一方主体参加诉讼的基础。比如，若将犯罪控制或实体真实主义视作刑事诉讼目的的话，那就意味着不仅是侦诉方、审判方，而且是辩护方也要以此为目的。照此推论下去，那岂不是说辩护方参与刑事诉讼的目的就是为了配合国家机关查明案件事实，将己方的被告人绳之以法？法院进行刑事诉讼的目的就是为了打击犯罪、控制犯罪？当控辩审三方全站到了与国家同一个立场上时，诉讼还有必要进行吗？若将正当程序或人权保障作为刑事诉讼的目的，也会遇到同样的问题，那就是将保障人权也当成了侦诉方进行刑事诉讼的目的。如果侦诉方进行刑事诉讼旨在追求对人权尤其是犯罪嫌疑人、被告人权利的保障，那又何必要去侦查、控诉犯罪呢?不追查、不指控犯罪嫌疑人、被告人，岂不是对其人权的最好保障[②]？从实践立场出发，"诉讼目的中最表面的目的就是解决刑事案件，这也是诉讼法的要求。因为单纯追求真实或者实现正义本身并没有意义，只有解决该具体案件，诉讼制度最终才有意义"[③]。换言之，解决纠纷就是我们所能直观感受到的诉讼目的，我国传统理论中提出的"控制犯罪和保障人权（另一种说法就是实体真实和正当程序）"虽然具有相当的意义，却存在很大缺陷。双重目的论的一个最为突出的特点，就是围绕国家与被告人之间的关系展开，其设定所考虑的亦局限于"国家/被告人"关系下作为追诉者的控方和作为被追诉者的被告人的需要，而几乎不怎么关注"被害人/加害人"纠纷关系下被害人以及加害人的需要。也就是说，控制犯罪和保障人权这样的刑事诉讼目的，不仅本身有等同于控辩双方目的的危险，而且因为没有关照作为法定的刑事诉讼主体——被害人以及"被害人/加害人"纠纷关系视角下双方的需要而不具有正当性[④]。因此，双重目的论难以成为指导刑事诉讼规则适用的理念基础。当然，在纠纷解决目的论下，并非是要扬弃上述双重目的论中的合理内核，而是强调在正当程序指引下，查明案件事实真相，解决刑事纠纷。

第二条　中华人民共和国刑事诉讼法的任务，是保证准确、及时地查明犯罪事实，正确应用法律，惩罚犯罪分子，保障无罪的人不受刑事追究，教育公民自觉遵守法律，积极同犯罪行为作斗争，维护社会主义法制，尊重和保障人权，保护公民的人身权利、财产权利、民主权利和其他权利，保障社会主义建设事业的顺利进行。

【主旨】本条规定了刑事诉讼法的任务。

【释评】本次修法在1996年法律规定基础上，新增了"尊重和保障人权"的表述。

（一）刑事诉讼法的任务

本条字面意思比较简单。[⑤]在解释上，我国学者一般是从所谓直接任务，重要任务、总（根本）任务等角度，将其分解后予以阐释[⑥]。本条重心显然在于正确有效地惩罚犯罪分子。按照

① ② 梁玉霞：《论刑事诉讼方式的正当性》，中国法制出版社2002年版，第62页，第63页。
③ [日]田口守一：《刑事诉讼的目的》，张凌、于秀峰译，中国政法大学出版社2011年版，第41页。
④ 肖仕卫：《纠纷解决——一种新的刑事诉讼目的观》，载《中国刑事法杂志》2010年第9期，第51页。
⑤ 它又是一条具有鲜明中国特色的规定，具有中国生活经验者理解起来应当没有什么困难。不过，要在学理上把它解释清楚恐怕不那么容易。
⑥ 陈光中：《刑事诉讼法》（第五版），北京大学出版社、高等教育出版社2013年版，第20-22页。

立法机关人士的理解：在查明犯罪事实上，“准确”和“及时”都很重要，但“准确”是核心，即对犯罪的事实认定应准确，对实施犯罪行为的人要查准，不能把事实认定错了，冤枉好人。如果搞错了，再及时也是没有意义的，“及时”应当建立在“准确”的基础上。但“及时”也很重要，如果时间拖得很长，时过境迁，就很难收集证据，不利于查清犯罪事实。[①]本条其余部分基本上都围绕这一目的展开。比如，实际上所谓“保障无罪的人不受刑事追究”，不过是“准确”惩罚犯罪的另一种提法，因为惩罚犯罪能够做到准确无误本身就意味着不枉不纵，无罪的人会因国家准确惩罚犯罪享受其反射性的利益[②]。

本条中，“尊重和保障人权”应当全面理解。首先，这一规定有其积极意义，因为在后继的制度构建中，新法基本上也是朝这个方向在努力，所以不能忽略其进步性。保护人权是宪法中非常重要的法律理念，《刑事诉讼法》的修改则充分体现了这一重要理念，在惩治犯罪和保护人权的关系方面处理得较之以前有明显进步。修正后的新法将“尊重和保障人权”写入总则第二条，突出了保障基本人权在刑事诉讼程序中的重要性，并在多项具体规定中贯彻了这一原则。这在理解和适用《刑事诉讼法》方面起到了航标的作用。按照陈卫东教授的看法：“如果说中国刑事司法制度落后于国际标准，关键就在于人权保障水平不高，这也是西方国家攻击中国的主要口实。而目前，保障人权已写入法律，而且，围绕这样一种任务，后续章节中做了详细规定，这大大提升了‘进步’的含金量。”[③]著名律师陈有西先生也认为：从长远来看，这将根本上改变过去“打击为主、保护为辅”的阶级斗争和专政观念基础上所产生的《刑事诉讼法》指导思想，长期影响下去，能够从根本上改变侦查、起诉和审判观念。[④]但是，我们也不能过分拔高这一修正的积极意义而忽略其他方面的问题。尽管“尊重和保障人权”被明定为刑事诉讼法的任务（之一），后继制度也多是按照权利理论的逻辑展开，但由于该法的立法宗旨（目的）依然是“惩罚犯罪，保护人民”[⑤]，在具体案件办理过程中，有可能会偏重于惩罚一些。当然，这可能是社会发展过程中必然要付出的代价。

（二）法律任务条款的理论探讨

一个值得注意的现象是，我国法律体系中，规定了任务条款的法律很少。除本法外，《民事诉讼法》（1991，2007，2012）明确规定了该法律的任务（第二条），而《行政诉讼法》（1989）中则没有。《仲裁法》（1994，2009）中也没有。实体法中，《刑法》（1997，1999，2001，2002，2005，2006，2009，2011）中有（第二条），《民法通则》（1986）中没有，《合同法》（1999）中没有，《物权法》（2007）中没有，《侵权责任法》（2010）中还是没有。《行政处罚法》（1996）中没有，《治安管理处罚法》（2006）中没有，《行政强制法》（2011）中也没有。由于明确规定了“任务”的法律非常少，我们有必要探究一下，是否只有两大诉讼法才有任务，其他法律就没有？若这是个有意义的范畴，为何如此长的时间跨度内，大量的法律中都没有提及？

对此问题，可能有两个解释进路：一是不同时期的立法者认识不同，二是法律的特性不同。笔者认为，这两者都难以成立。就第一点而言，同一届任期的立法机关在其许多立法中

---

① 胡康生、李福成：《<中华人民共和国刑事诉讼法>释义》，法律出版社 1996 年版，第 2 页。
② 陈瑞华：《刑事诉讼的前沿问题》，中国人民大学出版社 2000 年版，第 101 页。
③ 韩玮：《<刑事诉讼法>“二次变法”》，载《时代周报》172 期，3-18，http：//time-weekly.com/story/2012-03-15/122754.html，2012。
④ 陈有西：《<刑诉法>有限度进步也值得期待》，3-20，载 http：//chenyouxi2011.blog.163.com/blog/static/20285307920122543826580/，2012。
⑤ 本法第一条之规定，本次修法对该条没有涉及。

均无此等表述，因此所谓“主体认识差异”不足以解释这个问题。就第二点而言，前已提及，长时间、大规模的立法中都没有这样的表述，如果法律任务条款真的重要，为什么仅仅在极个别法律中才出现，这明显与其地位不符。通过对现行法律体系的初步考察，笔者认为，这一规定主要是受特定历史时期的社会环境影响所致。一个显而易见的事实是，明确规定了法律任务条款的三部法律，都发端于“文化大革命”之后，立法工作正式启动初期，法律作为社会生活的调节器，不可能不受到当时社会历史环境的影响。比如《刑事诉讼法》和《刑法》均为1979年制定，对于我国这样一个具有浓厚重视刑法、刑罚传统的国家而言，在经历浩劫之后立即着手起草的法律中，开宗明义的规定其任务具有异乎寻常的意义。而《民事诉讼法》最早于1982年开始试行，其与“两刑”法律的制定颁行几乎同步，存在法律任务的表述完全顺理成章。但是，随后制定的所有法律中都没有了这样的条款，笔者以为，这一带有较强“拟人色彩”的条款的消逝，是社会变迁必然结果。法律任务条款的“失踪”，其实意味着法律“规范性”的回归。

另外，在刑事诉讼法的任务与“刑事诉讼目的”之间的关系上，我国刑事诉讼法理论存在不少含混之处。人们一般都理解为二者密不可分。比如有学者就认为：刑事诉讼法的任务与制定目的密切相连，制定目的源于立法者动机，着眼宏观，而任务则描述刑事诉讼法负担的使命，是制定目的具体化和扩展[①]。有人则进一步提出：刑事诉讼法的任务是刑事诉讼的目的引申出来并为目的服务的。履行刑事诉讼任务，主要是为了达到刑事诉讼的预定目的。刑事诉讼任务由刑事诉讼目的决定，前者以后者为设定自身内容的依据，两者在根本上具有一致性[②]。这样一来，就可能让人产生对二者区分标准、意义的疑问。

第三条　对刑事案件的侦查、拘留、执行逮捕、预审，由公安机关负责。检察、批准逮捕、检察机关直接受理的案件的侦查、提起公诉，由人民检察院负责。审判由人民法院负责。除法律特别规定的以外，其他任何机关、团体和个人都无权行使这些权力。

人民法院、人民检察院和公安机关进行刑事诉讼，必须严格遵守本法和其他法律的有关规定。

【主旨】本条规定了刑事诉讼中的职权原则和程序法定原则。

【释评】本条勾勒了中国刑事诉讼程序中的基本面貌，对公安司法机关在刑事诉讼程序中的职权范围进行了规定，其重要性不言而喻。鉴于公安司法机关的具体职权后面还有具体规定，此处从略。本条中值得注意的问题有二：

（一）法律特别规定的具体范围

所谓法律特别规定，这里主要指的是国家安全机关、军队保卫部门、监狱根据法律[③]的授权，行使刑事诉讼程序中的部分国家侦查权力，即对侦查权有例外规定，但是一定要注意，法律对检察权和审判权没有任何例外规定[④]。另外，该条实际上也特别提醒我们，法律所禁止的是其他机关行使刑事诉讼法上的这些权力。这里的关键点在于，如何判断其他机关是否行使了上述权力？如果仅从形式考察，比如不具备相应职务、身份，没有出示相关证件，等等，便可能会遗漏一些事实上对相对人产生了与运用刑事诉讼法上的措施相同或相似效果的情

① 龙宗智、杨建广：《刑事诉讼法》（第四版），高等教育出版社2012年版，第29页。
② 张建伟：《刑事诉讼法通义》，清华大学出版社2007年版，第49页。
③ 本法第四条、第二百九十条，以及其他相关规定。
④ 陈卫东：《刑事诉讼法》（第三版），中国人民大学出版社2012年版，第59页。

况。比如，行政监察机构和党的纪检机关对党员采取的一些措施（“两指”“两规”或“双规”），其属性在定位上可能会产生争议。对此，有学者就认为，“两指”“两规”虽然不是由刑事诉讼法规定，但是在实践中适用非常广泛，而且实际上也是用于实现刑事诉讼之目标，因此在事实上构成刑事诉讼法以外的一种独立的强制措施，只不过其特征在于，采取此种强制措施的机关不是公检法机关，而是政府行政监察机关和党的纪律检查机关①。

（二）程序法定原则

本条第二款之规定，在学理上往往是与所谓“程序法定原则”联系在一起的。程序法定原则不仅为法治国家所广泛认可，而且已经成为国际人权法上的一条基本准则。法国、德国、意大利、日本等国立法中均对此予以确认，同时，《公民权利与政治权利国际公约》以及《欧洲人权公约》中也有相关规定。确立刑事程序法定原则，对于防止司法专横，保障公民的基本人权，从而公正合理地实现刑事诉讼的任务具有重要意义。②本条强调公权力机关应当遵守法律规定无疑是对的，但没有规定其违法行为的后果，这就很可能会影响其实施效果。因此在理论上，本条可以再追加理解为：“如有违反，除法律有特别规定外，其行为一律无效。”

第四条　国家安全机关依照法律规定，办理危害国家安全的刑事案件，行使与公安机关相同的职权。

【主旨】本条规定了国家安全机关的职权。

【释评】本条与第三条相照应，解决了国家安全机关的刑事诉讼主体资格问题。国家安全机关建立的时间不长，1996 年法律明确了其在刑事诉讼程序中的地位。由于社会情况没有变化，该条法律就继续保留下来了。本条的立法理由可能在于，国家安全机关的职权和地位很重要，由于没有必要在后继具体诉讼程序中，每一条都提及国家安全机关，所以将其放置在总则部分。

第五条　人民法院依照法律规定独立行使审判权，人民检察院依照法律规定独立行使检察权，不受行政机关、社会团体和个人的干涉。

【主旨】本条明确了人民法院与人民检察院在刑事诉讼中应依法独立行使职权。

【释评】本条是 1996 年修法时新增，其源于宪法以及相关组织法的规定，本次修法未作修改。

（一）独立行使职权的理解

由于法律强调的是作为组织整体的人民法院和人民检察院独立，而不是法官和检察官个人独立。所以，法院院长和审判委员会，检察长和检察委员会对具体案件的审判、检察工作，提出意见或做出决定，不是干涉独立行使审判权、检察权，而是贯彻民主集中制原则的体现，是保证独立正确行使审判权、检察权的必要条件。同时，“两院”独立行使职权的前提是依法，即有法律根据。

（二）不受干涉

对检法两家依法行使职权与不受行政机关、社会团体和个人的干涉之间的关系应当全面理解。最重要的是，不能依反对解释，认为其他机构或人员就当然有权干涉。

---

① 易延友：《刑事诉讼法》（第二版），法律出版社 2004 年版，第 204-205 页。

② 徐静村：《刑事诉讼法学》（第三版）（上），法律出版社 2004 年版，第 121-123 页。

坚持中国共产党的领导是个基本原则；但是在刑事诉讼中，党对司法工作的领导只能是政策上、组织上和思想上的领导，党组织不得替代专门机关的工作，也不得随心所欲地干预具体的司法工作，更不能包办具体案件。在这个问题上，张新宝教授指出：党对司法审判的领导是党委领导，是严格依据程序的领导，不是个人的干预，党的领导不是对个案的具体干涉，因此以党委会甚至常委会的决议形式否决法院已经生效的判决，或者以党委的名义干涉个案的司法判决的做法都是违反宪法、法律和党章的①。同时，人大对“两院”工作的监督，主要是通过听取和审议“两院”专项工作报告、执法检查等形式进行，人大同样不享有对具体案件的直接处理权。

第六条　人民法院、人民检察院和公安机关进行刑事诉讼，必须依靠群众，必须以事实为根据，以法律为准绳。对于一切公民，在适用法律上一律平等，在法律面前，不允许有任何特权。

【主旨】本条系对公安司法机关工作方针的规定。

【释评】本条自 1979 年入法以来至今未变。本条属于适用法律方面的要求，其义务主体主要是刑事诉讼程序中的国家机关及其工作人员。笔者认为，这些规定的宣示性较强，其字面意思已经深入人心，限于主旨和篇幅，这里就不再展开讨论了。

第七条　人民法院、人民检察院和公安机关进行刑事诉讼，应当分工负责，互相配合，互相制约，以保证准确有效地执行法律。

【主旨】本条规定的是刑事诉讼程序中公安司法机关之间的关系。

【释评】本条自 1979 年入法以来至今未变，其确定了公安司法机关之间的基本关系，对理论和实践影响甚深。

（一）分工负责，互相配合，互相制约的实际意义

分工负责，互相配合，互相制约是对人民法院、人民检察院和公安机关进行刑事诉讼时相互关系的反映。从实务的角度看，人民法院、人民检察院和公安机关虽然分属不同的部门，组织机构上没有隶属关系，但由于特殊的政治体制以及历史传统，三机关事实上又具有相同的利益基础，因此，这 12 个字形象地反映了实际情况，以及立法预期。鉴于一般教科书中对此已有较为详细介绍，此处从略。

（二）分工负责，互相配合，互相制约的辩证理解

如上所言，这一原则是基于历史而形成的，并且也发挥了应有作用。不过，近年来，随着人们对诉讼规律认识的深化，逐步发现了一些问题，比如，相关制度在运行中，可能与“控审分离、审判中立”等一系列基本理念有一定冲突。对此，理论上提出了许多改革构想，目前，我们也正在进行与之相关的司法体制改革。

第八条　人民检察院依法对刑事诉讼实行法律监督。

【主旨】本条规定了人民检察院在刑事诉讼中的法律监督者地位。

【释评】人民检察院是法定的专门监督机关。在我国刑事诉讼中，人民检察院享有三大权力：特殊案件的侦查权、公诉权、监督权。据此，人民检察院成为了唯一有权全程参与刑事诉讼活动的国家机关。人民检察院的法律监督者地位通过具体制度得以体现，有关分析，本

---

① 张新宝：《对人民法院独立审判的全面理解》，载《法学》2012 年第 1 期，第 11 页。

书将在后面详细展开。

第九条 各民族公民都有用本民族语言文字进行诉讼的权利。人民法院、人民检察院和公安机关对于不通晓当地通用的语言文字的诉讼参与人，应当为他们翻译。

在少数民族聚居或者多民族杂居的地区，应当用当地通用的语言进行审讯，用当地通用的文字发布判决书、布告和其他文件。

【主旨】本条规定了公民有权使用本民族语言文字进行诉讼。[①]

【释评】从规范性质看，本条规定的是公民权利，同时，人民法院、人民检察院和公安机关又有义务为其提供保障，翻译费用由国家承担。

（一）用本民族语言文字进行诉讼的权利主体

由于第一款以公民作为权利主体，因此应当认为，不包括外国人和无国籍人，但是，考虑到外国人汉语掌握程度一般较低，如果不提供翻译，他们也几乎无法参与诉讼，在涉外案件中，可对本条进行类推解释，即外国人或无国籍人参照本条执行。需要注意的是，由于第二款的义务主体与第一款相同，而“审讯”主要是指侦查人员对犯罪嫌疑人的法定证据调查方法，尽管也可以理解为“审理和讯问”，但由此却排除了对少数民族被害人、证人进行询问的情况，所以，该词在本款中实际上是 “履行职责”之意[②]。

（二）“翻译”的实现

从文义看，第一款中的“翻译”应为“提供翻译”之意[③]。这就意味着，翻译人员的劳务报酬由国家支付，而不由诉讼参与人承担[④]。此外，根据本条第二款规定，发布相关文件应用当地通用文字，由于汉语系法定语言，因此应理解为事实上的“双语”形式。

第十条 人民法院审判案件，实行两审终审制。

【主旨】本条规定的是案件的审级制度。

【释评】本条自 1979 年入法以来至今未变，其涵义应结合本法相关规定全面理解。

（一）两审终审制的基本涵义

两审终审制在我国有着较为悠久的历史传统，三大诉讼法基本上都实行这种制度[⑤]，其基本涵义是指，一个刑事案件最多经过上下两级法院审理后即告终结，不能再寻求通常的救济途径。两审终审制并不意味着，所有的案件都必须经过两级法院审理。比如，最高人民法院直接审理的案件就是一审终审，再如，地方各级人民法院的一审裁判作出后，如果没有抗诉、上诉，抗诉、上诉期满后即发生法律效力，也不存在两审终审问题。另外，两审终审制是针对判决方式结案而设的，对于刑事自诉案件，如果采取调解方式结案的，则采取一次性裁决方式，不适用两审终审的规定[⑥]。

---

① 实际上，如果当事人或者其他诉讼参与人不懂当地通用语言，公安司法机关不提供翻译，根本无法办案。

② 从历史解释看，这一表述带有鲜明的时代特征，是立法初始状况的写照。

③ 冀祥德：《最新刑事诉讼法释评》，中国政法大学出版社 2012 年版，第 9 页。

④ 陈卫东：《刑事诉讼法》（第三版），中国人民大学出版社 2012 年版，第 59 页。

⑤ 应当注意的是，根据 2012 年《民事诉讼法》第一百六十二条的规定，基层人民法院和它派出的法庭审理符合本法第一百五十七条第一款规定的简单的民事案件，标的额为各省、自治区、直辖市上年度就业人员年平均工资百分之三十以下的，实行一审终审。

⑥ 陈卫东：《刑事诉讼法》（第三版），中国人民大学出版社 2012 年版，第 64 页。

（二）两审终审制的例外

需要注意的是，由于本条用语为“审判案件”，并未限定为“刑事案件”，综观本法相关规定，人民法院审判案件，并不是一律都是两审终审。

第一，上已提及，最高人民法院受理的一审案件，一审终审，不存在两审终审的问题[①]。

第二，地方各级人民法院的死刑判决即便经过二审，但仍然必须经过死刑复核程序才能生效，并且后继的死刑复核程序系自行强制启动，因此在死刑案件中，二审不能终审[②]。

第三，2012 年《刑事诉讼法》新增“特别程序”一编，在依法不负刑事责任的精神病人的强制医疗程序中，被法院决定强制医疗的人、被害人及其法定代理人、近亲属对强制医疗决定不服的，可以向上一级人民法院申请复议。此时，因为不是上诉，仅仅是复议，而且刑事诉讼法中并没有任何一个地方规定强制医疗实行一审终审制，也没有对复议的效力作出规定，这就可能导致实际执行过程中发生理解上的偏差[③]。对此，《解释》第五百三十六条规定，复议期间不停止执行强制医疗的决定。这意味着，强制医疗决定一经作出即告生效，所以，复议并非独立审级。

综上，上述三种情况均与典型的两审终审制存在明显区别，因此，本条中的两审终审是适用于绝大多数案件的一般原则，对少数特殊案件来说，并不适用。

第十一条　人民法院审判案件，除本法另有规定的以外，一律公开进行。被告人有权获得辩护，人民法院有义务保证被告人获得辩护。

【主旨】本条规定了审判公开原则和被告人的辩护权及其保障。

【释评】本条于 1996 年入法，本次未作修改。本条中的审判公开，以及被告人的辩护权是刑事审判程序的重要组成要素。

（一）审判公开原则

依法条文义，人民法院的审判活动一般情况下都应公开进行，特殊情况才不公开。公开审判是审判制度的基本原则，审判公开意味着，人民法院审理案件和宣告判决都应当向社会公开，允许人民群众旁听，允许新闻记者采访报道。除本法另有规定，是指根据本法第一百八十四条、第二百七十四条规定对特殊案件不公开审理，但是对案件的宣判要一律公开。这里应当注意的是，依体系解释，由于新增了“特别程序”一编，在没收程序和强制医疗程序中，如果其没有不公开审理的事由，也应当公开审理。

此外，本条强调审判公开，那么，刑事诉讼的其他阶段是否存在公开问题呢？立案、侦查、起诉、执行阶段，如果仿照审判公开的理解，是否可行？笔者认为，立案公开不现实，由于立案程序具有较强单方性，公开无法实现；而侦查程序本身就具有保密性，要求公开与其要求相背离，基本上是不能公开；执行阶段以实现生效裁判内容为任务，此时一切都已经公开，再谈公开意义不大。不过在执行变更问题上，倒是有必要公开，比如减刑、假释程序的公开，否则难免会滋生出诸多问题。

另外，公开审判不仅是人民法院应当承担的一项义务，对当事人来讲也是一项权利。没有救济就没有权利。既然承认当事人的公开审判权，那就必须承认其公开审判权的救济权，即必须在制度上保证当事人因为公开审判权的行使或不行使而要求获得救济的权利。从公开审判权利涉及

① 本法中，最高人民法院享有一审案件管辖权，尽管其最近三十余年来从未行使。

② 笔者的观点是，即便是最高人民法院自己的死刑裁判，也应当经过复核程序。

③ 汪建成：《论强制医疗程序的立法构建和司法完善》，载《中国刑事法杂志》2012 年第 4 期，第 68 页。

的主体看，公开审判权的救济关系既涉及当事人双方之间的侵犯与救济关系，也涉及当事人与法庭之间的侵犯与救济关系，还包括当事人与社会公众、特别是新闻记者之间的侵犯与救济关系。因而，公开审判制度的救济责任体系也必须围绕这些权利主体进行设计。如果当事人的公开审判权被法庭侵害的，后果应该由法庭来承担，主要表现为当事人提起上诉的，案件应该无条件地发回重审；当事人提请再审的，案件应该无条件地启动再审。因此而给当事人造成的损失由相关法院和责任人承担。如果是社会公众违反公开审判的规定，对当事人的权利造成侵害的，需要承担相应的责任，其中法庭有过错的，法庭也需要承担相应的责任。而如果是新闻记者违反公开审判制度要求，干扰法庭公正审判，需要承担相应的责任。[①]

（二）被追诉人辩护权的保护

被追诉人的辩护权系其应当享有的基本权利，不受任何限制，国家机关有义务保障其获得辩护。由于本法在“辩护与代理”一章中，犯罪嫌疑人、被告人有权委托辩护人的时间已经提前到了侦查阶段，并且，公安司法机关都有义务保障相关人员辩护权的实现，此处虽然只规定了人民法院的保证义务，但不能据此认为其他机关就没有该义务。

第十二条　未经人民法院依法判决，对任何人都不得确定有罪。

【主旨】本条规定了人民法院的唯一定罪权。

【释评】依法条文义，本条仅仅是强调，只有人民法院才有权定罪。本条系 1996 年修改法律时新增，本次修法未作改动。

（一）本条是否确立了无罪推定原则的论争

自本条入法以来，我国学者对其进行了较为充分的讨论，归纳起来，主要有三种意见。“肯定说”认为，该条规定表明我国刑事诉讼中确认了无罪推定原则；“否定说”认为，该条规定并不是无罪推定，中国刑事诉讼采用的是实事求是原则，而非无罪推定原则；“折中说”则认为，该条规定吸收了无罪推定原则的基本精神，但并没有采用“无罪推定”的表述，以免引起思想混乱。[②]

（二）本条的适用

总体而言，笔者赞同折中说的观点，因为本条规定与理论上所谓“无罪推定”原则尚有一些差距。这表现在，本条并没有明确规定法院判决之前被追诉的人地位，其究竟有罪还是无罪难有定论，加上一些必要地保障性规定（如沉默权）还没有得到明确肯定，因此，很难说该规定就是无罪推定原则。尽管如此，笔者认为，这并不妨碍我们树立无罪推定的理念，在实践中严格依法办案，充分保障被追诉人的各项权利。也就是说，单从规范意义上看，本条规定可能还谈不上属于典型的无罪推定，然而，只要我们身体力行，有无明确规定，都是次要的。

第十三条　人民法院审判案件，依照本法实行人民陪审员陪审的制度。

【主旨】本条规定了刑事审判中的人民陪审员制度。

【释评】依据本条，人民陪审员只有在审理阶段才参与案件处理。人民陪审员只与人民法院发生联系。

---

① 江西省高级人民法院课题组：《公开审判制度调查报告》，载《法律适用》2007 年第 7 期，第 41 页。
② 相关资料比较多，具体可参见谢佑平：《刑事诉讼国际准则研究》，法律出版社 2002 年版，第 195 页。

（一）人民陪审员的任职

人民陪审员的资格、任期等由2004年《全国人大常委会关于完善人民陪审员制度的决定》予以明确，此处不赘述。另外，人民陪审员参与刑事审判时，还要受到本法有关审判组织相关规定的制约，比如，只能参与一审审理活动，并且不能担任审判长。

（二）人民陪审员的制度依据

本条强调依据“本法”，与第一条所说“依据宪法，制定本法”形成了鲜明对照。人民陪审员制度在我国具有较长历史，早在革命根据地时期，人民陪审员就广泛参与了各种案件的处理。新中国成立后，人民陪审员制度的法律地位几经沉浮，1982年《宪法》中取消了该制度，1983年全国人大修改《人民法院组织法》，取消了陪审制度的原则地位。这种变化说明，陪审制度已经不再是我国司法活动的一项基本制度，而仅仅是一种可以被（法院）选择适用的普通制度形式[①]。

第十四条　人民法院、人民检察院和公安机关应当保障犯罪嫌疑人、被告人和其他诉讼参与人依法享有的辩护权和其他诉讼权利。

诉讼参与人对于审判人员、检察人员和侦查人员侵犯公民诉讼权利和人身侮辱的行为，有权提出控告。

【主旨】本条规定了公安司法机关对当事人和其他诉讼参与人的权利保护义务，同时，也赋予了诉讼参与人对这些机关工作人员的控告权。

【释评】众所周知，刑事诉讼程序有着利益主体多元化的特点，在此格局下，立法自然需要对各方主体的权利（权力）义务进行合理配置。

（一）公安司法机关的保障义务

根据第一款规定，人民法院、人民检察院和公安机关负有对犯罪嫌疑人、被告人，以及其他诉讼参与人的权利保障义务。公安司法机关是刑事诉讼中的国家机关，它们根据法律规定行使追诉犯罪的权力，在刑事诉讼程序中，作为被追诉人的犯罪嫌疑人、被告人，以及其他诉讼参与人都是诉讼的主体，而非客体，这就决定了国家机关必须尊重其人格，保障法律所赋予他们的各种权利。对被追诉人而言，最为重要的就是辩护权，对其他诉讼参与人而言就是依法所享有的有关诉讼权利。

（二）诉讼参与人的控告权

第二款规定了诉讼参与人（包括当事人、其他诉讼参与人）对公安司法机关工作人员侵犯公民诉讼权利和人身侮辱的行为，享有控告权。本法中，第三十六条、第四十七条、第一百一十五条等进一步明确了诉讼参与人受到侵权而提出控告的规定，建立了我国的侵权救济机制。在这种救济机制中，检察机关担当了权利救济机关这种独特的角色[②]。

第十五条　有下列情形之一的，不追究刑事责任，已经追究的，应当撤销案件，或者不起诉，或者终止审理，或者宣告无罪：

（一）情节显著轻微、危害不大，不认为是犯罪的；

---

① 怀效锋、孙本鹏：《人民陪审员制度初探》，光明日报出版社2005年版，第9页。人民陪审员制度的历史变迁根源何在，发展前景如何，都很值得探讨。限于主题和篇幅，本书无力涉及，这个问题留给有兴趣的读者。

② 李昌林：《最新中华人民共和国刑事诉讼法释义》，中国法制出版社2012年版，第30-31页。

（二）犯罪已过追诉时效期限的；

（三）经特赦令免除刑罚的；

（四）依照刑法告诉才处理的犯罪，没有告诉或者撤回告诉的；

（五）犯罪嫌疑人、被告人死亡的；

（六）其他法律规定免予追究刑事责任的。

【主旨】本条规定了法定情形不追诉原则。

【释评】本条涉及了中国刑事诉讼程序的绝大部分阶段，对立案、侦查、起诉、审判的进行具有重大影响，在整部法典中具有非常重要的地位。从历史沿革看，该条与1979年刑事诉讼法第十一条之规定基本一致，仅个别字句略有调整。显然，这是一个“长寿”条款；但是，长期以来，人们对其未能给予足够重视，有关该条的理解存在明显不足。

（一）本条之性质

本条虽然规定在“基本原则”一章，但其性质应属规则，而非原则。中国主流学理一般都依据法典的规定，在“刑事诉讼（法）的基本原则”部分对其予以介绍，该条也通常被称作“法定不追诉原则”[①]。然而从法理上分析，因为该条规定中具备了假定条件、行为模式的基本要素，构成了一个相对封闭的规则体系[②]，显然不可能是原则，而应属规则范畴。

（二）本条之立法目的与适用情形

从立法目的上看，“在刑事诉讼中，有时会遇到不应当再继续追究刑事责任或者不能在继续追究刑事责任的情形，因此，有必要在法律中对不追究刑事责任的情形和出现这种情形的处理办法做出明确规定”[③]。

我国学者一般将本条的适用情况概括为：该条要求人民法院、人民检察院和公安机关应根据不同的案情和不同的诉讼程序阶段做出不同的处理。在立案审查中，如果认定有上述六种情形之一时，就应当做出不立案的决定；在侦查中，应当由侦查机关决定撤销案件；在审查起诉中，应当由人民检察院做出不起诉的决定；在审判阶段，除属于第一种情形应以判决宣告无罪以外，其余五种情形应以裁定终止审理[④]。依体系解释，本条位于刑事诉讼法总则部分，其通过列举不应追诉的情形及方式，试图对分则部分所规定的具体诉讼程序进行统摄。笔者认为，本条有以下几个重要问题值得探讨：

第一，案件在执行阶段能否适用本条？表面上，本条规范的是不追究刑事责任的情况，如果案件已进入了执行阶段，则已经追究了行为人的刑事责任。况且，根据现行《国家赔偿法》（2010年修正）第十九条第（二）项之规定，依照《刑事诉讼法》第十五条、第一百四十

---

① 尽管不无疑问，但将其作为基本原则予以解说则是学界通说，在名称上，有的也称之为“依（具有）法定情形不予追究刑事责任原则”，但二者没有本质区别。1996年之前的资料可参见徐益初：《刑事诉讼法》，四川人民出版社1988年版，第51-53页。1996年以后的资料可参见陈光中：《刑事诉讼法》（第五版），北京大学出版社、高等教育出版社2013年版，第109-111页。王国枢：《刑事诉讼法学》（第五版），北京大学出版社2013年版，第46-48页。宋英辉、甄贞：《刑事诉讼法学》（第四版），中国人民大学出版社2013年版，第83-84页。陈光中、徐静村：《刑事诉讼法》（第四版），中国政法大学出版社2010年版，第93-94页。

② 在中国法理学中，对法律规则的构成要素学理上向来有“两要素”与“三要素”之争，关于此争论可参见葛洪义：《法理学》，中国政法大学出版社2008年版，第232页的相关介绍。然而不管采哪种观点，就本条而言，这些规定显然不是一个开放的体系，而是有着明确的适用条件和行为模式，因此应属法律规则无疑。

③ 全国人大常委会法制工作委员会刑法室：《中华人民共和国刑事诉讼法条文说明、立法理由及相关规定》，北京大学出版社2008年版，第31页。

④ 陈光中：《刑事诉讼法》（第五版），北京大学出版社、高等教育出版社2013年版，第110页。

二条第二款规定不追究刑事责任的人被羁押的，国家不承担赔偿责任。但由于《国家赔偿法》所规定的涉及本条时国家免赔，以有关机关（及其工作人员）"正确认定"案件属于本条情形为前提，而如果有关机关及其工作人员并未严格依法办案情况则有不同。例如，国家机关工作人员明明知道已经超过追诉时效，仍然采取羁押措施，则构成违法羁押，应当承担国家赔偿责任[①]。另外，退一步讲，即使案件客观上符合本条、本法第一百七十三条第二款的情形，如果法院经再审审理确认以前的裁判有误，则起诉后经人民法院判处拘役、有期徒刑、无期徒刑和死刑并已执行的人员也有权依法取得赔偿，但判决确定前被羁押的日期依法不予赔偿[②]。据此，在执行阶段，如果发现案件属于第十五条规定的范围，确有可能发生国家赔偿问题。考虑到这一点，在理解时，本条中的处理方式应包括"依法给予国家赔偿"。

第二，自诉案件如何适用本条？由于自诉案件不存在侦查和公诉阶段，所以不可能对其"撤销案件"和"不起诉"，对人民法院而言，只能"不予受理"或者"驳回起诉"。对此，我国学者一般都认为："在自诉案件中，法院应根据情形分别作出不立案的决定或准予撤诉、驳回起诉、终止审理的裁定，或者作出判决宣告无罪[③]。"对此，《解释》的规定基本相同，不过，在裁判文书上，不立案决定应使用"不予受理裁定"[④]。

第十六条　对于外国人犯罪应当追究刑事责任的，适用本法的规定。

对于享有外交特权和豁免权的外国人犯罪应当追究刑事责任的，通过外交途径解决。

【主旨】本条规定了外国人犯罪时，应当依法适用本法规定。

【释评】依法条文义，享有外交特权和豁免权的外国人犯罪应当追究刑事责任的，通过外交途径解决，其余情形都应当适用我国刑事诉讼法的相关规定，这是国家主体的当然体现。

（一）外国人

这里应注意主体的范围问题，第一款中的"外国人"，应当理解为"外国人和无国籍和国籍不明的人"[⑤]，而第二款中的"外国人"，则肯定是有明确国籍的外国人，二者范围并不相同，前者明显广于后者。

（二）享有外交特权和豁免权的外国人的范围

根据1986年9月5日第六届全国人民代表大会常务委员会第十七次会议通过的《中华人民共和国外交特权和豁免条例》的规定，在我国享有外交特权和豁免权的外国人包括：

（1）外国驻中国使馆的外交代表以及他们的家属；

（2）来中国访问的外国国家元首、政府首脑、外交部长及其他具有同等身份的官员；

（3）途经中国的外国驻第三国的外交代表和与其共同生活的配偶及未成年子女；

（4）持有中国外交签证或者持有外交护照来中国的外交官员；

（5）经中国政府同意给予外交特权和豁免权的其他来中国访问的外国人士。

第十七条　根据中华人民共和国缔结或者参加的国际条约，或者按照互惠原则，我国司

① 高家伟：《国家赔偿法》，商务印书馆2004年版，第146页。

② 详见《最高人民法院关于人民法院执行〈中华人民共和国国家赔偿法〉几个问题的解释》（法发（1996）15号）中第一条之规定。需要说明的是，尽管《国家赔偿法》已经修正，但该解释中所涉及的有关条文内容并没有变化，因此应当仍然可以适用。立法机关人士也是这样理解的，对此可参见吴高盛：《中华人民共和国国家赔偿法精解》，中国政法大学出版社2010年版，第139页。

③ 陈光中：《刑事诉讼法》（第五版），北京大学出版社、高等教育出版社2013年版，第110-111页。

④ 第二百六十三条。

⑤ 朗胜：《〈中华人民共和国刑事诉讼法〉修改与适用》，新华出版社2012年版，第62页。

法机关和外国司法机关可以相互请求刑事司法协助。

【主旨】本条规定了国际刑事司法协助。

【释评】国际刑事司法协助属于司法协助之一种，而司法协助却是一个比较难以统一的概念，在国内外，以及刑事和民事领域中都存在着分歧。这种分歧的主要原因在于，有的国家对司法协助的范围作广义理解，而有的国家作狭义理解。在我国，学理上多从广义上理解司法协助，比如认为“刑事司法协助包括各国为最终实现对犯罪的制裁而开展的各种类型的国际刑事司法合作”①。笔者认为，在规范意义上，可以参照最高人民法院的规定，把司法法协助界定为“不同国家的司法机关之间，根据自己所在国家缔结或参加的国际条约或者互惠原则，彼此相互协作，为对方代为一定诉讼方面的行为”②。

（一）国际司法协助的范围

从我国现阶段对外签订加入双边或多边条约刑事司法协助的实践来看，业已开展的国际刑事司法协助范围主要有以下几个方面：刑事司法文书的送达；刑事调查取证以及与之有关的诉讼事务；信息通报；刑事诉讼转移；引渡；已决犯的移管。这其中，刑事司法文书的送达、调查取证、信息通报、引渡是见诸我国对外签订的刑事司法协助和引渡条约，以及其他国际多边公约中的刑事司法协助事项，而且，也是我国对外刑事司法协助的主要内容。由此可以发现，我国在实践中所认可的司法协助类型，与理论界普遍认为的司法协助所应涵盖的范围是不一致的。因为，我国没有把承认、执行外国刑事判决纳入刑事司法协助的范围。实践中，我国在一些民事和商事司法协助条约中，规定了相互承认判决裁定等民商事司法协助形式，而对相互承认刑事判决裁定等方面则一直持谨慎的态度。比如根据《刑法》第十条之规定，我国原则上不承认外国的刑事判决和裁定在国内的效力。③另外，本条中的我国司法机关，应当“扩张”理解为包括公安机关在内的公安司法机关。

（二）区际司法协助

从文义看，本条显然无法适用于“区际司法协助”问题。所谓“区际司法协助”是指同一主权国家内部不同法域的职能机关之间在司法领域的协作和互助，即一法域的职能机关应他法域职能机关的请求，代为进行某些司法行为，如送达文书、调查取证以及承认和执行法院判决和仲裁机构裁决等，在刑事领域还包括移交逃犯和被判刑人移管等项内容。④区际司法协助与国际司法协助最大的区别在于，前者是在一个主权国家之内进行，这就决定了，不能照搬国际司法协助的模式，不能直接适用国际公约来调整区际刑事司法协助关系，不得适用国际刑事司法协助中带有强烈主权色彩的一些原则和做法⑤，比如“引渡”就不太适合于这种场合。

在我国恢复对香港、澳门行使主权后，区际法律冲突不可避免。因为全国人大授权港、澳特别行政区依照《基本法》的规定，“享有……立法权、独立的司法权和终审权”。而在司法实践中，各地之间的交往在不断扩大，区际法律纠纷在不断增多，区际司法事务也在不断

① 费宗祎、唐承元：《中国司法协助的理论与实践》，人民法院出版社 1992 年版，第 158 页。
② 参见《解释》第四百零八条第一款之规定。
③ 王新清、甄贞、李蓉：《刑事诉讼程序研究》，中国人民大学出版社 2009 年版，第 399 页。
④ 吕岩峰、李海滢：《中国区际刑事司法协助初论》，吉林人民出版社 2007 年版，第 18 页。
⑤ 高铭暄、赵秉志：《二十一世纪刑法学新问题研讨》，中国人民公安大学出版社 2001 年版，第 152 页。

增加，没有各地之间的司法协助已无法开展有关司法工作[①]。具体而言，在我国，目前区际司法协助的主要内容是指内地与香港、澳门特别行政区的刑事司法机关（含警务、检察、审判、狱政机关）根据协助的原则、程序，就跨法域犯罪的特定对象的情报通报、交换、代为取证，代为送达刑事法律文书，协作缉捕移交案犯，代为执行相互请求的刑事裁决，以及已决犯的移审等。[②]

① 韩德培：《国际私法问题专论》，武汉大学出版社2004年版，第123页。
② 郑旭：《刑事诉讼法学》（第三版），中国人民大学出版社2012年版，第352页。

第二章 管 辖

我国刑事诉讼中的管辖，是指公安司法机关受理刑事案件时在权限上的分工，即确定具体刑事案件由哪一个机关和哪一级机关立案、侦查和审判的分工制度。从本法相关规定看，这种分工制度，既包括各专门机关之间直接受理刑事案件的权限划分（职能管辖），又包括人民法院系统内部审判刑事案件的分工（审判管辖）。其中，本章所确立的审判管辖对人民法院来说，只解决各级各类人民法院审判第一审刑事案件的权限划分，不解决对第二审案件和再审案件的审判权限划分。管辖制度与公安司法机关的组织体制、刑事实体法的规定息息相关，研习本章，应当把相关规定联系起来理解。

本章的一个突出特点在于，我国刑事诉讼格局中，侦查程序向来处于中心位置，但本法有专门的立案程序和侦查程序，却没有独立的侦查管辖规定，这不能不说是立法的一个缺陷。① 另外，本章规定重心在于案件管辖的静态确定，而对此过程中所产生的问题关注不足，没有设计针对管辖争议的解决规则。②

第十八条　刑事案件的侦查由公安机关进行，法律另有规定的除外。

贪污贿赂犯罪，国家工作人员的渎职犯罪，国家机关工作人员利用职权实施的非法拘禁、刑讯逼供、报复陷害、非法搜查的侵犯公民人身权利的犯罪以及侵犯公民民主权利的犯罪，由人民检察院立案侦查。对于国家机关工作人员利用职权实施的其他重大的犯罪案件，需要由人民检察院直接受理的时候，经省级以上人民检察院决定，可以由人民检察院立案侦查。

自诉案件，由人民法院直接受理。

【主旨】本条规定了刑事案件的职能管辖（主管）。

【释评】在我国，刑事案件可分为公诉和自诉两种。公诉案件由公安机关和国家安全机关、检察机关、军队保卫部门、监狱分别管辖（主管）。自诉案件只能由人民法院管辖（主管）。另外，根据本法第一百七十六条、二百零四条的规定，公诉案件与自诉案件在符合法定条件的情况下可以转换。

（一）公安机关管辖案件范围

根据第一款规定，除法律另有规定外，公安机关是刑事案件的主要侦查机关。这一规定有其坚实的实践基础：在我国，公安机关是国家的治安保卫机关，负有维护社会秩序、保卫国家安全的任务，它拥有庞大而严密的组织体系和足够的警力、专门的侦查手续和措施，具有良好的控制社会治安局势和快速反应的能力，并且在长期同各种危害社会治安秩序的犯罪行为作斗争过程中积累了丰富经验。因此，将绝大多数的刑事案件交给公安机关侦查，便于发挥其维护社会治安的作用。所谓“法律另有规定”是指，对于某些特定的刑事案件，法律

① 张军、陈卫东：《新刑事诉讼法疑难释解》，人民法院出版社 2012 年版，第 36 页。

② 比如，管辖权异议问题。

规定由其他国家机关进行侦查。如人民检察院依法对其直接受理的刑事案件进行侦查（本条）；国家安全机关负责对危害国家安全的刑事案件进行侦查（本法第四条）；军队保卫部门对军队内部发生的刑事案件行使侦查权（本法第二百九十条）；监狱对罪犯在监狱内犯罪的刑事案件进行侦查（本法第二百九十条），等等。不过，相比较而言，这些在整个刑事案件中的比例很小。

（二）人民检察院管辖案件范围

根据第二款规定，人民检察院直接自行侦查的案件主要有以下四类：

（1）贪污贿赂犯罪。这类犯罪是指刑法分则第八章规定的国家工作人员贪污案，贿赂案，挪用救灾、抢险等款物案，挪用公款罪，巨额财产来源不明案，隐瞒不报境外存款案等，以及其他章节中明确规定按照刑法分则第八章贪污贿赂罪的规定定罪处罚的犯罪。

（2）国家工作人员的渎职犯罪。根据刑法分则第九章的有关规定，这类犯罪包括国家工作人员玩忽职守案，泄露国家秘密案，徇私枉法案，徇私舞弊案，私放在押的犯罪嫌疑人、被告人或者罪犯案等。另外，刑法分则第四章第二百四十八条规定的监管人员殴打、体罚、虐待被监管人案，由人民检察院管辖。

（3）国家机关工作人员利用职权实施的侵犯公民人身权利和民主权利的犯罪。它主要是指国家机关工作人员利用职权实施的非法拘禁案、刑讯逼供案、报复陷害案、非法搜查案、暴力取证案以及破坏选举案等。

（4）国家机关工作人员利用职权实施的其他重大犯罪案件。"其他重大犯罪案件"指的是个案，而且是公安机关不便立案侦查，由人民检察院侦查更为适宜的个别案件。[①]这里需要注意，此时必须经省级以上人民检察院决定，才可以由人民检察院立案侦查。不过，根据《诉讼规则（试行）》第十条之规定，最终决定权都是由省级人民检察院行使的，也就是说，所谓"以上"，并不包括最高人民检察院在内。当然，如果考虑到检察机关上下级之间领导与被领导的关系，尽管没有规定最高检的决定权，其享有任何案件的决定权却是毋庸置疑的。

在检察机关职能管辖范围上，一个值得关注的问题是，《六机关规定》第一条第（三）项，就管辖中的并案处理问题作了专门规定，"具有下列情形之一的，人民法院、人民检察院、公安机关可以在其职责范围内并案处理：（一）一人犯数罪的；（二）共同犯罪的；（三）共同犯罪的犯罪嫌疑人、被告人还实施其他犯罪的；（四）多个犯罪嫌疑人、被告人实施的犯罪存在关联，并案处理有利于查明案件事实的。"根据龙宗智教授的调查，在半年来的刑事诉讼法实施实践中，有的办案机关，主要是检察机关的侦查部门，依据六部委文件关于并案侦查的规定，在侦查检察机关管辖的职务犯罪案件时，将相关联的本属于公安机关立案侦查的案件，以并案侦查为名同时立案侦查。这种做法在不少地方都存在，有的甚至作为经验介绍，主张推广使用[②]。这显然存在问题，因为现行法对职能管辖有着明确规定，上述六部委文件关于并案管辖的规定，也是以刑事诉讼法关于职能管辖的规范为前提，实践中检察机关职能管辖扩大范围，对公安机关侦查的案件以并案为由立案侦查是没有法律依据的；同时，也属于对六部委文件的不当解读[③]。

---

① 朗胜：《<中华人民共和国刑事诉讼法>修改与适用》，新华出版社 2012 年版，第 65 页。
② ③ 龙宗智：《新刑事诉讼法实施：半年初判》，载《清华法学》2013 年第 5 期，第 129-130 页，第 130 页。

（三）人民法院管辖案件范围

根据本法以及其他法律的相关规定，人民法院直接管辖的案件一般称为自诉案件[①]，其具体范围，详见本书对第二百零四条的相关分析。

（四）其他机构管辖的案件范围

根据本法第四条和二百九十条的规定，国家安全机关、军队保卫部门、监狱也享有部分案件的管辖权，但是，立法未明确这些机构的具体管辖案件范围，未来还需要进一步予以完善[②]。

第十九条 基层人民法院管辖第一审普通刑事案件，但是依照本法由上级人民法院管辖的除外。

【主旨】本条规定了审判管辖的一般原则。

【释评】人民法院是国家的审判机关，代表国家独立行使审判权，刑事案件的审判管辖与法院的组织体制密不可分。

（一）我国人民法院的组织体制

依照相关法律规定，中华人民共和国设立最高人民法院、地方各级人民法院和专门人民法院。最高人民法院是中华人民共和国最高审判机关，负责审理各类案件，制定司法解释，监督地方各级人民法院和专门人民法院的审判工作，并依照法律确定的职责范围，管理全国法院的司法行政工作。地方各级人民法院包括高级人民法院、中级人民法院、基层人民法院。专门人民法院包括海事法院和军事法院。最高人民法院监督地方各级人民法院和专门人民法院的审判工作。上级人民法院监督下级人民法院的工作。

专门法院中，军事法院分为三级，包括中国人民解放军军事法院（军内最高级）、大军及军兵种军事法院（相当于中级层次）、军级军事法院（基层级）三级。军事法院负责审判军事人员犯罪的刑事案件。海事法院只设一级，设立在广州、上海、武汉、天津、大连、青岛、宁波、厦门、海口、北海等港口城市，其建制相当于地方的中级人民法院。海事法院只审理海事案件和海商案件。特别需要指出的是，截止到 2012 年 6 月底，全国 17 个铁路运输中级法院、58 个铁路运输基层法院改制工作基本完成，已全部移交地方管理，顺利实现整体纳入国家司法体系。[③]但是，其划归后的具体称谓、级别还不完全明确。可能正因为如此，在最高人民法的官方网站中都缺乏相关介绍[④]，从目前情况看，基本上还是称之为“铁路运输法院”，其管辖案件范围亦无变化。

（二）基层人民法院管辖大多数刑事案件的依据

根据统计，全国共有 32 个高级人民法院（含 1 个解放军军事法院），409 个中级人民法院，3117 个基层人民法院。全国共有法官 19 万余人，其中高级人民法院共有 0.7 万人，中级人民法院共有 3.6 万人，基层人民法院共有 14.6 万人。[⑤]由此，基层人民法院的数量最多，法官人数也最多，由它们负责处理绝大多数的第一审刑事案件是切合实际的。

---

① 当然，自诉是否就意味着只能向人民法院起诉，在理论上存在不同看法。比如近来易延友教授就主张，告诉才处理的案件不一定属于自诉案件，只有当被害人选择向人民法院告诉的时候，它才是自诉案件。当被害人选择向公安机关或者检察机关告诉时，它就不属于自诉案件。参见易延友：《刑事诉讼法精义》，北京大学出版社 2013 年版，第 50 页。

② 陈卫东：《刑事诉讼程序论》，中国法制出版社 2011 年版，第 37-39 页。

③ 张蔚然：《中国铁路法院全部改制移交地方 移交资产 70 余亿》，载 http://www.chinanews.com/gn/2012/07-30/ 4069340.shtml，2012-07-30。

④ 参见 http://www.court.gov.cn/jgsz/rmfyjj/，2012-07-30。

⑤ http://www.court.gov.cn/jgsz/rmfyjj/，2012-07-30。

第二十条　中级人民法院管辖下列第一审刑事案件：

（一）危害国家安全、恐怖活动案件；

（二）可能判处无期徒刑、死刑的案件。

【主旨】本条规定了中级人民法院的一审刑事案件管辖权限。

【释评】中级人民法院的数量相对较少，其受理的第一审案件应当有所限制。本条规定了中级人民法院只对两类刑事案件有一审管辖权。

（一）危害国家安全、恐怖活动案件

这两种案件都是针对犯罪性质而言，即分别指刑法分则中第一章“危害国家安全罪”，以及涉及恐怖活动的罪名；后者的具体范围依照《全国人大常委会关于加强反恐怖工作有关问题的决定》第二条确定[①]。另外，这两种案件范围有交叉重合，但不能等同。一般的放火、决水、以危险方法危害公共安全罪并不能被认为恐怖活动犯罪，根据罪刑法定原则，恐怖活动范围只能以相关明文规定为限，在上述决定中，涉及此类的仅有四种[②]。

（二）可能判处无期徒刑、死刑的案件

与第（一）项不同，第（二）项是从案件结果意义上进行判断的。正因为如此，这两项之间很可能存在“重合”关系。从诉讼原理上讲，在确定审判管辖时即对案件最终裁决结果进行判断是不妥的，因此，法律使用了“可能”一语加以限制，符合“法院定罪”原则要求，从立法上消除“先定后判”的不良影响，理顺刑事诉讼中起诉机关与审判机关的关系[③]。从操作层面看，对此“可能”，只能通过形式上加以判断，即如果检察机关向中级人民法院提起公诉时，在案件非属本条第一项范围（主要指罪名）的情况下，可以认为该案被告人可能被判处无期徒刑或者死刑。如果检察机关向基层人民法院提起公诉，受理案件的人民法院经审查（审理），认为被告人可能被判处重刑，而依照本法管辖权移转规定，把案件移送上一级人民法院审判时，也可认为该案被告人可能被判处无期徒刑或者死刑。此时，中级人民法院的最终判决结果不一定非得是无期或者死刑。此外，笔者认为，理解本条还需注意以下几点：

第一，从体系解释角度看，根据本法后面相关规定，高级人民法院、最高人民法院对中级人民法院有管辖权的案件当然也享有管辖权。

第二，根据本法第二百八十一条之规定，在没收程序中，没收违法所得的申请，由犯罪地或者犯罪嫌疑人、被告人居住地的中级人民法院组成合议庭进行审理。因此，在确定中级人民法院的案件管辖范围时，应当加上这种特殊案件。如果考虑到这一点，去掉“刑事案件”的限制，把“没收案件”移至本条，可能更为妥当。

第二十一条　高级人民法院管辖的第一审刑事案件，是全省（自治区、直辖市）性的重大刑事案件。

【主旨】本条规定了高级人民法院的一审刑事案件管辖权。

【释评】显然，何谓“重大”是一个非常弹性的规定，设置本条的目的在于，让高级人民法院根据案件的具体情况把握。虽然法律规定了高级人民法院也有一审案件管辖权，但最近几年来，高级人民法院几乎已经不再受理一审案件了。本条在适用上，有“虚置之险”。

第二十二条　最高人民法院管辖的第一审刑事案件，是全国性的重大刑事案件。

---

① 朗胜：《<中华人民共和国刑事诉讼法>修改与适用》，新华出版社 2012 年版，第 67 页。

②③ 宋英辉：《中华人民共和国刑事诉讼法精解》，中国政法大学出版社 2012 年版，第 15 页。

【主旨】本条规定了最高人民法院的一审刑事案件管辖权。

【释评】最高人民法院是我国最高审判机关，其管辖的一审刑事案件，当然是具有全国影响的重大案件。但是其具体标准并不明确，甚至可以说，最高人民法院的一审管辖权是不受限制的。而从历史上看，最高人民法院除了审理过四人帮案件外，至今从未审理过一审刑事案件，包括一些具有全国影响的大案[①]，尽管“可能”也符合法定标准，但因为各种原因，最高人民法院都未直接管辖。因此，本条实有“废弃之嫌”。

笔者认为，从理论上分析，最高人民法院其实并不适合享有一审案件管辖权。其原因在于，最高人民法院直接受理一审案件，导致一审终审，使得两审终审制不复存在，从而剥夺了被告人最为重要的上诉权；同时，最高人民法院自身工作任务繁忙，难以有精力审理第一审刑事案件；况且，在全国法官素质普遍有所提高的情况下，最高人民法院也很难说比下级法院更有能力处理刑事大案[②]。

第二十三条　上级人民法院在必要的时候，可以审判下级人民法院管辖的第一审刑事案件；下级人民法院认为案情重大、复杂需要由上级人民法院审判的第一审刑事案件，可以请求移送上一级人民法院审判。

【主旨】本条规定了上下级人民法院之间管辖权的变更。

【释评】依法条文义，本法中，只允许上级人民法院审理下级人民法院管辖的案件，即把案件管辖权“上调”，而不允许上级人民法院把本该由自己管辖的案件“下放”给下级人民法院审理。这对于保证案件质量无疑具有相当积极的意义。

本条规定中的“必要的时候”和“案情重大复杂”两种情况具有很大弹性，需要根据案件具体情况进行判断。从前后文关系看，笔者认为，此二者基本上可以相互解释，即必要的时候主要是指案情重大、复杂的情况，这样理解，本条的逻辑结构就比较顺畅了。

在具体程序上，《解释》第十五条规定：基层人民法院对可能判处无期徒刑、死刑的第一审刑事案件，应当移送中级人民法院审判。基层人民法院对下列第一审刑事案件，可以请求移送中级人民法院审判：（一）重大、复杂案件；（二）新类型的疑难案件；（三）在法律适用上具有普遍指导意义的案件。需要将案件移送中级人民法院审判的，应当在报请院长决定后，至迟于案件审理期限届满十五日前书面请求移送。中级人民法院应当在接到申请后十日内作出决定。不同意移送的，应当下达不同意移送决定书，由请求移送的人民法院依法审判；同意移送的，应当下达同意移送决定书，并书面通知同级人民检察院。

应当指出，上述规定虽然针对的是基层人民法院向中级人民法院移送案件，其他级别法院之间的移送也可以参照执行。

第二十四条　刑事案件由犯罪地的人民法院管辖。如果由被告人居住地的人民法院审判更为适宜的，可以由被告人居住地的人民法院管辖。

【主旨】本条规定了刑事审判中的地域管辖。

【释评】依法条文义，由犯罪地人民法院管辖刑事案件是一般原则，只有在特殊情况下，才可以由被告人居住地人民法院管辖。

---

① 比如上个世纪的“世纪大盗张子强案”，本世纪初的“杀人恶魔张君案”等。

② 宋英辉：《刑事诉讼法修改问题研究》，中国人民公安大学出版社2007年版，第52页。

（一）犯罪地的范围

本条没有明确犯罪地的具体范围，2012 年底颁行的各相关解释中均明确规定，犯罪地是指犯罪行为发生地和犯罪结果发生地[①]。上述规定虽然把犯罪地确定为犯罪行为发生地和犯罪结果发生地，但由于任何犯罪行为都发生在一定时空条件下，而刑法中的犯罪行为又具有多种形态、种类，这样，犯罪地至少应当包括犯罪预备地、犯罪行为实施地，也包括犯罪结果发生地和销赃地[②]。需要指出的是，所有这些行为都可能在多个地方发生，比如为了实施抢劫行为，在甲地和乙地分别准备不同种的犯罪工具，再比如运输型犯罪中，运输工具经过的沿途都可能都是犯罪行为实施地。对此，《程序规定》第十五条第二款从实际出发，把行为地和结果地进行了一定程度的扩张解释：犯罪行为发生地，包括犯罪行为的实施地以及预备地、开始地、途经地、结束地等与犯罪行为有关的地点；犯罪行为有连续、持续或者继续状态的，犯罪行为连续、持续或者继续实施的地方都属于犯罪行为发生地。犯罪结果发生地，包括犯罪对象被侵害地、犯罪所得的实际取得地、藏匿地、转移地、使用地、销售地。这种理解具有较为坚实的实践基础，值得赞同。

（二）更为适宜的情形与居住地的范围

本条规定，如果被告人居住地更为适宜时，可由该地人民法院管辖，这体现了管辖的规则原则性与灵活性相结合。何谓“更为适宜”，法条未予以明确。从我国实际情况看，出于诉讼便利、诉讼活动安全等考虑，可以视为更为适宜的情形[③]。另外，笔者还认为，该刑事案件在被告人居住地民愤极大或影响大，或者被告人可能判处缓刑等因素也可以纳入其中。

对居住地的判断来说，在人口流动频繁的今天，不能狭隘地理解为户籍所在地，被告人的实际居住地也应当包括在内。对此，《解释》明确加以了肯定，其第三条对自然人和单位分别进行了规定：被告人的户籍地为其居住地。经常居住地与户籍地不一致的，经常居住地为其居住地。经常居住地为被告人被追诉前已连续居住一年以上的地方，但住院就医的除外。被告单位登记的住所地为其居住地。主要营业地或者主要办事机构所在地与登记的住所地不一致的，主要营业地或者主要办事机构所在地为其居住地。笔者认为，上述规定较之以前确有进步，然而由于诉讼特质不同，刑事案件没有必要像民事案件那样，需要被告人在某地实际居住满一年以上，只要是相对固定的住处即可。要求连续居住满一年，实际上就排除了一些情况下，行为人工作地和学习地的人民法院对案件享有管辖权，而这，会给案件的妥善处理带来一定不利影响，因为在户籍所在地的审判可能意义不大。

此外，本条虽然规定的是审判中的地域管辖，但一般也认为，侦查和起诉的管辖也应当与之一致，实践中基本上也是如此操作的。

第二十五条　几个同级人民法院都有权管辖的案件，由最初受理的人民法院审判。在必要的时候，可以移送主要犯罪地的人民法院审判。

【主旨】本条规定了地域管辖的补充规则。

【释评】本条自 1979 年进入法典以来至今未变。通过上一条可以发现，很可能出现多个人民法院对案件都有管辖权的情况，法律之所以规定由最初受理的人民法院审判，是因为最初受理的人民法院已经进行了一些准备工作，了解案情，由其继续审理，有利于及时结案。

---

① 《六机关规定》第二条，《解释》第二条，《程序规定》第十五条。
② 朗胜：《<中华人民共和国刑事诉讼法>修改与适用》，新华出版社 2012 年版，第 70 页。
③ 张军、陈卫东：《新刑事诉讼法疑难释解》，人民法院出版社 2012 年版，第 48 页。

所谓必要的时候，主要是指最初受理的人民法院不是主要犯罪地，如果由主要犯罪地人民法院管辖，则更为有利于全面查清案件事实、正确处理案件、震慑犯罪分子和进行法制宣传教育[①]。需要注意的是，“主要犯罪地”如何确定，法律没有明确规定。学理上一般理解为，“包括案件涉及多个地点时，对该犯罪成立其主要作用的行为地，也包括一人犯数罪时，主要罪行的实行地”[②]。如果依据上述原则无法确定具体案件的管辖，不同地区的法院之间对同一案件的管辖权发生争议时，各相关法院应当在审限内协商解决；协商不成的，由争议的人民法院分别逐级报请共同的上一级人民法院指定管辖[③]。

第二十六条　上级人民法院可以指定下级人民法院审判管辖不明的案件，也可以指定下级人民法院将案件移送其他人民法院审判。

【主旨】本条规定了指定管辖。

【释评】一般认为，指定管辖是指当管辖不明，或者有管辖权的法院不宜行使管辖权时，由上级人民法院以指定的方式确定具体案件的管辖[④]。本条所规定的情况各有不同。前半句针对管辖有争议，即管辖权的积极冲突与消极冲突两种；而后半句主要指本来该法院对案件有管辖权，上级法院运用法律赋予的权力直接把案件移送其他法院管辖[⑤]。

（一）指定管辖的适用范围

具体而言，指定管辖可以适用于以下两种情况：因地域管辖不明，各同级人民法院推诿不管或者出现争管而协商解决不了的；有管辖权的人民法院因案件涉及本院院长需要回避等特殊原因，不宜或不能行使管辖权的。上级人民法院指定管辖时，应当将指定管辖决定书分别送达被指定管辖的人民法院和其他有关的人民法院。原受理案件的人民法院，在收到上级人民法院指定其他人民法院管辖决定书后，对公诉案件，应当书面通知提起公诉的人民检察院，并将全部案卷材料退回，同时书面通知当事人；对自诉案件，应当将全部案卷材料移送被指定管辖的人民法院，并书面通知当事人。[⑥]

从理论上讲，按民主审判管辖理念，设置指定管辖是为解决案件因特别情形使固有管辖法院一时不明，由控方或争议法院提出通过上一级法院指定使原本就具有该案件管辖权的法院管辖。指定管辖的实质是“原本具有管辖权的法院”，且需由控方或争议法院提出要求这一法定程序严格职能分工严防专断，而不是自行任意指定任何一个法院任意管辖。因此，本条将案件管辖权的决定权都赋予了上级人民法院，忽视了指定管辖和移送管辖之本质要求，客观上导致了实践中任意指定管辖和移送管辖情况的发生。[⑦]此外，当前的指定管辖制度基本上属于一种行政性的权力制度，缺乏当事人抗辩权包括律师辩护权的介入，缺乏可争辩性即诉讼性。对公民权利保护和司法救济的实现都有不利影响。[⑧]

（二）指定管辖带来的制度冲突

本条仅适用于上级法院对下级法院的指定，而没有规定其他两大机关系统中，上级机关对下级机关的指定权。基于我国特殊的刑事司法体制，公检法三机关事实上都存在着上级指

---

① 胡康生、李福成：《〈中华人民共和国刑事诉讼法〉释义》，法律出版社 1996 年版，第 29 页。
② ④ 宋英辉、甄贞：《刑事诉讼法学》（第四版），中国人民大学出版社 2013 年版，第 96 页。
③《解释》第十七条第二款。
⑤ 当然，也可以认为包含了前者管辖不明的指定。
⑥《解释》第十九至二十条。
⑦ 陈卫东：《刑事诉讼制度论》，中国法制出版社 2011 年版，第 38 页。
⑧ 龙宗智：《刑事诉讼指定管辖制度之完善》，载《法学研究》2012 年第 4 期，第 179 页。

定下级管辖的现象。其中，检法两家和公检两家都存在着指定管辖上的冲突。[①]从法理上分析，公诉案件审判的前提是侦查与起诉，而且侦查、公诉在前，审判在后，因此，从审判管辖中似乎可以推导或推定出侦查和公诉等诉讼环节也有指定管辖权。不过，这里存在两个突出问题，一是重要的程序决定没有法律依据而靠推导或推定，不太符合程序法定原则，其合法性可疑。二是这种推导或推定在法律逻辑上并不具有必然性，可能存在“推不出”的问题。因为如果公安部、最高人民检察院在指定管辖上“自我授权”，并且公、检、法三机关办理的是同一案件，那么，没有一个协调机制或者权威决定机制，发生矛盾如何处理？[②]正是由于有关指定管辖的法律规定不明确和不尽合理，而公检法机关协商指定管辖的意见也并非总能达成一致，因此，实践中公检法机关互不承认相对方指定管辖的效力，甚至拒绝受理相对方指定管辖的案件等情形才得以存在[③]。有鉴于此，明确指定管辖的范围和程序、设立管辖权异议制度等是未来立法的必然选择。

第二十七条　专门人民法院案件的管辖另行规定。

【主旨】本条规定了专门人民法院的案件管辖。

【释评】前已提及，我国专门人民法院中，目前有刑事审判权的仅有军事法院与铁路运输法院。值得注意的是，“另行规定”如何理解？究竟是指其他法律规定，还是指其他层次规定？单从文义看二者均可。但由于在法律层面，比如《人民法院组织法》，对军事法院的管辖并无明确规定，而最高人民法院在新《解释》中又删去了原《解释》中地方法院与军事法院管辖权的具体划分规定，代之以“依照有关规定执行”，经检索，笔者认为这里的有关规定，是指2009年5月1日，最高人民法院、最高人民检察院、公安部、国家安全部、司法部、解放军总政治部联合颁行的《办理军队和地方互涉刑事案件规定》中的相关规定。该规定显然只能归入其他层次之列。

---

① 比如实践中，绝大多数案件都系公诉案件，上级人民法院将下级人民检察向下级人民法院提起公诉的案件指定另一下级人民法院审判时，该种指定管辖事实上剥夺了上级人民检察院对下级人民检察院办案的指挥权。这种管辖一方面使得下级人民检察院无上级授权而受理案件。另一方面，案件移送程序也不尽合理，上级人民法院在指挥下级人民法院办案的同时，指挥了下级人民检察院办案，从而剥夺了上级人民检察院对下级人民检察院办案的指挥权。另外，该种指定管辖脱离了检察机关的监督。人民检察是专门的法律监督机关，其依法对刑事诉讼实施法律监督，这种监督中当然包括了对人民法院程序性问题作出的决定和人民法院受理案件违反管辖规定实行监督，而此时，上级人民法院指定下级人民法院管辖没有通过其同级人民检察院，其指定管辖是否符合条件、是否合法没有检察院的监督。同时，由于检察机关根据自己的规定，还存在着上级人民检察院可以指定下级人民检察院审查需要改变管辖的案件的情况，此时，会面临着与公安机关管辖协调的问题。

② 龙宗智：《刑事诉讼指定管辖制度之完善》，载《法学研究》2012年第4期，第178页。

③ 周常志：《刑事案件指定管辖制度的完善》，载《人民检察》2008年第3期，第24页。

第三章 回 避

回避是现代各国刑事诉讼法普遍确立的一项诉讼制度，目的在于保障诉讼程序公正进行。但由于诉讼理论和诉讼结构的差异，我国与西方法治发达国家的回避制度，在适用的对象和适用诉讼阶段上有所不同。西方法治发达国家一般奉行审判中心论，侦查和提起公诉往往被视为审判的前期准备工作，因而回避制度主要适用于审判阶段的法官和陪审员。我国则不然，侦查、审查起诉和审判被认为是同等重要的三个诉讼阶段，公、检、法三机关在刑事诉讼中地位平等，互不隶属。因此，回避制度不仅适用审判阶段，也适用于侦查和审查起诉阶段；在适用对象上不仅包括审判人员，也包括侦查人员、检察人员，甚至包括书记员、翻译人、鉴定人等。

从我国目前的情况看，回避制度的实施效果不尽如人意，因为在熟人社会背景下，仅仅是办案人员退出，实际上难以达到回避的预期目的。回避制度要充分发挥作用，还需要与其他制度密切配合，比如特定案件的异地管辖。

第二十八条　审判人员、检察人员、侦查人员有下列情形之一的，应当自行回避，当事人及其法定代理人也有权要求他们回避：

（一）是本案的当事人或者是当事人的近亲属的；

（二）本人或者他的近亲属和本案有利害关系的；

（三）担任过本案的证人、鉴定人、辩护人、诉讼代理人的；

（四）与本案当事人有其他关系，可能影响公正处理案件的。

【主旨】本条规定了回避的一般主体和情形。

【释评】本条内容甚多，从制度构成看，可以从以下几个方面理解。

（一）主 体

应当回避的主体（对象）分别是审判人员、检察人员、侦查人员。当事人及其法定代理人是申请回避的主体。不过，根据本法第三十一条之规定，书记员、翻译人员和鉴定人也应回避，辩护人和代理人也有权提出申请。

（二）方 式

依据本条，有关人员可以自行回避，当事人及其法定代理人也有权申请其回避。据此，法定回避方式仅有两种。但是，在《解释》第二十九条、《诉讼规则（试行）》第二十六条，《程序规定》第三十条中，分别对审判人员、检察人员和侦查人员的“指令回避”进行了规定。

（三）情 形

在具体回避情形中，法条文义较为简单，这里从略。需要注意者有四：

第一，近亲属的范围可以参照本法一百零六条之规定，“近亲属”是指夫、妻、父、母、子、女、同胞兄弟姊妹。不过，在最高人民法院相关解释中，却对此进行了一定的扩张解释，虽然“于法无据”，但与司法实践相吻合。我们在理解时也应“从宽”进行。

第二，“和本案有利害关系”，应当认为既包括“法律上”的利害关系，也包括“事实上”的利害关系。前者是指案件的处理结果与办案人员本人或者他的近亲属有权利义务发生；后者指虽然没有法律上的权利义务关系发生，但有其他社会观念上的联系产生，譬如办案人员或者他的近亲属与犯罪嫌疑人、被告人有恋爱关系。由于有上述利害关系存在，办案人员就有可能从个人私利出发而不能客观、公正地履行职责和处理案件，因此应当回避。[①]

第三，诉讼角色相互排斥。

（1）担任过证人的，仍然应当担任证人。因为证人具有不可替代性，所以应当回避。如果在案件处理过程中，已经发表过了意见，则难以保证其后继的客观公正性，更应当回避。另外，已经在案件处理过程中担任过了诉讼参与人角色，在后继处理程序中又担任案件审判人员、检察人员、侦查人员的可能性相对较低，导致本项的适用性不强。

（2）以往相关规定中，对“参加过检察机关自侦案件侦查工作的人员，是否还能参加本案审查起诉工作”的问题未作出明文规定。因此，实践中往往存在着检察机关自侦案件的侦查员同时充任该案公诉人的现象，当事人以此为由申请该侦查员回避的请求则被驳回。[②]现在，《诉讼规则（试行）》第三十条明确规定：参加过本案侦查的侦查人员，不得承办本案的审查逮捕、起诉和诉讼监督工作。

（3）《解释》第二十五条第二款规定：在一个审判程序中参与过本案审判工作的合议庭组成人员或者独任审判员，不得再参与本案其他程序的审判。但是，发回重新审判的案件，在第一审人民法院作出裁判后又进入第二审程序或者死刑复核程序的，原第二审程序或者死刑复核程序中的合议庭组成人员不受本款规定的限制。此处的用语是“参与过本案审判工作的合议庭组成人员或者独任审判员”，而非“参与过本案审判工作的审判人员”。因此，审判委员会委员、书记员不在其中。同时，之所以有例外规定，是因为对于发回重新审判的案件，原第二审程序的合议庭人员对案件情况比较熟悉，清楚发回重审的原因。因此，发回重审的案件再次进入二审程序或者复核程序后，由原合议庭审理，不会影响司法公正，而是能更好地审查一审法院是否解决了原来存在的问题，重新作出的裁判是否合法、合理，可以兼顾公正与效率。[③]

第四，其他关系究竟指哪些关系，法律没有明确规定。由于中国目前仍然存在着熟人社会、关系社会的特质，一般来说，师生、同乡、同学、战友、邻里等关系，都有可能影响案件的公正处理。不过，申请人对此应当举证予以证明。当然，只要存在可能影响案件公正处理的情形，就满足了应予回避的条件，无须确实存在影响案件公正处理的既成事实[④]。

（四）时间（阶段）

本法中仅规定了审判阶段的回避告知，而没有明确规定自行回避或者申请回避是否适用于其他阶段，以及截止时间。对此，学理上多认为，司法实践中，侦查人员、检察人员应当

① 陈光中、徐静村：《刑事诉讼法学》（第四版），中国政法大学出版社 2010 年版，第 113 页。
② 冯国均：《完善刑事诉讼回避制度之我见——从两起贪污案想到的》，载《河南法学》2000 年第 1 期，转引自陈卫东：《刑事诉讼法教学参考书》，中国人民大学出版社 2004 年版，第 131 页。
③ 最高人民法院研究室：《新刑事诉讼法司法解释理解与适用》，法律出版社 2013 年版，第 13-14 页。
④ 陈光中：《刑事诉讼法》（第五版），北京大学出版社、高等教育出版社 2013 年版，第 133 页。

基于客观义务，在相应的诉讼阶段及时告知当事人等有申请回避权。检察机关也应加强对侦查程序合法性的监督，倘若侦查人员应回避而没有回避的，检察机关应当在审查批捕或者审查起诉时以程序违法为由，将案件退回侦查机关补充侦查。检察人员应该回避而没有回避的，检察长或者检察委员会可以指令其回避，当事人及其法定代理人、辩护人、诉讼代理人也可申请其回避。[①]《诉讼规则（试行）》基本肯定了这一理解，其第二十二条和二十六条分别规定：人民检察院应当告知当事人及其法定代理人有依法申请回避的权利，并告知办理相关案件检察人员、书记员等的姓名、职务等有关情况。应当回避的人员，本人没有自行回避，当事人及其法定代理人也没有申请其回避的，检察长或者检察委员会应当决定其回避。

在回避截止时间上，笔者认为，侦查和审查起诉阶段不应有限制，在各阶段终结前均可提出。对审判阶段而言，根据本法第一百八十五条之规定“法院开庭的时候，审判长……；告知当事人有权对合议庭组成人员、书记员、公诉人、鉴定人和翻译人员申请回避……”可以认为，此阶段的回避申请，最迟应当在开庭时提出。但是，由于当事人等知悉审判人员的情况太少，且时间又短，要求他们在开庭时就提出是否申请回避，有些“强人所难”，因此，应当允许其在审理过程中再提出申请。这里，完全可以参考《中华人民共和国民事诉讼法》（2012）第四十五条之规定：回避的申请，应当在案件开始审理时提出，但是回避事由实在案件开始审理后知道的，也可以在法庭辩论终结前提出。

（五）举证责任分配与证明标准

本法没有规定回避事由的举证责任问题，公安司法机关的相关规定中均要求申请人说明理由或者提供证明材料。据此，有人便认为，在是否回避问题上应采用“谁主张，谁举证”原则[②]。但是，有学者却不同意这种观点，其理由是：回避制度设立的目的不是为了要证明某项事实，而是为了要体现程序正义。虽然法律规定当事人在提出回避申请时应当附具理由，这确实是当事人的一项义务，但鉴于回避制度本身的特殊性，此处所谓之附具理由，不同于诉讼中之事实证明，当事人的责任只能限制在提出理由这一个层次上，而不能将此责任扩张到与事实证明一样的举证责任，否则有损回避制度的初衷。因为，回避事由并不是当事人事先已知的事实或者当事人自亲身经历的事实，因此要求当事人完成像案件事实一样的举证责任显然是不可能的，也是不公平的。当事人在申请回避时所提供的资料，虽然也具有某种证明目的，但是它们仅仅为提供线索之用，并不要求用于直接证明某项事实。同时，诉讼回避的理由是具有层次性的。不同的回避理由，法律上要求的证明标准和证明要求应该是不一样的[③]。笔者认为，在有关人员提出回避申请时，其提出证据或者说明理由，应当具有较多权利属性。因为，有关人员要求回避，在所有法律文本中均被表述为“有权”，完全从义务角度对回避事由成立加以认识有失偏颇；并且，在认定申请事由是否成立时，只需要达到“可能存在”的程度即可，不能适用“确实充分”的标准。

第二十九条　审判人员、检察人员、侦查人员不得接受当事人及其委托的人的请客送礼，不得违反规定会见当事人及其委托的人。

审判人员、检察人员、侦查人员违反前款规定的，应当依法追究法律责任。当事人及其法定代理人有权要求他们回避。

---

① 宋英辉、甄贞：《刑事诉讼法学》（第四版），中国人民大学出版社 2013 年版，第 103 页。
② 房保国：《论辩护方的证明责任》，载《政法论坛》2012 年第 6 期，第 36 页。
③ 陈卫东：《刑事诉讼制度论》，中国法制出版社 2011 年版，第 88-90 页。

【主旨】本条规定了办案人员的禁止行为以及申请回避的事由。

【释评】本条规定事实上扩展了回避事项范围。在笔者看来，第一款的后半句要注意，法律不允许的是违反规定会见，依反对解释，符合规定时还是可以会见的。第二款主要规定了违反第一款规定的后果，实际上是确立了回避的另外两种情形。显然，办案人员此时实际上不太可能自行回避，因此只能适用申请回避。根据立法机关人士理解，这里的“依法追究责任”，是指行为人的行为构成受贿、徇私舞弊、枉法裁判罪的，应当依法追究刑事责任；对于尚不够刑事处罚的，应当依照法官法、检察官法、人民警察法的规定，予以处分①。

第三十条　审判人员、检察人员、侦查人员的回避，应当分别由院长、检察长、公安机关负责人决定；院长的回避，由本院审判委员会决定；检察长和公安机关负责人的回避，由同级人民检察院检察委员会决定。

对侦查人员的回避作出决定前，侦查人员不能停止对案件的侦查。

对驳回申请回避的决定，当事人及其法定代理人可以申请复议一次。

【主旨】本条规定了回避决定的主体、效力以及救济程序。

【释评】回避制度要发挥应有作用，必须要有可操作性的实施规则。本条主要从程序角度对此进行了规定。

（一）回避决定的主体

依法条文义，一般办案人员的回避，由各自机关的负责人决定，可简单概括为“三长决定三员”。公安司法机关负责人的回避则由特殊主体决定：院长的回避，由本院审判委员会决定；检察长和公安机关负责人的回避，由同级人民检察院检察委员会决定②。

（二）回避决定的效力

在回避决定的效力上，本条第二款仅仅规定了侦查人员在回避决定做出前，不能停止对案件的侦查。其他机关的办案人员如何处理，并不明确。从目的解释看，侦查人员之所以不停止对案件的侦查，是因为侦查活动具有紧急性，不宜停止。③相比较而言，其他阶段则不存在这样的要求，因此，对本款应做反对解释，即其他机关的办案人员应当暂时停止对案件的处理，等候决定。

（三）驳回回避申请时的救济

第三款规定了对申请回避驳回的救济程序。既然是申请复议，就意味着一旦作出就生效，并且仍旧是向同一级法院提出，由同一级法院进行审查，其复议的效果之差，可想而知。由于实际不存在监督关系，复议制度往往名存实亡。这也是当事人对诉讼回避制度没有信心的重要原因之一。④在申请复议的具体程序上，公安司法机关的规定并不一致。其中，《解释》未予明确，仅规定有关人员有权在接到驳回决定时申请复议一次（第三十条第二款）。《诉讼规则（试行）》规定，当事人及其法定代理人申请复议的时间为，收到驳回申请回避的决定书后五日以内（第二十七条），决定机关应当在三日以内作出复议决定并书面通知申请人（第二

① 朗胜：《<中华人民共和国刑事诉讼法>修改与适用》，新华出版社2012年版，第75-76页。

② 在目前的司法体制中，同级公安机关负责人往往是同级党委的政法委员会书记，此时，要检察委员会决定其回避实在是有些“力不从心”。不过，好在这种情况目前已有了一定程度改观。

③ 有学者还提出：在侦查阶段担任书记员、鉴定人、翻译人员的，在回避决定作出前，都不能停止工作。这是由侦查工作的效率性和及时性特征所决定的。参见张军、陈卫东：《新刑事诉讼法疑难释解》，人民法院出版社2012年版，第60页。

④ 陈卫东：《刑事诉讼制度论》，中国法制出版社2011年版，第103页。

十八条）。而在《程序规定》第三十五条中对此有明确规定，但上诉时间却都是五日。这种差异看似微小，实则耐人寻味。笔者认为，《解释》中不明确规定复议的期限，有失严谨。实际上，侦查、起诉程序中当事人及其法定代理人、辩护人、诉讼代理人知悉案件办理者的信息相对困难，而审判程序中，又特别强调审判人员的身份告知，《解释》中不规定复议期限，可能是考虑到审判阶段的所谓回避本已稀少，在已经驳回有关人员申请的情况下，再详细规定复议期限，颇为“不值”，但如此一来，便有可能让回避制度缺乏基本要素而难以有效运作。至于公检两家的规定中虽然明确了期限，但时间上存在差别，其原因何在，尚待探讨。

顺带提及的是，本条没有规定是否回避决定的作出时间，对此，检法两家规定中均未涉及，反倒是《程序规定》第三十四条中要求：公安机关应当在收到回避申请后二日以内作出决定并通知申请人；情况复杂的，经县级以上公安机关负责人批准，可以在收到回避申请后五日以内作出决定。

（四）违反回避规定的责任

对此，本法没有明确规定，只是在第二百二十七条中规定，第二审人民法院发现第一审人民法院的审理违反回避制度的，应当裁定撤销原判，发回原审人民法院重新审判。显然，该规定无法直接适用于侦查和起诉阶段。对此，公检两机关的规定中进行了细化。《诉讼规则（试行）》第三十一条规定：因符合刑事诉讼法第二十八条或者第二十九条规定的情形之一而回避的检察人员，在回避决定做出以前所取得的证据和进行的诉讼行为是否有效，由检察委员会或者检察长根据案件具体情况决定。《程序规定》第三十七条规定：被决定回避的公安机关负责人、侦查人员在回避决定做出以前所进行的诉讼活动是否有效，由作出决定的机关根据案件情况决定。这两条规定值得赞赏。[①]

第三十一条　本章关于回避的规定适用于书记员、翻译人员和鉴定人。

辩护人、诉讼代理人可以依照本章的规定要求回避、申请复议。

【主旨】本条规定了申请回避权、复议权的主体以及回避对象。

【释评】本条扩展了回避对象的范围，并赋予了辩护人和代理人以申请回避权及复议权。

（一）回避对象的扩展

由于书记员、翻译人员和鉴定人在诉讼过程中，也有可能因偏私而侵害有关人员的权益，因此，他们也应当适用回避制度。不过，对第一款而言，其范围仍然偏窄，比如勘验人、审判委员会委员、检察委员会委员等就没有纳入其中。好在《解释》第三十二条，《诉讼规则（试行）》第三十二条中都将“两委”纳入了其中。需要注意，由于前面的“审判人员”中，已经包括了人民陪审员，这里就没有提及了。

（二）申请回避权主体的扩展

赋予辩护人和代理人的申请回避权及复议权，是正当程序以及保证程序公正、高效进行的必然要求。这表现在：一方面，他们对法律比较了解，因此知道如何正确地提出回避之申请；另一方面，即使申请不成，亦不会导致有关人员对当事人形成不悦之印象。[②]不过，着眼于实践，辩护人和代理人毕竟又具有相当的依附性，他们在发现办案机关有关人员具有回避

---

① 鉴于案件情况各不相同，而应回避人员已经完成的诉讼行为类型也千差万别，其行为并不当然无效，具体如何认定，应当区别不同情况进行。当然，针对不同行为的认定，以及后继如何处理，还需要进一步仔细研究。

② 易延友：《刑事诉讼法精义》，北京大学出版社 2013 年版，第 61 页。

情形时，最好与自己的当事人沟通后再作决定，如果当事人不敢或者基于某种原因不愿要求回避或者申请复议时，鉴于辩护人的独立诉讼地位，也应允许其为了当事人的利益自行要求回避和申请复议[①]。由于代理人只能以被代理人名义活动，在自己的当事人不愿申请回避或者申请复议时，其不宜以自己名义要求回避和申请复议。

最后需要指出，根据本款，我们在理解本章其他条款中的申请人范围时，均应加上辩护人与代理人，这是体系解释的必然要求。

① 宋英辉：《中华人民共和国刑事诉讼法精解》，中国政法大学出版社2012年版，第23页。

第四章 辩护与代理

本章主要从当事人角度规定了两种重要的行为（制度）——辩护和代理。其中，辩护与被追诉人密不可分，而代理则主要是为维护被害人权利而设①。

在我国，辩护是一个专门的刑事法律术语，辩护一定与控诉相对应，没有控诉就没有辩护，也不需要辩护。二者是一种相互依存的关系。从这个意义上讲，典型的辩护只能出现在审判阶段，然而，在现代刑事诉讼程序中，审判前阶段的侦查、起诉行为对后继的审判活动具有决定性影响，因此，审判前的辩护活动也更值得我们关注。辩护以辩护权为前提。辩护权，通常有广义和狭义两种理解。狭义的辩护权是指被指控人针对指控进行反驳、辩解以及获得辩护人帮助的权利。它通过陈述权、提供证据权、提问权、辩护权、获得辩护人帮助权等得以具体化。广义的辩护权除了包括狭义辩护权之外，还包括其延伸部分，如证据调查请求权、上诉权、申诉权等，甚至可以说辩护权是被指控人所有诉讼权利的总和，因为被指控人各项诉讼权利的行使，其总体目的均在于对刑事追诉进行防御，维护自身的合法权益②。在不少国家的宪法中，辩护权还被规定为犯罪嫌疑人、被告人的一项宪法性权利。

相比辩护来说，代理无论是在立法中的地位，以及理论研究层面都大为逊色。从表面看，这是因为诉讼代理本来就作用有限；然而从深层看，更蕴藏着对刑事诉讼的运作规律认识不足，相关人员利益诉求考虑不周，甚至人为限制的深刻危机。未来，我们需要建立一个更加科学、合理的代理制度，从而保障刑事诉讼的立法目的更好地实现。

第三十二条　犯罪嫌疑人、被告人除自己行使辩护权以外，还可以委托一至二人作为辩护人。下列的人可以被委托为辩护人：

（一）律师；

（二）人民团体或者犯罪嫌疑人、被告人所在单位推荐的人；

（三）犯罪嫌疑人、被告人的监护人、亲友。

正在被执行刑罚或者依法被剥夺、限制人身自由的人，不得担任辩护人。

【主旨】本条规定了被追诉人的自行辩护与委托辩护。

【释评】这两种辩护方式中，自行辩护只能由被犯罪嫌疑人、被告人自己行使，其属于最为完整的辩护形态，不因任何情况而被限制或剥夺。而委托辩护是指除自行辩护外，由犯罪嫌疑人、被告人本人，或者是其近亲属委托符合法定条件的人员担任辩护人，代为辩护。

---

① 当然，根据本法相关规定，代理也适用于附带民事诉讼当事人的代理，没收财产案件中犯罪嫌疑人、被告人近亲属、利害关系人的代理，以及强制医疗案件中被申请人或者被告人的代理等情况，从这个角度说，我国刑事诉讼法学中把代理一概称之为“刑事代理”是不妥的，因为至少附带民事诉讼就被公认为系民事诉讼，那么对其中当事人的代理自然只能是民事诉讼代理，而不可能是“刑事”代理。

② 熊秋红：《刑事辩护论》，法律出版社 1998 年版，第 6-7 页。

（一）辩护人的范围与资格限制

从第一款中可以看出，有资格担任委托辩护人者的范围非常广泛。显然，我国并没有采用律师强制代理主义，普通公民也可担任辩护人。尤其是第（三）项中有关犯罪嫌疑人、被告人“亲友”之规定，由于“亲友”是一个无法从法律上加以界定的概念，“亲”可以界定，而“友”则无法界定。因此，这一规定实际上意味着一切有诉讼行为能力者均可担任辩护人。[①]当然，在我国实际情况下，可以认为，只要没有不得担任辩护人的情况，任何人都有可能担任辩护人。从法律形态上看，辩护人一般都是自然人，但由于监护人可以担任辩护人，而根据民事法律的规定，单位亦可充当监护人，因此，监护人的法律属性有可能是单位，不过，出庭辩护者始终都只能是自然人。

本条第二款对辩护人的限制条件是，“正在被执行刑罚或者依法被剥夺、限制人身自由”；对此需要全面理解。正在执行刑罚，就意味着刑罚尚未执行完毕，因此，缓刑犯、假释犯均不能担任辩护人。排除了正在执行刑罚者后，依法被剥夺、限制人身自由的人，只能理解为除刑罚措施外，被其他类型强制措施剥夺或者限制人身自由的人员。具体而言，刑事诉讼强制措施中的拘留、逮捕、取保候审、监视居住应当包括在内。行政法上的强制措施以及诉讼法上的司法拘留措施的适用对象，由于也属于被依法剥夺或者限制人身自由之列，因此，这些人员也不得担任辩护人。

在不得担任辩护人的限制条件中，《解释》在第三十五条中进行了扩张。根据该条规定，一般情况下，下列人员不得担任辩护人：无行为能力或者限制行为能力的人；人民法院、人民检察院、公安机关、国家安全机关、监狱的现职人员；人民法院的人民陪审员；与本案审理结果有利害关系的人；外国人或者无国籍人。但是，后四种人员，如果是被告人的近亲属或者监护人，由被告人委托担任辩护人的，人民法院可以准许。《诉讼规则（试行）》的规定也大致相同。这些规定的合理性都值得商榷，在辩护人完全可以替代的情况下，仍然许可上述“问题”人员担任辩护人，可能会妨碍诉讼公正。另外，法律上的这种限制似乎并未考虑诉讼身份的冲突问题，比如，理论上多认为，证人、鉴定人、翻译人等也不宜担任辩护人[②]。因为证人、鉴定人和辩护人，在诉讼地位和职责相同，特别是当证人提供的证言或鉴定人提供的鉴定意见不利于犯罪嫌疑人、被告人时，证人、鉴定人同辩护人的职责更是互相冲突。所以既是本案的证人、鉴定人，又是本案的辩护人，不仅实际行不通，而且势必会使其证言和辩护词都同时失去可能具有的价值。

（二）辩护人的数量

在辩护人数量上，本条所规定的“一至二人”应当理解为，犯罪嫌疑人、被告人在同一个时间段内，最多只能有两名辩护人，而不是说他们拒绝辩护、另行委托辩护人的总数不得超过两人。[③]换言之，在不同时间段，犯罪嫌疑人、被告人当然可以委托不同的辩护人，此时辩护人总数完全可能超过两人。同时，按照易延友教授的理解：法律作此规定仅在限制与人民法院发生法律上联系之辩护人人数；倘若犯罪嫌疑人、被告人实力雄厚，自然可以聘请足

① 易延友：《刑事诉讼法》（第二版），法律出版社2004年版，第163页。
② 宋英辉、甄贞：《刑事诉讼法学》（第四版），中国人民大学出版社2013年版，第113页。
③ 李昌林：《最新中华人民共和国刑事诉讼法释义》，中国法制出版社2012年版，第68页。

够数量之律师为其服务，不过能以其辩护人之名义至检察机关和审判机关查阅案卷、发表意见者，仅限于2人而已。[①]修法过程中，全国律协曾提出，应把本条改为“犯罪嫌疑人、被告人委托的辩护人人数不受限制，但选定出庭的辩护人不应超出二人”。其理由在于：聘请律师是被告人的私权利，公权力不应该予以限制；原来立法沿袭前苏联的规定，目前其他国家对此均没有限制性的规定；律师办案过程中，经常在会见、阅卷、研讨案件、请教专家等环节受限于只能聘请两名律师的规定，然而实践中为了实现充分辩护的目的，律师确实需要寻求他人帮助，或多名律师合作。如果不允许聘请多人做辩护，其他律师会因没有取得辩护权而无法配合工作。公诉机关可以安排多名公诉人参与诉讼（有时会达到六人、八人，可以利用退回补充侦查的方式获取更长的准备时间），而两名辩护人往往在开庭准备上无法保障质量（法院在公诉后一个月内开庭，仅有两名辩护人，阅卷、会见的时间常常不足）；放开聘请律师人数限制，也为以后进一步实现律师讯问在场提供条件。[②]该建议希望今后能被立法机关采纳。

另外，同案的犯罪嫌疑人、被告人间可能存在着利害冲突，因此，一名辩护人不得同时接受两个以上（含两个）犯罪嫌疑人、被告人委托，作他们的共同辩护人。比如《程序规定》第四十一条就规定，对于同案的犯罪嫌疑人委托同一名辩护律师的，或者两名以上未同案处理但实施的犯罪存在关联的犯罪嫌疑人委托同一名辩护律师的，公安机关应当要求其更换辩护律师。最高人民检察院、最高人民法院的规定也基本相同。[③]

第三十三条　犯罪嫌疑人自被侦查机关第一次讯问或者采取强制措施之日起，有权委托辩护人；在侦查期间，只能委托律师作为辩护人。被告人有权随时委托辩护人。

侦查机关在第一次讯问犯罪嫌疑人或者对犯罪嫌疑人采取强制措施的时候，应当告知犯罪嫌疑人有权委托辩护人。人民检察院自收到移送审查起诉的案件材料之日起三日以内，应当告知犯罪嫌疑人有权委托辩护人。人民法院自受理案件之日起三日以内，应当告知被告人有权委托辩护人。犯罪嫌疑人、被告人在押期间要求委托辩护人的，人民法院、人民检察院和公安机关应当及时转达其要求。

犯罪嫌疑人、被告人在押的，也可以由其监护人、近亲属代为委托辩护人。

辩护人接受犯罪嫌疑人、被告人委托后，应当及时告知办理案件的机关。

【主旨】本条主要规定了辩护人介入刑事诉讼的时间。

【释评】控辩对抗是刑事诉讼的主要内容之一，辩护方何时介入，对被追诉人权利维护至关重要。

（一）辩护人介入刑事诉讼的时间

依第一款规定，辩护人只能“在犯罪嫌疑人自被侦查机关第一次讯问或者采取强制措施之日起”，才可以介入刑事诉讼程序。这就意味着，立案阶段不行，因为不现实[④]。相比较而言，原1996年法律的规定是，“犯罪嫌疑人在被侦查机关第一次讯问后或者采取强制措施之

---

① 易延友：《刑事诉讼法》（第二版），法律出版社2004年版，第163页。需要指出的是，根据本法规定，委托辩护明确提前至侦查阶段，因此辩护人首先应和侦查机关，当然主要是公安机关发生联系，而且辩护活动的范围也有所增大。

②《中华全国律师协会〈中华人民共和国刑事诉讼法〉及修正案（草案）修改意见稿》第四条。

③ 详见《诉讼规则（试行）》第三十八条第二款，《解释》第三十八条第二款。

④ 中国刑事诉讼程序最完整的公诉案件程序分为立案、侦查、起诉、审判和执行五个阶段。立案阶段的调查只能是初步调查，或者没有犯罪嫌疑人，即使有，大多数情况下的嫌疑程度都较低，如果是现行犯或者重大嫌疑人分子，则立案阶段会很快结束，侦查活动随即展开，接下来当然就应适用本条的相关规定了。

日起……”，2012年修改后的法律只不过把“后”去掉了，其余并无变化。有学者提出，这就意味着从被侦查机关第一次讯问开始，而不是第一次讯问结束后开始，犯罪嫌疑人就有权委托辩护人。当然，虽然犯罪嫌疑人有权委托辩护人，但法律并没有规定要辩护人到场后才能够进行讯问[①]。笔者不完全同意这种观点。首先，诚如所言，法律并没有明确规定辩护人的在场权，另外，从实现可能性上分析，辩护人（当然主要是律师）在场权也没有存在空间。因为在侦查阶段，何时审讯是由侦查机关自行决定的，虽然在采取了拘留、逮捕等强制措施后，法律对讯问展开的时间有要求，但在法定时间期限内，究竟何时进行讯问，也完全由侦查机关掌握，如果认可辩护人在场权，那么是否是侦查机关需要等律师在场后才能展开讯问呢？问题的关键在于，如何保证律师能够随时在场呢？要知道，刑事案件基本上都是突发性的，何时捕获犯罪嫌疑人带有相当之不确定性，为了及时获悉案件信息，查寻证据，需要尽早进行讯问，要求辩护人像侦查人员那样随时待命难以做到。

侦查阶段之所以只能委托律师作为辩护人，主要是考虑到律师是专门提供法律服务的人员，由其作为辩护人能够平衡各方面利益，即既能满足犯罪嫌疑人适当的获得法律帮助的要求，也不致妨碍侦查活动的依法有序进行。[②]

被告人有权随时委托辩护人中的“随时”，不是指什么时候都可以，应当理解为，人民法院受理案件后[③]，法庭辩论终结前[④]。

（二）办案机关的告知义务和转达义务

第二款科以了公安司法机关在不同诉讼阶段，对被追诉人委托辩护权的告知义务和转达义务。其中，侦查机关在第一次讯问犯罪嫌疑人或者对犯罪嫌疑人采取强制措施的时候，就应当告知犯罪嫌疑人有权委托辩护人。虽然笔者认为辩护人在场权依据不足，但从本款看，侦查机关的告知应当在讯问开始时进行，而不是在讯问结束后再行告知。

（三）监护人、近亲属的代为委托权

在第三款中，法律规定的是监护人、近亲属“代为”委托，这应理解为，他们以自己名义委托辩护人，其委托事项为：要求辩护人为嫌疑人、被告人辩护。笔者认为，本款把监护人与近亲属并列起来存在问题。因为在一百零六条中，近亲属的范围基本上都包括了监护人了，将其单列不甚准确。

（四）辩护人的告知义务

第四款规定了辩护人接受委托后的告知义务。这里的“告知”是指，辩护人在接受委托后，将接受委托的有关情况告知办理案件的侦查机关、人民检察院或者人民法院，提交有关委托手续。上述机关在收到有关委托手续后，应当记录在案并随案移送。犯罪嫌疑人、被告人另行委托辩护人的，新接受委托的辩护人也应当依照本款规定将接受委托的情况告知办案机关。[⑤]笔者认为，从客观上讲，辩护人接受委托后，为了顺利展开辩护活动，自己都有动力

---

① 李昌林：《最新中华人民共和国刑事诉讼法释义》，中国法制出版社2012年版，第74页。

②⑤ 朗胜：《<中华人民共和国刑事诉讼法>修改与适用》，新华出版社2012年版，第82页，第83页。

③ 此时才有被告人。

④ 法庭辩论终结后，接下来就是合议庭评议与宣判，由于合议庭评议秘密进行，被告人此时再提出委托辩护人，已无意义了。

将有关事项及时告知办案机关，因为在案件相关信息、资料已经被办案机关“垄断”的情况下，不与之沟通交涉，几乎无法进行辩护。从这个角度看，本款规定意在强调。

第三十四条　犯罪嫌疑人、被告人因经济困难或者其他原因没有委托辩护人的，本人及其近亲属可以向法律援助机构提出申请。对符合法律援助条件的，法律援助机构应当指派律师为其提供辩护。

犯罪嫌疑人、被告人是盲、聋、哑人，或者是尚未完全丧失辨认或者控制自己行为能力的精神病人，没有委托辩护人的，人民法院、人民检察院和公安机关应当通知法律援助机构指派律师为其提供辩护。

犯罪嫌疑人、被告人可能被判处无期徒刑、死刑，没有委托辩护人的，人民法院、人民检察院和公安机关应当通知法律援助机构指派律师为其提供辩护。

【主旨】本条规定了指定辩护[①]的条件与及程序。

【释评】辩护权是被追诉人权利核心所在。刑事诉讼程序中，一方面，强大的国家要打击犯罪，保障人民生命、财产不受侵害；另一方面，在被追诉人因特殊情况无法很好行使辩护权时，国家也有义务提供相应援助。本条规定，对公安司法机关的工作内容提出了新的要求。其中，主要是公安机关与检察机关要学会与法律援助机构“打交道”，而这以前完全是人民法院的事。

（一）依申请而为的指定辩护

第一款规定了犯罪嫌疑人、被告人及其近亲属依申请的指定辩护。根据现行《法律援助条例》[②]以及《办理法律援助案件程序规定》[③]之规定，犯罪嫌疑人、被告人及其近亲属，以及被害人都有权申请法律援助，“公民因经济困难申请刑事法律援助的，由办理案件的人民法院、人民检察院、公安机关所在地的法律援助机构受理。申请人就同一事项向两个以上法律援助机构提出申请的，由最先收到申请的法律援助机构受理”[④]。“法律援助机构应当自受理申请之日起 7 个工作日内进行审查，并作出是否给予法律援助的决定；属于该程序规定第十四条规定情形的，可以适当延长审查期限。”[⑤]“对于刑事法律援助案件，法律援助机构应当自作出给予法律援助决定或者收到指定辩护通知书之日起 3 个工作日内指派律师事务所安排律师承办，或者安排本机构的法律援助律师承办。”[⑥]“法律援助机构应当根据本机构、律师事务所、基层法律服务所、其他社会组织的人员数量、资质、专业特长、承办法律援助案件的情况、受援人意愿等因素合理指派或者安排承办机构、人员。特别是，法律援助机构、律师事务所应当指派或者安排具有一定年限刑事辩护执业经历的律师担任死刑案件的辩护人。”[⑦]笔者认为，申请法律援助只是形式上的称谓，强调了提供这种法律服务的义务性，而从被追诉

① 由于辩护人介入刑事诉讼程序时间的提前，以及指派律师为特定人员提供辩护程序的改变，在 2012 年《刑事诉讼法语境》中，传统上的指定辩护概念完全应当重构。但这种辩护活动究竟称之为什么更合适，目前尚无定论。笔者的观点是继续适用“指定辩护”。具体分析详见夏永全：《论新刑诉法第 34 条和第 267 条确定的辩论种类——兼论《法律援助条例》的修改》，载《中国刑事法杂志》2012 年第 10 期。

② 2003 年 9 月 1 日起施行。其制订依据为 1996 年《刑事诉讼法》的相关规定，由于法律已经修订，该条例也有必要进行相应修改。

③ 2012 年 7 月 1 日起施行。

④《办理法律援助案件程序规定》第八条第二款。

⑤《办理法律援助案件程序规定》第十三条第一款。

⑥《办理法律援助案件程序规定》第二十条第二款。

⑦《办理法律援助案件程序规定》第二十一条。

人实际获得的法律帮助程序看，称其为指定辩护也并无不妥。

（二）依职权而为的指定辩护

第二款和第三款分别规定了在符合法定条件情况下，如果犯罪嫌疑人、被告人没有委托辩护人，公安司法机关应当通知法律援助机构指派律师为其提供辩护。与前一款不同的是，依职权而为的指定辩护并没有经济困难的要求，也就说是，无论何种原因，只要特定犯罪嫌疑人、被告人没有委托辩护人，就需要指定辩护。相比较而言，本次修法对适用指定辩护的对象和程序均作了调整。在适用对象上，此两款总共规定了三类人员。

第一类“盲、聋、哑”系指犯罪嫌疑人、被告人的生理状态，只要具备其中之一即可。另外，出现盲、聋、哑的时间一般来说是案发前或案发当时，但如果是案发后才出现的，也应当给予指定辩护。

第二类人员范围的确定则需要先行认定。从逻辑上分析，“尚未完全丧失辨认或者控制自己行为能力的精神病人”需要经法定程序进行鉴定方能确定，有疑问的是，是否一定要等到鉴定结果出来后，法律援助机构才可以决定是否为其提供法律援助服务呢？从法条字面意思看，似乎应当这样解释。但是，众所周知，鉴定之前以及鉴定过程中，恰恰是其最需要法律帮助的时候，否则他的辩护权利恐怕还会受到不恰当的限制[①]。

第三类人员是从其可能被判处的刑罚轻重角度进行的区分，与前述两种人员有可能存在交叉。这里规定的“可能”被判处无期徒刑、死刑，是人民法院、人民检察院和公安机关根据案件的事实和证据情况得出的一种可能性判断，而不是定论。[②]考虑到公安司法机关不同的职责，要求侦查机关确定犯罪嫌疑人可能被判处重刑明显与案件进程不符。实际上，只有在侦查终结时才可能对案情进行一定评估，而此时再对犯罪嫌疑人适用指定辩护又失去了意义。因此，笔者认为，对这类人员自人民检察院审查起诉之日起适用指定辩护是比较妥当的。最后，应当指出，根据本法第二百六十七条的规定，对未成年人犯罪嫌疑人、被告人，没有委托辩护人的，人民法院、人民检察院和公安机关也应当通知法律援助机构指派律师为其提供辩护。

（三）申请法律援助和通知援助之间的关系

通观相关规定可以发现，“申请援助” 和“通知援助”分属不同性质的范畴，“申请援助”属于犯罪嫌疑人、被告人及其近亲属的一项权利，他们享有是否行使、如何行使的自由。比如，他们既可以自行前往法律援助机构申请，也可以通过办理案件的公安司法机关申请，这些机关收到该申请后，应当及时将其申请转交所在地的法律援助机构，并通知申请人的监护人、近亲属或者其委托的其他人员协助提供有关证件、证明等相关材料[③]。而“通知援助”则属义务范畴，当然，从另一个角度看，认为其具有一定“权力”属性不无不可，因为对法律援助机构而言，一旦接到办案机关的“指定辩护”通知书，就应当在 3 个工作日内指派律师事务所安排律师承办，或者安排本机构的法律援助律师承办。此时，法律援助机构不再对受援人是否符合法律援助条件进行审查。正因二者属性不同，在实践中就可能出现一定的冲突。

① 陈卫东：《2012 刑事诉讼法修改条文理解与适用》，中国法制出版社 2012 年版，第 33 页。
② 朗胜：《<中华人民共和国刑事诉讼法>修改与适用》，新华出版社 2012 年版，第 86-87 页。
③《程序规定》第四十五条，《诉讼规则（试行）》第四十二条。

最明显的一点在于它们完全可能“同时并举”，但其结果却无法相容。比如犯罪嫌疑人的近亲属在接到办案机关采取强制措施的“通知”后，赓即前往法律援助机构提出“申请”；而办案机关必定需要进行相应审查，并办理相关审批手续后才能最终作出“指派通知”。而虽然法律援助机构也要对申请进行审查，但除非有特殊情况，法律援助机构应当自受理申请之日起 7 个工作日内进行审查，并作出是否给予法律援助的决定。一旦法律援助机构决定给予法律援助，还应当同时函告有关人民法院、人民检察院、公安机关等单位。[①]可以预见的是，人民法院、人民检察院、公安机关一旦接到法律援助机构给予的法律援助决定书，就不可能再行审查审批是否需要“指派”的问题。因此，“申请援助”和“指派援助”在程序上虽然可能“并存”，但在结果上却相互影响，并且是“排斥”的。换言之，如果法律援助机构已经决定给予援助，则办案机关不再通知指派援助，而一旦办理案件的人民法院、人民检察院、公安机关经审查，认为符合条件，发出“指派援助”通知的，则法律援助机构不管有无申请，直接指派律师实施法律援助即可。

（四）指定辩护的义务主体和时间

依法条文义，人民法院、人民检察院和公安机关都有通知法律援助机构的义务，而法律援助机构有指派律师为被追诉人提供辩护的义务；律师则作为具体承担援助义务的人员而存在，从这个角度说，上述五者都是义务主体，只是其地位和作用有所差别。不过，在确定律师承担法律援助义务时，我们应该把握这样一个基准，法律援助是政府的责任，律师承担法律援助应是辅助性的手段，因为我国律师已经是依法取得执业证书的执业人员，律师行业已经走向了市场，过多的义务量不但不现实，律师也无法承受[②]。相比较以前，指定辩护的时间阶段大为提前，并且全面覆盖了侦查、起诉和审判三个主要阶段。另外前已提及，在第三款规定的情况下，由于可能被判处无期徒刑、死刑属于类似于宣告刑的判断，侦查机关基本上难以做到；所以，实务中不太可能在侦查阶段予以适用。

第三十五条　辩护人的责任是根据事实和法律，提出犯罪嫌疑人、被告人无罪、罪轻或者减轻、免除其刑事责任的材料和意见，维护犯罪嫌疑人、被告人的诉讼权利和其他合法权益。

【主旨】本条规定了辩护人的责任。

【释评】辩护人的责任是辩护制度的核心之一，对辩护人责任的不同理解，会带来不同的制度设计，如同对刑事诉讼目的认识不同，会极大影响刑事诉讼的制度构建一样。

（一）辩护人责任的定位

根据《宪法》及本法的相关规定，犯罪嫌疑人、被告人享有自我辩护与委托辩护的权利。辩护人接受委托授权代犯罪嫌疑人、被告人进行辩护，当然应该是一种权利。既然是一种权利，并且说到底是犯罪嫌疑人、被告人自己的权利，那么，辩护就不是“责任”，更不能是“举证责任”。可能正是意识到到了这一点，本次修法去掉了 1996 年法律中的“证明”一词。在无罪推定原则下，被告人、犯罪嫌疑人并不承担证明自己无罪、罪轻的责任。相反，举证证明自己无罪、罪轻应属其权利范畴。辩护人受委托或被指派为被告人、犯罪嫌疑人辩护，当然也具有权利属性。现代法治国家设立辩护制度的目的，在于帮助被告人、犯罪嫌疑人实现其辩护权。从辩护制度的价值来看，辩护人不得对委托人进行有罪指控，基于此，辩护行为

---

① 《办理法律援助案件程序规定》第十七条之规定。

② 沈红卫：《中国法律援助制度研究》，湖南人民出版社 2006 年版，第 124-125 页。

也带有一定义务性质。综上，笔者认为，将辩护律师在刑事诉讼中的辩护，定位为一种“职责”更为妥当[①]。

（二）辩护人责任的内容

显然，辩护人提出犯罪嫌疑人、被告人无罪、罪轻或者减轻、免除其刑事责任的材料和意见，基本上都是从实体方面出发的，其与本条后半段的规定不太协调。因为犯罪嫌疑人、被告人的诉讼权利和其他合法权益中，应当包括犯罪嫌疑人、被告人的程序权利、程序利益，辩护人进行程序性辩护完全没有障碍。现阶段，公检法三机关在办案过程中程序违法的情况时有发生，辩护人（律师）对此提出辩护意见的法理依据非常充分。因为作为程序性违法的直接受害者，被告方一般有着将这种违法行为诉诸司法程序的欲望，也势必有着“为权利而斗争”的动力。而相对于直接受害者的被告方而言，即使是那些负有“公正审判”使命的法官，也未必对刑事诉讼中的程序性违法问题有着较强的敏感性，更不会对发现和制裁这种程序性违法行为保持足够的兴趣和动力[②]。因此，辩护人的程序性辩护对程序性违法行为的纠正，以及被追诉人权益维护具有重要作用。

第三十六条　辩护律师在侦查期间可以为犯罪嫌疑人提供法律帮助；代理申诉、控告；申请变更强制措施；向侦查机关了解犯罪嫌疑人涉嫌的罪名和案件有关情况，提出意见。

【主旨】本条规定了侦查阶段的律师辩护。

【释评】此次修法肯定了律师介入侦查阶段的辩护人身份，并在原有立法基础上强调其有权“提出意见”，这一规定具有相当积极的意义。由于本章中有关取证主体的限制已经不复存在，在新法中，辩护律师已经可以与侦查机关产生一定的对抗，其作为独立诉讼主体的价值得到了进一步的体现，不再是办案部门眼中的“法律顾问”，而是代表犯罪嫌疑人的辩护人。辩护律师可以理直气壮地在侦查阶段与办案人员进行交涉，了解指控的罪名和案情，而不应受到侦查机关的无理限制。同时，辩护律师也可以就案件提出意见，并得到办案单位的尊重[③]。

（一）侦查阶段辩护的内容

根据本条和下一条之规定，辩护律师在侦查阶段的辩护活动，按照逻辑顺序应为：向侦查机关了解犯罪嫌疑人涉嫌的罪名和案件有关情况[④]，会见犯罪嫌疑人[⑤]，向其提供法律帮助，如果发现侦查机关办案人员有违法违规行为[⑥]，应当代为申诉控告。在原有强制措施适用条件已经发生变化的情况下，代为申请变更。在原 1996 年法律中（第九十六条第二款），侦查阶段受委托的律师有权向侦查机关了解犯罪嫌疑人涉嫌的罪名，可以会见在押的犯罪嫌疑人，向犯罪嫌疑人了解案件的情况。律师会见在押的犯罪嫌疑人，侦查机关根据案件情况和需要可以派员在场。涉及国家秘密的案件，律师会见在押的犯罪嫌疑人，应当经侦查机关批准。通过比较可以发现，本条中唯一对侦查阶段律师职权进行的扩大，似乎仅仅是“有权提出意

① 有关分析也可参见顾永忠、程滔等：《刑事诉讼法治化与律师的权利及其保障》，中国人民公安大学出版社 2010 年版，第 177-178 页。

② 叶青：《刑事诉讼法学专题研究》，北京大学出版社 2007 年版，第 285-286 页。

③ 陈卫东：《2012 刑事诉讼法修改条文理解与适用》，中国法制出版社 2012 年版，第 26 页。

④ 根据《程序规定》第四十七条的要求，辩护律师向公安机关了解案件有关情况的，公安机关应当依法将犯罪嫌疑人涉嫌的罪名以及当时已查明的该罪的主要事实，犯罪嫌疑人被采取、变更、解除强制措施，延长侦查羁押期限等案件有关情况，告知接受委托或者指派的辩护律师，并记录在案。但从实践情况看，罪名可以了解，而了解其他情况则比较困难。

⑤ 由于中国刑事诉讼程序中的高羁押率不太可能短时间内降低，犯罪嫌疑人一般都会被采取强制措施，律师实际上只能通过会见才能提供法律帮助。

⑥ 从侦查机关处基本上不可能了解到。

见”。所谓“有权提出意见”，如果单纯从文义上解释，似乎意义不大，因为律师在刑事诉讼中的一切活动，基本上都可以被解释为“提出意见”。应该认为，本条所提及的“有权提出意见”，从体系上分析，其实质含义就是辩护律师提出的与犯罪嫌疑人涉嫌的罪名和案件有关的意见，能够得到足够的回应，特别是得以书面的形式进入案卷[①]。

（二）提出意见权的实现

提出意见权入法固然值得肯定，然而，让人关心的是，该权利如何能够实现？

首先需要明确的是，辩护律师在侦查阶段向侦查机关提出意见，当然是履行辩护人责任的表现。本法第三十五条规定：辩护人的责任是根据事实和法律，提出犯罪嫌疑人、被告人无罪、罪轻或者减轻、免除其刑事责任的材料和意见，维护犯罪嫌疑人、被告人的诉讼权利和其他合法权益。由此，辩护律师提出意见的内容应当围绕无罪、罪轻或者减轻、免除其刑事责任等实体内容展开，否则便是失职。对此，实务界人士便将其理解为“既包括对案件事实和证据提出意见，也包括对侦查活动是否合法等提出意见”[②]。但是，由于第三十八条把辩护律师阅卷权的时间限定为审查起诉阶段，而第三十七条又把向犯罪嫌疑人、被告人核实有关证据限定为“自案件移送审查起诉之日起”，如果把向犯罪嫌疑人、被告人核实有关证据理解为辩护律师在审查起诉阶段阅卷所得，并无不妥。然而，问题在于，这两条的逻辑关系显得有些不够顺畅，因为第三十七条在前，其强调的是辩护律师为犯罪嫌疑人、被告人提供法律服务的内容，而第三十八条规定的是辩护律师的阅卷权，如果把第三十七条中的“核实证据”理解为三十八条中辩护律师阅卷所得，当然没什么问题。但是仔细分析就会发现，由于第三十七条对核实证据的时间进行了限定，这是否意味着在此之前，辩护律师根本不能向犯罪嫌疑人核实证据呢？站在公安司法机关的立场，可能“当然”应做如是反对解释。但是，在随后的第三十九至四十一条中，法律除了在取证程序上仍然有所限制外，之前立法中的限制均已不见。换言之，在侦查阶段，辩护律师不仅可以自行调查取证，还可以申请有关机关调查取证（有关调查取证的分析详见本书对第四十一条的释评）。如此一来，按照第三十七条的规定，即使辩护律师调取了证据，也不能在侦查阶段向嫌疑人核实，这让律师如何提出意见呢？试想，律师在侦查阶段无权阅卷，历尽千辛万苦调取了一些证据却不能告知当事人，更不能让其辨认核实，该事实能否成立以及该证据真实与否。律师怎样判断，如何确定，如何为犯罪嫌疑人进行辩护？如果认为根据向侦查机关了解犯罪嫌疑人涉嫌的罪名和案件有关情况，以及向犯罪嫌疑人了解有关情况后也可以“提出意见”，甚至就算是“提出意见”的话，那侦查阶段律师辩护的质量就可想而知了。另外，前已提及，在第一百五十九条中，法律强调在案件侦查终结前，辩护律师提出要求的，侦查机关应当听取辩护律师的意见，并记录在案。辩护律师提出书面意见的，应当附卷。从该条表述看，言下之意似乎是如果辩护律师不提出要求，侦查机关就不必听取其意见，这样规定与辩护人的职责当然并无大的冲突，但由于我国公安司法机关均被要求“必须依照法定程序，收集能够证实犯罪嫌疑人、被告人有罪或者无罪、犯罪情节轻重的各种证据”。据此，既然犯罪嫌疑人已经有了辩护人，侦查机关为何不主动听取其意见，非要等着提出才听取？

---

① 万旭：《刑事诉讼法修正案解析第二稿 5（辩护与代理之二）》，载 http：//blog.sina.com.cn/s/blog_658b745f01014u7a. html，2012-07-28。

② 陈国庆：《辩护制度的改革及其对检察机关的积极意义》，载《国家检察官学院学报》2012 年第 3 期，第 11 页。

最后需要指出的是，提出意见是辩护人的一项权利，而听取意见更多体现为公安机关、人民检察院、人民法院依法保障和尊重律师执业权利的措施，因此，是否提出意见，如何提出，在哪个环节提出，都应遵循辩护人自愿原则[①]。

第三十七条　辩护律师可以同在押的犯罪嫌疑人、被告人会见和通信。其他辩护人经人民法院、人民检察院许可，也可以同在押的犯罪嫌疑人、被告人会见和通信。

辩护律师持律师执业证书、律师事务所证明和委托书或者法律援助公函要求会见在押的犯罪嫌疑人、被告人的，看守所应当及时安排会见，至迟不得超过四十八小时。

危害国家安全犯罪、恐怖活动犯罪、特别重大贿赂犯罪案件，在侦查期间辩护律师会见在押的犯罪嫌疑人，应当经侦查机关许可。上述案件，侦查机关应当事先通知看守所。

辩护律师会见在押的犯罪嫌疑人、被告人，可以了解案件有关情况，提供法律咨询等；自案件移送审查起诉之日起，可以向犯罪嫌疑人、被告人核实有关证据。辩护律师会见犯罪嫌疑人、被告人时不被监听。

辩护律师同被监视居住的犯罪嫌疑人、被告人会见、通信，适用第一款、第三款、第四款的规定。

【主旨】本条规定了辩护律师的会见权和通信权。

【释评】会见与通信是辩护人展开辩护活动的重要手段，有关制度设计是否合理，将极大影响辩护活动的效果。总体而言，辩护律师当然享有这两项权利，而其他辩护人只有经人民法院、人民检察院许可后方才享有上述权利。

（一）会见权及其意义

本条第一款明确肯定了辩护律师对在押犯罪嫌疑人、被告人有会见权和通信权。当然，从权源上讲，这些都应是被追诉人本人的权利，辩护人所享有的只是派生性权利。辩护律师接受委托后，与自己的服务对象见面并进行沟通对于发挥律师的作用具有重要意义。“通过会见，律师可以从被指控人那里了解案件有关情况，了解被指控人是否受到追诉机关的不当对待并能为被指控人提供法律咨询，这是律师在诉讼过程中发挥其辩护职能的基础。”[②]按照日本学者的分析：对被押与外界失去联系的犯罪嫌疑人来说，会见权是最重要的权利。律师通过会见，能为在押犯罪嫌疑人提供咨询，解除其在押状态中的不安，提供家庭等外界信息，缓解他的孤立感。律师也可以根据犯罪嫌疑人所处状况，向其解释诉讼程序等法律知识，在犯罪嫌疑人接受讯问时，告知其沉默权等各种权利。当然，律师通过会见还能够监视侦查机关的侦查是否正当，对违法程序提出异议[③]。

（二）通信权及其困境

虽第一款规定辩护律师可以同在押的犯罪嫌疑人、被告人通信，但在实践中基本做不到。原因在于律师写信到看守所受到看守所的控制，犯罪嫌疑人、被告人根本看不到；犯罪嫌疑人、被告人给律师通信更不可能，既没有写信用具，也寄不出去。[④]可能是考虑到通信权的“名存实亡”状态，经 2007 年、2012 年修订后的《律师法》第三十三条中仅仅规定了会见权，而

① 童建明：《新刑事诉讼法理解与适用》，中国检察出版社 2012 年版，第 165 页。
② 熊秋红：《从刑事司法国际标准的角度看我国刑事辩护制度》，载《法学评论》1998 年第 2 期，第 60 页。
③ [日]田口守一：《刑事诉讼法》刘迪等译，法律出版社 2000 年版，第 93 页。
④ 顾永忠、程滔：《刑事诉讼法治化与律师的权利及其保障》，中国人民公安大学出版社 2010 年版，139 页。

直接去掉了"通信权"，这一变化颇有些令人沮丧。尽管如此，笔者还是认为，这并不代表该权利就没有意义。实际上，通信在某种情况下，可能会更有利于维护犯罪嫌疑人、被告人的合法权益，辩护律师应当根据案件的具体情况审慎加以采用。

（三）会见在押犯罪嫌疑人、被告人

1. 自由会见与特殊案件经许可

第二款规定了辩护律师会见在押犯罪嫌疑人、被告人的程序。从文义看，本条规定虽然从立法上消除了看守所拒绝安排会见的各种借口，但是并没有规定看守所不履行这项职责的情形下，辩护律师可以采取什么措施进行权利救济，也没有规定这种行为会产生怎样的法律后果，这无疑会在实践中成为放纵公安机关不及时安排会见的立法短板。而四十八小时的安排会见时间无疑过长，使得辩护人与被追诉人无法及时交流案情，从而无法保障辩护权的充分行使。①此外，最令人担心者莫过于，如果把四十八小时理解为在该时间段内作出安排，而会见日期却在若干天后。那么，在看守所一般都处在偏远城郊、交通不便的实际情况下，无疑会极大限制律师会见的作用。②好在《六机关规定》以及其他相关规定均明确要求：辩护律师要求会见在押的犯罪嫌疑人、被告人的，看守所应当及时安排会见，保证辩护律师在四十八小时以内见到在押的犯罪嫌疑人、被告人。

第三款规定了特殊案件中，辩护律师会见在押的犯罪嫌疑人，应当经侦查机关许可。不少人曾经担心侦查机关单方面将案件范围扩大，因为案件尚在侦查阶段，许多情况不甚明朗，究竟案件是否就与法律明定的几种情况无关，需要案件侦查终结后才能知道，如果侦查机关以此为借口拒绝律师会见，律师实际上很难有救济途径。好在《诉讼规则（试行）》第四十五条对此进行了一定程度限制：有下列情形之一的，属于特别重大贿赂犯罪：（1）涉嫌贿赂犯罪数额在五十万元以上，犯罪情节恶劣的；（2）有重大社会影响的；（3）涉及国家重大利益的。笔者认为，该规定除了涉嫌数额明确以外，其他均属于主观性较强的判断，如果辩护方与侦查机关存有不同看法，在现行司法体制下，最终也只能由侦查机关说了算。

值得注意的是，"事先告知看守所"作何解释？立法机关人士认为，之所以要告知看守所，主要是因为看守所是不负责案件侦查的部门，对于案件是否属于上述三类犯罪案件不一定清楚。根据这一规定，侦查机关在拘留、逮捕上述三类案件的犯罪嫌疑人后，应当在送交看守所羁押的同时将这一情况告知看守所，在侦查过程中发现犯罪嫌疑人还涉嫌上述三类案件时，也应当及时通知看守所。看守所接到通知后，对于上述三类案件，在辩护律师要求会见时，如果辩护律师没有得到侦查机关的许可，看守所不得安排会见③。也就是说，按此理解，侦查机关的所谓事先告知，就是指在将犯罪嫌疑人送押时，即应告知看守所案件是否属于法定需要批准的三种类型。对此，公安部规定：对危害国家安全犯罪案件、恐怖活动犯罪案件，办案部门应当在将犯罪嫌疑人送看守所羁押时书面通知看守所；犯罪嫌疑人被监视居住的，应当在送交执行时书面通知执行机关。④最高人民检察院也规定，对于特别重大贿赂犯罪案件，犯罪嫌疑人被羁押或者监视居住的，人民检察院侦查部门应当在将犯罪嫌疑人送交看守所或者送交公安机关执行时书面通知看守所或者公安机关，在侦查期间辩护律师会见犯罪嫌疑人

---

① 冀祥德：《最新刑事诉讼法释评》，中国政法大学出版社 2012 年版，第 34 页。
② 陈卫东：《2012 刑事诉讼法修改条文理解与适用》，中国法制出版社 2012 年版，第 28 页。
③ 朗胜：《〈中华人民共和国刑事诉讼法〉修改与适用》，新华出版社 2012 年版，第 94-95 页。
④《程序规定》第四十九条。

的，应当经人民检察院许可。[①]据此，依反对解释，凡是侦查机关没有以书面方式明确告知看守所的，辩护律师都有权直接会见。

2. 会见的内容

第四款规定了辩护律师会见委托人时的工作内容，即了解案件有关情况，提供法律咨询等。了解案情与法律咨询是密不可分的。辩护律师需要通过了解案情来充分提供法律咨询，通过咨询又可以进一步了解案件。实践中，犯罪嫌疑人绝大多数对法律知之甚少，急需律师解答法律上的问题。律师提供法律咨询，主要是针对刑法关于犯罪嫌疑人所涉嫌罪名、犯罪性质、量刑标准以及刑法关于自首、立功的规定等问题进行解释。同时，律师还应根据法律规定，为犯罪嫌疑人解答有关诉讼程序和诉讼权利的问题，包括：有关立案、侦查、起诉、审判、执行等诉讼程序的规定，有关强制措施的条件、期限、适用程序的规定，公安司法人员回避的规定；犯罪嫌疑人有要求自行书写供述的权利；对侦查人员制作的讯问笔录有核对、补充、改正、附加说明的权利以及在承认笔录没有错误后应当签名或按手印的义务；犯罪嫌疑人享有侦查机关应当将用作证据的鉴定意见向他的告知的权利，以及可以申请补充鉴定或者重新鉴定的权利；犯罪嫌疑人享有辩护权、申诉权、控告权以及其他有关权利。提供法律咨询，不仅限于犯罪嫌疑人提出的法律问题，对与犯罪嫌疑人有关的其他法律问题，不论其是否向律师提出，律师都有责任提供帮助。本款中的"等"字非常关键。因为在不同的诉讼阶段，辩护律师能够展开的辩护手段有所不同。比如在侦查阶段由于没有阅卷权，并且法律也把核实证据的时间限定在审查起诉之日起，这就造成了在此阶段，虽然辩护律师可以调查取证，却不能透露更多的案件信息给犯罪嫌疑人。

3. 不受监听

本款特别强调辩护律师会见时不受监听，这就意味着：首先，办案机关包括侦查机关不可以在律师与犯罪嫌疑人会见时再派员在场；其次，也不可以通过技术手段监听会见时双方的谈话内容。在《刑事诉讼法修正案（草案）》征求意见阶段，有人认为"不被监听"是指不能通过技术手段监听谈话内容，并不排斥办案机关派员在场。这种理解是基于"监听"一词的字面含义，并不符合这一规定的立法精神，也不符合对该规定的逻辑解释。从立法精神上讲，"不被监听"是为了保障辩护律师与犯罪嫌疑人、被告人会见的秘密性，有利于他们建立相互信任，也有利于排除外来因素对他们会见的干扰。从逻辑上讲，试想：如果对会见不允许监听却可以派员在场，那么"不被监听"又有何意义？[②]好在随后通过的相关部门规定中，均明确肯定了不得派员在场。[③]另外，有学者提出，"不被监听"还应做延展解释，即在律师会见被追诉人后，公安司法机关不能要求被追诉人或者辩护人透露交流的内容。交流的秘密权应当是辩护人和被追诉人双方的权利。如上所述，只有在打消顾虑之后，辩护人才可以有效、全面地为被追诉人提供法律帮助和辩护。如果事后要求辩护人尤其是被追诉人"交代"谈话内容，其实质与"监听"性质无异。这种理解在法律规定"自案件移送审查起诉之日起，可以向犯罪嫌疑人、被告人核实有关证据"之后，显得尤为重要。可以想象，如果要求被追诉人就律师的会见内容作证，那么辩护人"核实证据"就有可能被理解为"串供""帮助犯罪嫌疑人、被告人隐匿、毁灭、伪造证据"等妨碍作证行为[④]。

① 《诉讼规则（试行）》第四十五条。
② 顾永忠：《律师"会见难""阅卷难"基本解决》，载《检察日报》2012年3月26日第3版。
③ 《程序规定》第五十二条第一款。
④ 汪海燕：《合理解释：辩护权条款虚化和异化的防线》，载《政法论坛》2012年第6期，第27页。

4. 核实证据

特别应注意的是，辩护律师在“自案件移送审查起诉之日起，才可以向犯罪嫌疑人、被告人核实有关证据”。有学者认为，“这一规定在我国具有突破性。其具体含义是，自案件移送审查起诉之日起包括审判阶段，辩护律师与在押的犯罪嫌疑人、被告人会见时，可以就案件中的有关事实和证据向犯罪嫌疑人、被告人进行核实，包括将案内有关证据的内容，特别是与犯罪嫌疑人、被告人陈述不一致，甚至有较大出入的证据内容告知犯罪嫌疑人、被告人。必要时还可把有关物证、书证的照片或复印件出示给犯罪嫌疑人、被告人，让其辨认。核实的目的在于使犯罪嫌疑人、被告人了解、掌握办案机关认定其涉嫌犯罪或指控其犯罪的事实及相关证据；同时使辩护律师与犯罪嫌疑人、被告人就案件事实和相关证据进行充分的交流，以做好辩护的准备”①。笔者认为，这一观点可能有些过于乐观了，如果辩护律师对此不谨慎从事，恐怕会给自己带来一定执业风险。

最后，在会见过程中，本款并未禁止辩护律师进行录音录像，根据“法不禁止即自由”的法理，辩护律师如果进行录音录像并不违法，当然，这种行为极有可能会遭到看守所的阻挠。②

（四）监视居住时适用本条规定

由于监视居住与羁押状态比较接近，因此，本条第五款明确了准用前述与在押犯罪嫌疑人、被告人会见和通信的规定。不过，从体系上考察，该规定却与本法第七十五条第一项可能存在一定冲突：被监视居住人未经执行机关批准不得会见他人或者通信，该条中的他人是否包括辩护律师？出于篇幅平衡的考虑，这一问题留待第七十五条释评时再行展开。

第三十八条　辩护律师自人民检察院对案件审查起诉之日起，可以查阅、摘抄、复制本案的案卷材料。其他辩护人经人民法院、人民检察院许可，也可以查阅、摘抄、复制上述材料。

【主旨】本条规定了辩护人的阅卷权③。

【释评】阅卷是辩护人熟悉、了解案件情况的重要手段，因为通过阅卷，能够全面、详细地了解案件情况，发现矛盾，寻找对当事人有利的证据、线索或突破口。作为辩护主要承担者的律师来讲，阅卷固然是一种权利，而从职业道德角度看，也应当是一种“义务”。实务中，几乎还没有律师是不阅卷的，不仅如此，很多律师还强调必须自己亲自阅卷。因为“不管律师在群众的心目中名声大小，律师一旦受理一起案件，从侦查机关的侦查程序到检察机关的把关起诉过程都需要参加，各类证据都要细心地去查阅、审看，仅凭经验，或者仅靠助理看完拟出个提纲，不利于在法庭上就本案的焦点问题进行辩护”④。

（一）阅卷的时间与方式

本条将辩护人阅卷的时间限定为“人民检察院对案件审查起诉之日”起，依反对解释，辩护人在此之前就不能阅卷。在阅卷方式上，查阅就是用眼看；摘抄是用笔记录；而复制，根据相关规定，可以是复印、拍照、扫描等方式⑤。

---

① 顾永忠：《律师“会见难”、“阅卷难”基本解决》，载《检察日报》2012年3月26日第3版。
② 比如要求律师不得携带录音、录像设备进入会见场所。这在诸多地方性规定中已经有了明确规定。
③ 这里阅卷权实际上是查阅、摘抄、复制案卷权利的习惯性总称。
④ 顾永忠：《中美刑事辩护技能与技巧研讨》，中国检察出版社2007年版，第41页。
⑤ 参见《诉讼规则（试行）》第四十九条第三款，《解释》第四十七条第三款。其中，扫描方式是《解释》中的规定，而《诉讼规则（试行）》没有明确列明，从实践情况看，这基本不现实。

（二）案件材料的范围

由于本法对阅卷范围进行了调整，原1996年法律规定中的“诉讼文书和技术性鉴定材料”，能否用来解释“案卷材料”颇有疑问。对此，立法机关人士认为：案卷材料是指侦查机关移送人民检察院和人民检察院移送人民法院的案卷中的各种材料，包括其中的证明犯罪嫌疑人、被告人是否有罪、犯罪情节轻重的所有证据材料、诉讼文书等①。而检察机关人士的理解则有所不同，其范围更为具体。他们认为：案卷材料应当包括公安司法机关在侦查、审查起诉、审判中形成的证据。在审查起诉阶段主要是针对侦查终结后移送给检察机关的证据材料。但是，审查起诉工作中形成的办案内部讨论材料、检委会讨论记录、内部请示报告以及退补提纲等检察机关的内部工作材料，不属于案卷材料的范围，律师无权查阅。因为以上这些材料均不属于证据，是检察官对证据的判断和案件的处理决定。在审判阶段，审判委员会和合议庭的讨论记录及有关其他案件的线索材料，辩护律师和其他辩护人不得查阅、摘抄、复制，这部分材料属于法院内部工作材料，也不应属于案卷材料的范围。②公安机关人士则站在自己立场，认为“本案的案件材料”就是指公安机关移送给人民检察院的所有案卷中的各种材料③。这与前述检察机关的理解基本一致。对此，《诉讼规则（试行）》第四十七条第二款规定：案卷材料包括案件的诉讼文书和证据材料。由于该规定未能进一步明确证据材料的具体范围，是否可以当然解释为“全部”仍不无疑问。笔者认为，不管如何理解案卷材料的范围，其至少应较之以前有较大扩展才符合立法目的，但让人有些担忧的是，由于案卷控制在检察机关手中，这就无法避免目前办案机关将有利于被追诉人一方的证据，排除在律师阅卷范围之外。这显然不利于被追诉人合法权益的保障，使得原本处于弱势一方的被追诉人更为被动。④

（三）其他辩护人的阅卷权

本条中，其他辩护人查阅、摘抄、复制本案的案卷材料，需经人民法院、人民检察院许可。这是因为，非律师辩护人往往与案件存在利害关系，如果其与律师一样享有不受限制的阅卷权，则难免对案件产生各种影响（比如泄密、毁灭、伪造证据等），因此是否准许其阅卷，需要经办理案件的人民法院、人民检察院根据案情和辩护人的实际情况决定。

第三十九条　辩护人认为在侦查、审查起诉期间公安机关、人民检察院收集的证明犯罪嫌疑人、被告人无罪或者罪轻的证据材料未提交的，有权申请人民检察院、人民法院调取。

【主旨】本条规定了辩护人在公诉案件中对无罪、罪轻证据的申请调取权。

【释评】随着制度调整，辩护人有可能接触到更多材料，展开更为充分的调查活动，为了保障辩护人切实履行辩护职责，本条赋予了辩护人申请证据调取权。

（一）申请的主体

从法条文义看，申请调取证据的主体是辩护人，依体系解释，辩护律师和非律师辩护人均有权申请有关机关调取。

（二）申请的时间与情形

从诉讼进程看，提交需要有对象（提交给谁），因而，在本诉讼阶段根本不可能有提交材

① 朗胜：《<中华人民共和国刑事诉讼法>修改与适用》，新华出版社2012年版，第97页。
② 童建明：《新刑事诉讼法理解与适用》，中国检察出版社2012年版，第158-159页。
③ 孙茂利：《新刑事诉讼法释义与公安实务指南》，中国人民公安大学出版社2012年版，第79页。
④ 冀祥德：《最新刑事诉讼法释评》，中国政法大学出版社2012年版，第34页。

料一说。比如，公安机关侦查的案件尚未终结，它就不可能移送审查起诉，此时，就不能称其尚未提交。同理，如果人民检察院尚未起诉，案卷材料当然没有移送给人民法院，因此也不可能称其尚未提交。从这个角度看，本条适用的时间，只能分别是在侦查和审查起诉期间之后的阶段[①]，即应限定为该诉讼阶段经过后的下一个阶段才合理。不过，在《诉讼规则（试行）》中，却把检察机关审查批准逮捕环节纳入其中[②]，这一规定尽管不太符合文义，却有利于保障辩护权，值得赞同。综合起来看，由于诉讼阶段不同，本条实际上包括了以下三种情况：

第一，案件移送审查逮捕后，辩护人认为在侦查期间公安机关收集的证明犯罪嫌疑人无罪或者罪轻的证据材料未提交的，有权申请人民检察院向公安机关调取。

第二，案件到了审查起诉阶段后，辩护人认为公安机关在侦查期间收集的证明犯罪嫌疑人无罪或者罪轻的证据材料未提交的，有权申请人民检察院向公安机关调取。

第三，案件到了审判阶段后，辩护人认为人民检察院在审查起诉期间收集的证明犯罪嫌疑人、被告人无罪或者罪轻的证据材料未提交的，有权申请人民法院向人民检察院调取。

（三）申请形式与依据[③]

本条仅仅规定了辩护人有权申请，但对于具体如何申请，是否需要提供证明材料，如何审查均无规定。从诉讼法理上分析，辩护人根据本条提出的请求，是一种诉讼主张，至少应当以合理方式表明其主张成立。考虑到目前我国的实践情况，一般应当以书面方式提出申请，特殊情况下则可以口头提出，但应当记入笔录。在认定标准上，可以采用“自由证明”的标准，即有可能存在相关证据即可。对此，立法机关人士就认为，对于辩护人申请调取无罪或者罪轻的证据材料的，收到申请的人民法院或者人民检察院应当充分考虑辩护人的要求，对于“可能”存在辩护人申请调取证据的情形应当予以调取；对于辩护人提出的申请没有根据或者与认定案件确实没有关联，决定不予调取的，应当向律师说明理由。[④]“两院”依申请调取后，应当把结果及时告知辩护人。

第四十条　辩护人收集的有关犯罪嫌疑人不在犯罪现场、未达到刑事责任年龄、属于依法不负刑事责任的精神病人的证据，应当及时告知公安机关、人民检察院。

【主旨】本条规定了辩护人对法定重要证据的告知义务。

【释评】辩护人在刑事诉讼中，不仅是单纯为了被追诉人利益而与国家展开对抗，其辩护活动尚有公共性的一面，并且，该公共性在实质上，也与被追诉人的利益具有某种一致性。

（一）告知义务的意义

犯罪嫌疑人不在犯罪现场、未达到刑事责任年龄、属于依法不负刑事责任的精神病人的证据，对刑事诉讼程序的进行具有重大影响，一旦被确认，将导致追诉程序终止，要求辩护人将此类证据及时告知公安机关、人民检察院有助于查明案件事实真相，节约司法资源。如果辩护人故意隐藏此类证据，在法庭上搞突然袭击，虽然造成公诉人措手不及，产生了戏剧性的法庭效果，实际上却使得诉讼程序被打乱，既浪费了司法资源，又使得本应及早解脱的

① 孙茂利：《新刑事诉讼法释义与公安实务指南》，中国人民公安大学出版社 2012 年版，第 81 页。另外，由于审查起诉期间不存在被告人一说，实际上只有案件起诉到法院后，辩护人通过阅卷才能发现检察院有关证据材料未提交。

② 第五十条。

③ 有关分析可以参见李昌林：《最新中华人民共和国刑事诉讼法释义》，中国法制出版社 2012 年版，第 86 页。需要说明的是，笔者观点并不与之完全相同。

④ 朗胜：《〈中华人民共和国刑事诉讼法〉修改与适用》，新华出版社 2012 年版，第 99 页。

犯罪嫌疑人、被告人被羁押或者审判更长的时间[①]。同时，即使辩护人所提出的上述三种证据未被办案机关所确认，也能为被追诉人有无罪的争议提供更加牢固的证明基础。实际上，其他国家，比如英国和美国也有类似立法判例[②]。

（二）告知义务的要求

本条要求对上述情形应当是有"证据"证明，这就决定了辩护人不能仅凭猜测、推断，而一定要收集到相关材料后方能进行"告知"。从文义看，"告知"主要是通报性质，即告诉对方有这么回事，"是否要将上述证据交给公安机关和检察机关审阅，法律并没有作出明确规定。只要能使两机关知悉上述证据存在，即可视为完成告知义务"[③]。由于本条把上述情形的主体限定为"犯罪嫌疑人"，因此，告知时间只能是在侦查和审查起诉期间。之所以没有规定在审判阶段告知人民法院，是因为案件到了审理阶段后，辩护人本来就应提交证据，也会提交（这些）证据，"告知"人民法院没有意义。

（三）"告知义务"的权利属性

本条之立法目的固然值得赞同，但目前，辩护律师的执业环境还有待改善。全面分析本条规定，笔者认为，在缺乏制裁后果的情况下，为了保障辩护权的充分行使，辩护人有权根据案件情况自行决定是否向公安机关和人民检察院"告知"[④]。

第四十一条　辩护律师经证人或者其他有关单位和个人同意，可以向他们收集与本案有关的材料，也可以申请人民检察院、人民法院收集、调取证据，或者申请人民法院通知证人出庭作证。

辩护律师经人民检察院或者人民法院许可，并且经被害人或者其近亲属、被害人提供的证人同意，可以向他们收集与本案有关的材料。

【主旨】本条规定了辩护律师的调查取证权及其限制。

【释评】辩护律师要展开有效辩护活动，进行一定调查取证活动是必要的。由于律师执业行为不具有强制性，在遇到障碍时，可以申请司法机关调取证据。

（一）调查取证权的主体

律师是辩护人的主要形态，本条把调取取证权的主体限定为辩护律师，是否就意味着非律师辩护人不享有调查取证权呢？目前，大多数人都是这样认为的。其理由主要在于，其他辩护人可能是犯罪嫌疑人、被告人的父母、子女、亲友，如果赋予调查取证权，缺乏必要的约束，易造成对被调查公民权利的侵害[⑤]。笔者认为，这个理由难以成立。

首先，该理由的核心，仅仅因为担心非律师辩护人会对被调查者不利，而这完全是猜测、推断的产物，基本上把非律师辩护人设想成为了"穷凶极恶"之徒，这明显缺乏实践基础。其次，法律并没有禁止非律师辩护人的调查取证权，对普通公民来说，法不禁止即自由。再次，依目的解释，我国既然允许非律师者担任辩护人，而在辩护人责任部分又明确要求辩护人提出材料和意见，维护犯罪嫌疑人、被告人的合法权益，如果不赋予其调查取证权，非律

① 孙茂利：《新刑事诉讼法释义与公安实务指南》，中国人民公安大学出版社 2012 年版，第 82 页。
② 参见熊秋红：《刑事辩护的规范体系及其运行环境》，载《政法论坛》2012 年第 5 期，第 54 页。
③ 李昌林：《最新中华人民共和国刑事诉讼法释义》，中国法制出版社 2012 年版，第 87 页。
④ 冀祥德：《最新刑事诉讼法释评》，中国政法大学出版社 2012 年版，第 36 页。
⑤ 朗胜：《〈中华人民共和国刑事诉讼法〉修改与适用》，新华出版社 2012 年版，第 99 页。胡康生、李福成：《〈中华人民共和国刑事诉讼法〉释义》，法律出版社 1996 年版，第 45 页。

师辩护人如何能够履行自己的职责？限制非律师辩护人的取证权属于认识上的误区。最后，从体系上看，本法中几乎所有有关辩护人的制度中，均未再行区分辩护律师和非律师辩护人，比如申请回避、申请排除非法证据、法庭审理时举证的权利等，这些权利要行使，不能取证的话，就没有意义。因此，笔者坚决主张，只要有关人员配合，非律师辩护人应当能够行使调查取证权。

（二）调查取证的程序限制

从本条规定的逻辑关系看，第二款应当优于第一款而适用。即辩护律师在自行调查取证时，如果其对象是被害人或者其近亲属、被害人提供的证人，则需要取得“双重许可”：既要经被害人一方的同意，也要经人民检察院或人民法院许可[①]。如果两项条件不同时具备，则是程序违法，甚至有可能被公安司法机关视为有意作假证。依笔者浅见，本法对律师调查取证的限制中，要求向被害人方取证时，应取得人民检察院或者人民法院许可，这可能会与控辩平衡原则有一些冲突。但另一方面，要求律师调查取证要取得证人等的许可则是合理的，因为被害人是犯罪行为的侵害的对象，被害人的近亲属受犯罪行为侵害结果所牵连，对犯罪分子一般都具有一定的仇视心理，甚至带有刻骨仇恨，因而他们对为犯罪嫌疑人、被告人辩护的律师往往会带有敌视情绪，这给辩护律师的调查取证增加了难度，所以，在实际工作中，辩护律师一般会尽量避免与他们打交道，只是在非常必要的情况下，才会去找他们调查取证[②]。而且即使去取证，因为律师并不是公职人员，不享有公权力，在进行调查取证时，如果相关人员不予配合，律师也缺乏有效办法取得真正对被告人有利的证据。从律师举证角度看，就实际已经取得的证据而言，实际上是以被害人、证人等已经同意为前提的。

（三）调查取证权实现的困境

本条中，容易忽视的是，辩护律师调查取证权（包括申请调查取证权）究竟如何实现。这是因为，实践中绝大多数的刑事案件，都是公安机关管辖的普通公诉案件，辩护律师在此期间向被害人一方取证时，很可能根本无法找到批准机关[③]，同时，申请“两院”调查取证也会遇到同样的困境。问题的根源在于，本条规定是依据1996年法律规定而设计，在1996年《刑事诉讼法》中，自案件审查起诉之日起辩护人身份才得以确立，从该时起，作为辩护人的律师也才可能进行调查取证。而本法中，辩护律师介入案件的时间已经提前到了侦查阶段，这意味着辩护律师依据本法规定享有的“新权利”，遭到了“旧有规定”的不当限制，要解决这个问题，需要把第一款中的人民法院、人民检察院明确限定为与侦查机关“同级”者，这样，辩护律师才不会“求助无门”。第一款后半段的时间很明确，申请人民法院通知证人出庭作证只能在审判阶段，从前后文关系看，被申请的证人应当是辩护律师自行调查取证的证人。

第四十二条　辩护人或者其他任何人，不得帮助犯罪嫌疑人、被告人隐匿、毁灭、伪造证据或者串供，不得威胁、引诱证人作伪证以及进行其他干扰司法机关诉讼活动的行为。

违反前款规定的，应当依法追究法律责任，辩护人涉嫌犯罪的，应当由办理辩护人所承办案件的侦查机关以外的侦查机关办理。辩护人是律师的，应当及时通知其所在的律师事务

---

① 对此，根据《解释》第五十三条之规定：辩护律师的申请，应当以书面形式提出，并说明理由，写明需要收集、调取证据材料的内容或者需要调查问题的提纲。对辩护律师的申请，人民法院应当在五日内作出是否准许、同意的决定，并通知申请人；决定不准许、不同意的，应当说明理由。

② 李宝岳：《律师参加辩护、代理存在问题及对策》，中国政法大学出版社2006年版，第232页。

③ 人民检察院和人民法院可能都会以尚未接手案件，没有权力为由，不予回应。

所或者所属的律师协会。

【主旨】本条规定了辩护人的正当性辩护义务，以及有关机关追究辩护人责任的特别规定。

【释评】辩护人作为被追诉人合法权益的专门维护者，其辩护活动必须依照法定程序，在法定范围内进行，否则就违背了法律对辩护人责任的要求。

（一）辩护人不得从事的行为

对此，原1996年法律中的规定是："辩护律师和其他辩护人，不得帮助犯罪嫌疑人、被告人隐匿、毁灭、伪造证据或者串供，不得威胁、引诱证人改变证言或者作伪证以及进行其他干扰司法机关诉讼活动的行为。"通过比较可以发现，本款有两处改变：一是把辩护律师改为"辩护人和其他任何人"，二是去掉了引诱证人改变证言的表述。对第一处而言，增添了"其他任何人"虽然在一定程度上体现了立法者更为中立的立场，然而实际上，本章既然名为"辩护和代理"，就决定了"其他任何人"的写入意义不大[①]。相比较而言，第二处改变则要有意义得多。"威胁、引诱证人改变证言"的取消有利于提高辩护质量，让辩护人不再担心证人证言改变而给自身安危带来的影响，因为证人证言具有较强的主观性，会因各种原因而出现变化，一概斥之为辩护人的"违法行为"有失公允，也不符合客观规律。况且，证人证言还可能从先前的不真实（部分不真实）而改为真实，如果只要认定证言内容"改变"，便将辩护人"拿下"，只会让辩护人（辩护律师）更加远离刑事辩护领域。

此外，我们还应注意第一款中所谓"司法机关"的范围。在学理上，司法机关只能指法院与检察院，公安机关不宜包括在内。

（二）追究辩护人法律责任的特别要求

辩护人违法进行辩护活动，当然应依法承担法律责任，这些责任既包含刑事责任，也包括行政责任。其中，对追究辩护人（主要是辩护律师）刑事责任问题，律师界和理论上反应比较强烈。修法过程中，曾经有观点主张，追究辩护人刑事责任应当在辩护人代理的案件终结后才能启动程序，由于案件终结的时间不好把握，因此立法者从慎重起见，没有触及该问题[②]。

在各方推动下，本次修法改变了过去同一案件的控辩双方再次"短兵相接"的局面，转而规定，"辩护人涉嫌犯罪的，应当由办理辩护人所承办案件的侦查机关以外的侦查机关办理。辩护人是律师的，应当及时通知其所在的律师事务所或者所属的律师协会"。这里的"侦查机关以外的侦查机关"究竟指哪一个机关存在疑问。本法中享有侦查权的主体有五个，而这五大机关，根据辩护人所涉嫌犯罪的类别不同，都有可能有管辖权。在如此众多的侦查主体中，地域管辖如何确定也存在问题。对此，公安部规定：辩护人实施干扰诉讼活动行为，涉嫌犯罪，属于公安机关管辖的，应当由办理辩护人所承办案件的公安机关报请上一级公安机关指定其他公安机关立案侦查，或者由上一级公安机关立案侦查。不得指定原承办案件公安机关的下级公安机关立案侦查。[③]同时，最高人民检察院也规定：人民检察院发现辩护人有帮助犯罪嫌疑人、被告人隐匿、毁灭、伪造证据或者串供，或者威胁、引诱证人作伪证以及其他干扰司法机关诉讼活动的行为，可能涉嫌犯罪的，经检察长批准，应当按照下列规定办理：

---

①② 陈卫东：《2012刑事诉讼法修改条文理解与适用》，中国法制出版社2012年版，第33页，第35-36页。

③《程序规定》第五十三条第二款。

（1）涉嫌犯罪属于公安机关管辖的，应当将辩护人涉嫌犯罪的线索或者证据材料移送同级公安机关按照有关规定处理；（2）涉嫌犯罪属于人民检察院管辖的，应当报请上一级人民检察院立案侦查或者由上一级人民检察院指定其他人民检察院立案侦查。上一级人民检察院不得指定办理辩护人所承办案件的人民检察院的下级人民检察院立案侦查。[①]上述规定基本上肯定了异地管辖和上一级管辖原则，对有关案件的公正处理奠定了基础。

最后，需要指出，根据第二款规定，在辩护律师被立案侦查后，侦查机关通知的对象为辩护律师所在的律师事务所或者所属的律师协会，这是一种选择性规定，具体通知谁，根据具体情况确定。同时，本款在通知时间上只是要求“及时”，而未设定具体时间期限，按笔者理解，这是因为辩护人涉嫌犯罪后的处理方式较多，是否需要采取强制措施应视案件情况而定，在通知时间上，只要不过分迟延都是可以接受的。[②]在实施前景上，笔者认为，这一规定在一定程度上有助于保护辩护律师不受非法侵害，但其效果不容乐观。

第四十三条　在审判过程中，被告人可以拒绝辩护人继续为他辩护，也可以另行委托辩护人辩护。

【主旨】本条规定了审判阶段被告人的拒绝辩护权以及另行委托辩护人的权利。

【释评】前已提及，被告人才是辩护权的利益主体，辩护人的辩护活动应当围绕被告人展开，因此，被告人当然有权拒绝辩护人为其辩护，也有权另行委任其他辩护人为其辩护。由于本法已经把辩护人介入时间明确提前到了侦查阶段，被追诉人在侦查、起诉、审判三个阶段均可委托辩护人辩护。但本条仅仅提到在审判阶段，被告人有拒绝辩护权和另行委托辩护人的权利。依反对解释，似乎其他两大阶段就不享有该权利了。这个结论貌似合理，其实既无理论依据，也无实践依据。因为辩护权从本源上讲就是犯罪嫌疑人、被告人自己的权利，究竟如何行使辩护权，绝大多数情况下都是由其本人决定的，法律没有理由，也不能对此进行限制。实践中，犯罪嫌疑人在侦查和审查起诉期间当然可以拒绝辩护人为其辩护，或者另行委托辩护人辩护。[③]根据委托合同的法理，委托人可以随时解除委托。因此，本条应当全面理解为：在刑事诉讼过程中，犯罪嫌疑人、被告人可以拒绝辩护人继续为他辩护，也可以另行委托辩护人辩护。当然，在侦查阶段只能委托律师为其辩护。

第四十四条　公诉案件的被害人及其法定代理人或者近亲属，附带民事诉讼的当事人及其法定代理人，自案件移送审查起诉之日起，有权委托诉讼代理人。自诉案件的自诉人及其法定代理人，附带民事诉讼的当事人及其法定代理人，有权随时委托诉讼代理人。

人民检察院自收到移送审查起诉的案件材料之日起三日以内，应当告知被害人及其法定代理人或者其近亲属、附带民事诉讼的当事人及其法定代理人有权委托诉讼代理人。人民法院自受理自诉案件之日起三日以内，应当告知自诉人及其法定代理人、附带民事诉讼的当事人及其法定代理人有权委托诉讼代理人。

【主旨】本条规定了刑事被害人、自诉人、附带诉讼当事人委托诉讼代理人的权利，以及人民检察院和人民法院的相应告知义务。

【释评】与辩护相比较，刑事代理活动的展开时间普遍较晚，并且代理人的权利范围也较

① 《诉讼规则（试行）》第六十条第一款。

② 对此，《诉讼规则（试行）》第六十条第二款规定：辩护人是律师的，被指定管辖的人民检察院应当在立案侦查的同时书面通知其所在的律师事务所或者所属的律师协会。该规定把“及时通知”限定为“同时通知”，较为合理。

③ 李昌林：《最新中华人民共和国刑事诉讼法释义》，中国法制出版社 2012 年版，第 94 页。宋英辉：《中华人民共和国刑事诉讼法精解》，中国政法大学出版社 2012 年版，第 40 页。

之辩护人小了许多。被害人与犯罪嫌疑人、被告人虽然同为当事人，但在刑事诉讼程序中的地位却不可同日而语。总体上看，本法对被害人诉讼地位和诉讼权利的规定比较简略，仅有的一些规定也大多缺乏可操作性。比如，在近年来的刑事审判中，被害人的“民事原告”地位虽然得到了明显的强调，但其“公诉程序当事人”的地位却受到有意无意的忽略。很多基层法院甚至将被害人视为一个单纯的证人，在法庭审理中并不通知其出庭作证，而对保障这些被害人有效地参与审判过程的问题，就更谈不上了。被害人的“当事人”地位正面临着越来越明显的“名惠而实不至”的困境。[①]本次修法在被追诉人权益保护方面用力颇多，而在被害人保护方面却变化不大。

（一）诉讼代理人介入案件的时间

本条分别对不同类型的诉讼代理人规定了不同的介入时间。刑事被害人的诉讼代理人，最早自公诉案件审查起诉之日起才能接受委托，而自诉案件中自诉人及其法定代理人，附带民事诉讼的当事人及其法定代理人，有权随时委托诉讼代理人。这里的“随时”，当然不是什么时候都可以。对自诉案件而言，只有人民法院受理案件后，才可能有自诉人，自此时起，自诉人委托的代理人才能取得代理人的法律地位，其活动才具有法律效力。对附带民事诉讼案件而言，虽然提起时间较为宽松，但其本质上系一种民事诉讼，这就决定了附带民事诉讼当事人及其法定代理人委托的诉讼代理人，只有在案件审理阶段方能有所作为。

按笔者理解，本条中关于委托诉讼代理人的时间限制，只是从规范意义上承认诉讼代理人的法律地位，即在该案件处于法定诉讼阶段后，诉讼代理人才可以法定身份与办案机关展开交涉。而从法理上分析，刑事被害人、自诉人、附带民事诉讼当事人自刑事案件发生之日起，完全可以委托有关人员作为提供相关法律服务。此时，受委托人员虽不具有刑事诉讼法意义上的“代理人”身份，其至少属于民事上的代理，只待案件进入相应诉讼阶段后，即可“转正”。从这个角度可以说，立法对委托诉讼代理人的时间进行限制，其依据并不充足，也与被害人保护的国际趋势不符。

（二）办案机关的告知义务

由于第一款中，诉讼代理人介入案件的时间被限定为审查起诉之日起，而自诉案件和附带民事诉讼案件系由人民法院直接处理，因此第二款中，告知义务机关仅限于人民检察院和人民法院。不过，对于大量存在的公诉案件来说，被害人及其法定代理人往往法律知识欠缺，如果到案件审查起诉期间才告知其有权委托诉讼代理人并不合理。前已提及，只要案件发生，被害人便有了法律帮助需求，人为限制诉讼代理人介入时间，不利于其权利保护。如果认可诉讼代理人自案件发生之日起即可接受委托，那么，侦查机关无疑也应当负有告知义务。

第四十五条　委托诉讼代理人，参照本法第三十二条的规定执行。

【主旨】本条规定了刑事被害人、自诉人、附带诉讼当事人委托诉讼代理人的范围。

【释评】本条中，有资格接受委托成为诉讼代理人的范围与辩护人一致，人数也应限定为一至二名。与辩护相比，有关诉讼代理人的相关规定还有很大完善空间。

（一）诉讼代理人的产生方式

本条以及前条，都仅提到委托诉讼代理人问题，依反对解释，基本就排除了指定代理存

① 陈瑞华：《量刑程序中的理论问题》，北京大学出版社 2011 年版，第 71 页。

在的可能性，而实际上，在我国现行法律援助制度中，已经允许“因经济困难而没有委托诉讼代理人的有关人员申请法律援助”[①]。在我们大张旗鼓保护被追诉人辩护权，并扩展对其指定辩护之际，当然不能够对被害人一方漠然视之。笔者主张，未来应当细化法律援助条例的相关规定，在法律并未限制诉讼代理援助的情况下，进一步充实被害人一方申请法律援助的权利，以保护其合法权益不受侵害。

（二）诉讼代理人的权利义务

“本章”[②]中对诉讼代理人的权利没有明确规定，相反却在第四十二条中新增规定“任何人都不得帮助犯罪嫌疑人、被告人隐匿、毁灭、伪造证据或者串供，不得威胁、引诱证人作伪证以及进行其他干扰司法机关诉讼活动的行为”。从情理上看，诉讼代理人帮助犯罪嫌疑人、被告人的可能性不大，但其却完全可以“威胁、引诱证人作伪证以及进行其他干扰司法机关诉讼活动的行为”。在本法语境中，诉讼代理人开展代理活动的依据比较欠缺，这在很大程度上阻碍了其作用发挥。

当然，需要注意到，在审判程序中，刑事诉讼代理人享有向被告人的发问权、与公诉人、辩护人、被告人相互辩论的权利，有接受判决书的权利，等等，而在附带民事诉讼中，当事人的诉讼代理人完全可以根据民事诉讼法的相关规定享有代理人的权利，这些权利无疑在一定程度上使得诉讼代理人的地位实质化了。另外，相关司法解释中还赋予了诉讼代理人阅卷权和申请调取证据的权利[③]。虽然无法完全与辩护人相提并论，有了这些规范依据后，诉讼代理人还是能为自己的当事人提供一定帮助。

第四十六条　辩护律师对在执业活动中知悉的委托人的有关情况和信息，有权予以保密。但是，辩护律师在执业活动中知悉委托人或者其他人，准备或者正在实施危害国家安全、公共安全以及严重危害他人人身安全的犯罪的，应当及时告知司法机关。

【主旨】本条规定了辩护律师对委托人的有关情况和信息的保密权及其例外。

【释评】辩护律师在执业活动中，往往会知悉委托人的相关信息，律师对这些情况和信息予以保密，是律师取信于其委托人，甚至取信于社会的一个基本要求和条件。否则，律师就很难获得其委托人的信任，不利于律师有效地履行职责，有可能从根本上动摇律师职业存在的社会基础[④]。

（一）保密权的主体

本条明确规定，保密权的主体为辩护律师，依反对解释，这就排除了非律师辩护人能够享有该项权利，同时也就意味着，非律师辩护人在知悉有关情况后应当“告密”而非“保密”。实践中，非律师辩护人一般都是犯罪嫌疑人、被告人的亲朋好友，要求这些人向有关机关及时告知情况，的确有点强人所难，若他们不及时告知，又可能因违反本法第四十二条的规定而被追究责任，这种处境对非律师辩护人来说真的是“左右为难”。笔者认为，问题的根源在于，我国一方面不承认律师强制代理，而另一方面在诸多制度构建上，对非律师辩护人又怀有高度不信任。

---

① 《法律援助条例》（2003）第十一条之规定。

② 仅限于本章，实际上在审判程序中，本法明确规定了诉讼代理人的相关权利，并不如有些学者所说的没有明确规定。

③ 《诉讼规则（试行）》第五十六条，《解释》第五十七条之规定。

④ 朗胜：《〈中华人民共和国刑事诉讼法〉修改与适用》，新华出版社 2012 年版，第 108 页。

（二）保密权的内容及其效力

辩护律师的保密权问题“说来话长”。2012 年修订后的《律师法》第三十八条规定：“律师应当保守在执业活动中知悉的国家秘密、商业秘密，不得泄露当事人的隐私。律师对在执业活动中知悉的委托人和其他人不愿泄露的有关情况和信息，应当予以保密。但是，委托人或者其他人准备或者正在实施危害国家安全、公共安全以及严重危害他人人身安全的犯罪事实和信息除外。”根据该条规定，律师在执业活动中只是负有保密义务，并没有保密的权利。[①] 本条明确了律师保密的权利属性，进步甚大。立法机关人士更是直接认为：这种保密权利，意味着在法律上免除了辩护律师对上述情况和信息的举报作证义务。[②]有学者则明确提出：司法机关要求提供的，辩护律师有权予以拒绝。[③]但是，笔者并不如此乐观，我们需要关注的是保密权如何能够真正实现。

从本条规定看，保密权适用于辩护律师在执业活动中知悉的委托人的有关情况和信息。笔者认为，“有关情况和信息”与《律师法》中规定的“国家秘密、商业秘密，当事人的隐私，以及委托人和其他人不愿泄露的情况和信息”并无矛盾[④]，由于本法采用的是概况式用语，从保护律师职业出发，我们有理由把“有关情况和信息”理解为：包括但不限于律师法中所规定的相关内容。甚至说，除了两部法律都提到的“实施危害国家安全、公共安全以及严重危害他人人身安全的犯罪”信息外，辩护律师对有关“其他犯罪”的信息也都享有保密权[⑤]。然而，确立保密权易，实现却难。因为本法其实并未把律师保密权贯彻到底，律师如果要在实务中主张保密权可能会遇到诸多困难。其主要原因在于，依据本法规定，辩护律师有保密权而无拒证权，并且从保密权中也难以推导出律师享有拒证权，这样一来，就可能使保密权的规定难以实现[⑥]。

比如，本法仍就保留了 1996 年法律中的相关规定。其第一百零八条第一款规定：“任何单位和个人发现有犯罪事实或犯罪嫌疑人，有权利也有义务向公安机关、人民检察院或人民法院报案或举报”。第一百三十五条规定：“任何单位和个人，有义务按照人民检察院和公安机关的要求，交出可以证明犯罪嫌疑人有罪或者无罪的物证、书证、视听资料等证据。”第一百三十九条规定：“在侦查活动中发现的可用以证明犯罪嫌疑人有罪或者无罪的各种财物、文件，应当查封、扣押；与案件无关的财物、文件，不得查封、扣押。”在这些规定中，发现案

① 不过也有人认为，律师法的规定实际上确立了律师委托人特免权。这种观点认为，“表面上看，这一部分内容是以义务的形式出现的。而一旦律师依法严格履行了这一义务，则必然不再存在律师就其在执业活动知悉的情况和信息进行举报、作证的问题。律师即使遇到了这样一种要求，也可以履行保密义务为正当理由，予以拒绝，而不会产生法律上的不利后果。因此，就上述规定的实质而言，其实是赋予了律师举报作证义务豁免的权利。从这种意义上来讲，律师就其在执业活动中知悉的有关情况和信息予以保密，既是义务，也是一种权利”。参见王胜明、赵大程：《中华人民共和国律师法释义》，法律出版社 2007 年版，第 119 页。笔者认为，这种观点出发点是好的，但与其他法律规定，以及实践均有较大差距，属于是“一厢情愿”的看法。相关的冲突问题详见下文之分析。

② 朗胜：《〈中华人民共和国刑事诉讼法〉修改与适用》，新华出版社 2012 年版，第 108 页。

③ 宋英辉：《中华人民共和国刑事诉讼法精解》，中国政法大学出版社 2012 年版，第 43 页。

④ 王进喜教授提出，有关情况和信息的具体范围还有待厘清：第一对于“委托人的有关情况和信息”的来源规定不明确，这些“委托人的有关情况和信息”是不是必须来源于委托人并不清楚；第二“有关情况和信息”是限于口头交流，还是包括其他实物证据，规定的也不是很清楚。参见王进喜：《刑诉法草案第 46 条：律师—委托人特免权：技术与疑问》，http://lawyering.fyfz.cn/art/1047267.htm，2012-03-25。

⑤ 对此，立法机关人士也认为：对于其他危害较轻的犯罪，辩护律师仍享有保密的权利。参见朗胜：《〈中华人民共和国刑事诉讼法〉修改与适用》，新华出版社 2012 年版，第 109 页。

⑥ 从理论上看，律师—委托人特免权应当包括律师的保密义务和保密特权两个密不可分的方面。二者虽然都以追求律师与委托人之间信息交流的最大化为目标，但又发挥着不同的作用。保密特权是针对律师－委托人关系之外的对抗力量而言（起重在对抗诉讼程序中发现真实的功能），其目的在于保证律师和委托人交流的保密性、安全性、充分性等。而保密义务是针对委托人而言，体现为律师的一种义务，其着眼于通过律师职业的自我约束来获得委托人的信赖，来促进律师和委托人之间的交流。保密特权与保密义务功能不同，二者不能相互取代。参见王进喜：《刑事证人证言论》，中国人民公安大学出版社 2002 年版，第 109 页。

件真实，以及对犯罪的打击取得了“君临天下”的地位，为了查获犯罪信息，任何人、任何物品都处在刑事司法权力笼罩之下。辩护律师的确享有保密权，但这个保密权却是没有任何保障的“裸体权利”，在“打击犯罪”的口号面前，辩护律师在执业活动中所知悉的相关信息不太可能“幸免于难”，因为上述规定中，根本没有关于辩护律师除外的规定。可以预见的是，在具体程序运作过程中，侦查机关掌握国家权力，以国家代表面目出现，运用相关手段自然得心应手；而作为普通公民的律师，要据理力争维护自己的权利，难度可想而知。再如本法第六十条第一款规定：“凡是知道案件情况的人，都有作证的义务。”辩护律师在执业活动中知悉有关信息后，当然符合证人的条件。此时，律师该“何去何从”呢？律师可能会说，我享有保密权，因此拒绝作证。而公安司法机关则可能要求律师作证，因为法律同时也规定了公民的作证义务，况且，法律也并没有明确规定律师享有拒证权，律师当然应按要求作证。[①]由于新法在打击犯罪与保障人权这两个目标之间，倾向于选择前者。在打击犯罪目标的指引下，当然不太可能赋予辩护律师以拒证权。[②]

第四十七条　辩护人、诉讼代理人认为公安机关、人民检察院、人民法院及其工作人员阻碍其依法行使诉讼权利的，有权向同级或者上一级人民检察院申诉或者控告。人民检察院对申诉或者控告应当及时进行审查，情况属实的，通知有关机关予以纠正。

【主旨】本条规定了辩护人、诉讼代理人对公安司法机关及其工作人员不当行为的申诉权和控告权。

【释评】本条系新增规定，其立法目的在于，规制实践中少数公安机关、人民检察院、人民法院及其工作人员阻碍其依法行使诉讼权利的行为。[③]

（一）检察机关的监督权

依法条文义，实施妨碍行为的公安机关、人民检察院、人民法院的同级或者上一级人民检察院有义务对这些行为展开检察监督。接到申诉或者控告的人民检察院应当受理并及时进行审查。在审查过程中，人民检察院可以向有关机关和个人了解情况，调查核实。[④]一般说来，对公安机关和人民法院的违法行为，应向同级人民检察院提出；而对检察机关的违法行为，应向其上一级人民检察院提出。

（二）监督权实现的困境

在辩护人、诉讼代理人提出申诉或控告时，由于法律仍然缺乏刚性的监督措施，并且审查的“程序”“期限”等关键问题均不明确，接受控告或者申诉的检察机关除了对下级检察院有直接的领导权威（权力）外，对公安机关、人民法院而言，其实际上没有切实有效的办法。[⑤]换言之，“通知有关机关予以纠正”很可能遇到有关机关“不合作”的抵抗；从而，这种检察监督的实际效果不容乐观。

---

① 请注意，这就是前文所提到的公安司法机关的惯常思维方式。当然，为了避免过于与职业相冲突，可以要求律师在辞去辩护人后再充当证人。

② 不管是大陆法系还是英美法系，一般都（当然也有例外，比如大陆法系的荷兰，就认为律师的保密特权属于自己，独立于其委托人的利益）认为，辩护律师的拒证权实际上是委托人（被追诉人）的权利，换言之，律师之所以要对有关信息保密，要有拒证权，都是为了保护自己委托人的利益。相关介绍参见王进喜：《刑事证人证言论》，中国人民公安大学出版社 2002 年版，第 100 页。

③ ④ 朗胜：《〈中华人民共和国刑事诉讼法〉修改与适用》，新华出版社 2012 年版，第 109 页，第 110 页。

⑤ 比如，《诉讼规则（试行）》第五十八条规定：辩护人、诉讼代理人认为其依法行使诉讼权利受到阻碍向人民检察院申诉或者控告的，人民检察院应当在受理后十日以内进行审查，情况属实的，经检察长决定，通知有关机关或者本院有关部门、下级人民检察院予以纠正，并将处理情况书面答复提出申诉或者控告的辩护人、诉讼代理人。

第五章 证 据

证据是认定案件事实的唯一依据，证据的运用即是公安司法机关通过证据收集和审查判断，最终对案件得出结论并适用法律的过程，这是每一起刑事案件都必须经过的程序，因此，证据运用正确与否，直接关系到案件的处理是否正确。可以说，整个刑事诉讼过程，就是一个证据运用过程，它贯穿于刑事诉讼的始终，涉及办案机关及各个诉讼阶段，因而必须有相应的制度加以规范，以确保这一过程正确、合法。本章通过规定证据的概念、法定种类，以及搜集、调取、审判判断证据的基本规则，初步构建了具有中国特色的证据制度。

但是，需要看到，本章规定总体上存在着较为原则、笼统，操作性不强的问题，特别在一些关键之处，规定不够明确，这给具体的司法活动造成了一定困难（比如非法证据排除的适用范围）。

第四十八条　可以用于证明案件事实的材料，都是证据。

证据包括：

（一）物证；

（二）书证；

（三）证人证言；

（四）被害人陈述；

（五）犯罪嫌疑人、被告人供述和辩解；

（六）鉴定意见；

（七）勘验、检查、辨认、侦查实验等笔录；

（八）视听资料、电子数据。

证据必须经过查证属实，才能作为定案的根据。

【主旨】本条规定了证据的概念和种类。

【释评】本次修法对证据概念和证据种类都有所调整，这些变化对证据法理论，以及具体法律实践活动都有相当影响。

（一）证据概念的变化

证据概念长期以来都为人们高度关注，由于立法语言的不严谨，带来了学理上认识的混乱。本次修法回归实践，采用了材料说这个更贴近人们日常生活，并且具有更大包容性的界定。有学者认为：这一定义实现了证据内容和形式的统一，即证据的内容是证据所反映的案件事实，证据的形式是证据赖以存在的载体。用“材料”取代“事实”，承认了证据存在真假问题，消除了旧法条中的逻辑矛盾，因为用于证明案件事实的材料有真有假，才有必要经过查证属实。[①]在笔者看来，更为重要的是，新定义强调这些材料是“用于”证明，而不是就能够证明，这个进步可谓巨大。其表明证明案件事实是一个相对的、渐进的认识过程。获取作为“可以用于证明案件事实的材料”是一个动态的、开放的、认真谨慎的发现、收集、固定、甄别的过程。“可以”的运用说明了证据材料具有相对性、开放性和选择性、派生性的特点。[②]另外，笔者还认为，这一转变也体现了以司法审判为中心的理念，这样就有效避免了以前“真实说”所存在的种种与诉讼程序进程不相符合的弊病，值得肯定。因为，由于回避制度的要求，在裁判者与知情人分离的法律制度下，裁判者的认知活动往往是纠纷实施发生之后展开的；在认知过程中，裁判者直接面对的不是纠纷事实本身，而是为证明案件事实而提出的证据。[③]基于不告不理以及中立原则，刑事诉讼中作为裁判者的法院虽然有权调取证据，也有可能去调取证据，但相比较控辩双方而言，其取证行为总是作为一种补充机制而存在，并且必须受到控辩双方主张的限制。从这个角度看，所谓证据的提出，实际上是与主张以及举证责任密切联系在一起的，唯当事人才有主张，只有主张者才会承担责任，因此，证据只能是（当事人）用来证明案件事实，而非就一定能够证明，否则“证据必须经过查证属实，才能作为定案的根据”之规定就失去意义了。另外，“用于证明”强调了程序性，具有更大的包容性（针对诉讼阶段），并且也符合诉讼程序的基本结构。

当然，“材料说”也并非完美无缺。以“材料说”界定证据概念，忽略了证据的多重含义，有简单化和以偏概全之嫌。按照龙宗智教授等的理解，其缺陷主要在于忽略了“事实证据”，不能准确表达言辞证据的形式，也不能表达“情态证据”等丰富的证据内容[④]。对材料说存在的缺陷，笔者也不否认，不过，应当明白的是，证据概念虽然很重要，其意义主要还在于追求理论体系的完满，然而在法律适用层面，究竟如何定义证据以及证据所谓法定种类，在大多数情况下都不会影响判断“某一东西”是不是“证据”。人们关注的核心在于，其是否与案件有关联性，如果非要从形式上给要用的这个东西“正名”，人们实际上也总能找到一个可能并不太妥贴的称谓。由此可以说，过分沉溺于概念与种类问题（对此下面将会涉及），本身就背离了证据理论应有的实践品格。对此，陈瑞华教授就指出：（立法）对证据概念所做的调整，对于法院认定案件事实是没有明显规范作用的。对证据定义的揭示，在很大程度上只是一个学术问题，而很难对诉讼各方的诉讼行为具有指导和规范作用。[⑤]

（二）证据的种类

本条中的证据种类，实际上就是学理上所谓的“法定证据种类”，这个种类的主要特点在

---

① 樊崇义、张中：《证据定义转向形式理性》，载《检察日报》2012年4月24日第3版。

② 孟昭武：《论我国刑事证据定义、种类和形式的新变化》，载《法治研究》2012年第5期，第14页。

③ 吴宏耀：《诉讼认识论纲——以司法裁判中的事实认定为中心》，北京大学出版社2008年版，第66页。

④ 龙宗智、苏云：《刑事诉讼法修改如何调整证据制度》，载《现代法学》2011年第6期，第117页。在言辞证据问题上，陈瑞华教授也表达了基本相同的看法：这种将证据定义为“证据材料”的方式，明显地具有偏重实物证据和笔录类证据的嫌疑，大大忽视了当庭言词陈述的重要性。作为言词证据，证人证言、被告人供述和辩解、被害人陈述以及鉴定意见都可以同时包含着两种证据形式：一是庭前言词证据笔录，包括庭前证言笔录、被告人供述笔录、被害人陈述笔录和书面鉴定意见；二是当庭言词陈述，如证人当庭证言、被告人当庭供述或辩解、被害人当庭陈述以及鉴定人当庭证言等。考虑到证人、鉴定人、被害人出庭作证的情况较少发生，刑事法庭采纳的大都是庭前言词笔录，因此，立法者想当然地将证据定义为“证据材料”。同时鉴于被告人当庭所作的翻供或者辩解，通常难以为法庭所采纳，被告人所作的庭前供述往往被转化为法庭定案的根据，因此，立法者误以为被告人供述都是以笔录材料的形式作为证据使用的。参见陈瑞华：《证据的概念与法定种类》，载《法律适用》2012年第1期，第28页。

⑤ 陈瑞华、黄永、褚福民：《法律程序改革的突破与限度——2012年刑事诉讼法修改述评》，中国法制出版社2012年版，第49页。

于分类标准极不统一，有的从证据外在形式上划分，有的则是考虑其提供主体的身份，还有的是依据其内容进行划分，由此，给人们的理解活动造成了一些困难。有学者指出：我国现行刑事诉讼法关于刑事证据种类的规定是存在诸多问题的，不仅具体规定杂乱、无序，部分证据形式还相互交叉、包容，个别证据法定形式的外延甚至还有遗漏，同时，证据法定种类体系的封闭性，使得现有证据法定形式规定，在面临新的类型证据出现时，往往不置可否，处境尴尬。[①]考虑到一般的刑事诉讼法学教科书以及证据（法）学教科书中，对法定证据种类的概念、特点、审查判断等基本问题均有较为详细的介绍，为了节约篇幅，本书对此从略，仅在分析到相关问题时予以涉及。

本次修法在证据种类上，将“物证”“书证”作为两种独立的证据种类予以分立，将“鉴定结论”修改为“鉴定意见”，在“勘验、检查笔录”后增加规定了“辨认和侦查实验笔录”，并将“电子数据”与“视听资料”规定为同一种证据类型。

1. 物证与书证的分列

在1996年《刑事诉讼法》中，物证与书证被列入同一项中，但是长期以来的理论研究和司法实践均已表明，物证和书证虽有其有相似性（甚至有的物品既是物证，又是书证），但在对案件的证明方式以及收集、审查和认定的方法上，都有很大不同，因此诉讼法（证据法）理论都将其作为两种独立证据分别阐述。而从法律规范层面来看，无论是英美法国家还是大陆法国家均将两者分立，我国的《民事诉讼法》与《行政诉讼法》也都遵循这样的立法例。本次修法把物证与书证分列成为独立证据种类，是一种“接轨”性的进步。

2. 从鉴定结论到鉴定意见

在1996年《刑事诉讼法》中，有关鉴定结果的证据种类被称之为“鉴定结论”，而在2005年全国人大常委会《关于司法鉴定管理问题的决定》和2010年“两高三部”《关于办理死刑案件审查判断证据若干问题的规定》中，都将“鉴定结论”改称为“鉴定意见”。应当说，这一修改是对这种证据更准确的定位。因为鉴定结果只是鉴定人个人的认识和判断，表达的也只是鉴定人的个人意见，对整个案件来说，它只是诸多证据中的一种，而不具有终局性；其没有当然的高于其他证据证明力的价值，能否作为定案的根据，同样需要法官综合全案证据进行判断。同时，这一修改对于改变过去司法实践中唯鉴定结论是从，多次鉴定、重复鉴定的现象有很大作用；并且，它为后面有关鉴定人出庭条款的设置打下了基础。因为意见与作出意见的人是不可分的，而结论则通常可以采取书面形式。[②]因此，使用“鉴定意见”替代“鉴定结论”，有利于摆正这类证据在诉讼中的位置，转变办案人员的观念，以便发挥办案人员在审查判断鉴定意见时的主动性和能动性，减少其主观臆断，提高办案质量。[③]笔者当然也不否认这一修改的意义，然而，从法律体系上以及司法实践的具体情况看，这一修改却基本上属于“形式上”的变化，其究竟能否产生大家所预期的作用恐怕还很难说。在笔者看来，诉讼程序设置不科学，控辩失衡、法官素质等问题都严重影响了对“鉴定结论”的认知，以及是否采纳的比率，把实践中出现的诸多问题归结为“用语问题”委实太过牵强。对比修改前后的法条可以发现，除了将“鉴定结论”改为“鉴定意见”外，其余并无任何变化。犯罪嫌疑

① 刘万奇：《论证据法定形式的功能——兼评刑事诉讼法修正案（草案）第47条证据法定形式》，载《中国人民公安大学学报》（社会科学版），2012年第1期，第13页。

② 汪建成：《刑事证据制度的重大变革及其展开》，载《中国法学》2011年第6期，第52-53页。

③ 全国人大常委会法制工作委员会刑法室：《全国人民代表大会常务委员会关于司法鉴定管理问题的决定释义》，法律出版社2005年版，第5-6页。

人、被告人无论在侦查阶段，还是审判阶段只是仅仅被赋予了申请重新鉴定、补充鉴定的权利，启动鉴定的决定权仍然在公安司法机关手中。恰如王敏远教授所言：如果当事人不能享有启动鉴定的权利，而只是享有申请补充鉴定、重新鉴定的权利，那么，就将使其权利置于被动、从属的地位，甚至会因此落空。”显然，如果在具体案件中职权机关对某个事项未进行鉴定的话，当事人所谓的申请补充鉴定、重新鉴定的基础就不存在。经验表明，这种情况对当事人权利的保障不利，这在 2006 年邱兴华一案中得到了充分的说明。①本次修法对争议最大的、需要法律解决的鉴定启动权配置问题没有涉及，在这种现实情况下，从“结论”到“意见”这一改动的效果有待考察。

3. 笔录范围的增加

笔录是我国刑事诉讼程序（主要是侦查程序）中常见的材料类型，1996 年《刑事诉讼法》中仅仅肯定了勘验、检查笔录的证据能力，而对其他广泛使用的笔录未予涉及。本次修法虽新增了辨认和侦查实验笔录，拓宽了笔录证据的范围；但在理解时应扩张进行，实践中的侦查笔录，如搜查笔录、扣押笔录、提取笔录等都可以纳入其中。此外，审判笔录是一种综合性的证据，它本身可能包含证言、口供等证据内容，也是举证、质证情况以及程序法事实的记载，它是一审后程序使用的，能够证明实体法事实和程序法事实的重要证据，其也应当纳入笔录类证据范围②。最后还需要注意的是，本条肯定了辨认笔录属于法定证据种类，但在后面的侦查行为中，并没有有关辨认行为的规制，这是未来立法需要完善的地方。

4. 电子数据与视听资料并列

随着电子通讯、计算机、互联网、物联网技术的快速发展和广泛应用，电子数据在实务中的应用日趋广泛，由于旧法未肯定电子数据的证据能力，司法实践中常常把侦查、起诉、审判环节获取的电子数据转化或者归类为物证、书证、证人证言、视听资料等证据材料形式来证明案件事实。这就明显制约了公安司法机关办理案件的能力。本次修法肯定了电子数据的证据能力，是对实践的积极回应，有利于节约司法资源，提高诉讼效率。电子数据既然和视听资料并列，这就说明它于视听资料有着本质的区别。一般来说，电子数据是指以计算机系统和网络信息系统及其传输、储存介质为载体，运用电子、光学、磁或者类似物理手段生成、发送、接收或者储存的数据信息资料，包括以数字、字母、文字、图形、符号、音频等形式记录信息内容的资料。③具体而言，实践中，磁盘、光盘、移动硬盘中存储的电子邮件、电子数据交换、网上聊天纪律、网络博客、手机短信等电子信息都可认定为属于电子数据。④

（三）法定证据种类（形式）质疑

我国遵循苏联模式，立法中明确规定了证据的种类（形式）。由于各种原因，人们逐渐形成了较为“僵化”的认识，比如理论界和实务界一般都认为：诉讼证据的形式应当合法，即依据有关的法律规定，作为证明案件事实的证据材料形式上应当符合法律要求，如果不符合法律的要求，则不可以作为诉讼证据。⑤笔者认为，证据法定种类虽有法律明示，也有相应法律效力，但传统观点的立论基础却难以成立。因为“在证据法中限定证据的法定种类，违背了证据运用的基本规律，将大量有助于证明证据事实的证据载体排除于‘法定证据形式’之

① 王敏远：《论我国刑事证据法的转变》，载《法学家》2012 年第 3 期，第 100 页。
② 龙宗智、苏云：《刑事诉讼法修改如何调整证据制度》，载《现代法学》2011 年第 6 期，第 118 页。
③ 孟昭武：《论我国刑事证据定义、种类和形式的新变化》，载《法治研究》2012 年第 5 期，第 19 页。
④ 童建明：《新刑事诉讼法理解与适用》，中国检察出版社 2012 年版，第 72 页。
⑤ 三大诉讼均如此，详见江伟：《证据法学》，法律出版社 1999 年版，第 212 页。

外，无助于全面客观地揭示案件的事实真相”[①]。况且就我国法律规定而言，也并没有规定凡不符合法定形式的证据就不是“证据”。实践中，如果真的出现所谓不符合法定形式的证据，即使最终它可能会被排除掉，当事人和法官仍然会把它当作“证据”对待。因为不经当事人提交、对方当事人质证、法官审查，又怎么能知道某项证据是不符合法定形式的呢?[②] 也就是说，如果讲证据的本质属性、本质特性，就只能根据它的内容，而不能立足于它是否具有法律规定的形式。[③]实际上，不论是英美法系国家的证据法还是大陆法系国家的刑事诉讼法，基本都没有像我国这样对证据的法定种类作出如此详细的封闭式列举规定。虽然这些国家也规定了言词证据、物证、鉴定等证据种类。但这些国家涉及证据具体种类的规定，与我国旨在通过封闭式地列举证据形式的情况并不相同，这些国家规定证据形式是与相关的具体证据规则相关联的。[④]按照王敏远教授的看法：规定证据的法定形式以排除其他材料在诉讼中作为证据，这不应是目的；而为确定不同的证据规则提供基础，才是问题的关键。即规定不同的证据形式，以便根据证据类别的不同，设置相应的收集、固定、保管、移转、检验、使用、排除证据以及对证据进行质证、认定的具体规则，这才是我们关注证据不同形式的关键所在[⑤]。

第四十九条　公诉案件中被告人有罪的举证责任由人民检察院承担，自诉案件中被告人有罪的举证责任由自诉人承担。

【主旨】本条规定了刑事诉讼中有罪举证责任的承担。

【释评】本条在公诉案件与自诉案件二元划分的基础上，规定了不同的举证责任承担规则。举证责任问题，横跨程序与实体两大领域，需要全面理解。

（一）举证责任的涵义与性质

1. 举证责任的涵义

在我国，作为法律用语的“举证责任”一词，最早出现在1989年颁行的《行政诉讼法》第三十二条，现在本法也明确规定，一方主体应当对特定事项承担举证责任。单就语义而言，举证责任主要是指提出证据的责任（要求），但是结合本法相关规定可以发现，立法者在本条中使用的“举证责任”一词，实际上是提出证据的“行为责任”与不利后果负担的“结果责任”的“二位一体”。这种理解基本源自大陆法系，由于英美法中的提出证据的责任与说服责任根植于法官与陪审团的职责划分，因此，在中国这种一元制法庭构造和审判方式中，应当采用行为责任与结果责任作为证明责任类型划分的基本概念，而不宜将二元制法庭中的相应概念，不加限制地使用于我国立法与理论研究中。[⑥]按笔者理解，这两种不同意义上的责任，是作为整体而存在“举证责任”的不同侧面，不可分割。在大陆法证明责任理论中，客观证明责任的承担以案件事实真伪不明作为前提，正是为了避免案件最终出现事实真伪不明的情

① 陈瑞华：《证据的概念与法定种类》，载《法律适用》2012年第1期，第30页。

② 夏永全：《民事诉讼证据定义新探——材料说的重新提倡》，载《西华大学学报》（哲学社会科学版）2007年第3期，第81页。

③ 陈一云：《证据学》（第四版），中国人民大学出版社2010年版，第65页。

④ 例如，英国《警察与刑事证据法》（1984年）第2条规定的“证人辨认”，是从辨认的具体规则角度对这种证据形式予以关注的。《法国刑事诉讼法典》也没有对证据的形式作封闭式的列举，而只是在具体的证据规则中提及不同种类的证据。例如，第323条到346条以及从第427到457条等，都是从具体证据规则的角度对被告人陈述、证人证言、物证、鉴定等种类的证据作出规定；《德国刑事诉讼法典》6第6章“证人”、第7章“鉴定人”、“勘验”等也是这样。参见王敏远：《论我国刑事证据法的转变》，载《法学家》2012年第3期，第103-104页。

⑤ 王敏远：《论我国刑事证据法的转变》，载《法学家》2012年第3期，第104页。

⑥ 龙宗智：《刑事证明责任制度若干问题新探》，载《现代法学》2008年第4期，第108页。该论断可谓一针见血。因为目前有大量学者都陷于“英美法”的潮流中而无法自拔，由此导致了诸多问题。

况，有关主体才会积极举证（主观证明责任），可以说，大陆法的这种证明责任概念，有效解决了当事人举证的动机问题，主观证明责任与客观证明责任之间实际上存在一种心理映射关系，这种心理映射关系，不仅使当事人在自己利益攸关时认真举证，而且也为实体法的构建提出了要求，必须遵循这一原则[①]。若把举证责任的两个内涵分离，则会出现严重问题。如要求一方主体承担结果意义上的举证责任，而又不承担行为意义上的举证责任，完全不可想象；同时，如要求一方承担行为意义上的举证责任，却又不承担结果意义上的举证责任，也无法成立。试想，既然被要求举证的一方，没有不利后果负担，从前述心理映射角度上看，该方主体为何要举证呢？显然，此时所谓“举证责任”根本不能视之为责任，而只能是一种权利。至于实际诉讼过程中，有关主体一般会积极举证、提出意见，并不能仅从举证责任角度考虑，因为其中还夹杂着诸如趋利避害的本能、诉讼程序的构造等因素的影响。申言之，举证实为“合力作用”的结果。

2. 举证责任与证明责任的勾连

“证明责任”并不见诸于我国法条文本，其基本上是一个学术概念。由于各种原因，证明责任的具体涵义如何，向来存在争议，其争点主要在于，二者关系究竟是同一、并列抑或种属？[②]在笔者看来，这种论争的意义着实有限。因为我国学者在分析时，往往从汉语表达出发，而基本没有顾及这一术语所蕴含的诉讼程序体制以及法律文化传统等因素。比如有学者就认为：证明责任与举证责任不同，举证责任仅是一种行为意义上的证明义务，而证明责任除了包含举证义务之外，还包含着论证义务和承担败诉后果的内容[③]。而何家弘教授则更是直接把这种分析推向了高峰：从（汉语）字面上看，举证的含义是举出证据或者提供证据；证明的含义是用证据来表明或者说明。因此，严格地说来，举证责任只是举出证据的责任，证明责任则是运用证据证明案件事实的责任，两者的侧重显然有所不同。不过，如果进一步分析其实质内涵，人们就会发现两者其实相去并不远。因为举证的目的也是要用证据证明案件事实，而证明也包含了举出证据的意思。离开证明案件事实的目的，举证便成了毫无意义的行为；没有人举出证据，证明也就是一句空话。由此可见，证明离不开举证；举证也离不开证明。证明必须以举出证据为基础；而举证的目的也就是为了证明案件事实。[④]显然，这种纯中文式的“当然解释”，完全抽去了前述理解举证责任的必备要素，实际上使这一概念空洞无物了；而一旦我们对前述概念背景因素予以忽略，就会把作为具体地、历史地而存在的“举证责任”简单化。比如，在理解英美证据法时，就应当注意“审判法院的特殊结构、诉讼程序的集中、诉讼当事人及其律师在法律程序中的显著作用等三个支柱性要素”[⑤]，这三个要素在实际诉讼中相互作用，密不可分，“在有陪审团审理的案件中，当一方当事人未能履行提出证据的责任时，法官就有权决定案件，无需陪审团评议，所以，提供证据责任在陪审团中是一种重要的程序装置”[⑥]。如果我们忽略这种制度背景，直接套用其术语，必定会出现不必要的误解（用）。另外，进一步考察这种背景要素还可以发现，英美法证据理论中的说服责任与提出证据责任，

① 黄永：《刑事证明责任分配研究》，中国人民公安大学出版社 2006 年版，第 81 页。
② 刘广三：《刑事证据法学》，中国人民大学出版社 2007 年版，第 309-310 页。
③ 房保国：《论辩护方的证明责任》，载《政法论坛》2012 年第 6 期，第 37 页。
④ 何家弘、杨迎泽：《检察证据教程》，法律出版社 2002 年版，第 114 页。
⑤ [美]米尔建·R·达马斯卡：《漂移的证据法》，李学军等译，中国政法大学出版社 2003 年版，第 5 页。
⑥ [美]约翰·W·斯特龙：《麦考密克论证据（第五版）》，汤维建等译，中国政法大学出版社 2004 年版，第 649 页。

与大陆法（德国）中的证明责任理论实际上就有很大不同[①]，二者并不存在一种想当然的简单对应关系。

笔者认为，举证责任作为法定用语，理应得到足够尊重；“证明责任”作为一个学理概念，旨在帮助我们理解、评价作为法定用语的举证责任。理论研究在进行阐述时，应尽可能严格区分二者的适用范围；从统一规范适用、避免无谓论争角度出发，完全可以，并且也应适当限制“证明责任”这一概念的运用。举证责任这一表述，或许有这样那样的缺陷，但“我们既然信仰法律，就不要随意批判法律，不要随意主张修改法律，而应当对法律进行合理的解释，将‘不理想’的法律条文解释为理想的法律规定”[②]。

3. 举证责任的性质

与概念使用上的纷争类似，我国学理对举证责任性质的认识也存在较大分歧。这并非仅是文字表述上的问题，因为对举证责任性质的不同理解，会带来一旦某方主体无法举证或者举证不足时，究竟承担什么样后果的重大问题。综合起来看，理论上目前主要存在着“权利说”“义务说”“负担说”“责任说”等不同主张。[③]笔者认为，社会生活的复杂性决定了，企图确定所谓唯一“正解”的目的注定会失败，举证责任本身就是一个复合概念，上述观点从不同的角度（主体、诉讼阶段、结果）看都有一定道理，据此，把举证责任理解为一种权利义务、负担、责任的“混合体”可能是一种解释力较强的观点。[④]

（二）控诉方承担被告人有罪的举证责任

按照前述理解，既然举证责任包括了双重涵义，那么，控诉方不仅应当提出证明被告人有罪的证据，并且，应当在无法达到证明标准时承担败诉的后果：被告人被宣告无罪。按笔者理解，这种责任主要是从宏观上讲的，换言之，控诉方作为程序发动者，需要先行提出诉讼主张（有罪控诉），然后提出证据支持自己的主张（控诉）；如果举证不足，或者没有达到证明标准就遭受败诉的不利结果。显然，这种行为模式有着坚实的实践基础，我们每个人在生活中实际上都是先提出一个主张，然后再举出证据加以证明。“每一方当事人必须证明的，并不是那些他用于支持自己的、反驳对方观点的众多事实，也不是那些由于事件的历史上和逻辑上的联系，用于说明争议点的众多事实，而只是用于使其诉讼请求正当化的事实。”[⑤]对公诉案件而言，其既然由人民检察院提起控诉，基于无罪推定原则，以及被告人的特殊弱势地位，当然应由公诉方承担举证责任。[⑥]自诉案件与之相仿，自诉人提起诉讼，当然应承担证明被告人有罪的责任。有检察机关人士提出，自诉人在这里应做广义理解，包括自诉人、法定代理人和自诉人委托的诉讼代理人。[⑦]这种观点明显是错误的。因为其混淆了代理人和本人之间的法律地位。在法理上，代理的本质在于代理人以被代理人名义展开活动，其在授权范围内的行为后果均由本人承担。自诉案件中不管是法定代理人还是委托代理，诉讼代理人只是代为举证，其在诉讼中既没有自己的诉讼主张，也不承担无法证明或证明不力时的败诉风险，因此不属于证明主体。[⑧]这种举证责任的后果在于，如果控诉方不能举证证明被告人有罪

① 具体分析参见孙长永：《探索正当程序——比较刑事诉讼法专论》，中国法制出版社 2005 年版，第 188 页。
② 张明楷：《刑法格言的展开》，法律出版社 1999 年版，第 3 页。
③ 相关引介可参见刘广三：《刑事证据法学》，中国人民大学出版社 2007 年版，第 313-314 页。
④ 刘广三：《刑事证据法学》，中国人民大学出版社 2007 年版，第 314 页。
⑤ [德]莱奥·罗森贝克：《证明责任论》，庄敬华译，中国法制出版社 2002 年版，第 52 页。
⑥ 陈光中：《刑事诉讼法》（第五版），北京大学出版社、高等教育出版社 2013 年版，第 175-176 页。
⑦ 童建明：《新刑事诉讼法理解与适用》，中国检察出版社 2012 年版，第 76 页。
⑧ 卞建林、郭志媛：《刑事证明主体新论——基于证明责任的分析》，载《中国刑事法杂志》2003 年第 1 期，第 69 页。

（达到证据标准），则人民法院应当依法宣告被告人“无罪”。在此问题上，应当结合本法第一百九十五条第（三）项之规定进行理解，即“证据不足，不能认定被告人有罪的，应当作出证据不足、指控的犯罪不能成立的无罪判决”。

（三）公安机关与人民法院是否承担举证责任？

前已提及，本条仅规定了检察机关与自诉人作为控诉方的举证责任，而在我国刑事诉讼程序中，公安机关与人民法院也有相应职责和权力，它们是否承担举证责任呢？对此，传统观点把举证责任与证明责任进行了刻意区分，其中，证明责任被定义为“司法机关应当收集证据证明其所认定的案件事实，某些当事人应当提供证据证明有利于自己的主张，否则，将承担其认定或主张不能成立的危险的责任。其中，当事人应当提供证据证明有利于自己的主张，否则将承担其主张不能成立的危险的责任，又称举证责任”[①]。据此，传统观点是认为证明责任中包容了当事人的举证责任。人民法院应承担证明责任的理由在于：尽管在不同的诉讼中，检察机关或某些当事人依法承担证明责任，但法院为查明案件的客观事实，在必要时仍应收集证据。同时，法院在裁判中所认定的案件事实必须有确实、充分的证据，否则其认定不能成立。[②]公安机关承担证明责任的理由在于：公安机关对其负责侦查的案件必须全面收集证据，如果获取的证据不足以证明犯罪事实，就不能作出认定。同时，侦查终结的案件移送检察机关审查起诉的，必须就所认定的犯罪事实，提出确实、充实的证据，否则将承担其认定不能成立的风险。[③]但是这一观点近年来遭到了许多人的反对，坚持公安机关与人民法院仍属举证责任主体者日渐稀少。从立论基础看，“以往的研究者均将诉讼证明视为贯穿于诉讼全过程的一种认识活动，故此顺‘理’成章地认为，所有在探求案件事实真相的活动中起主导作用的诉讼专门机关和当事人都是证明主体，从而得出公安机关、法院以及某些诉讼参与人也承担证明责任的错误结论”[④]。而实际上，学理层面的证明责任是一个涵义特定的法庭审判阶段的概念，这一概念与弹劾主义诉讼紧密相连，以诉讼主张以及主张责任为前提，以败诉后果为归宿。离开审判阶段，离开诉讼主张以及主张责任，离开败诉后果，证明责任制度就失去了它在产生之初及至延续到现在解决诉讼争议方面具有的特有功能，证明责任本身的涵义也就面目模糊，暧昧不清了。[⑤]

从侦查机关在诉讼证明活动中的地位来看，由于证明责任是与审判阶段相联系的特定概念，解决的是审判过程中由谁提出诉讼主张和诉讼证据以及由谁承担因无法证明或者证明不力而导致的不利后果的问题。侦查机关不是审判阶段的诉讼主体，除个别侦查人员以警察证人或鉴定人身份出庭作证外，一般不参与审判活动，也就是说，侦查机关不是审判阶段证明责任的承担者，因此，侦查机关不是诉讼证明的主体。另一方面，从侦查活动的性质看，侦查机关搜集证据的行为是一种依职权对案件事实的认识活动，其目的在于明确犯罪嫌疑的有无，进而才决定起诉与否，即在此阶段，侦查机关尚未提出明确的诉讼主张，更不需承担不利的诉讼后果，因此不能将其列为证明主体。[⑥]而对人民法院来说，其在诉讼中的地位和职能决定了他作为中立的裁判一方，在诉讼证明过程中只是收受证明的主体，而不是证明主体。把法院视为证明主体，会导致法院“一身二任”的情况，即法院既作为证明主体履行证明责

---

①②③ 陈一云：《证据学》（第四版），中国人民大学出版社 2010 年版，第 102 页、第 102 页、第 103 页。

④⑥ 卞建林、郭志媛：《刑事证明主体新论——基于证明责任的分析》，载《中国刑事法杂志》2003 年第 1 期，第 65 页，第 69 页。

⑤ 张建伟：《刑事诉讼法通义》，清华大学出版社 2007 年版，第 425 页。

任，又作为裁判者对待证事实进行评价。这种情况不仅与控审分离的诉讼原理相悖，而且实际上会造成法官的角色混乱与心理冲突。此外，以证明主体的构成要件来衡量，法院本身既无自己的诉讼主张，对争议中的事实也无既定的看法，更不会因证明不力而承担任何败诉的风险，因而不可能成为证明主体。在诉讼实践中，由于法院承担着审查判断证据的责任，必要时也需在法庭上讯问被告人，询问被害人、证人等。但是法院进行上述活动并不属于履行证明责任的行为，而是在履行法律赋予的审理职责；此外，法官的讯问、询问只是补充性的，是法官职权主义在证据调查中的表现，大陆法系的法官也享有类似的权利，不能将其作为法官承担证明责任的标志。①综上，刑事诉讼程序中公安机关搜集证据，与人民法院审查判断证据的活动虽与证据有关，但因为没有诉讼主张，也不存在所谓败诉的后果，所以，许多学者将其界定为一种诉讼职责，而非什么证明责任。②

（四）被追诉人是否承担举证责任？

很明显，本条在有罪问题的举证责任上并没有任何例外规定，而学理上不少人都主张，被追诉人应当对一些特别事项承担举证责任。其论证的基本思路为：国外立法与实践中，均存在着被告人承担举证责任的例外，比如所谓不在现场、没有责任能力等消极抗辩，以及正当防卫、紧急避险、职务行为等积极抗辩。他们认为，这些现象在我国刑事诉讼中也存在，并且一般习惯于以我国刑法中的持有型犯罪（如“巨额财产来源不明罪”）为例，论证被告人应当承担举证责任。③笔者认为，这些观点均值得商榷，本法明确规定控诉方承担有罪的举证责任而没有提及任何例外是正确的。被追诉人只有对程序性事项有主张时，才应当承担举证责任。

1. 被追诉人不应承担任何有罪无罪的举证责任

该论断的立足点在于“无罪推定”和“不自证其罪”两项国际刑事诉讼准则。基于不自证其罪原则，被追诉人没有义务证明自己有罪，因为这违反了基本的人性，这一点得到了所有学者肯定。而被追诉人是否应当承担无罪的举证责任则存在一些争议，不少人主张被追诉人应在特定情况下承担举证责任。这种观点在我国法中显然是不能成立的。因为在无罪推定原则下，被追诉人已经在法律上被推定为无罪，要求被追诉人承担证明自己无罪的责任，必然与之相违背。在实际进行的诉讼程序中，“对被告方来说，提供反驳证据行为不是一种法律义务，不能理解为证明责任。相反，这正是被告的权利。被告提出反驳证据的目的是使控诉方的指控不能成立，其本身并无一种法律上的证明责任需要免除”。④更关键的是，即使被告方不举证，或者举证不能，法院也不能就此认定被告人有罪，也就是说，被告人并不会因此而承担不利后果，其有罪与否仍然需全面审查控方举证后才能作出判断。从这个角度看，前述观点实际上混淆了两类不同性质的行为，要求被告方承担举证责任，有可能会恶化其本已不利的处境。

最后，应当看到，在我国现行相关规定中，没有任何一处要求被追诉人承担无罪的举证责任，而是要求办案机关收集其无罪的证据。同时，从刑事实体法规定以及诉讼体制特点看，要求被追诉人对所谓“阻却事由”承担举证责任，也没有合理根据。⑤

① 卞建林、郭志媛：《刑事证明主体新论——基于证明责任的分析》，载《中国刑事法杂志》2003年第1期，第70页。
② ③ 张建伟：《刑事诉讼法通义》，清华大学出版社2007年版，第448-449页。
④ 洪浩：《证据法学》（第二版），北京大学出版社2007年版，第234页。
⑤ 鉴于问题牵涉面较广，这里无法详细展开，笔者已经另行撰文予以分析、论证。

2. 被追诉人对量刑事项、程序性事项负有举证责任

从证明对象角度看，我国目前的刑事诉讼领域中，实际存在着三种性质有别的裁判事项，即定罪裁判、量刑裁判、程序性裁判。[①]前述分析基本上只能适用于定罪裁判，而对实践中广泛存在的量刑裁判事项与程序性裁判事项来说，由于难以纳入无罪推定原则，如果被追诉人提出主张，自然应当承担举证责任，若其不能举证加以证明，则应当承担其主张不能被采信的风险。当然，需要注意的是，对此两类事项，在证明标准上无疑应低于定罪的标准，也就是说，人民法院在裁判时斟酌适用本法关于有罪判决的标准，至于具体要求，囿于目前实践与理论的双重欠缺，暂时还无法进一步予以阐述。

第五十条　审判人员、检察人员、侦查人员必须依照法定程序，收集能够证实犯罪嫌疑人、被告人有罪或者无罪、犯罪情节轻重的各种证据。严禁刑讯逼供和以威胁、引诱、欺骗以及其他非法方法收集证据，不得强迫任何人证实自己有罪。必须保证一切与案件有关或者了解案情的公民，有客观地充分地提供证据的条件，除特殊情况外，可以吸收他们协助调查。

【主旨】本条规定了审判人员、检察人员、侦查人员收集证据的基本要求。

【释评】一般而言，刑事诉讼程序以国家权力为主导，在我国，在调查收集证据方面，立法对办案人员科以了较重义务。

（一）公安司法人员的全面收集证据义务

本条要求公安司法人员依照法定程序全面收集证据，所谓法定程序，就是本法有关侦查行为、强制措施、庭外调查核实等方面的规定。从举证责任的实体内容上看，这一义务不仅指向犯罪构成要件的各种事实，而且还包括了各种阻却事由。[②]

（二）不得用非法方法取证

本条前面规定公安司法人员应当依法定程序收集证据，属于形式上的要求，在具体方法上，强调不得用非法方法收集，即不得刑讯逼供和威胁、引诱取证等，其与后面的非法证据排除规则相互照应，形成了一个有机整体。特别是，本条加入了“不得强迫任何人证实自己有罪”的表述，而原有的如实回答条款并未取消，这一规定如何理解，引起了人们的广泛关注。

1. 不得强迫任何人证实自己有罪的主体

依法条文义，该规定的责任主体无疑应当是审判人员、检察人员、侦查人员，而从法理上分析，不得强迫任何人证实自己有罪的责任人员，还应当包括相关部门的领导人员，其不能作出违反本条法律的指令或决定。违反本条法律规定，直接进行强迫的人员和做出相关决定和进行指挥的人员，以及明知存在强迫行为，而不加制止甚至纵容、包庇的领导人员，都应当承担法律责任。审判人员、检察人员、侦查人员不得以任何理由，特别是上级命令或指示为借口实行强迫。因为上级命令和指示不能违背法律；执行违背法律的指令不能免责。审判人员、检察人员、侦查人员也不得指使、纵容其他协助办案的人员进行违反本条法律的行为，特别是刑讯逼供。如果发生违反本条法律的行为，指使的人员应当承担责任，其他协助办案的人员也应当承担法律责任。[③]值得关注的是，被强迫者的范围大小如何？本条语境中，

① 相关分析请参见陈瑞华：《刑事证据法学》，北京大学出版社 2012 年版，第 216-218 页。

② 黄维智：《刑事证明责任研究——穿梭于实体与程序之间》，北京大学出版社 2007 年版，第 187 页。

③ 杨宇冠：《〈刑事诉讼法〉修改凸显人权保障——论不得强迫自证有罪和非法证据排除条款》，载《法学杂志》2012 年第 5 期，第 22 页。

涉案的犯罪嫌疑人、被告人属于当然的主体，而“任何人”是否包含证人以及受到刑事指控者的亲友或其他人，却需要进一步分析。

对证人而言，如果证人作证不会导致证人有罪的结果，那么证人作证问题不适用“不得强迫任何人证实自己有罪”的条款，而应当适用关于证人作证的法律规定，即可以依法强制其作证，但也不得对证人采用刑讯、威胁、欺骗等方法进行强迫[①]。如果作证对其本人不利，即可能使证人也面临刑事追诉，这时候的证人可能转变成犯罪嫌疑人或被告人。在这种情况下，根据该条的规定也应当不强迫其陈述。然而从规则体系上看，本法又规定了“凡是知道案件情况的人，都有作证的义务（第六十条)”，对此杨宇冠教授就认为，是否可强迫涉嫌犯罪的证人作证的问题应当研究。虽然我国现行刑事诉讼法中没有有关国家和地区的“污点证人”制度，但在司法实践中也可以对这部分证人采取从宽处理，而不是以强迫的方式取得其证言。[②]对于受刑事指控者的亲友是否能适用该条款与证人类似。如果亲友作证将导致自己受到刑事指控，可以引用该条拒绝作证；如果其作证不会使其面临刑事指控，则他们应当有作证的义务，如果拒绝作证，人民法院可以强制其到庭，但被告人的配偶、父母、子女除外。[③]

2. 强迫的表现形式

强迫可以从两个不同的方面加以理解。从正面看，大致可以认为采用了各种有形或者无形方式作用于对方肉体或精神的行为。而从反面看，强迫就意味着不自愿。相比较而言，采用反对解释可能更具包容性。

3. 证　实

本条中的“证实”系动词，意指提供可能导致自身不利后果的陈述或者材料。

4. 不得强迫任何人证实自己有罪与如实回答是否矛盾?

对此存在两种对立的观点。

一种是谓“共存论”，该观点主要以立法机关人士和实务界人士为代表。在《刑事诉讼法修正案》起草过程中，即有司法实务部门提出“不强迫自证其罪”条款，仅仅是禁止侦查机关以刑讯逼供等强迫手段取证，而非赋予犯罪嫌疑人沉默权，换言之，只要侦查机关不动用强迫手段取供，而是依法讯问，则犯罪嫌疑人仍须如实回答，无权保持沉默[④]。立法机关负责人士也认为：“二者没有矛盾。不得强迫任何人证实自己有罪，这是我们刑事诉讼法一贯坚持的精神，因为现在的刑事诉讼法里就有严禁刑讯逼供这样的规定。为了进一步防止刑讯逼供，为了进一步遏制可能存在的这样一种现象，这次“刑事诉讼法”明确规定不得强迫任何人证实自己有罪，这样的规定对司法机关是一个刚性的、严格的要求。至于规定犯罪嫌疑人应当如实回答是从另外一个层面，从另外一个角度规定的。就是说，我们的刑法规定，如果犯罪嫌疑人如实回答了问题，交代了自己的罪行，可以得到从宽处理。《刑事诉讼法》作为一部程序法，要落实这样一个规定，它要求犯罪嫌疑人：如果你要回答问题的话，你就应当如实回答，如果你如实回答，就会得到从宽处理。这是从两个角度来规定的，并不矛盾。”[⑤]

另一种则谓“矛盾论”，该观点主要以学者为代表。其认为：主张“不强迫自证其罪”条

① ② ③ 杨宇冠：《《刑事诉讼法》修改凸显人权保障——论不得强迫自证有罪和非法证据排除条款》，载《法学杂志》2012年第5期，第22页、第22页、第23页。

④ 王丽娜：《公检法不赞成沉默权入法》，载京华网 http：//epaper.jinghua.cn/html/2011-09/19/content_701594.htm，2012-08-24。

⑤《郎胜：不强迫自证有罪和嫌疑人应如实回答不矛盾》，载 http：//news.sohu.com/20120308/n337128888.shtml，2012 年 3 月 14 日访问。

款与“如实陈述”条款可以“兼容”的观点，仅仅是我国司法实务部门的“独家之言”，欠缺法理基础。因为所谓“不强迫自证其罪”，本属法律专业术语，无论是在国际公约中，还是在主要法治国家的宪法和刑事诉讼法中，其核心涵义都是相对明确的，所指就是沉默权。而今我国部分司法实务部门却对其涵义强作他解，实难令人信服。且从其效果看，立法上增设“不强迫自证其罪”条款，本意是为我国正式加入《公民权利和政治权利国际公约》作准备，若对“不强迫自证其罪”条款另作他解，不仅无法满足该公约的基本要求，反而距离其愈来愈远，如此一来，岂非南辕而北辙。[①]

笔者也主张矛盾论。在笔者看来，上述“共存论”的解释乍一看有道理，因为上述规定的适用主体并不相同，二者可以并存。可是，稍加分析就可发现这一解释很难成立。因为在刑事诉讼程序中，针对不同主体的所谓“义务”不可能“各行其道”，它们总是会“狭路相逢”，我们对其中的冲突不能视而不见。比如，刑事审讯中，侦查人员肯定明确要求犯罪嫌疑人如实陈述，而犯罪嫌疑人也可能以“不自证其罪”为由拒绝回答，此时，要求其如实陈述与不得强迫任何人自证其罪之间明显存在矛盾。总不能说，嫌疑人要求行使权利，拒绝陈述，也属于如实陈述范畴吧。有学者在评论修正案草案时也认为：当犯罪嫌疑人被要求回答问题，并且，最重要的是，被要求如实回答问题时，如何实现草案规定的“不得强迫任何人证实自己有罪”仍不清楚。除非犯罪嫌疑人是无辜的，否则，要求“如实供述”只不过就是要求犯罪嫌疑人供认案件事实，而要求犯罪嫌疑人供认案件事实，只不过就是自证其罪的行为。[②]法律没有赋予嫌疑人沉默权，加之还明确要求，侦查人员在讯问犯罪嫌疑人的时候，应当告知犯罪嫌疑人如实供述自己罪行可以从宽处理的（实体）法律规定。这实际上就是允许以不利后果相要挟迫使犯罪嫌疑人供述，也就是承认这种威胁审讯的合法性。[③]正因为如此，实证调查表明，讯问笔录中记载的大多数是犯罪嫌疑人的“有罪供述”而非“辩解”。审判程序中的公诉人在法庭上讯问被告人时，通常会说：“被告人某某，本公诉人现向你提问，希望你如实回答。”审判员在讯问被告人时，通常也会说类似的话。很多法官宁愿相信被告人的庭前有罪供述，也不愿多听被告人在庭上的无罪辩解。而且在公诉意见、辩护意见和法庭的评议中，通常也将被告人的认罪态度、是否如实回答等作为量刑轻重的一个酌定情节提出。这实际上等于彻底否定了不自证其罪特免权。[④]此外，该条与《刑法》规定之间还存在一定冲突。因为在《刑事诉讼法》中，“如实回答”是嫌疑人的法定义务，而《刑法》中却又将“如实回答”中的“如实供述自己罪行”的情形予以奖励。既然是一种法定义务，就是应当做的，法律对应当做的事情予以奖励，显然是一种悖论。[⑤]有学者还从不同的角度，对“如实回答”所带来的问题进行了剖析，其认为，在我国司法实践中，犯罪嫌疑人在侦查阶段拒不“如实回答”提问的，会带来以下不利后果：一是犯罪嫌疑人保持沉默或者反复翻供的，侦查人员完全可以“案件侦查困难”为由，反复延长未决羁押期限，使犯罪嫌疑人受到长时间羁押；二是犯罪嫌疑人失去了供述的自主性和自愿性，不得不提供足以自证其罪的言词证据；三是犯罪嫌疑人拒不如实回答的，侦查人员为了获取有罪供述，可能会进行非法取证。更为严重的是，“如

① 万毅：《论“不强迫自证其罪”条款的解释与适用——〈刑事诉讼法〉解释的策略与技术》，载《法学论坛》2012 年第 3 期，第 33 页。

② [德]约阿西姆·赫尔曼：《关于中国〈刑事诉讼法修正案〉（草案）的报告》，颜九红译，载《比较法研究》2012 年第 1 期，第 156 页。

③ 龙宗智：《威胁、引诱、欺骗的审讯是否违法》，载《法学》2000 年第 3 期，第 21-22 页。

④ 吴丹红：《特免权制度研究》，北京大学出版社 2008 年版，第 45 页。

⑤ 冀祥德：《最新刑事诉讼法释评》，中国政法大学出版社 2012 年版，第 113 页。

实回答”义务还会影响犯罪嫌疑人、被告人辩护权的行使，在该义务的理论背景中，辩护权的正当性受到质疑，犯罪嫌疑人、被告人保持沉默、推翻供述、拒不坦白、做无罪辩护，甚至要求调查刑讯逼供等行为，都会被视为“对抗侦查”“认罪态度不好”的表现而招致从重量刑等不利对待。[①]

（三）保障有关人员客观、充分地提供证据

该要求与全面收集证据义务相辅相成。保障有关人员客观、充分地提供证据的条件，主要包括以下方面：一是要保护证人及其近亲属的安全，免除证人的恐惧心理，摆脱可能受到的威胁、损害，让证人可以讲述案件的真实情况；二是要分别询问证人；三是要全面听取供述、陈述或证词，不得引导证人作片面的证词，或者只听取、记录片面的口供、证词。

本条中所谓“特殊情况”，主要是指与案件有关或者了解案件的人参与调查可能会透露案情，使未抓获的犯罪嫌疑人逃跑，或者造成串供以及毁灭、隐匿证据等后果，另外，对涉及国家秘密的案件，不应知悉国家秘密的人也不得参与调查。[②]

第五十一条　公安机关提请批准逮捕书、人民检察院起诉书、人民法院判决书，必须忠实于事实真相。故意隐瞒事实真相的，应当追究责任。

【主旨】本条规定了公安司法机关忠于事实的义务。

【释评】本条文义非常简单，立场也值得肯定，不过，由于宣示性较强，本条需要其他规定配合才能发挥作用。

第五十二条　人民法院、人民检察院和公安机关有权向有关单位和个人收集、调取证据。有关单位和个人应当如实提供证据。

行政机关在行政执法和查办案件过程中收集的物证、书证、视听资料、电子数据等证据材料，在刑事诉讼中可以作为证据使用。

对涉及国家秘密、商业秘密、个人隐私的证据，应当保密。

凡是伪造证据、隐匿证据或者毁灭证据的，无论属于何方，必须受法律追究。

【主旨】本条规定了人民法院、人民检察院和公安机关的调查取证权及相关要求。

【释评】自近代以来，公诉案件都采用国家追诉主义，刑事诉讼程序中的办案机关当然应当有调查取证的权力，有关单位和个人自然也应当履行配合义务，否则程序就无法推进。[③]第一款肯定了办案机关的证据调取权是为总括，余下各款则是对此问题的细化。

（一）行政执法证据向刑事证据的转换

第二款规定肯定了行政机关在行政程序中所取得的证据，在刑事诉讼程序中也具有证据能力。行政程序虽然与刑事诉讼程序性质有别，但实践中，行政违法行为与刑事犯罪之间的界限并不十分鲜明，尤其是在刑法典中存在着大量的行政犯罪的情况下，行政执法与刑事司法之间客观上有着相互衔接的需要，从办案基础而言，两个领域中的“证据”也具有相当的

① 陈瑞华、黄永、褚福民：《法律程序改革的突破与限度——2012年刑事诉讼法修改述评》，中国法制出版社2012年版，第62-63页。

② 朗胜：《<中华人民共和国刑事诉讼法>修改与适用》，新华出版社2012年版，第117页。

③ 值得注意的是，人民法院也有权收集、调取证据，与法院在诉讼中的中立裁判者地位其实并无矛盾。因为在大陆法系传统下，法院也负有查明案件事实真相，保证法律正确实施的责任。在控辩双方之举证无法使得法官形成确定心证，从而达到证明标准的情况下，赋予法院调查取证的权力无可厚非，当然，该行为必须受到正当程序的约束，比如取证时三方到场，依职权调查事项、证据也应经过控辩双方的质证辩论之后方能作为定案的依据，等等。

共通性，[①]因此，本条规定的转换具有重大意义。按照汪建成教授的观点，“它对于加强行政执法与刑事司法之间的衔接，提高诉讼效率具有重要作用。而且从专业性来看，有些案件，例如涉及工商、税务、工程和产品质量、专利技术等类问题的刑事案件，经过司法机关核实，使用这些部门所收集和固定的证据材料，可能更有利于对案件事实的准确认定。”[②]

1. 行政机关的范围

按照立法机关人士解释，这里的“行政执法”是指执行行政管理方面法律、法规赋予的职责，如工商、质检部门履行市场监管职责等。“查办案件”是指依法调查、处理行政违法案件、违纪案件，如工商部门查办侵犯知识产权案件等。[③]另外，《解释》第六十五条，还参照学理解释，把行政机关的范围扩张至“根据法律、行政法规规定行使国家行政管理职权的组织”，这些理解都有其价值。不过，值得注意的是，除了上述较为典型的行政机关以外，必须考虑到公安机关和各级人民政府的监察部门也都有行政执法职能。而公安机关同时又是普通刑事案件的侦查机关，监察部门也负责职务犯罪的大量前期调查工作。如此一来，如果不在行政执法主体上进行适当限定，就会导致实质上的侦查程序前置，也不能排除为了克服办案期限短的困难，而在刑事案件立案前大规模采用行政手段收集证据的现象，这是任何一个主张刑事法治和程序安定的人都不愿意看到的。[④]因此，在实践中适用本款，需要把行政机关限定为除公安机关和行政监察机关之外的其他行政机关。最后，实践中，行政主体还包括受行政机关委托代表行政机关行使职权的组织，这些组织不属于本条中的“行政机关”，其在行政执法和查办案件过程中收集的有关证据资料，不能视为行政机关收集的证据材料。[⑤]

2. 可转换证据的范围

本款明确列举了“物证、书证、视听资料、电子数据”四种证据种类，然后以“等”字结尾。由于本法中对“等”字的运用较为多样，单从语言上难以进行区分。实务界人士认为，该款虽然只列举了“物证、书证、视听资料、电子数据”四种实物证据材料可以在刑事诉讼中使用，却以“等”兜底，其意旨在表明物证、书证、现场笔录、勘验笔录、检查笔录、视听资料、电子数据等实物证据均可核实后转化为刑事证据。[⑥]立法机关人士的理解上也基本相同，但是却特别强调不能包括证人证言等言词证据。[⑦]从相关规定看，《解释》严格按照法律界定，未增加新的证据种类，同时保留了“等”字。而《诉讼规则（试行）》则在四类法定证据之外，增加了鉴定意见和勘验、检查笔录两类证据。同时，《程序规定》中则增加了检验报告、鉴定意见和勘验、检查笔录三类证据。更值得注意的是，《诉讼规则（试行）》第六十四条第三款还明确规定，检察机关直接受理立案侦查的案件，在符合规定条件的情况下，行政执法和查办案件过程中收集的人证也可以作为刑事诉讼证据。笔者认为，在法律适用初期，对本款规定应进行严格解释，即限制其转换范围。立法既然没有明确提及言词证据可以转换，这实际上是要求在刑事司法程序中，必须重新制作相关证据。从本法目前的实施情况看，主要的问题在于，因相关解释性规定不统一，实践中可能各行其是，损害了法律实施的统一性和有效性。[⑧]

---

① ⑥ 黄世斌：《行政执法与刑事司法衔接中的证据转化问题初探——基于修正后的〈刑事诉讼法〉第 52 条第 2 款的思考》，载《中国刑事法杂志》2012 年第 5 期，第 93-94 页，第 96 页。

② 汪建成：《刑事证据制度的重大变革及其展开》，载《中国法学》2011 年第 6 期，第 53 页。

③ ⑦ 朗胜：《〈中华人民共和国刑事诉讼法〉修改与适用》，新华出版社 2012 年版，第 120 页。

④ 汪建成：《刑事证据制度的重大变革及其展开》，载《中国法学》2011 年第 6 期，第 54 页。

⑤ 最高人民法院研究室：《新刑事诉讼法司法解释理解与适用》，法律出版社 2013 年版，第 23 页。

⑧ 相关介绍、分析，参见龙宗智：《新刑事诉讼法实施：半年初判》，载《清华法学》2013 年第 5 期，第 137-138 页。

3. 谁来转换，如何转换？

很明显，本款中的“可以”在这里主要是授权之意，但是本款没有明确转换的主体，也没有明确转换的方法、方式，这些问题都值得探讨。

通观本法规定，一般意义上的“公安司法机关”似乎都有权进行转换，而如果考虑到我国刑事诉讼程序的基本结构，笔者认为，主要转换主体应当确定为“侦查机关和检察机关”。换言之，本款的适用时间应当为侦查阶段和审查起诉阶段，这可以从本法对证据概念的调整，以及非法证据规则的设立中得到佐证。

前已提及，本法中证据概念的包容性已经大为增强，并且存在着概念意义上的“证据”与“定案根据”的区分。行政证据转换为刑事证据使用，并不意味着就一定能够成为定案根据，因为要成为定案根据，(在本法语境中）首先需要被当作证据展示、提交，然后经查证属实后作为定案根据，这一过程决定了，转换活动基本上不可能出在审判阶段，[①]而实践中绝大部分案件都属公诉案件，都需要经过侦查和起诉阶段，这两个阶段的核心内容，就是全面收集相关证据，认定案件事实，这个时候，对行政证据收集、审查、转换无疑顺理成章。当然，考虑到行政程序毕竟不如刑事诉讼程序严格，要求也不尽相同，“可以”实际上也意味着，其不必然能够作为证据使用，需要经过转换程序，以及审查后才具有证据能力。[②]

（二）证据收集时的义务

本条第三款和第四款都属义务性规定，其立场也都值得肯定，不过，它们都需要通过具体规则指引方能实现。

第五十三条　对一切案件的判处都要重证据，重调查研究，不轻信口供。只有被告人供述，没有其他证据的，不能认定被告人有罪和处以刑罚；没有被告人供述，证据确实、充分的，可以认定被告人有罪和处以刑罚。

证据确实、充分，应当符合以下条件：

（一）定罪量刑的事实都有证据证明；

（二）据以定案的证据均经法定程序查证属实；

（三）综合全案证据，对所认定事实已排除合理怀疑。

【主旨】本条规定了认定被告人有罪的要求与标准。

【释评】依证据裁判原则，在诉讼活动中，法官认定案件争议事实应当依靠证据，证据是认定案件事实的唯一手段，没有证据就不得认定事实，更不能认定犯罪。[③]本条重心在于，强调对被告人定罪的基本要求和具体标准。

（一）对被告人定罪的基本要求

第一款主要围绕口供展开。口供是非常重要的证据种类，正因其重要，在刑事诉讼中，才有可能被滥用，所谓刑讯逼供问题就是源于对口供的过分依赖。本款强调了定案并非一定要有口供，只有口供不能定案，没有口供，只要其他证据充分，也可定案。揆诸立法史可以发现，这一规定发轫于我国革命根据地时期，“作为对封建社会口供至上和刑讯逼供办案、方

① 法院的庭外调查核实行为有可能涉及转换问题，但由于该行为本身受到极大限制，并且实践中较少发生，因此即使出现，也不应作为常态加以考虑。另外，自诉案件中有无适用空间值得进一步探讨。

② 从实践情况看，行政程序中证据的取得可能会有各种瑕疵存在，有些能够补正，有些则难以补正，在转换为刑事诉讼中的证据时，究竟由哪个机关，以及通过什么样的程序进行，还需要进一步研究。

③ 卞建林、谭世贵：《证据法学》（第二版），中国政法大学出版社 2010 年版，第 80 页。

式的彻底否定，‘重证据而不轻信口供，严禁逼供信’政策即是党贯彻唯物主义认识论和方法论、适应根据地司法形势而作出的重要决策，也是刑事程序法发展的必然逻辑”[①]。

不过，应当注意的一点是，本款反复提到的证据与口供的关系需要辩证理解：如果只是强调不能过于重视口供并无不可；但是，从文义上看，显然不能把口供排除在证据之外，因为口供当然是证据。对此，有学者早就指出：“不轻信口供是指对口供的采信首先要持一种慎重的态度，口供与当事人有切身的利害关系，其所陈述的内容往往真假混杂，如果轻信口供势必会造成冤假错案。不轻信口供不等于不信口供，真实的口供具有其自身的独特的诉讼价值，而且这种价值是其他证据难以企及的，它能够全面真实客观地揭示案件事实，查证犯罪，保护人民。同案犯的口供还能有助于司法机关迅速阻止其他正在发生的犯罪。不轻信口供也不等于不要口供，口供是我国刑诉法规定的七种证据中的一种，不能随意取消它，取消口供无异于浪费了打击犯罪的重要资源，通过口供能够获得其他有益的证据，能够更好地打击犯罪，维护社会稳定，同时真实口供也有利于保障无罪的人不受追究。”[②]

（二）证明标准：修改还是明确？

第二款规定了证据确实充分的标准。考察立法史可以发现，在证明标准上，证据“确实充分”具有非常顽强的生命力，于三大诉讼法中均有表现。这次修法，引入了“排除合理怀疑”的表述，“变化”可谓巨大。不过，在此证明标准的理解上，却有着截然不同的看法。

立法机关人士认为：本条使用“排除合理怀疑”这一提法，并不是修改了我国刑事诉讼的证明标准，而是从主观方面的角度进一步明确了“证据确实、充分”的涵义，便于办案人员把握。[③]相当一部分学者赞成这种观点，[④]但是也有些学者持有不同看法。比如左卫民教授就提出：“确立‘排除合理怀疑’意味着引入西方化标准，由于其是一种带有主观性的标准，适用这一概念当然意味着现行证明标准的实际下降。”该学者还进一步认为，这样存在一些问题：“一是将本土概念与西方概念画等号。‘确实、充分’是中国式概念，在中国司法实践中长期、普遍地适用，既是对证据质的要求，也是对证据量的规定；而‘排除合理怀疑’是西方式概念，是英美法系国家在长期的司法实践中形成与运作的，主要是基于证据来作有罪与否的判定。二者各有其存在的制度背景、演变历史、特定内涵，因而无法等同观之。二是未区分客观标准与主观标准。‘确实、充分’反映证据的真实性、客观性，强调不以人的主观意志为转移的客观属性；而‘排除合理怀疑’是对证据的主观评价与判断。二者存在主客观之分，性质各异。三是混同高标准与相对低标准。‘确实、充分’要求与定罪量刑有关的事实、情节均须查清，其定罪标准为100%；而“排除合理怀疑”是指定罪需达到最大限度的盖然性，其确信度可以为 95%。前者是绝对化的高标准，后者是相对较高的标准，二者明显有异。因此，基于上述分析，立法对证明标准的新界定实质上意味着更改证明标准的意图。它既在法理上存在问题，也必然引发实践中的操作难题。其中，最为重大的症结便在于，司法人员势必因理解不一而引发广泛的执法差异，而为达成共识可能需要长期的努力。不仅如此，证明标准的变化可能还会引发执法标准的下降，扩大刑事打击面。”[⑤]

笔者认为，从法条文义看，传统上的“确实、充分”之表述并未消失，“排除合理怀疑“的

① 具体介绍可以参见闫召华：《口供中心主义研究》，法律出版社 2013 年版，第 83-87 页。
② 高一飞：《我国法律对待口供的应有立场》，载《河北法学》2005 年第 4 期，第 65-66 页。
③ 朗胜：《<中华人民共和国刑事诉讼法>修改与适用》，新华出版社 2012 年版，第 123 页。
④ 陈卫东：《2012 刑事诉讼法修改条文理解与适用》，中国法制出版社 2012 年版，第 61-62 页。
⑤ 左卫民：《进步抑或倒退：刑事诉讼法修改草案述评》，载《清华法学》2012 年第 1 期，第 97-98 页。

引入只是用来界定“确实、充分”涵义的一种参照物，由于“确实、充分”较为强调客观层面，而“排除合理怀疑”主要是一种主观判断，在我国目前的社会状况下，的确存在着二者能否“兼容”的问题。另外，我们应当有所警醒的是，排除合理怀疑本身即是一个并不统一、充满争议的概念，恰如李玉华教授所言，将一个在其发源地就充满极大争议的概念贸然引入我国刑事证明标准之中，没有积极意义，反而会引起更多的混乱。[①]并且，不能不注意到的是，由于“事实清楚，证据确实、充分”与“排除合理怀疑”和“内心确信”，都只是关于主观信念的一种要求，因此，这种改变无助于真正解决刑事证明的任意性问题。这个问题的解决，有待于相关诉讼程序规则的设计及其有效实施。因此，我们所要关心的、所能努力的，是研究确定相关的具体诉讼程序规则，以便有效控制、解决刑事证明的任意性问题。[②]当然，“承认作用有限并不是否认立法和司法引入的积极作用。虽然不能成为严格意义上的可精密化的‘标准’，但可以引导证据思维，也可以提供一种认识的方法。具体而言，引入‘排除合理怀疑’解释证据标准有两点意义：一是提供一种多元的视角，即在注意外部印证性的同时，也注意内部的所谓‘内省性’，审视证据或证据体系给判断者本人留下了何种印象，这种印象的性质是什么，因此可能更有利于把握证据和证据体系意义；二是提供一种思维方法，从而弥补‘证据确实充分’难以作为证明方法，因此可操作性不足的问题。”[③]

（三）本条对实务的影响

很明显，本条在语义上仅适用于审判阶段，强调法院对被告人定罪应当满足何种条件，而对相对漫长的审判前阶段是否适用，如何适用则需要仔细考虑。

笔者认为，第一款虽然提及的是对被告人定罪和判处刑罚，但其指引性非常之明显，尤其是在本法中，公安司法机关基本上都被法律科以了大致相同的义务，法院在审判时固然应遵循本条之规定，其他机关自然也概莫能外。唯应注意者在于，第二款所设定的证明标准是否在审判前阶段也应适用?对此，从理论上分析，鉴于刑事诉讼不同阶段的任务各不相同，所面临的实际情况也有所区别，这一标准应区别对待。比如在立案阶段，由于条件所限，其要求应当较低，而侦查终结后移送人民检察院审查起诉时，在侦查机关法律素养相对较为欠缺，并且辩护活动并不充分的实际情况下，也应当允许这一标准在一定程度上低于“确实充分”。但是，人民检察院提起公诉时的标准应当按照法院定罪来把握。因为，修正后的刑事诉讼法延续了现行刑事诉讼法对证明标准一元性的规定，即提起公诉和作出有罪判决的证明标准都是“案件事实清楚、证据确实充分”。据此，“检察人员在审查起诉时也必须遵循此标准对全案证据进行审查。只有全面把握案件证据，切实按照上述三个条件查实证据并进行综合判断，才能确保所得出结论的准确性，排除对该结论的合理质疑，并在此基础上作出公诉决定。因此，证明标准的细化实际上意味着对检察人员综合运用证据并作出准确判断的能力提出了更高的要求。检察机关应当着力提高检察人员的专业素质，在深入理解新规定的基础上确保公诉工作的准确性”[④]。

第五十四条　采用刑讯逼供等非法方法收集的犯罪嫌疑人、被告人供述和采用暴力、威胁等非法方法收集的证人证言、被害人陈述，应当予以排除。收集物证、书证不符合法定程

① 李玉华：《刑事证明标准的新发展——评刑事诉讼法修正案（草案）第52条及相关规定》，载《中国人民公安大学学报》2012年第1期，第9页。

② 王敏远：《论我国刑事证据法的转变》，载《法学家》2012年第3期，第106-107页。

③ 龙宗智：《中国法语境中的“排除合理怀疑”》，载《中外法学》2012年第6期，第1135页。

④ 汪建成、付磊：《刑事证据制度的变革对检察工作的挑战及其应对》，载《国家检察官学院学报》2012年第3期，第7页。

序，可能严重影响司法公正的，应当予以补正或者作出合理解释；不能补正或者作出合理解释的，对该证据应当予以排除。

在侦查、审查起诉、审判时发现有应当排除的证据的，应当依法予以排除，不得作为起诉意见、起诉决定和判决的依据。

【主旨】本条规定了非法证据排除的对象、阶段和效力。

【释评】本法前面要求公安司法人员应当依照法定程序，以合法方法全面收集证据，这一规定要落到实处，必须要有相应制裁措施予以配合。本条明确规定了非法证据排除的对象、阶段和效力。

（一）非法证据与非法证据排除

应当看到，证据本身并无合法与非法之分，“非法证据”主要是一个学理概念，本质上是一种对证据的价值判断，我国学术界对非法证据的概念并无统一看法，由此导致其范围也各不相同。从本条规定看，我国刑事诉讼立法中的非法证据，应当是指取证方法和取证程序不合法，其范围相对狭小。之所以如此规定，可能是考虑到，“在证据收集的各个环节，收集方式是否合法是核心，其关系到证据其他方面合法与否，如收集方式非法的证据，在内容上一般都存在瑕疵。收集方法又是收集程序的一个方面，方法违法，则程序必违法”。①

依第二款规定，一旦认定刑事诉讼程序中某一证据属于“非法”，在侦查、审查起诉、审判等三个阶段，公安司法机关都不得作为各自作出处理决定的依据，据此，所谓非法证据排除，就是指不得将其作为定案的根据。从终局意义上看，这样理解并无不可，但是，若全面考察诉讼程序的运作情况，却又失之简单。比如在审判阶段中，如果被告人及其辩护人在开庭审理前或庭审中提出被告人审判前供述是非法取得的，法庭庭前准备或先行调查程序中，对该供述予以排除的，可以将“排除”理解为“否定进入法庭调查的资格”。如果被告人的供述已经当庭宣读或质证，被告人及其辩护人才提出该证据是非法取得的，法庭审查后将该供述予以排除，则只能将“排除”理解为该供述“不得作为判决的依据”②。本条针对不同证据类型，设计了不同的排除规则。

（二）非法言词证据的绝对排除

依第一款规定，对言词证据来说，一旦认定系采用刑讯逼供等非法方法收集的，就应当予以排除，此所谓“绝对排除”。从证据种类看，本款限定了非法言词证据的范围——只限于犯罪嫌疑人、被告人供述和辩解、证人证言和被害人陈述。尽管在我国法定证据种类中，鉴定意见也属于言词证据，但是，由于鉴定是由具有鉴定资格的人依法进行的，相关法规对鉴定人的权利保护有规定，司法实践中采用暴力、威胁等非法方法取得鉴定意见的较为少见，本条规定从现实可能性出发，没有将其纳入非法言词证据的范围③。值得注意的是，本款在非法方法之前加一“等”字究竟应作何解释？由于汉语中“等”字有两种截然不同的用法（即等“内”等和等“外”等），本款中，刑讯逼供肯定属于非法方法，从经验则上看，非法方法显然又不仅限于刑讯逼供一种，因此可以把“等”理解为“等外等”，即尚未列举完毕，还有其他非法方法，这样更符合文义。不过，根据语言习惯，既然没有列举完毕，说明对象很多，

① 樊崇义《公平正义之路——刑事诉讼法修改决定条文释义与专题解读》，中国人民公安大学出版社 2012 年版，第 236 页。
② 张军：《新刑事诉讼法法官培训教材》，法律出版社 2012 年版，第 213 页。
③ 宋英辉：《中华人民共和国刑事诉讼法精解》，中国政法大学出版社 2012 年版，第 63 页。

而此处仅有一种方法，如果解释为还有其他方法存在的话，又与其列明的对象多少有些抵触，因此，把“等”理解为“等内等”也还是可行的，这样一来，为了针对复杂多变的司法实践情况，就有必要对“刑讯逼供”进行一定程度的扩张解释，否则，其适用范围将大为缩小[①]。而从司法实务中的情况来看，有些司法工作人员实施刑讯逼供的方式、方法多种多样，防不胜防[②]。有鉴于此，“两高”先后在各自规定中，将刑讯逼供界定为“使用肉刑或者变相使用肉刑，使犯罪嫌疑人在肉体或者精神上遭受剧烈疼痛或者痛苦以逼取供述的行为”[③]“使用肉刑或者变相肉刑，或者采用其他使被告人在肉体上或者精神上遭受剧烈疼痛或者痛苦的方法，迫使被告人违背意愿供述”[④]。上述规定具有较大包容性，并且具有一定实践基础，可值赞同。

（三）非法实物证据的相对排除

对作为实物证据的物证、书证，本条确立了较为严格的排除条件，此所谓相对排除。立法之所以把言词证据与实物证据区别对待，是因为实物证据客观性、稳定性较强，受到非法方法的干扰或影响相对较小，所以，即使存在瑕疵，也允许采用。当然，由于我国目前对于物证、书证等实物证据的取得并不存在司法审查制度，这一规定更大意义上是起到一种象征和宣示作用[⑤]。

从第一款规定看，要对非法实物证据予以排除至少应当满足三个条件：一是违反法定收集程序；二是可能严重影响司法公正；三是不能补正或者作出合理解释。只有在同时满足上述三个条件的情况下，该实物证据才会被排除。“违反法定收集程序”比较容易判断。“可能严重影响司法公正”，应当综合考虑收集物证、书证违反法定程序以及所造成后果的严重程度等情况综合予以考虑[⑥]。“不能补正或作出合理解释”，是对补正或合理解释的否定，而补正或合理解释是针对所谓“瑕疵证据”而为的特殊处理方式。鉴于瑕疵证据概念本身以及瑕疵证据的补正与解释，均存在较大“解释”空间，此处有必要单独对其予以分析。

从立法沿革看，有关瑕疵证据及其补正与解释的规定，最早源于 2010 年 6 月 13 日，最高人民法院、最高人民检察院、公安部、国家安全部、司法部联合发布的《关于办理刑事案件排除非法证据若干问题的规定》和《关于办理死刑案件审查判断证据若干问题的规定》（以下分别简称《非法证据排除规定》《死刑案件证据规定》，两者合称“两个《证据规定》”）。“两个《证据规定》”颁行后，对理论研究和司法实务产生了重大影响。本法相关规定与之既有诸多相同之处，也有一些区别。与非法证据相似，瑕疵证据基本上也是一个学术概念，目前人们对瑕疵证据的理解存在较大争议，比如在界定瑕疵证据时，不同学者往往使用不同术语，由于出发点不同，大陆法系的“证据能力”理论、英美法系的“证据可采性”理论，以及我国传统的“三性标准”，纷纷披挂上阵，好不混乱。笔者认为，从理论谱系上看，在判断某一证据是否为瑕疵证据时，上述标准都具有相应合理性，不过，考虑到传统“证据三性”标准在我国的客观影响，运用其来解释瑕疵证据可能更为妥当。这里需要指出的是，由于两大法

---

① 当然，应当避免不当的扩张解释。因为“证据，本是刑事诉讼中的稀缺资源，若非必要，不应排除，不当地扩张解释“刑讯逼供”，将导致本不应当排除的合法口供被不当排除，并影响定罪锁链的形成，窒碍刑事诉讼的追诉实效及其惩罚、控制犯罪功能的实现”。参见万毅：《论“刑讯逼供”的解释与认定——以“两个〈证据规定〉的适用为中心”》，载《现代法学》2011 年第 3 期，第 175 页。

② 具体介绍参见万毅：《论“刑讯逼供”的解释与认定——以“两个〈证据规定〉的适用为中心”》，载《现代法学》2011 年第 3 期，第 175 页。

③《诉讼规则（试行）》第六十五条第二款。

④《解释》第九十五条第一款。

⑤ 卞建林、杨宇冠：《非法证据排除规则实证研究》，中国政法大学出版社 2012 年版，第 241 页。

⑥《解释》第九十五条第二款。

系法律术语、思维模式以及程序构造上的区别，很多概念根本不能简单移植到我国，更不能随意搭配使用，否则，将会产生许多无谓争论[①]。在这个基础上，所谓瑕疵证据可以理解为，在证据客观性、关联性、合法性方面存在一定问题或缺陷的证据。由于其与非法证据的逻辑起点不同，因而，不能简单地说二者就一定是什么关系。瑕疵证据的补正是指对取证程序上的非实质性瑕疵进行补救；合理解释是指对取证程序的瑕疵作出符合常理及逻辑的解释。[②]

瑕疵证据允许补正或解释，主要是基于非法证据排除的严厉性，以及我国现阶段的实际情况的考虑。因为非法证据排除规则只适用于严重的程序违法行为，如果对于其他轻微的程序违法也同样适用的话，那么排除规则的负面作用将会更加明显。另外，目前我国侦查机关在取证技术上相对于发达国家来说还存在着明显的不足。证据资源的有限性在我国刑事侦查程序中表现得尤为突出。加之我国长期以来受传统的重实体、轻程序的理念的影响，侦查人员程序法意识和取证程序的规范意识不强，导致司法实践中，侦查机关在取证程序或形式上不符合法律规定要求的现象普遍存在。在这种情况下，如果将刑事诉讼中所有的在取证程序或形式上违法的证据都视为非法证据而将其排除，这必然导致本来就有限的证据资源更为稀缺，或许会阻碍事实真相的发现，从而放纵犯罪，极大地影响刑事诉讼追诉犯罪的实效性[③]。

在具体解释、补正方法上，《解释》第七十三条进行了一些细化[④]，该规定明显只适用于审判阶段，而根据相关规定以及我国司法实践的现状，检察机关也享有对瑕疵证据的补正权力。对此，《诉讼规则（试行）》便规定：收集物证、书证不符合法定程序，可能严重影响司法公正的，人民检察院应当及时要求侦查机关补正或者作出书面解释；不能补正或者无法作出合理解释的，对该证据应当予以排除。对侦查机关的补正或者解释，人民检察院应当予以审查。经侦查机关补正或者作出合理解释的，可以作为批准或者决定逮捕、提起公诉的依据[⑤]。

（四）非法证据排除的阶段

本条第二款确立了非法证据排除的阶段：在侦查、起诉、审判期间一旦发现非法证据，都应当予以排除，并且立法者在后继的制度构建中也分别设计了不同形式的排除程序。“这一规定的好处不仅在于及时纠正非法取证行为，而且在于尽可能阻断非法获取的证据同审判人员之间的联系。”[⑥]需要注意的是，着眼实际，上述三个不同阶段中，非法证据排除有着不同的方式与效果。

法律要求侦查机关在侦查阶段排除非法证据，并不得以该证据作为起诉意见，一则是希望侦查机关发挥自我内部监督的功效，将非法证据及早排除在诉讼程序之外，以避免诉讼资源的浪费；一则也是强化侦查机关合法取证的理念，加强侦查机关对取证手段合法性的重视程度。[⑦]这是非法证据排除的第一道防线。作为法定监督机关，检察院可以在职务犯罪侦查、审查批捕、审查起诉和法庭审理等环节中，主动对侦查机关（部门）的非法取证行为进行核

---

① 比如有学者认为，所谓“瑕疵证据”，是指在法定证据要件上存在轻微违法情节（俗称“瑕疵”或“缺陷”）的证据。瑕疵证据属于证据能力待定的证据，其是否具有证据能力，取决于其瑕疵能否得到补正或合理解释：若能得到补正或合理解释，则该证据即具有证据能力，可继续在后续程序中使用；若无法予以补正或合理解释，该证据即不具有证据能力，不得在后续程序中继续使用。见万毅：《论瑕疵证据——以“两个〈证据规定〉”为分析对象》，载《法商研究》2011 年第 5 期，第 118 页。这一理解明显同时运用了证据能力理论和证据可采性理论，在我国刑事诉讼程序中，二者实质上都很难适用。

②《诉讼规则（试行）》第六十六条第三款。

③ 相关分析参见刘广三、马云雪：《瑕疵证据补正之探析》，载《中国刑事法杂志》2013 年第 3 期，第 99 页。

④ 限于篇幅，这里就不再引用了。

⑤ 第六十六条第一、二款。

⑥ 汪建成：《刑事证据制度的重大变革及其展开》，载《中国法学》2011 年第 6 期，第 57 页。

⑦ 叶青：《非法证据合法排除的程序思考》，载《东方法学》2012 年第 3 期，第 9 页。

查、纠正。这是非法证据排除的第二道防线。人民法院在审判程序中，可以依职权启动非法证据调查程序，也可应有关人员申请启动调查程序，并对有关证据是否应予排除作出裁决。这是非法证据排除的最后一道防线。

目前，许多人（包括笔者）都对立法的这一制度设计有些疑虑：公安机关是大多数非法证据的"始作俑者"，"自我否定"自行收集的证据，不符合权力运行的基本逻辑，寄希望于公安机关自觉地甄别并排除非法证据的适用缺乏可操作性。检察机关虽然是法律监督机关，但是我国刑事诉讼强调对犯罪的追诉以及检警配合远远大于制约的刑事司法格局，决定了检察机关对适用非法证据排除规则这种明显带有程序法治特点的问题，只能采取一种实用主义的处理态度，只要非法取证不出"大"的问题，非法证据能够证实犯罪事实，那么疑似非法证据就可以采用，并不需要排除。因此总体上，检察院不具有主动排除非法证据的有效动力[①]。审判是刑事诉讼的中心环节，由法院对非法证据的认定与排除把关，具有重要意义。然而，"司法的现状是相当数量的法官程序性意识淡薄，重实体轻程序的问题在我国司法实践中并没有得到实质性改变，为数不少的法官面对被告人及其辩护人提出的非法证据排除要求不以为然，倾向于认可和采信侦查机关移送过来的证据材料，拒绝启动排除非法证据的程序性裁判机制。特别是在被告人及其辩护人举不出必要证据而仅仅说明非法取证时间、地点、人物等线索的情况下，要获得法官的认可和支持就成为极为困难的事情。另外，即使被告人举出了必要的证据或者提供非法取证的具体线索，而法官仍然认为没有达到法定的条件拒绝启动非法证据排除程序，法官并不会因此而承担任何不利的法律后果和行政追责，且可以避免来自于侦查机关、检察机关的压力，最大限度地缓和公检法三机关的关系，所以，从这个角度来看，为数不少的法官也会选择拒绝启动非法证据排除程序"[②]。当然，这种理解可能较为悲观。对此，有学者便从公安司法机关内部绩效考核机制、内部执法监督机制和过错执法责任追究机制角度出发，论证了三机关适用非法证据排除实际上是没有制度障碍的[③]。在笔者看来，这两种观点其实并无冲突，因为制度上没有障碍，并不意味着实践中非法证据排除的运作就不会出问题。我们接下来要做的，就是努力使纸面上的法律真正落到实处。

第五十五条　人民检察院接到报案、控告、举报或者发现侦查人员以非法方法收集证据的，应当进行调查核实。对于确有以非法方法收集证据情形的，应当提出纠正意见；构成犯罪的，依法追究刑事责任。

【主旨】本条规定了人民检察院在非法证据排除中的职责和权力。

【释评】人民检察院作为我国专门的法律监督机关，在刑事诉讼程序中具有重要作用，由其承担非法证据调查、处理的职责是恰当的。本条虽未指明具体时间范围，但从前后文分析，应当限定为侦查阶段。因为如不作此限定，就会使本条中的纠正意见，以及依法追究刑事责任失去实际意义。综上，本条应理解为：在侦查阶段，只要人民检察院接到相关人员的报案、控告、举报或者依职权发现侦查人员以非法方法收集证据的，应当进行调查核实，同时根据调查结果进行处理。在具体程序上，当事人及其辩护人、诉讼代理人报案、控告、举报侦查人员采用刑讯逼供等非法方法收集证据并提供涉嫌非法取证的人员、时间、地点、方式和内

① ③ 孙末非：《论多元主体对非法证据的排除》，载《四川大学学报》（哲学社会科学版）2013年第2期，第138页、第138-140页。

② 胡常龙：《实践语境中的非法证据排除规定——以修订后的〈刑事诉讼法〉为视角》，载《山东社会科学》2013年第4期，第27页。

容等材料或者线索的，人民检察院应当受理并进行审查，对于根据现有材料无法证明证据收集合法性的，应当报经检察长批准，及时进行调查核实。上一级人民检察院接到对侦查人员采用刑讯逼供等非法方法收集证据的报案、控告、举报的，可以直接进行调查核实，也可以交由下级人民检察院调查核实。交由下级人民检察院调查核实的，下级人民检察院应当及时将调查结果报告上一级人民检察院。人民检察院决定调查核实的，应当及时通知办案机关。[①]

需要注意的是，为了保证检察监督能够顺利实现，本条中一般性地规定了检察监督的内容，即在发现确实存在以非法方法收集证据情形的，人民检察院应当提出纠正意见；对侦查人员之行为构成犯罪的，依法追究刑事责任。对此监督措施，应当全面理解。“纠正意见”完全可行，而依法追究刑事责任，实现起来可能会有较大难度。

第五十六条　法庭审理过程中，审判人员认为可能存在本法第五十四条规定的以非法方法收集证据情形的，应当对证据收集的合法性进行法庭调查。

当事人及其辩护人、诉讼代理人有权申请人民法院对以非法方法收集的证据依法予以排除。申请排除以非法方法收集的证据的，应当提供相关线索或者材料。

【主旨】本条规定了法庭审理阶段启动非法证据调查程序的两种不同方式。

【释评】非法证据排除不是一句口号，需要有可操作性的程序作为保证。本条设计了两种不同的非法证据调查启动程序。

（一）审判人员依职权启动调查程序

法庭审理过程中，一旦审判人员认为可能存在非法方法收集证据情形的，应当对证据收集的合法性进行法庭调查。按笔者理解，依职权调查的信息来源可能有两种：一是审判人员在审理过程中对有关证据产生怀疑，而卷宗材料及相关人员对此又无法合理说明，因而才启动非法证据的调查程序。二是应当事人及其辩护人、诉讼代理人的申请，根据其提供的相关线索或者材料，展开调查（即本条第二款之规定）[②]。从情理上分析，后者可能性远大于前者。

值得注意的是，《六机关规定》第十一条规定：法庭经对当事人及其辩护人、诉讼代理人提供的相关线索或者材料进行审查后，认为可能存在《刑事诉讼法》第五十四条规定的以非法方法收集证据情形的，应当对证据收集的合法性进行法庭调查。法庭调查的顺序由法庭根据案件审理情况确定。很明显，该规定对非法证据调查的启动程序进行了缩限，完全没有提及审判人员依职权启动的情况。同时，最高人民法院在《解释》中用五个条文对申请程序进行了细化，却也只字不提“职权启动”问题，给非法证据排除的良性运作造成了一定困难。

（二）有关人员申请人民法院启动调查程序

当事人及其辩护人、诉讼代理人，有权申请人民法院对以非法方法收集的证据依法予以排除。根据相关规定，当事人包括被害人、自诉人、犯罪嫌疑人、被告人、附带民事诉讼的原告人和被告人[③]。他们申请时，应当提供相关线索或者材料。这里所谓“提供线索或者材料”，在证明标准上应当比较宽松，才能发挥非法证据排除规则的功能，即无须达到“证明”的程

---

① 《诉讼规则（试行）》第六十八条第二、三款。

② 从这个角度看，本条中的两种调查程序其实是相辅相成的。

③ 有学者认为，当事人仅包括“被告人、被害人、自诉人”。参见宋英辉：《中华人民共和国刑事诉讼法精解》，中国政法大学出版社 2012 年版，第 69 页。这种理解显然缺乏依据，且不说明显违反相关规定。同时，根据本法第三编第二章中的相关规定，附带民事诉讼的当事人完全有权参与本案刑事部分的调查与辩论，将其排除完全没有依据。

度，但为了防止该项权利的滥用以及程序的不当拖延，申请人所提出的线索或材料应当达到“可能”的程度。另外，当事人“提供相关线索或者材料”在性质上虽然是一种义务，但却不能将其理解为当事人的一种举证责任。因为当事人不能提供有关线索或者材料时，不必然导致非法证据法庭调查程序不被启动，审判人员根据其他线索或者材料也可以自行启动该程序，也就是说，当事人并不必然地承担“不提供有关线索或者材料”的不利后果[①]。但是，应当看到，根据《解释》的规定，辩护方在申请排除非法证据时应当向法庭提供涉嫌非法取证的人员、时间、地点、方式、内容等相关线索、材料或者证据[②]。这意味着，如果辩护方只是提出排除非法证据的申请，而没有根据上述规定向法庭提供相关线索、材料或者证据，那么法庭对是否存在非法取证行为这个问题有权拒绝展开法庭调查。尽管这种制度安排在客观上有助于减少辩护方的“无聊申请”，防止辩护方抱着“恶意”或者“侥幸”的心态滥用申请排除非法证据的诉讼权利，但是这也为非法证据排除调查程序的启动带来一定的障碍[③]。

有关人员申请启动非法证据调查的时间，原则上是开庭审理前，但在庭审期间才发现相关线索或者材料的除外。[④]开庭审理前，当事人及其辩护人、诉讼代理人申请排除非法证据，人民法院经审查，对证据收集的合法性有疑问的，应当依照《刑事诉讼法》第一百八十二条第二款的规定召开庭前会议，就非法证据排除等问题了解情况，听取意见。[⑤]法庭审理过程中，当事人及其辩护人、诉讼代理人申请排除非法证据的，法庭应当进行审查。经审查，对证据收集的合法性有疑问的，应当进行调查；没有疑问的，应当当庭说明情况和理由，继续法庭审理。当事人及其辩护人、诉讼代理人以相同理由再次申请排除非法证据的，法庭不再进行审查。[⑥]据此，审判阶段的非法证据调查程序，相对被告人的定罪量刑来说，具有一定独立性，根据非法证据排除信息、线索产生的时间不同，其可能与正常审判程序交错运行。但是，本法在“证据制度”这一章没有规定非法证据排除的专门救济途径，甚至没有规定审判人员驳回启动非法证据排除程序申请和是否排除非法证据，应采用哪一种具体的裁判形式。对此，现行相关规定也付之阙如，未来相关制度如何构建，还有很大空间[⑦]。

第五十七条　在对证据收集的合法性进行法庭调查的过程中，人民检察院应当对证据收集的合法性加以证明。

现有证据材料不能证明证据收集的合法性的，人民检察院可以提请人民法院通知有关侦查人员或者其他人员出庭说明情况；人民法院可以通知有关侦查人员或者其他人员出庭说明情况。有关侦查人员或者其他人员也可以要求出庭说明情况。经人民法院通知，有关人员应当出庭。

【主旨】本条规定了公诉案件[⑧]中检察院对证据合法性承担举证责任。

【释评】由于公诉案件必须经过审查起诉环节才能进入审判程序，现在法庭既已对证据合法性产生疑问，在该调查程序中，检察院自然应当对此承担举证责任。在证明方式上，依第二款规定，首先是根据现有证据材料，比如录音、录像以及其他案卷材料。若它们不能证明

① 童建明：《新刑事诉讼法理解与适用》，中国检察出版社 2012 年版，第 85 页。
② 第九十六条。
③ 王超：《非法证据排除调查程序难以激活的原因与对策》，载《政治与法律》2013 年第 6 期，第 144 页。
④《解释》第九十七条。
⑤《解释》第九十九条。
⑥《解释》第一百条。
⑦ 相关分析参见叶青：《非法证据合法排除的程序思考》，载《东方法学》2012 年第 3 期，第 7 页。
⑧ 这个恐怕是很多人都忽视了的。

证据收集的合法性，则需要通知相关人员出庭说明情况。也就是说，公诉人可以通过出示、宣读讯问笔录或者其他证据，有针对性地播放讯问过程的录音录像，提请法庭通知有关侦查人员或者其他人员出庭说明情况等方式，证明证据收集的合法性。[①]

在第二款中，有关侦查人员或者其他人员出庭说明情况比较多样。其可以是根据检察院的提请，由人民法院通知；也可以是，为了澄清疑问而要求出庭说明情况。不管是哪种情况，只要是经人民法院通知，有关人员都应当出庭。侦查人员出庭说明情况的制度系新设，对诉讼的进行具有重大意义。这里最为重要的问题在于，出庭侦查人员身份为何，以及侦查人员出庭后，其“说明”如何接受调查。

对前者而言，似乎可以将其作为证人，但这样一来，很可能会与本法第一百八十七条第二款之规定重复[②]，从文义上看，二者适用范围存在一定交叉。有学者认为，仍应以证人身份对待。因为这时法庭审查的是证据是否被合法收集，而不是审查警察本人的问题（他如有问题，那也不是这个程序所要解决的）。警察在法庭上就其对证据收集的合法性的陈述关系到某个证据是否被排除，换句话说，这个陈述是某个证据是否排除的证据，那么提供这个证据的警察就是个证人[③]。本款中，侦查人员出庭对自己办案过程中的取证合法性进行说明时，必须阐明取证的时间、地点、人物、程序等内容。

对后者来说，出庭侦查人员在说明有关情况时，应当接受一定检验。从方法上看，涉及“对质”与“举证”的问题。首先，侦查人员应当接受法庭与被告人、辩护人、被害人、代理人的质询。其次，如果双方对证据合法性问题分歧太大，仅凭侦查人员的口头陈述显然无法证明自己的取证程序就合法，因此就需要提出“证据”来证明自己的主张[④]，在此问题上，侦查人员若不能证明自己的取证程序合法，该证据就将被认定为非法证据。

最后需要指出，根据本条以及前述第五十四条之规定很容易发现，本法中的非法证据排除只适用于公诉案件，自诉案件难以适用，然而依体系解释，这个结论又不能成立。笔者认为，全面考察本法相关规定，以及实践中的具体情况，自诉案件应当也可以适用非法证据排除规则，其主要理由在于：

第一，自诉案件中客观上存在非法取证的问题。虽然自诉案件在我国刑事诉讼程序中的比例非常低，但在仅有的案件中，由于其类型多样化，尤其是所谓公诉转自诉案件的存在，更是提醒我们不能忽视自诉案件对诉讼程序进程的巨大影响。前已提及，由于法律并未指明非法取证的主体，那么“暴力、威胁等非法方法收集的证人证言”在自诉案件中当然有可能出现，因为谁能保证，自诉人或者被告人不会那样做呢？

第二，自诉案件中只能适用审判阶段的排除规定。由于自诉案件不存在侦查阶段，也没有人民检察院参与，因此只能适用本法第五十六条之规定。

当然，需要看到，自诉在数量上毕竟完全不能与公诉案件相比，而且私人取证又受到诸多限制，因此，“对于私人的非法取证应该慎重对待，标准上可以有所区分。重度的如威胁、强迫的私人取证行为的证据应当排除，但是对于轻度的手段应当区分细化，而不是一律排除”[⑤]。

---

① 《解释》第一百零一条。

② 该款规定：人民警察就其执行职务时目击的犯罪情况作为证人出庭作证，适用前款（即证人出庭作证）规定。这两款的关系比较复杂。

③ 樊学勇：《评刑事诉讼法修正案（草案）中“警察出庭作证”条款的设置》，载《中国人民公安大学学报》（社会科学版）2012年第1期，第19页。

④ 冀祥德：《最新刑事诉讼法释评》，中国政法大学出版社2012年版，第52页。

⑤ 卞建林、杨宇冠：《非法证据排除规则实证研究》，中国政法大学出版社2012年版，第143页。

第五十八条　对于经过法庭审理，确认或者不能排除存在本法第五十四条规定的以非法方法收集证据情形的，对有关证据应当予以排除。

【主旨】本条规定了非法证据排除的证明标准。

【释评】由于本法第五十四条中已经分别规定了非法证据排除的后果，这里再次进行强调意在宣示。

从文义看，本条所确立的证明标准包括了正反两个方面：一是直接确认争议证据系以非法方法取得；二是不能排除存在非法方法收集证据可能性。总体而言，本条实际上对控方科以了较重的举证责任，因为，其至少要向法庭证明自己所举证据没有可能存在法定非法取证情形，难度之大，可想而知。只要法庭不能排除对取证合法性的疑问，存在本法第五十四条规定的，以非法方法取证的可能性的，就应当决定排除该证据，而不是非得确实证明了该证据系非法取得才能排除[①]。

第五十九条　证人证言必须在法庭上经过公诉人、被害人和被告人、辩护人双方质证并且查实以后，才能作为定案的根据。法庭查明证人有意作伪证或者隐匿罪证的时候，应当依法处理。

【主旨】本条规定了对证人证言的法庭调查程序。

【释评】在直接言辞的审判原则下，证人证言作为一种重要证据类型，无疑应当接受各方检验。本条前半段规定的是证人证言的法庭调查程序，后半段则规定了法庭对不实证言的处罚权。

（一）证人证言的调查程序

本条前半段规定了证人证言必须在法庭上经过各方质证并且查实以后，才能作为定案的根据。笔者认为，理解时需要注意以下几个问题：

第一，“双方”质证的表述值得商榷。由于公诉人、被害人、被告人、辩护人的诉讼地位明显相同，没有任何理由认为，公诉人与被害人属于“同一战线”的战友，事实上，公诉人也不可能完全代表被害人。从历史发展过程看，被害人作为直接遭受犯罪行为侵害的对象，因犯罪人的犯罪行为而导致了人身或财产等方面的损失。但是，自从国家公权优先原则诞生以后，与其说是被害人自己将追究和惩判犯罪的权利交付给国家，毋宁说是国家剥夺了被害人的这种权利。但是，无论从刑事法律关系的产生根据，还是运作原理等方面考察，刑事诉讼都是离不开被害人的。被害人应当具有独立的法律人格，应当具有独立于国家公诉权以外的一定的追诉权，其中包括对犯罪人的求偿权[②]。否则，被害人的当事人地位也就无从谈起了。同时，不能忽视的是，质证是举证之后的环节，其对象始终都是对方所举证据，而作为提出证据的一方，当然认为其所举证据为真，根本不可能去质证。在公诉人、被害人、被告人及其辩护人立场有别的实际情况下，用“双方质证”来概括这一过程，失之狭隘。

第二，查实是针对人民法院而言，强调了法院的审理义务。

第三，根据立法目的以及证人实际上的自然人形态，这里似乎是肯定证人必须要出庭，但由于本法第一百八十七条中，只是规定了特殊情况下证人才会被要求出庭作证。依体系解释，本款的证人证言实际上应理解为书面证言。

第四，在质证主体上，法律规定了公诉人、被害人和被告人、辩护人这四类主体，却唯

① 宋英辉：《中华人民共和国刑事诉讼法精解》，中国政法大学出版社 2012 年版，第 75 页。
② 许永强：《刑事法治视野中的被害人》，中国检察出版社 2003 年版，第 70 页。

独遗漏了诉讼代理人。根据本法相关规定，在法庭审理阶段，代理人既有权参与法庭调查（比如要求排除非法证据），也有权与公诉人、辩护人等展开辩论，根据体系解释，以及目的解释，应当认为，代理人当然有权对证人证言进行质证。

（二）法庭对不实证言的处罚权

结合《刑法》与本法相关规定，证人有意作伪证或者隐匿罪证的，如果情节严重，有可能构成伪证罪、包庇罪，情节不严重的，一般可以按妨碍法庭审理秩序行为处理，对其采取强制措施。

第六十条　凡是知道案件情况的人，都有作证的义务。

生理上、精神上有缺陷或者年幼，不能辨别是非、不能正确表达的人，不能作证人。

【主旨】本条规定了证人的条件。

【释评】证人对刑事案件的处理具有重要作用，本条从正反两面规定了证人的条件。

（一）证人的作证义务

从本条第一款规定看，任何知道案件情况的人都有作证的义务，这是没有例外的，即我国刑事诉讼中并不承认任何形式的拒证权①。本款旨在强调作证义务的普适性。

（二）证人的排除条件

本条第二款规定了证人的排除条件。生理上、精神上有缺陷或者年幼，不能辨别是非、不能正确表达的人，虽然知道案件情况，由于其特殊的生理状态，也不能作证人。

所谓“生理上有缺陷”，应当指与其证言所需生理功能或指向对象相矛盾，比如证人系盲人，却说看见或者提供了什么有关颜色的证言，该证人显然没有证人资格，其证言应当予以排除。“精神上有缺陷”可以参照刑法中关于精神病人刑事责任的判断标准，即是否具备辨认、控制自己行为的能力，必要时，可以对其进行鉴定。需要特别注意的是，年幼者并非一定不能作为证人，关键是看其能否辨别是非、正确表达。由于案件各有不同，个案中究竟年幼者是否具有证人资格，应经仔细考察后再做决断。易言之，如果明显表明一个儿童，即使只有7岁或者8岁，但是知道对错的区别，知道说谎是错的，而且知道他必须说出真相，这个儿童就可以作为证人。至于一个儿童证言的证明力是另一个问题，由法官结合其他证据综合衡量②。对此，《解释》第一百零九条第一款中就规定：生理上、精神上有缺陷，对案件事实的认知和表达存在一定困难，但尚未丧失正确认知、表达能力的被害人、证人和被告人所作的陈述、证言和供述，应当慎重使用，有其他证据印证的，可以采信。

（三）证人的法律样态

本条没有言明证人的法律样态，即其是否仅限于自然人；由于《民事诉讼法》中仍然坚持了单位有作证义务的规定，有关单位能否成为刑事诉讼程序中的证人，一直存有争议。虽然理论上提出了诸多质疑单位可以作为证人的理由，但对本条来说，既然法律并未排除单位有作为证人的资格，而且实践中，也频频出现单位就有关情况进行“说明”或者“证明”等

---

① 这里需要注意两类特殊主体。一是本法第一百八十八条中的被告人近亲属有权拒绝出庭作证，但这不是拒绝作证，至少书面证言还是应当提供的。二是本法第四十六条中的辩护律师对执业过程中知悉的相关事项有保密权，由于法律仅规定了保密权，而没有提及拒证权，因此律师实际上还是应当作证的。

② 宋英辉：《中华人民共和国刑事诉讼法精解》，中国政法大学出版社2012年版，第78页。

现象，单位也可以作为刑事诉讼程序中的证人。另外，由于在前面已经分析过，本法过于重视所谓证据种类的法定性，反而是束缚了法律适用者的手脚。在这些“说明”或者“证明”属于一种客观存在物，并且也有实际指向的情况下，认为单位具有证人资格完全是可以接受的。

第六十一条　人民法院、人民检察院和公安机关应当保障证人及其近亲属的安全。

对证人及其近亲属进行威胁、侮辱、殴打或者打击报复，构成犯罪的，依法追究刑事责任；尚不够刑事处罚的，依法给予治安管理处罚。

【主旨】本条规定了公安司法机关对证人及其近亲属的保护义务，以及对侵害证人及其近亲属者的处罚权。

【释评】本条第一款旨在强调公安司法机关在保护证人及其近亲属方面的一般性义务，即要防止证人及其近亲属因为证人作证而遭受不利后果；第二款则赋予了它们对侵害证人及其近亲属者的处罚权。通观本款规定可以发现，所有这些措施都属于“事后保护”，其实际效果有待考察。

第六十二条　对于危害国家安全犯罪、恐怖活动犯罪、黑社会性质的组织犯罪、毒品犯罪等案件，证人、鉴定人、被害人因在诉讼中作证，本人或者其近亲属的人身安全面临危险的，人民法院、人民检察院和公安机关应当采取以下一项或者多项保护措施：

（一）不公开真实姓名、住址和工作单位等个人信息；

（二）采取不暴露外貌、真实声音等出庭作证措施；

（三）禁止特定的人员接触证人、鉴定人、被害人及其近亲属；

（四）对人身和住宅采取专门性保护措施；

（五）其他必要的保护措施。

证人、鉴定人、被害人认为因在诉讼中作证，本人或者其近亲属的人身安全面临危险的，可以向人民法院、人民检察院、公安机关请求予以保护。

人民法院、人民检察院、公安机关依法采取保护措施，有关单位和个人应当配合。

【主旨】本条分别规定了对证人保护的具体措施，相应的启动程序以及有关单位和个人的配合义务。

【释评】证人对案件事实认定具有重要作用，要求证人如实作证，必须要确保其安全，本条围绕证人保护的具体措施展开。

（一）证人保护程序的启动方式

综合本条看，对证人特殊保护程序的启动方式有两种，一是第一款中，针对在特殊案件中[①]，公安司法机关有义务对证人、鉴定人、被害人本人及其近亲属采取特别保护措施，即依职权进行保护。二是第二款中，证人、鉴定人、被害人因作证而本人或者其近亲属的人身安全面临危险时，有权申请公安司法机关予以保护，需要注意的是，该款中没有案件类型限制。

（二）对证人的保护措施

第一款中明确列举了四项措施，并且还根据具体情况，授权办案机关采取必要措施，以保护证人或其近亲属的安全。在司法实践中决定适用安全保障措施时，一方面应从案情出发，所采取的保护措施应能切实有效地保障证人、鉴定人、被害人及其近亲属的人身安全；另一

① 这里立法又用了“等”字，从目的解释看，应当理解为“等外等”，如果仅限于明确列举的四种案件，其范围明显太窄。

方面，决定采用何种措施时，应征求保护对象的意见，不得强迫保护对象接受保护措施，更不允许以保护为名，限制或者剥夺保护对象的人身自由，侵犯其诉讼权利及其他权利[①]。

（三）有关单位和个人的配合义务

由于对相关人员的保护意义重大，有关单位和人员负有配合义务是应有之意。这里的配合，按笔者理解，主要包括了对其了解的情况负有保密义务，比如第一、二项措施中的保密措施，以及其他单位或个人在办案机关采取措施时应当及时提供便利、服务等。

第六十三条　证人因履行作证义务而支出的交通、住宿、就餐等费用，应当给予补助。证人作证的补助列入司法机关业务经费，由同级政府财政予以保障。

有工作单位的证人作证，所在单位不得克扣或者变相克扣其工资、奖金及其他福利待遇。

【主旨】本条规定了证人作证补助和待遇保障。

【释评】要求证人作证，需要解除其后顾之忧；除了给予必要保护外，在物质上弥补其损失，也是促使其作证的重要手段。

（一）证人补助

1. 证人补助的主体

证人作为受偿主体当无疑义，考虑到证人在不同诉讼阶段作证的情形有所不同[②]，应当把补偿主体理解为，在侦查、审查起诉或审判阶段分别由公安机关、检察院机关和人民法院给予补偿[③]，如果证人分别多次作证，费用也应当多次给付。

2. 补助费用的范围

对此，第一款有规定，不过，值得探讨的是，除交通、住宿、就餐等费用外是否还包括其他费用，比如实践中最常见的“误工费”。对此，有学者认为，本条中没有提及“误工费”，因此该项费用不属于给予补偿的范围[④]。笔者认为这值得商榷。从第二款中可以发现，如果证人有工作单位，则其因作证致误工的费用，由其所在单位承担，而如果证人没有（正式）工作单位，比如系钟点工、个体工商户以及其他自由职业者，如果其作证，必然带来收入的减少，对这种证人，补助中应当包括一定的误工费[⑤]。

3. 补助费用的标准

对此，本条没有明确规定，应当认为是由各办案机关根据因地制宜、公平合理的原则进行细化和操作。特别是，法律规定的是“补助”而不是“报销”。实践中，证人作证时往往可能没有票据，或者不是正规票据，这就要求在实际操作中不得以证人没有票据或者发票不合格等为由拒绝给予补助[⑥]，更不得因证人未按司法机关意图提供证言而拖延、克扣或拒绝给予补助。

4. 补助费用的领取

前已提及，补助费用应当是在哪个阶段作证就由哪个机关支付，然而问题在于，同级财政如何把相关费用划拨到各个机关，其具体标准如何掌握？这个在实际中恐怕的确难以实现。

---

① 李昌林：《最新中华人民共和国刑事诉讼法释义》，中国法制出版社2012年版，第136页。

② 前已提及，证人不是必须要出庭作证。

③ 冀祥德：《最新刑事诉讼法释评》，中国政法大学出版社2012年版，第56页。

④ 陈瑞华、黄永、褚福民：《法律程序改革的突破与限度——2012年刑事诉讼法修改述评》，中国法制出版社2012年版，第81页。

⑤ 当然，由于国家财力毕竟有限，可以参照有关职业、行业的日平均工资给付。

⑥ 童建明：《新刑事诉讼法理解与适用》，中国检察出版社2012年版，第92页。

因此，有学者建议，国家应当成立专门机构，负责证人作证费用的即刻支付问题，即证人在其履行了作证义务后，由承办该案的机关为其开具领取作证费用的单据，证人凭该单据到该国家专门机构就可以领取作证费用了[①]。该建议符合实际，可值赞同。

（二）证人待遇保障

本条第二款中，法律对有工作单位的证人，要求有关单位应当保障其待遇，不得克扣或者变相克扣。由于“单位”并非一个严格的法律概念，在目前的社会情况下，各种形态的企业、事业单位、机关，甚至于个体工商户都可以纳入其中。如果上述主体违法克减证人收入或待遇，证人有权依法寻求相应的救济，比如要求劳动仲裁、提起民事诉讼等。

（三）本条适用的案件范围

对此，目前尚没有人进行探讨。笔者认为这是一个非常重大的问题。从文义看，如果把本条中“证人”限定为公安司法机关依职权要求其作证的人员，则适用本条规定，由国家有关机关给予补助当无疑问，但是这样一来，就无法解决以下两个问题：

第一，对被告人及其辩护人提出的证人，其相关费用是否也应当“列入司法机关业务经费，由同级政府财政予以保障”？从法理上看似乎不应如此，即使认为可以，实现起来恐怕也会遇到极大阻力。

第二，自诉案件中自诉人及其代理人提出的证人是否也要适用本条规定？其中存在的问题同上。

究其原因，笔者认为，立法仅仅考虑了公诉案件中办案机关要求证人作证，会产生费用的问题，而忽视了被告人也可能提出证人。虽然，被告方举证能力无法与公诉方相提并论，但我们却没有任何理由怀疑或排斥被告方的举证权。另外，很多人者也可能完全没有注意到我国尚有自诉案件存在，在自诉案件中，除了人民法院可能依职权调取证据外，自诉人及其代理人、被告人及其辩护人都有可能提出证人，而在这种私人控诉案件中，要求国家承担证人的补助费用明显不合理。

综上所述，笔者认为，本条中，应当把证人限定为公安司法机关要求其作证的情况，除此之外，自诉人及其代理人、被告人及其辩护人因提出证人而产生的费用，应当由其自行承担。

---

① 陈卫东：《2012 刑事诉讼法修改条文理解与适用》，中国法制出版社 2012 年版，第 150 页。

第六章 强制措施

强制措施是世界各国刑事诉讼中都有的一种制度，其目的在于保障诉讼顺利进行。不过，由于各国法律文化传统、法律价值观念、刑事法律制度具体设计等多方面因素的差异，强制措施在具体内容、称谓上也各不相同。一般认为，我国刑事诉讼中的强制措施是指公安机关、人民检察院、人民法院等为了保障诉讼活动的顺利进行，依法对犯罪嫌疑人、被告人等采取的限制或者剥夺其人身自由的各种强制方法。[①]根据立法规定，公安司法机关有权对被追诉人运用五种强度不同的强制措施，即拘传、取保候审、监视居住、拘留和逮捕。显然，立法与理论上的这种做法，将强制措施局限于拘传、取保候审、监视居住、拘留、逮捕等五种人身强制措施，无法将实践中广泛存在的诸多干预（限制或剥夺）公民宪法性基本权利的强制侦查手段如搜查、扣押等证据保全措施以及通讯监听等新型侦查取证措施纳入“强制措施”的概念和体系内予以规范，其程序运作的正当化问题亦被“遮蔽”或“掩盖”[②]。另外，从立法取向上看，强制措施之采取、变更，主要强调国家权力运作方便，而对其他人员的权利考虑不足，这是研习本章时需要高度注意的问题。

第六十四条　人民法院、人民检察院和公安机关根据案件情况，对犯罪嫌疑人、被告人可以拘传、取保候审或者监视居住。

【主旨】本条规定了公安司法机关均有权采取拘传、取保候审与监视居住三种强制措施。

【释评】之所以如此规定，是因为这三种措施的程序保障功能比较突出[③]，为了办案需要，公安司法机关都有权决定适用。拘传的其他相关规定出现在本法“侦查”一章中（第一百一十七条第二款、第三款），它主要是作为一种强制犯罪嫌疑人到案接受讯问的措施（当然，审判阶段也可以采用）。考虑到拘留与逮捕在我国刑事诉讼法中具有直接剥夺人身自由的特性，法律对其进行了诸多限制，其具体程序在本章后面有明确规定。

第六十五条　人民法院、人民检察院和公安机关对有下列情形之一的犯罪嫌疑人、被告人，可以取保候审：

（一）可能判处管制、拘役或者独立适用附加刑的；

（二）可能判处有期徒刑以上刑罚，采取取保候审不致发生社会危险性的；

（三）患有严重疾病、生活不能自理，怀孕或者正在哺乳自己婴儿的妇女，采取取保候审不致发生社会危险性的；

（四）羁押期限届满，案件尚未办结，需要采取取保候审的。

---

① 陈光中：《刑事诉讼法》（第五版），北京大学出版社、高等教育出版社2013年版，第219页。

② 万毅：《论强制措施概念之修正》，载《清华法学》2012年第3期，第45页。

③ 例如，即使是强制程度最轻的拘传，限制人身自由的时间一般也可长达12小时。同时，在新法中，立法者试图用监视居住来替代羁押的目的非常明确，（指定居所）监视居住的强度明显增大。

取保候审由公安机关执行。

【主旨】本条规定了取保候审的适用条件与执行机关。

【释评】本条在原有1996年法律规定基础上，适当扩大了取保候审的适用范围。

（一）取保候审的条件

从第一款规定看，能够取保候审的人员范围非常广泛，取保候审的目的也多样化。判断是否符合条件的关键因素在于"社会危险性"，对此，可以参照本法第七十九条规定加以理解①，即可能实施新的犯罪；有危害国家安全、公共安全或者社会秩序的现实危险；可能毁灭、伪造证据，干扰证人作证或者串供；可能对被害人、举报人、控告人实施打击报复；企图自杀或者逃跑等情形。

具体而言，第一项情形主要针对可能判处轻缓刑法的被追诉人，由于罪行较轻，不羁押一般不会发生社会危险性。第二项针对虽然罪行较重（可能判处有期徒刑以上刑罚），但没有社会危险性，或者社会危险性较低，比如交通肇事、玩忽职守等过失犯罪中的被追诉人，其有可能属于初犯、偶犯，主观恶性较小，不予羁押也不会发生社会危险性。第三项主要是基于人道主义精神，对有特殊生理状况的人员不予羁押，从而保护其合法权益。第四项则属于保底性规定，由于案件情况各异，而本法对羁押期限又有明确限制，因此授予办案机关一定的变通处理权限是合适的。同时，本项也与本法第九十六条的规定衔接起来了。这里的羁押期限，并非仅仅指侦查终结前的侦查羁押期限，还包括了人民检察院审查起诉期间的审查起诉期限，人民法院审判期间（包括一审、二审、再审）的审判期限②。

需要看到，本条仅从正面规定了可以取保候审的条件，而没有涉及禁止条件。为了实务中操作方便，《诉讼规则（试行）》第八十四条规定，人民检察院对于严重危害社会治安的犯罪嫌疑人，以及其他犯罪性质恶劣、情节严重的犯罪嫌疑人不得取保候审。《程序规定》第七十八条规定，对累犯，犯罪集团的主犯，以自伤、自残办法逃避侦查的犯罪嫌疑人，严重暴力犯罪以及其他严重犯罪的犯罪嫌疑人不得取保候审。上述规定分别在不同程度上对取保候审的适用范围进行了缩限解释。"情节严重""暴力犯罪以及其他严重犯罪"标准不明，涵盖范围极大。至此可以发现，取保候审的条件从法律文本的规定，经检察机关和公安机关的解释，再到个案裁判中的解释，其适用范围被严重缩限，被追诉人可获得取保候审的可能性降低，犹如"漏勺"，容许性越来越小③。而这，明显存在合法性上的疑问，其直接与法律冲突。因为，立法并未有此不得取保候审的规定，对被追诉人来说，取保候审带有相当的权利属性。具体案件中，尽管被追诉人可能符合法定取保候审的条件，但其申请也可能被办案机关以上述规定为由予以拒绝，在缺乏有效途径的情况下，这有可能会使被追诉人陷入更加不利的境地。

（二）取保候审的执行机关

依第二款规定，无论由哪个机关决定，取保候审均由公安机关执行。之所以规定由公安机关执行，主要考虑到公安机关在基层普遍设有派出机构，与居民委员会、村民委员会等基

① 朗胜：《<中华人民共和国刑事诉讼法>修改与适用》，新华出版社2012年版，第142页。
② 高景峰、杨雄：《新刑事诉讼法强制措施解读》，中国检察出版社2012年版，第153页。
③ 雷小政：《刑事诉讼法学方法论·导论》，北京大学出版社2009年版，第130页。

层组织也有紧密的联系，并具有执行拘留、逮捕的权力。由公安机关执行取保候审，便于加强对被取保候审人的监督和考察，一旦发现违反规定，或者不应当取保候审的情形，可以及时依法处置[①]。

第六十六条　人民法院、人民检察院和公安机关决定对犯罪嫌疑人、被告人取保候审，应当责令犯罪嫌疑人、被告人提出保证人或者交纳保证金。

【主旨】本条规定了取保候审的两种方式：提出保证人或者交纳保证金。

【释评】与民法中的担保不同，刑事诉讼程序中的担保方式较为单一，仅有保证人（一般简称为“人保”）和保证金（一般简称为“财保”）两种。

（一）“人保”与“财保”的不同意义

从制度目的看，取保候审是为了保证犯罪嫌疑人、被告人不逃避和妨碍侦查、起诉和审判[②]。然而实践中，“人保”和“财保”却有着不同的意义。根据本条以及第九十五条之规定，取保候审有公安司法机关主动决定（权力型）和犯罪嫌疑人、被告人被采取拘留逮捕强制措施后的被动申请（权利型）两种，这两种方式的运作与取保候审的方式之间有着极其复杂的关系。

首先，我们应当明确取保候审适用率极低这样一个现实情况。其原因在于，在公安机关看来，如果犯罪嫌疑人一旦被取保候审，百分之百的可能是不能正常完成此后的形式诉讼程序，正是有此普遍担心存在，实践中针对犯罪嫌疑人提出的取保候审申请，公安机关一般都会断然拒绝，甚至不说明具体理由[③]。

其次，取保候审的适用，实践中主要起着在案件证据不足，难以继续侦查时，通过这种方式“消化”案件，从而达到“体面”下台的作用[④]。在这种情况下，究竟是选择“人保”或者“财保”其实是无关紧要的，关键是要有符合法律规定的保证方式。当然，在不同的地区和案件情况下，办案机关的考虑还是有所不同，这就导致保证方式的分布呈现出不规律的现象[⑤]。

（二）“人保”与“财保”只能选择适用

据法条文义以及相关规定，提出保证人或者交纳保证金，二者只能择其一，不能同时并用。对此规定，需要全面评价。在笔者看来，限制同时采用两种保证方式，固然是保障了犯罪嫌疑人、被告人的权利，但不可否认的是，不管单独适用哪种保证方式都显得较为单薄，保证能力不足的弱点均较为突出[⑥]。因此，随着社会环境的变化，似乎也应允许根据案件情况同时适用两种担保方式。当然，“同时适用”需要严格控制。

第六十七条　保证人必须符合下列条件：

（一）与本案无牵连；

（二）有能力履行保证义务；

（三）享有政治权利，人身自由未受到限制；

---

① 朗胜：《〈中华人民共和国刑事诉讼法〉修改与适用》，新华出版社 2012 年版，第 143 页。
② 王敏远：《中国刑事诉讼法教程》（第二版），中国政法大学出版社 2012 年版，第 170 页。
③ 刘方权：《侦查程序实证研究》，中国检察出版社 2010 年版，第 163 页。
④ 左卫民等：《中国刑事诉讼运行机制实证研究》，法律出版社 2007 年版，第 130 页。
⑤ 比如经济因素、程序繁简等方面的不同考虑都会影响取保候审方式的选择。具体介绍参见刘方权：《侦查程序实证研究》，中国检察出版社 2010 年版，第 170-177 页。
⑥ 陈卫东：《2012 刑事诉讼法修改条文理解与适用》，中国法制出版社 2012 年版，第 166-167 页。

（四）有固定的住处和收入。

【主旨】本条规定了保证人的条件。

【释评】从本条列举的具体条件看，法律对保证人的要求明显偏低，加之没有权利保障，保证人完全是一个“纯义务”角色，在目前的社会环境下，除了犯罪嫌疑人、被告人的亲友外，其他人几乎不可能去担任保证人，而亲友担任保证人又无法取得公安司法机关信任，因为基于保证人与犯罪嫌疑人之间的亲密关系，保证人有可能不顾自己的利益而放任犯罪嫌疑人“逃保”，或进行其他违反取保候审期间义务的行为。但是，如果从另一个角度来考虑，保证人与犯罪嫌疑人的关系愈密切，即意味着其对犯罪嫌疑人的约束能力愈强，犯罪嫌疑人在意欲“逃保”时，可能会出于不愿意牵连保证人的顾虑而放弃。[①]总结起来，保证人的定位的确相当尴尬。

另外，本法没有规定保证人的数量，在决定机关考虑实际情况的时候，如果认为有必要，可以要求罪行相对较严重，对被害人造成的经济损失较大，可能判处的刑罚较严重的犯罪嫌疑人、被告人提供较多的保证人，这样，可以增加保证的可靠性，即使发生被取保候审人脱逃的情况，也不会对赔偿被害人的损失造成过大影响[②]。

第六十八条　保证人应当履行以下义务：

（一）监督被保证人遵守本法第六十九条的规定；

（二）发现被保证人可能发生或者已经发生违反本法第六十九条规定的行为的，应当及时向执行机关报告。

被保证人有违反本法第六十九条规定的行为，保证人未履行保证义务的，对保证人处以罚款，构成犯罪的，依法追究刑事责任。

【主旨】本条规定了保证人的义务，以及保证人未履行保证义务可能承担的法律责任。

【释评】取保候审使得犯罪嫌疑人、被告人免受羁押之苦，但其毕竟又有犯罪之嫌疑，或已被提起控诉，因此需要加以监控。保证人的作用就在于让公安司法机关放心，其自然应当履行义务，并在违反该义务时，承担相应法律责任。

（一）保证人的义务

本次修法把保证人的义务规定得更为合理了。法律不再要求其保证被保证人履行法定义务，而是强调监督其履行，并且在发现被保证人可能发生或者已经发生违反相关规定时，及时向执行机关报告。

（二）保证人可能承担的法律责任

本条第二款规定了保证人可能承担的法律责任。需要注意，这里的罚款，在性质上既不属于行政罚款，也非司法罚款，而应当是中国法律体系中一种特殊的罚款，其性质需要仔细研究[③]。另外，构成犯罪的情况，既可能是单独成罪，如包庇、窝藏罪，也可能是与其他人（如被保证人）成立共犯。本法没有规定追究保证人法律责任时，保证人的救济途径，对此，《程序规定》中创设了复议和复核两种方式，值得赞赏[④]。

第六十九条　被取保候审的犯罪嫌疑人、被告人应当遵守以下规定：

---

① 刘方权：《侦查程序实证研究》，中国检察出版社 2010 年版，第 170 页。
② 张智辉：《强制措施立法完善研究》，中国检察出版社 2010 年版，第 161 页。
③《程序规定》第九十九、一百、一百零一条分别对该种罚款的数额、复议等相关问题进行了规定。
④ 第一百条。

（一）未经执行机关批准不得离开所居住的市、县；

（二）住址、工作单位和联系方式发生变动的，在二十四小时以内向执行机关报告；

（三）在传讯的时候及时到案；

（四）不得以任何形式干扰证人作证；

（五）不得毁灭、伪造证据或者串供。

人民法院、人民检察院和公安机关可以根据案件情况，责令被取保候审的犯罪嫌疑人、被告人遵守以下一项或者多项规定：

（一）不得进入特定的场所；

（二）不得与特定的人员会见或者通信；

（三）不得从事特定的活动；

（四）将护照等出入境证件、驾驶证件交执行机关保存。

被取保候审的犯罪嫌疑人、被告人违反前两款规定，已交纳保证金的，没收部分或者全部保证金，并且区别情形，责令犯罪嫌疑人、被告人具结悔过，重新交纳保证金、提出保证人，或者监视居住、予以逮捕。

对违反取保候审规定，需要予以逮捕的，可以对犯罪嫌疑人、被告人先行拘留。

【主旨】本条规定了被取保候审人应当遵守的法定义务、指定义务，以及被取保候审人违反规定时的处理方法。

【释评】取保候审属于非羁押措施，其对被追诉人人身自由的限制较小，正因为如此，才需要设计合理的防范、制裁措施以增强其实效性。

（一）被取保候审人应当遵守的规定

本次修法根据社会条件的变化，对被取保候审人设定了不同的义务。

第一款属于法定义务，是任何被取保候审人都应当遵守的义务。第一项中的市县应当指县级的行政区划单位，即县和县级市[①]。第二项系新增规定。这主要是考虑到随着社会的发展，人口流动性加大，以往许多被取保候审人经常“玩失踪”，办案机关无法掌握其情况，增加这一义务后，只要其相关信息发生变动，而又不及时告知办案机关的，即属于违反义务，办案机关可以对其采取相应措施。第三项强调是及时到案，而非“立即”到案，易言之，如有正当理由，也是允许耽搁的。第四、五项文义很简单，这里就不再赘述了。

第二款属于选择性义务，由决定机关根据案件情况，责令特定案件中被取保候审的犯罪嫌疑人、被告人遵守。从具体内容上看，与《刑法修正案（八）》中的禁制令规定比较相似。值得关注的是，这些禁止性规定在实践中如何实现。笔者认为，除了第（四）项“将护照等出入境证件、驾驶证件交执行机关保存”实施最为容易外，其他各项在实践中都面临很大困难。该制度要发挥作用，还需要完善一系列配套措施。

（二）被取保候审人违反规定时的处理

视被取保候审人违反相关义务情节的不同，第三、四款分别设计了不同的处理方式，总

① 陈光中、徐静村：《刑事诉讼法》（第四版），中国政法大学出版社 2010 年版，第 210 页。值得注意的是，为何没有加上“区”这个单位？从可行性上分析，如果犯罪嫌疑人、被告人居住在城区中，因为城市的特性，会使这一规定形同虚设。因此，可以理解为对居住在城区的犯罪嫌疑人与被告人不适用该项，但是，如此一来，是否就意味着他们都要被送往看守所？本项规定从体系上如此解释显然欠妥。

体而言，可以从以下三个不同层次加以理解。

首先，针对已经交纳保证金的被犯罪嫌疑人、被告人，根据情况没收部分或者全部保证金。“没收”相应保证金对被取保候审人属于一种惩罚，可能是考虑到实践中基本上都是以交纳保证金作为担保方式，因此将其列入处理方式的首位。本次修法明确要求办案机关在没收保证金时，应当根据情况确定没收的数额，而不是像以前一样一律没收。这实际上是强制措施中“比例原则”的体现，该修改在保障被取保候审人合法权益方面具有明显意义。

其次，在没收相应保证金的前提下，如果被取保候审人仍然符合取保候审的条件，则可以责令其具结悔过、重新交纳保证金或者提出保证人。这里的重新交纳保证金应当理解为，并不限于全部没收保证金的情况，如果是没收的部分保证金，则只需要在余额基础上增加即可。

最后，如果被取保候审人已经不符合取保候审的条件了，则可以变更为监视居住或者逮捕。其中，如果需要对被取保候审人予以逮捕的，可以根据情况，先进行拘留。第四款的规定系本次修法新增，按照公安机关人士的理解，将刑事拘留规定为违反取保候审规定予以逮捕的前置程序，解决了长期存在的对于逃跑的被取保候审人需要提请逮捕，无法进行羁押的问题[①]。理论上进一步认为，在我国，逮捕犯罪嫌疑人、被告人需要经过检察机关批准，或者人民法院决定，且根据《新刑事诉讼法》，检察院审查批准逮捕时讯问犯罪嫌疑人的程序，也使得逮捕的程序更加繁琐，在这样的背景下，增加取保候审变更为逮捕时的先行拘留程序，有利于办案机关争取办案时间。同时，取保候审与逮捕性质差异巨大，由非羁押性的取保候审变更为最为严厉的逮捕时应当特别审慎；“先行拘留”的规定，在两种差别巨大的强制措施之间起到了一种承接作用[②]。笔者认为，单就立法目的来说，如此理解并无不可，然而依体系解释，本款规定却值得商榷。

因为，根据本法第七十九条之规定，对违反取保候审规定情节严重者，当然是可以逮捕的，第四款中的“需要逮捕”一词，直接表明了违规者至少是符合逮捕条件的。在符合逮捕条件的情况下，法律允许办案机关采用拘留措施作为过渡，这就意味着其也符合拘留的条件。但是问题在于，拘留和逮捕既然作为性质迥异的强制措施，在适用条件上如何能够具备“最大公约数”？在本法第八十条所确立的一般拘留条件中，我们根本找不出任何有关能与本款相衔接的表述。在笔者看来，该条中的“先行拘留”应当理解为在强制措施体系中，可以不考虑其他措施，而直接拘留。这充分体现了拘留的应急性特点。同样是“先行拘留”，本款中却不能作同样解释。本款中的先行拘留只是先于逮捕而适用之意，与“直接拘留”相去甚远，按惯常理解，也可“直接”逮捕，因为其本身即符合逮捕条件。

（三）监督被取保候审人履行义务的方式

综观本法相关规定，监督被取保候审人履行法定义务的方式，有保证人监督和执行机关的考察两种。对前者来说，因为保证人形同虚设，此处不赘；对后者来说，法律对执行机关的具体考察方式又没有任何相关规定，从实践情况看，既有当地执行，采取定期考察和传唤到案方式，也有异地执行，采取定期报到和异地汇报等方式的[③]。对此，《程序规定》第九十条仅仅提及，要求被取保候审人定期报告有关情况并制作笔录。这些方式在前述取保候审的

① 孙茂利：《新刑事诉讼法释义与公安实务指南》，中国人民公安大学出版社 2012 年版，第 157、159 页。
② 陈卫东：《2012 刑事诉讼法修改条文理解与适用》，中国法制出版社 2012 年版，第 172 页。
③ 刘方权：《侦查程序实证研究》，中国检察出版社 2010 年版，第 181-183 页。

功能性缺陷背景下，无疑较为“形式化”了。比如，检察院自侦案件的犯罪嫌疑人一般都有单位关系，平时还在单位工作，所以在取保候审执行过程中，犯罪嫌疑人如有情况，也是自己或者单位领导到检察机关汇报，警署的执行工作会受到干扰[①]。

第七十条 取保候审的决定机关应当综合考虑保证诉讼活动正常进行的需要，被取保候审人的社会危险性，案件的性质、情节，可能判处刑罚的轻重，被取保候审人的经济状况等情况，确定保证金的数额。

提供保证金的人应当将保证金存入执行机关指定银行的专门账户。

【主旨】本条规定了保证金数额的确定，以及缴存方式。

【释评】交纳保证金方式简便易行，是实务中的首选，本条对保证金的确定和缴存进行了规定。

（一）合理确定保证金数额

依第一款之规定，有关机关在确定保证金数额时应当全面考虑有关因素，综合决定。其中，“可能判处刑罚的轻重”，在侦查阶段基本上难以判断，要求侦查机关进行判断也不符合其地位。另外，根据本款，保证金既无下限，也无上限；不过考虑到保证金的实际效果，如果不设下限将难以起到其保证作用，因此应当设立最低数额。对此，《程序规定》第八十三条和《诉讼规则（试行）》第九十条都明确以一千元人民币为起点，并且后者还强调，对于未成年犯罪嫌疑人可以责令交纳五百元以上的保证金。当然，考虑到通货膨胀等原因，未来该数额也可适当提高。对上限而言，由于案件千差万别，硬性规定保证金不得超过多少，比较难以做到，以不规定为妥。

（二）保证金的缴存方式

第二款规定了保证金缴存时，应当存入执行机关指定银行的专门账户，即执行机关不得自行收取保证金。这样的好处在于，避免执行机关直接接触金钱，从而为塑造司法公正创造条件。另外，《程序规定》第八十四条第二款还要求，保证金应当以人民币一次性存入取保候审保证金专门账户，这就意味着保证金不得分期缴纳。应当说，该规定是合理的。因为如果允许分期，就可能存在保证金数额超过被取保候审人承受能力的问题，这无疑是与制度目的相背离的。

第七十一条 犯罪嫌疑人、被告人在取保候审期间未违反本法第六十九条规定的，取保候审结束的时候，凭解除取保候审的通知或者有关法律文书到银行领取退还的保证金。

【主旨】本条规定了退还保证金的手续。

【释评】为了解决以往实践中的“退还难”问题，本条规定，犯罪嫌疑人、被告人可以凭借解除取保候审的通知或者有关法律文书到银行直接领取退还的保证金。这样，就在一定程度上避免了对被取保候审人合法权益的侵害。

第七十二条 人民法院、人民检察院和公安机关对符合逮捕条件，有下列情形之一的犯罪嫌疑人、被告人，可以监视居住：

（一）患有严重疾病、生活不能自理的；

（二）怀孕或者正在哺乳自己婴儿的妇女；

① 张智辉：《强制措施立法完善研究》，中国检察出版社 2010 年版，第 165 页。

（三）系生活不能自理的人的唯一扶养人；

（四）因为案件的特殊情况或者办理案件的需要，采取监视居住措施更为适宜的；

（五）羁押期限届满，案件尚未办结，需要采取监视居住措施的。

对符合取保候审条件，但犯罪嫌疑人、被告人不能提出保证人，也不交纳保证金的，可以监视居住。

监视居住由公安机关执行。

【主旨】本条规定了监视居住的适用条件以及执行机关。

【释评】监视居住较之取保候审明显更为严厉，在适用条件上也与之有较大不同。

（一）适用条件

1. 主　体

从第一款规定看，公安司法机关均有权对被追诉人采用监视居住措施。不过，考虑到审判程序与审判前程序之间的重大差异，以及公诉案件与自诉案件的不同特性。对公诉案件来说，一般都由公安机关或者检察机关采取了相应的强制措施，除非出现特殊情况，否则人民法院不会主动采取强制措施。对自诉案件来说，由于与公检两家几无关系[①]，在案件处理过程中，倒有可能视情况对被告人采取相应措施，其中当然包括了监视居住。

2. 适用情形

依法条文义，第一款所列举的具体情形均以符合逮捕条件为前提。特别需要注意的是，第（一）、（二）项与取保候审中的情况表述一致，但前提不同，这里强调要符合逮捕的条件。第（三）项具有明显合理性，是保障人权的典型表现。第（四）项情形外延过宽，其合理性需要考虑。因为在缺乏明确适用条件的情况下，只要办案机关有需要，就可以采取监视居住了，如果在实践中不对此进行一定控制，这种措施就难免会有滥用之虞。

第二款规定更值得探讨。因为，既然是符合取保候审的条件，仅仅因为犯罪嫌疑人、被告人无法满足取保的要求，就将其监视居住，其立论依据恐不充分。考虑到新法中监视居住的执行力度已经明显加大，把无法提出保证人或交纳保证金的犯罪嫌疑人、被告人监视居住不能很好地体现本法“人权保障”的任务。另外，第二款也与第一款有冲突之处，既然在符合取保候审条件下也可监视居住，那么二者的界限就模糊不清了。更进一步看，本款实际上提出了一个非常重要的问题，即取保候审的条件中究竟是否包括提供合法的担保方式？如果认为包括，则当下理论上有关取保候审条件的理解就明显存在缺陷；如果认为不包括，则又会生出诸多疑问。

（二）执行机关

与取保候审一样，立法确定了监视居住的执行机关为公安机关，其理由前已论及，此处从略。

第七十三条　监视居住应当在犯罪嫌疑人、被告人的住处执行；无固定住处的，可以在指定的居所执行。对于涉嫌危害国家安全犯罪、恐怖活动犯罪、特别重大贿赂犯罪，在住处执行可能有碍侦查的，经上一级人民检察院或者公安机关批准，也可以在指定的居所执行。但是，不得在羁押场所、专门的办案场所执行。

---

① 当然，公诉转自诉案件除外。不过，由于实践中这种案件实在过于稀少，基本上可以忽略不计。

指定居所监视居住的，除无法通知的以外，应当在执行监视居住后二十四小时以内，通知被监视居住人的家属。

被监视居住的犯罪嫌疑人、被告人委托辩护人，适用本法第三十三条的规定。

人民检察院对指定居所监视居住的决定和执行是否合法实行监督。

【主旨】本条规定了监视居住的执行程序。

【释评】本次修法花大力气对监视居住制度进行了改造，立法希望监视居住能够起到替代羁押的作用。

（一）监视居住的执行地点

根据第一款规定，如果被监视居住的犯罪嫌疑人、被告人有固定住处，则执行地点原则上应当是其住处。只有在无固定住处时，才可以在指定其他居所执行。从执行合法性角度看，被监视居住人是否有固定住处应当有相应证据证明，并且附卷；否则日后有可能产生争议。对被决定监视居住，又有固定住处的犯罪嫌疑人[①]，如果其涉嫌的是法定三种类型犯罪[②]，在住处执行可能有碍侦查的，经上一级人民检察院或者公安机关批准，也可以在指定的居所执行。这里“在住处执行可能有碍侦查”意味着还是应当首先在其住处执行，如果有碍侦查，才能选择其他地方执行。“上一级人民检察院或者公安机关”应当指办案侦查机关的上一级机关，由于检察机关与公安机关均有侦查权，这里的“或者”应当理解为分别对口取得批准。

总体上看，本法在第六章“强制措施”中对于地点的表述有“场所”（七十二条、七十三条）、“住处”（七十三条）、“居所”（七十三条）、“处所”（七十五条）等，过于交叉和繁杂，不利于刑事司法适用[③]，并且极有可能产生无谓争论。有学者提出，“其他居所”在一般意义上应理解为适合居住的普通住处，即指定居所的地点本质上应当为生活场所，而非办公地点、办公场所[④]。为了防止指定居所异化为变相羁押，法律特别禁止在羁押场所、专门的办案场所执行。这里的羁押场所主要指看守所、拘留所、戒毒所、少年犯管教所、监狱等地方；专门的办案场所主要指侦查机关自己的办公场所，以及为执行监视居住而专门修建的场所。对此，官方的正式规定大致与之相同，比如《诉讼规则（试行）》第一百一十条第六款就强调：采取指定居所监视居住的，不得在看守所、拘留所、监狱等羁押、监管场所以及留置室、讯问室等专门的办案场所、办公区域执行。相比之下，《程序规定》第一百零八条则要简略得多：公安机关不得在羁押场所、专门的办案场所或者办公场所执行监视居住。

（二）指定居所监视居住的告知义务[⑤]

第二款规定了有关机关（前已提及，当然不限于侦查机关）指定居所监视居住时的通知义务。除“无法通知”以外，都是应当通知的，那何谓“无法通知”？按照公安机关人士的解释，“无法通知”是指嫌疑人根本没有家属，或者即使有家属，但自身居所不定，以及不说

---

① 注意，从文义上看，原则上只能适用于犯罪嫌疑人，因为本条明确提到是“有碍侦查”，如果是被告人，则因为不存在侦查问题而无法适用。不过，考虑到我国刑事诉讼在审判阶段也允许补充侦查，似乎被告人也可能适用，但是如此一来，在审判阶段，法院竟然无权决定在其他居所执行，而需要检察机关或公安机关批准，这显然又与诉讼进程不符。

② 三类案件中，前两类属于只要涉及罪名即可，判断较易，而特别重大的贿赂犯罪则有程度之别。对此，最高人民检察院设定的标准是：涉嫌贿赂犯罪数额在五十万元以上，犯罪情节恶劣的；有重大社会影响的；涉及国家重大利益的。详见《诉讼规则（试行）》第一百一十条、第四十五条。

③ 尹吉：《“指定居所监视居住”的法律适用研究》，载《中国刑事法杂志》2012 年第 6 期，第 62 页。

④ 王敏远：《中国刑事诉讼法教程》（第二版），中国政法大学出版社 2012 年版，第 177 页。

⑤ 如果是在住处监视居住的，当然就不必告知了。

真实姓名、地址和亲属，导致被监视居住的通知无法送达[①]。对此，《程序规定》第一百零九条明确加以了肯定。笔者认为，这些情况下通知家属的确很难，但是，由于无法通知完全是由有关机关（决定机关与执行机关可能不一致）自己认定，究竟是否属于无法通知的情形，在家属事实上得到消息之前，根本无从判断。加之在这种情况下，通知内容中连监视居住的原因和处所都被取消了。因此，未来还是要注意防止“秘密拘捕”现象出现。

（三）被监视居住人的律师帮助权

本条第三款规定了被监视居住的犯罪嫌疑人、被告人委托律师适用被羁押的犯罪嫌疑人、被告人的相关规定，因为在本法中，监视居住的效果与羁押类似，犯罪嫌疑人、被告人的人身自由受到极大限制，故应适用同一规定。

（四）检察机关对指定居所监视居住的检察监督

本条第四款规定了人民检察院对指定居所监视居住的决定和执行是否合法实行监督。检察机关的监督权毋庸置疑，要实现本款规定，关键是要有切实可行的措施。根据《诉讼规则（试行）》第五百六十九条之规定，人民检察院发现侦查机关或者侦查人员决定、执行、变更、撤销强制措施等活动中有违法情形的，应当及时提出纠正意见。对于情节较轻的违法情形，由检察人员以口头方式向侦查人员或者公安机关负责人提出纠正意见，并及时向本部门负责人汇报；必要的时候，由部门负责人提出。对于情节较重的违法情形，应当报请检察长批准后，向公安机关发出纠正违法通知书。

第七十四条　指定居所监视居住的期限应当折抵刑期。被判处管制的，监视居住一日折抵刑期一日；被判处拘役、有期徒刑的，监视居住二日折抵刑期一日。

【主旨】本条规定了指定居所监视居住的法律效果。

【释评】从立法目的看，这一次修法把监视居住改造为一种替代羁押措施，这点是好的；但现在认可了指定居所的监视居住在相当程度上剥夺了被监视居住人的人身自由；一方面是对人权保障有好处，另一方面则说明这种措施具有一定的羁押性。结合前述第七十二条第二款的规定看，在犯罪嫌疑人既无保证人也无保证金的情况下，基本上就可以认定为其没有固定住处，因此，就可能会被指定居所监视居住，如此一来，本来情节轻微或者人身危险性很小（符合取保候审的条件），反倒遭受类似羁押的处置，难谓公平。

另外，从立法体例和立法技术上看，有关折抵刑期问题应当由刑法来规定，刑事诉讼法中出现了折抵规定虽然可以理解，但毕竟不那么协调，建议未来修法时，将其统一纳入刑法总则部分为妥[②]。

第七十五条　被监视居住的犯罪嫌疑人、被告人应当遵守以下规定：

（一）未经执行机关批准不得离开执行监视居住的处所；

（二）未经执行机关批准不得会见他人或者通信；

（三）在传讯的时候及时到案；

（四）不得以任何形式干扰证人作证；

（五）不得毁灭、伪造证据或者串供；

（六）将护照等出入境证件、身份证件、驾驶证件交执行机关保存。

---

① 孙茂利：《新刑事诉讼法释义与公安实务指南》，中国人民公安大学出版社 2012 年版，第 168-169 页。

②《刑法》第四十一条、四十四条、四十七条中已经有了关于刑期折抵的规定。

被监视居住的犯罪嫌疑人、被告人违反前款规定，情节严重的，可以予以逮捕；需要予以逮捕的，可以对犯罪嫌疑人、被告人先行拘留。

【主旨】本条规定了被监视居住人应当遵守的规定和违反规定的制裁措施。

【释评】由于监视居住的严厉程度明显高于取保候审，因此，被监视居住人负担的义务也较前者为大。

从立法列举的遵守规定中可以发现，监视居住的后果的确"很严重"，本次修法把它与取保候审区别开来，分别规定，完全正确。应当看到，由于上一条规定了指定居所监视居住可以折抵刑期，这就需要我们全面理解监视居住的执行强度。

总体而言，被监视居住人应当遵守的义务，大致可以分为作为与不作为两大类。其中，第（三）、（六）项属于作为，其余各项则属于不作为。作为义务的要求相对较低，相关证件交执行机构保存，只需要一次即可履行完毕；而传讯时及时到案实际上并无具体标准，只要被监视居住人不是明显故意拖延，办案机关也难以认定其违反。相较而言，不作为义务则要复杂许多。

第（一）项要求"未经执行机关批准不得离开执行监视居住的处所"。依反对解释，这就意味着经执行机关批准还是可以离开有关处所的，因为监视居住并非羁押，如有需要，应当允许被监视居住人离开。

第（二）项要求"未经执行机关批准不得会见他人或者通信"。由于第（一）项中已经限制了被监视居住人可以随意离开有关处所，因此，本项中"会见他人"与"通信"究竟如何理解将极大影响这一措施的执行效果。

首先，"他人"在范围上应当限制于被监视居住人同住成员（亲属以及保姆、钟点工）之外的人[①]，另外，前已提及，本项与本法其他规定可能存在一定冲突，这是因为，根据本法第三十七条之规定，被监视居住人会见其聘请的辩护律师是不需要批准的。然而本项中对此却未予提及，这样一来，由于利益指向不同，公安司法机关便极有可能与辩护律师在会见、通信行为是否需要批准问题上产生严重分析。虽然从体系上考察，第三十七条之规定可以归入特别法之列，其规定相较本项更具有优先性，但在目前的刑事诉讼格局下，辩护律师的诉求可能难以顺利实现。

其次，"通信"的方式的界定。根据《辞海》的解释，通信是指"通过媒体将信息由一点传送至另一点的过程。其具体范围包括既包括邮件，也包括电、电子和光的手段"[②]据此，在语义上，通信的范围很广，传统的写信（纸质）以及现代的电报、传真、电话（移动电话）、网络等方式都应包括在内。对此，立法机关人士就认为，这里规定的"通信"，除了一般的信件往来外，也包括通过新的通讯方式，比如通过电话、传真、电子邮件、手机短信等进行的沟通和交流[③]。但从我国目前的司法实践情况看，上述方式并不是都有可能。根据法律用语的一般要求，在立法表述中，必须保证用语的统一规范。立法者不仅要保证同一个规范性文件中使用统一的名词术语，而且在不同的规范性文件之间也要保持协调一致[④]。更进一步讲，一个词应当只有一个义项，而不能有两种或者多种含义，立法表述中的语词强调单一含义，更

---

① 当然，这些人也有可能影响侦查，但是有关机关既然要决定采取这种措施，必然得考虑到其可能的后果，不能为了执行，就把犯罪嫌疑人、被告人的同住亲属以及其他人员全部扫地出门。

②《辞海》，上海辞书出版社 1999 年版，第 2994 页。

③ 朗胜：《<中华人民共和国刑事诉讼法>修改与适用》，新华出版社 2012 年版，第 165 页。

④ 周旺生：《立法学》，法律出版社 2000 年版，第 635 页。

不能含有引申、隐性的含义[①]。从体系上看，“通信”一词先后在本法的多个条文中出现。其中，第三十七条规定，辩护律师可以同在押的犯罪嫌疑人、被告人会见和通信。第七十六条规定，在侦查期间，可以对被监视居住的犯罪嫌疑人的通信进行监控。根据上述用语同一性的要求，这三条中的“通信”应作同一解释，但是就该条的语境，以及实践中的具体情况而言，又明显不能作同一解释。

第三十七条中的“通信”基本上都被理解为传统的写信方式[②]，并且是被追诉人主动与外界通信。因为在实践中，犯罪嫌疑人、被告人一旦被送往羁押场所，其身边的所有通信工具都会被“没收”，与其通话根本没有可能。辩护律师与在押犯罪嫌疑人、被告人交流主要是通过会见来进行的，而会见是与通信并列的方式，无法包容在内。虽然羁押场所内肯定有固定电话、传真、网络等设备，但这些东西显然不可能给在押的犯罪嫌疑人、被告人随便使用，即使同意使用，在羁押场所的严密监控下，其使用的效果就可想而知了。因此，在三十七条中，“通信”只能缩限解释为传统纸质写信方式（这样既符合文义，也有实践基础）。这种解释显然可以适用于本条。但是，如此一来，下条中的通信在理解与适用上就存在一定问题。

至于其他不作为义务，因文义简单，这里就不再涉及了。

第七十六条　执行机关对被监视居住的犯罪嫌疑人、被告人，可以采取电子监控、不定期检查等监视方法对其遵守监视居住规定的情况进行监督；在侦查期间，可以对被监视居住的犯罪嫌疑人的通信进行监控。

【主旨】本条规定了监视居住的具体执行方法。

【释评】以往司法实践中，因为执行手段的缺乏而导致监视居住适用率极低，本条增添了相关的执行监管措施，增强了制度的可操作性。

从文义看，电子监控、不定期检查与通信监控是三种并列的监视方法。电子监控显然属于技术手段，按笔者理解应当主要指监控录像、探头等设备（当然，也不排除电子监听）。不定期检查则属常规手段，意指执行机关工作人员时间不固定的抽查。这里关键在于通信应当作何解释。前已提及，通信虽然可以有多种形式，但在我国刑事诉讼的背景下，只能理解为传统的写信方式，本条中的通信如果照此理解，一方面是具有合理性，因为虽然被监视居住人对外写信要取得许可，但是无法控制外面的人给被监视居住人写信，因此需要监控。但是，从另一方面看，传统写信方式与“监控”事实上又难以搭配，因为对其只能检查[③]或扣押[④]，而没有监控适用的余地，监控只有针对采用电子设备进行通话时才有意义。在本条已经规定了电子监控手段的情况下，再重申所谓“监控”，显得不够准确。

第七十七条　人民法院、人民检察院和公安机关对犯罪嫌疑人、被告人取保候审最长不得超过十二个月，监视居住最长不得超过六个月。

在取保候审、监视居住期间，不得中断对案件的侦查、起诉和审理。对于发现不应当追究刑事责任或者取保候审、监视居住期限届满的，应当及时解除取保候审、监视居住。解除取保候审、监视居住，应当及时通知被取保候审、监视居住人和有关单位。

【主旨】本条分别规定了取保候审和监视居住的期限，办案机关继续查处案件，以及适时

① 刘红婴：《法律语言学》，北京大学出版社 2003 年版，第 85 页。
② 刑事诉讼法学界与律师界都作此种理解。
③ 这里的检查当然不适用于刑事侦查行为中针对人身的检查，而是采其日常涵义，指为了发现问题而用心查看。参见《现代汉语词典》（第五版），商务印书馆 2005 年版，第 665 页。
④ 本法第一百四十一条规定：侦查人员认为需要扣押犯罪嫌疑人的邮件、电报的时候，经公安机关或者人民检察院批准，即可通知邮电机关将有关的邮件、电报检交扣押。

解除的义务。

【释评】取保候审和监视居住两种措施的适用，都会对被适用者人身自由进行限制，因此应当有所限制。

（一）适用期限

第一款中的时间期限，在理解上一直存在两种不同观点。一种是认为，对某一案件而言，所有阶段加上的时间也不能超过法定最长时间限度。另一种观点则认为，法定最长时间是针对每个阶段而言，换言之，如果就整个诉讼而言，其长度将变为法律规定期限的三倍。显然，两种理解都有语义基础，但从立法目的上看，之所以有此时间限制，是为了避免过长时间采取措施而对犯罪嫌疑人、被告人造成损害，从这个角度说，第一种观点更有道理。不过，根据各个机关的相关规定，其普遍都从方便办案出发，把时间用足。比如，《诉讼规则（试行）》第一百零一条就规定，人民检察院决定对犯罪嫌疑人取保候审，最长不得超过十二个月。这一规定显然不符合法律规定的精神。当然，应当看到，这一立法缺陷并非单纯理解为前一种观点就可以解决的。以取保候审为例，如果十二个月是总和的话，万一前面的诉讼过程在取保候审期限上用足了十二个月，后面的诉讼过程怎么处理？是放是捕都是不恰当的。何况，司法解释既没有规定三个机关各自可以占用十二个月中的比例，三机关事先也不可能协议商量。这样的结果，就有可能使得取保候审从一种比较轻的强制措施，变成了一种长期限制人身自由的严厉措施[①]。

（二）继续查处案件与适时解除

取保候审与监视居住都是直接作用于被追诉人，其目的本身就在于保证案件顺利查处，由此，第二款规定中的“不得中断对案件的侦查、起诉和审理”，主要属于一种强调。因为采取强制措施是办案的一个必要组成部分，强制措施是工具，而非目的，那当然不能认为，只要采取了措施，就可以万事大吉。

第二款中的办案机关适时解除义务，要求办案机关应当积极主动的审查强制措施的适用情况，一旦不具备适用条件，或者期限届满，就应当及时解除。从文义看，该解除义务仅及于消极方面，即不得再采取这两项措施。而在案件处理过程中，应当结合本法其他规定，对其进行全面理解。比如根据具体案件情况，很可能在强制措施体系内部之间进行转换，而不一定是单纯解除。

第七十八条　逮捕犯罪嫌疑人、被告人，必须经过人民检察院批准或者人民法院决定，由公安机关执行。

【主旨】本条规定了逮捕的决定机关和执行机关。

【释评】由于逮捕措施在刑事诉讼中的重要地位，从保障公民人身权利出发，本条强调了这种强制措施只有两个机关相互配合才能实施。其中公安机关有执行权，但没有决定权（当然可以申请），检察机关和人民法院有决定权，但无执行权。这种制度设计，主要是为了发挥公安司法机关的相互制约和监督作用，保证逮捕的质量，防止出现错捕、滥捕等侵犯公民人身权利的现象[②]。

第七十九条　对有证据证明有犯罪事实，可能判处徒刑以上刑罚的犯罪嫌疑人、被告人，

---

① 张智辉：《强制措施立法完善研究》，中国检察出版社 2010 年版，第 165 页。着重号为笔者所加。

② 王敏远：《中国刑事诉讼法教程》（第二版），中国政法大学出版社 2012 年版，第 181 页。

采取取保候审尚不足以防止发生下列社会危险性的，应当予以逮捕：

（一）可能实施新的犯罪的；

（二）有危害国家安全、公共安全或者社会秩序的现实危险的；

（三）可能毁灭、伪造证据，干扰证人作证或者串供的；

（四）可能对被害人、举报人、控告人实施打击报复的；

（五）企图自杀或者逃跑的。

对有证据证明有犯罪事实，可能判处十年有期徒刑以上刑罚的，或者有证据证明有犯罪事实，可能判处徒刑以上刑罚，曾经故意犯罪或者身份不明的，应当予以逮捕。

被取保候审、监视居住的犯罪嫌疑人、被告人违反取保候审、监视居住规定，情节严重的，可以予以逮捕。

【主旨】本条规定了逮捕的适用条件。

【释评】逮捕作为最严厉的强制措施，需要慎重适用，本条分别规定了不同情况下的逮捕条件。

（一）一般逮捕条件

第一款规定了应予逮捕的情形。考察立法沿革，本款对不足以防止发生社会危险性的具体情况进行了细化，增强了可操作性。就文义而言，逮捕的一般条件仍然可以归结为以下三个。

1. 有证据证明有犯罪事实（证据条件）

对此，《诉讼规则（试行）》延续了以前的规定，将其分解为：有证据证明发生了犯罪事实；有证据证明该犯罪事实是犯罪嫌疑人实施的；证明犯罪嫌疑人实施犯罪行为的证据已经查证属实的。[①]当然，应当注意，虽然在语法结构上，“有证据证明”的宾语是“有犯罪事实”，但是，这并不表明逮捕措施的证据条件就仅仅是“有证据证明有犯罪事实”；其他两个条件当然需要证据证明[②]。并且，依体系解释，并非只要有证据即可逮捕，因为实际上，无论是公安机关提请批准逮捕的案件，还是人民检察院、人民法院决定逮捕的条件，肯定都有一定的证据证明存在犯罪嫌疑人，只存在证据多少、充足与否问题，而不存在没有证据的问题[③]。换言之，逮捕要求相关证据在质上还应达到“足够”的要求。

2. 可能判处徒刑以上刑罚（罪重条件）

从程序背景上讲，可能判处徒刑以上刑罚应当指向“宣告刑”而非“法定刑”。这是因为，在我国《刑法》中，几乎所有犯罪都符合这一条件，如果理解为后者，就可能违背刑事诉讼法的立法本意，使得逮捕的适用泛化。这就要求执法机关在判断一名犯罪嫌疑人、被告人是否符合逮捕的刑罚条件时，实际上需要对该犯罪嫌疑人、被告人所涉犯罪的事实细节予以考量，并对该犯罪嫌疑人、被告人经审判后，法庭可能宣告的刑罚进行预测[④]。不过，考察刑法规定可以发现，本条使用“徒刑”用来指称犯罪嫌疑人可能判处的刑罚轻重存在一定问题。因为我国现行的刑罚体系中，并不包含“徒刑”这一刑种，只有有期徒刑和无期徒刑两种，如果认为徒刑包括上述两种类型，那么“徒刑以上”就指“有期徒刑和无期徒刑以上”[⑤]。

① 《诉讼规则（试行）》第一百三十九条第二款。
② ④ 易延友：《刑事诉讼法精义》，北京大学出版社 2013 年版，第 122-123 页、第 123 页。
③ ⑤ 崔家国：《关于逮捕条件的论证及修改》，载《四川警察学院学报》2009 年第 2 期，第 111 页、第 112 页。

3. 采取取保候审尚不足以防止发生社会危险性（危险性条件）

1996年《刑事诉讼法》由于没有明确社会危险性的具体标准，在一定程度上导致了实践中的混乱。本条第（一）至（五）项规定，根据实践情况明确了社会危险性的表现。具体而言，包括犯罪嫌疑人具有妨碍刑事诉讼顺利进行的危险和继续危害社会的可能两个类型。在上述五种情形中，前者是指第（三）、（五）项，后者是指第（一）、（二）、（四）项[①]。需要注意的是，所有这些都属于"可能性"判断，从立法目的上看，应当是赋予了办案人员根据案件具体情况自由判断的权力。但是，这五个方面包含的内容非常广泛，几乎涵盖了犯罪嫌疑人、被告人可能实施的任何妨害刑事诉讼、危害社会、侵害他人权利的情形。可以说，无论犯罪嫌疑人、被告人在刑事诉讼中意图实施何种"不轨"行为，都可以在这五种情形中找到一种，并据以对其适用逮捕。不仅如此，《诉讼规则（试行）》第一百三十九条中，还对逮捕的社会危险性条件做出了更加宽泛的解释，其规定，对逮捕社会危险性条件的第（二）、（三）、（四）、（五）四种情形，不仅在"有一定证据证明"犯罪嫌疑人可能实施这四种行为时可以适用逮捕，而且在"有迹象表明"犯罪嫌疑人可能实施这四种行为时也可以适用逮捕。"有迹象表明"的含义最高人民检察院未作具体说明。但可以肯定的是，既然将"有迹象表明"作为与"有一定证据证明"并列的另一种情形，显然意味着，在没有证据证明犯罪嫌疑人可能实施妨害刑事诉讼的行为时，只要办案人员凭主观推测，认为犯罪嫌疑人可能实施妨害刑事诉讼的行为，也可以适用逮捕。如果办案人员以此作为适用逮捕的标准，必然导致逮捕适用的恣意化[②]。

（二）迳行逮捕的条件

第二款规定了应当迳行逮捕的三种特殊情况。对比第一款可以发现，本款中的逮捕条件，没有附加社会危险性要求。对第一种情况而言，只要犯罪嫌疑人、被告人所涉嫌的犯罪可能判处十年有期徒刑以上刑罚的，无论其社会危险性如何，均应逮捕。按笔者理解，这可能是出于对社会安全的保护，因为危害社会的行为性质严重，为了避免出现其他后果，宁愿推定其具有较大社会危险性，将其逮捕，也不能冒险采取取保候审，"放任自流"，尤其是在缺乏对人身危险性进行有效评估措施与环境的情况下更是如此。法定三种情况与第一款中的前提条件基本相同，唯一不同之处在于，犯罪嫌疑人、被告人曾有故意犯罪记录[③]，或者身份不明[④]。此时，基本上也可以推定其具有社会危险性，从这个角度看，本条一、二款之间具有内在的一致性，所谓"特殊情况"，大致都属于犯罪嫌疑人、被告人具有社会危险性范畴。

（三）转化逮捕的条件

第三款规定了逮捕可以适用于违反取保候审、监视居住规定情节严重的犯罪嫌疑人与被告人。从比例原则以及立法史角度看，其无疑具有合理性。因为本款理顺了两个方面不相协调的条文关系：第一，将原来第五十六、五十七条的相关内容一并作出规定，理顺了修正前这两条与第六十条之间的关系。原《刑事诉讼法》这三条之间虽然本意一致，但是理解上容易产生分歧，即关于违背取保候审与监视居住的逮捕是对第六十条的补充还是独立的逮捕条件，有立法混乱之嫌。第二，删除了原《刑事诉讼法》第六十条第二款的规定，将其内容分别规定

---

① 樊崇义、张书铭：《细化逮捕条件，完善逮捕程序》，载《检察日报》2012年4月16日第3版。

② 陈永生：《逮捕的中国问题与制度应对——以2012年刑事诉讼法对逮捕制度的修改为中心》，载《政法论坛》2013年第4期，第23页。

③ 注意，没有时间限制。

④ 这个弹性太大。

在取保候审和监视居住的条文之中，理顺了其与原《刑事诉讼法》第五十一条之间的关系。原《刑事诉讼法》第六十条第二款是对逮捕条件的排除性规定，而这一规定恰恰应该是取保候审或者监视居住的条件，直接规定为取保候审或者监视居住的肯定性条件在立法技术上更为科学①。

这种转化逮捕条件的规定，需要结合本法通盘予以考虑。由于取保候审与监视居住两种措施的适用对象，在可能判处的刑罚轻重上存在差异，而一般逮捕与迳行逮捕中均要求犯罪嫌疑人、被告人可能被判处有期徒刑以上的刑罚，为了解决这一问题，2014 年 4 月 24 日，第十二届全国人民代表大会常务委员会第八次会议通过了一项立法解释："根据刑事诉讼法第七十九条第三款的规定，对于被取保候审、监视居住的可能判处徒刑以下刑罚的犯罪嫌疑人、被告人，违反取保候审、监视居住规定，严重影响诉讼活动正常进行的，可以予以逮捕。"该解释通过明确法律文本的涵义，为司法活动提供了依据，值得赞赏。

本条所设定的三种不同逮捕条件，有联系更有区别。我们的理论研究应当敏锐地捕捉到这一变化，重新审视对逮捕条件的归纳。传统观点认为，逮捕需要满足如前所述的三个条件，但是，该说明显与立法存在矛盾。笔者认为，为了合理解释本条，刑事诉讼法学理论需要适时调整，对此，易延友教授最近提出，可能判处徒刑以上刑罚并非逮捕的必要条件，逮捕的最关键条件，也是唯一的充分条件，就是"采取取保候审不足以防止发生社会危险性"②。这一理解颇具说服力，很有参考价值。

第八十条　公安机关对于现行犯或者重大嫌疑分子，如果有下列情形之一的，可以先行拘留：

（一）正在预备犯罪、实行犯罪或者在犯罪后即时被发觉的；

（二）被害人或者在场亲眼看见的人指认他犯罪的；

（三）在身边或者住处发现有犯罪证据的；

（四）犯罪后企图自杀、逃跑或者在逃的；

（五）有毁灭、伪造证据或者串供可能的；

（六）不讲真实姓名、住址，身份不明的；

（七）有流窜作案、多次作案、结伙作案重大嫌疑的。

【主旨】本条规定了拘留的适用对象和条件。

【释评】拘留措施需要临时剥夺犯罪嫌疑人的人身自由，严厉程度较之取保候审和监视居住更高，本条对其一般适用条件进行了明确规定。

（一）拘留的条件

总括本条，拘留只适用于现行犯或者重大嫌疑分子。对此，我国刑事诉讼法学界一般把拘留的条件归纳为两个：一，对象是现行犯或者重大嫌疑分子；二，需具备法定的紧急情况③，他们认为，只有同时具备这两个条件才能拘留。笔者认为，这种理解存在问题。因为很明显，法定紧急情况是用来缩限现行犯与重大嫌疑分子的，而非与其并列；况且，从具体情形看，它们也根本没有独立性，都可以分别指称现行犯或者重大嫌疑分子④。另外，从体系上审视，

① 樊崇义、张书铭：《细化逮捕条件，完善逮捕程序》，载《检察日报》2012 年 4 月 16 日第 3 版。
② 易延友：《刑事诉讼法——规则、原理与应用》（第四版），法律出版社 2013 年版，第 190-191 页。
③ 陈光中：《刑事诉讼法》（第五版），北京大学出版社、高等教育出版社 2013 年版，第 234 页。
④ 很多人可能都忽视了，强制措施只能在刑事诉讼程序启动后才能采用，换言之，法定紧急情况下要对现行犯或者重大嫌疑分子进行拘留，是以立案为前提的。如果考虑到这一点，就会发现，这些情况都已经有了侦查机关的先行调查活动，否则就会理解为在紧急情况下，可以"直接"拘留，而这明显是与后面的规定相违背的（第八十三条第一款明确规定，公安机关拘留人的时候，必须出示拘留证）。

仅以本条为据，便归纳出拘留的条件，明显不妥。因为，本法第六十九条、第七十五条中都曾对拘留的适用对象做出过规定，在没有完全对现行法进行归纳和详尽分析的情况下，其结论难谓合理。

（二）先行拘留

前已提及，笔者认为本法中“先行拘留”意味着可以不考虑取保候审和监视居住，而直接拘留。从本条规定看，拘留并不需要附加紧急情况的要求，因为在强制措施体系中，拘留所谓后果要剥夺人身自由，性质较为严厉，再强调所谓紧急情况并无实际意义。特别需要明确的是，先行拘留并非无证拘留，因为我国法根本就禁止无证拘留。但是，学理上仍然有人支持这种观点，比如刘方权教授就认为：该条中的“先行拘留”即为针对紧急情形下的无证到案措施，长期以来主流教科书对此的解释是将之作为拘留的适用条件，加之第六十三条（即现本法第八十三条）关于拘留时必须出示拘留证的规定，因此，无论是理论还是实践，“先行拘留”即被等同于“拘留”，从而失去了其本应具有的无证到案功能[①]。同时，《程序规定》第一百二十一条第二款还规定：紧急情况下，对于符合本规定第一百二十条所列情形之一的（该条规定完全是立法的重复强调），应当将犯罪嫌疑人带至公安机关后立即审查，办理法律手续。显然，在该规定中，由于明示了是将犯罪嫌疑人带至公安机关，这就只能视之为在刑事诉讼程序中的活动，而允许把人“带至”，则更意味着强制手段的采取。因为常识告诉我们，如果没有采取强制性手段的话，是无法将犯罪行为人“带至”公安机关的，而只能是“押至”[②]。至此，我们很容易发现，在办案机关看来，先行拘留其实就应当是“无证拘留”。

第八十一条　公安机关在异地执行拘留、逮捕的时候，应当通知被拘留、逮捕人所在地的公安机关，被拘留、逮捕人所在地的公安机关应当予以配合。

【主旨】本条规定了公安机关异地执行拘留、逮捕时对当地公安机关的告知义务，以及当地公安机关的配合义务。

【释评】之所以此规定，主要是为了准确及时执行拘留、逮捕，同时也可避免不必要的误会。

第八十二条　对于有下列情形的人，任何公民都可以立即扭送公安机关、人民检察院或者人民法院处理：

（一）正在实行犯罪或者在犯罪后即时被发觉的；

（二）通缉在案的；

（三）越狱逃跑的；

（四）正在被追捕的。

【主旨】本条规定了公民扭送的情形。

【释评】立法设计扭送制度的目的，在于鼓励公民与不法行为作斗争，其具体情形也是针对于社会公共安全有害的常见情况，从另一个角度看，大致也可以认为这是法律科以普通公民的一项义务。

（一）扭送的性质

在我国强制措施体系中，并没有扭送。因为扭送的主体是普通公民，而强制措施强调国家权力，因此应当将其排除。不过，从理论上看，这种理解并不妥当。因为，如果在概念上

---

①② 刘方权：《侦查程序实证研究》，中国检察出版社2010年版，第200页，第199页。

就要求强制措施具有国家权力因素，那么扭送自然无法纳入其中，然而，如果着眼于其针对犯罪嫌疑人、被告人的强制性，实际上也可把其归入强制措施之列，比如我国的公民扭送与外国法中的“无证逮捕”大致上属于同一概念。正因为考虑到它具有强制措施的性质，刑事诉讼法才将其放在“强制措施”这一章予以规定[①]。

（二）扭送的具体情形及其适用

依法条文义，适用扭送的四种情形比较明确，并且也具有某种道德正当性。然而，从可操作性角度看，有不少问题值得探讨。

首先，公民扭送不需要统一、完备的程序，这就有可能出错。扭送行为的非职权性决定了扭送既不是公安司法机关的职权行为，也不是委托执法行为，而是公民根据法律，对特定犯罪嫌疑人所采取的个人行为。公民执行扭送行为前对其所面临情况的判断、对四类可以被扭送人员的判断完全以其个人认识能力为准，受其主体的受教育程度、年龄因素、心理因素、是否为利益相关当事人等多种因素影响，其纯主观的判断标准因人而异，无法以统一的客观标准衡量，也不能以司法机关执法人员的标准期待，因此难免产生错误[②]。

其次，缺乏对被扭送人权利的关照。如前所述，扭送中没有国家职权因素，从被扭送人角度看，自然面临着权利受害时如何救济的问题。可以想象的是，一公民在忽然面临另一公民在无任何合法宣告、程序证明的基础上，对自己采取强制措施，有多少会采取默默接受的态度？由于被扭送人与扭送执行人一样，都仅是普通个体，无法绝对正确判断对方行为、目的的合法性。不同于面对国家机关有足够公信力和确定程序保障的情况，在面临被他人侵犯人身自由时，公民没有甘心接受的义务，而根据法律授予的合法权利，公民可以展开私力救济以维护个人权利不受非法侵害。由此，难免发生如此景象：一人向其认定的扭送对象采取强制手段欲实行扭送行为，而对方则本着正当防卫奋力搏斗欲阻止不法侵害，愈演愈烈甚至出现严重后果[③]。概言之，本条仅从追诉方角度出发要求扭送，没有顾及对被扭送人权利救济问题。

第八十三条　公安机关拘留人的时候，必须出示拘留证。

拘留后，应当立即将被拘留人送看守所羁押，至迟不得超过二十四小时。除无法通知或者涉嫌危害国家安全犯罪、恐怖活动犯罪通知可能有碍侦查的情形以外，应当在拘留后二十四小时以内，通知被拘留人的家属。有碍侦查的情形消失以后，应当立即通知被拘留人的家属。

【主旨】本条规定了拘留的程序。

【释评】由于拘留具有剥夺被拘留人人身自由的效果，立法规定了严格的适用程序，并要求执行机关及时通知被拘留人家属。

（一）禁止无证拘留

从第一款规定看，我国刑事诉讼中并不承认无证拘留，即公安机关在执行拘留时，必须要有拘留证。但是考虑到刑事案件的多样性，特别是其偶发性，如果要求拘留一律都要有拘留证，似乎并不妥当。这就部分导致实践中，公安机关在紧急情况下对有关人员采取措施时，不得不故意把自己所用手段“曲解”为行政法上的强制措施。

（二）立即送往看守所羁押

本条第二款分别规定了拘留的执行后果，以及对被拘留人家属的通知。法律要求拘留后，

① 易延友：《刑事诉讼法精义》，北京大学出版社2013年版，第122页。
②③ 李勇：《对扭送制度的若干思考》，载《河南省政法管理干部学院学报》2005年第5期，第101页。

应当立即将被拘留人送看守所羁押，至迟不得超过二十四小时，并且《程序规定》还提及：异地执行拘留的，应当在到达管辖地后二十四小时以内将犯罪嫌疑人送看守所羁押①。

从文义上看，应当立即将被拘留人送往看守所羁押，与至迟不得超过二十四小时之间存在几乎不可调和的矛盾。因为“立即”就是不允许有拖延，除正当的时间消耗外，比如在途、吃喝拉撒睡等。值得追问的是，除了上述正当事由外，还有其他什么事情可以导致在二十四小时后才把被拘留人送往看守所？目前还缺乏相关权威解释。对此，国外的情况似乎可以预先作为警示。比如在英格兰与威尔士，由于警察对与嫌疑人之间的谈话进行记录时，许多内容根本没有进行记载，形成了所谓“汽车座位上的供述”。这种情况大量存在，令人震惊。之所以如此的原因在于，首先，这种谈话是在讯问室之外进行的，没有相应的录音记录证据供法庭审查其准确性和可靠性。其次，犯罪嫌疑人在被讯问时，缺乏《警察与刑事证据法》中的相应保障，比如（律师）法律援助等②。

（四）及时通知被拘留人家属

在通知问题上，本款有进步，也有退步。

进步性表现在，取消了对单位的通知，将家属作为唯一的通知选择对象。因为一般来说，家属无疑是最关心被拘捕人命运的，而通知了单位并不等于通知了家属：首先，单位并无代替侦查机关通知家属的义务；其次，单位的利益和家属的利益并非一致，且无代为通知的动机；最后，基于单位利益，单位还可能保密，不转告家属。另外，在改革开放的今天，许多案件的犯罪嫌疑人并不隶属于特定的单位。因此，赋予侦查机关通知对象选择权不利于权利的保护，新法将家属作为唯一的通知选择对象，无疑强化了家属的知情权，减少了拘捕的秘密性③。

退步性表现在，取消了原立法中有关拘留的原因和羁押的处所的告知，引发了民众、学者普遍的担忧。虽然新法没有强调具体内容，然而从目的解释看，执行机关无疑仍然应当告知。对此，《程序规定》第一百二十三条便强调：拘留通知书应当写明拘留原因和羁押处所。根据笔者了解，实践中，公安机关基本上也是告知了的。这样，上述担忧终被消解，值得庆幸。

此外，《程序规定》第一百二十三条、第一百零九条，《诉讼规则（试行）》第一百三十三条就无法通知的情形进行了细化。相比较而言，公安部规定中多出了“不讲真实姓名、住址、身份不明”的情形，这可能是因为检察院自侦案件中不可能存在。在有碍侦查问题上，立法未予明确。《程序规定》第一百二十三条将其归纳为“可能毁灭、伪造证据，干扰证人作证或者串供；可能引起同案犯逃避、妨碍侦查；犯罪嫌疑人的家属与犯罪有牵连”等三种情况。而《诉讼规则（试行）》则中没有提及，按笔者理解，人民检察院在办理案件过程中完全可以参照适用④。

---

① 《程序规定》第一百二十二条第二款。

② Jacqueline Hodgson：*French Criminal Justice—A Comparative Account of the Investigation and Prosecution of Crime in France*，*Hart Publishing*，2005，P.191. 需要说明的是，该书已有中文译本，即[英]杰奎琳·霍奇森：《法国刑事司法——侦查与起诉的比较》，张小玲、汪海燕译，中国政法大学出版社2012年版，第266页。但由于笔者早已通读过原书，故而认为其翻译得不甚准确。

③ 左卫民：《秘密拘捕：基于实证的探讨》，载《法学》2011年第11期，第65页。需要说明的是，由于写作时间关系，对所涉规范名称进行了替换。

④ 虽然《诉讼规则（试行）》第一百一十条中，明确了适用指定居所监视居住时有碍侦查的情形，但与拘留不通知家属的情况明显不相符合。

第八十四条　公安机关对被拘留的人，应当在拘留后的二十四小时以内进行讯问。在发现不应当拘留的时候，必须立即释放，发给释放证明。

【主旨】本条规定了公安机关在拘留后的及时讯问义务。

【释评】本条要求公安机关应当在执行拘留后的二十四小时以内，对犯罪嫌疑人进行讯问，其目的在于确认拘留措施的必要性，及时展开调查。因为拘留针对的是现行犯或者重大嫌疑分子，带有相当的紧急性，如果时间过久，既不利于调查案情，也会侵害被拘留人的合法权益。但需要指出的是，本条仅仅规定了拘留后的第一次讯问开始的时间期限。结合本法其他规定看，有以下几个问题值得重视：

第一，由于法律强调了公安机关在对嫌疑人拘留后应当在二十四小时内进行讯问，而讯问在目前，乃至今后很长一段时间内，都是最为重要的侦查方式和取证手段。于是，我们就比较容易理解，为什么法律允许拘留后至迟不超过二十四小时应当送到看守所，这明显有对公安机关办案需要妥协的考虑在内。

第二，如前所言，本条并没有规定拘留后第一次讯问的地点和方式。这样一来，拘留后的第一次讯问基本就脱离了法律监管，律师界所担心的“连续讯问”“疲劳讯问”等问题很可能会在办案压力之下出现。

第八十五条　公安机关要求逮捕犯罪嫌疑人的时候，应当写出提请批准逮捕书，连同案卷材料、证据，一并移送同级人民检察院审查批准。必要的时候，人民检察院可以派人参加公安机关对于重大案件的讨论。

【主旨】本条规定了公安机关提请批准逮捕的程序。

【释评】依法条文义，公安机关认为自己的前期侦查已经达到了一定程度，犯罪嫌疑人需要逮捕时，应当写出提请批准逮捕书，连同案卷材料、证据，一并移送同级人民检察院审查批准。这里注意对“必要的时候，人民检察院可以派人参加公安机关对于重大案件的讨论”的理解。从我国刑事诉讼的基本结构看，公安司法机关分别在侦查、起诉和审判阶段起主导作用。而人民法院根本不介入侦查和起诉阶段（即没有司法审查措施），由于检察机关是法定监督机关，而侦查又是所有后继活动的基础，因此立法设计了一些监督制约措施。本法中，公安司法机关的关系被描述为“分工负责，互相配合，互相制约”，逮捕属于性质最为严厉的强制措施，公安机关只有申请权而无决定权，法律规定由检察机关对其申请进行审查，既符合诉讼规律，也与检察机关的地位契合。本法中的批捕程序体现了分工负责和相互制约的要求，而本条当然可以视作是“相互配合”的表现。但是，笔者认为，该规定与制度的目有些相悖。因为，检察院审查批捕是要控制逮捕的适用范围，并且保障犯罪嫌疑人的权利，如果检察院派人参加公安机关对重大案件的讨论，监督和制约又从何谈起呢？

第八十六条　人民检察院审查批准逮捕，可以讯问犯罪嫌疑人；有下列情形之一的，应当讯问犯罪嫌疑人：

（一）对是否符合逮捕条件有疑问的；

（二）犯罪嫌疑人要求向检察人员当面陈述的；

（三）侦查活动可能有重大违法行为的。

人民检察院审查批准逮捕，可以询问证人等诉讼参与人，听取辩护律师的意见；辩护律师提出要求的，应当听取辩护律师的意见。

【主旨】本条规定了人民检察院审查批捕时对案件的审查方式。

【释评】一般情况下，人民检察院审查批捕案件时，主要以阅卷方式进行，由于这种方式偏于形式化，为了降低羁押率，本次修法加大了审查力度。

(一)依法讯问犯罪嫌疑人

依本条规定，人民检察院可以根据案件情况自行决定是否讯问犯罪嫌疑人，询问证人等诉讼参与人，如有特殊情况，则应当讯问犯罪嫌疑人。检察机关应当讯问犯罪嫌疑人的事由，其信息可能源于阅卷所得，即检察人员在审查过程中，发现公安机关的活动有违法嫌疑，其请求不符合逮捕条件，此时检察人员应当讯问嫌疑人。那么，“犯罪嫌疑人要求向检察人员当面陈述的”应作何解释呢？笔者认为大致有两种情况：一是侦查人员将嫌疑人这一要求记录在卷宗中，检察人员阅卷时即已发现；二是通过嫌疑人委托或者被指定的辩护律师向检察人员转达。从目前的实践情况看，后者可能性更大[①]。因为，首先，目前许多犯罪嫌疑人都不懂法律，甚至是文盲，通常不可能知道按照本次修正的《刑事诉讼法》，犯罪嫌疑人在检察机关审查批捕时有权要求当面陈述；并且修正的《刑事诉讼法》和司法解释也没有规定侦查机关有向犯罪嫌疑人告知这一权利的义务，因而实践中，可能很少有犯罪嫌疑人提出这一要求。其次，退一步而言，即使犯罪嫌疑人知道自己享有这一权利，由于在我国实践中，拘留的适用率非常高，绝大多数案件都是先对犯罪嫌疑人实施拘留，然后再提请批准逮捕，这意味着，犯罪嫌疑人即便提出申请，通常也只能向侦查人员提出，由侦查人员转告检察机关。由于犯罪嫌疑人要求在检察人员审查批捕时当面陈述，都会陈述对自己有利、证明自己不应当被逮捕的事实和理由，甚至指控侦查人员对其采用了刑讯逼供等非法取证手段，这对侦查机关和侦查人员非常不利，那么侦查人员是否会如实将犯罪嫌疑人的要求告知审查批捕的人员？这是值得怀疑的。再次，虽然按照《诉讼规则（试行)》的规定，在审查批捕时，如果对被拘留的犯罪嫌疑人不予讯问，审查批捕的人员应当向犯罪嫌疑人送达听取意见书，由犯罪嫌疑人填写后及时收回审查并附卷。但同样如前所述，由于许多犯罪嫌疑人都不懂法律，甚至是文盲，其能否填写听取意见书？即使能填写的话，能充分说明自己不应当被逮捕的理由吗？并且，被拘留的犯罪嫌疑人处于侦查人员的严密监控之下，如果侦查人员实施了非法取证行为，犯罪嫌疑人真的能够如实填写吗？这些都是令人怀疑的[②]

(二)依法听取辩护律师意见

本法中，自侦查阶段起，犯罪嫌疑人就有权委托律师辩护，为了保证案件质量，检察机关也可主动听取辩护律师的意见，如果其提出要求，则应当听取意见。本条第二款分别规定了不同形式的听取意见，在前半句中，检察院享有主动权，即根据案件具体情况决定是否听取相关人员的意见。后半句中，则只有在辩护律师提出要求的情况下，才“应当”听取其意见。结合前面的理解，如果把是否听取辩护律师的意见，（主要）定位为检察院可以自由决定的事项的话，则第一款中“应当讯问犯罪嫌疑人”的规定，恐怕在实现上又要打折扣了。其中的道理很简单，公安机关办案提请批捕时，其材料已经过了相应处理，一些（明显）问题很难不被发现，虽然检察人员可能在法律素养上要比公安人员更高些，但要想通过阅卷就发现前期侦查活动的重要问题，比较困难。所以，要发现问题，还是应讯问犯罪嫌疑人，直接

① 辩护律师要“转达”这样的意思，就需要向检察机关提出意见，而这又是与第二款密切联系在一起的。

② 陈永生：《逮捕的中国问题与制度应对——以2012年刑事诉讼法对逮捕制度的修改为中心》，载《政法论坛》2013年第4期，第25页。

获取案件信息。同时，要实现全面审查，控制逮捕，凡是犯罪嫌疑人有辩护律师的，一律都应当主动听取其意见①。听取意见、讯问的过程、结果，都应当记入笔录备查。

（三）其他审查方式

人民检察院在审查批捕时，只能通过对有关人员进行讯问或者询问方式进行调查，不能进行其他方式的调查，比如勘验、检查、鉴定等。对此，《诉讼规则（试行）》第三百零四条第二款便强调：侦查监督部门办理审查逮捕案件，不另行侦查，不得直接提出采取取保候审措施的意见。

第八十七条　人民检察院审查批准逮捕犯罪嫌疑人由检察长决定。重大案件应当提交检察委员会讨论决定。

【主旨】本条规定了人民检察院内部审查批捕时的决定权限。

【释评】依法条文义，对犯罪嫌疑人是否应被批准逮捕，一般情况下，检察长有决定权，重大案件应当由检察长提交检察委员会讨论决定。至于哪些属于重大案件，由检察院根据案件情况确定。需要注意的是，本条所规定的只是检察院内部决定主体，至于对外，都是以检察院整体名义。易言之，不管是哪种情况，也不管是批准逮捕还是不批准逮捕，都体现为检察院的法律文书，需要加盖单位印章。

第八十八条　人民检察院对于公安机关提请批准逮捕的案件进行审查后，应当根据情况分别作出批准逮捕或者不批准逮捕的决定。对于批准逮捕的决定，公安机关应当立即执行，并且将执行情况及时通知人民检察院。对于不批准逮捕的，人民检察院应当说明理由，需要补充侦查的，应当同时通知公安机关。

【主旨】本条规定了人民检察院审查批捕的决定类型，以及相关处理方式。

【释评】由于人民检察院并不直接介入普通公诉案件的侦查阶段，根据公安机关的提请对犯罪嫌疑人是否需要逮捕进行审查后，只能作出批准或者不批准的决定，而不能作出其他决定。若是批准逮捕，公安机关的请求得到了肯定，公安机关当然会立即执行，将执行情况通知人民检察院更是顺理成章。若是不批准逮捕，在作出该决定的同时，检察院应当说明理由，如果认为需要补充侦查，应当同时通知公安机关。这里需要注意的是，说明理由和补充侦查的通知是蕴含在不批捕决定之中的，其本身不具有独立性。本条涉及了侦查制度中颇为重要的补充侦查问题。

我国刑事诉讼法学理论一般认为，所谓补充侦查是指“公安机关或者人民检察院在原有侦查工作的基础上，就案件的部分事实、情节继续进行侦查的诉讼活动”②，据此，学理上进一步认为，补充侦查，是在原侦查工作的基础上，为了弥补原侦查工作的不足或者在发现新情况后为进一步侦查而展开的。对于原有的侦查工作来说，这一活动具有补充性质。补充侦查并不是所有侦查的案件都必须经过的程序，它是在原有侦查工作没有完成侦查任务的情况下，就案件的部分事实、情节所进行的侦查活动。因此，补充侦查对查清案件的全部事实、情节，达到侦查目的和要求，保证办案质量，具有重要的意义③。在补充侦查的种类上，曾有不少学者认为，现行法中该阶段的补充侦查实际上已经被取消了，其依据是原1998年《六机

① 从这个角度说，本款规定的只有辩护律师提出要求，检察人员才听取意见显然不利于案件的审查。本条可能忽视了检察人员与律师之间完全能够沟通配合的一面。

② 表述可能有所不同，但无本质区别。可参见陈光中：《刑事诉讼法》（第五版），北京大学出版社、高等教育出版社 2013年版，第310页；程荣斌、王新清：《刑事诉讼法》（第五版），中国人民大学出版社2013年版，第282页。

③ 陈光中：《刑事诉讼法》（第五版），北京大学出版社、高等教育出版社2013年版，第310页。

关规定》中的第二十七条："人民检察院审查公安机关提请批准逮捕的案件，应当作出批准或者不批准逮捕的决定，对报请批准逮捕的案件不另行侦查。"[1]有学者则从理论上进一步阐明了其依据：因为公安机关提请批捕的案件，正处于侦查阶段。不论人民检察院是否批准逮捕，公安机关都仍然在侦查，既然侦查没有结束，谈何补充侦查[2]？另外，逮捕是一种强制措施，审查批准逮捕是对于犯罪嫌疑人是否符合采取逮捕条件审查，从而作出逮捕或不逮捕决定。是否批准逮捕对于案件是否继续侦查不起决定作用，批准逮捕不等于案件侦查终结，不批准逮捕也不能说明案件不能继续侦查了[3]。因为"在审查逮捕时，认定案件事实的证据往往不充分、不确定，有待采取强制措施后在继续侦查过程中，获取新的证据，完善证明犯罪事实的证据链。由此可以看出，逮捕只是作为刑事诉讼中一个阶段对证据所作出的判断，具有有限性，不可能预见捕后证据的变化情况"[4]。笔者认为，上述观点确有道理，但由于立法明确使用了"补充侦查"这一术语，在缺乏有权解释的情况下，断言该阶段的补充侦查已被取消依据不足，即使就上述学者所举之规定看，也根本不能证明审查批捕阶段的补充侦查就已经取消。其理由在于：

第一，从法理上看，六机关的规定无权对《刑事诉讼法》进行修改，《刑事诉讼法》的修改只能由最高权力机关进行。可能是意识到了这个问题，在2012年底颁行的新《六机关规定》中，该规定已经被取消了，至此，在规范层面，上述论争已无意义。

第二，《诉讼规则（试行）》已明确说明检察院侦查监督部门审查逮捕时不得侦查，但没有，也无权规定公安机关不得补充侦查。因此，综合考虑相关规定，审查批捕阶段的"补充侦查"应该理解为：人民检察院对于公安机关提请批准逮捕的案件进行审查后，对于符合逮捕条件的，应当做出批准逮捕的决定；对于不符合批准条件的，人民检察院自身不能进行"补充侦查"，而是应当说明不批准逮捕的理由，需要补充侦查的，应当同时通知公安机关进行。

第八十九条　公安机关对被拘留的人，认为需要逮捕的，应当在拘留后的三日以内，提请人民检察院审查批准。在特殊情况下，提请审查批准的时间可以延长一日至四日。

对于流窜作案、多次作案、结伙作案的重大嫌疑分子，提请审查批准的时间可以延长至三十日。

人民检察院应当自接到公安机关提请批准逮捕书后的七日以内，作出批准逮捕或者不批准逮捕的决定。人民检察院不批准逮捕的，公安机关应当在接到通知后立即释放，并且将执行情况及时通知人民检察院。对于需要继续侦查，并且符合取保候审、监视居住条件的，依法取保候审或者监视居住。

【主旨】本条规定了公安机关提请逮捕和人民检察院审查逮捕的时间。

【释评】逮捕作为强制措施体系中最为严厉的一种，立法对其时间和处理方式都进行了严格规制。

---

① 陈光中：《刑事诉讼法》（第三版），北京大学出版社、高等教育出版社2009年版，第298页，陈卫东：《刑事诉讼法》（第二版），中国人民大学出版社2008年版，第267页。有的虽未明确提出审查批捕阶段的补充侦查已被取消，但在论述补充侦查的种类时却仅提及其他两个，其观点与上述学者如出一辙。参见宋英辉、甄贞：《刑事诉讼法学》（第四版），中国人民大学出版社2013年版，第275-276页。

② 王新清、甄贞、李蓉：《刑事诉讼程序研究》，中国人民大学出版社2009年版，第158页。

③ 刘孟田：《补充侦查制度研究》，山东大学2008年度硕士学位论文，第9页。

④ 张向荣：《审查逮捕若干问题研究》，郑州大学2006年年度硕士学位论文，第10页。

（一）公安机关拘留后提请逮捕的期限

依第一款规定，该期限一般情况下为三日以内，特殊情况下的延长拘留时间为七日以内。注意，这是犯罪嫌疑人被拘留后，案件仍然在公安机关处的时间，而不包括提请检察机关审查批捕的时间。第二款规定了最长时间的拘留，即三十天。《程序规定》明确了流窜作案、多次作案、结伙作案的标准[①]。

（二）人民检察院审查批捕的时间

第三款规定了人民检察院审查批捕的时间期限，因为这七天之内，犯罪嫌疑人仍然处于被羁押状态，所以相关拘留时间都需要加上这七天，如此一来，我国的拘留时间就显得较长了。司法实践中的案件往往忽视时限的严格限定，把例外当作原则，一般表现为绝大部分案件用满了三十日的拘留期限，加上检察机关批捕部门的审查时间，出现了千篇一律的“三十七日现象”[②]。

笔者认为，本条所规定的时间都使用了“之内”的表述，这就意味着，并不是必须把时间用足。依比例原则，从提高办案效力，以及保障人权要求出发，应当在保证案件质量的前提下，尽可能缩短时间，提前作出结论。

（三）公安机关在不批捕时的配合义务

如果人民检察院不批准逮捕，则公安机关原则上应当将犯罪嫌疑人予以释放，只有在对于需要继续侦查，并且符合取保候审、监视居住条件的情况下，才可以依法取保候审或者监视居住。

第九十条　公安机关对人民检察院不批准逮捕的决定，认为有错误的时候，可以要求复议，但是必须将被拘留的人立即释放。如果意见不被接受，可以向上一级人民检察院提请复核。上级人民检察院应当立即复核，作出是否变更的决定，通知下级人民检察院和公安机关执行。

【主旨】本条规定了公安机关认为检察院不批准逮捕决定有错误时的救济途径。

【释评】从程序构造上看，公安机关在申请批准逮捕问题上有点类似于原告（但实质上有很大区别，下面还有涉及），在裁判者作出了否定其诉求的决定时，有权寻求救济。对此，本条设计了两种方式：第一步，应当先向作出决定机关要求复议；第二步，如果意见不被接受，可以向上一级人民检察院提请复核。上级人民检察院应当立即复核，作出是否变更的决定，通知下级人民检察院和公安机关执行。从文义看，上级人民检察院的复核决定具有终局性，一旦作出，下级检察院和公安机关都应当执行。“出是否变更的决定”意味着，复核时，该上级检察院只能作是否维持下级检察院不批捕的决定，而不是直接针对下级检察院不批捕的决定作出决定。

如上，公安机关因类似于原告而享有诸多权利，然而，被拘留人的程序主体地位却无从体现。通观本条规定可以发现，本条对公安机关不服人民检察院不批捕决定的救济途径可谓“煞费苦心”。抛开立法过程中公安机关的强势地位不谈，如果人民检察院批准逮捕，情况则大相径庭。因为被逮捕人根本没有任何救济途径，本条规定虽然在主观上是为了协调公检两家的关系，在客观上却会使被追诉人处于更为被动的境地[③]。此外，从体系解释看，本条再次

---

① “流窜作案”，是指跨市、县管辖范围连续作案，或者在居住地作案后逃跑到外市、县继续作案；“多次作案”，是指三次以上作案；“结伙作案”，是指二人以上共同作案。见第一百二十五条第三款。

② 张智辉：《强制措施立法完善研究》，中国检察出版社2010年版，第286页。

③ 锁正杰：《刑事程序的法哲学原理》，中国人民公安大学出版社2002年版，第86页。

强调的“……必须将被拘留的人立即释放”与上一条存在矛盾，尤其是本条中，公安机关认为人民检察院的不批捕决定错误时，当然是有必要继续侦查的，加之本法所规定的取保候审和监视居住的“口袋性”[①]，因此可以说，在检察院不批捕时，“立即释放”被拘留人的要求很容易被架空。

第九十一条　公安机关逮捕人的时候，必须出示逮捕证。

逮捕后，应当立即将被逮捕人送看守所羁押。除无法通知的以外，应当在逮捕后二十四小时以内，通知被逮捕人的家属。

【主旨】本条规定了公安机关执行逮捕的程序。

【释评】鉴于逮捕在强制措施中的重要地位，本条对公安机关执行逮捕的程序也进行了详细规定。

（一）有证逮捕

第一款强调了执行逮捕必须要有逮捕证，即禁止无证逮捕。从司法实践看，由于拘留率居高不下，逮捕有证化在实现上并无障碍，只是这样的意义要弱许多。因为在实践中，犯罪嫌疑人早已被拘留，公安机关办案人员赶到看守场所后，对其宣布逮捕决定。对该嫌疑人来说，逮捕与拘留在效果上的区别仅在于，更长时间的“关押”以及定罪可能性增大而已。

（二）逮捕后的通知义务

第二款规定了公安机关除无法通知的以外，应当在逮捕后二十四小时以内，通知被逮捕人的家属。对比1996年的规定可以发现，本条有进步。在旧法中，不通知的情况包括有碍侦查与无法通知两种，本条则删去了有碍侦查的情形，说明只要执行逮捕，不管是否有碍侦查，均应通知，这明显是一种进步。本款中关键问题在于“无法通知”的界定，按照公安机关人士的解释，“无法通知”是指嫌疑人根本没有家属，或者即使有家属，因其居所不定，以及不交代真实姓名、地址和亲属联系方式的，导致无法通知[②]。对此，《程序规定》第一百零九条和一百四十一条明确加以了肯定。不过，需要注意的是，无法通知的保留，有可能极大消解去除有碍侦查的积极意义，因为究竟是不是无法通知（甚至通不通知），完全是由公安机关自行掌握的，在现代社会资讯如此发达的情况下，无法通知的情形必定是非常少见的，如果公安机关能够通知而不通知，进而宣称无法通知，家属实际上难有有效的救济途径。

另外，本款在通知内容上将逮捕的原因与羁押的处所去掉。公安部门的同志提出，这种改动使得立法更加“科学化”[③]，这种理解恐怕与普通大众有不少出入。虽然有学者通过实证研究表明，在以往和目前的实践中，侦查机关（主要是公安机关）根本没有以此为由拒绝通知，1996年的类似规定基本上属于“睡美人条款”[④]。但笔者认为，以往及目前实践中的情况，并不能证明秘密拘捕在以后不会普遍化，因为在新法中，除了无法通知外，都应当通知家属，在通知范围扩大的情况下，公安机关存在案件情况泄漏的担心比较容易理解，立法中取消逮捕原因与羁押处所的动因恐怕主要就是这个，而民众担心秘密拘捕泛滥当然是有道理的。不

---

① 从本法相关规定看，且不说在刑罚幅度上的“不着边际”（除死刑和无期徒刑外），单就社会危险性的判断而言，公安机关实际上享有几乎不受限制的裁量权。

② 孙茂利：《新刑事诉讼法释义与公安实务指南》，中国人民公安大学出版社2012年版，第201页。这种解释与立法机关人士的理解基本一致。参见胡康生、李福成：《中华人民共和国刑事诉讼法释义》，法律出版社1996年版，第84页。全国人大常委会法制工作委员会刑法室：《〈中华人民共和国刑事诉讼法〉条文说明、立法理由即相关规定》北京大学出版社2008年版，第71页。

③ 孙茂利：《新刑事诉讼法释义与公安实务指南》，中国人民公安大学出版社2012年版，第202页。

④ 左卫民：《秘密拘捕：基于实证的探讨》，载《法学》2011年第11期，第65页。

过，好在《程序规定》第一百四十一条明确规定，逮捕通知书应当写明逮捕原因和羁押处所，从而在一定程度上消除了这一担忧。

第九十二条　人民法院、人民检察院对于各自决定逮捕的人，公安机关对于经人民检察院批准逮捕的人，都必须在逮捕后的二十四小时以内进行讯问。在发现不应当逮捕的时候，必须立即释放，发给释放证明。

【主旨】本条规定了公安司法机关在逮捕后对被逮捕人的讯问义务。

【释评】在逮捕后的二十四小时以内进行讯问，并作出相应处理，意在强调应当及时讯问，因为逮捕是最为严厉的强制措施，如果运用不当，可能会产生较为严重的后果。

第九十三条　犯罪嫌疑人、被告人被逮捕后，人民检察院仍应当对羁押的必要性进行审查。对不需要继续羁押的，应当建议予以释放或者变更强制措施。有关机关应当在十日以内将处理情况通知人民检察院。

【主旨】本条规定了人民检察院对羁押必要性的继续审查义务。

【释评】本条系新增规定。由于检察机关被定位为法律监督机关，它进行羁押必要性的继续审查具有正当性。从我国刑事诉讼程序的整体结构，以及法条文义上分析，本条实际上规定了不同类型的逮捕后继续审查。

（一）继续审查的范围

第一种是最为常见的形态，即侦查阶段公安机关提请逮捕的案件，检察院批准逮捕后，仍然应当继续审查对犯罪嫌疑人的羁押必要性，作出相应处理。

第二种则相对少见，具体包括两种情况，即公诉案件中侦查、起诉阶段犯罪嫌疑人都未被逮捕，直至审判阶段，才被人民法院决定逮捕，以及自诉案件中法院直接决定逮捕被告人。此时，根据本条，人民检察院实际上也有权审查，也有权“建议予以释放或者变更强制措施”，从这个角度说，“有关机关”当然也包括了人民法院，不过，这种理解的法理依据并不充足。

因为不管是哪种类型的案件，人民检察院的介入都存在难以克服的困难。对公诉案件而言，若人民法院决定逮捕被告人，人民检察院本身是作为公诉人参加诉讼的，虽然检察院具有法定监督人身份，但根据本条，如要审查法院的决定，明显又与审判阶段法院的主导地位、中心地位相违背。况且，之前犯罪嫌疑人未被逮捕肯定有其特殊情况，人民法院在审判阶段决定逮捕，实际上在一定程度上否定了公检两家的工作，这一审查条款势必造成检法两家的冲突。对自诉案件而言，除了公诉转自诉外，从程序的启动到终结，人民检察院完全被“蒙在鼓里”，其要进行所谓审查，大致有两个途径：一是人民法院主动提供材料，以供审查；二是被告人及其辩护人，或者其近亲属，自诉人及其代理人因不满逮捕措施而向检察院反映情况，要求审查。从目前的实践情况看，法院主动请求审查，基本不现实。而自诉人及其代理人要求审查，也与案件中其与被告人立场完全对立相矛盾，因为如果自诉人不希望对被告人采取强制措施，又为何要提起自诉追究其刑事责任呢？所以，本条规定若要实现，基本上只有被告人被逮捕后，其辩护人或者近亲属向检察院反映情况，认为根本不应适用逮捕措施。

第三种情况是，人民检察院在审查起诉阶段，对被逮捕的犯罪嫌疑人也应当对其羁押必要性进行审查。然而，根据《诉讼规则（试行）》第六百一十七条之规定：“侦查阶段的羁押必要性审查由侦查监督部门负责；审判阶段的羁押必要性审查由公诉部门负责。”这意味着，在审查起诉阶段，检察机关是不对逮捕后继续羁押的必要性进行审查的，因为检察机关没有任何机构承担这一职责。这显然非常不合理，因为在审查起诉阶段，同样可能出现某种事由，导致没有必要继续羁押犯罪嫌疑人①。

第四种情况是人民检察院自侦案件中，检察院对犯罪嫌疑人、被告人自行决定逮捕。这虽很常见，但比较费解。因为从本条后半段的有关告知义务看，似乎是将检察院排除在外了，然而根据本法其他规定，检察机关有权直接受理案件，并进行侦查，在侦查、起诉过程中当然有权根据案件需要而决定对犯罪嫌疑人采取逮捕措施，从体系解释上讲，这种情况是当然存在的。

（二）审查程序、方式

本条中，羁押必要性的继续审查属于人民检察院的一项义务，即其应当主动进行审查，当然，这并不排除有关人员可以申请进行审查。根据《诉讼规则（试行）》第六百一十六条第二款的规定，人民检察院发现或者根据犯罪嫌疑人、被告人及其法定代理人、近亲属或者辩护人的申请，经审查认为不需要继续羁押的，应当建议有关机关予以释放或者变更强制措施。该规定实现难度较大。因为，要求办案人员主动发现情况，在诉讼角色定位、诉讼效率等方面存在不小冲突，并且主要通过阅卷方式，也难以发现问题；同时，明显偏低的辩护率又导致大部分被追诉人没有辩护人为其提供法律帮助，而其近亲属要找检察机关办案人员反映情况，又存在是否具备相应法律知识、能否联系到相关人员等客观障碍。对此，实务中的检察官表示，2012 年《刑事诉讼法》生效实施至今，其所在的地区还未有过一起启动羁押必要性审查的案件。造成这种局面的原因，该检察官认为有三：一是立法赋予检察机关的羁押必要性审查缺乏制度刚性，导致检察机关对实施该项制度缺乏职权自信；二是检察机关的相关考核制度未及时跟进，基层检察机关对该项制度的实施缺乏积极性；三是羁押必要性审查是一种新制度，对于检察机关而言是一项全新的检察职责，实践操作上还待进一步摸索、提炼和总结②。

对逮捕后继续羁押必要性审查的方式，本法没有作出规定。根据《诉讼规则（试行）》第六百二十条的规定，检察机关在审查时，除应当查阅有关案卷材料，审查有关人员提供的证明材料外，还应当采取以下措施：对犯罪嫌疑人、被告人进行羁押必要性评估；向侦查机关了解侦查取证的进展情况；听取有关办案机关、办案人员的意见；听取犯罪嫌疑人、被告人及其法定代理人、近亲属、辩护人，被害人及其诉讼代理人或者其他有关人员的意见；调查核实犯罪嫌疑人、被告人的身体健康状况；等等。

（三）处理结果

依法条文义，对“不需要继续羁押的，应当建议予以释放或者变更强制措施”。这种“建议”是一种法律监督权的设置，而非强制性要求。具体而言，一方面这是一种有法律效力的建议，即此“建议”必然引发“有关机关”对羁押的必要性进行全面审查并应当在法定期限内就处理情况回复人民检察院；另一方面法律监督权不能代行决定权，是否解除、变更羁押措施，仍然由“有关机关”根据“建议”所提供的情况和要求，结合正在办理的案件的事实和证据及其他有关情况，就是否存在继续羁押的必要性进行全面审查，作出对犯罪嫌疑人、被告人是否释放或变更强制措施的决定，在十日内将处理情况通知人民检察院③。显然，本条规定的审查后处理方式带有明显“软化”倾向，因为，该规定的后果仅是强调“通知”而已，

---

① 陈永生：《逮捕的中国问题与制度应对——以 2012 年刑事诉讼法对逮捕制度的修改为中心》，载《政法论坛》2013 年第 4 期，第 27 页。

② 陆漫、宁积宇：《羁押必要性审查制度若干问题探讨》，http://article.chinalawinfo.com/Article_Detail.asp?ArticleId=80718。原文载《人民司法（应用）》2013 年第 17 期。

③ 卢乐云：《论“逮捕后对羁押的必要性继续审查”之适用》，载《中国刑事法杂志》2012 年第 6 期，第 57 页。

并无法律上的强制效力，可以预见的是，如果有关机关拒绝改正，通知可能失去意义。

第九十四条　人民法院、人民检察院和公安机关如果发现对犯罪嫌疑人、被告人采取强制措施不当的，应当及时撤销或者变更。公安机关释放被逮捕的人或者变更逮捕措施的，应当通知原批准的人民检察院。

【主旨】本条规定了公安司法机关在办案过程中及时解除或变更强制措施的义务。

【释评】由于强制措施对犯罪嫌疑人、被告人的人身自由多有限制，公安司法机关在案件办理过程中，如果发现采取措施不当，应当时撤销或者变更。本条特别规定了公安机关有权直接释放被逮捕的人或者变更逮捕措施，仅需 “通知” 原批准的人民检察院。该规定一方面具有合理性，因为释放或者变更为其他措施，意味着对被逮捕者的强制程度大为减弱，毋需繁琐手续直接实施，在人权保障上值得赞赏。不过，从检察监督角度看，法律没有规定“通知”的期限，导致公安机关拖延“通知”的情况严重，使该条的法律效力大打折扣。此外，对于通知后检察机关应当如何作为，立法也未进一步规定，比如不同意变更强制措施，能否直接撤销变更的措施[①]。这些问题都需要我们认真对待，并逐步加以解决。

第九十五条　犯罪嫌疑人、被告人及其法定代理人、近亲属或者辩护人有权申请变更强制措施。人民法院、人民检察院和公安机关收到申请后，应当在三日以内作出决定；不同意变更强制措施的，应当告知申请人，并说明不同意的理由。

【主旨】本条规定了犯罪嫌疑人、被告人及其法定代理人、近亲属或者辩护人的变更强制措施申请权。

【释评】“变更”在语义上指变化和更替，也即更换为其他强制措施，结合申请目的和强制措施的体系看，只能是申请更换为较轻的措施，由于拘留带有明显的“过渡性”（仅适用于紧急情况），因此，如果犯罪嫌疑人、被告人已被逮捕，不可能更换为拘留，只能变为取保候审或监视居住。同理，如果是被拘留，则也只可能变为取保候审或监视居住。此外，如果被监视居住的，只能申请变为取保候审[②]。为了保证相关人员申请权的实现，本条规定了公安司法机关应当在较短时间内（三日内）作出决定，如果同意，则及时变更为其他措施，如果不同意，则应当告知申请人，并说明不同意的理由。

第九十六条　犯罪嫌疑人、被告人被羁押的案件，不能在本法规定的侦查羁押、审查起诉、一审、二审期限内办结的，对犯罪嫌疑人、被告人应当予以释放；需要继续查证、审理的，对犯罪嫌疑人、被告人可以取保候审或者监视居住。

【主旨】本条规定了办案机关在法定期限内不能结案时应当释放或者变更强制措施。

【释评】依法条文义，本条适用的前提是犯罪嫌疑人、被告人被逮捕，因为在本法中，逮捕与羁押是合而为一的，逮捕即是羁押。由于法律分别规定了逮捕后的侦查羁押期限、审查起诉的期限、法院审理案件的期限，如果在这些时间阶段内，无法得出确定结论[③]，则一般应当将其释放，期限虽然届满，但案件仍需办理，如果释放犯罪嫌疑人、被告人会带来执行不能的风险，就可以考虑对其变更为取保候审或监视居住。这里值得注意的是，本条使用了“可以”，从惯常理解看，似乎也可以理解“可以不”，不过，本条要求变羁押为取保候审或监视居住，明显是为了降低羁押率，从这个角度说，“可以”理解为“应当”才合理，如若不然，

① 宴向华：《检察职能研究》，中国人民公安大学出版社 2007 年版，第 6 页。
② 宋英辉：《中华人民共和国刑事诉讼法精解》，中国政法大学出版社 2012 年版，第 131 页。
③ 特别注意，对侦查机关不存在办案期限一说，法律规定的是对犯罪嫌疑人的羁押期限，而不是办案期限。事实上，因为刑事案件的复杂性，法律根本不可能规定这种期限。

继续羁押下去，会产生诸多问题。另外，由于法律明确规定了取保候审和监视居住的最长时间，如果犯罪嫌疑人自侦查阶段起就被采取取保候审或监视居住措施，后继阶段尽管无法按期结案，只要期限届满，也应当释放，如果将其又变更为其他性质更为严厉的措施，比如由取保候审变为监视居住或者逮捕，虽然没有违反法律禁止性规定，但明显违背了比例原则，并且会侵害犯罪嫌疑人、被告人的合法权益。

第九十七条　人民法院、人民检察院或者公安机关对被采取强制措施法定期限届满的犯罪嫌疑人、被告人，应当予以释放、解除取保候审、监视居住或者依法变更强制措施。犯罪嫌疑人、被告人及其法定代理人、近亲属或者辩护人对于人民法院、人民检察院或者公安机关采取强制措施法定期限届满的，有权要求解除强制措施。

【主旨】本条规定了强制措施法定期限届满时的解除或者变更。

【释评】在强制措施法定期限届满时，公安司法机关应当在各自权限内直接（依职权）释放犯罪嫌疑人、被告人，或者解除取保候审、监视居住，或者依法变更强制措施。同时，犯罪嫌疑人、被告人及其法定代理人、近亲属或者辩护人也有权要求相关机关解除强制措施。二者并行不悖，相互促进。

第九十八条　人民检察院在审查批准逮捕工作中，如果发现公安机关的侦查活动有违法情况，应当通知公安机关予以纠正，公安机关应当将纠正情况通知人民检察院。

【主旨】本条规定了检察院在审查批准逮捕工作中对公安机关侦查活动的监督权。

【释评】理解本条，关键在于“两个通知”。

第一个“通知”，是指人民检察院在审查批捕中发现了侦查活动有违法情况，而要求公安机关改正。如果注意到侦查活动的主要内容就是锁定犯罪嫌疑人、查获证据，这里的违法，基本上就可以限定为取证活动（程序）违法，以及对嫌疑人采取措施不当两个类型。比如对犯罪嫌疑人进行刑讯逼供，侦查人员应当回避的没有回避，不在看守所羁押被拘留、逮捕的犯罪嫌疑人，超期羁押，剥夺犯罪嫌疑人的诉讼权利等情况[①]。此时，检察院应当根据违法的实际情况，以“通知”[②]形式，要求公安机关予以改正。

后一个“通知”，实际上就是普通的“告知”之意，虽然公安部门人士强调：实务中，公安机关对人民检察院发出的纠正通知必须接受，全面核查有关情况并认真整改[③]。但目前，人民检察院有监督权之名，在具体落实上却失之偏弱。从根源上讲，是因为人民检察院无权直接命令公安机关改正，更不能直接替代其作出决定，所以在发现侦查活动有违法情况时，只能用“通知”来提醒公安机关要依法办案。而法律只是要求公安机关应当将纠正情况通知检察院，即对检察机关的通知一定要有回应（通知），不能置之不理；但很明显，法律并未明确公安机关就应当“纠正”。当然，《程序规定》对此强调：人民检察院在审查批准逮捕工作中发现公安机关的侦查活动存在违法情况，通知公安机关予以纠正的，公安机关应当调查核实，对于发现的违法情况应当及时纠正，并将纠正情况书面通知人民检察院[④]。该规定值得肯定，但其具体效果还有待实践检验。

---

①③ 孙茂利：《新刑事诉讼法释义与公安实务指南》，中国人民公安大学出版社 2012 年版，第 214 页。

② 当然，法条虽然使用了“通知”一语，但在实现时究竟表现为何种具体法律文书，还有待于进一步明确，笔者认为，通知是作用的表征，并不意味着就一定要给公安机关发“通知”，其他形式的文书实际上也是可以有“异曲同工”之妙，比如常见的“司法建议”，恐怕更容易让人接受。

④《程序规定》第一百四十三条。

第七章 附带民事诉讼

附带民事诉讼，是刑事诉讼附带民事诉讼的简称。一般认为是指司法机关进行刑事诉讼过程中，在依法追究被告人刑事责任的同时，附带解决由被告人的犯罪行为而造成的物质损害的赔偿问题而进行的诉讼活动。[①]附带民事诉讼制度的建立和完善，在全面、正确地处理案件，保护国家、集体财产和公民个人的合法经济利益，贯彻诉讼经济原则，简化诉讼程序，提高工作效率等方面都具有重要意义。但是，从立法的科学性、合理性角度看，本章有关规定较为概括，无法处理实践中各种复杂情况。当前，附带民事诉讼存在着赔偿标准不宜、判赔数额虚空、空判现象普遍、缠讼闹访突出等问题，严重影响社会矛盾化解，影响宽严相济政策的贯彻，也极大地损害了法律权威和司法的统一[②]。本次修法虽对原有规定进行了一些修改，由于刑事诉讼程序是一个有机整体，局部制度调整，难以从根本上解决问题。比如被害人补偿制度至今没能入法，这也在相当程度上影响了附带诉讼的制度构建。

第九十九条　被害人由于被告人的犯罪行为而遭受物质损失的，在刑事诉讼过程中，有权提起附带民事诉讼。被害人死亡或者丧失行为能力的，被害人的法定代理人、近亲属有权提起附带民事诉讼。

如果是国家财产、集体财产遭受损失的，人民检察院在提起公诉的时候，可以提起附带民事诉讼。

【主旨】本条规定了刑事附带民事诉讼的提起主体与条件。

【释评】刑事附带民事诉讼作为一种特殊的诉讼类型，包括了以下基本构成要素：

（一）附带民事诉讼的原告人

有权提起附带民事诉讼的当然主体，是遭受犯罪行为侵害的被害人，从法条文义看，应理解为直接被害人。如果被害人死亡或者丧失行为能力的，被害人的法定代理人、近亲属有权提起附带民事诉讼。这里需要注意，由于附带民事诉讼本质上仍系一种民事诉讼，如果被害人没有死亡，则其法定代理人只能代为提起诉讼，即应当以被害人名义提起诉讼，而不是直接以自己名义起诉。而法定代理人提起诉讼的情形，与具有行为能力的被害人本人提起诉讼的意义是相同的。在这种情形下，近亲属无权提起附带民事诉讼[③]。另外，根据本条第二款和《解释》之规定，国家财产、集体财产遭受损失，受损失的单位未提起附带民事诉讼，人民检察院在提起公诉时提起附带民事诉讼的，人民法院应当受理。人民检察院提起附带民事诉讼的，应当列为附带民事诉讼原告人[④]。

① 卞建林：《刑事诉讼法学》（第二版），中国政法大学出版社 2012 年版，第 346 页。
② ③ 张军：《新刑事诉讼法法官培训教材》，法律出版社 2012 年版，第 232 页，第 237 页。
④《解释》第一百四十二条。

（二）附带民事诉讼的标的

依法条文义，附带民事诉讼的标的，只能是因被告人的犯罪行为造成的物质损失。在最高人民法院的司法解释中，当然排除因犯罪行为造成的精神损害赔偿问题，并且，刑事部分审理终结后，单独提起民事诉讼也不行[①]。同时，被告人非法占有、处置被害人财产的，应当依法予以追缴或者责令退赔。被害人提起附带民事诉讼的，人民法院不予受理[②]。显然，最高人民法院对"物质损失"进行了缩限解释，把物质与精神对立起来，将损失限定为物的物理损毁灭失，上述规定虽有文义基础，却极不利于被害人权益的保护，有悖于附带民事诉讼制度的效率优先性，削弱了其存在的价值基础和逻辑基础[③]。且不说学理上几乎一致认为应当予以赔偿的精神损害问题，单就被害人财产被被告人非法占有、处置的情况来说，审判前程序中固然可能会追缴或责令退赔，然而问题在于，如果无法追缴或者被告人不愿赔偿，被害人还有什么办法获得救济[④]？由于附带民事诉讼已无可能，《解释》并未禁止其通过普通民事诉讼寻求救济，相反，在《最高人民法院关于刑事附带民事诉讼范围问题的规定》第五条中还规定，经过追缴或者退赔仍不能弥补损失，被害人向人民法院民事审判庭另行提起民事诉讼的，人民法院可以受理。但是，在普通民事诉讼需要收取诉讼费用，以及刑事被告人可能已被判处刑罚的客观情况下，另行提起的民事诉讼，究竟能够取得多大效果值得怀疑。

另外，这里的"犯罪行为"主要应从程序上或形式上理解，即应指"被告人在刑事诉讼中被指控的犯罪行为，而不是人民法院以生效判决形式确定的实体犯罪行为。只要犯罪嫌疑人、被告人依法被公安司法机关刑事追究，开始刑事诉讼，引起涉嫌的犯罪行为遭受损失的被害人及其他权利人，就可以依法提起附带民事诉讼"[⑤]。

（三）附带民事诉讼的被告人

本法没有明确附带民事诉讼被告人的范围。一般说来，刑事被告人是附带民事诉讼被告人的最主要承担主体，除此之外，其他人员也可能成为附带民事诉讼的被告人。根据《解释》第一百四十三条之规定，未被追究刑事责任的其他共同侵害人、刑事被告人的监护人；死刑罪犯的遗产继承人；共同犯罪案件中，案件审结前死亡的被告人的遗产继承人；对被害人的物质损失依法应当承担赔偿责任的其他单位和个人等属于附带民事诉讼被告人的范围。

（四）提起附带民事诉讼的时间

对此，法律虽然规定为"在刑事诉讼过程中"，但这是指被害人、法定代理人、近亲属有权提出请求的时间[⑥]，而非在法律上得到认可时间。根据法条文义，以及附带民事诉讼的性质，案件到了法院审理阶段，才可能对附带民事诉讼附进行处理，本条中"被告人"一语显然与此相对应。在具体时间阶段上，相关解释亦有明确规定，此处从略。

第一百条　人民法院在必要的时候，可以采取保全措施，查封、扣押或者冻结被告人的财产。附带民事诉讼原告人或者人民检察院可以申请人民法院采取保全措施。人民法院采取

---

① 《解释》第一百三十八条第二款规定：因受到犯罪侵犯，提起附带民事诉讼或者单独提起民事诉讼要求赔偿精神损失的，人民法院不予受理。

② 《解释》第一百三十九条。

③ 有关附带民事诉讼制度效率优先性的分析，参见陈卫东：《刑事诉讼制度论》，中国法制出版社 2011 年版，第 202 页。

④ 根据最高人民法院的上述规定，这实际上就意味着，实践中常见的盗窃、抢劫、诈骗等案件中被害人均无法向被告人提出附带民事诉讼，一旦无法追缴或者被告人不愿退赔，被害人往往只能"自认倒霉"。

⑤ 邵世星、刘选：《刑事附带民事诉讼疑难问题研究》，中国检察出版社 2002 年版，第 27-28 页。

⑥ 实际上也是有时间限制的，并不是任何时候都可以。

保全措施，适用民事诉讼法的有关规定。

【主旨】本条规定了人民法院审理附带民事诉讼案件时的保全措施。

【释评】前已提及，附带民事诉讼本质上就是一种民事诉讼案件，根据我国现行《民事诉讼法》（2012）的规定，民事诉讼程序中的保全措施本来就有人民法院依职权采取，以及当事人申请采取两种方式。本次修法使附带诉讼回归本源，值得肯定。《解释》第一百五十二条对保全措施的具体适用进行了相应规定。

第一百零一条　人民法院审理附带民事诉讼案件，可以进行调解，或者根据物质损失情况作出判决、裁定。

【主旨】本条规定了人民法院审理附带民事诉讼案件时的特殊方式。

【释评】附带民事诉讼具有作为一种特殊的诉讼类型，人民法院在审理时，当然需要有特殊方式。

（一）调　解

目前学界公认，附带民事诉讼本质上应为一种民事诉讼，既然如此，人民法院当然可以对附带民事诉讼案件进行调解。调解的过程，是被害人等与犯罪嫌疑人、被告人就损害赔偿进行自主协商的过程，它避免了纯粹判决结案导致的双方矛盾对立，也能够避免审理活动久拖不决，有利于提高诉讼效率。同时，当事人双方的协商让步也为赔偿内容的实际执行扫清了障碍，免去了被害人等空有赔偿判决，而得不到实际赔偿金的无奈和担心，有利于被害人等权益的保护[①]。但是应当注意，调解的对象仅限于民事诉讼部分，而刑事诉讼部分，除本法第二百零四条规定的前两类自诉案件外，是绝对不能进行调解的。

（二）根据物质损失情况作出判决、裁定

对此处理方式，必须根据附带民事诉讼案件的特殊性进行考虑。这里的“物质损失”显然应当根据本法第九十九条进行确定，即不包括精神损害。在具体范围上，包括了赔偿医疗费、护理费、交通费等为治疗和康复支付的合理费用，以及因误工减少的收入。造成被害人残疾的，还应当赔偿残疾生活辅助具费等费用；造成被害人死亡的，还应当赔偿丧葬费等费用[②]。另外，根据物质损失情况作出判决、裁定，并不意味着人民法院可以只考虑物质损失情况就“直接”下判，而不顾当事人的诉讼请求与抗辩理由。根据民事诉讼“辩论主义”与“处分主义”的基本法理，法院当然不得超越原告人的请求范围进行裁判，同时，被告人的抗辩也可能影响损失的认定。尤其是刑事法上的 “犯罪行为”无疑属于民事法上的“侵权行为”，而侵权法上有所谓“过失相抵”规则[③]，比如根据我国《侵权责任法》第二十六条规定，被侵权人对损害的发生也有过错的，可以减轻侵权人的责任，该法第二十七条规定，损害是因受害人故意造成的，行为人不承担责任。这两条在人民法院审理附带民事案件时当然可能适用，刑事案件审理时不予考虑或考虑不多的一些因素，比如被害人过错、被害人承诺等，在附带民事部分审理时，一旦予以认定，就很可能会影响具体的裁判结果。因此，本条后半句应当理解为：人民法院在附带民事诉讼原告人诉讼请求范围内，根据物质损失情况，以及被告人的抗辩，确定赔偿的数额和方式。这里的“判决”是指当事人之间无法达成调解时，法院应

---

① 张军：《新刑事诉讼法法官培训教材》，法律出版社 2012 年版，第 241 页。

②《解释》第一百五十五条第二款。

③ 也称之为“与有过失规则”，是指受害人对于损害的发生或扩大具有过错时，可以减轻、或免除赔偿义务人的损害赔偿责任。具体可参见梅仲协：《民法要义》，中国政法大学出版社 1998 年版，第 221 页。

当依法判决的情况，因为如果当事人之间已经达成调解协议，法院应当出具调解书，调解书一经签收即产生法律效力。而“裁定”是指经法院调解，或者当事人之间自行和解后，附带民事诉讼原告人自愿撤回对被告人起诉的情况，此时，法院经审查后如无违法之处，自应裁定准许。

第一百零二条　附带民事诉讼应当同刑事案件一并审判，只有为了防止刑事案件审判的过分迟延，才可以在刑事案件审判后，由同一审判组织继续审理附带民事诉讼。

【主旨】本条规定了刑民事部分的审理顺序与审判组织。

【释评】附带民事诉讼必须依托于刑事诉讼而存在，二者存在密切关系，因此一般情况下，应当一并审判，这样才能达到提高诉讼效率、避免矛盾裁判的目的。由于民事案件在程序、制度上都与刑事案件存在诸多不同，比如管辖权异议、当事人变更与追加、诉讼请求的变更与追加等情况出现时，如果还要求两部分一并审理，就可能导致刑事案件久拖不决。所以，法律规定可以先审理刑事案件，然后再由同一审判组织继续审理附带民事诉讼。当然，考虑到案件毕竟有时间上的间隔，如果刑事案件审判后，确有特殊情况出现，审判组织成员也允许更换，因为从目的上看，本条在于保证审判质量，只要不出现“另行组成审判庭”的情形，都是可以的。

第八章 期间、送达

期间与送达是刑事诉讼程序中重要的辅助制度。期间通过对刑事诉讼程序、刑事诉讼行为在时间上加以严格限定，在保障刑事诉讼的顺利进行、保护当事人和诉讼参与人的合法权益、实现刑事诉讼的价值与目的上，具有十分重大的意义。而送达通过将诉讼文件送交收件人，是对诉讼参与人知悉权的尊重和与保护；同时，也可保证公安司法机关正确履行职责。应当注意到，本章仅是一般性地规定了期间计算、恢复，以及送达的方式，它们的具体运用还需要结合本法其他规定进行。

第一百零三条　期间以时、日、月计算。

期间开始的时和日不算在期间以内。

法定期间不包括路途上的时间。上诉状或者其他文件在期满前已经交邮的，不算过期。

期间的最后一日为节假日的，以节假日后的第一日为期满日期，但犯罪嫌疑人、被告人或者罪犯在押期间，应当至期满之日为止，不得因节假日而延长。

【主旨】本条规定了期间的计算单位和计算方法。

【释评】期间是指公安司法机关和诉讼参与人分别进行诉讼活动，在时间期限上的要求。期间是一个时间段，有起点和终点。

（一）计算单位

期间的法定计算单位只有时、日、月三种，其余都是不合法的。换言之，虽然在换算上时间长度可能相等，但是由于单位不符，也是不合法的[①]。其中，月的计算需要具体到日，而日的计算又需要具体到时，从尊重生活习惯，以及方便计算出发，第二款规定了期间开始的时和日不算在期间以内，也就是说，应当从期间开始的下一时、日[②]开始起算。另外，以月为计算单位的期间，根据《解释》的规定，应当自本月某日至下月某日为一个月（第一百六十五条），如本月 1 日收案至下一个月 1 日、本月最后一日至下一个月最后一日为一个月的审理期限；半月一律按 15 日计算期限（不区分大小月）。考虑到社会生活的复杂性，法律在信息传递上采取了寄出主义，即只要在期间届满前发出的，都不算过期。易言之，不管是什么时候收到的，只要在有效期之内发出，即为合法。

---

① 我们在使用这些单位时，一定要仔细，不能像日常生活中那样随意使用单位。比如在质量法定单位中，只有千克和克。而我们生活中则习惯使用“斤”作为“重量单位”，重量其实就是指“质量”，严格说来，这些都是不规范的。另外，需要特别注意，刑事诉讼的期限中没有“年”这个计算单位，虽然有些期限长度与年可以进行换算，但是不符合法律规定。

② 具体计算时，仍然要受到计算单位的限制。比如根据规定，有关机关在对嫌疑人拘留后应当在二十四小时内进行讯问。如果执行拘留是在 2012 年 5 月 22 日 11 时 15 分，那么，上述期限应从该日 12 时开始起算。又如，公安机关对被拘留的人，认为需要逮捕的，应当在拘留后的三日以内，提请人民检察院审查批准。在上述执行拘留的情况下，应自 2012 年 5 月 23 日零时起计算提请检察院审判批捕的时间。

（二）计算方法

在期间届满的计算上，如果期间最后一日为节假日，以节假日后第一日为期间届满日期。但是对于犯罪嫌疑人、被告人或者罪犯的在押期间，应当至期间届满之日为止，不得因节假日而延长在押期限至节假日后的第一日[①]。

第一百零四条　当事人由于不能抗拒的原因或者有其他正当理由而耽误期限的，在障碍消除后五日以内，可以申请继续进行应当在期满以前完成的诉讼活动。

前款申请是否准许，由人民法院裁定。

【主旨】本条规定了期间的恢复。

【释评】设立期间恢复制度，是为了解决诉讼过程中可能发生的特殊情况，维护当事人的合法权益，保证诉讼活动顺利进行。

（一）期间恢复的条件

根据第一款文义，期间恢复的条件是：（1）只有当事人才可以提出恢复诉讼期间的申请，其他诉讼参与人无权提出这种申请。（2）当事人未能在法定期间完成特定的诉讼行为，是由于不能抗拒的原因或者其他正当理由。例如遭受水灾、火灾、地震、车祸，患有严重疾病，未收到诉讼文书，等等。（3）当事人的申请应当在妨碍其遵守法定期间的原因消除后 5 日以内，向审判本案的人民法院提出。（4）必须经人民法院裁定允许。人民法院在接到当事人的申请后，经过审查，认为当事人申请中所述情况真实，超过法定期间确实具有不可抗拒的原因或者其他正当理由，应当裁定允许其继续进行在原期间内未完成的诉讼活动。从实际效果看，恢复就是顺延期限。对法定期限的顺延，人民法院只能裁定补足实际耽误的时间[②]。如果认为当事人不是因为不能抗拒的原因或者其他正当理由而耽误期限的，则裁定驳回[③]。

（二）期间恢复的适用范围

从本条第二款规定看，期间恢复显然只适用于审判阶段。因为在我国刑事诉讼程序中，人民法院完全不介入审判前阶段。同时，最为关键的是，由于缺乏司法审查措施，当事人在审判前阶段基本上不存在行为的期限问题，该阶段完全都由侦控机关依职权推进，期间只针对它们适用；这样，便不存在所谓耽误问题。

第一百零五条　送达传票、通知书和其他诉讼文件应当交给收件人本人；如果本人不在，可以交给他的成年家属或者所在单位的负责人员代收。

收件人本人或者代收人拒绝接收或者拒绝签名、盖章的时候，送达人可以邀请他的邻居或者其他见证人到场，说明情况，把文件留在他的住处，在送达证上记明拒绝的事由、送达的日期，由送达人签名，即认为已经送达。

【主旨】本条规定了送达的对象和方式。

【释评】刑事诉讼中的送达，是公安司法机关按照法定程序和方式将诉讼文件送交收件人的诉讼活动。本条明确规定了三种不同的送达方式。

---

① 这是为了保障相关人员的权利。另外，前已提及，日的计算也需具体到时，因此实践中，看守所释放犯罪嫌疑人、被告人便可能是在该日凌晨。

② 宋英辉：《中华人民共和国刑事诉讼法精解》，中国政法大学出版社 2012 年版，第 142 页。

③ 这里值得探讨的是，如果法院裁定驳回当事人之申请，该裁定是否准许上诉呢？虽然本法在审判程序中规定了对裁定上诉的处理方式，但却未提及究竟哪些裁定可以上诉。可以预见的是，假使当事人不服该裁定，提出上诉，有关法院很可能就会以“没有法律依据”为由拒绝接受。

（一）直接送达

直接送达是指送达传票、通知书和其他诉讼文件应当直接交给收件人本人，收件人本人应当在送达回证上记明收到的日期，并且签名或者盖章。收件人本人在送达回证上签收的日期为送达日期。

（二）代收送达

代收送达是指送达传票、通知书和其他诉讼文件时，如果本人不在，可以交给他的成年家属或者所在单位的负责人代收，代收人应当在送达回证上记明收到的日期，并且签名盖章。代收人在送达回证上签收的日期为送达日期。送达人应当告知代收人及时将诉讼文书转交给收件人，以便收件人及时了解诉讼文件的内容，依法参与诉讼。

（三）留置送达

留置送达是指送达传票、通知书和其他诉讼文件时，如果收件人本人或者代收人拒绝签收的，送达人可以邀请见证人到场，说明情况，在送达回证上注明拒收的事由和日期，由送达人、见证人签名或者盖章，将诉讼文书留在收件人、代收人的住处或者单位；也可以把诉讼文书留在受送达人的住处，并采用拍照、录像等方式记录送达过程，即视为送达①。留置送达与直接送达和代收送达具有同样的法律效力。

（四）送达方式的变通

另外，实践中，上述三种送达方式还会因为具体情况不同而有所变通。比如，直接送达诉讼文书有困难的，可以委托收件人所在地的公安司法机关代为送达。委托送达的，应当将委托函、委托送达的诉讼文书及送达回证寄送给收件人所在地的人民法院。受委托的公安司法机关收到委托送达的诉讼文书，应当登记，并由专人及时送达收件人，然后将送达回证及时退回委托送达的公安司法机关。受委托的公安司法机关无法送达时，应当将不能送达的原因及时告知委托的公安司法机关，并且将诉讼文书及送达回证退回②。另外，直接送达诉讼文书有困难的，可以将诉讼文书、送达回证挂号邮寄给收件人。挂号回执上注明的日期为送达日期。对某些特殊收件人，可以通过有关部门将诉讼文书转交给收件人。这些特殊收件人主要包括军人、正在服刑的犯人、正在被采取强制性教育措施的人。根据《解释》规定，转交送达需要通过的有关部门及程序为③：

（1）诉讼文书的收件人是军人的，可以通过其所在部队团级以上单位的政治部门转交。

（2）收件人正在服刑的，可以通过执行机关转交。

（3）收件人正在被采取强制性教育措施的，可以通过强制性教育机构转交。

---

①《解释》第一百六十七条第三款。

② 孙茂利：《新刑事诉讼法释义与公安机关实务指南》，中国人民公安大学出版社 2012 年版，第 228 页-229 页。对此，有学者在释义时仅提到人民法院才会遇到委托送达，这显然不够全面。参见宋英辉：《中华人民共和国刑事诉讼法精解》，中国政法大学出版社 2012 年版，第 143 页。

③ 第一百七十一条。

第九章 其他规定

本章规定了本法中一些重要术语的涵义，以方便理解和适用。由于多种原因，本章虽为法定，却与其他法律规定，以及本法其他规定之间存在不少不协调之处；并且，严格说来，其应当放至附则部分方才妥当。

第一百零六条 本法下列用语的含意是：

（一）“侦查”是指公安机关、人民检察院在办理案件过程中，依照法律进行的专门调查工作和有关的强制性措施；

（二）“当事人”是指被害人、自诉人、犯罪嫌疑人、被告人、附带民事诉讼的原告人和被告人；

（三）“法定代理人”是指被代理人的父母、养父母、监护人和负有保护责任的机关、团体的代表；

（四）“诉讼参与人”是指当事人、法定代理人、诉讼代理人、辩护人、证人、鉴定人和翻译人员；

（五）“诉讼代理人”是指公诉案件的被害人及其法定代理人或者近亲属、自诉案件的自诉人及其法定代理人委托代为参加诉讼的人和附带民事诉讼的当事人及其法定代理人委托代为参加诉讼的人；

（六）“近亲属”是指夫、妻、父、母、子、女、同胞兄弟姊妹。

【主旨】本条规定了本法中一些重要法律术语的涵义。

【释评】本条在本法中具有非常重要的作用，应当全面考察本法以及其他法律的相关规定，方能得出妥当结论。

（一）侦查的涵义

法定侦查概念由三个要素组成。首先，主体为侦查机关。侦查系一种国家权力运作行为，在我国只能由法定机关行使。虽然本条仅提及公安机关和检察院，但根据本法其他规定，国家安全机关、军队保卫部门、监狱也有侦查权，因此它们实际上也属本项的适用范围。其次，专门调查工作，一般理解为就是“侦查”一章中规定的讯问、询问、勘验、鉴定等侦查行为。最后，强制性措施的范围是否就等同于强制措施，不无疑问。单从语义上看，强制性措施的范围明显广于强制措施，因为我国法律中的强制措施强调了只有国家机关根据法律规定采取的措施，才属于强制措施，而公民扭送由于缺乏国家权力因素而被排除在外。

（二）当事人的范围

当事人是与案件处理过程和结果密切联系在一起的一个概念。犯罪嫌疑人、被告人处于被追诉人地位，他们属于当事人没有任何疑问。而在有被害人的刑事案件中，由于自近代以来，国家已经基本垄断了对犯罪的追诉权，形成了所谓“公诉案件”，在这种案件中，被害人一般是被公权力机关当作证据来源适用，即主要具有工具性价值，被害人人格基本上得不到尊重，其独立主体地位由此而遭湮没。本法明确规定被害人具有当事人地位无疑具有相当重大的意义——既顺应了被害人权利保护运动的潮流，又在被害人权益保护上迈出了坚实的一步。从实体法角度看，被害人是指其人身、财产及其他权益遭受犯罪行为侵害的人。在刑事诉讼中，有时在实体意义上使用“被害人”的概念，有时专指在刑事公诉案件中以个人身份承担部分控诉职能的诉讼参与人。比如，在自诉案件中，被害人因提起自诉而成为“自诉人”；在附带民事诉讼案件中，被害人因提起附带民事诉讼而成为“附带民事诉讼的原告人”[①]。本项规定将被害人与自诉人并列，在理解时，应当把被害人限定为公诉案件中的被害人，而自诉人虽然也是实体意义上的被害人，但因为有权以自己名义独立提起诉讼而成为自诉人；所以，与被害人并列而属于当事人之一种。另外需要注意的是，被害人、自诉人、附带民事诉讼的原告人等主体在具体案件中的实际承担者，有可能会因为各种原因而出现一些变化，从而导致身份上的交错。比如，公诉案件中的被害人与附带民事诉讼原告人，被告人与附带民事诉讼被告人，一般情况下都是同一个主体。不过，在被害人死亡的情况下问题稍显复杂。此时，被害人虽然已不存在，但是，被害人近亲属[②]有权通过提起附带民事诉讼方式而成为当事人，同样有权在刑事部分审理过程行使当事人的权利。同时，自诉案件中被害人死亡的，其近亲属则可以直接作为自诉人提起自诉。

（三）法定代理人的范围

从文义看，本项把被代理人的父母与监护人并列起来。但是，我国《民法通则》第十四条规定：“无民事行为能力人、限制民事行为能力人的监护人是他的法定代理人。”该法第十六条规定：“未成年人的父母是未成年人的监护人。未成年人的父母已经死亡或者没有监护能力的，由下列人员中有监护能力的人担任监护人……。”据此可以发现，父母是当然的监护人，只有在特殊情况下，才能由其他人员担任监护人，并且监护人就是法定代理人。刑事诉讼程序虽然有其特殊性，却也不可能脱离民事领域的相关规则而独立存在，因此本项规定的合理性有所欠缺。另外，“负有保护责任的机关、团体的代表”究竟作何解释？根据前述《民法通则》的相关规定，监护人即是法定代理人，即二者具有等同关系，但本项增添了所谓“负有保护责任的机关、团体的代表”，这样，进一步加大了理解本项与其他法律规定之间关系的难度[③]。

（四）诉讼参与人的范围

“诉讼参与人”属于典型汉语式表述，本项中所列人员当然都是要“参与”刑事诉讼程序，其不同之处在于，不同主体参与诉讼程序的目的和实际作用差别较大而已。另外，当事人毕竟与案件具有直接的利害关系，所以习惯上把当事人从诉讼参与人中单列出来，二者合称之为“当事人和其他诉讼参与人”。值得关注的是，本法第一百九十二条中规定了有专门知识的人，可以根据公诉人、当事人和辩护人、诉讼代理人的申请，就鉴定人的意见提出意见。这种人在性质上显然属于诉讼参与人，但本项对此没有涉及。

---

① 张建伟：《刑事诉讼法通义》，清华大学出版社 2007 年版，第 151 页。
② 根据《民法通则》第七十条的规定，被代理人死亡的，法定代理终止。因此，此时已经不存在法定代理人。
③ 非常遗憾的是，对此问题，学理上的研究非常之少。在笔者看来（至少是目前看来），“监护人”的概念就足以涵盖所有的情况。

（五）诉讼代理适用的范围

根据本项规定，诉讼代理只有三种情况，即公诉案件被害人及其法定代理人、近亲属的代理，自诉案件自诉人的代理，附带民事诉讼案件中原告人和被告人的代理。本项未做修改，但是因为特别程序的出现，使得其包容性大为降低，需要扩张解释。刑事诉讼中代理本质属性在于出现在刑事诉讼程序过程中，实际上就具体的代理类别看，并不一定都是刑事案件（比如附带民事诉讼案件）。

根据本法第二百八十一条的规定，在犯罪嫌疑人、被告人逃匿、死亡案件违法所得没收案件中，犯罪嫌疑人、被告人的近亲属和其他利害关系人有权申请参加诉讼，也可以委托诉讼代理人参加诉讼。有学者提出，这种特殊程序解决的是民事权利的归属问题，其代理实质上属于"民事诉讼的代理"[①]，其言下之意是其本不属刑事代理范畴。笔者对此不敢苟同。最明显的理由在于，前已提及，附带民事诉讼本质上应为一种特殊的民事诉讼，附带民事诉讼案件中的当事人代理人，当然属于民事诉讼代理，就是因为其必须依附于刑事诉讼程序而存在，方才被贯之以刑事代理之名。相比较而言，没收程序解决的涉案财产归属虽然可以归入民事问题范围，但因为这种特别程序本身，就是依据刑事诉讼法之规定进行的特别程序，它当然适用本法相关规定。而且该种特别程序又是以先前的刑事追诉程序为前提的，只有确认了相关人员身份后，后继的没收程序才可能启动。另外，该章还特别强调了"依照刑法规定应当追缴其违法所得及其他涉案财产"，在没收的依据只能是《刑法》[②]的情况下，我们还能说这种特别程序解决的是民事权利归属问题吗？这种代理无疑应当属于刑事诉讼代理范围。此外，根据本法第二百八十六条的规定，在依法不负刑事责任的精神病人的强制医疗程序中，被申请人或者被告人没有委托诉讼代理人的，人民法院应当通知法律援助机构指派律师为其提供法律帮助。该条中"诉讼代理人"所代理的，就是原刑事案件中的犯罪嫌疑人（被申请人）、被告人。特别程序中的这两处诉讼代理，显然无法被本项规定所包容。

（六）近亲属的范围

本项规定将民事法律领域常见的"祖父母、外祖父母"排除在外，由此就有可能导致在被害人死亡或丧失行为能力，而刑事诉讼法所规定的近亲属也已死亡或丧失行为能力，只有祖父母或外祖父母健在的情况下，被害人唯一的近亲属却不能提起附带民事诉讼，其权益难以得到保障[③]。

---

① 陈卫东、宋英辉：《刑事诉讼法》，载国家司法考试辅导用书编辑委员会：《国家司法考试辅导用书（第二卷）》，法律出版社2012年版，第319页。

② 虽然刑法上不一定能够找到这样的依据。

③ 冀祥德：《最新刑事诉讼法释评》，中国政法大学出版社2012年版，第98页。

第二编　立案、侦查和提起公诉

从立法逻辑上讲，在规定了一些基本原则、基本制度后，就应当具体涉及刑事程序的展开。由于实践中，公诉案件占据了全部刑事案件的绝大部分，因此，第二编就以公诉案件为主线，主要围绕公诉案件的处理流程设计相关规则；同时，也适当提及了自诉案件的处理。

第一章　立　案

在我国刑事诉讼中，立案程序是被当作一个独立必经程序阶段来认识和规定的。学理上一般认为，所谓立案是指：“公安、司法机关按照各自的职能管辖范围，根据是否有犯罪事实发生并需要追究刑事责任，决定是否作为刑事案件进行侦查或审判的一种诉讼活动。”这一表述贯穿于我国刑事诉讼法学教科书的各个版本，尽管个别学者表述上可能会有差异，但在核心意思上却高度一致[①]。立案制度之所以在我国倍受重视，不仅在于其对整个刑事诉讼程序的影响，还在于它符合我国传统上的严格社会控制心理，有利于满足国家权力运作的需要。但是，由于立案条件的高阶化，导致了实务中有许多问题难以妥当处理（解释），比如立案前初查的合法性、立案程序本身的独立性等。

第一百零七条　公安机关或者人民检察院发现犯罪事实或者犯罪嫌疑人，应当按照管辖范围，立案侦查。

【主旨】本条规定了公安机关与人民检察院的立案义务。

【释评】从刑事案件的发生情况看，在原初意义上，可以分为对人和对事两种类型。即要么是出现了危害社会的后果，即所谓犯罪事实，要么是发现了犯罪嫌疑人（当然主要是指现行犯或者重大嫌疑分子）。此时，如果符合立案条件，则公安机关或者检察院都应当按照管辖范围的规定，对其进行立案侦查。需要说明的是，公安机关和检察机关立案时，既可针对人，也可针对事，即“不知晓犯罪嫌疑人”时，也应立案。因为公诉案件的立案以有犯罪事实为条件，并未要求有明确的犯罪嫌疑人，是否发现犯罪嫌疑人不影响立案；发现犯罪嫌疑人的任务，可以在侦查阶段完成[②]。

第一百零八条　任何单位和个人发现有犯罪事实或者犯罪嫌疑人，有权利也有义务向公安机关、人民检察院或者人民法院报案或者举报。

被害人对侵犯其人身、财产权利的犯罪事实或者犯罪嫌疑人，有权向公安机关、人民检察院或者人民法院报案或者控告。

公安机关、人民检察院或者人民法院对于报案、控告、举报，都应当接受。对于不属于自己管辖的，应当移送主管机关处理，并且通知报案人、控告人、举报人；对于不属于自己管辖而又必须采取紧急措施的，应当先采取紧急措施，然后移送主管机关。

犯罪人向公安机关、人民检察院或者人民法院自首的，适用第三款规定。

【主旨】本条主要规定了刑事立案的材料来源，以及立案程序中公安司法机关对立案材料

---

① 陈光中：《刑事诉讼法》（第五版），北京大学出版社、高等教育出版社 2013 年版，第 267 页。程荣斌、王新清：《刑事诉讼法》（第五版），中国人民大学出版社 2013 年版，第 247 页

② 张建伟：《刑事诉讼法通义》，清华大学出版社 2007 年版，第 499 页。

的接受义务。

【释评】立案本身也是一种程序，因此，自然包括了启动、运行、结果等基本步骤。本条从立案材料来源出发，分别了规定了对不同情况的处理。

（一）报案、举报、控告

第一款在一般意义上赋予了任何单位和个人（当然包括也外国人、无国籍人）对刑事案件报案和举报的权利、义务。但是，通观本法规定，并不能作此简单化理解。因为，在本法第四十六条中，犯罪嫌疑人、被告人的辩护律师除了对“委托人或者其他人，准备或者正在实施危害国家安全、公共安全以及严重危害他人人身安全的犯罪的，应当及时告知司法机关”外，对在执业活动中知悉的委托人的其他有关情况和信息，有权予以保密。换言之，辩护律师对委托人或其他人的有关“其他犯罪”的信息也都享有保密权。

第二款规定了被害人的控告权，被害人因与案件存在直接利害关系，在知悉犯罪嫌疑人时，有权对其进行控告，若不知晓犯罪嫌疑人，则有权向有关机关报案。值得注意的是，本款仅提到侵犯被害人人身权利、财产权利两种情况，对侵犯其民主权利的犯罪没有提到。然而从法理上看，被害人民主权利遭到侵害时，当然有权提出控告或报案，因此，本款在权利类型上应作如是扩张解释。

（二）公安司法机关对立案材料的接受义务

第三款对此义务进行了宣示，依反对解释，如果对有关人员的举报、报案不予接受，即为违法。然而，通过仔细阅读文本我们发现，法律虽然强调对任何立案材料都应当先接受，却没有进一步规定可操作性的内容。于是，在实践中，对“这些报案、举报与控告，既可以是侦查人员接待，也可以是队长、处长、科长等领导接待。然而决定是否立案的情况比较复杂。既可以书面答复报案人、举报人，也可以不答复。因此举报、控告与立案的程序十分随意，不需要像法院接受民事诉讼案件那样，设立立案大厅，公开接受投诉、报案、举报、自诉控告。两家享有侦查权的机关没有专门的接案专职人员，由于法律没有细化接待报案的规定，在刑事立案程序上，谁都可以接待，谁也可以不接待。被告人常常因报案时对接待人员的职权不甚清楚，而遭遇这些人员踢皮球式的推诿”①。

第一百零九条　报案、控告、举报可以用书面或者口头提出。接受口头报案、控告、举报的工作人员，应当写成笔录，经宣读无误后，由报案人、控告人、举报人签名或者盖章。

接受控告、举报的工作人员，应当向控告人、举报人说明诬告应负的法律责任。但是，只要不是捏造事实，伪造证据，即使控告、举报的事实有出入，甚至是错告的，也要和诬告严格加以区别。

公安机关、人民检察院或者人民法院应当保障报案人、控告人、举报人及其近亲属的安全。报案人、控告人、举报人如果不愿公开自己的姓名和报案、控告、举报的行为，应当为他保守秘密。

【主旨】本条规定了公安司法机关接受立案材料的程序以及相关要求。

【释评】由于立案在我国刑事诉讼程序中被赋予了极高意义，立法一方面强调公安司法机关有“义务”接受所有的立案材料，另一方面又对相对方提出立案材料的“权利”进行了肯定。

---

① 陈世和：《法律的尴尬——刑事法律理论与实践的冲突》，法律出版社 2011 年版，第 268 页。

（一）公安司法工作人员的告知义务和保密义务

依第二款文义，接受控告、举报的工作人员，应当告知控告人、举报人诬告应负的法律责任，同时又强调控告、举报的事实有出入或者错告的，要和诬告严格加以区别，这主要是为了保证立案材料来源畅通。应当注意，本款中没有提及报案，这是因为控告和举报都有明确的对象，而报案只是向有关机关（一般是公安机关）提示自己或他人受害，其指向对象可能并不明确，并且所涉及事项也并不一定就是刑事案件，因而应排除在外。

在第三款中，法律要求公安司法机关应当保障报案人、控告人、举报人及其近亲属的安全。同时，在报案人、控告人、举报人不愿公开自己的姓名和报案、控告、举报的行为时，有义务为其保守秘密。

（二）有关人员的告诉方式选择权

依第一款规定，有关人员报案、控告、举报可以用书面或口头方式向三机关提出。如果是口头提出的，接受口头报案、控告、举报的工作人员，应当写成笔录，经宣读无误后，由报案人、控告人、举报人签名或者盖章。这一规定充分体现了立法者希望广开言路，充分调动人民群众与犯罪行为作斗争积极性之目的。

第一百一十条　人民法院、人民检察院或者公安机关对于报案、控告、举报和自首的材料，应当按照管辖范围，迅速进行审查，认为有犯罪事实需要追究刑事责任的时候，应当立案；认为没有犯罪事实，或者犯罪事实显著轻微，不需要追究刑事责任的时候，不予立案，并且将不立案的原因通知控告人。控告人如果不服，可以申请复议。

【主旨】本条规定了立案的条件，以及控告人对不立案的救济途径。

【释评】立案本身即为一种程序，在运作过程中，其核心内容就在于立案条件的把握；同时，在有控告人的情况下，是否立案关系其切身利益，对此，立法也设计了相应保障措施。

（一）立案条件

在立案条件上，学界通说是将本条归纳为“有犯罪事实”和“需要追究刑事责任”两个方面，并且认为，只有同时具备这两个（实体）条件，公安司法机关才能立案[①]。这种理解表面上顺理成章，实则存在诸多误解。因为在我国刑法（学）中，刑事责任被看做是犯罪的必然后果，犯罪与刑事责任是一种共生关系，有犯罪即有刑事责任。任何人犯了罪都应当承担刑事责任，刑事责任不能被免除（当然可以消灭）。但行为人犯罪的社会危害性较小，具有法定免除处罚情节的，则可以免除刑罚处罚[②]。由此可以发现，立法者大概是认为，实践中存在着有犯罪事实，而不需要追究刑事责任的情况，因此才特别规定二者同时具备时，公安司法机关就应当立案。显然，这种情况在传统刑事责任观念中是不可能出现的。因为，如果说刑事责任是犯罪的法律后果的话，则意味着犯罪必然导致刑事责任，二者之间存在不可避免的必然因果关系。但是，认为有犯罪事实需要追究刑事责任，意味着还存在“有犯罪事实但不需要追究刑事责任的情况”。这显然和前述有关“刑事责任”的理解相冲突[③]。考虑到上述可

---

① 卞建林：《刑事诉讼法学》（第二版），中国政法大学出版社 2012 年版，第 217-218 页。不过，在立案条件中是否需要符合管辖规定，理论上存在不同看法；比如有学者就认为管辖属于立案的程序条件，参见陈光中：《刑事诉讼法》（第五版），北京大学出版社、高等教育出版社 2013 年版，第 273 页。

② 李晓明：《中国刑法原理》（第三版），法律出版社 2010 年版，第 452-453 页。

③ 黎宏：《关于“刑事责任”的另一种理解》，载《清华法学》2009 年第 2 期，第 28 页。

能存在的矛盾情况，在肯定刑法核心议题不外乎定罪与量刑的前提下，可以认为，刑法规范中的刑事责任实际上应当有双重涵义：一方面指犯罪成立后的法律后果，或者说刑罚裁量的基准，其指向量刑；另一方面，还指在犯罪成立意义上所具有的可谴责性、可非难性，其指向定罪，大致相当于德日等国三阶层犯罪论体系中"有责任性"意义上的责任；唯有如此理解刑事责任，才能够妥当解释立法，尤其是作为程序法的刑事诉讼法中的诸多规定。故此，在立案条件上，可以在相当程度上"弱化"刑事责任的意义，即应将其理解为，只要有犯罪事实就应当立案。另外，本条中"犯罪事实显著轻微，不需要追究刑事责任"这一提法，混淆了刑法上"不应当追究刑事责任"和"不需要判处刑罚"这两个概念，同时也没有把"犯罪情节轻微"和"危害社会的行为情节轻微"区分清楚①。实际上，既然认定为犯罪行为，又怎么可能不应当追究刑事责任呢？从诉讼逻辑上讲，要对涉案行为进行定性，不展开调查根本不可能，如果已经认定后，再来决定是否立案，完全是倒果为因，依据不足②。

（二）控告人控告权的保障

控告人因为与案件有利害关系，对有关机关的决定，当然享有知悉权，对不立案决定不服，可以要求决定机关复议。然而，本法没有规定复议的提出期限和复议审议期限等相关细节。对此，《程序规定》进行了相应细化，弥补了立法的缺陷③。最后需要指出，本条中所谓控告人的复议权无法适用于人民法院。这是因为，不管是哪类案件，当控告人向法院提出控诉时，如果法院经审查，认为不属于自诉案件范围，只会裁定不予受理（不立案的表现形式），此时，控告人不服的话，只能向上一级人民法院提出上诉④，而不是向同一法院申请复议。

第一百一十一条　人民检察院认为公安机关对应当立案侦查的案件而不立案侦查的，或者被害人认为公安机关对应当立案侦查的案件而不立案侦查，向人民检察院提出的，人民检察院应当要求公安机关说明不立案的理由。人民检察院认为公安机关不立案理由不能成立的，应当通知公安机关立案，公安机关接到通知后应当立案。

【主旨】本条规定了人民检察院的立案监督权。

【释评】人民检察院作为专门的法律监督机关，其职责贯穿于刑事诉讼始终，自诉讼程序启动伊始就应当履行。

（一）立案监督的对象

依法条文义，本条中所谓立案监督，仅仅是指人民检察院认为公安机关应当立案而不立案时，有权要求其说明不立案理由，如果认为不立案理由不能成立，则有权通知公安机关立案。由此可见，法律授权检察机关所监督的对象，限于公安机关的立案侦查活动。对其他同样具有立案职能机关的立案活动，检察机关能否监督，怎么监督，法律则没有明确规定⑤。例

① 全亮、郑篠珺：《论犯罪与刑事责任的逻辑错位——以刑事诉讼法第八十六条为例》，载《四川理工学院学报》（哲学社会科学版），2006年第4期，第41页。

② 由此可以发现，我国刑事立案的条件存在着高阶化及不合逻辑的问题，并且，随之而来还有所谓立案前的"初查"难题。初查在立法中没有出现，但在实践中却频频运用，这本身就表明现行立案制度存在自身几乎无法克服的矛盾。

③ 根据相关条款规定：对有控告人的案件，决定不予立案的，公安机关应当制作不予立案通知书，并在三日以内送达控告人。控告人对不予立案决定不服的，可以在收到不予立案通知书后七日以内向作出决定的公安机关申请复议；公安机关应当在收到复议申请后七日以内作出决定，并书面通知控告人。控告人对不予立案的复议决定不服的，可以在收到复议决定书后七日以内向上一级公安机关申请复核；上一级公安机关应当在收到复核申请后七日以内作出决定。对上级公安机关撤销不予立案决定的，下级公安机关应当执行。

④ 参见《解释》第二百六十五条之规定。

⑤ 陈卫东：《刑事诉讼程序论》，中国法制出版社2011年版，第40页。

如，本条就完全没有考虑检察院自侦案件的情况，不过，《诉讼规则（试行）》中对此倒是有所涉及：人民检察院侦查监督部门或者公诉部门发现本院侦查部门对应当立案侦查的案件不报请立案侦查或者对不应当立案侦查的案件进行立案侦查的，应当建议侦查部门报请立案侦查或者撤销案件；建议不被采纳的，应当报请检察长决定①。

从行为类型看，本条仅仅规定了人民检察院对公安机关应当立案而不立案的监督，而没有规定不应当立案而立案时的监督。虽然从法理上完全可以推导出，公安机关对不应当立案的事项而立案属于权力滥用，其性质更为恶劣，检察院作为专门的法律监督机关，当然有权对此进行监督。但是，由于没有丝毫涉及这种情况，这就给司法实践带来了不小的困惑。最高人民检察院只得在《诉讼规则（试行）》中，对不应当立案而立案的问题进行了规定②。

（二）立案监督的效力

根据本条规定，人民检察院立案通知的效力在于，公安机关接到通知应当立案。然而，在现行司法体制中，检察机关与公安机关之间在组织上并无隶属关系，公安机关对检察院的意见或通知，完全可以采取“不合作抵抗”的态度，而检察院却无权直接替代公安机关对案件进行立案侦查，这就无形中削弱了立案监督的效力。刘思达博士的研究就表明了这一点：实践中，这些检察院对公安机关的监督权经常被减弱为一种程序性权利，也就是说，在收到检察院的纠正意见或通知之后，公安机关有时会对这些意见视而不见，而检察院也没有其他措施来进一步执行其监督权。③当然，这个问题在现行制度框架下是无法彻底解决的，或许只有施行“检警一体化”才可能解开这个结。加之，由于现有的立案监督采取了事后、被动监督的方式，侦查机关的违法立案行为，只能在被害人控告、申诉或在检察机关审查批捕、审查起诉或者办理其他案件过程中予以发现，不能及时掌握侦查机关的立案、撤案情况，也就无法及时发现其中的违法行为。同时，法制宣传薄弱，大量案件的被害人并不知道自己还有申请检察机关进行立案监督的权利，由此造成立案监督信息来源匮乏，线索少，能够查证属实、监督成功的案件就更少了。④再者，人民检察院的内部监督也存在明显问题。因为，作为整体而存在的检察院，其内部职能划分具有较为明显的虚化色彩。实际上，要求一个单位内部的人员相互进行监督基本不现实，比如，对职务犯罪案件究竟是立案还是不立案、早立案还是晚立案、多立案还是少立案，都不是侦查监督部门所能够决定的⑤。

第一百一十二条　对于自诉案件，被害人有权向人民法院直接起诉。被害人死亡或者丧失行为能力的，被害人的法定代理人、近亲属有权向人民法院起诉。人民法院应当依法受理。

【主旨】本条规定了被害人，以及被害人的法定代理人、近亲属在自诉案件中的诉权。

【释评】按照通常理解，对公诉案件，国家机关可以依职权启动追诉程序；而对自诉案件来说，没有被害方的告诉，有关机关（法院）不得自行启动追诉程序。本条明确了自诉案件中告诉权人的范围。

依法条文义，首先是被害人本人在自诉案件中有直接起诉权。如果被害人死亡或者丧失行为能力的，被害人的法定代理人、近亲属也有权向人民法院起诉。另外，根据《刑法》第

---

① 第五百六十三条

② 详见第五百五十三～五百六十条之规定。

③ 刘思达：《割据的逻辑——中国法律服务市场的生态分析》，上海三联书店 2011 年版，第 199 页。

④ 李斌：《能动司法与公诉制度改革》，中国人民公安大学出版社 20012 年版，第 30-31 页。

⑤ 陈卫东：《刑事诉讼程序论》，中国法制出版社 2011 年版，第 44 页。

九十八条之规定，在告诉才处理的自诉案件中，如果被害人因受强制、威吓无法告诉的，人民检察院和被害人的近亲属也可以告诉。该规定与本条并无冲突，完全可以适用。需要注意的是，虽然《刑法》中未区分法定代理人与近亲属，但这并不意味着此时法定代理人反而无权代为告诉，因为在绝大多数情况下，被害人都是有近亲属的，而法定代理人当然属于近亲属范围[①]。所以，在被害人受到强制或威吓时，法定代理人当然有权提起自诉。

① 这个问题在分析第一百零六条时已经有所涉及。笔者认为，既然《刑法》中没有此种区分，从法理上看，毫无疑问应当参照民事法律而非本法的规定。

第二章　侦　查

根据本法第一百零六条之规定，侦查是指公安机关、人民检察院在办理案件过程中，依照法律进行的专门调查工作和有关的强制性措施。侦查是我国公诉案件诉讼程序中一个独立的、必经阶段。在理论上，侦查目的虽然有所谓“公诉准备”“审判准备”以及“侦查独立”等三种不同观点①，但不管何种学说，均认为，国家专门机关按照侦查程序所进行的活动，是整个刑事诉讼活动的重要组成部分，是行使国家对犯罪追诉权的重要体现。本章内容繁多，主要是从侦查机关角度规定了各种侦查行为的适用，其重心仍然在于国家权力行使方便，对相关人员的权利涉及不多。

第一节　一般规定

第一百一十三条　公安机关对已经立案的刑事案件，应当进行侦查，收集、调取犯罪嫌疑人有罪或者无罪、罪轻或者罪重的证据材料。对现行犯或者重大嫌疑分子可以依法先行拘留，对符合逮捕条件的犯罪嫌疑人，应当依法逮捕。

【主旨】本条规定了公安机关侦查活动的任务。

【释评】侦查对刑事案件的处理，尤其是公诉案件，具有至关重要的作用。这可以从以下几个方面理解：

第一，侦查是公诉案件立案后的必经阶段，只有立案后才能进行侦查活动。

第二，公安机关在侦查过程中应当收集、调取犯罪嫌疑人有罪或者无罪、罪轻或者罪重的证据材料。仅从文义分析可以认为，公安机关也负有“客观义务”，对公安机关的工作提出以上要求当然无可非议，但就公安机关的实际地位而言，因其比较强烈的追诉愿望，在侦查阶段要求其收集、调取有关无罪罪轻的证据材料比较不现实。实际上，侦查活动的展开是以事实上有罪推定为导向的，否则侦查程序就难以推进，无罪推定在侦查阶段主要通过强制措施、审讯、律师辩护等方面体现出来，换言之，要求公安机关主动全面收集证据尽管具有道德上的正当性，却不太具有现实性，对此，主要应通过辩护方对抗、检察机关的监督来实现。

第三，出于对公民人身自由的重视，本条强调了拘留、逮捕措施的适用要求，这与本法中有关强制措施的规定遥相呼应。

① 谢佑平、万毅：《刑事侦查制度原理》，中国人民公安大学出版社 2003 年版，第 69-77 页。笔者认为，这三种观点实际上并无本质冲突，完全可以并存。

第一百一十四条　公安机关经过侦查，对有证据证明有犯罪事实的案件，应当进行预审，对收集、调取的证据材料予以核实。

【主旨】本条规定了侦查中的预审。

【释评】预审是一个外来词，虽然各国有关预审的规定存在一定差异，但从绝大多数国家的立法来看，预审主要是介于起诉和审判之间的一个独立诉讼程序，其基本程序功能是对起诉进行司法审查，其法律性质主要应当定性为起诉审查程序[①]。但在我国，则明显与之有所不同。

传统观点认为，所谓预审是指在侦查阶段中，通过对讯问犯罪嫌疑人和收集证据，以查明案件全部事实的诉讼活动[②]。预审性质上属于侦查的继续和深化，是起诉和审判的前提和基础，有助于保障犯罪嫌疑人的合法权益，实现诉讼实体和程序公正[③]。预审的必要性在于，侦查人员通过侦查活动取得证据时，往往由于时间紧迫，来不及认真核实，证据之间可能存在矛盾，有的还可能存在虚假内容。因此，必须通过预审程序来去伪存真，对证据和事实进行组织，确定是否达到法定的证据标准。公安机关进行预审的时间应当确定为：经侦查所获得的证据能证明有犯罪事实，并已查获犯罪嫌疑人[④]。

第一百一十五条　当事人和辩护人、诉讼代理人、利害关系人对于司法机关及其工作人员有下列行为之一的，有权向该机关申诉或者控告：

（一）采取强制措施法定期限届满，不予以释放、解除或者变更的；

（二）应当退还取保候审保证金不退还的；

（三）对与案件无关的财物采取查封、扣押、冻结措施的；

（四）应当解除查封、扣押、冻结不解除的；

（五）贪污、挪用、私分、调换、违反规定使用查封、扣押、冻结的财物的。

受理申诉或者控告的机关应当及时处理。对处理不服的，可以向同级人民检察院申诉；人民检察院直接受理的案件，可以向上一级人民检察院申诉。人民检察院对申诉应当及时进行审查，情况属实的，通知有关机关予以纠正。

【主旨】本条规定了有关人员对违法侦查活动的申诉、控告及处理。

【释评】侦查活动尽管以国家权力为主导，但权力容易滥用是万古不变之真理，为了保护有关人员不受侵害，需要赋予其相应的救济权利。

（一）申诉、控告的主体

根据本条规定，申诉、控告主体包括本案的当事人和辩护人、诉讼代理人、利害关系人。这些人员中，当事人和辩护人的范围依照本法第一百零六条的规定确定当无疑义，需要注意的是，前已提及，实际上，本法中的诉讼代理人应当为五种，然而在本条语境中，应当没有特别程序中两种代理的适用空间。易言之，本条中的诉讼代理人仅仅指公诉案件被害人的代理人、自诉案件中自诉人的代理人、附带民事诉讼案件中原告人和被告人的代理人。这里的“利害关系人”，是指其权利受到公安司法机关及其工作人员违法行为侵害的人[⑤]。

① 潘金贵：《刑事预审程序研究》，法律出版社 2008 年版，第 5 页。

② 《法学词典》编辑委员会：《法学词典》（第三版），上海辞书出版社 1989 年版，第 883 页。需要说明的是，囿于时代所限，该定义中仍然使用的是刑事被告人的称谓，为了表达准确，已改为现行表述。

③ 吴秋玫、周忠伟：《预审教程》，江西人民出版社 2003 年版，第 2-3 页。

④ ⑤ 孙茂利：《新刑事诉讼法释义与公安实务指南》，中国人民公安大学出版社 2012 年版，第 250 页，第 252 页。

（二）申诉、控告的对象

申诉、控告的对象是公安司法机关。申诉、控告的违法行为可以分为两类，一是采取强制措施过程中的违法行为，具体指第（一）、（二）项；二是对财物采取查封、扣押、冻结措施中的违法行为，具体指第（三）、（四）、（五）项。需要注意的是，从文义上分析，应当退还取保候审保证金不退还的，不包括当事人对没收保证金的决定不服的情形，因为对此情形当事人可以申请复议、复核[①]。

（三）申诉、控告的处理程序

首先，受理申诉或者控告的机关应当及时处理。这里的“及时”究竟是多长时间，法律没有明确，之所以如此，可能是因为考虑到违法行为（主体）种类较多，明确期限会有一定困难，但是从法理上分析，作为一个完整的法律程序，应当包括受理，处理、告知等环节，虽然这样确实存在很大困难，可在本法中，连法院的刑事审判活动都明确规定了时间限制，查证有关机关的违法行为的难度恐怕要远低于审判活动，一旦没有时间限制，如果有关机关总以还是“处理中”为由搪塞申诉人或控告人，会惹出不少纷争。笔者认为，本条中的违法事项多有法律明确规定，判断起来比较容易，若非要进行一定的实质审查，在一个月内也应当有结果。对此，《程序规定》明确予以了肯定：受理申诉或者控告的公安机关应当及时进行调查核实，并在收到申诉、控告之日起三十日以内作出处理决定，书面回复申诉人、控告人。发现公安机关及其侦查人员有上述行为之一的，应当立即纠正。上级公安机关发现下级公安机关存在本规定第一百九十一条第一款规定的违法行为或者对申诉、控告事项不按照规定处理的，应当责令下级公安机关限期纠正，下级公安机关应当立即执行。必要时，上级公安机关可以就申诉、控告事项直接作出处理决定[②]。

其次，对处理不服的，可以向同级人民检察院申诉。这里隐含的前提是，受理机关应当及时把处理结果告知申诉人或控告人，如果出现上面提到的情况，这些机关因为某种原因一直没有处理结果，或者拖延（拒绝）告知处理结果，从法理上看，申诉人、控告人当然也有权向同级人民检察院申诉。考虑到检察院也有侦查权，因此本款规定，人民检察院直接受理的案件，可以向上一级人民检察院申诉。

最后，受理申诉的人民检察院对申诉应当及时进行审查，情况属实的，通知有关机关予以纠正。由于公检两家体制不同，在处理效果上可能存在较大差异。如果违法行为主体是检察院，那么受理申诉的检察院的“通知”效力无疑会很强，一般不会遇到障碍。而如果违法主体是公安机关或者其他侦查主体，检察院“通知”的作用则很可能受到影响。

第二节　讯问犯罪嫌疑人

第一百一十六条　讯问犯罪嫌疑人必须由人民检察院或者公安机关的侦查人员负责进行。讯问的时候，侦查人员不得少于二人。

---

① 孙茂利：《新刑事诉讼法释义与公安实务指南》，中国人民公安大学出版社2012年版，第254页。对此《程序规定》第一百九十一条第一款明确予以了肯定。

② 第一百九十一条第二款，一百九十二条。

犯罪嫌疑人被送交看守所羁押以后，侦查人员对其进行讯问，应当在看守所内进行。

【主旨】本条规定了讯问的主体，以及对被羁押犯罪嫌疑人进行讯问的地点。

【释评】侦查阶段的讯问是一种法定证据调查方法，是指侦查人员为了获取犯罪嫌疑人的真实供述和辩解，查明案件事实真相而依法对犯罪嫌疑人进行正面审讯的一项侦查措施[①]。通过讯问犯罪嫌疑人，可以在一定程度上了解犯罪是否发生，同时也是犯罪嫌疑人为自己辩解的机会。无论从心理学，还是从证据学的角度来看，讯问犯罪嫌疑人都是一项复杂而重要的侦查行为[②]。由于"口供"在案件处理中的重要作用，对犯罪嫌疑人的讯问被规定在第一节中。

（一）讯问人员的资格与人数

第一款规定，有权进行讯问的是侦查机关的侦查人员，从目前的讯问实践看，并未限制必须为办理本案的侦查人员，只要是办案机关的侦查人员，都应当有权对特定案件中的犯罪嫌疑人进行讯问。讯问实践中，要注意克服由治安联防队员代替侦查人员进行讯问、记录等活动的错误做法。但是，公安院校的毕业实习生作为受委托从事公务的人员，在实习期间，有权讯问犯罪嫌疑人[③]。本条要求讯问的时候侦查人员不得少于二人，主要有两方面的考虑：一是相互监督，自审自记显然容易出问题；二是保障安全，避免出现意外。另外，法律强调的是"不得少于二人"，这是最低要求，如果案情需要，可以并且应当多人参与讯问。

（二）讯问地点

鉴于讯问在目前侦查活动中的重要作用，讯问地点的选择显得非常关键。依第二款规定，犯罪嫌疑人被送交看守所羁押以后，侦查人员对其进行讯问，应当在看守所内进行。但该款没有规定送交看守所羁押之前的讯问地点，依反对解释，应当理解为侦查机关可以根据情况选择。

第二款系新增规定，是为了杜绝违法讯问采取的一项限制措施。结合本法其他规定可以发现，侦查阶段的羁押是拘留或逮捕的必然后果，考虑到看守所相对独立的地位，要求犯罪嫌疑人被羁押后，只能到看守所进行讯问，确实能够在一定程度上遏制违法讯问的发生。而之所以说是一定程度上，是因为本条没有明确违法讯问的后果，若是侦查人员将犯罪嫌疑人提出看守所进行讯问的话，其审讯结果是否还有证据效力？由于看守所与侦查机关（主要是公安机关）的特殊关系，进行如此预设并非空穴来风。为了有效避免出现这种情况，改变看守所的管理体制才是根本，否则只要其管理部门还是公安机关，要让看守所来监督办案机关（部门）就始终会存在问题。除此之外，更为重要的原因在于，在目前的司法实践中，侦查机关通常是采用《警察法》上的留置，或者根据《刑事诉讼法》中的传唤、拘传等方式先行强制犯罪嫌疑人到案，并在此期间进行了长时间的讯问，在获得犯罪嫌疑人供述之后再拘留，然后才将其送看守所羁押[④]。因此，侦查人员一般是选择在办公室内进行讯问，在这种情况下，规定在犯罪嫌疑人被羁押后只能在看守所内进行讯问虽不能说没有意义，但这样一来，无疑会在很大程度上"刺激"办案人员利用羁押前的这段时间"充分"展开讯问。

此外，还应当明确，立法只是强调讯问应当在看守所内进行，并不涉及其他方面的侦查活动。因此，非以讯问为目的的侦查行为还是可以的。对此，《诉讼规则（试行）》第一百九

---

① 公安部人事训练局：《侦查讯问教程》，群众出版社1999年版，第1-2页。
② 宋英辉、李忠诚：《刑事程序法功能研究》，中国人民公安大学出版社2004年版，第288页。
③ 叶兰萍：《侦查讯问实训教程》，甘肃人民出版社2006年版，第14页。
④ 刘方权：《侦查程序实证研究》，中国检察出版社2010年版，第10页。

十六条第二款就规定：因侦查工作需要，需要提押犯罪嫌疑人出所辨认或者追缴犯罪有关财物的，经检察长批准，可以提押犯罪嫌疑人出所，并应当由二名以上司法警察押解。不得以讯问为目的将犯罪嫌疑人提押出所进行讯问[①]。需要看到，所内讯问的规定，有利于防止刑讯逼供等非法行为，但可能影响某些审讯人员的审讯方法展开，因此也容易出现以指认现场等名义提出进行审讯等不规范的做法。比如，在四川地区就曾出现过，多次提出犯罪嫌疑人，均不看现场而只为审讯的案例。甚至有蒙头提出犯罪嫌疑人，侦查人员隐蔽真实身份审讯以规避法律的案例[②]。

第一百一十七条　对不需要逮捕、拘留的犯罪嫌疑人，可以传唤到犯罪嫌疑人所在市、县内的指定地点或者到他的住处进行讯问，但是应当出示人民检察院或者公安机关的证明文件。对在现场发现的犯罪嫌疑人，经出示工作证件，可以口头传唤，但应当在讯问笔录中注明。

传唤、拘传持续的时间不得超过十二小时；案情特别重大、复杂，需要采取拘留、逮捕措施的，传唤、拘传持续的时间不得超过二十四小时。

不得以连续传唤、拘传的形式变相拘禁犯罪嫌疑人。传唤、拘传犯罪嫌疑人，应当保证犯罪嫌疑人的饮食和必要的休息时间。

【主旨】本条规定了对未被拘留、逮捕的犯罪嫌疑人的传唤、拘传。

【释评】首先需要明确，本条中的传唤与拘传属于不同性质的行为。传唤是一种通知行为，并无强制效力，而拘传属于强制措施之列，如果犯罪嫌疑人拒绝，则可对其采取强制手段。虽然存在上述区别，但有一点是共同的，即二者都要求嫌疑人到指定地方接受讯问，从这个角度说，本条中的有关时间应当更为准确地理解为“传唤、拘传后的讯问时间”。

（一）传唤讯问的地点

第一款规定了这种情况下讯问的地点。侦查机关（人员）对未被拘留逮捕的犯罪嫌疑人，可以灵活选择其所在市、县内的指定地点或者到他的住处进行讯问，对讯问地点的规定，表明立法禁止异地传唤、拘传[③]。为了规范程序，侦查人员应当首先出示人民检察院或者公安机关的证明文件。对在现场发现的犯罪嫌疑人，侦查人员经出示工作证件后，可以口头传唤后进行讯问，这些情况应当在讯问笔录中注明。

（二）传唤、拘传的时间

第二款视案情不同，分别规定了不同的时间期限。一般情况下，传唤、拘传的持续时间不得超过十二小时。“十二小时”是 1996 年法律中的规定，实践中，办案机关普遍认为，对一些特殊案件十二小时远远不够。因为要消除犯罪嫌疑人的供述障碍，使其供述，对于侦查人员来说，最为现实的需要就是时间保证，他们需要时间来分析已经掌握的证据材料、犯罪的性质、犯罪嫌疑人的性格特点，并根据侦查人员的经验来组织讯问的过程和实施讯问的策略[④]。在“打击犯罪”的目标指引下，本款增加了一部分——案情特别重大、复杂，需要采取拘留、逮捕措施的，传唤、拘传持续的时间不得超过二十四小时。从十二小时一下增加一倍到二十四小时，这一改变的力度相当大，在满足了破案需要的同时，也给犯罪嫌疑人造成了

① 颇值玩味的是，公安部《程序规定》中却没有此类规定。
② 龙宗智：《新刑事诉讼法实施：半年初判》，载《清华法学》2013 年第 5 期，第 131-132 页。
③ 李昌林：《最新中华人民共和国刑事诉讼法释义》，中国法制出版社 2012 年版，第 256 页。
④ 刘方权：《侦查程序实证研究》，中国检察出版社 2010 年版，第 7 页。

很大压力，从保障人权角度看，的确应当进行控制。“案情特别重大、复杂”属于概括性用语，为了保证这一措施不被滥用，侦查机关在适用上应当进行严格限制，明确一些基本类型，以及采用严格的报批手续，否则很容易失控。然而令人遗憾的是，在2012年底颁行的相关规定中，均未对“特别重大、复杂”进行任何解释，其意图显然在于维持法律规定的模糊性，加强自身执法权力的灵活性[①]。笔者认为，虽然界定难度较大，但对此问题的回避，很可能导致这一措施的滥用，甚至在某种程度上会消解本法在保障相关人员权利方面的进步。

为了保障犯罪嫌疑人的基本人权，第三款规定了办案机关（人员）不得以连续传唤、拘传的形式变相拘禁犯罪嫌疑人。传唤、拘传犯罪嫌疑人，应当保证犯罪嫌疑人的饮食和必要的休息时间。“不得以连续传唤、拘传的形式变相拘禁嫌疑人”的规定原来就有，这是合理的。因为适用传唤或拘传的前提，是犯罪嫌疑人未被拘留或逮捕，在这种情况下，如果进行连续传唤或拘传就与羁押无异，当然应予禁止。对此，《诉讼规则（试行）》第一百九十五条便明确规定，两次传唤间隔的时间一般不得少于十二小时。这一规定非常值得赞赏，不过，考虑到检察机关办理案件的特点，加之这一规定对公安机关并无拘束力，而《程序规定》中又没有相关规定，连续传唤、拘传禁止之实现任重而道远。

“保证犯罪嫌疑人饮食和必要的休息时间”系新增规定。其主要出发点，还是因为第二款延长了可能持续讯问的时间长度，要知道二十四小时就是一整天，如果对人进行连续讯问，铁打的人也受不了。更为重要的是，“这意味着传唤、拘传持续的时间不能理解为讯问时间，而应当把犯罪嫌疑人用餐、休息的时间包括在内”[②]。饮食是要求一定要给犯罪嫌疑人吃饭和喝水，这是最起码的人道主义要求。必要的休息时间首先要求要有休息时间，而必要则强调要达到一定程度，如果连续讯问数小时，而仅仅让休息几分钟，显然也不符合立法精神。对此有学者就建议，如果传唤、拘传的时间为24小时，则不但应当保证犯罪嫌疑人能够在正常的时间内用餐，而且应当保证犯罪嫌疑人能够在正常的睡眠时间内睡眠，至少不应当少于8小时。在其用餐、休息期间不得对其进行打扰或者进行讯问[③]。结合休息时间和饮食前面的修饰语可以发现，必要的“休息时间”意味着不仅要有时间间隔，而且得有地点才行，实践中，有的地方公安机关已经对派出所进行全面改造，划出了专门场所，保障了犯罪嫌疑人的休息权能够实现[④]。值得注意的是，本条中的饮食却没有任何限定或修饰，这是否意味着随便给犯罪嫌疑人点吃喝就够了，而没有量上要求呢？笔者认为，显然不能这样理解。饮食也应当和休息一样，达到最低的“饱足”要求。对此，早有学者提出：为使这一规定落到实处，有必要通过司法解释以及行政法规等形式，进一步明确规定饮食和必要休息时间的量化标准[⑤]。不过，目前相关实施细则中仍旧没有提及，这一缺陷还有待弥补。

第一百一十八条　侦查人员在讯问犯罪嫌疑人的时候，应当首先讯问犯罪嫌疑人是否有犯罪行为，让他陈述有罪的情节或者无罪的辩解，然后向他提出问题。犯罪嫌疑人对侦查人员的提问，应当如实回答。但是对与本案无关的问题，有拒绝回答的权利。

---

① 易延友：《刑事诉讼法精义》，北京大学出版社2013年版，第161页。

②③ 李昌林：《最新中华人民共和国刑事诉讼法释义》，中国法制出版社2012年版，第257页。

④ 比如，为应对和适应刑诉法修改后的调整内容，四川省的公安、法院、检察院、律师都已积极行动起来，在职能调整和场所规范化建设方面，全省相关司法部门已有新的布局和调整。对公安系统而言，具体措施是：县级公安机关集中设立办案中心，基层所队执法场所按照功能分为接待区、办案区、办公区和生活区，办案区内的讯问室、询问室、候问室按照省公安厅的规定进行标准化设置，今年年底前，全省公安系统执法场所都将完成功能改造，有独立的办案区域。届时，执法场所的办案区域将与其他场所完全物理分隔，并实现对办案区域的无缝隙监控。而因条件限制，确实不能改造的，必须在县级公安机关集中办案中心办案。参见郑钰飞：《防刑讯逼供 审讯全程录音录像》，载《成都商报》2012年4月12日第28版。

侦查人员在讯问犯罪嫌疑人的时候，应当告知犯罪嫌疑人如实供述自己罪行可以从宽处理的法律规定。

【主旨】本条规定了讯问的内容和顺序，以及犯罪嫌疑人的如实回答义务。

【释评】讯问犯罪嫌疑人是公诉案件侦查工作中的必经程序，其意义有二：一是讯问犯罪嫌疑人有无犯罪行为，查明犯罪的具体情节、证实犯罪事实，发现新的犯罪线索和新的犯罪嫌疑人。二是可以为犯罪嫌疑人如实供述罪行或充分行使辩护权提供机会，使侦查机关通过听取犯罪嫌疑人陈述和申辩，在保护犯罪嫌疑人合法权益的同时，保障无罪的人和其他依法不应追究刑事责任的人免受刑事追诉①。

（一）讯问的内容和顺序

根据第一款规定，侦查人员对犯罪嫌疑人的讯问分成三个部分。首先，应当讯问犯罪嫌疑人是否有犯罪行为，在其作出肯定或者否定的回答后；再让他陈述有罪的情节（认罪）或者无罪的辩解（不认罪）；最后，根据犯罪嫌疑人的陈述或辩解，对其提出问题。对此三个部分不能机械地理解为所有的案件讯问过程中都是这样按部就班地展开。实际上在具体案件中，根据案情不同，侦查人员可能会采取一定的讯问策略，只要大致围绕法律所设定的框架展开即可；甚至从某个角度说，法条所规定的这个顺序只是基于逻辑的归纳展开，而并非是一种硬性要求，在案件千差万别的现实面前，侦查人员需灵活运用讯问手段和策略，根本不可能用“一个模式”进行规制。比如，根据相关规定，讯问时一般按下列顺序进行：先查明犯罪嫌疑人的基本情况，包括姓名、出生年月日、籍贯、身份证号码、民族、职业、文化程度、工作单位及职务、住所、家庭情况、社会经历、是否属于人大代表、政协委员等；然后告知犯罪嫌疑人在侦查阶段的诉讼权利，有权自行辩护或委托律师辩护，告知其如实供述自己罪行可以依法从宽处理的法律规定②；这之后才是法定内容的讯问。

（二）犯罪嫌疑人的如实回答义务

本款中对犯罪嫌疑人设定的如实回答义务，在修法过程中争议很大。学者多主张取消，尤其是在本法第五十条中引入了公安司法机关工作人员“不得强迫任何人证实自己有罪”之规定后，再保留如实回答条款显然有所不妥③。但是，实务界人士多主张保留。最终，由于各种原因，这一规定最终被保留了下来。立法虽然肯定了犯罪嫌疑人有义务如实回答，但也强调对与本案无关的问题，有拒绝回答的权利。只是，该权利与如实回答义务实在难以相提并论，因为在审讯场景中，侦查人员与犯罪嫌疑人的强弱对比不言自明，并且，侦查人员掌控了讯问的主动权，是否与案件有关由侦查人员说了算。在这种情况下，所谓拒绝回答权难有实际意义。为了与《刑法》规定相协调④，本条新增第二款，要求侦查人员在讯问犯罪嫌疑人的时候，应当告知犯罪嫌疑人如实供述自己罪行可以从宽处理的法律规定。

目前争论较大的是，如实回答义务与本法第五十条规定之间是否存在矛盾。对此，前面已有分析，这里从略。

---

① 王敏远：《中国刑事诉讼法教程》（第二版），中国政法大学出版社 2012 年版，第 232 页。

②《诉讼规则（试行）》第一百九十七条，《程序规定》第一百九十八条。需要看到，二者之间存在差异，《程序规定》中并未言明查明犯罪嫌疑人身份应放到首位，然而从讯问实际看，都是先查明其身份，并且还要告知侦查人员的身份，这是规律使然。

③ 对此，前面已有分析，此处不赘。

④《刑法》（2011 年修正）第六十七条第三款规定：犯罪嫌疑人虽不具有前两款规定的自首情节，但是如实供述自己罪行的，可以从轻处罚；因其如实供述自己罪行，避免特别严重后果发生的，可以减轻处罚。

第一百一十九条　讯问聋、哑的犯罪嫌疑人，应当有通晓聋、哑手势的人参加，并且将这种情况记明笔录。

【主旨】本条规定了侦查机关对聋、哑犯罪嫌疑人讯问的特殊要求。

【释评】聋、哑人虽然生理上有缺陷，却仍然有可能要承担刑事责任。由于侦查人员一般不通晓聋哑手势，为了克服这一障碍，便要求有通晓聋、哑手势的人参加，并且将这种情况记明笔录。这里的“聋、哑”应当理解为选择关系，即犯罪嫌疑人只要有一种情况存在，即应通知相关人员参加。记明于笔录的内容应当包括：犯罪嫌疑人的特殊生理状态，通晓聋、哑手势者的情况①，最后，应当有这些人员的签名，并按捺指印。本条中“通晓聋、哑手势的人”，在刑事诉讼中的法律地位是“翻译人”，如果其对与案件有重要关系的情节故意作虚假翻译，意图陷害他人或者隐匿罪证的，应当按照《刑法》第三百零五条的规定，以伪证罪追究刑事责任②。

第一百二十条　讯问笔录应当交犯罪嫌疑人核对，对于没有阅读能力的，应当向他宣读。如果记载有遗漏或者差错，犯罪嫌疑人可以提出补充或者改正。犯罪嫌疑人承认笔录没有错误后，应当签名或者盖章。侦查人员也应当在笔录上签名。犯罪嫌疑人请求自行书写供述的，应当准许。必要的时候，侦查人员也可以要犯罪嫌疑人亲笔书写供词。

【主旨】本条规定了（侦查）讯问笔录的制作要求。

【释评】侦查讯问笔录，是指侦查人员在讯问犯罪嫌疑人过程中，依法制作的，以文字形式记载讯问活动情况的法律文书③。从目前的司法实践情况看，多为手写形式，少数情况下，比如逮捕后的讯问、侦查终结前的讯问，在条件许可时，也可能采用电脑记录，然后打印输出，再由相关主体签名确认。讯问笔录制作完毕后，应当交由犯罪嫌疑人核对，对于没有阅读能力的，应当向他宣读。如果记载有遗漏或者差错，犯罪嫌疑人可以提出补充或者改正。犯罪嫌疑人承认笔录没有错误后，应当签名并且按捺指印。所有参加了该次询问的侦查人员也应当在笔录上签名。本条中重要者有三：

第一，讯问笔录的内容。

综合本条文义看，法律实际上要求侦查人员应当全面如实记载犯罪嫌疑人的陈述（即不得有遗漏与差错）。然而，由于各种因素影响，笔录记载事项的真实性和完整性都可能存在相当虚假性或不完整性。比如，实践中，讯问笔录的起始时间警察在讯问结束之后再填，且往往是根据侦查的需要，从犯罪嫌疑人谈到实质性问题时开始计算，讯问的实际持续时间远远超过了笔录中记载的时间④。另外，在内容上，犯罪嫌疑人的辩解没有受到足够重视。根据学者调查，有相当比例（高达42.7%）的侦查人员就坚持认为，应当区分情况，只有调查核实的才应记入笔录，这就导致部分应当核实，但侦查人员认为无核实必要的辩解，或者侦查人员未用心核实就认为不符合事实的辩解无法反映在笔录中⑤。

第二，讯问笔录的签名、盖章。

笔录经犯罪嫌疑人核对无误后，应当由其在笔录上逐页签名、捺指印，并在末页写明“以上笔录我看过（或向我宣读过），和我说的相符”。拒绝签名、捺指印的，侦查人员应当在笔录上注明。讯问笔录上所列项目，应当按照规定填写齐全。除侦查人员外，翻译人员也应当

① 详见《程序规定》第一百九十九条之规定。
② 孙茂利：《新刑事诉讼法释义与公安实务指南》，中国人民公安大学出版社2012年版，第264页。
③ 叶兰萍：《侦查讯问实训教程》，甘肃人民出版社2006年版，第24页。
④ ⑤ 闫召华：《口供中心主义研究》，法律出版社2013年版，第148页，第144-145页。

在讯问笔录上签名[①]。

特别应指出的是，本条中的“盖章”在实践中并不存在，应将其理解为签名并且按捺指印。因为具体接受讯问的犯罪嫌疑人均是自然人，而对自然人的签名，我国长期以来都习惯于要求其按捺指印进行确认。在我国，“章”有公章和私章之分，既然讯问只能针对自然人进行，虽然其有可能代表“单位”（单位犯罪中），但这并不影响讯问是围绕自然人的行为展开，在笔录结尾处当然应当由接受讯问者签名确认，此时只能按捺指印，即使有章，不管是什么类型的章，都不允许在讯问笔录上加盖。在笔者了解的范围内，实践中也没有出现过犯罪嫌疑人对笔录盖章的情况[②]。另外，《程序规定》通篇都只规定了签名或捺指印，没有任何一处提到了有关人员需要盖章[③]。

第三，自行书写笔录。

讯问过程中，允许“犯罪嫌疑人自行书写供述”，以必要为前提。所谓必要，主要指两种情况：一是根据犯罪嫌疑人的情况书写供述更能准确地表达其真实意思和案件事实情况，如犯罪嫌疑人口吃或口齿不清，难以准确表达所要讲的意思等；二是根据侦查的需要，从犯罪嫌疑人的书面笔录上提供侦查线索，如需要笔迹鉴定等[④]。这样一来，既达到了讯问的目的，又提高了效率。值得注意的是，此时犯罪嫌疑人的书面供述与讯问笔录之间的关系应如何理解，换言之，如果有了犯罪嫌疑人的书面供述，是否还需要制作讯问笔录？对此，《程序规定》第二百零二条规定：犯罪嫌疑人应当在亲笔供词上逐页签名、捺指印。侦查人员收到后，应当在首页右上方写明“于某年某月某日收到”，并签名。从该规定的表述看，大致是认为如有亲笔供词，则不必再行制作讯问笔录，只需由侦查人员在该供词载体上签名确认即可。笔者认为这样不妥。该种情况下，虽然也强调侦查人员要签名确认，但由于此时对讯问过程根本缺乏进一步记载，我们无法明确讯问的过程，一些非常重要的信息（时间、地点、人员、讯问方式等）可能会因为犯罪嫌疑人自行书写供词而遗失，一旦为此发生争议，将会难以处理。有鉴于此，从形式上看，应当存在独立的讯问笔录，犯罪嫌疑人的亲笔供词只是讯问笔录的（主体）组成部分，对于犯罪嫌疑人要求自行书写供述的情况，应当记载于笔录中，同时注明：有关案件事实的供述见“亲笔供词”。最后，有关人员仍然应当在笔录上签名或按捺指印。

第一百二十一条　侦查人员在讯问犯罪嫌疑人的时候，可以对讯问过程进行录音或者录像；对于可能判处无期徒刑、死刑的案件或者其他重大犯罪案件，应当对讯问过程进行录音或者录像。

录音或者录像应当全程进行，保持完整性。

【主旨】本条规定了讯问的录音录像制度。

【释评】要求侦查机关对讯问过程录音录像是本次修法新增规定。该条入法的原因，需要从录音录像制度的功能予以解释。有学者指出：“录音或录像”的主要功能之一是阻止暴力、威胁、欺骗或引诱等非法讯问，保障被讯问者权利。在录音制度中，除了无声音的暴力行为

---

① 《程序规定》第二百零一条。

② 实务界人士早就提出：事实上实践中只有签名，必要时辅以按指印，至于单独盖章的，根本不存在。尽管办案人员随时带着印泥（印油），但对于被拘留或被逮捕失去人身自由的犯罪嫌疑人、被告人来说，是不可能要求他们随时随地携带印章的。另外狱政管理规定中，也是不允许他们携带这些东西进入看守所等监管场所的。实践中，也从未有犯罪嫌疑人、被告人，在讯问笔录上盖个人印章的。见许佳鹏：《刑事诉讼笔录中“签名、盖章”亟待规范》，载《人民检察》2010 年第 2 期，第 93 页。

③ 对此，《诉讼规则（试行）》中显然“严格遵守”了法律规定，多处提及了盖章，但是，正如前述检察机关人士指出的，实践中根本就没有此种做法。

④ 朗胜：《<中华人民共和国刑事诉讼法>修改与适用》，新华出版社 2012 年版，第 243 页。

之外（如强光刺激），威胁、欺骗或引诱等非法讯问方式一旦发生，就会被录音设备记录下来。在录像制度中，讯问的过程是以视频方式被记录下来的，保存后的录像资料能够再现讯问场景，很方便地让其他人看见讯问者的举止、动作。即便是无声音的非法行为（如强光刺激），也无法躲避录像设备的捕获和记载。这也恰好弥补了录音制度的不足[①]。本条规定存在不同的逻辑关系，需要全面理解。

（一）是否需要录音录像？

首先，在一般情况下，侦查人员在讯问犯罪嫌疑人的时候，有权选择（即可以）是否对讯问过程进行录音或者录像。本条中，是否录音录像完全是由侦查机关（人员）单方决定的，当然，犯罪嫌疑人可以申请进行录音录像。

其次，在案件属于可能判处无期徒刑、死刑的案件或者其他重大犯罪案件时，侦查机关（人员）有义务（即应当）对讯问过程进行录音或者录像。这里的案件类型属于概况式列举。其中，无期徒刑和死刑属于处罚较重的要求，而其他重大犯罪案件是否可以作同一解释则不无疑问。显然，可能判处无期徒刑或死刑的案件，当然属于重大犯罪案件，但由于可能判处无期徒刑或死刑的案件毕竟是少数，这里所谓的其他重大犯罪案件，如何具体圈定其范围，还需要进一步研究[②]。不过，依《程序规定》之规定，这里的“可能判处无期徒刑、死刑的案件”，是指应当适用的法定刑或者量刑档次包含无期徒刑、死刑的案件。“其他重大犯罪案件”，是指致人重伤、死亡的严重危害公共安全犯罪、严重侵犯公民人身权利犯罪，以及黑社会性质组织犯罪、严重毒品犯罪等重大故意犯罪案件[③]。然而，上述标准中除个别罪名外，大都不甚明确。特别是，在侦查初期便要求公安机关确认案件处理结果轻重，进而决定是否采用录音或录像手段，既不现实，也不合理。

（二）如何录音录像？

一旦侦查机关（人员）决定对案件进行录音或录像，就应当全程进行，并保持录音或录像内容的完整。这里所谓“全程进行”是指讯问犯罪嫌疑人的全过程，具体而言，应有两方面的涵义：一是对每次讯问都应当录音或者录像，不能进行选择性录制；二是对每一次讯问的全过程进行录音或录像[④]。对此，《程序规定》第二百零三条第三款规定：对讯问过程录音或者录像的，应当对每一次讯问全程不间断进行，保持完整性。不得选择性地录制，不得剪接、删改。

上述规定之间的关系为，对重大案件应当全程录音或者录像具有优先性，这是侦查机关的义务。除此之外，侦查机关对是否进行全程录音或录像有选择权，而无论是哪种情况，一旦采用录音或录像，就应当全程进行，并保持完整性。由于本条系新规定，许多细节需要进一步完善。比如，在全程录音或录像问题上，因为决定权在侦查机关，什么时候开始讯问，什么时候开始录音或录像，犯罪嫌疑人根本无法控制，这样一来，就可能出现人们担心的问题：只有在犯罪嫌疑人“招供”时才录音或录像，只要“不招”就坚决不录。另外，在判断完整性上还有一些必不可少的技术性要求，比如开始录音或录像的（时间）宣告、中途暂停

① 张品泽：《论侦查阶段讯问制度变革——以刑事诉讼法修正案（草案）为样本》，载《中国人民公安大学学报》（社会科学版）2011年第6期，第35页。
② 此时，究竟是根据罪名，还是可能判处的刑罚轻重进行归类，实际上都有疑问。
③《程序规定》第二百零三条第二款。
④ 宋英辉：《中华人民共和国刑事诉讼法精解》，中国政法大学出版社2012年版，第161页。

的告知、结束的告知、录音或录像载体的封存等[①]。这些问题不解决的话，其在实践中的作用可能会比较有限。

第三节　询问证人

第一百二十二条　侦查人员询问证人，可以在现场进行，也可以到证人所在单位、住处或者证人提出的地点进行，在必要的时候，可以通知证人到人民检察院或者公安机关提供证言。在现场询问证人，应当出示工作证件，到证人所在单位、住处或者证人提出的地点询问证人，应当出示人民检察院或者公安机关的证明文件。

询问证人应当个别进行。

【主旨】本条规定了侦查机关询问证人的地点和程序。

【释评】本法严格区分了对犯罪嫌疑人的讯问和对证人、被害人的询问。从语言上分析，讯问和询问都是指对人与人之间的对话，不同的是，在该场景下，发问者具有公务人员身份，而被问者只是被动地接受发问，在这个意义上可以说，二者没有本质区别。但是考虑到犯罪嫌疑人毕竟与证人和被害人的法律地位存在较大区别，在我国，犯罪嫌疑人身份的确定，需要有证据支撑以及立案程序的完成，此时其属于被怀疑、审视的对象；并且，对犯罪嫌疑人还可以被采取强制措施，在这种情况下，"侦查讯问中的谋略和方法"，大都带有强制性，不管犯罪嫌疑人的主观意愿如何，侦查机关都得行使讯问的权利。因此，犯罪嫌疑人对这种强制性的法律效力和环境不得不接受[②]。这样，其当然与观念上值得同情的被害人，或者需要求助的证人不可同日而语。也许是因为这个原因，立法才把证人、被害人与侦查人员的地位"平等"起来。

（一）地　点

在第一款中，询问证人有五处地点可以选择。依法条文义，现场、证人的单位、证人的住处或者证人提出的其他地点这四处地点具有优先性，是一般情况下的选择[③]。其中，现场询问证人又具有一定优先性。但是，不管哪种情况，侦查人员都应当首先表明自己的身份，如果是在现场询问证人，应当出示工作证件；如果是到证人所在单位、住处或者证人提出的地点询问证人的，则应当出示人民检察院或者公安机关的证明文件。只有在特殊情况下（必要的时候），才可以通知证人到人民检察院或者公安机关的办公地点提供证言。此时，实际上也需要出示证件，这是正当程序的必然要求。所谓必要的时候，主要是指案情保密需要，以及避免证人受到干扰、方便其作证等情况[④]。

（二）程　序

第二款规定了询问证人的最基本要求：应当个别进行。其依据在于，只有这样才能使证

---

① 相关介绍可参见樊崇义、温小洁、赵燕：《视听资料研究综述和评价》，中国人民公安大学出版社 2003 年版中的有关内容。

② 魏鹏主：《侦查讯问》，中国政法大学出版社 2003 年版，第 2-3 页。

③ 这既有利于证人在现场提供最新鲜的证词，也有利于侦查人员及时了解现场及其案发的整个过程，从而有利于迅速、即使侦破案件，抓获犯罪嫌疑人。李昌林：《最新中华人民共和国刑事诉讼法释义》，中国法制出版社 2012 年版，第 269 页。

④ 朗胜：《〈中华人民共和国刑事诉讼法〉修改与适用》，新华出版社 2012 年版，第 246 页。

人独立地提供其所知道的案件情况，防止证人之间互相影响；才能解除证人的思想顾虑，使其充分地陈述自己的所见所闻；才能便于侦查人员对各个证人提供的证言进行审查判断，从中发现矛盾，澄清疑点，用作定案的根据；也才能便于侦查人员针对每个证人的不同特点进行法制教育，促使证人如实提供证言①。换言之，既不能采用“座谈会”的方式将多名证人召集在一起进行询问，更不能让多名证人出具同一份书面证词②。反观对犯罪嫌疑人讯问的相关规定，二者有两大区别：

第一，本法对询问证人的具体内容（构成、顺序）没有限制，从立法目的上推测，应当认为是允许围绕案情，灵活掌握。

第二，本法没有强调对犯罪嫌疑人的讯问应当个别进行，但是理论上和实务中一般都认为，应当个别进行，公安部的规定中也对此进行了明确③。不过，必要时也可以让犯罪嫌疑人互相质证④。当然，侦查阶段一般不宜在同案犯罪嫌疑人之间进行对质⑤。

第一百二十三条　询问证人，应当告知他应当如实地提供证据、证言和有意作伪证或者隐匿罪证要负的法律责任。

【主旨】本条规定了侦查人员询问证人时的告知义务。

【释评】根据本法第六十条之规定，作证是任何知道案件情况者的义务，由于证人证言具有较强主观性，在询问开始时，应当告知其如实地提供证据、证言和有意作伪证或者隐匿罪证要负的法律责任。比照国外的情况可以发现，证人作证时往往需要宣誓，在有宗教信仰的背景下，“手捧圣经式”的宣言，无疑给证人的心理带来很大压力，法律制裁反而在其次。然而对于当下的中国人而言，当然不能指望“神”对心灵有多大震撼，只有强调制裁，这其实是一种无奈之举。

第一百二十四条　本法第一百二十条的规定，也适用于询问证人。

【主旨】本条规定了询问证人准用本法第一百二十条之规定。

【释评】第一百二十条规定了讯问笔录的制作、核对等问题。根据本条规定，询问证人，仍然需要制作询问笔录，其要求与讯问笔录完全相同。从本条可以发现，前述提及的询问与讯问，主要是一种形式上的区别而已。

第一百二十五条　询问被害人，适用本节各条规定。

【主旨】本条规定了侦查机关对被害人询问时适用本节各条规定。

【释评】依体系解释，侦查机关对被害人也只能进行询问。同时，询问地点、程序、笔录制作等方面的要求都相同。“但是，被害人与证人具有不同的诉讼地位，被害人是刑事诉讼的当事人，其与案件的处理有直接利害关系。因此，在询问被害人时，除了依照询问证人的各项规定进行外，还要注意被害人的特点。一方面，由于被害人直接遭受犯罪行为的侵害，在不少案件中，被害人与犯罪分子还有过直接接触，通过询问被害人，可以更多地掌握犯罪事实和犯罪嫌疑人的有关情况。因而，要注意做好被害人的思想工作并采取适当措施，使其能克服害怕打击报复、名誉受损等心理，积极如实作证。另一方面，也要考虑到，由于对犯罪嫌疑人的憎恨或犯罪发生时情绪紧张，被害人易发生认知错误，一些被害人容易夸大犯罪严

① ⑤ 陈光中：《刑事诉讼法》（第五版），北京大学出版社、高等教育出版社2013年版，第288页，第285页。

② 陈卫东：《刑事诉讼法》（第三版），中国人民大学出版社2012年版，第213页。

③《程序规定》第一百九十七条规定：讯问犯罪嫌疑人，必须由侦查人员进行。讯问的时候，侦查人员不得少于二人。讯问同案的犯罪嫌疑人，应当个别进行。

④ 刘广三：《刑事证据法学》，中国人民大学出版社2007年版，第389页。

重程度和情节。因此，询问被害人时，既要认真听取其陈述，又要注意分析是否合乎情理。对于被害人的个人隐私，应当为其保守秘密。第一次询问被害人时，还应告知其有权提起刑事附带民事诉讼。”①

第四节 勘验、检查

第一百二十六条 侦查人员对于与犯罪有关的场所、物品、人身、尸体应当进行勘验或者检查。在必要的时候，可以指派或者聘请具有专门知识的人，在侦查人员的主持下进行勘验、检查。

【主旨】本条规定了勘验、检查的对象和主体。

【释评】勘验和检查是刑事侦查的基础，可以说，任何案件都有“现场”，都应当进行勘验和检查，否则破案就成了一句空话。

本条虽然把勘验和检查规定在一起，但按一般理解，勘验和检查的对象存在明显不同。勘验是针对与犯罪有关的场所、物品、尸体等“静态”事物而适用，而根据本法第一百三十条的规定，检查只能针对自然人的人身。侦查人员尽管具有相应的侦查技能，但面对千变万化的刑事案件时，却也只能寻求“具有专门知识的人”（相关专家）的帮助，此时，勘验和检查仍然由侦查人员主持，专家只是协助进行勘验或检查。这里需要注意的是，若仅仅是进行对有关情况的发现、确认，一般认为还是属于勘验或检查的范围，而如果涉及专门知识、技术的运用，并且需要出具意见时，这些专家的身份，便可能会转化为后面规定中的“鉴定人”。

第一百二十七条 任何单位和个人，都有义务保护犯罪现场，并且立即通知公安机关派员勘验。

【主旨】本条规定了有关单位和个人保护现场、立即通知公安机关的义务。

【释评】前已提及，现场对案件破获至关重要；因此法律规定，任何单位和个人一旦发现（可能）存在犯罪现场，应当进行保护，并立即通知公安机关。理解本条应注意，本条虽然使用了“任何单位和个人”的表述，可实际上，只有知悉、发现犯罪现场者才会有保护义务和通知义务。其中，保护义务的实现，需要进一步提高全民法律素质，尤其中国人中不少有围观、看热闹的习惯，这对犯罪现场的保护较为不利。而对通知义务而言，从现实情况看，可能很难像法条所要求的那样，要有关主体直接通知公安机关派员勘验，实践中普通公民往往只能报警，派员勘验是公安机关内部工作安排的事情。

第一百二十八条 侦查人员执行勘验、检查，必须持有人民检察院或者公安机关的证明文件。

【主旨】本条规定了侦查人员执行勘验、检查时的基本要求。

【释评】勘验、检查是一项重要的侦查措施，个人无权实施，故本条要求侦查人员在行使此项职权时，必须持有人民检察院或者公安机关的证明文件。这里的证明文件，是指人民检察院或公安机关开具的执行勘验、检查任务的证明文件，而不是指侦查人员的个人证件②。但

① 龙宗智、杨建广：《刑事诉讼法》（第四版），高等教育出版社2012年版，第285页。

② 孙茂利：《新刑事诉讼法释义与公安实务指南》，中国人民公安大学出版社2012年版，第279页。

是，本条没有明确上述证明文件如何办理。《程序规定》中提及应当持有刑事犯罪现场勘查证[①]，《诉讼规则（试行）》则规定，进行勘验、检查，应当持有检察长签发的勘查证[②]。这些规定中虽然都要求持有“勘察证”，然而“勘察证”究竟如何办理，却语焉不详。可以推断的是，由于法律规定缺位，该证件实际上只需要履行内部报批手续即可办理完毕，至于证据基础、宽严程度等问题则基本无从考察。这可能是因为，勘验、检查程序与其他侦查程序一样，同样被设计为一种侦查机关为查清案情，进行单向性调查的行政性程序，尽可能赋予侦查机关广泛的权力，尤其是对属于强制侦查的勘验、检查行为缺乏必要的基本程序制约[③]。

第一百二十九条　对于死因不明的尸体，公安机关有权决定解剖，并且通知死者家属到场。

【主旨】本条规定了公安机关的尸体解剖权。

【释评】根据本条规定，公安机关单方决定解剖的前提是尸体“死因不明”，如果尸体死因明确，自然毋需解剖。公安机关一旦决定解剖，应当通知死者家属到场。家属在场有两个好处：一是家属目睹解剖情况，有利于家属配合公安机关查明案情，使侦查活动得以顺利进行；二是客观上起到了对公安机关解剖尸体进行监督的作用，有利于促使公安机关依法行使职权[④]。

虽然本条仅规定了公安机关有权决定解剖死因不明的尸体，但由于检察机关也享有部分案件的侦查权，在检察院自侦案件中，也可能出现尸体死因不明的情况，此时，检察机关当然有权自行决定解剖尸体，而不必转而要求公安机关帮助[⑤]。另外，需要注意的是，侦查机关的单方决定权并不排斥死者家属的申请权，换言之，在尸体死因不明（有争议）的情况下，死者家属当然有权要求（申请）公安机关对尸体进行解剖。

第一百三十条　为了确定被害人、犯罪嫌疑人的某些特征、伤害情况或者生理状态，可以对人身进行检查，可以提取指纹信息，采集血液、尿液等生物样本。

犯罪嫌疑人如果拒绝检查，侦查人员认为必要的时候，可以强制检查。

检查妇女的身体，应当由女工作人员或者医师进行。

【主旨】本条规定了人身检查的对象和基本要求。

【释评】人身检查对发现案件线索，提取相关证据具有重要作用，但又有可能造成对公民基本权利的侵害。

（一）人身检查的对象

依第一、二款的规定，学理上一般都认为人身检查只能针对被害人、犯罪嫌疑人实施，对证人不能适用。其中，仅在犯罪嫌疑人拒绝检查，而侦查人员又认为必要时，才可以强制检查，而对被害人则不能强制检查。这可能是因为被害人已经遭受了犯罪行为的侵害，国家应当给予保护，如果其拒绝，不应当进行强制，造成“雪上加霜”的局面[⑥]。所谓有必要，主要是指人身检查的结果对案件推进具有较大影响，如果犯罪嫌疑人拒绝则无法进行下一步活

① 第二百零九条第二款。
② 二百一十条第一款。
③ 袁志：《勘验、检查笔录研究》，西南财经大学出版社2007年版，第118-119页。
④ 朗胜：《〈中华人民共和国刑事诉讼法〉修改与适用》，新华出版社2012年版，第253页。
⑤《诉讼规则（试行）》第二百一十二条规定：人民检察院解剖死因不明的尸体，应当通知死者家属到场，并让其在解剖通知书上签名或者盖章。死者家属无正当理由拒不到场或者拒绝签名、盖章的，不影响解剖的进行，但是应当在解剖通知书上记明。对于身份不明的尸体，无法通知死者家属的，应当记明笔录。
⑥ 应当注意的是，被害人的伤害情况、生理特征等对案件可能存在重大影响。但很多情况下，被害人都有较为强烈的追诉愿望，一般说来，配合侦查人员进行检查问题不大。

动。对此有人提出，“必要的时候”是指不进行强制检查，人身检查的任务无法完成，侦查活动无法正常进行的时候，包括经教育犯罪嫌疑人仍拒绝检查、犯罪嫌疑人精神失常等情况[①]。笔者认为，这种理解不能说没有道理，但存在“倒果为因”的问题，即把为了完成当作原因，而不是深究为什么需要检查，其不当之处显而易见。

（二）人身检查的内容

依第一款规定，人身检查的内容是确定被害人、犯罪嫌疑人的某些特征、伤害情况或者生理状态。目前，人们对某些特征、伤害情况或者生理状态的理解基本一致。“某些特征”主要是指与被害人、犯罪嫌疑人人身相关的生理特征，如相貌、肤色、肢体完整性和功能、特殊印记等。“伤害情况”主要是指被伤害的位置、面积、创口情况、深度、致害工具残留物等。“生理状态”主要是指有无生理缺陷，如智力发育情况、各种生理机能等[②]。特别应予注意的是，本次修法新增了“可以提取指纹信息，采集血液、尿液等生物样本”之规定，对此需全面考查。

首先，这种行为的性质如何界定？对此，可能许多人会不假思索地认为，这也属人身检查的范围[③]。有学者进一步指出：人身检查之目的在于通过对被检查人身体状态、性质、机能的查验，达到查明案件事实的目的。而欲实现上述目的，显然不是对身体表面进行查看就能实现，它需要一系列检查手段的综合应用。因此无论体表查看、身体采样或者内部探查，都是人身检查的不同手段，其目的具有同一性[④]。笔者认为这种观点值得商榷。

本条中，“可以”一词的两次使用表明，人身检查与提起生物样本并列成为确定被害人、犯罪嫌疑人的某些特征、伤害情况或者生理状态的手段。在之前立法中，人身检查与这一目的还存在完全对应关系，相互解释尚可接受，然而法律修订后，显然无法再做此种当然解释。因为作用于人身手段的扩展，导致原有“人身检查”在涵义上已有变化。我们必须注意到第一款前半段中的人身检查内容与提取生物样本的差别。这表现在：前者内容基本可以直接确定，而后者却仅仅是一个过渡环节，换言之，提取或采集本身不是目的，提取或采集是为了后面的鉴定，并且，提取生物样本在立法目的实现上，也只能通过“鉴定意见”这一证据形式呈现出来。由此，可以认为，侦查人员提取指纹信息，采集血液、尿液等生物样本行为与鉴定行为事实上存在“竞合”关系，将其列入“鉴定”部分可能更为妥当。

其次，提取指纹信息，采集血液、尿液等生物样本能否强制进行？从第二款规定看，只有在犯罪嫌疑人拒绝属于“检查”范围的行为时，侦查人员才可以强制检查，如果认为提取指纹信息，采集血液、尿液等生物样本不属于“人身检查”范围，当然就不能进行强制[⑤]，而只能在征得被害人、犯罪嫌疑人同意的情况下方能进行。在规范层面，《程序规定》明显认为二者属于同一范畴，因此才规定：犯罪嫌疑人如果拒绝检查、提取、采集的，侦查人员认为

---

① 孙茂利：《新刑事诉讼法释义与公安实务指南》，中国人民公安大学出版社 2012 年版，第 282 页。

② 朗胜：《〈中华人民共和国刑事诉讼法〉修改与适用》，新华出版社 2012 年版，第 254 页。宋英辉：《中华人民共和国刑事诉讼法精解》，中国政法大学出版社 2012 年版，第 169 页。孙茂利：《新刑事诉讼法释义与公安实务指南》，中国人民公安大学出版社 2012 年版，第 281-282 页。

③ 宋英辉：《中华人民共和国刑事诉讼法精解》，中国政法大学出版社 2012 年版，第 169 页。在《程序规定》和《诉讼规则（试行）》中，都分别把人身检查、采集、提取行为规定在一起，由于原来固有的“检查”一语并未作修改，这些规定怎么看都让人“不顺眼”。

④ 王志刚：《刑事人身检查性质辨析》，载《中国刑事法杂志》2011 年第 5 期，第 55 页。

⑤ 对此，有学者提出了前后矛盾的观点。一方面认为采集样本应当征得被害人、犯罪嫌疑人的同意才能进行。但另一方面却又提出：对于犯罪嫌疑人而言，如果通过劝导仍然拒绝检查的，可以在履行严格的程序规范后强制采样。参见宋英辉：《中华人民共和国刑事诉讼法精解》，中国政法大学出版社 2012 年版，第 170 页。

必要的时候，经办案部门负责人批准，可以强制检查、提取、采集[①]。笔者认为，这样理解只是方便了办案，其实是不准确的。

再次，生物样本的范围如果把握？笔者认为，指纹信息与血液、尿液都可以归入生物样本范围。由于第一款中使用了“等”字，结合实践中的情况看，理解为“等外等”较为适宜。即生物样本除了法条明确列举的三种类型外，还包括汗液、精液、唾液、毛发等。

最后，未来在法律执行过程中，还应当细化规定具体执行程序，需要重点考虑的问题包括区别不同的采样内容确定适当的采样人员，特别是，对于深入侵入身体的采样，应当由医生等专业人士进行；对生物样本的使用，也应当加以规范；使用完毕后应当及时销毁，防止公民隐私泄露[②]。

（三）人身检查的手段

本条中，人身检查的手段可以分为非强制性与强制性两个类型。前者适用于一般情况下的检查、提取。具体说来，如果被检查人较为配合，可以采用目测、拍身、拍照、医疗器具（如 X 光机照射）等方式在被检查人体表或体腔内进行。如果被检查人存在抵抗或者有其他情况，就可能需要运用强制手段。对此，法律仅是授权侦查人员可以强制检查，值得追问的是，强制检查手段的范围及效力如何把握？在德国，根据其《刑事诉讼法》第八十一条的相关规定，为了确定对程序具有重要性的事实，允许命令检查被指控人的身体。为此目的，在对被指控人身体健康无害的条件下，许可不经被指控人同意，由医师根据医术规则，本着检查目的进行抽取血样验血和其他身体检验。在为了实施刑事诉讼程序或者为识别辨认目的有此必要的范围内，允许违背被指控人的意志，对他进行拍照、收集指印、身体测量和类似的措施[③]。不过，法典对犯罪嫌疑人拒绝服从的后果未加规定。一般认为，强迫证人合作的特别手段（罚款和拘留）对其不适用，但是德国《刑事诉讼法》第八十一条甚至在没有特别司法授权的情况下，默许了强制犯罪嫌疑人的权力。根据同样的推理，嫌疑人的行动自由也可以被限制，只要这种限制对于执行检查令是必要的，尽管《刑事诉讼法》第八十一条并未明确规定任何剥夺自由的形式。鉴于对反对自证其罪特权的广泛理解，嫌疑人只能被强迫消极接受检查，而不能被强迫采取任何的积极行为[④]。对此，可资借鉴的是，在强制手段运用上，首先应当选择间接强制，譬如拘留、罚款等，在其无效的情况下，方可对犯罪嫌疑人直接进行物理强制。当然，应当指出，在强制手段运用上，最为重要的是在于构建一个细密、合理的实施程序，否则，其必易遭滥用。

（四）人身检查的特殊要求

出于尊重女性以及人权保障的考虑，第三款规定了检查妇女的身体，应当由女工作人员或者医师进行。据此，依反对解释可以认为，对男性进行搜查时，工作人员的性别可以不限（当然，从男女平等角度看似有不妥）。另外，这里的医师是否还应当区分性别？法律没有规定，从妥当性考虑，如果条件允许，还是尽可能安排女性医师进行。对此，与我国法律有着极深渊源的俄罗斯《刑事诉讼法典》第一百八十四条就规定：人身搜查只能由与被搜查人同

① 第二百一十二条第二款。
② 陈卫东：《2012 刑事诉讼法修改条文理解与适用》，中国法制出版社 2012 年版，第 230-231 页。
③ 李昌珂译：《德国刑事诉讼法典》，中国政法大学出版社 1995 年版，第 23-24 页。
④ [德]托马斯·魏根特：《德国刑事诉讼程序》，岳礼玲、温小洁译，中国政法大学出版社 2004 年版，第 116 页。

性别的人进行，如果有见证人和专家参加该侦查行为，见证人和专家也应与被搜查人同性别[①]。该规定比较合理，可值借鉴。

第一百三十一条　勘验、检查的情况应当写成笔录，由参加勘验、检查的人和见证人签名或者盖章。

【主旨】本条规定了勘验、检查笔录的制作。

【释评】作为一种重要的侦查行为，勘验、检查的情况当然应当写成笔录，勘验、检查笔录也是法定证据种类之一。勘验、检查由侦查机关（人员）主持，也需要有见证人在场，因此笔录中相关人员需要签名，对见证人还应当要求按捺指印（这里同样不需要盖章）。

第一百三十二条　人民检察院审查案件的时候，对公安机关的勘验、检查，认为需要复验、复查时，可以要求公安机关复验、复查，并且可以派检察人员参加。

【主旨】本条规定了人民检察院对公安机关的复验、复查权。

【释评】人民检察院是法定公诉机关，其在审查案件时，根据具体情况，如果认为公安机关的勘验、检查，存在问题，需要复验、复查时，有权要求公安机关复验、复查，即退回公安机关进行，也可以自行复验、复查[②]；必要时，可以派检察人员参加。从本条规定看，由于检察机关有审查权（义务），检察机关派员参加公安机关的复验、复查，其目的在于对公安机关的复验、复查进行必要的引导和监督，以便于公安机关通过复验、复查进一步查明有关的案件情况，保证复验、复查结果的可靠性和准确性，正确处理案件[③]。

第一百三十三条　为了查明案情，在必要的时候，经公安机关负责人批准，可以进行侦查实验。

侦查实验的情况应当写成笔录，由参加实验的人签名或者盖章。

侦查实验，禁止一切足以造成危险、侮辱人格或者有伤风化的行为。

【主旨】本条规定了侦查实验的适用条件与程序。

【释评】从性质上看，侦查实验属于一种独立的侦查行为，本法将其列入勘验、检查这一节有所不妥。因为从案件发生、发展过程看，其与本节所规定的勘验、检查并无必然的逻辑联系，易言之，勘验、检查过程中发现了问题，可以进行侦查实验；而在其他环节，如果有必要当然也可进行实验。

（一）侦查实验的目的、条件和程序

实验属于一种模拟，侦查实验的目的当然在于查明案件情况，由于实验涉及诸多方面的事项，因此只能在必要的时候才能采用。所谓必要的时候，是指对案件重要的情节非经侦查实验难以查明，或者对案件是否发生以及如何发生难以确定的时候[④]。第三款所规定的禁止性要求，即不得进行任何足以造成危险、侮辱人格或者有伤风化的行为，实际上从反面划定了允许侦查实验案件的范围。由于法定标准并不明确，在理解时大致可以考虑以下几个方面：对将产生明显不当结果或不能预料结果的，不能进行侦查实验，比如跳楼行为、强奸行为；对于一些涉及国家秘密或当事人隐私以及商业秘密的实验，则应当或可以不公开实验过程。最后，要尽可能以科学的方法规制或替代侦查实验。在有必要进行侦查实验的情况下，需要

---

① 黄道秀译：《俄罗斯刑事诉讼法典》（新版），中国人民公安大学出版社2006年版，第169页。
② 冀祥德：《最新刑事诉讼法释评》，中国政法大学出版社2012年版，第121页。
③ 李昌林：《最新中华人民共和国刑事诉讼法释义》，中国法制出版社2012年版，第279页。
④ 孙茂利：《新刑事诉讼法释义与公安实务指南》，中国人民公安大学出版社2012年版，第285页。

遵循基本的要求；比如应在不破坏仍有侦查价值的原始现场的前提下，尽可能在原始地方进行，如果原发地点已失去条件，或改变实验地点对实验结果并无影响，也可以选择其他较为恰当的点击进行。侦查实验的时间应是与案件发生、发现相同的时间。如果改变实验时间对实验结果并无影响，也可以选择其他较为恰当的时间进行。侦查实验的物品、工具，应尽可能使用犯罪分子使用的犯罪工具或物品进行。如果原物破坏，则应尽量选择与原物类似的物品进行替代[①]。

另外，侦查实验属于重大侦查行为，应当经县级以上公安机关负责人批准[②]，方可进行。

（二）侦查实验笔录

本法第五十条肯定了侦查实验笔录的证据能力。实际上，无论在活动性质还是在活动目的上，侦查实验与勘验、检查活动有着明显区别。正因为如此，本法将侦查实验笔录与勘验、检查笔录视为两种相互独立的笔录证据[③]。侦查实验应由侦查人员主持，也可以根据情况要求或邀请其他人员在场，比如见证人、犯罪嫌疑人、有关技术人员等。笔录写成后，参加实验的人员应当签名或者按捺指印[④]。

第五节　搜　查

第一百三十四条　为了收集犯罪证据、查获犯罪人，侦查人员可以对犯罪嫌疑人以及可能隐藏罪犯或者犯罪证据的人的身体、物品、住处和其他有关的地方进行搜查。

【主旨】本条规定了搜查的目的和对象。

【释评】本法把搜查规定在“侦查”这一章，使之明显不同于直接作用于被追诉人的强制措施。作为一种侦查行为，搜查旨在寻找可以为没收或追征之客体或证据物，但却被隐匿起来之物品，以及可疑之嫌犯[⑤]。

（一）搜查之目的

本条明确规定，搜查之目的在于收集犯罪证据、查获犯罪嫌疑人。不过，依体系解释，这里的“犯罪证据”，不仅仅指有关证实犯罪的证据，当然还包括证实犯罪嫌疑人无罪、罪轻的证据[⑥]。其中，犯罪人的涵义比较复杂，在程序意义上，侦查阶段的被疑对象只能称之为“犯罪嫌疑人”，立法者在后面也认识到犯罪嫌疑人的存在，此处所谓“犯罪人”主要是指行为的实施者，而非法律意义上的“犯罪人”。之所以使用了“犯罪人”的表述，应当是受到思维定势的影响。本条中有关“罪犯”的理解也同样如此。

由搜查目的引申出的一个问题是，搜查程序的启动条件如何？依本条文义，只要是“为了收集犯罪证据、查获犯罪人”，侦查人员即可实施搜查。而任何侦查手段都是为了收集犯罪

---

① 张军、陈卫东：《新刑事诉讼法疑难释解》，人民法院出版社 2012 年版，第 253 页。

②《程序规定》第二百一十六条。值得注意的是，在公安机关的组织体系中，存在着局（分局）、厅、部等不同级别的划分，相应的，这里的负责人可能是局长、厅长或部长。相比较而言，本次修法把 1996 年法律中的“公安局长”改为“公安机关负责人”更为准确。

③ 陈瑞华：《刑事证据法学》，北京大学出版社 2012 年版，第 117 页。

④ 此时，也不应当盖章。

⑤ [德]克劳思·罗科信：《刑事诉讼法》（第 24 版），吴丽琪译，法律出版社 2003 年版，第 344 页。

⑥ 本法第一百一十三条之规定。

证据，查获犯罪人，因而该条实际上未对搜查规定任何限制条件。实践中，我国搜查与扣押的条件实际上依附于立案的条件，也就是说，只要侦查人员认为有犯罪事实发生，需要追究刑事责任，就可以随意对其认为必要的地方实施搜查与扣押，几乎没有任何独立的适用条件与证明标准的要求[①]。

（二）搜查的对象

本条文义很清楚，搜查的对象包括犯罪嫌疑人，以及可能隐藏罪犯或者犯罪证据的人的身体、物品、住处和其他有关的地方。由于对象范围较广，其类别也较多，从法理上讲，对不同的对象进行搜查，其条件也应有区别。另外，还需要看到，单从对象范围上而言，搜查与勘验、检查似有重叠，但细一比较就可以发现，二者虽有诸多相似之处，其区别却也明显。这主要表现在：勘验、检查基本上不存在预设目的，只是被动而为，或者不得已而为之；而搜查却是主动为之，有备而来[②]。因此，它们才适用不同规则。比如，在以身体携带毒品的犯罪侦查中，通过灌肠、呕吐等方式获取犯罪嫌疑人藏匿体内的犯罪证据是一种常用的侦查手段，通过这些方式提取犯罪嫌疑人通过身体夹带（如吞食、肛门夹塞）的毒品，与警察对其他场所的搜查中所用的方法和手段类似，其大致可以归入人身搜查的范围，应当适用有关搜查的规定[③]。

第一百三十五条 任何单位和个人，有义务按照人民检察院和公安机关的要求，交出可以证明犯罪嫌疑人有罪或者无罪的物证、书证、视听资料等证据。

【主旨】本条规定了有关单位和个人的证据交出义务。

【释评】在打击犯罪的目标指引下，由于强调国家利益至上，本法在许多地方都明确规定了“所有人”都应履行的义务。本条中的交出义务即是一例。

（一）交出义务的存在基础

本条中，交出义务的主要内容在于配合，即强调应侦查机关要求，交出有关证据。立法设定单位和个人的交出证据义务，实际上是希望达到两种效果：“一是希望以相关单位和个人的证据提交义务配合侦查机关的强制搜查权，以便于督促保管、持有、控制犯罪证据的单位和个人主动交出侦查机关正在搜查的证据，避免采取强制搜查的方法给利害关系人的权益造成不必要的损失；二是弥补强制搜查的不足，因为即使侦查机关依法进行强制搜查，对于那些隐藏在保密地点的证据，侦查机关也不容易发现，如果有关单位和个人能够积极配合搜查，主动交出证据，就可以大大节省侦查机关的人力、物力”。[④]在适用范围上，虽然本条没有设定例外，但正如本书前面提到的，辩护律师在执业过程中获取的有关可以证明犯罪嫌疑人有罪或者无罪的物证、书证、视听资料等证据，基于保密权的需要，没有义务向侦查机关提交，而是根据自己的判断，自行决定是否提交、何时提交、如何提交。

（二）交出义务的程序背景

交出义务是各种侦查行为联系在一起的，因为，只有在案件调查过程中，发现了证据，才可能要求有关主体交出。很明显，本条对人民检察院和公安机关的行为没有设定任何程序

---

① 翁怡洁：《我国刑事搜查、扣押制度的改革与完善》，载《国家检察官学院学报》2004年第5期，第65页。
② 比如在国外，一般要求搜查需要法官颁发的令状，而取得令状又需要有证据证明符合法定条件。
③ 刘方权：《侦查程序实证研究》，中国检察出版社2010年版，第69-70页。
④ 李昌林：《最新中华人民共和国刑事诉讼法释义》，中国法制出版社2012年版，第284页。

要求。实践中，侦查机关便往往以本条规定为由，规避搜查证的办理，直接要求有关单位和人员交出证据，而不需要办理任何手续，这种行为被称之为“证据提取”，虽然也要制作笔录、要有见证人在场等，但相比而言，这已经方便很多了[①]。显然，这属于故意曲解法律。实际上依体系解释，交出义务本身不能单独存在，其必须依附于搜查而存在，交出仅是搜查的后果之一而已。

第一百三十六条　进行搜查，必须向被搜查人出示搜查证。

在执行逮捕、拘留的时候，遇有紧急情况，不另用搜查证也可以进行搜查。

【主旨】本条规定了搜查的程序。

【释评】搜查行为本身集中体现了公民人权和准确控制犯罪二者尖锐对抗的紧张关系。而搜查制度则是各国立法者在控制犯罪与保障人权的双重目的之间进行艰难平衡的结果。一方面，必须保证政府的足够取证能力，另一方面，还应当防止政府恣意侵犯公民的合法权利[②]。因此，本条区分情况，设计了两种不同的搜查程序。

（一）有证搜查

搜查证是侦查人员向特定对象实施搜查行为时的告知凭证。侦查机关于一般情况下进行搜查，无疑应当先行办理搜查证。但是，搜查证如何办理，法律却未明示。在本法第一百三十四条中，似乎仅仅授权侦查人员“实施”，或者说“执行”搜查的权力，并未明确规定谁有权“决定搜查”。对此，《程序规定》第二百一十七条和《诉讼规则（试行）》第二百二十条，分别把决定权赋予了各自部门的负责人（检察机关是检察长，公安机关则是县级以上公安机关负责人）。据此，两大侦查机关便获得了“决定”搜查的权力。然而从法理上分析，这些自我授权式的规定其实是违反程序法定原则的[③]。

本条要求侦查人员进行搜查时，必须向被搜查人出示搜查证，这就意味着，如果侦查人员没有有效的搜查证，或者没有依法出示搜查证，被搜查对象有权拒绝搜查。不过，本条并未要求侦查人员出示工作证，有学者认为，由此可能带来侦查人员如何向当事人表明身份，使其知晓搜查主体合法性的问题[④]。笔者认为，这种担心大可不必。从解释论上讲，法律虽然没有规定侦查人员执行搜查时应当出示自己的工作证，但并不意味着，侦查人员就可以在不表明自己身份的前提下展开搜查，预先告知自己身份，是正当程序的起码要求。况且，实践中，为了避免不必要的误会，侦查人员一般都是履行了告知义务的。

（二）无证搜查

第二款规定了紧急情况下允许无证搜查。无证搜查必须同时具备两个条件：一是在执行逮捕、拘留的时候，二是遇有紧急情况。何谓“紧急情况”？对此，《程序规定》第二百一十九条规定，紧急情况是指：（1）可能随身携带凶器的；（2）可能隐藏爆炸、剧毒等危险物品的；（3）可能隐匿、毁弃、转移犯罪证据的；（4）可能隐匿其他犯罪嫌疑人的；（5）其他突然发生的紧急情况[⑤]。之所以允许侦查人员在执行逮捕、拘留时，遇有紧急情况不用另行办理搜查证也可进行搜查，主要是因为我国禁止无证逮捕、拘留，在执行逮捕、拘留之前都必须办理相关证件，在这种情况下，执行这两种强制措施的行为已经过了主管部门（人员）审查，

---

① 左卫民等：《中国刑事诉讼运行机制实证研究》，法律出版社2007年版，第75、79-80页。

② 孙长永：《侦查程序与人权保障——中国侦查程序的改革与完善》，中国政法大学出版社2009年版，第134页。

③ ④ 王彬：《刑事搜查制度研究》，中国人民公安大学出版社2008年版，第278页、第279页。

⑤《诉讼规则（试行）》第二百二十二条中也规定了“紧急情况”，但其表述与之几乎完全相同。

加之又有紧急情况存在，要求另行办理搜查证既无可能，也无必要，因此可以直接进行搜查（当然应在笔录中注明）。

（三）有证搜查与无证搜查的关系

从逻辑上看，本条中的有证搜查与无证搜查属于“原则—例外”关系，即一般情况下都应当先行办理搜查证，尔后再进行搜查；只有在特殊情况下，才允许不办理搜查证而进行搜查。不过，仔细检阅本法相关规定可以发现，本条所谓无证搜查并不是附随于拘留、逮捕本身的需要，因为所谓“紧急情况”给无证搜查的理由，更多的是因为“因情况紧急来不及办理搜查证”，而非为了保证逮捕、拘留的安全执行和现场证据不被毁灭。由于无证搜查仍然是“为了收集犯罪证据、查获犯罪嫌疑人”，这便将本应在特殊情况下出于特殊目的，比如“为了防止被捕人的危险行为”，而实施的附带无证搜查实质上等同于正常情况下的有证搜查，从而使得两者的差别仅限于有无搜查证的形式上，而在实质上则是完全一致的[①]。

第一百三十七条　在搜查的时候，应当有被搜查人或者他的家属，邻居或者其他见证人在场。

搜查妇女的身体，应当由女工作人员进行。

【主旨】本条规定了搜查进行的基本程序要求。

【释评】上一条规定的是搜查程序启动，本条则是有关搜查进行的程序要求。

第一款规定了侦查人员在进行搜查时，应当有被搜查人或者他的家属、邻居或者其他见证人在场。要求有见证人，是为了起到监督和证明搜查行为合法性的作用。这里的见证人属于选择性关系，根据不同的搜查对象，选择不同的见证人。比如，若是对被搜查人进行的人身搜查，则毋需其他见证人，如果是对犯罪嫌疑人的住宅进行搜查，则应根据具体情况寻找在场见证人。

第二款规定了搜查妇女的身体，应当由女工作人员进行。其原因在人身检查中已经提及，此处不赘。另外，在搜查妇女身体时没有规定医师，是因为人身搜查不同于人身检查，只是简单寻找而已，“技术含量”较低，没有必要“烦劳”医师到场。

第一百三十八条　搜查的情况应当写成笔录，由侦查人员和被搜查人或者他的家属，邻居或者其他见证人签名或者盖章。如果被搜查人或者他的家属在逃或者拒绝签名、盖章，应当在笔录上注明。

【主旨】本条规定了搜查笔录的制作。

【释评】搜查是一种侦查行为，从证据留存以及工作记录角度看，搜查的情况都应当写成笔录备查和备用。笔录应由侦查人员和被搜查人或者他的家属、邻居或者其他见证人签名并按捺指印（注意同样没有盖章）。如果被搜查人在逃，或者他的家属拒绝签名并按捺指印的，侦查人员应当在笔录上注明[②]。

需要看到，本条中侦查人员制作的搜查笔录，仅要求相关人员签名或盖章，但法律并未要求侦查人员将该笔录送达当事人，这就导致搜查笔录功能的“错位”，即不是为了“告知”，而实际上是为了形成并固定证据[③]。

---

① ③ 王彬：《刑事搜查制度研究》，中国人民公安大学出版社 2008 年版，第 286 页，第 279 页。

② 这里很容易发现的是，本条将“被搜查人”以及“他的家属”，用两个“或者”连接起来，给我们的理解造成了困难。

第六节　查封、扣押物证、书证

第一百三十九条　在侦查活动中发现的可用以证明犯罪嫌疑人有罪或者无罪的各种财物、文件，应当查封、扣押；与案件无关的财物、文件，不得查封、扣押。

对查封、扣押的财物、文件，要妥善保管或者封存，不得使用、调换或者损毁。

【主旨】本条规定了查封、扣押的对象及保管要求。

【释评】在法理上，查封、扣押都属于对物的强制处分。所谓强制处分，指于刑事程序中，侦查机关或审判机关为确保刑事程序的进行，厘清犯罪事实与保全犯罪证据，并确保刑罚权最终实现的可能性，而于程序中所使用具有基本权利限制或剥夺的强制性手段①。侦查机关通过查封、扣押行为，限制或剥夺了权利人对有关财物、文件的占有、使用、处分、收益等权能。本条将查封与扣押并列为两种侦查行为，可能是因为侦查实践中，"查封"往往针对的是"不动产"，而"扣押"往往针对的是"动产"②。从理论上看，查封实际上属于扣押方式中占有扣押物的一种——"就地留置"③。不过，为了尊重立法，便于理解，本书仍将其并列。

（一）查封、扣押的对象

依第一款规定，可得查封、扣押的对象，是一切可用以证明犯罪嫌疑人有罪或者无罪的各种财物、文件。显然，这里的"财物"应当理解为"财产和物品"，否则包容性就会大大降低。由于本节题名即为"查封、扣押物证、书证"，而本条又特别强调财物、文件对案件事实的证明作用，故此可以认为，本条中查封、扣押的目的，仅在于保全证据，而没有考虑未来裁判是否顺利执行的问题。为了避免权力滥用，本条强调"与案件无关的财物、文件，不得查封、扣押"。但是，如果在侦查活动中发现有违禁物品，如淫秽物品、毒品等；危险物品，如非法收藏的枪支、弹药、爆炸物品、剧毒物品等，不管是否与案件有关，都应当予以扣押，并交有关部门处理④。本款中，查封、扣押的对象没有限制，这就有可能带来对公民权利过度侵害的问题。比如，没有为该种侦查行为设定例外，打击犯罪显然是立法的不二选择。从体系上看，律师的保密权，就很可能遭到侦查机关权力的侵害。对此，前面已有涉及，此处不赘。

（二）查封、扣押程序的启动

本条主要是对侦查机关的查封、扣押行为授权，而除了下一条（制作清单）外，本节中也完全没有涉及这些行为的程序构建问题，立法的此种"大度"，暴露出了理念上的诸多问题。当然，应当看到，相关实施细则对此还是进行了一定规制，只是宽严不一。在《程序规定》中，一般情况下的扣押，由经办案部门负责人批准，制作扣押决定书即可。在现场勘查或者搜查中需要扣押财物、文件的，由现场指挥人员决定；只有扣押财物、文件价值较高或者可能严重影响正常生产经营的，才应当经县级以上公安机关负责人批准，制作扣押决定书。在侦查过程中需要查封土地、房屋等不动产，或者船舶、航空器以及其他不宜移动的大型机器、

① 柯耀程：《刑事程序理念与重构》，元照出版公司2009年版，第165页。

② 陈光中：《刑事诉讼法》（第五版），北京大学出版社、高等教育出版社2013年版，第294页。当然，究竟是采用"查封"还是"扣押"，还需要考虑其他因素，比如是否方便移动、是否适宜保存等。

③ 孙长永：《侦查程序与人权保障——中国侦查程序的改革与完善》，中国政法大学出版社2009年版，第210页。

④ 孙茂利：《新刑事诉讼法释义与公安实务指南》，中国人民公安大学出版社2012年版，第296页。

设备等特定动产的，应当经县级以上公安机关负责人批准并制作查封决定书[①]。而《诉讼规则（试行）》则规定，查封、扣押财物和文件，均应当经检察长批准[②]。显然，在查封、扣押物品决定权上，侦查机关完全是自行决定的。虽然法律要求侦查机关不得查封、扣押与案件无关的财物和文件，但由于上述行为的单方性，是否与案件有关，利害关系人说了不算，即使产生争议，在现行制度框架中，他们实际上也很难寻求有效救济。

另外，第二款规定了侦查机关对查封、扣押的财物、文件的妥善保管义务。被查封、扣押的财物、文件都与案件有关，在案件办理过程可能需要随时使用、查询等，当然需要妥善保管。不过，在缺乏相应程序构建的情况下，这一义务的宣示意义可能远大于实践意义。

第一百四十条　对查封、扣押的财物、文件，应当会同在场见证人和被查封、扣押财物、文件持有人查点清楚，当场开列清单一式二份，由侦查人员、见证人和持有人签名或者盖章，一份交给持有人，另一份附卷备查。

【主旨】本条规定了查封、扣押清单的制作。

【释评】查封、扣押行为对有关财物、文件的权能进行了剥夺或限制，为了依法进行查封、扣押，以及防止被查封、扣押财物、文件遗失或者被个别人员将查封、扣押财物私自截留或挪作他用[③]。本条要求侦查人员在查封、扣押时，对相关物品、文件清点，并开列清单。

具体说来，该清单应由侦查人员、在场见证人和被查封、扣押财物、文件持有人查点清楚后，当场开列，一式二份，一份交给持有人，另一份附卷备查。清单上应由侦查人员、见证人和持有人签名或者盖章。这里还是要注意一下有关“盖章”的问题，前面曾多次提出过，有关笔录中的盖章其实并不存在，但在这里，查封、扣押清单上的盖章倒是有可能，因为财物、文件的持有人当然有可能是单位，在这种情况下，由其在清单上盖章理所当然，不过，实践中往往是由负责人签名确认而非盖章。

第一百四十一条　侦查人员认为需要扣押犯罪嫌疑人的邮件、电报的时候，经公安机关或者人民检察院批准，即可通知邮电机关将有关的邮件、电报检交扣押。

不需要继续扣押的时候，应即通知邮电机关。

【主旨】本条规定了侦查机关对邮件、电报的扣押[④]。

【释评】由于邮件、电报属于可移动物品，只能采用扣押方式。本条规定与第一百三十九条中对一般物品、文件的查封、扣押不同，程序相对较严且复杂。

（一）邮件、电报的历史变迁

本条是自 1979 年以来就一直没有变过的“长寿条款”。随着社会变化，三十多年前所理解的邮件、电报，在当今社会可能存在着有否对应物的疑问。

电报是一种最早的、可靠的即时远距离通信方式，它是 19 世纪 30 年代在英国和美国发展起来的。随着通讯科技的发展，电报已不再是主要的通讯方法。自从电话网络数位化以后，电报通讯便成为数位通讯网络内其中一种以文字通讯的应用。当电脑、电子邮件以及手提电话的短信日渐普及以后，电报更进一步被取代。现在一般人已不会使用电报通讯。传统的电

---

① 《程序规定》第二百二十三条。
② 《诉讼规则（试行）》第二百三十五条。
③ 朗胜：《<中华人民共和国刑事诉讼法>修改与适用》，新华出版社 2012 年版，第 265 页。
④ 本条中，侦查人员与侦查机关为并列关系。由于强调经侦查机关批准，这里，无论如何都不能理解为扣押邮件、电报系个人行为。

报新闻（即电讯新闻稿）亦已被电脑、互联网及手提电话的短信所取代。只有在一些很特别的应用环境下，才会偶然看见使用电传打字机的电报业务。在这种情况下，“扣押电报”很大程度上会成为一种法律上的“睡眠性”条款。

而“邮件”在《辞海》中被解释为“用户委托邮政部门寄递的书信、文件、书刊、物品的总称”[①]。在目前，纸质书信已经大幅度减少，通过“邮政部门”寄递的物品多为文件、书刊等东西。如果说对邮寄的信件、书刊等有形物品进行扣押还容易理解的话，目前大量普遍使用的电子邮件、网络即时通信信息恐怕很难进行扣押。我国这方面的规定目前还比较欠缺。

（二）邮电机关的范围

随着社会发展以及机构改革的推进，传统意义上的“邮电机关”已经发生了较大变化，尤其是在快递行业快速兴起后，这部分机构在文义上当然不属于邮电机关，但究其实质，其无疑又属于“邮电机关”范围，因此，本条中的“邮电机关”应当扩张解释为从事书信、文件、书刊、物品寄送行为的机构。

（三）扣押邮件、电报的程序

本条第一款设计的扣押程序包括了三个环节：首先，侦查机关都各自享有批准权，侦查人员需要取得自己所在机关的许可[②]；其次，侦查机关应当通知邮电机关将有关邮件、电报检交扣押；最后，邮电机关应当按照通知将有关邮件、电报送交侦查机关。应当注意，扣押行为的前提是邮件、电报还在“邮电机关”控制下，尚未发送（投递）至有关人员手中，否则要求“邮电机关”检交扣押就失去意义了。当然，如果扣押必要性消失，不需要继续扣押的时候，应立即通知邮电机关，解除扣押，及时将邮件、电报发送。

第一百四十二条　人民检察院、公安机关根据侦查犯罪的需要，可以依照规定查询、冻结犯罪嫌疑人的存款、汇款、债券、股票、基金份额等财产。有关单位和个人应当配合。

犯罪嫌疑人的存款、汇款、债券、股票、基金份额等财产已被冻结的，不得重复冻结。

【主旨】本条规定了侦查机关对财产的查询、冻结。

【释评】随着经济发展，公民财产的形态日趋多样，为了保证案件顺利查处，跟上社会步伐，本条规定扩展了查询、冻结的对象，将犯罪嫌疑人的存款、汇款、债券、股票、基金份额等财产都纳入在内。这里的“依照规定”，主要是指依照有关法律、行政法规、司法解释以及部门规章、规范性文件的规定[③]。不过，有关规定范围虽广，但应强调刑事立案后才能查询、冻结，并且应当出具侦查机关的证明文件。

（一）查询、冻结的程序

查询、冻结行为在本条中属于并列关系，相互之间具有独立性。查询是指侦查机关向金融机构了解有关人员财产信息，而冻结是指侦查机关向金融机构发出协助冻结财产通知书，不准许有关人员在一定期限内提取或转移该项财产。一般说来，查询并不一定冻结，然而在逻辑关系上，冻结之前却肯定需要查询。当然，不一定非得是独立的查询行为。

本条没有规定查询、冻结的具体程序，公安部和最高人民检察院在各自规定中对其进行

① 《辞海》，上海辞书出版社 1999 年版，第 4770 页。
② 对公安机关来说是县级以上公安机关负责人，对检察机关来说则是检察长。
③ 孙茂利：《新刑事诉讼法释义与公安实务指南》，中国人民公安大学出版社 2012 年版，第 302 页。

了一些规范。归纳起来，主要是要求应当由负责人（公安机关负责人或检察长）批准，并制作相关法律文书后，方能由侦查人员执行[①]。公安部规定："冻结存款、汇款等财产的期限为六个月。冻结债券、股票、基金份额等证券的期限为二年。"该期限还可以延长。但是，最高人民检察院却没有类似规定，这当然不能理解为检察机关在自侦案件中就可以无限期的进行冻结，在理解时可以参照其他规定，比如《最高人民法院、最高人民检察院、公安部、中国证券监督管理委员关于查询、冻结、扣划证券和证券交易结算资金有关问题的通知》（2008年01月10日法发〔2008〕4号），该规定中的期限与公安部规定一致。

（二）禁止重复冻结

第二款规定，不得对犯罪嫌疑人的有关财产进行重复冻结。所谓"不得重复冻结"，是指不论犯罪嫌疑人的存款、汇款等财产是由于哪一种原因，由那一个机关依法冻结的，侦查机关都不得再次采取冻结措施[②]。不得重复冻结的理由在于，一旦该财产被侦查机关冻结，犯罪嫌疑人已经无法在冻结期内支配该财产，如果允许重复冻结不仅难以达到相应效果，反而会平添许多麻烦。不过，鉴于案件的复杂性，《程序规定》第二百三十五条中就规定，此时还可以"轮候冻结"。另外，笔者认为，从体系解释角度看，本款只是禁止侦查机关对财产的重复冻结，如果犯罪嫌疑人还涉及其他类型的案件，比如民事案件、行政案件，如果也一律不允许冻结，似有不妥。比如在刑民交叉案件中，刑事部分固然不得重复冻结，但若还有（其他）民事案件，如果也不允许冻结，待刑事部分一结束，犯罪嫌疑人把财产即行处理，反倒会带来"后遗症"。

第一百四十三条　对查封、扣押的财物、文件、邮件、电报或者冻结的存款、汇款、债券、股票、基金份额等财产，经查明确实与案件无关的，应当在三日以内解除查封、扣押、冻结，予以退还。

【主旨】本条规定了侦查机关及时解封、退还与案件无关被查封、扣押物的义务。

【释评】本条规定与前面对侦查机关的授权相互照应，实现了有始有终，值得赞赏。另外，如果侦查机关拒不解除查封、扣押、冻结，或退还的，当事人、辩护人、诉讼代理人、利害关系人可以依照本法第一百一十五条之规定寻求救济。

第七节　鉴　定

第一百四十四条　为了查明案情，需要解决案件中某些专门性问题的时候，应当指派、聘请有专门知识的人进行鉴定。

【主旨】本条规定了鉴定的目的、鉴定人的产生方式。

【释评】鉴定是一种较为特殊的侦查行为，因为，鉴定行为主要是由鉴定人完成的，而鉴定人之资质、选任本身不同于前述侦查行为之处甚多。尤其是，鉴定人所作之结论如何运用，是为证据法上一重要问题。本条仅涉及鉴定目的以及鉴定人选任两方面之问题。

---

① 对比上一条，本条中并未列明侦查人员，只是强调侦查机关批准，依体系解释和目的解释，应当认为是由侦查人员执行。
② 陈光中：《刑事诉讼法》（第五版），北京大学出版社、高等教育出版社2013年版，第296页。

（一）鉴定目的

本条文义非常清楚，鉴定之目的是为了查明案情，解决案件中某些专门性问题。何谓专门性问题？立法并未言明，在逻辑上，专门属于一般的对称，其大抵可以理解为凭借侦查人员自身的能力即可确定的事项。实践中，常见的鉴定事项包括了法医类鉴定、物证类鉴定、声像资料等方面，这些事项中，侦查人员一般情况下不具备直接进行鉴别、判断的能力，因此需要借助于有专门知识者，方能定夺。

（二）鉴定人之选任

1. 鉴定人的形态与资质

鉴定人就是那些具有解决案件中专门性问题能力（资格）的人。有关立法与学理上一般都认为，鉴定人只能为自然人，而不能是某一鉴定机构。换言之，具有鉴定主体资格的必须是自然人，从事鉴定活动应当属于一种个人行为，可以是几个专家共同进行，但不是机构行为。某一专家一旦经法定程序被确定为案件的鉴定人，就应当亲自实施具体的鉴定活动，亲自在鉴定报告上签字，在法院传唤时亲自出庭。这样，有助于增强鉴定人个人的责任感和荣誉感，有助于鉴定证据的客观性，在鉴定证据发生争议时能够明确法律责任①。对此，本法虽未明确，但在第一百四十五条中规定了鉴定人需要在鉴定意见中签名，由于签名仅限于自然人，因此，依体系解释，应当认为我国法中的鉴定人也只能为自然人。

2. 鉴定人的选任方式

鉴定人可以通过指派或聘请的方式产生。所谓指派是针对本单位内部人员，而聘请是针对本单位外的人员而言。根据 2005 年《全国人大常委会关于司法鉴定管理问题的决定》第七条之规定，侦查机关根据侦查工作的需要设立的鉴定机构，不得面向社会接受委托从事司法鉴定业务。人民法院和司法行政部门不得设立鉴定机构。据此，公安机关和人民检察院内部设有办理刑事案件的鉴定机构，但由于他们的人员和设备、技术等毕竟有限，在遇有特殊情况时，往往需要寻求侦查机关以外有关机构、人员的帮助。另外，正因为侦查机关可以内设鉴定机构，这就导致了我国目前相当一部分鉴定人是“复合”身份，即鉴定资格与警官、检察官身份集于一身，给鉴定主体出庭工作带来困难或尴尬②。

第一百四十五条　鉴定人进行鉴定后，应当写出鉴定意见，并且签名。

鉴定人故意作虚假鉴定的，应当承担法律责任。

【主旨】本条规定了鉴定意见的制作，以及鉴定人故意作虚假鉴定应当承担法律责任。

【释评】鉴定人完成鉴定活动后，应当写出鉴定意见，并且签名。前已提及，这一规定表明鉴定人只能是自然人，鉴定意见与签名是相互配合的。

第二款强调，鉴定人故意作虚假鉴定的，应当承担法律责任。之所以只有故意作虚假鉴定才应承担法律责任，是因为鉴定涉及许多因素，一次鉴定不一定具有唯一性，只要不是故意弄虚作假，如果后来证明前次鉴定活动存在问题，也不能对其完全否定，要求鉴定人承担责任。值得注意的是，鉴定人故意作虚假鉴定究竟应承担什么法律责任？从鉴定运行的程序背景以及鉴定的目的出发，结合相关规定，可以认为，在刑事鉴定过程中，鉴定人故意作虚

---

① 黄维智：《鉴定证据制度研究》，中国检察出版社 2006 年版，第 73 页。

② 黄维智：《鉴定证据制度研究》，中国检察出版社 2006 年版，第 222 页。需要说明的是，原文中包括了法官鉴定人，但由于 2005 年《决定》出台后，使得法院失去了设立鉴定机构的资格，从而鉴定人也不能再有法官身份，故此对引文做了调整。

假鉴定不外乎出于陷害他人或者隐匿罪证之目的，此时，鉴定人可能构成《刑法》第三百零五条规定的“伪证罪”，如果尚不构成犯罪的，可由有关部门给予其他处罚。

第一百四十六条　侦查机关应当将用作证据的鉴定意见告知犯罪嫌疑人、被害人。如果犯罪嫌疑人、被害人提出申请，可以补充鉴定或者重新鉴定。

【主旨】本条规定了鉴定意见的告知，以及补充鉴定和重新鉴定。

【释评】鉴定既以专门问题为对象，基于刑事案件当事人的知悉权，自然应当把鉴定意见对其告知，并且应当及时告知。如果被害人死亡或丧失行为能力的，应当告知其法定代理人或者其他近亲属。从文义看，告知鉴定意见以用作证据为前提，依反对解释，对于不会用作证据的鉴定意见，侦查机关没有告知犯罪嫌疑人、被害人的义务[①]。另外，告知义务的具体内容值得重视。因为如果仅是告知鉴定意见的结果，意义不大。实践中，侦查机关、检察机关一般仅披露鉴定书的内容，有的时候可能只是鉴定书中的“结论部分”，犯罪嫌疑人、被害人希望被告知与鉴定证据有关材料的权利经常得不到保障[②]。

本条后半段规定了补充鉴定和重新鉴定。在犯罪嫌疑人、被害人对鉴定意见不服时，他们有权提出申请，但是本条没有赋予其必然启动鉴定程序的效力，可以补充鉴定或者重新鉴定的表述表明，是否补充鉴定或重新鉴定还是由侦查机关掌握的。这里的补充鉴定，是指在原鉴定人不变的情况下，根据新问题或新检材，对原鉴定进行的补充或修正。而重新鉴定，则是指侦查机关另行指派或聘请鉴定人，对待检事项进行鉴定的活动。

对犯罪嫌疑人、被害人来说，补充鉴定与重新鉴定以确切知悉相关信息为前提，由于公安司法机关在意见告知上存在形式化、简单化的问题，导致补充鉴定、重新鉴定问题多多。比如，学者对基层检察机关司法实践的调查分析表就明，在审查起诉阶段讯问犯罪嫌疑人时，基本上都仅告知犯罪嫌疑人鉴定意见标题中的司法鉴定机构名称和“结果”部分，而对于生成结果的检验过程，尤其是其中的检验方法、鉴定标准和规范等重要环节却从未告知过。据统计，某基层检察院 2006—2011 年共受理审查起诉刑事案件近 2 500 件，大概约 2 250 件案件包含鉴定意见证据，主要以赃物估价鉴定、人体损伤鉴定、死亡法医鉴定为主。但迄今为止，由犯罪嫌疑人或辩护人提出并被检察机关采纳重新鉴定的刑事案件则以个位数计。与此相对应的是，但凡提审犯罪嫌疑人告知鉴定意见的时候，犯罪嫌疑人多会提出对鉴定结果部分有意见，但是却从未被采纳。而且犯罪嫌疑人提出重新鉴定的理由，大多是围绕估价过高、伤情过重等影响自己定罪量刑的“结果部分”，却从未提出法定的回避申请理由[③]。

第一百四十七条　对犯罪嫌疑人作精神病鉴定的期间不计入办案期限。

【主旨】本条规定了对犯罪嫌疑人作精神病鉴定的期间不计入办案期限。

【释评】本条看似简单，实则涉及许多问题，需要全面理解。

（一）不计入办案期限的理由

为什么对犯罪嫌疑人作精神病鉴定的期间不计入办案期限？按笔者理解，其主要原因有两点：一是从《刑法》相关规定看，犯罪嫌疑人是否患有精神病对后继的刑事诉讼程序有重大影响，一旦确认其不能辨认控制自己的行为，普通的刑事追诉程序即告终止[④]，如果符合本

① 李昌林：《最新中华人民共和国刑事诉讼法释义》，中国法制出版社 2012 年版，第 301 页。
② 黄维智：《鉴定证据制度研究》，中国检察出版社 2006 年版，第 177 页。
③ 刘晓农、彭志刚：《关于刑事鉴定的几个问题》，载《法学论坛》2013 年第 1 期，第 100 页。
④ 注意，只有立案后才有犯罪嫌疑人，即能够对犯罪嫌疑人进行精神病鉴定时，刑事诉讼程序已经启动多时。

法第二百八十四条规定的条件，则可能转为强制医疗的特别程序。正因兹事体大，所以才要不计入办案期限。二是对精神状态的鉴定比较复杂，情况也各不相同，往往需要经过较长时间才能得出意见。而鉴定所需时间的长短，受制于精神病鉴定案件的医疗机构和犯罪嫌疑人的病情，非侦查机关所能左右，因此需要规定对精神病鉴定的期间不计入办案期限[①]。

（二）不计入办案期限的效果

这包括了两方面的问题：第一，办案期限是针对什么期限而言的，第二，对犯罪嫌疑人作精神病鉴定期间，能否进行其他侦查活动？

对第一个问题来说，必须先弄清楚我国侦查程序中是否存在办案期限。办案期限顾名思义，应当是有关机关办理案件的时间长度，我国刑事审判程序中明确规定了审理期限，这是针对人民法院的办案期限，在法定期限内必须要有审判结果。然而，我国侦查程序中却并没有如此一种针对侦查机关的时间限制，有的只是针对犯罪嫌疑人采取强制措施的期限，虽然该期限隐含了办案结果的意思在内，但无论如何，也不能将其与审理期限之于法院的意蕴相提并论。从侦查实践的情况看，根本不可能给侦查机关设定一个具体的时间期限。既然侦查程序中不存在所谓办案期间，本条中的办案期限如何理解呢？综合侦查程序中的各种措施和时间限制来看，理论和实务中一般将其理解为"羁押期限"。本法中，具有羁押性质的强制措施包括指定居所监视居住、拘留和逮捕三种，因此，如果犯罪嫌疑人被采取了上述三种强制措施，对其进行精神病鉴定的时间不计入这些措施的时间期限。

第二个问题在本法中没有明确规定，其他有关规定中也未涉及。对此只能从理论上加以分析。对犯罪嫌疑人进行精神病鉴定虽然涉及刑事案件的先决问题，但这并不意味着程序的中止，而刑事案件又具有显而易见的紧急性，因此，侦查机关应当有权进行其他方面的调查活动。

最后，除此之外的其他类型鉴定期间是否就应当计入办案期限？笔者认为，依反对解释，答案应当是肯定的。其主要理由在于，刑事诉讼程序是围绕被追诉人是否应当承担刑事责任展开的，相比较犯罪嫌疑人的刑事责任能力而言，其他类型的鉴定基本上都属于比较"边缘化"的内容，虽说有些事项也很重要，比如被害人的伤情、犯罪数额等，但这些事项相对比较容易解决，不需要长时间等待。

第八节　技术侦查措施

第一百四十八条　公安机关在立案后，对于危害国家安全犯罪、恐怖活动犯罪、黑社会性质的组织犯罪、重大毒品犯罪或者其他严重危害社会的犯罪案件，根据侦查犯罪的需要，经过严格的批准手续，可以采取技术侦查措施。

人民检察院在立案后，对于重大的贪污、贿赂犯罪案件以及利用职权实施的严重侵犯公民人身权利的重大犯罪案件，根据侦查犯罪的需要，经过严格的批准手续，可以采取技术侦

① 孙茂利：《新刑事诉讼法释义与公安实务指南》，中国人民公安大学出版社 2012 年版，第 315 页。

查措施，按照规定交有关机关执行。

追捕被通缉或者批准、决定逮捕的在逃的犯罪嫌疑人、被告人，经过批准，可以采取追捕所必需的技术侦查措施。

【主旨】本条规定了技术侦查措施的适用条件。

【释评】技术侦查措施也属于一种特殊侦查行为，其在实践中应用较为广泛，但除了1993年《国家安全法》、1995年《人民警察法》中有所提及外，其法律规制处于空白状态，本次修法将技术侦查措施法定化，具有相当意义。

（一）技术侦查措施的涵义

本节标题即为技术侦查措施，但何谓技术侦查措施，以及其具体范围如何，却并不清楚。对此，《程序规定》第二百五十五条中给出了一个官方定义：技术侦查措施是指由设区的市一级以上公安机关负责技术侦查的部门实施的记录监控、行踪监控、通信监控、场所监控等措施。这一界定明确了有权实施技术侦查的主体以及具体措施种类，具有相当积极意义。不过，由于该定义中的具体措施种类被列举为“四大监控”，虽然末尾加一“等”字后，于文义上可以通过扩张解释及于其他措施，但是综观本节其他规定可以发现，至少隐匿身份侦查、控制下交付措施明显无法纳入其中。可能正是基于这一点，有学者便认为，技术侦查、秘密侦查、控制下交付属于三种并列关系的侦查措施[①]。这种理解在法理上当然是成立的，同时，由此却也暴露出立法在技术与风格方面的一些问题[②]。

（二）技术侦查措施的适用范围

本法中，公安机关和检察机关均享有侦查权，但由于受案范围不同，组织体系不同，其有权采用技术侦查措施的案件和程序均存在一定差异。总体而言，技术侦查措施因其特性决定了只能在小范围内慎重使用。

对公安机关来说，采用技术侦查措施需要满足三个条件。第一是符合法定案件范围。其中，“危害国家安全犯罪、恐怖活动犯罪、黑社会性质的组织犯罪”比较明确，而“重大毒品犯罪、其他严重危害社会的犯罪案件”则需要进一步明确（限制），“重大、严重”都属价值判断，如果不加控制，会导致技术侦查的滥用[③]。第二是需有必要采用技术侦查措施，如果采用普通侦查措施能够查处，就不必小题大做了。第三是需要办理严格的批准手续。但是究竟如何办理手续，如何才算是严格，法律没有明确规定。在笔者看来，所谓严格的批准手续无非是立法者强调应当慎用这一措施的表现，在具体程序运作中，实际上也只能体现为办理一定的手续而已。在目前情况下，严格的批准手续可以进行以下理解：一是基于目前诉讼体制的实际情况，批准手续只能是公安机关内部审批，不可能是法院司法审查或者是检察院审批；二是严格的实现只能通过增多审查环节，提高最终决定机关级别的方式来实现。比如可以考虑的程序是，先由办案单位提出具体意见，然后根据层级办理报批手续。一般情况下的审批权在地级市、地区一级公安机关（局），县、区级公安机关（局、分局）无权自行决定，重大案件应当报请省一级公安机关（厅局）审批，特别重大的案件以及特殊案件应当报请公安部

---

① 陈光中：《刑事诉讼法》（第五版），北京大学出版社、高等教育出版社2013年版，第300页。

② 万毅：《解读“技术侦查”与“乔装侦查”——以《刑事诉讼法修正案》为中心的规范分析》，载《现代法学》2012年第6期，第181页。

③ 对此，《程序规定》第二百五十四条进行了一定程度规定。

审批，或者由公安部直接决定采用。对此，前述《程序规定》第二百五十五条的规定便印证了笔者这一理解。

对人民检察院来说，依法条文义以及本法第一百五十条第四款之规定，应当认为，其无权自行进行技术侦查，只有公安机关或国家安全机关才有这个权力。从实际情况看，检察机关在技术、人员配备等方面存在局限性，在确定采用技术侦查措施后，交由其他有关机关（公安机关或国家安全机关）执行是合适的。就具体条件而言，与第一款中公安机关的条件基本相同。其差别在于，一是案件范围不同，这是由案件的主管范围不同造成的。检察机关只有针对重大的贪污、贿赂犯罪案件，以及利用职权实施的严重侵犯公民人身权利的重大犯罪案件才能采用技术侦查措施。其中“重大”的标准，根据《诉讼规则（试行）》第二百六十三条的规定，是指涉案数额在十万元以上、采取其他方法难以收集证据的重大贪污、贿赂犯罪案件以及利用职权实施的严重侵犯公民人身权利的重大犯罪案件[①]。二是严格的批准手续的办理程序，因为组织机构的不同而有所区别。参照笔者在上面提出的意见，可以把批准手续的办理情况归纳为：先由办案单位提出具体意见，然后根据层级办理报批手续。一般情况下的审批权在地级市、地区一级检察机关（院、分院），县、区级检察机关（院）无权自行决定，重大案件应当报请省一级检察机关（院、分院）审批，特别重大的案件以及特殊案件应当报请最高人民检察院审批，或者由最高人民检察院直接决定采用。对此，《诉讼规则（试行）》中未予具体涉及。

对比前面两款，第三款在适用上有颇多特殊之处。首先，本款没有案件范围的限制，只要是追捕被通缉或者批准、决定逮捕的在逃的犯罪嫌疑人、被告人，就可以采用技术侦查措施。其次，决定主体没有限制，从文义上分析，犯罪嫌疑人、被告人在逃问题于侦查期间、审查起诉期间、审判期间均有可能出现；公安机关和检察机关有权采用自不待言，如果审判阶段出现了被决定逮捕的被告人在逃的情况，人民法院也有权决定采用。再次，本款只是要求办理批准手续，而没有强调严格批准，从其针对的事项看，犯罪嫌疑人、被告人在逃属于众所周知的事项，而且危害极大，因此只要办案机关负责人批准即可，毋需按照上面提及的层报要求办理手续。最后，技术侦查措施的范围本身也受到限制，即以追捕所必需为限。此外，从体系上看，本款中的最终执行机关仍然只能是公安机关，检察机关、人民法院均无权（也没有这个能力）自行采用技术侦查措施。

第一百四十九条　批准决定应当根据侦查犯罪的需要，确定采取技术侦查措施的种类和适用对象。批准决定自签发之日起三个月以内有效。对于不需要继续采取技术侦查措施的，应当及时解除；对于复杂、疑难案件，期限届满仍有必要继续采取技术侦查措施的，经过批准，有效期可以延长，每次不得超过三个月。

【主旨】本条规定了技术侦查措施批准决定的内容及其有效期。

【释评】上一条强调技术侦查措施需要办理严格批准手续，本条对技术侦查措施的批准内容进行了明确，并且规定了技术侦查措施的有效期。

（一）技术侦查措施的批准内容

依第一款规定，有关机关在批准采取技术侦查措施时，应当确定采取技术侦查措施的种类和适用对象，不允许超范围采用其他措施，也不得对无关人员采用；对于不需要继续采取

① 该条还明确了贪污、贿赂犯罪、利用职权实施的严重侵犯公民人身权利重大犯罪案件的具体范围。

技术侦查措施的，应当及时解除。这里的"适用对象""是指人，也就是说应根据侦查犯罪的需要，具体明确对案件中的哪个人采取，而不是笼统地批准对哪个案件可以采取技术侦查措施[①]。然而，这一理解却与实践存在冲突。目前实践中决定采取技侦手段的对象是案件，因为在绝大多数案件中开始使用技术侦查措施的目的就是确定犯罪嫌疑人，如果将适用对象限制为具体的个人，势必导致许多案件中由于犯罪嫌疑人不确定而无法依法适用技侦手段。以案件为对象的弊端是，容易导致技侦手段普遍干预公民权利，即为了确定个别的犯罪嫌疑人，需要对若干与案件无关但在启用技侦手段之时又无法排除嫌疑之人采取技侦手段。因此，确定技术侦查措施的对象应当统筹考虑侦查效率与人权保障之间的关系，将适用对象明确为"人"，但这里的"人"可以是与特定的通信线路、物品、场所或活动直接相关的拟制人，无需要求适用对象的身份完全明了[②]。

（二）技术侦查措施的期限

因为技术侦查措施威力巨大，在采用时间上理应有所限制。本条将其限制为三个月以内[③]。期限届满后，必须解除。只有在办案机关认为仍有必要继续采取技术侦查措施，并且经过批准的情况下，有效期才可以延长，每次不得超过三个月。这里注意三个问题：

第一，有效期的具体长度。从文义看，将"三个月以内"理解为最长不得超过三个月，当然是没有问题的。不过，值得探讨的是，是否只要得到批准，其期限就一律是"三个月"呢？综合本条，笔者认为不能得出这个结论。其理由在于，本条并未言明每次有效期均为三个月，在笔者看来，本条中的"三个月之内"与"不得超过三个月"，实际上是同一个意思。如果批准机关把某次技术侦查措施的期限限定为一个月或者两个月，不但没有超越文义，反而有利于体现期限在限制权力运用方面的作用。因此，批准决定中的期限完全可以在三个月之内任意确定，而不能机械地理解为只要批准，技术侦查措施便可以实行三个月。延长期限，大致也可如此理解。

第二，批准是否还应按照之前的程序进行？笔者认为，按照谁批准谁负责的原则，只有有批准权的机关才有权批准延长，即还是要报经原来批准决定人或批准决定机关[④]。

第三，延长是否有次数限制，与之相关的问题便是，技术侦查措施应否有最长时间限制？单从文义看是没有的，但如此一来，就意味着有可能对特定犯罪嫌疑人、被告人无限期采取技术侦查措施，有学者对此便建议，可将批准延期的次数限定为2次[⑤]。

第一百五十条　采取技术侦查措施，必须严格按照批准的措施种类、适用对象和期限执行。

侦查人员对采取技术侦查措施过程中知悉的国家秘密、商业秘密和个人隐私，应当保密；对采取技术侦查措施获取的与案件无关的材料，必须及时销毁。

采取技术侦查措施获取的材料，只能用于对犯罪的侦查、起诉和审判，不得用于其他用途。

公安机关依法采取技术侦查措施，有关单位和个人应当配合，并对有关情况予以保密。

【主旨】本条规定了技术侦查措施的实施要求。

【释评】鉴于技术侦查措施对公民基本权利的巨大"杀伤力"，为了慎用，必须对其进行

---

①④ 朗胜：《<中华人民共和国刑事诉讼法>修改与适用》，新华出版社2012年版，第279页。
② 程雷：《检察机关技术侦查权相关问题研究》，载《中国刑事法杂志》2012年第10期，第59页。
③ 应当说，设计三个月的时间具有一定合理性。因为从有关国家和地区的立法例看，针对不同手段，其适用期限长短不同，短的有4周，长的可达3个月。具体介绍参见程雷：《秘密侦查比较研究——以美、德、荷、英为样本的分析》，中国人民公安大学出版社2008年版，第515-518页。
⑤ 冀祥德：《最新刑事诉讼法释评》，中国政法大学出版社2012年版，第136页。

严格规制。

（一）基本要求

依第一款文义，立法者强调技术侦查必须严格按照批准的措施种类、适用对象和期限执行。这一强调的意义在于，使得相关部门和人员在实施技术侦查措施时能够保持警醒，不擅自作任何改变。就具体适用来说，该规定要求在实际审批表中，至少应当明确每一项技侦手段适用时的具体措施种类、适用对象和适用期限。在解释本条规定时，应当强调“措施种类”应当明确至一种或者多种具体的手段，适用对象应当明确至人，而不能以案件为单位[①]。

（二）侦查人员的保密义务

第二款规定了侦查人员的保密义务，其对象是采取技术侦查措施过程中知悉的国家秘密、商业秘密和个人隐私。本条第四款强调对与案件无关的材料，必须及时销毁，实际上也是保密义务的体现[②]。

（三）技术侦查措施获取材料的适用范围

第三款规定了采取技术侦查措施获取的材料，只能在特定范围内使用，不得用于其他用途。这里有三个问题值得注意：一是犯罪的范围，是否限于 “本案”？单从文义得不出此结论，而其他规定中也没有涉及。依目的解释，允许运用技术侦查措施是为了打击犯罪，由于本法把“打击犯罪”当作首要目标，本款中的犯罪实际上就是刑事诉讼之意，换句话说，只要是在刑事案件中，就可以使用。在这个问题上，国际上通常做法为关联性原则与重罪原则，即如果与核准技术侦查的案件具有关联性的其他犯罪，可以作为证据使用。同时，如果其他案件同属于法定列举的重罪，技术侦查获取的材料也可以作为证据使用[③]。二是其他用途的范围，从逻辑关系看，其他用途当然指除犯罪的侦查、起诉和审判以外的活动，具体说来，包括行政管理、民事纠纷的调处解决、商业用途等[④]。三是不得用于其他用途的具体效果如何？显然，仅仅禁止无法发挥本款的作用，要真正实现限制适用之目的，可以把“不得用于其他用途”理解为：一旦在非刑事诉讼领域中使用通过技术侦查措施获取的材料时，该材料不具有证据能力，当事人对此有权提出异议，有关机关（包括但不限于公安司法机关、其他行政机关等）不得将其作为查处依据。

（四）有关单位、个人的配合义务与保密义务

由于具体技术侦查措施依赖于相关科学技术手段，单凭公安机关一己之力无法完成，因此第四款规定了有关单位和个人，在公安机关依法采取技术侦查措施时的配合义务。同时，技术侦查措施本身即是一种无奈之举，加之其实施过程中不可避免会涉及有关人员的私密信息，故有关单位、个人对技术侦查措施的具体手段，实施情况、结果等都应当保密。

第一百五十一条　为了查明案情，在必要的时候，经公安机关负责人决定，可以由有关人员隐匿其身份实施侦查。但是，不得诱使他人犯罪，不得采用可能危害公共安全或者发生重大人身危险的方法。

对涉及给付毒品等违禁品或者财物的犯罪活动，公安机关根据侦查犯罪的需要，可以依

---

① 陈卫东：《2012 刑事诉讼法修改条文理解与适用》，中国法制出版社 2012 年版，第 221 页。
② 销毁肯定必须是全部销毁，不允许有任何备份或留存。既然都销毁了，当然就在一定程度上达到了保密效果。
③ 张军、陈卫东：《新刑事诉讼法疑难释解》，人民法院出版社 2012 年版，第 249 页。
④ 朗胜：《〈中华人民共和国刑事诉讼法〉修改与适用》，新华出版社 2012 年版，第 280 页。

照规定实施控制下交付。

【主旨】本条规定了隐匿其身份实施侦查和控制下交付两种侦查措施。

【释评】前已提及，本节虽被冠以“技术侦查措施”之名，但其明显无法涵盖本条所规定的两种侦查措施，尤其在批准程序、期限、主体等方面均不可等而视之。

（一）隐匿身份侦查

在笔者看来，第一款中的有关人员隐匿其身份实施侦查系一种中国化的表述，从侦查学角度看，有可能涉及“卧底侦查”“诱惑侦查”“警察圈套”等不同侦查类型。这里的有关人员既可能是侦查人员，也可能是其他人员，如线人等[①]。实施这种侦查行为时，不可避免地要与犯罪分子一起实施一些违法犯罪行为，以获取犯罪分子信任，从而获取犯罪证据。但参与违法犯罪行为不得诱使他人犯罪，不得采用可能危害公共安全或者发生重大人身危险的方法，这是隐匿身份侦查活动的底线[②]。

（二）控制下交付

所谓控制下交付，一般认为是指：侦查机关在明知是违禁品运输的情况下，仍然允许其继续运输，或者是在查获违禁品后，采用伪装手段，使违禁品继续“正常”运行，同时秘密监控其运输过程和交付地点，以期将犯罪行为人一网打尽的一项特殊性侦查措施[③]。从适用对象看，控制下交付仅适用于涉及给付毒品等违禁品或者财物的犯罪活动，在实践中，除毒品犯罪外，生产销售伪劣产品犯罪、假币犯罪、买卖枪支弹药犯罪、文物犯罪等也在广泛采用控制下交付措施。比如 1988 年《联合国禁止非法贩运麻醉药品和精神药物公约》就鼓励控制下交付这种措施，因为它可使不同国家的禁毒执法人员能够查明跨越国境运输麻醉药品和精神药物的国际贩毒组织的成员[④]。这里，需要再次明确控制下交付的性质问题。虽然上述公约将控制下交付定义为一种“技术”，但控制下交付不是像电话监听、电子监控、秘密拍照或录像等纯粹上的完全依托某一种技术开展的独立侦查行为。实施控制下交付手段，不可避免需要使用电话监听、电子监控、秘密拍照或录像等技术手段，各种技术手段是实施控制下交付的基本物质条件，是控制下交付实现侦查目的的工具[⑤]。

依第二款规定，采取这种措施以必要为前提；并且，程序上需经县级以上公安机关负责人决定方可采用[⑥]。

第一百五十二条　依照本节规定采取侦查措施收集的材料在刑事诉讼中可以作为证据使用。如果使用该证据可能危及有关人员的人身安全，或者可能产生其他严重后果的，应当采取不暴露有关人员身份、技术方法等保护措施，必要的时候，可以由审判人员在庭外对证据进行核实。

【主旨】本条规定了技术侦查措施收集的材料具有刑事证据能力，以及使用该证据时的特殊要求。

【释评】确认技术侦查手段获取材料的证据能力，以及运用这些证据时的特殊要求是技术侦查法治化的必然要求。

---

①《程序规定》第二百六十二条第一款明确肯定了公安机关可以指定其他人员隐匿身份实施侦查。
② 朗胜：《<中华人民共和国刑事诉讼法>修改与适用》，新华出版社 2012 年版，第 282 页。
③ ④ 杨正鸣：《侦查学》，中国方正出版社 2007 年版，第 196 页。
⑤ 陈光耀、蓝漪露：《我国新<刑事诉讼法>关于技术侦查规定的不足及其完善》，载《山东大学学报（哲学社会科学版）》2012 年第 6 期，第 43-44 页。
⑥《程序规定》第二百六十三条。

（一）技术侦查措施收集材料具有证据能力

虽然本节相关规定中仅仅明确了两种相对具体的技术侦查措施，但从目前的实践情况看，技术侦查措施往往都是有秘密性、单方性的特点，难以像普通侦查行为一样履行通知、核对、见证人之类的手续，加之技术侦查措施本来就是迫不得已的选择，如果再要求履行上述手续，就无法达到侦查的目的。因此赋予这些材料以证据能力是理所当然的。需要强调，依本条，合法技术侦查措施获取的材料当然具有证据能力，无需转换，可以直接在诉讼程序中使用，但仍需“查证属实”后，方能作为定案依据。

（二）使用技术侦查措施获取证据的特殊要求

鉴于技术侦查措施的特殊性，在后继诉讼阶段中使用这些证据时，应采取相应保护措施以保护有关人员的人身安全，或者避免产生其他严重后果。本条最后规定：“必要的时候，可以由审判人员在庭外对证据进行核实。”涉及比较复杂的问题，需要全面理解。

（1）虽说审判是最典型的代表，但由审判人员在庭外对证据进行核实，并不意味着只有在审判阶段才能使用这些证据，因为人民检察院在审查起诉期间也需要对证据进行审查核实。不过，考虑到人民检察院审查起诉案件并无公开性的明确要求，在此阶段使用证据，应该不太可能产生本法所预设的问题。

（2）审判人员在庭外对证据进行核实时与其他制度之间如何协调？对此问题，目前一般的释义书均无涉及。笔者认为，这里可能隐藏着非常重大的冲突。

第一，庭外核实与公开审判。在公开审判原则下，法庭的审理活动都是要公之于众的，举证、质证、辩论等活动当然都要求在法庭上公开进行。那么，审判人员在庭外核实证据是否需要控辩双方同时在场呢？对此，相关规定仍然付之阙如。

第二，庭外核实与质证和认证规则。在“证据”一章中，本法强调证人证言必须在法庭上经过公诉人、被害人和被告人、辩护人双方质证并且查实以后，才能作为定案的根据。虽然仅提及证人证言，这一规则对其他证据类型也当然适用。所谓“庭外核实”当然就不是指开庭时，这样一来，如何满足对证据的质证要求呢？审判人员如果仅凭自己一人查看证据后即下判恐难以让人信服。

第九节　通　缉

第一百五十三条　应当逮捕的犯罪嫌疑人如果在逃，公安机关可以发布通缉令，采取有效措施，追捕归案。

各级公安机关在自己管辖的地区以内，可以直接发布通缉令；超出自己管辖的地区，应当报请有权决定的上级机关发布。

【主旨】本条规定了通缉的适用对象，以及发布程序、权限。

【释评】作为一种发动社会力量打击犯罪的社会治理方式，通缉具有相当积极的意义。

（一）适用对象

从文义上分析，通缉只适用于应当逮捕的在逃犯罪嫌疑人，如果在逃的犯罪嫌疑人不符

合逮捕条件，就不能采取这一措施。但是结合我国刑事诉讼程序的特点看，应当对其进行扩张解释。假如在审判阶段，被告人脱逃的，实际上无法继续进行审判，为了保证诉讼顺利进行，也可能采取通缉措施。此外，在监狱执行刑罚的犯罪人也可能脱逃，此时当然也应当适用通缉措施，不过，因为根据《刑法》规定，“脱逃”行为本身即构成犯罪，所以，这种情况下脱逃的犯罪人，本质上也属于犯罪嫌疑人之列。

（二）发布主体

通缉措施的发布主体只能是公安机关。依第二款规定，各级公安机关在自己管辖的地区以内，可以直接发布通缉令；超出自己管辖的地区，应当报请有权决定的上级机关发布。具体而言，如果跨越了区域，应当报请办案机关和除办案机关辖区之外的其他区域的共同上级机关发布。需要注意的是，检察机关在办理自侦案件时，有权决定采取通缉措施，但无权直接发布，仍然需要将通缉的相关信息发送给公安机关，由其来发布。

（三）发布与变更

通缉令是公安机关依法发布缉拿在逃犯罪嫌疑人的书面命令。为了及时、准确地将犯罪嫌疑人缉拿归案，防止错捕，通缉令必须用简明、准确的语言书写，其内容应当包括被通缉人的姓名、别名、曾用名、绰号、性别、年龄、民族、籍贯、出生地、户籍所在地、居住地、职业、身份证号码、衣着和体貌特征、口音、行为习惯，并附被通缉人近期照片，可以附指纹及其他物证的照片。除了必须保密的事项以外，应当写明发案的时间、地点和简要案情[①]。另外，通缉令必须加盖发布机关的公章。

各级公安机关接到通缉令后，应当及时部署，组织警力，积极进行查缉工作，其他任何国家机关、企事业单位和公民个人应当积极协助公安机关的查缉工作，发现被通缉人或有关线索，应当及时将情况报告公安机关，或者将犯罪嫌疑人扭送公安机关。犯罪嫌疑人被缉拿归案后，发布通缉令的公安机关应当立即发布通知，撤销通缉令。

第十节　侦查终结

第一百五十四条　对犯罪嫌疑人逮捕后的侦查羁押期限不得超过二个月。案情复杂、期限届满不能终结的案件，可以经上一级人民检察院批准延长一个月。

【主旨】本条规定了对犯罪嫌疑人逮捕后的一般侦查羁押期限。

【释评】在我国刑事强制措施体系中，逮捕之所以被认为属于最为严厉的一种，就是因为一旦犯罪嫌疑人被逮捕后，意味着其有可能被侦查机关合法长期羁押。本条中，羁押期限一般不得超过两个月，两个月的期限对一般案件而言应当够用了，如果案件情况复杂，二个月期限届满后不能终结的，可以经办理案件侦查机关的上一级人民检察院批准延长一个月。

第一百五十五条　因为特殊原因，在较长时间内不宜交付审判的特别重大复杂的案件，由最高人民检察院报请全国人民代表大会常务委员会批准延期审理。

---

①《程序规定》第二百六十六条。

【主旨】本条规定了特殊情况下的延期审理报批程序。

【释评】从逻辑结构上看，本条包括了两个部分，一个是案件范围，另一个是处理程序。对前者来说，按照彭真同志当年（1979）的解释，所谓“特殊原因”一般是指政治关系或者其他特殊原因，例如过去的日本战犯、国民党战犯之类的案件[①]。“特别重大复杂”强调的是案件本身疑难、影响重大。对后者来说，则因牵涉面广，需要仔细分析。

（1）从体系上看，本条属于特殊情况下对犯罪嫌疑人羁押的特别规定，其应当在本节其他规定均无法适用，或者已经适用后才能发挥作用。这样，其合理位置应在本节最后。

（2）最高人民检察院报请全国人民代表大会常务委员会批准延期审理的依据不够充分。

首先，“延期审理”不是指审判阶段人民法院的延期审理[②]。因为本条规定在“侦查终结”一节中，此时审查起诉以及审判都尚未开始，应当理解为“延长侦查羁押期限”。

其次，由全国人民代表大会常务委员会批准延期审理也缺乏法理依据。在本节其他相关规定中，侦查机关无法在法定侦查羁押期限内办结案件的，需要由其上一级人民检察院批准延长羁押期限。照此逻辑，一直都应当由检察院来审查是否准许对犯罪嫌疑人延长羁押期限，直至最高人民检察院。而根据现行《宪法》（1982）第六十二条、六十七条之规定，很难推导出全国人民代表大会常务委员会有此权力。虽然从某个角度说，本法属于由全国人民代表大会制定的基本法，本法中既然明确规定了全国人民代表大会常务委员会有权对最高人民检察院的请求进行批准，据此，可以认为其符合《宪法》第六十七条第（二十一）项之规定，属于全国人民代表大会授予的其他职权范围，因而是具有宪法依据的。这里的问题在于，依据《宪法》第六十二条第（十五）项的规定，全国人民代表大会可以自由决定的事项是以“应当由最高国家权力机关行使”为前提。按笔者理解，《宪法》这里实际上是认为，即使是最高国家权力机关，也仍然存在是否“适合”（应当）行使职权的问题。

在我国政治体制构架以及实际运作中，全国人民代表大会及其常务委员会基本上是作为政治代表机构以及立法机构而存在的。根据《宪法》、本法以及其他法律[③]的规定，人民法院、人民检察院依法独立行使审判权、检察权。人大是国家权力机关，不是审判机关和检察机关，不能代替这些机关对具体案件进行处理。人大常委会对“两院”工作的监督，主要是通过听取和审议“两院”专项工作报告、执法检查等形式，督促司法机关完善内部监督制度，重点解决审判工作、检察工作中群众反映强烈、带有共性的问题，如告状难、执行难、赔偿难、刑讯逼供、超期羁押、错案不纠等，促进公正司法。全国人大常委会既然不参与具体案件处理，对最高人民检察院的请求进行审批，在依据上就有疑问。

考察立法史可以发现，本条源自 1979 年《刑事诉讼法》规定，其原文是：“特别重大、复杂的案件，在依照前款规定延长后仍不能终结的，由最高人民检察院报请全国人民代表大会常务委员会批准延期审理”[④]。1996 年修法时改为现在的表述，并至今未变。相比较而言，1996 年修法时去掉了有关终结的规定有些欠妥。从立法之初的社会历史背景看，之所以有如

① 北京政法学院诉讼法教研室：《刑事诉讼法参考资料第一辑》（上册），1980 年印行，第 43-44 页。

② 李昌林：《最新中华人民共和国刑事诉讼法释义》，中国法制出版社 2012 年版，第 319 页。

③ 尤其是全国人民代表大会常务委员会于 2006 年制定的《中华人民共和国各级人民代表大会常务委员会监督法》中的各项规定。

④ 第九十二条第二款。

此规定，可能有多种原因，而对人大的职权范围理解不同恐怕是其中之一[①]。

最后，所谓特殊原因并无具体范围限定，同时，相关程序要素也无任何规定，这实际上就意味着，在一些全国性的大案要案中，对犯罪嫌疑人的羁押期限不受现行法律规定的限制，而采取特殊的方式加以延长。但这种特殊延长方式究竟是怎样的？在强调“依法治国”的今天，法律允许对某些犯罪嫌疑人的羁押期限可以随意地、无限期地加以延长，这并不符合法治原则。同时，作为最高立法机构，全国人大常委会应通过行政性程序还是司法程序对最高检察院的申请加以审批呢？这种特别的延长羁押期限应具备什么样的特殊理由？对于这些问题，法律似乎留下了一系列的空白[②]。

第一百五十六条　下列案件在本法第一百五十四条规定的期限届满不能侦查终结的，经省、自治区、直辖市人民检察院批准或者决定，可以延长二个月：

（一）交通十分不便的边远地区的重大复杂案件；

（二）重大的犯罪集团案件；

（三）流窜作案的重大复杂案件；

（四）犯罪涉及面广，取证困难的重大复杂案件。

【主旨】本条规定了四类特殊案件中的再次延长羁押期限。

【释评】本条的适用前提，是案件依照本法第一百五十四条规定的期限届满仍不能侦查终结，即对特定案件的犯罪嫌疑人而言，已经对其羁押了三个月，此时，如果案件符合本条规定的四种情况，则经省、自治区、直辖市人民检察院批准或者决定，可以延长二个月。

本条所列举的四种特殊情况本身都存在一定模糊性，对此，省级人民检察院在审查时应当进行从严把握。这里的“批准”或“决定”分别针对不同办案机关而言，如果是省级人民检察院自己办理的案件，则用决定；如果是其下级的其他侦查机关办理的案件，则用批准。

第一百五十七条　对犯罪嫌疑人可能判处十年有期徒刑以上刑罚，依照本法第一百五十六条规定延长期限届满，仍不能侦查终结的，经省、自治区、直辖市人民检察院批准或者决定，可以再延长二个月。

【主旨】本条规定了罪重情况下对犯罪嫌疑人的再次延长羁押期限。

【释评】本条适用的前提，是已经经过了上一条的延期仍然不能侦查终结。此时，如果根据案件情况可以判断出，对犯罪嫌疑人可能判处十年有期徒刑以上刑罚，则经省、自治区、直辖市人民检察院批准或者决定，可以再延长二个月。至此，特定案件的“正常”延期次数和期限已经确定，通观本节相关规定，可以计算出，对犯罪嫌疑人逮捕后的侦查羁押期限一般是二个月，如果符合法定情形，则可以延期三次，对犯罪嫌疑人的“最长”羁押期限总共为七个月[③]。

第一百五十八条　在侦查期间，发现犯罪嫌疑人另有重要罪行的，自发现之日起依照本法第一百五十四条的规定重新计算侦查羁押期限。

---

① 从《刑事诉讼法》制定的宪法依据上看，1979 年的法律实际上只能依托于 1975 年和 1978 年《宪法》，而 1982 年《宪法》的诸多规定较之以前已有了“质”的飞跃，从“新”《宪法》视角再来看“老”《刑事诉讼法》（1979 年以来未变之规定），无疑会有“时空倒错”之感。

② 陈瑞华：《未决羁押制度的理论反思》，载《法学研究》2002 年第 5 期，第 68 页。

③ 仅从规定层面看，要达到七个月的期限还得是非常特殊的案件，但是我国司法实践中羁押时间远远超过这一界限的案件不在少数。

犯罪嫌疑人不讲真实姓名、住址，身份不明的，应当对其身份进行调查，侦查羁押期限自查清其身份之日起计算，但是不得停止对其犯罪行为的侦查取证。对于犯罪事实清楚，证据确实、充分，确实无法查明其身份的，也可以按其自报的姓名起诉、审判。

【主旨】本条规定了特殊情况下，对犯罪嫌疑人侦查羁押期限的计算方法。

【释评】前述规定虽然明确了羁押期限的长度，但刑事案件纷繁复杂，特殊情况下仍然可能遭遇"挑战"。对此，本条设计了两种特殊计算方法。

(一) 另有重要罪行重新计算羁押期限

依第一款规定，侦查机关发现犯罪嫌疑人另有重要罪行的，自发现之日起依照本法第一百五十四条的规定重新计算侦查羁押期限。发现另有重要罪行，说明犯罪嫌疑人社会危险性较大，而之前进行的侦查行为都是围绕本罪进行，在发现有其他重要罪行时，重新计算侦查羁押期限是合理的。这里的"另有重要罪行"显然是第一款重心所在。

"另有"一语表明，该罪行必须是在犯罪嫌疑人被羁押以后才发现的，即属于"新罪行"。如果在提请批准逮捕之前就已经发现，且已经并案侦查的，就不能适用本款规定。至于发现的方法是控告、举报、自首还是侦查机关自行发现、有关机关或单位移送交办的，则在所不问[①]。从该新罪行的内容看，主要是指与过去发现的罪行不同种的犯罪[②]，而非一定要达到什么样严重的后果才会重新计算侦查羁押期限。从这个角度看，"罪行"才是关键，"重要"在法律上的意义偏弱，甚至可以说，凡是罪行都是重要的。当然，从文义上分析，严重罪行当然是以犯罪嫌疑人其他性质的犯罪行为达到一定程度为基础，依反对解释和目的解释，如果该"新罪行"较为轻微，就不能通过延长羁押期限的方式来帮助侦查，原来的期限应当继续计算。不过，实践中，由于打击犯罪目标的强调，以及治安形势的严峻，都导致"严重罪行"基本异化为了仅仅是要求有"罪行"即可。

需要看到，在《六机关规定》第二十二条中，公安机关依照上述规定重新计算侦查羁押期限的，不需要经人民检察院批准，但应当报人民检察院备案，人民检察院可以进行监督。该规定的合法性值得质疑。这是因为，羁押期限的"重新"计算，首先必须以"另有重要罪行"符合羁押条件为前提，而对嫌疑人采取羁押措施，又是以其涉嫌犯罪的行为符合逮捕条件为前提的，因此，六机关的该条规定，实际上是将对"另有重要罪行"是否满足逮捕的条件授权给了公安机关来审查。这显然违背了《宪法》和《刑事诉讼法》关于逮捕权配置的规定，公安机关借此就获得了对部分犯罪的逮捕决定权[③]。这也就意味着，公安机关只要因为一罪获得了检察机关的逮捕授权，那么无论后来发现同一嫌疑人犯有多少罪行，都不需要检察机关的授权，而自行决定实施羁押，从而使得逮捕后的羁押可以随着指控罪行的增加而自动地延长[④]。

(二) 犯罪嫌疑人身份信息不明时的处理

刑事追诉具有很强的人身属性，在犯罪嫌疑人不讲真实姓名、住址，身份不明时，就难以准确认定其信息，尤其是一些特别因素会严重影响后继程序进行，查明其身份有助于判断犯罪嫌疑人有无其他重要罪行，有助于了解其前科情况，进而有助于把握其罪行严重程度和

---

① 李昌林：《最新中华人民共和国刑事诉讼法释义》，中国法制出版社 2012 年版，第 322 页。
② 朗胜：《〈中华人民共和国刑事诉讼法〉修改与适用》，新华出版社 2012 年版，第 292 页。
③ 孙长永：《侦查程序与人权保障——中国侦查程序的改革与完善》，中国政法大学出版社 2009 年版，第 27-28 页。
④ 陈瑞华：《未决羁押制度的理论反思》，载《法学研究》2002 年第 5 期，第 67 页。

人身危险性的程度。而且，有时犯罪嫌疑人自报的是其他人的名字，据此判决后，会给真实姓名拥有者带来不必要的麻烦和困扰。因此，侦查机关应当对其身份进行调查，以排除障碍，避免出现问题。在这种情况下，由于确认犯罪嫌疑人具体身份时间不定，对其进行羁押的期限只能从自查清其身份之日起计算，同时不得停止对其犯罪行为的侦查取证。在经过调查后，确实无法查明其身份的，在有确实、充分的证据证明其犯罪事实的情况下，也可以按其自报的姓名起诉、审判。这里特别应注意的是，在无法查明实际身份时，应当着力排查那些严重影响程序进程的特殊因素，比如犯罪嫌疑人姓名、住址不明，就需要有有关年龄方面的证据，以判定其是否达到刑事责任年龄。

第一百五十九条　在案件侦查终结前，辩护律师提出要求的，侦查机关应当听取辩护律师的意见，并记录在案。辩护律师提出书面意见的，应当附卷。

【主旨】本条规定了侦查机关在侦查终结时听取律师意见。

【释评】本次修法肯定了律师在侦查阶段的辩护人身份。在第三十六条中，辩护律师在侦查期间可以为犯罪嫌疑人提供法律帮助；代理申诉、控告；申请变更强制措施；向侦查机关了解犯罪嫌疑人涉嫌的罪名和案件有关情况，提出意见。本条与之相呼应，规定了如果辩护律师提出要求，侦查机关就应当听取意见，并记录在案；如果辩护律师提出了书面意见的，侦查机关还应当附卷。

从文义看，法律并未要求侦查机关主动听取辩护律师的意见，只有在其提出要求的情况下，才是有义务听取。本条中的“记录在案”显然不仅指辩护律师提出了要求，更应当是指把该意见的内容记录在案。笔者认为，本条立意虽好，但在可操作性上还不够。长期以来，侦查机关与辩护律师之间存在一定程度的对立情绪，可以想见的是，如果侦查机关拒绝听取意见，辩护律师实际上缺乏有效救济途径。

第一百六十条　公安机关侦查终结的案件，应当做到犯罪事实清楚，证据确实、充分，并且写出起诉意见书，连同案卷材料、证据一并移送同级人民检察院审查决定；同时将案件移送情况告知犯罪嫌疑人及其辩护律师。

【主旨】本条规定了案件侦查终结，移送审查起诉的条件与程序。

【释评】从程序自然进程看，案件侦查到一定程度后，如果无法继续侦查，或者没有必要侦查，则只能侦查终结。由此，侦查终结的情形可能有两种：无法侦查或不必侦查。但在本法中，却只承认后一种意义上的侦查终结。因为既然只有在“犯罪事实清楚，证据确实、充分”时才能侦查终结，那么，依反对解释，如果案件事实不清楚，则需要继续侦查下去；并且，侦查终结就意味着移送审查起诉，二者实际上具有同等性。然而，事实上，我们不得不承认有些案件可能永远都无法查清。由于达不到法定的侦查终结条件，侦查机关既无法通过撤销案件，也无法通过将案件移送检察院审查起诉，由检察院作出不起诉决定，或者进而通过检察院向人民法院起诉，由法院作出无罪判决来实现“犯罪嫌疑人”身份向“被告人”转变，进而回归“人”（无罪者）这样一个过程。因此，一些因为系属于这些无法侦查终结案件的“犯罪嫌疑人”不得不长时间地背负着这一身份，即使未被羁押，或者取保候审、监视居住的期限早已届满，但仍然严重地影响了其正常的生活①。

① 刘方权：《论犯罪嫌疑人身份的确认与撤销》，载《中国人民公安大学学报》2009年第4期，第138页。

（一）侦查终结的条件

对此，我国刑事诉讼理论一般认为有五个方面的要求：（1）犯罪事实清楚。这是指犯罪人、犯罪的时间和地点、犯罪的动机和目的、犯罪手段、犯罪结果，以及其他有关犯罪的具体情节都已查清，并且没有遗漏罪行和其他应当追究刑事责任的人。（2）证据确实充分。这根据本法第五十三条第二款进行确定。（3）犯罪性质和罪名认定正确。（4）法律手续完备。（5）依法应当追究刑事责任[①]。笔者认为，此种理解当然有其合理性，但证据确实充分问题上，虽说本法在所有阶段都有此表述，从体系解释出发，侦查终结阶段的标准也当作如是理解。不过，考虑到侦查毕竟与审查起诉、审判有较大不同，要求其在终结时也要达到相应标准不太现实。另外，尽管法律规定的是移送审查起诉的要求，但依反对解释，如果侦查终结后，案件还达不到移送起诉的要求，当然就应撤销案件。

（二）侦查终结（移送审查起诉）的程序

公安机关移送审查起诉时，应当提交的材料有起诉意见书、案件材料和证据三大类。同级检察院当然是与办理案件公安机关对应的同级检察院。需要注意的是，在刑事案件复杂多样的情况下，由于受到管辖制度约束，最终向人民法院提起公诉的公诉机关有可能是其他检察院（检察机关自侦案件也是如此）。

（三）对案件移送情况的告知

本条最后要求："公安机关侦查终结时应将案件移送情况告知犯罪嫌疑人及其辩护律师"。有学者提出：这体现了立法对辩护权的重视。将案件移送情况告知犯罪嫌疑人及其辩护律师，可以保证其知悉案件进展情况。辩护律师只有了解案件进展，才能充分刑事法律赋予的各项权利，尤其是调查取证、收集证明犯罪嫌疑人无罪或者罪轻证据的权利，使辩护权得以落实。这同时增加了公安机关的告知义务，使其在移送审查起诉时，更加谨慎，更能充分做到法律对证据的要求，这也是对公安机关侦查权的监督与制约[②]。笔者在赞同这种理解的基础上认为，本条还存在值得改进之处。

首先，公安机关向检察机关移送审查起诉时，显然应当全案移送，不允许有任何保留，事实上，公安机关也没有必要保留什么[③]。然而，公安机关告知犯罪嫌疑人及其辩护律师时，很可能出现事与愿违的情况。对此，一个不容回避的问题在于：犯罪嫌疑人与其辩护律师是否应当被同等告知？由于侦查阶段的犯罪嫌疑人除符合指定辩护条件之外，其他情况下一般都没有辩护律师[④]，如果犯罪嫌疑人没有辩护人，此时，公安机关不可能告知其除起诉意见书主要内容之外的其他信息，有的时候可能只会告知"案子已经移送检察院"，其他的就语焉不详了。在目前的实践中，犯罪嫌疑人本人根本没有机会接触案卷材料。如果有辩护人，其情况也好不到哪里去。因为本法第三十八条明确规定了，辩护律师自人民检察院对案件审查起诉之日起，才可以查阅、摘抄、复制本案的案卷材料。据此，辩护律师在侦查终结时实际上"无权"看到卷宗，顶多能见到起诉意见书。而按照目前的实践情况，起诉意见书在公安机关

① 陈光中：《刑事诉讼法》（第五版），北京大学出版社、高等教育出版社2013年版，第306页。

② 冀祥德：《最新刑事诉讼法释评》，中国政法大学出版社2012年版，第144页。

③ 因为如果检察机关认为证据不足，会要求其继续补充（侦查）。

④ 据不完全统计，目前的刑事辩护率已经降低到2.5%左右。根据全国人大代表、北京市人民检察院检察长慕平在2012年的全国两会的发言，"一年2万件刑事案件，有律师代理的不到500件，只占2.5%，其中很多还是政府指定律师辩护的"。参见慕平：《两万刑诉案律师仅代理25%》，载《新京报》2012年3月9日第A10版。

也可能是见不到的，因为公安机关可能会口头告知一下移送的罪名和大致事实经过，具体情况“烦请”律师“自行”到人民检察院查阅，果真如此的话，这一规定恐怕就仅具象征意义了。

其次，本条根本没有提及被害人及其代理人是否有权知悉案件移送情况。此时，无论是案件事实清楚、证据确实充分应当移送人民检察院审查起诉，还是事实不清、证据不足撤销案件，均不告知被害人。被害人对侵害自己人身权利或财产权利的案件一无所知，这表明被害人对案件的关切被法律忽视[①]。

第一百六十一条　在侦查过程中，发现不应对犯罪嫌疑人追究刑事责任的，应当撤销案件；犯罪嫌疑人已被逮捕的，应当立即释放，发给释放证明，并且通知原批准逮捕的人民检察院。

【主旨】本条规定了侦查机关发现不应追究犯罪嫌疑人刑事责任时的处理。

【释评】在不应追究犯罪嫌疑人刑事责任的情况下，就不具备立案条件，侦查过程中若是如此，撤销案件是当然的处理方式。既然已经撤销案件，从保障人权出发，如犯罪嫌疑人已被逮捕的，公安机关应当立即释放，发给释放证明，并且通知原批准逮捕的人民检察院。如果是检察院自侦案件，案件撤销权限在于检察长或检察委员会[②]，考虑到检察院的组织结构，当然可以直接释放，通知已无必要（对此，下一节有规定）。

第十一节　人民检察院对直接受理的案件的侦查

第一百六十二条　人民检察院对直接受理的案件的侦查适用本章规定。

【主旨】本条总括规定了人民检察院对直接受理案件的侦查适用本章规定。

【释评】在本法中，法定侦查机关有五个，其中公安机关负责受理绝大部分普通刑事案件，检察机关主要直接受理职务犯罪（其也属于侦查机关范围，适用本章有关规定理所当然）。特别需要注意的是，由于之前的规定主要针对公安机关，而公安机关和检察机关分别有不同的组织体系，在理解人民检察院对自侦案件适用本章相关规定时，应当结合人民检察院内部机构组成情况进行。

人民检察院是作为一个整体而存在的机构。其内部根据职能不同而划分为公诉机构，侦查监督机构，贪污贿赂检察机构，渎职、侵权检察机构，监所检察机构，民事、行政检察机构，控告申诉检察机构，等等不同的部门[③]。这些部门之间相互配合，也相互制约。在刑事诉讼程序中，相应活动由各有关职能部门具体承办，其中在领导体制上，检察一体化和检察官职务的相对独立性是同时存在的，由于法律在许多情况下并未明确各个职能部门之间的具体职权划分，以及一些重大行为的实施程序，这就给检察工作的制度创新预留了一定空间。

第一百六十三条　人民检察院直接受理的案件中符合本法第七十九条、第八十条第四项、第五项规定情形，需要逮捕、拘留犯罪嫌疑人的，由人民检察院作出决定，由公安机关执行。

【主旨】本条规定了人民检察院对直接受理案件的拘留和逮捕决定权。

---

① 陈世和：《法律的尴尬——刑事法律理论与实践的冲突》，法律出版社 2011 年版，第 291 页。

②《诉讼规则（试行）》第二百九十条。

③ 龙宗智：《检察制度教程》，中国检察出版社 2006 年版，第 125 页。

【释评】本法中，检察机关有权直接受理一定案件，根据案件情况，可能需要控制犯罪嫌疑人的人身自由，因此，应当享有拘留和逮捕措施的决定权。考虑到自侦案件的特性，本条对检察机关自行决定拘留和逮捕的情形进行了一定限制，并且在具体实施时，还采用相关细则进行约束，比如省级以下（不含本级）人民检察院办理的案件，应当报请自己的上一级人民检察院审查决定。同时，为了实现权力制约，拘留和逮捕犯罪嫌疑人只能由公安机关执行。

第一百六十四条　人民检察院对直接受理的案件中被拘留的人，应当在拘留后的二十四小时以内进行讯问。在发现不应当拘留的时候，必须立即释放，发给释放证明。

【主旨】本条规定了人民检察院对直接受理案件中被拘留人的处理方式。

【释评】检察机关在自侦案件中享有拘留决定权，并且实际承办案件，因此应当在被拘留人到案后二十四小时之内进行讯问，在讯问过程中，发现不应当拘留的，必须立即释放，发给释放证明；这一点与公安机关是相同的。不应忽视的是，虽然本法只是提及人民检察院办理自侦案件适用本章规定，但侦查过程中所采取的强制措施，也应受到其他部分规定约束。比如本法第八十三条的规定："拘留后，应当立即将被拘留人送看守所羁押，至迟不得超过二十四小时。"此时，人民检察院讯问被拘留的犯罪嫌疑人应当在看守所内进行。另外，根据《诉讼规则（试行）》的规定，人民检察院立案侦查职务犯罪案件，在每次讯问犯罪嫌疑人的时候，应当对讯问过程实行全程录音、录像，并在讯问笔录中注明，人民检察院讯问犯罪嫌疑人实行全程同步录音、录像，应当按照最高人民检察院的有关规定办理[①]。

第一百六十五条　人民检察院对直接受理的案件中被拘留的人，认为需要逮捕的，应当在十四日以内作出决定。在特殊情况下，决定逮捕的时间可以延长一日至三日。对不需要逮捕的，应当立即释放；对需要继续侦查，并且符合取保候审、监视居住条件的，依法取保候审或者监视居住。

【主旨】本条规定了人民检察院对直接受理案件中被拘留者其他强制措施的适用。

【释评】前已提及，检察机关系统内部组织结构与公安机关有很大不同，在决定逮捕的时间期限上，也有不同之处。考虑到人民检察院直接受理的案件往往牵涉面广，在时间上给予了一定宽限，要求一般应当在十四日以内作出决定[②]。如遇有特殊情况，决定逮捕的时间可以延长一日至三日，即延长至十七日内再作出决定。结合"强制措施"一章中对公安机关提请逮捕的时间限制可以发现，本条中没有再次延长的规定[③]，这就应当理解为，必须在这个期限内作出是否逮捕的决定，否则就应当直接适用后半段的规定，要么释放，要么变更为取保候审或者监视居住。

如前所言，检察机关自侦案件决定逮捕程序有了很大变化。根据《诉讼规则（试行）》的规定，人民检察院审查决定逮捕时一律由侦查监督部门负责办理，省级以下（不含省级）人民检察院立案侦查的案件由上一级人民检察院审查决定逮捕，即所谓"上提一级"。最高人民检察院、省级人民检察院办理直接受理立案侦查的案件，则由侦查部门将相关资料移送本院侦查监督部门审查。在具体时间期限上，犯罪嫌疑人已被拘留的，办理案件的侦查部门应当在拘留后七日以内将案件移送相关侦查监督部门审查。有关机关（机构）应当在收到报请逮捕书（意见书）后七日以内作出是否逮捕的决定，特殊情况下，决定逮捕的时间可以延长一

① 第二百零一条、第二百零二条。
② 十四日与公安机关提请逮捕时的延长时间（即所谓特殊拘留）在期限长度上是等同的。
③ 本法第八十七条第二款规定：对于流窜作案、多次作案、结伙作案的重大嫌疑分子，提请审查批准的时间可以延长至三十日。显然，对人民检察院直接受理的案件而言，是不可能出现这种情况的，因此，不允许延长至如此长的时间是合理的。

日至三日。显然，这一改革对增强检察机关内部监督制约、提高执法公正性和公信力具有重要意义。

第一百六十六条　人民检察院侦查终结的案件，应当作出提起公诉、不起诉或者撤销案件的决定。

【主旨】本条规定了人民检察院自侦案件侦查终结时的处理。

【释评】人民检察院对直接受理的案件侦查终结后，有三种处理方式：提起公诉、不起诉或者撤销案件。本条文义很简单，但给人感觉对自侦案件而言，侦查终结似乎就可以直接提起公诉或者不起诉，我们在理解时显然不能这样。在我国刑事诉讼程序中，公诉案件的五个阶段是前后相继的，从原理上讲，检察院内部的侦查部门对直接受理的案件侦查终结后，只能有两种选择：移送起诉部门起诉或者是根据内部审批程序，报请撤销案件。由于检察院内部存在机构划分，它们分别行使不同职能。所以，即使是检察院直接受理案件侦查终结后，仍然需要独立的审查起诉程序，而不是直接作出起诉或不起诉的决定。

第三章　提起公诉

在现代刑事诉讼中，控审职能分离、不告不理成为调整控诉者与审判者之间关系的基本原则，审判程序启动以起诉作为前提。而所谓（刑事）起诉是指法律限定的专门国家机关或其他主体向审判机关提出诉讼请求，由其对犯罪事实进行确认并追究被告人刑事责任的诉讼活动。根据本法规定，我国的刑事起诉依起诉主体不同，可分为公诉与自诉两种。公诉主体是人民检察院，自诉主体是刑事被害人或其法定代理人、近亲属。本章仅对人民检察院审查起诉的相关活动进行了规定，而自诉案件的审查、审理规定在“审判程序”一编中。需要注意到，本章题为“提起公诉”，章下首条即规定了“凡需要提起公诉的案件，一律由人民检察院审查决定”，照此体系，理应将审查和提起公诉作为本章的基本内容加以规范。然而，首条后的10个条文中则有9个条文规定的是审查起诉的内容，审查起诉的期限、方法，起诉与不起诉的条件，以及对不起诉案件的处理程序，这明显不够协调①。另外，从制度完整性上看，本章仅规定了提起公诉的条件、程序以及不起诉，对公诉的撤回、变更、补充等重要问题没有涉及，未来还需进一步完善。

第一百六十七条　凡需要提起公诉的案件，一律由人民检察院审查决定。

【主旨】本条规定了人民检察院的公诉权。

【释评】刑事诉讼中起诉的方式有公诉和自诉两种，据此，刑事案件也分为公诉案件和自诉案件两个类型。自诉案件一般来说范围较小，并且都是些简单轻微的案件，是否向法院提出控诉完全由被害人自行决定。而自近代以来，犯罪往往被认为是对社会公益的侵害，因此就需要由代表公益的机构代表国家提出控诉，该机构在大部分国家和地区都是“检察机关”②。

本条规定可以从两个不同层面予以理解：

第一，审查起诉的权力为人民检察院所垄断，其他机关均无此权力。审查起诉是公诉案件的必经阶段，正因为如此，前一条（第一百六十六条）规定，人民检察院侦查终结的案件，应当作出起诉、不起诉或撤销案件的决定在语义上明显不妥，因为其忽视了审查起诉阶段的存在，即便是自侦案件，侦查终结后也不能直接决定起诉与否。

第二，对公诉案件来说，如没有检察机关起诉，则法院不得开启审判程序，自然也就不得对未经起诉的事项进行审判。

第一百六十八条　人民检察院审查案件的时候，必须查明：

（一）犯罪事实、情节是否清楚，证据是否确实、充分，犯罪性质和罪名的认定是否正确；

（二）有无遗漏罪行和其他应当追究刑事责任的人；

① 周士敏：《审查起诉论要》，载陈光中、江伟：《诉讼法论丛》（第1卷），法律出版社1998年版，第127页。

② 当然，具体称谓可能有所不同。

（三）是否属于不应追究刑事责任的；

（四）有无附带民事诉讼；

（五）侦查活动是否合法。

【主旨】本条规定了人民检察院审查起诉的内容。

【释评】审查起诉，是人民检察院对侦查终结后移送起诉的案件，依法进行全面审查并作出相应处理决定的一项诉讼活动。审查起诉作为提起公诉程序中的一个重要环节，是实现人民检察院公诉职能的一项最基本的准备工作，也是其对侦查活动进行法律监督的一项重要手段，因而具有重要意义。

从审查内容看，法律要求人民检察院在审查案件时进行实质性审查。而通过此种实质性审查，人民检察院的审查起诉活动实现了对侦查活动监督、导向，以及案件过滤功能[①]。不过，结合本法第一百七十一条及相关规定可以看出，对于证据不足的案件，检察机关不能直接作出不起诉处理，而应当再给侦查机关一次或两次查明犯罪事实的时间和机会，甚至代为查明。因此，在我国，人民检察院的审查起诉活动绝非被动、中立的审查，而是一种包含追诉偏向的补充性活动[②]。

第一百六十九条　人民检察院对于公安机关移送起诉的案件，应当在一个月以内作出决定，重大、复杂的案件，可以延长半个月。

人民检察院审查起诉的案件，改变管辖的，从改变后的人民检察院收到案件之日起计算审查起诉期限。

【主旨】本条规定了人民检察院审查起诉的期限。

【释评】审查起诉作为公诉案件的独立阶段，连接着侦查和审判阶段。由于审查起诉的前提是侦查机关侦查终结，将案件移送起诉，在已有较为齐备资料的情况下，检察机关的审查行为自然应当在一定期限内完成。

根据第一款规定，人民检察院一般情况下应当在收到案件之日起一个月以内作出是否起诉的决定，如果是重大、复杂的案件，可以延长半个月。对于何谓“重大、复杂”，相关规定并未言明。由于实践中的刑事案件千差万别，难以有确定标准，因此由办案机关具体把握也是可以接受的，但是应当强调案件确有特殊之处，并且经检察长批准后，才能延长十五日[③]。不过，应当注意到，实践中的做法是，检察机关公诉部门需要延长审查起诉期限时，仅需要通过内部的审批程序，即填写一个延长审查起诉期限的内批表。其中，对延长审查起诉期限的理由要求也非常简单：一般都是案件重大、疑难、复杂，需要延长起诉期限。然后，由检察机关内部领导通过书面审查的方式作出是否同意的决定[④]。这一实际做法已经在一定程度上让立法目的落空了。

第二款规定了改变管辖时重新计算审查起诉期限。其起点是从改变后的人民检察院收到案件之日起，如此规定的目的在于，保证收到案件的人民检察院更充分、准确地审查案件。

第一百七十条　人民检察院审查案件，应当讯问犯罪嫌疑人，听取辩护人、被害人及其

---

① 有关分析可参见王清新、甄贞、李蓉：《刑事诉讼程序研究》，中国人民大学出版社 2009 年版，第 169-170 页。

② 宋英辉、李忠诚：《刑事程序法功能研究》，中国人民公安大学出版社 2004 年版，第 331 页。

③《诉讼规则（试行）》第三百八十六条。

④ 王昕：《公诉运行机制实证研究——以 C 市 30 年公诉工作为例》，中国检察出版社 2010 年版，第 163 页。

诉讼代理人的意见，并记录在案。辩护人、被害人及其诉讼代理人提出书面意见的，应当附卷。

【主旨】本条规定了人民检察院审查案件的方式。

【释评】根据本法中案件管辖的规定，绝大部分公诉案件都是由其他侦查机关侦查终结，并移送至人民检察院审查起诉的。由于没有参与前期的侦查活动，在审查案件时，除了查阅案卷之外，讯问犯罪嫌疑人，听取辩护人、被害人及其诉讼代理人的意见，是实现审查起诉这一环节功能的必要手段。因为仅凭阅卷往往难以发现问题[①]，而亲自听取有关人员的意见，能够达到兼听则明的效果。为了体现检察机关的工作成果，以及对该活动进行监督，本次修法增加了应当将听取意见的情况记录在案的规定。笔者认为，对此规定，不能狭隘地理解为仅仅是检察人员单方面的记载，而且还应当包括相关人员签名确认，否则“记录在案”很可能又会流于形式。另外，作为意见的固定形式，如果辩护人、被害人及其诉讼代理人提出了己方的书面意见，则不仅应当将上述情况记录在案，还应当把该意见附卷备查。应当肯定，认真听取各方人员意见，对人民检察院开展审查起诉工作，有非常积极的意义。但是，由于立法没有提及上述人员意见对检察机关的效力问题，导致既往实践中，检察机关听取意见的情况不容乐观，由此也带来了诸多问题。本条规定对此并无实质性改变，其实施效果尚待检验。

第一百七十一条　人民检察院审查案件，可以要求公安机关提供法庭审判所必需的证据材料；认为可能存在本法第五十四条规定的以非法方法收集证据情形的，可以要求其对证据收集的合法性作出说明。

人民检察院审查案件，对于需要补充侦查的，可以退回公安机关补充侦查，也可以自行侦查。

对于补充侦查的案件，应当在一个月以内补充侦查完毕。补充侦查以二次为限。补充侦查完毕移送人民检察院后，人民检察院重新计算审查起诉期限。

对于二次补充侦查的案件，人民检察院仍然认为证据不足，不符合起诉条件的，应当作出不起诉的决定。

【主旨】本条规定了人民检察院对公安机关侦查案件的证据补充权、审查起诉阶段的补充侦查，以及证据不足的不起诉。

【释评】依本法第一百六十八条之规定，人民检察院应当全面审查案件。本条从不同层面对检察机关的处理权限进行了规定。

（一）补充证据

第一款规定了人民检察院针对公安机关的证据补充权。人民检察院审查案件时，如果认为公安机关提供的证据不足，当然有权要求其补充。因为检察机关是专门的起诉审查机关，尤其是审查案件的检察人员作为法律专家，对法律的理解以及对审判标准的把握，相对而言，要高于侦办案件的警察人员。虽然理论上对公诉的基础存在不同看法，但对已经侦查终结的案件来说，既然公安机关将其移送审查起诉，其目的当然是希望检察机关向法院提起公诉，从这个角度说，认为公诉是为审判作准备的观点还是合理的。此处需要明确，要求公安机关“提供法庭审判所必需的证据材料”并不是补充侦查。该规定是对案件事实已经查清，但尚有个别证据需要补充，而又不必要补充侦查的案件，人民检察院可以要求公安机关提供这些个

---

① 事实上，案卷材料中会明确记载违法行为的可能性几乎为零。

别的证据材料[①]。对此，本法第一百三十二条之规定[②]可谓证据补充的典型代表。

另外，审查起诉内容中本身就包括了对侦查活动是否合法的审查，作为对非法证据排除规则的回应，检察院（检察人员）认为可能存在本法第五十四条规定的以非法方法收集证据情形的，可以要求公安机关对证据收集的合法性作出说明。

（二）补充侦查

1. 补充侦查的形式

依第二款规定，在补充侦查的方式上，根据案件具体情况，检察院既可以选择退回公安机关补充侦查，也可以选择自行侦查。实践中，一般都是退回补充侦查，少数情况下才会自行补充侦查。因为毕竟检察机关的人力、物力，以及对案件的熟悉程度都与公安机关存在一定差距。具体说来，根据《诉讼规则（试行)》的规定，在犯罪事实不清、证据不足或者遗漏罪行、遗漏同案犯罪嫌疑人等情形下一般应当退回补充侦查[③]，特殊情况下（必要时）才会自行侦查。概而言之，这一阶段的补充侦查在逻辑上可以理解为：侦查终结以后，侦查机关（侦查部门）认为案件达到了起诉标准，移送人民检察院（起诉部门）审查决定是否起诉。人民检察院（起诉部门）对其进行审查后，如果发现案件不符合公诉条件，如果进行补充侦查后，有可能达到提起公诉条件，就应当决定补充侦查。

2. 补充侦查的期限与效果

补充侦查作为一种例外，时间上自应受到限制，应当说，一个月的期限是合适的。另外，从诉讼效率和人权保障出发，补充侦查的次数也应受到限制，本条将其限定为二次。

人民检察院一旦决定补充侦查，案件处理程序实际上就倒回到“侦查阶段”，补充侦查的结果无非是两种：一是侦查机关（部门）认为经补充侦查，案件已经达到起诉标准，从而再次移送人民检察院（起诉部门）后，人民检察院重新计算审查起诉期限。二是经补充侦查后，认为无法达到起诉标准或不应当追究刑事责任的，则不会移送给人民检察院审查起诉。对此，根据《程序规定》第二百八十五条第三项之规定，发现原认定的犯罪事实有重大变化，不应当追究刑事责任的，应当重新提出处理意见，并将处理结果通知退查的人民检察院。

总体说来，一旦出现补充侦查，其效果在于：如果是退回补充侦查，则案件的审查起诉即告终止，换言之，补充侦查便是初次审查起诉的结果[④]。如果是检察机关自行补充侦查，则应当在审查起诉期限内侦查完毕[⑤]，此时案件仍然处于审查起诉阶段，审查期限继续计算。

（三）证据不足不起诉

第四款规定了经过补充侦查后的“证据不足不起诉”，在学理上也多被称之为“存疑不起诉”[⑥]。由于立法粗疏，有诸多问题未予涉及，从而带来了一系列争论。对这种不起诉类型，需要注意以下几个关键点：

---

① 朗胜：《〈中华人民共和国刑事诉讼法〉修改与适用》，新华出版社 2012 年版，第 308-309 页。

② 该条规定：人民检察院审查案件的时候，对公安机关的勘验、检查，认为需要复验、复查时，可以要求公安机关复验、复查，并且可以派检察人员参加。

③ 第三百八十条、第三百八十一条包括了退回公安机关和本院侦查部门两种情况。

④ 该结论的依据还在于“补充侦查完毕移送人民检察院后，人民检察院重新计算审查起诉期限”。

⑤《诉讼规则（试行)》第三百八十三条。

⑥ 但是，也有学者认为随着法律修订的完成，存疑不起诉已经不复存在，本款规定应当纳入法定不起诉之内。参见易延友：《刑事诉讼法精义》，北京大学出版社 2013 年版，第 185 页。

1. 证据不足的标准

从逻辑上看，对侦查终结的案件，证据确实充分就应当起诉。如果出现了证据不足的情况，当然就不应起诉。至于证据不足的标准，立法没有明确，根据《诉讼规则（试行）》之规定，证据不足，不符合起诉条件是指以下几个方面：（1）犯罪构成要件事实缺乏必要的证据予以证明的；（2）据以定罪的证据存在疑问，无法查证属实的；（3）据以定罪的证据之间、证据与案件事实之间的矛盾不能合理排除的；（4）根据证据得出的结论具有其他可能性，不能排除合理怀疑的；（5）根据证据认定案件事实不符合逻辑和经验法则，得出的结论明显不符合常理的。[①]

2. 经过补充侦查

法定"证据不足不起诉"，以二次补充侦查仍然无法达到起诉条件为前提。考察立法史可以发现，本款之修正仅在于明确了案件经二次补充侦查后，检察院只能选择不起诉的处理方式。但是，着眼实践，并非每个案件都需要经过两次补充侦查后方能确定其是否具备起诉条件，有鉴于此，《诉讼规则（试行）》同时也规定，人民检察院对于经过一次退回补充侦查的案件，认为证据不足，不符合起诉条件，且没有退回补充侦查必要的，可以作出不起诉决定[②]。

3. 证据不足不起诉的效力

从法理上看，检察机关不起诉仅仅是终止了追诉程序，并未对被追诉人作出实体认定，加之这种不起诉只是一种"迫于无奈"的选择，因此，如果以后又发现新的证据，从而使案件符合起诉条件的，人民检察院可以再次提起公诉[③]。但是，该规定明显存在实现上的难题，因为作出存疑不起诉后，如何提起再侦查程序，刑事诉讼法并没有作出相应的规定[④]。按笔者理解，在目前的制度规定以及实践中，只有在查处其他案件过程中所获取的证据或线索与该"疑案"存在重大关联时，再启侦查程序才有可能，也就是说，该案再启侦查程序，基本上属于十分"偶然"的小概率事件。

第一百七十二条　人民检察院认为犯罪嫌疑人的犯罪事实已经查清，证据确实、充分，依法应当追究刑事责任的，应当作出起诉决定，按照审判管辖的规定，向人民法院提起公诉，并将案卷材料、证据移送人民法院。

【主旨】本条规定了人民检察院提起公诉的条件和要求。

【释评】本次修法对提起公诉的条件未作修改，仅对移送卷证的范围进行了调整。

（一）提起公诉的条件

根据本条规定，人们一般把提起公诉的条件归纳为三个：一是犯罪嫌疑人的犯罪事实已经查清，证据确实、充分；二是依法应当追究刑事责任；三是符合审判管辖的规定[⑤]。对此条件，学理上的主流观点是认为，该条设定的公诉条件偏高，因为其与人民法院在审判阶段定罪的标准"案件事实清楚，证据确实、充分"几乎完全一致。然而，由于刑事诉讼不同阶段的诉讼目的和任务不同，诉讼主体及其采取的诉讼行为不同，因此，侦查终结、提起公诉、判决有罪的标准理应有所区别，即证明标准应存在阶段性和层次性[⑥]。

① 第四百零四条。
② 第四百零三条第二款。
③《诉讼规则（试行）》第四百零五条。
④ 樊崇义、冯中华、刘建国：《刑事起诉与不起诉制度研究》，中国人民公安大学出版社 2007 年版，第 51 页。
⑤ 陈光中：《刑事诉讼法》（第五版），北京大学出版社、高等教育出版社 2013 年版，第 322-323 页。
⑥ 有关观点的介绍，可参见陈卫东：《刑事诉讼法教学参考书》，中国人民大学出版社 2004 年版，第 226-228 页。

在具体标准把握上，《诉讼规则（试行）》根据实践经验，在《诉讼规则（试行）》中对犯罪事实已经查清的情形进行了扩张解释：（1）属于单一罪行的案件，查清的事实足以定罪量刑或者与定罪量刑有关的事实已经查清，不影响定罪量刑的事实无法查清的；（2）属于数个罪行的案件，部分罪行已经查清并符合起诉条件，其他罪行无法查清的；（3）无法查清作案工具、赃物去向，但有其他证据足以对被告人定罪量刑的；（4）证人证言、犯罪嫌疑人供述和辩解、被害人陈述的内容中主要情节一致，只有个别情节不一致且不影响定罪的。对于符合第二项情形的，应当以已经查清的罪行起诉[①]。

（二）移送案卷材料、证据

公诉案件中，检察机关向法院移送案卷材料和证据具有重要意义。从诉讼流程看，它是审查起诉活动和审判活动的衔接点，是否移送案卷和证据材料、法院在审判前如何对待案卷和证据材料，会对审判活动产生直接影响；从诉讼主体看，它直接影响到控辩审三方的地位和相互关系，在我国现行刑事诉讼制度下，特别影响到法官的中立性以及辩方阅卷权、辩护权的有效行使[②]。

本条中最为重大的问题在于，人民检察院应当移送的案卷材料、证据范围究竟如何？是照搬 1996 年法律中的理解（即指证据目录、证人名单和主要证据复印件或者照片），还是回到 1979 年法律中的“全案移送”？目前无论是立法机关、公安司法机关人士，还是学者大都认为，本条与第一百八十一条之规定一起已经对 1996 年刑事诉讼法规定的案卷移送制度进行了重大修改，回到了 1979 年法律中的全案移送[③]。对此，随后于 2012 年 10 月颁行的《诉讼规则（试行）》第三百九十四至三百九十八条中对案卷和证据材料的移送情况进行了规定。而 2012 年底的新《六机关规定》第二十四条更是明确规定：人民检察院向人民法院提起公诉时，应当将案卷材料和全部证据移送人民法院，包括犯罪嫌疑人、被告人翻供的材料，证人改变证言的材料，以及对犯罪嫌疑人、被告人有利的其他证据材料。通观这些规定，可以说在相当大程度上回应了上述理解，即人民检察院在提起公诉时，的确应当进行全案移送。但是，在全面梳理相关立法与司法解释，并结合司法实践中的具体情况基础上，笔者对此有一些不同理解。

首先，上述规定中有些明显与全案移送存在抵触，这就使得该观点的“规范根基”不无疑问。仅从第一百七十二条出发，上述解释无疑是成立的。但是，如果把该条与一百八十一条[④]结合起来看，这个结论恐怕值得商榷。因为在后者语境中，法院开庭审理的条件只需要“有明确的指控犯罪事实”即可，检察机关哪怕只移送部分案卷（甚至是 1996 年法律中的主要证据复印件、证人名单、证据目录）也可以达到这个要求。而且同样是《六机关规定》，其第二十五条中便再一次强调：“对于人民检察院提起公诉的案件，人民法院都应当受理。人民法院对提起公诉的案件进行审查后，对于起诉书中有明确的指控犯罪事实并且附有案卷材料、证据的，应当决定开庭审判，不得以上述材料不充足为由而不开庭审判。”据此，至少从文义解释角度看，以上结论的依据并不充分。

其次，检察机关在移送卷证范围上享有不受限制的裁量权。由于检察机关垄断了是否公

① 第三百九十条。
② 刘哲：《刑事公诉案卷移送制度评析——以修改后刑诉法之规定为背景》，载《人民检察》2012 年第 17 期，第 57 页。
③ 表述略有不同。参见朗胜：《〈中华人民共和国刑事诉讼法〉修改与适用》，新华出版社 2012 年版，第 310-311 页。童建明：《新刑事诉讼法理解与适用》，中国检察出版社 2012 年版，第 197-199 页。陈卫东：《刑事诉讼法修改条文理解与适用》，中国法制出版社 2012 年版，第 244-245 页。冀祥德：《最新刑事诉讼法释评》，中国政法大学出版社 2012 年版，第 155 页。
④ 该条规定：人民法院对提起公诉的案件进行审查后，对于起诉书中有明确的指控犯罪事实的，应当决定开庭审判。

诉的权力，其完全可以自行决定移送卷证范围。对此，立法也是承认的，例如，本法第三十九条就规定，辩护人有权向办案机关申请调取证据①。此外，前述《六机关规定》第二十五条也规定，如果人民检察院移送的材料中缺少上述材料的，人民法院可以通知人民检察院补充材料，人民检察院应当自收到通知之日起三日内补送。这些规定都表明，检察机关在提起公诉时确有可能不会全案移送。其中症结，可以从《诉讼规则（试行）》中窥见端倪："人民法院向人民检察院提出书面意见要求补充移送材料，人民检察院认为有必要移送的，应当自收到通知之日起三日以内补送。"②根据该规定，是否补送，要以人民检察院认为有必要为前提，换言之，如果其认为没有必要移送，则不会移送。而此时，对其他主体（人民法院、被告人、辩护人）来说，其实没有任何办法。虽然《解释》规定：公诉人申请出示开庭前未移送人民法院的证据，辩护方提出异议的，审判长应当要求公诉人说明理由；理由成立并确有出示必要的，应当准许③。但该规定的局限性显而易见，因为这以辩护方有异议为前提，并且没有言及什么情况下不得出示④，也就是说，人民法院实际上是默许了检察机关可以出示开庭前未移送的证据。进言之，即使检察机关有所保留，而未进行全部移送，也没有不利后果承担，至此，检察机关在移送卷证范围上的自由裁量权可见一斑。

最后，由于特殊诉讼程序结构的影响，客观上使得检察机关无法把"全部"卷证材料移送给人民法院。前面提及，除了检察机关在移送卷证材料上的自由裁量权可能影响移送范围外，更重要的原因还在于，整个诉讼流程中，卷证材料处于变动不居之状态，难以将全部材料移送给人民法院。因为，侦查终结移送审查起诉时的卷证材料，提起公诉时移送给人民法院的卷证材料，以及法庭审理阶段出示的卷证材料，三者范围可能并不相同⑤，所以，"全部"移送既不现实，也无可能。从司法实务看，案卷的层递性是我国刑事案卷移送上的主要特征。一方面，它表现为不同诉讼阶段之间，前一诉讼阶段形成的案卷材料允许且应当移送至下一阶段，直至案件终结。另一方面，层递性还表现为前一阶段所形成的案卷，一般构成后一阶段案卷之重要组成部分，这尤其以侦查案卷为甚。在这种层递性的移送过程中，案卷材料既有所增加，也可能有所减少。增加的部分是后一司法机关制作的文书或证据材料，减少的部分通常是后一司法机关认为不利于指控的材料。例如，侦查机关在移送审查起诉时，有时可能会将某些有利于犯罪嫌疑人的证据材料排除在案卷之外，以免形成案卷内的证据矛盾，动摇指控基础⑥。可能是考虑到这种情况的实际存在，《诉讼规则（试行）》强调：人民检察院对于犯罪嫌疑人、被告人或者证人等翻供、翻证的材料以及对于犯罪嫌疑人、被告人有利的其他证据材料，应当移送人民法院⑦。由于法律修订时间较短，在长期形成的司法习惯面前，新规定的落实可能是一个曲折过程。

具体说来，在公诉案件中，审查起诉部门收到的卷证材料受侦查机关（侦查部门）的限制，假若其没有移送一些材料，审查起诉部门自然也就不可能向审判机关移送。在审查起诉

① 该条规定：辩护人认为在侦查、审查起诉期间公安机关、人民检察院收集的证明犯罪嫌疑人、被告人无罪或者罪轻的证据材料未提交的，有权申请人民检察院、人民法院调取。

②《诉讼规则（试行）》第三百九十六条。

③ 第二百二十一条。

④ 当然，实际上最高人民法院也不能在自己的规定中否定检察机关这一行为的效力，否则其后果可想而知。

⑤ 学者的实证研究表明，刑事案卷材料主要在侦查阶段形成，此后的审查起诉阶段、审判阶段案卷内容增加不多。而后期案卷材料即或增加，增加的内容也多涉及程序性、法律性而非证据性的事项。相关分析参见左卫民：《中国刑事案卷制度研究——以证据案卷为重心》，载《法学研究》2007年第6期，第99页。

⑥ 左卫民：《中国刑事案卷制度研究——以证据案卷为重心》，载《法学研究》2007年第6期，第100页。

⑦ 第三百九十五条。

阶段，基于审查起诉内容、任务的要求，审查起诉部门可能要求侦查机关（侦查部门）补充提供证据，尤其是，在需要补充侦查的情况下，审查起诉结束后的卷证材料，已与当初移送审查起诉时的范围不可同日而语了。容易忽视的是，审查起诉阶段必定需要对已有卷证材料进行取舍后，才会移送给人民法院。由于本法对提起公诉的要求甚高，而公诉是以有罪控诉为目的的，在此情况下，移卷当然是围绕被告人的有罪事实展开，而有利于被告人的证据基本上限定于指向罪轻，即量刑的事实。尽管量刑程序改革早已经开展有年，而本次修法并未对其进行过多涉及，只是笼统规定法庭审理过程中，对与定罪、量刑有关的事实、证据都应当进行调查、辩论[①]。在此大背景下，人民检察院的量刑建议亦非强制性要求[②]，这就决定了，如果检察机关提起公诉时没有提交有关量刑方面的事实依据，也不影响案件审理，自然也谈不上什么不利后果了。

综上，从规范到实践都不完全支持前述主流观点，人民检察院提起公诉时向人民法院移送的案卷和证据材料可能是有限的、经过处理的，一概认为检察机关应当或者就会全案移送，没有考虑到案件的复杂情况，其结论并非确切。特别是，鉴于法院（法官）主要通过阅卷来形成裁判结论的审判方式并未发生实质性变化，这种案件材料、证据移送范围上的变化，可能仅具有形式上的意义。因为“那些事先应经全面阅卷的法官很可能会形成对“被告人构成犯罪”的预断，并对辩护方当庭所做的无罪辩护产生反感甚至持抵触态度。结果，法官仍然无法保持基本的中立性，那种通过当庭审理来形成裁判结论的现代司法程序照样无法建立起来，被告方照样无法作出有效的辩护”[③]。

第一百七十三条　犯罪嫌疑人没有犯罪事实，或者有本法第十五条规定的情形之一的，人民检察院应当作出不起诉决定。

对于犯罪情节轻微，依照刑法规定不需要判处刑罚或者免除刑罚的，人民检察院可以作出不起诉决定。

人民检察院决定不起诉的案件，应当同时对侦查中查封、扣押、冻结的财物解除查封、扣押、冻结。对被不起诉人需要给予行政处罚、行政处分或者需要没收其违法所得的，人民检察院应当提出检察意见，移送有关主管机关处理。有关主管机关应当将处理结果及时通知人民检察院。

【主旨】本条分别规定了法定不起诉、酌定不起诉，以及不起诉决定作出后的处理程序。

【释评】我国刑事诉讼理论一般把不起诉分为三个类型，即前面的证据不足不起诉、本条中的法定不起诉和酌定不起诉。综合相关规定看，每种不起诉的适用条件各不相同，而一旦检察机关决定不起诉，则后继处理程序基本相同。

（一）法定不起诉

第一款规定一般被称之为“法定不起诉”或“绝对不起诉”。即只要有法定情形出现，就只能作出不起诉决定，检察机关对此不享有任何裁量权。原 1996 年《刑事诉讼法》中仅提及了一种情况，即如果有本法第十五条规定情形之一的，才应当不起诉。本次修法根据实践中的情况，增添了犯罪嫌疑人没有犯罪事实的情形也应当不起诉，那么何谓“犯罪嫌疑人没有

---

① 第一百九十三条。

② 相关规定中都明确提及，人民检察院“可以”向人民法院提出量刑建议。应当看到，由于相对独立量刑程序的引入，具体的庭审程序结构与以前已有不小的区别，这一点在基层法院的庭审活动中表现得尤为明显。不过，从笔者了解的情况看，在中级人民法院，高级人民法院这个层次则变化不大，这大概主要是由于这些法院受理案件的性质和类型的缘故。

③ 陈瑞华：《案卷移送制度的演变与反思》，载《政法论坛》2012 年第 5 期，第 21-24 页。

犯罪事实”？立法没有言明，依历史解释，可以认为包括两种情况：犯罪行为并非犯罪嫌疑人所为，以及该案所涉行为依法不构成犯罪①。不过，《诉讼规则（试行）》中却对公安机关移送审查起诉的案件与自侦案件区别对待：在前者，是应当作出不起诉决定（第四百零一条）；在后者，却是应当退回本院侦查部门，建议作出撤销案件的处理（第四百零二条）。该规定的合法性遭到了学者质疑②。

（二）酌定不起诉

第二款规定一般称作“酌定不起诉”或“相对不起诉”。从法理上分析，只有这种不起诉才属于所谓起诉便宜主义。

1. 适用条件

据法条文义，适用酌定不起诉需要同时满足两个条件：一是要求犯罪情节轻微，二是根据《刑法》的规定不需要判处刑罚或者免除刑罚。由于在《刑法》中，不需要判处刑罚或免除刑罚与犯罪情节轻微并不具有完全对应关系，因此，这两个条件互为因果，相互影响，需要仔细理解。

显然，酌定不起诉主要针对案件的实体事实而言，而不需要判处刑罚与免除刑罚都属于对被追诉人可能承受的法律后果的判断，在刑事实体法中，此二者是与刑罚和刑事责任这两个概念密切联系在一起的。“刑事责任”一语在我国刑事立法中随处可见，但对这个如此重要的概念，刑法学理论上却难以达成共识，可以说，刑事责任是刑法学中一个多义的，因而也是存在许多争议的范畴③。这也导致了立法的混乱：刑事责任在刑法中没有形成体系性的地位，刑法理论中刑事责任的应有地位并没有在刑事立法中得到体现④。在犯罪成立应当负刑事责任的情况下，（刑事）立法没有将刑事责任与刑罚加以区分，并在如何承担刑事责任的说明中，无一例外地用从轻处罚、减轻处罚和免除处罚取代减轻刑事责任⑤。虽然目前刑法学中对刑事责任概念的理解仍有较大争论，但主流学理以及刑法规范，一般都是在犯罪的法律后果意义上使用这一概念。在我国刑事责任理论及其实现方式中，刑事责任的意义更多地体现在犯罪成立后对犯罪人的处遇上。依刑法学通说，刑事责任有三种实现形式：一是刑罚处罚，二是只给予非刑罚处罚；三是单纯宣告有罪，免除其他方式的处罚。在此三种形式中，对犯罪人判处刑罚当属最为典型和常见。同时，不论给予非刑罚处理，或者是免除处罚，都没有否定行为人的刑事责任的存在。它们都是以有罪宣告为前提，而有罪宣告，就意味着存在刑事责任。宣告有罪的判决，是对犯罪行为的否定和对犯罪人的谴责，因此定罪免刑也是解决刑事责任的一种方式。⑥在免除行为人实际承担的法律责任问题上，《刑法》中先后使用了“免除处罚”“不需要判处刑罚”和“免予刑事处罚”等三种不同表述，并且又在第二百零一条、二百四十一条中分别提到了可以“不予追究”和“不追究”刑事责任的情形⑦。

---

① 在规范层面，该项内容较早出现在《诉讼规则》第二百六十二条（1999）。2012 年《刑事诉讼法》颁行后，最高人民检察院没有对此再次进行明确，不过，连立法机关人士也都据此来解释犯罪嫌疑人没有犯罪事实。见朗胜：《<中华人民共和国刑事诉讼法>修改与适用》，新华出版社 2012 年版，第 312 页。

② 汪海燕：《刑事诉讼法解释论纲》，载《清华法学》2013 年第 6 期，第 12 页。

③ 曲新久：《刑法的精神与范畴》，中国政法大学出版社 2000 年版，第 229 页。

④ 徐立：《刑事责任根据论》，中国法制出版社 2006 年版，第 214 页。

⑤ 张旭：《关于刑事责任的若干追问》，载《法学研究》2005 年第 1 期，第 109 页。

⑥ 高铭暄、马克昌：《刑法学》（第四版），北京大学出版社、高等教育出版社 2010 年版，第 233 页。

⑦ 但是，仔细分析这两条规定可以发现，法条中的“不予追究刑事责任”或“不予追究”，并不是指行为本身不构成犯罪，而是指行为构成犯罪，但不具备处罚条件。具体分析参见张明楷：《犯罪构成体系与构成要件要素》，北京大学出版社 2010 年版，第 132-133 页。

对此，笔者认为："免除处罚""不需要判处刑罚"和"免予刑事处罚"都属于对行为人最终处理结果的判断。单从语义上看，"免除处罚""不需要判处刑罚"和"免予刑事处罚"三者并不相同，但"免除处罚"与"免予刑事处罚"具有显而易见的同义性[①]。学理上虽然对"不需要判处刑罚"与"免予处罚"涵义存有一定争议[②]，不过，二者尽管在表面上有差异，但它们并非并列关系，免予处罚实际是不需要判处刑罚的逻辑前提而已。因为，不需要判处刑罚与免予处罚均需被追诉人之行为已构成犯罪为前提，而不需要判处刑罚的结论本身就需要结合《刑法》中的其他的具体规定才能得出，它们实际也具有同义性。这里，笔者赞成该条规定"非属独立量刑情节"的观点[③]。综上，能够适用酌定不起诉的案件，仅限于因为情节轻微而可能免除刑罚处罚的情况。这样一来，其范围就明显偏小。

2. 适用程序

酌定不起诉的决定权在检察长或者检察委员会[④]，同时，在办案程序上，"省级以下人民检察院办理直接受理立案侦查的案件，拟作不起诉决定的，应当报请上一级人民检察院批准"[⑤]。另外，由于诸多原因，各个地方检察机关纷纷对不起诉率进行了严格限制。比如一些省级检察机关每年要对不起诉，尤其是微罪不起诉的适用率设定控制比例，并作为目标考核的重要指标。如有些地方要求不起诉率控制在5%以内，多数要求不起诉的适用率不超过3%。这个比例是对三种不起诉而言的，具体到检察机关可以自由裁量的微罪不起诉，其适用比例之低就可以想象了[⑥]。据此可以发现，实践中基本上就是一种"有案必诉"的情况。这种作法显然值得反思。对此，有检察机关人士就认为，从工作管理的角度限制一定数量的不起诉率有利于进一步规范侦查行为，有利于提高公诉案件的质量，或者说有利于树立检察机关的良好形象。但是，客观地讲，不起诉率的限制应当是一个人为的因素。很多案件能否作出不起诉，并不是取决于事先设定的数额和数字，而是取决于案件本身的证据和事实。所以，这个不起诉率的设置，严格地讲，是违反了诉讼规律的。这样一个不起诉率的设置造成司法实践中，在适用不起诉制度的时候，需要考虑的因素太多，反而注重案件本质需求的东西少了，有些该作不起诉的，我们硬着头皮起诉了；有些不该作起诉的，我们也起诉了。这样，实质上，从另外一个方面反映了案件的质量并不高。所以，不起诉率的问题在一定意义上反映了一种

① 二者在语言结构上具有高度的相似性，而《刑法》中所免除的处罚只能是刑事处罚，而"免予"和"免除"又有具有相当的同义性，因此，"免除处罚" 与"免予刑事处罚"应当是同一个意思。

② 一种观点认为，"不需要判处刑罚"和"免予刑罚"是两个不同的问题。前者指现行《刑法》第三十七条规定的情况，即"犯罪情节轻微不需要判处刑罚的"，后者指现行《刑法》第十、十九、二十三及六十八条等规定的应当免除刑罚的情况，以及第二十、二十四、二十七及二十八条等规定的应当免除刑罚的情况。参见李淑琴编著：《新刑事诉讼法案例释解》，法律出版社1996年版，第289页。另一种观点则认为，"不需要判处刑罚"和"免予刑罚"实为同一个问题，具体均指现行《刑法》第十、十九、二十、二十一、二十二、二十四、二十七、二十八及六十八条规定的"可以"或"免除刑罚的情况"。参见郎胜主编：《关于修改〈刑事诉讼法〉的决定释义》，中国法制出版社1996年版，第171页。

③ 其理由在于：从文义解释和体系解释的角度看，该条位于《刑法》总则第三章"刑罚"第一节"刑罚的种类"的最后一条。其前面四条规定的是刑罚种类的概括性规定，其后第三十八条至第六十条规定的是刑罚种类的具体性规定。显然，立法者虽然在第三十七条规定了"可以免予刑事处罚"一语，但是其重心并不在此，而是强调当被告人被免除了各种刑罚处罚时，可能对其处以非刑罚处罚方法。易言之，立法者在此仍然是强调刑罚的种类问题而非量刑的情节，只不过强调的是刑罚种类的反面——当对被告人免予刑事处罚时，可能处以非刑罚处罚方法。另外，即使立法者将该条设置于《刑法》总则第四章"刑罚的具体运用"第一节"量刑"的第六十二条（从轻处罚）、第六十三条（减轻处罚）之后，也不能说明其属于独立的量刑情节，而恰恰只能说明其非独立的性质。见马凤春：《论"可以免予刑事处罚"》，载《山东师范大学学报》（人文社会科学版），2009年第4期，第141页。此外，《刑法》所规定的免除刑罚的情节都是具体而不是抽象的；况且，该条也没有规定具体的免除刑罚处罚的情节，其中的"情节轻微"是一个相当抽象的概念，将其作为独立的、具体的免除处罚的根据，并不合适。如果将其作为独立量刑情节，势必会带来各种严重问题。参见张明楷：《刑法学》（第四版），法律出版社2011年版，第558-559页。

④《诉讼规则（试行）》第四百零六条。

⑤《诉讼规则（试行）》第四百零七条。

⑥ 毛建平：《我国起诉裁量权的制度重构》，载徐静村：《刑事诉讼前沿问题研究》（第五卷），中国检察出版社2006年版，第194页。

功利主义的色彩[①]。

3. 法理依据

在我国，人民检察院属于“司法机关”范围，检察人员也可归入法律专门家之列，检察机关在刑事诉讼中的地位和职权决定了其有权进行法律适用。如果认为犯罪嫌疑人情节轻微，与其把犯罪嫌疑人起诉到法院，由法院经审判后定罪免刑，还不如从节约司法资源出发，直接在起诉环节就决定不起诉。当然，严格说来，检察院把犯罪嫌疑人直接起诉至法院依法审判，也并无不妥，但这样一来，对人民法院、被告人而言似乎难谓有多大好处。

（三）不起诉的效力

第三款规定了人民检察院不起诉决定的效力，本款虽然出现在两种不起诉之后，但却是有关所有不起诉效力的规定。检察机关不起诉决定的效力，可以从以下几个方面认识：

（1）不起诉决定作出后，刑事诉讼程序即告终止。在不告不理原则下，法院审判活动以有关主体起诉为前提，如果没有公诉机关提起公诉或自诉人提出自诉，法院就不能对刑事案件进行审判，而检察机关作出不起诉决定，就意味着该案件不可能移送法院处理，因此，该决定有终止刑事诉讼程序的效力。

（2）对侦查中已经查封、扣押、冻结的财物予以解除。

（3）对被不起诉人需要给予行政处罚、行政处分或者需要没收其违法所得的，人民检察院应当提出检察意见，移送有关主管机关处理。有关主管机关应当将处理结果及时通知人民检察院。

（4）立即释放在押的被不起诉人（即下一条之规定）。从法理上讲，不管是哪种不起诉，一旦作出决定，都意味着犯罪嫌疑人在法律上是无罪的，既然如此，如果其在押，立即释放无疑是对的。另外，如果其被采取其他强制措施的，人民检察院应当通知执行机关解除[②]。不过，在本法中却不能这样简单理解。因为下一条（第一百七十五条）明确规定了对公安机关移送起诉的案件，当其认为不起诉的决定有错误的时候，可以要求复议，如果意见不被接受，可以向上一级人民检察院提请复核。而复议、复核都需要时间，那么，在这个过程中怎么办？对此，释放当然没有问题，但是笔者认为，如果确有必要，也可以监视居住。其法律依据可以从本法第七十二条第（四）项之规定中窥见端倪：“因为案件的特殊情况或者办理案件的需要，可以采取监视居住措施。”

第一百七十四条　不起诉的决定，应当公开宣布，并且将不起诉决定书送达被不起诉人和他的所在单位。如果被不起诉人在押，应当立即释放。

【主旨】本条规定了不起诉决定的宣布、送达以及效果。

【释评】前已提及，不起诉决定终止了诉讼程序，意味着被不起诉人不会被起诉至人民法院，尽管在不同不起诉类型中，被不起诉人是否被认定为有罪存在争议，但是，即使检察机关认为被不起诉人构成犯罪，其与人民法院依法判决被告人有罪还是存在很大差别；因此，不起诉决定在绝大部分情况下，对被不起诉人还是有好处的。

（一）公开宣布不起诉决定

本条要求，不起诉决定应当公开宣布，至于如何“公开宣布”，则可参照人民法院公开宣

① 樊崇义、冯中华、刘建国：《刑事起诉与不起诉制度研究》，中国人民公安大学出版社2007年版，第60-61页。
② 《诉讼规则（试行）》第四百一十二条。

判进行理解。笔者认为，至少应当要求在一定开放的空间宣布，被不起诉人必须在场，检察人员当面向其宣布。具体公开的地点、范围应当结合案件实际情况来决定[①]。如果被不起诉人是未成年人的，应当当面向被不起诉的未成年人及其法定代理人公开宣布，并阐明不起诉的理由和法律依据[②]。公开宣布不起诉决定的活动应当记录在案，不起诉人决定书自公开宣布之日起生效[③]。

（二）送达不起诉决定书

不起诉决定书送给本人是应有之义，为何要送达给被不起诉人所在单位？由于法律没有对“单位”进行限定，按照习惯理解，应当指“工作单位”。不起诉决定书送达给单位的理由何在？笔者认为，对此可能有两个解释进路：一是因为不起诉就是在法律上无罪，将此信息告知单位，能够最大限度消除不良影响，以示被不起诉人清白[④]；二是提醒单位应当“善待”被不起诉人。不过，从目前的社会发展状况看，把不起诉决定书送达给被不起诉人所在单位，不仅没有实现预期的好处，反而存在一些问题。因为，在不起诉决定作出之前，犯罪嫌疑人已经经过了侦查阶段，羁押率居高不下的现实告诉我们，犯罪嫌疑人一般都会被采取拘留、逮捕措施，不被羁押的情况非常少见。虽然在本法第八十三条、九十一条中，犯罪嫌疑人被拘留、逮捕后，通知对象中已经不包括单位了，犯罪嫌疑人如果有工作单位，在其被采取措施后，就意味着根本无法正常履行自己的劳动义务，此时，单位不太可能不知道犯罪嫌疑人“出事”了，那么单位会怎么办呢？从笔者的实践经验看，绝大多数情况下，单位都会以劳动者涉嫌刑事犯罪为由解除劳动合同，此时，即使犯罪嫌疑人被不起诉，不起诉决定书也根本无法送达给单位，因为他很可能已经没有单位了。

（三）立即释放在押被不起诉人

前已提及，此处不赘。

第一百七十五条　对于公安机关移送起诉的案件，人民检察院决定不起诉的，应当将不起诉决定书送达公安机关。公安机关认为不起诉的决定有错误的时候，可以要求复议，如果意见不被接受，可以向上一级人民检察院提请复核。

【主旨】本条规定了公安机关对不起诉决定的制约措施（复议和复核）。

【释评】根据正当程序的要求，法律赋予检察机关以一定程度不起诉裁量权的同时，也必须设置相应制度对其进行制约。

（一）将不起诉决定书送达给公安机关

人民检察院对公安机关移送的案件进行审查时，其活动结构有些类似于诉讼。公安机关在移送审查起诉时，已经通过起诉意见书明确了自己的请求，即要求检察院作出公诉决定，而检察院审查案件时应当讯问犯罪嫌疑人，听取相关人员意见，如果经审查决定不起诉，实际上就是否定了公安机关的意见，作为一种回应，当然应将不起诉决定书送达给公安机关，以示告知和尊重。

---

① 朗胜：《〈中华人民共和国刑事诉讼法〉修改与适用》，新华出版社 2012 年版，第 314 页

② ④ 宋英辉：《中国人民共和国刑事诉讼法精解》，中国政法大学出版社 2012 年版，第 221 页。

③《诉讼规则（试行）》第四百一十二条。

（二）公安机关的复议权和复核权

由于公安机关相当于申请人的地位，对此决定认为有错误时，法律允许其有两次救济机会：一是认为人民检察院作出的不起诉决定有错误的，应当在收到不起诉决定书后七日以内制作要求复议意见书，经县级以上公安机关负责人批准后，移送同级人民检察院复议①。此时该人民检察院审查起诉部门应当另行指定检察人员进行审查并提出审查意见，经审查起诉部门负责人审核，报请检察长或者检察委员会决定。人民检察院应当在收到要求复议意见书后的三十日内作出复议决定，通知公安机关②。如果该检察院认为不起诉决定正确，维持原决定（即意见不被接受），则公安机关可以在收到人民检察院的复议决定书后七日以内制作提请复核意见书，经县级以上公安机关负责人批准后，连同人民检察院的复议决定书，一并提请上一级人民检察院复核③。上一级人民检察院收到公安机关对不起诉决定提请复核的意见书后，应当交由审查起诉部门办理。审查起诉部门指定检察人员进行审查并提出审查意见，经审查起诉部门负责人审核，报请检察长或者检察委员会决定。上一级人民检察院应当在收到提请复核意见书后的三十日内作出决定，制作复核决定书送交提请复核的公安机关和下级人民检察院。经复核改变下级人民检察院不起诉决定的，应当撤销下级人民检察院作出的不起诉决定，交由下级人民检察院执行④。

从上述制约措施可以看出，立法在有关主体之间的权益分配上明显“失衡”：公安机关本来就具有较强追诉意愿，在其起诉申请被检察机关否定后，竟然还有两次机会重新审查其请求，而反观犯罪嫌疑人、被告人，仅在检察机关第一次审查案件时，才有机会发言，而其权利在复议和复核中则没有任何规定提及⑤。可以说，现行法中的复议、复核程序体现出较强的单方性，对犯罪嫌疑人的权利保护力度明显不够。

对此种制度设计，学术界进行了许多研究。比如有人就认为，这种制约模式模糊和混淆了侦查职能和控诉职能之间的关系，侦查职能本身不具有独立性，其只是控诉职能的一部分，侦诉关系本质上是一种主从关系，行使控诉职能的检察机关可以制约刑事侦查职能的公安机关，而公安机关却不能反向制约检察院，否则，就将导致诉讼关系错位、诉讼机制冲突⑥。不过，也应当看到，立法对检察机关自侦案件不起诉决定的制约机制较为薄弱，因为此类案件明显缺乏公安机关制约，并且贪污贿赂犯罪和渎职犯罪等大都没有直接被害人，因此被害人和法院的制约也几乎是不存在的。为了增强自侦案件不起诉决定的权威性和可接受性，更有必要建立完备和具有实效性的制约措施⑦。

第一百七十六条　对于有被害人的案件，决定不起诉的，人民检察院应当将不起诉决定书送达被害人。被害人如果不服，可以自收到决定书后七日以内向上一级人民检察院申诉，请求提起公诉。人民检察院应当将复查决定告知被害人。对人民检察院维持不起诉决定的，被害人可以向人民法院起诉。被害人也可以不经申诉，直接向人民法院起诉。人民法院受理案件后，人民检察院应当将有关案件材料移送人民法院。

---

①《程序规定》第二百八十三条第一款。
②《诉讼规则（试行）》第四百一十五条。
③《程序规定》第二百八十三条第二款。
④《诉讼规则（试行）》第四百一十六条。
⑤ 比如根本没有任何有关需要“再次讯问犯罪嫌疑人、听取有关人员意见”的规定。
⑥ 毛建平：《我国起诉裁量权的制度重构》，载徐静村：《刑事诉讼前沿问题研究》（第五卷），中国检察出版社 2006 年版，第 198 页。
⑦ 王昕：《公诉运行机制实证研究——以 C 市 30 年公诉工作为例》，中国检察出版社 2010 年版，第 257-258 页。

【主旨】本条规定了被害人对不起诉决定的制约措施。

【释评】被害人作为刑事诉讼的当事人，其与案件存在利害关系，在人民检察院对犯罪嫌疑人作出不起诉决定时，获得该决定书是正当程序的基本要求。被害人如果对此决定不服，有三种措施可以选择。

第一，向作出不起诉决定的上一级人民检察院申请，请求提起公诉，上级检察院应当将复查的决定告知被害人。被害人不服不起诉决定的，在收到不起诉决定书后七日以内申诉的，由作出不起诉决定的人民检察院的上一级人民检察院刑事申诉检察部门立案复查。被害人不服不起诉决定，在收到不起诉决定书七日后提出申诉的，由作出不起诉决定的人民检察院刑事申诉检察部门审查后决定是否立案复查[①]。本条没有明确复查的期限。根据规定，有关检察院应当在三个月内作出复查决定，案情复杂的，最长不得超过六个月[②]。

第二，在该上级人民检察院维持不起诉决定时，向人民法院提起诉讼，即所谓公诉转自诉。

第三，不经申诉，直接向人民法院起诉。如果人民法院受理案件的，则人民检察院应当将有关案件材料移送人民法院。

这三种制约措施中，尤其需要注意最后一种，即所谓的“公诉转自诉”。显然，本条中，法律未对被害人直接向法院起诉的案件范围进行限制。据此可以认为，任何有被害人的公诉案件中，只要人民检察院作出了不起诉决定，被害人都有权向人民法院提起诉讼。然而问题在于，本法第二百零四条第（三）项中，却明确把公诉转自诉案件的范围，限定于“被害人有证据证明对被告人侵犯自己人身、财产权利的行为应当依法追究刑事责任，而公安机关或者人民检察院不予追究被告人刑事责任的案件”。两相对比，其区别在于，后者排除了被害人对侵犯自己民主权利，以及其他非人身、财产权利的犯罪行为向人民法院提起自诉的可能。对此，有学者认为：应当以法定的自诉案件范围为准，这是因为，第二百零四条专门规定整个自诉案件范围的条款，其中第三项款又是专门规定公诉转自诉案件的条件、案件性质和范围以及证明要求的条款，如果不符合这一规定，公诉案件就不能以自诉的方式提起。并且与本条相比，这一条款的涵盖面也是相当广泛的，它既包括了检察机关不追究刑事责任的案件，也包括了公安机关不追究刑事责任的案件；既包括不起诉的情况，也包括不立案、撤销案件等情形。概言之，这一条款的规定属于公诉转自诉案件的一般性规定。而本条则是公诉转自诉的一种具体表现形式，即它仅规定了被害人如何将检察院作不起诉处理的公诉案件转化为自诉案件的方式，而并未对案件范围作出限定，因此该条属于个别性规定。依照个别遵从一般的原则，理应按本法第二百零四条的规定理解公诉转自诉案件的范围，即使该案符合本条规定，有被害人，且被害人对检察院做出的不起诉决定不服，但如果该案不属于侵犯公民人身、财产权利范围的案件，那么这一案件就必然被排斥在本法第二百零四条所规定的公诉转自诉案件的范畴之外，被害人当然也就不能行使自诉权[③]。笔者认为，依体系解释，该种理解是成立的，但是依目的解释，立法对被害人直接提起自诉进行如此限制的依据何在，至少目前尚未见到有说服力的解释，从这个角度看，第二百零四条的规定又确有不妥。

对“公诉转自诉”的规定，理论和实务上都存在很大争议。有人认为其有一定合理性，公诉转自诉有利于解决被害人“告状无门”的问题，并且有利于对有关国家机关进行监督。

---

①《诉讼规则（试行）》第四百一十七～四百一十八条。

②《诉讼规则（试行）》第四百二十一条。相比较公安机关而言，被害人对案件的影响小得太多了。

③ 姚莉：《关于两类自诉案件若干问题的研究》，载《中国法学》1999 年第 2 期，第 133 页。

但是，更多的人则指出了该制度设计的重大缺陷，即不仅无视公诉与自诉的本质区分，而且不考虑被害人实现权利的难度，造成了与其他诉讼制度之间的冲突与不协调，等等[①]。

第一百七十七条　对于人民检察院依照本法第一百七十三条第二款规定作出的不起诉决定，被不起诉人如果不服，可以自收到决定书后七日以内向人民检察院申诉。人民检察院应当作出复查决定，通知被不起诉的人，同时抄送公安机关。

【主旨】本条规定了酌定不起诉中被不起诉人的申诉权。

【释评】本法第一百七十三条第二款规定的是酌定不起诉，对此种不起诉，被不起诉人不服的原因，可能是认为自己根本不构成犯罪，对此，法律赋予了其异议权。在具体程序上，如果在收到不起诉决定书后七日以内提出申诉的，应当由作出决定的人民检察院刑事申诉检察部门立案复查。被不起诉人在收到不起诉决定书七日后提出申诉的，由刑事申诉检察部门审查后决定是否立案复查。人民检察院刑事申诉检察部门复查后应当提出复查意见，认为应当维持不起诉决定的，报请检察长作出复查决定；认为应当变更不起诉决定的，报请检察长或者检察委员会决定；认为应当撤销不起诉决定提起公诉的，报请检察长或者检察委员会决定。复查决定书中应当写明复查认定的事实，说明作出决定的理由。复查决定书应当送达被不起诉人、被害人，撤销不起诉决定或者变更不起诉的事实或者法律根据的，应当同时将复查决定书抄送移送审查起诉的公安机关和本院有关部门。人民检察院作出撤销不起诉决定提起公诉的复查决定后，应当将案件交由公诉部门提起公诉[②]。另外，《诉讼规则（试行）》还规定，人民检察院复查不服不起诉决定的申诉，应当在立案三个月以内作出复查决定，案情复杂的，不得超过六个月[③]。

立法赋予被不起诉人异议权，并非 “无的放矢”，而是有着 “合理” 考虑。这就是，尽管这种酌定不起诉从法律上讲仍然是“无罪”的，但由于长期存在的“有罪推定”的顽固影响，以及历史上曾经实行过的“免予起诉”制度的影响，再加上，我国目前学术界和实务界对于酌定不起诉的性质尚有不同认识，而且，由于检察机关在我国也属于“司法机关”的范畴，因此，在一般社会群众眼里，受到酌定不起诉的人肯定是不清白的，被酌定不起诉人起码是受到了“有关司法机关的有罪认定”，从而在实质上将其视为“有罪之人”，故而，立法考虑到被不起诉人的权利救济与保护问题，才设计了这一条文[④]。但是，该制度设计却存在一些需要探讨的地方：

首先，从立法目的看，赋予被不起诉人申诉权是为对其予以救济，然而在《诉讼规则（试行）》中不能变更为法定不起诉，或存疑不起诉，却可能撤销不起诉决定，直接提起公诉。由此，被不起诉人申诉的后果可能是遭受不利后果，这违背了“禁止不利变更”的诉讼法理。

其次，依正当程序要求，重大决定作出之前应当听取相关人员意见，本法立法虽然规定了人民检察院审查案件应当听取犯罪嫌疑人意见，但未明确该意见的拘束力。在酌定不起诉客观上对被不起诉人有重大影响的情况下，没有提及如果犯罪嫌疑人不同意，则不得酌定不起诉。立法仅赋予其事后的异议权，属于本末倒置。并且，由于系同一机关进行审查，其纠偏概率明显较小。

---

① 有关观点的引介，可参见陈卫东：《刑事诉讼法教学参考书》，中国人民大学出版社 2004 年版，第 415-416 页。
②《诉讼规则（试行）》第四百二十一条。
③ 第四百二十二条。
④ 王昕：《公诉运行机制实证研究——以 C 市 30 年公诉工作为例》，中国检察出版社 2010 年版，第 261 页。

第三编　审　判

刑事审判是法院对控方提起的刑事案件依法进行审理，并作出实质性处理结论的一种诉讼活动。审判是最终确定被告人刑事责任的阶段，它是审理和裁判两个部分之合称。其中，审理是裁判的基础和前提，而裁判则是审理的必然要求和归结。在现代刑事诉讼中，审判作为刑事程序的核心环节，对于实现刑事诉讼任务，保证办案质量，具有重要意义。审判包括了一系列的要素，审判程序也是由一系列程序所组成，比如第一审程序、第二审程序、死刑复核程序和审判监督程序等。其中，第一审程序和第二审程序是普通刑事案件都可能经历的程序，为普通程序；死刑复核程序和审判监督程序是特殊案件才可能经历的程序，为特殊程序。不同审判程序之间既有相同之处，又有各自特点，共同为实现刑事审判的任务服务。

第一章　审判组织

审判组织是指人民法院审理和判决案件的组织形式。审判组织在整个审判活动中具有重要作用，它代表人民法院行使审判权，并与当事人和其他诉讼参与人发生诉讼上的权利义务关系。根据我国法律的相关规定，人民法院审判刑事案件的审判组织有独任庭、合议庭、审判委员会三种，它们各有优缺点。其中，合议庭作用的充分发挥，以及审判委员会的存废，是人们长期关注的热点问题。

第一百七十八条　基层人民法院、中级人民法院审判第一审案件，应当由审判员三人或者由审判员和人民陪审员共三人组成合议庭进行，但是基层人民法院适用简易程序的案件可以由审判员一人独任审判。

高级人民法院、最高人民法院审判第一审案件，应当由审判员三人至七人或者由审判员和人民陪审员共三人至七人组成合议庭进行。

人民陪审员在人民法院执行职务，同审判员有同等的权利。

人民法院审判上诉和抗诉案件，由审判员三人至五人组成合议庭进行。

合议庭的成员人数应当是单数。

合议庭由院长或者庭长指定审判员一人担任审判长。院长或者庭长参加审判案件的时候，自己担任审判长。

【主旨】本条规定了人民法院审判组织的组成形式。

【释评】审判组织是审判程序的重要组成要素，本条内容很多，需要全面理解。

（一）审判组织的形式

根据《人民法院组织法》和本法规定，法院审判案件的组织形式有三种，本条只规定了独任庭和合议庭，有关审判委员会的规定出现在第一百八十条。

独任庭或合议庭是所有刑事案件审判都可能适用的直接组织形式，除了基层人民法院适用简易程序审理的案件外，其他案件、其他人民法院都必须采用合议庭。二者都是审理具体案件的临时性组织，而非常设机构。总体而言，独任庭与合议庭在功能上是互补关系。比如合议庭可以吸收普通公民参与司法决策，有助于体现司法民主；同时，还能集思广益，有利于作出公正合理的裁判。但同时，合议庭相比独任庭也存在着耗费诉讼资源较多，司法效率较低，以及个人责任感降低，影响审判质量的缺陷[①]。在我国司法实践中，合议庭常常流于形式，审判长临时指定，合议庭成员临时组合，合而不议、议而不思、人云亦云等不正常现象不在少数，而合议的变味实质上把合议制变成了独任制。在现行合议庭审理案件中，合议庭

① 左卫民、吴卫军、汤火箭：《合议制度研究——兼论合议庭独立审判》，法律出版社2001年版，第五章的相关论述。

成员参与庭审意识不强、评议案件无独立见解，名义上是合议庭审理案件，实际上是由承办人一人审判。合议庭评议案件往往是承办人（关于承办人的问题下面还有涉及）的意见占主导地位，其他成员只是原则上表态或者在合议庭笔录上签字，有的甚至是承办人先作出裁决，然后再向其他合议庭成员分别通气。尤其在有人民陪审员参加的合议庭中，因法律专业知识的欠缺，陪审员难免受到法官意见的影响与制约，使案件的审判实际上由法官进行，陪审员成了“陪衬员”[①]。

至于审判委员会是否为一种审判组织，则存在一定争议。有人认为其是一种独立的审判组织，是与独任庭、合议庭并列的第三种审判组织；而有人则认为其既是审判组织，又是法院内部的集体领导组织。当然，也有人主张其不是审判组织，而是法院内部的行政领导机构[②]。笔者认为，审判委员会处理案件具有间接性，并且只有在符合规定的情况下，才根据合议庭或者独任庭的申请，由院长提请讨论决定案件。考虑到审判委员会事实上享有定案权力，认为其属于审判组织亦无不可。当然，正因为该职能与诉讼规律不符，长期以来备受诟病，要求取消的呼声不断，但由于多种原因，它还是“顽强”地生存下来了。需要指出的是，人民法院的审判庭，比如刑事审判第一庭、刑事审判二庭等，都不是审判组织，而是法院内部的行政性质机构，庭长主管审判的行政事务，如指派审判员参加合议庭审判或独任审判[③]。

（二）审判组织的具体组成

综合相关法律规定看，审判组织成员可以统称为“审判人员”，其包括审判员（职业法官）和人民陪审员（普通民众）两个类型。必须明确，合议庭的成员不包括书记员，但是，书记员却属于法定回避对象，从这个角度看，书记员是广义的“法庭”组成人员。因此，如果法律规定应当另行组成合议庭时，自然也应当更换书记员。

1. 组成方式

第一款明确限定了独任庭只能由一名审判员组成，这样，人民陪审员就不能独任审判。本条中，合议庭的组成有单一制和混合制两种。前者指合议庭由人民法院的专职审判员组成；后者指合议庭由人民法院的专职审判员与人民陪审员共同组成。这是贯彻执行陪审制的结果。值得注意的是，依《人民法院组织法》的规定，法院内部的审判员又分为两种，一是通过同级人大任命的（正式）审判员；另一种则是助理审判员，由本级人民法院任免。助理审判员协助审判员进行工作。助理审判员，由本院院长提出，经审判委员会通过，可以临时代行审判员职务[④]。实践中，人民法院裁判文书末尾署名的人员中，很大一部分用的是“代理审判员”，即所谓“代理”审判员职务之意，应当明确，这仅是对个案裁判而言，“代理审判员”的组织身份其实还是“助理审判员”。这两个概念分别适用于不同场域，应予区别。

2. 审判长

因合议庭人数较多，因此需要设审判长一人，审判长是审判活动的具体组织者和指挥者。依据第六款的规定，审判长由院长或者庭长指定审判员一人担任，人民陪审员不是专职审判员，不能担任审判长；院长或者庭长参加审判案件的时候，由他们自己担任审判长。除此之

---

① 宋英辉：《刑事诉讼法修改问题研究》，中国人民公安大学出版社 2007 年版，第 375 页。
② 相关介绍参见王清新、甄贞、李蓉：《刑事诉讼程序研究》，中国人民大学出版社 2009 年版，第 203-204 页。
③ 熊先觉、刘远宏：《中国司法制度学》，法律出版社 2007 年版，第 60 页。
④《人民法院组织法》（2006 年修正）第三十六条。

外，本法对何人能够担任审判长没有明确规定，按笔者理解，这应当是根据合议庭组成情况具体确定。对此，最高人民法院则进一步规定：助理审判员由本院院长提出，经审判委员会通过，可以临时代行审判员职务，并可以担任审判长[①]。不过，在最高人民法院推行的“审判长”制度下，审判长事实上已经“异化”为了一种地位，明显与法律设定审判长的初衷相违背。在审判长负责制的框架下，案件被统一分配给审判长负责的审判组，审判长代表本审判组受理案件，组织合议庭进行法庭审理。其他法官或者人民陪审员充当普通合议庭成员。而对于自己不亲自参与审理的案件，审判长有权组织合议庭，或者委任某一法官独任审理案件，并对最终的裁决签署意见，遇有与合议庭、独任法官意见不一致的情况，审判长可以直接按照自己的意见做出裁决，本审判组的普通法官一般也要服从[②]。

3. 案件承办人

所谓“承办人”，又可称为“承办法官”，是一种以单个法官为单位进行法庭审理和制作司法裁判的组织制度。根据现行法的规定，法官个人要么作为独任法官审理简单轻微的案件，要么作为合议庭成员参与普通案件的法庭审理。尽管《人民法院组织法》并没有确立承办人制度，但在中国司法实践中，法院大体上是以单个法官为单位来办理诉讼案件的。在法官独任审判的情况下，独任法官也就是案件的“承办人”；而在合议审理的情形下，只有合议庭的一名成员才是承办人[③]。而案件承办人基本上包揽了所有案件处理工作，并最终对案件的质量负责，在这种情况下，审判组织上“形合实独”是普遍存在的现象。

4. 合议庭的类型

本条第一、二、四款对合议庭的组成人数进行了明确限制，导致有关法院在组成合议庭时，选择面很窄。在面对复杂多样的刑事案件时，比如在中级人民法院层次，即使再简单，也只能组成三人合议庭；对应的，不管案件如何疑难复杂，也最多只能采用五人合议庭。在笔者看来，明确合议庭的组成情况，增强法律的可操作性无可厚非，但其合理性却值得商榷。这种立法实际上过于注重形式，而忽视了案件的处理质量。可资比较的是，我国《民事诉讼法》中便没有类似规定，由于缺乏相关立法理由与资料，笔者推测，这大概是为了突出对刑事案件的重视罢了。

（三）人民陪审员参加刑事审判

人民陪审员参加刑事审判的依据在于本法第十三条之规定。本条强调：“人民陪审员在人民法院执行职务，同审判员有同等的权利”。这主要是指在审判过程中，陪审员可以同审判员一样，通过行使调查询问权和评议，来保证发现事实真相和公正准确地适用法律。既然享有同等权利，那么是否也要与审判员承担同等义务呢？法律只是肯定人民陪审员只有在执行职务时，才享有同审判员同等的权利。在人民陪审制实践中，有本职工作的陪审员在其本职工作与陪审工作产生冲突时，有的以本职工作为重，不来陪审；有的陪审员作风拖沓松散，在法官安排其陪审后临时有事不来，让法官们很被动；有些案件开庭时间已到，陪审员未到，法官不知道是该按时开庭，还是再临时找人；有的陪审员找理由推迟到法院参加审判。甚至还有陪审员直接告诉法官：“我对法院审判没有兴趣，不想去当陪审员参加审判了。”对此，

① 《解释》第一百七十五条。
② ③ 陈瑞华：《司法裁判的行政决策模式——对中国法院“司法行政化”现象的重新考察》，载《吉林大学社会科学学报》2008年第4期，第137页、第135页。

法官除了说好话劝说以外，没有别的任何办法和措施①。

按笔者理解，法律之所以没有提及义务问题，是因为情况比较复杂。首先应当明确，人民陪审员与审判员存在“内外之别”。人民陪审员相对于审判员来说，最大的区别在于基本上不接受法院内部的管理，比如错案追究制的约束、案件考评等。因此，人民陪审员实际上无法与审判员承担同等的义务。但是，不能忽视的是，尽管对作为单位的法院而言，人民陪审员属于“外人”，但人民法院是代表国家行使审判权，人民陪审员的职务行为也应受到法律约束，比如根据《刑法》第九十九条、第三百九十九条的规定，人民陪审员在人民法院执行职务时，也应当属于司法工作人员范围，其不当行为有可能构成“徇私枉法罪”。从这个角度看，人民陪审员执行职务应当承担最基本的法定义务，即忠于职守，也就是说，人民陪审员并非不承担义务，只是无法承担与审判员同等的义务罢了。

第一百七十九条　合议庭进行评议的时候，如果意见分歧，应当按多数人的意见作出决定，但是少数人的意见应当写入笔录。评议笔录由合议庭的组成人员签名。

【主旨】本条规定了合议庭的评议规则

【释评】由于合议庭评议活动是个连续的动态过程，本条仅仅涉及其中部分内容。综合相关规定看，合议庭评议活动应当遵守以下规定：

1. 合议庭评议应秘密进行

法院的刑事审判活动，除了法律有规定外，都应当公开，但合议庭评议都是秘密进行的，这主要是为了保证合议庭成员能够有一个宽松的环境，从而充分发表自己的意见。

2. 合议庭评议时，必须发表意见，不允许弃权

合议庭成员进行评议的时候，应当认真负责，充分陈述意见，独立行使表决权，不得拒绝陈述意见或者仅作同意与否的简单表态。同意他人意见的，也应当提出事实根据和法律依据，进行分析论证②。合议庭成员对评议结果的表决，以口头形式进行。

应当看到，我国目前的相关规定存在一些需要完善之处。首先，若合议庭出现了三种及以上的意见的话，简单的少数服从多数无法形成判决结果。其次，对合议庭评议时发表意见的顺序未作出规定，可能导致合议庭成员在发表意见时相互影响。再次，对于庭审、评议以及宣判三者的时间间隔没有作出规定，无法保证集中连续评议，真正从庭审中形成判决结果。最后，评议后的审判委员会讨论案件导致合议庭评议虚置，造成审者不判、判者不审的现象③。目前，我国刑事诉讼法界对前两个方面的问题还缺乏较为充分的实证研究和理论阐释。对此可以参考法治发达国家的一些经验。比如在德国，制作判决书的法官最先投票表决，之后为陪审法官（且为年轻的较年长的先投票），再后为第二位陪审的职业法官，最后才轮到审判长。如尚有其他职业法官共同参与审判，则依在职年资长短决定之，如为同年资时，则由年纪较轻者先为投票表决之。审判长均为最后之投票表决者④。

3. 少数人的意见应写入笔录

少数人的意见之所以应当写入笔录，其原因在于，评议笔录是合议庭成员履行职务、追究责任的依据。笔录由合议庭的组成人员签名也是基于同样的考虑。

第一百八十条　合议庭开庭审理并且评议后，应当作出判决。对于疑难、复杂、重大的

---

① 张永泉：《司法审判民主化研究》，中国法制出版社 2007 年版，第 112 页。
②《最高人民法院关于人民法院合议庭工作的若干规定》第十条第二款之规定。
③ 宋英辉：《刑事诉讼法修改问题研究》，中国人民公安大学出版社 2007 年版，第 415 页。
④ [德]克劳思·罗科信：《刑事诉讼法》（第 24 版），吴丽琪译，法律出版社 2003 年版，第 454 页。

案件，合议庭认为难以作出决定的，由合议庭提请院长决定提交审判委员会讨论决定。审判委员会的决定，合议庭应当执行。

【主旨】本条规定了合议庭独立审判与审委会讨论决定的关系。

【释评】依法条文义，（刑事）案件原则上应当由合议庭自行裁断，只有对疑难、复杂、重大的案件难以作出决定时，才能提请院长决定提交审判委员会讨论决定。审判委员会的决定，合议庭应当执行。法律本身对何谓“疑难、复杂、重大的案件”没有进行限定。根据最高人民法院的相关规定①：合议庭应当提请院长决定提交审判委员会讨论决定的案件包括：拟判处死刑的；疑难、复杂、重大或者新类型的案件，合议庭认为有必要提交审判委员会讨论决定的；合议庭在适用法律方面有重大意见分歧的；合议庭认为需要提请审判委员会讨论决定的其他案件，或者本院审判委员会确定的应当由审判委员会讨论决定的案件。另外，从《解释》第一百七十八条的表述看，最高人民法院实际上是区分了“应当”提请院长提交审判委员会讨论决定的案件和“可以”提请院长提交审判委员会讨论决定的案件，对此，应予注意。

① 《最高人民法院关于人民法院合议庭工作的若干规定》（法释〔2002〕25号），《最高人民法院关于进一步加强合议庭职责的若干规定》（法释〔2010〕1号），《解释》的规定也基本相同。

第二章 第一审程序

第一审程序是人民法院对刑事案件初次审判的程序。具体而言，是指人民法院对人民检察院提起公诉、自诉人提起自诉的案件进行初次审判时所必须遵循的步骤和方式。审判第一审案件的人民法院，称为一审人民法院。由于我国刑事案件有公诉和自诉之分，据此，第一审程序又可以分为公诉案件的第一审程序、自诉案件的第一审程序和简易程序。本法对上述三种第一审程序分别作了规定，其中，以公诉案件的审判程序规定得最为详细、全面；对自诉案件的审判程序，则根据自诉案件的特点作了一些特殊规定，没有规定的，应当参照公诉案件第一审程序进行；对简易程序，则从适用的案件范围到具体的程序都作了明确的规定（限制）。本次修法涉及了公诉方式、庭前审查，庭审的具体内容和方式等诸多方面，但由于司法体制没有进行实质性调整，第一审程序的基础性作用并未完全得以体现，实践中仍然存在庭审虚无化的问题。

第一节 公诉案件

第一百八十一条 人民法院对提起公诉的案件进行审查后，对于起诉书中有明确的指控犯罪事实的，应当决定开庭审判。

【主旨】本条规定了人民法院开庭审理公诉案件的条件。

【释评】人民法院对检察机关提起公诉案件的审查活动，又可称之为“庭前审查”，庭前审查是人民法院行使国家审判权的开始程序，其法律性质是对案件的接受和审查，而不是法庭审判。庭前审查的目的在于，确定人民法院收到的公诉案件是否符合法定的起诉条件，是否能正式开庭审判。本条与公诉制度有着密切联系，应当结合本法第一百七十二条进行理解①。

（一）开庭审判的条件与庭前审查的内容

依法条文义，只要人民检察院的起诉书中有明确的指控犯罪事实，人民法院就应当决定开庭审判。据此，法院开庭审判的条件非常之低，但是，由于在第一百七十二条中，要求人民检察院移送案卷材料和证据，因此，人民法院庭前审查时，还应当对上述材料进行审查。也就是说，庭前审查的内容包括起诉书和相关材料，而决定开庭只需要起诉书中有明确指控犯罪事实即可。二者范围、指向不同，不可混淆。具体说来，据《解释》规定，对提起公诉

① 该条规定：人民检察院认为犯罪嫌疑人的犯罪事实已经查清，证据确实、充分，依法应当追究刑事责任的，应当作出起诉决定，按照审判管辖的规定，向人民法院提起公诉，并将案卷材料、证据移送人民法院。

的案件，人民法院应当在收到起诉书（一式八份，每增加一名被告人，增加起诉书五份）和案卷、证据后，指定审判人员对是否属于本院管辖、起诉书的相关记载、是否移送证明指控犯罪事实的证据材料等九项内容进行审查[①]。

（二）庭前审查的方法

既然人民法院对公诉机关的起诉材料要进行审查，那么，具体如何审查？由于法律没有明确规定，理论上对此存在不同看法。有学者认为，这一规定使得庭前审查内容更为简单，与 1996 年《刑事诉讼法》相比，庭前审查进一步贯彻了形式审查[②]。而另有学者则认为：本条对 1996 年《刑事诉讼法》第一百五十条规定的开庭前审查程序进行了根本性的修改，从 1996 年确立的形式审查模式回复到 1979 年确立的实质性审查模式[③]。笔者基本上赞同形式审查的观点。因为从相关规定看，虽然重新回到“全案移送”，但这并不是对 1979 年《刑事诉讼法》的简单回归，而是基于对客观实际的反思作出的更为理性的选择。与 1979 年《刑事诉讼法》的规定相比，本次修改后的卷宗移送制度在以下三个方面存在重大差别：不提审被告人；不在庭前审查阶段调查核实证据；法官不在庭前对案件进行实质处分。由于在这三个问题上继续肯定了 1996 年《刑事诉讼法》修改的成果，卷宗移送制度可能产生的法官预断的负面效应就降到了最低程度。不在庭前提审被告人，禁止了法官对被告人的单方接触，保证了法官的中立性；不在庭前调查核实证据，避免了法庭审判流于形式，保证了法官对案件事实的认定建立在充分的法庭调查基础之上；不在庭前对案件进行实质处分，杜绝了先定后审、先定后判的现象，能够保证公诉权和辩护权的充分有效行使[④]。对此，陈瑞华教授也认为，法官在开庭前不得就公诉方的证据进行庭外调查核实工作，也不得在开庭前对案件是否达到法定证明标准进行审查。法官在全面阅卷的基础上，“对于起诉书有明确的指控犯罪事实的”，就可以决定开庭审判。这样，1996 年刑事诉讼法所确立的法院庭前“形式审查”制度就得到了保留[⑤]，而有关案件事实和证据问题则留待后继程序中再加以解决。

（三）庭前审查后的处理

前已多次提及，本条设定的开庭审判条件非常之低，只需起诉书中有明确指控犯罪事实即可，并且《六机关规定》第二十五条还特别强调，对于人民检察院提起公诉的案件，人民法院都应当受理。人民法院对提起公诉的案件进行审查后，对于起诉书中有明确的指控犯罪事实并且附有案卷材料、证据的，应当决定开庭审判，不得以上述材料不充足为由而不开庭审判。但是，本条对于不符合“应当决定开庭审理”条件的，却没有明确规定如何处理，庭前审查后处理后结果单一，缺乏必要分流途径[⑥]。可能正是这一制度漏洞，给了最高人民法院进行部分实质性审查的空间。依《解释》第一百八十一条之规定，人民法院对提起公诉的案件审查后，视不同情况，有多达七种处理方式；显然，这些方式在一定程度上架空了本条以及《六机关规定》中近乎“有诉必审”的规定。法院系统人士也极力主张，庭前对公诉案件

---

① 详见第一百八十条之规定。
② 陈卫东：《2012 刑事诉讼法修改条文理解与适用》，中国法制出版社 2012 年版，第 245 页。
③ 李昌林：《最新中华人民共和国刑事诉讼法释义》，中国法制出版社 2012 年版，第 377 页。
④ 汪建成：《刑事审判程序的重大变革及其展开》，载《法学家》2012 年第 3 期，第 89-90 页。
⑤ 陈瑞华：《案卷移送制度的演变与反思》，载《政法论坛》2012 年第 5 期，第 16 页。
⑥ 樊崇义：《公平正义之路——刑事诉讼法修改决定条文释义与专题解读》，中国人民公安大学出版社 2012 年版，第 479 页。

进行实体审查有其必要性和可行性，这样有助于有效组织庭审，提高庭审效率[①]。

笔者认为，庭前实体审查确有诸多优点，但在立法未予明确肯定，并且又缺乏相应制度支撑的情况下，《解释》的有关规定基本上只具有“象征意义”。实际上，即使认为法院可以（有权）进行实质审查，目前的制度运作也难以做到这一点。随着司法改革的推进，法院系统内部基本已经实现了立案庭与审判庭的分立。[②]实践中，真正对公诉进行审查的主体，基本上是法院立案庭的工作人员（这种说法或许更为恰当，因为大部分负责立案审查的人员事实上并不具备法官资格。《解释》第一百八十条称之为“审判人员”），而这些人员的刑事立案职责之一，就是审查人民检察院提起公诉的案件是否符合法定的起诉条件，对于卷宗内有起诉书和相关证据的（通常确实只进行程序性审查，而不对起诉书的具体内容和证据的具体情况进行认真审查），就将案件排号，按照一定的方式分派到刑事审判庭，由刑事审判庭确定庭审法官，或者在立案阶段就直接确定承办法官。显然，要在很短的审查时间内（七日）[③]全面审查相关材料，进而得出案件是否属于自诉案件，以及是否有本法第十五条规定的各项情况，即使是实质性审查，也难以实现。

第一百八十二条　人民法院决定开庭审判后，应当确定合议庭的组成人员，将人民检察院的起诉书副本至迟在开庭十日以前送达被告人及其辩护人。

在开庭以前，审判人员可以召集公诉人、当事人和辩护人、诉讼代理人，对回避、出庭证人名单、非法证据排除等与审判相关的问题，了解情况，听取意见。

人民法院确定开庭日期后，应当将开庭的时间、地点通知人民检察院，传唤当事人，通知辩护人、诉讼代理人、证人、鉴定人和翻译人员，传票和通知书至迟在开庭三日以前送达。公开审判的案件，应当在开庭三日以前先期公布案由、被告人姓名、开庭时间和地点。

上述活动情形应当写入笔录，由审判人员和书记员签名。

【主旨】本条规定了（第一审）人民法院的庭前准备活动。

【释评】必要的庭前准备是开庭审判的基础，本条对1996年法律的规定进行了一些修改。

（一）必要的通知和告知

本条第一、三款原系1996年法律中的庭前准备活动规定，由于新法中第二款的“插入”，使得原本逻辑上联系紧密的两款被隔开，因此，应当将其结合在一起进行理解。

第一审刑事案件都应开庭审判，要开庭就必须要组成法庭，根据本法其他规定，刑事诉讼中的直接审判组织有合议庭和独任庭两种形式，而本款仅仅提及确定“合议庭组成人员”似有不妥之处。因为本章中的三种程序在分类标准上并不相同，公诉案件只能和自诉案件对应，而简易程序则两种程序都可能适用。如果案件符合条件，则可以适用简易程序审理，而简易程序是允许独任庭审理的，所以，“确定合议庭组成人员”应当理解为确定法庭组成人员方才妥当。

起诉书是人民检察院代表国家向人民法院提起诉讼的正式法律文书，是人民检察院对犯罪事实、犯罪性质、被告人在犯罪中的地位、所起的作用以及应受刑罚等一系列问题的法律意见。它是人民法院审判活动的重要依据，要求至迟在开庭十日以前送达起诉书副本给被告人，是为

① 张军：《新刑事诉讼法法官培训教材》，法律出版社2012年版，第258页。《解释》中的相关规定就是这种观点的体现。

② 根据统计，截至到2006年3月10日，全国已有328个中级人民法院，2308个市县区人民法院建立了立案大厅，所有案件立案均在立案大厅内公开进行，其比率分别达到了81.2%和74.2%”。参见：《全国建成2636个立案大厅》，载《人民法院报》2006年3月11日第1版。从法院制度的发展趋势看，目前（2014年）的数据只会更高（许多）。

③《解释》第一百八十一条第二款规定：对公诉案件是否受理，应当在七日内审查完毕。

了保障被告人的辩护权，让其及时知悉公诉的主要内容，以便为后继的辩护活动奠定基础。此外，本条要求一并将起诉书副本送达给被告人的辩护人，这是为了确保辩护人知悉案件的进展情况，并了解起诉书指控的事实、罪名等事项，以便及时、有效地开展辩护准备工作①。

需要注意的是，在量刑程序改革中，量刑程序业已相对独立化。从目前相关规定与实践看，如果检察机关同时向人民法院提交了量刑建议书，则该量刑建议书应当同起诉书一并送达给被告人。作为一种旨在申请法院接受某一量刑方案的诉讼文书，量刑建议是检察机关行使"求刑权"的标志，也是公诉权的必要延伸。如果说起诉书具有定罪申请书功能的话，那么，量刑建议书则带有量刑申请书的性质②。一般来说，起诉书主要涉及定罪问题③，而量刑建议书则表明了检察机关对被告人所应承担的刑事责任大小的意见。把量刑建议书送达给被告人，有利于实现控辩平衡。不过，令人遗憾的是，该制度在实践中并未完全落到实处，且不说不少检察机关在起诉时没有提交量刑建议书，即便是提出量刑建议了，人民法院也可能不把其送达给被告人，律师也表示根本看不到量刑建议书。由于被告人和辩护人无法针对检察官的量刑建议进行充分准备及辩护，致使庭审活动出现了一边倒的现象④。从本次修法情况看，由于已经取消了简易程序公诉人可以不出庭的规定，表明全部公诉案件公诉人都应出庭支持公诉，同时加入了法庭审理中对定罪、量刑有关的事实、证据进行调查、辩论的内容，这些变化都意味着，量刑建议应当被正式纳入求刑权的范围，其发表的方式宜采取在起诉书中列明或者单列量刑建议书的形式。采用这种方式提出量刑建议，不仅可以为被告人、辩护人更好地提出量刑异议赢得更多的准备时间，而且可以防止在法庭审理过程中临时提出量刑建议的随意与轻率⑤。

此外，从第三款与第一款的关系上看，实践中一般都是先排期，然后送达，这样比较方便。不过，由于送达起诉书与告知合议庭组成人员的时间与开庭通知时间差距相对较大，实践中也可能会先送达，后排期，然后再告知，这样显然有些影响诉讼效率。最后，第一款明确要求把有关事项与文书送达给辩护人具有明显的进步性，这对保障辩护人依法履行职责，维护被告人的合法权益具有重要意义。

（二）庭前会议

由于原有庭前准备程序过于形式化（基本上只有程序性的通知和告知），极易导致庭审效率低下的弊端。本次修法增设第二款，设立了庭前会议制度。该制度具有重要意义，需要全面理解。

1．庭前会议的作用

依第二款规定，审判人员可以召集各方主体就相关问题听取意见，实际上达到了类似于民事诉讼程序中庭前证据交换的效果。因为通过庭前会议，可以在审判之前就确定主要争点，提高庭审效率，使庭审顺利进行；同时，还可以解决审判人员工作繁重，压力大的问题⑥。另外，庭前会议将秘密、单方的行为"摆到桌面上来"，并纳入控辩直接对抗的框架之中，彰显

① 张军：《刑事诉讼法法官培训教材》，法律出版社2012年版，第278页。
② 陈瑞华：《量刑程序中的理论问题》，北京大学出版社2011年版，第8页。
③ 当然，一些主要的法定量刑情节也会被简略地附带记载其中，比如累犯、未满十八周岁、自首等。
④ 有关介绍参见刘宁、史栋梁：《量刑建议制度：现实与未来》，载《北方法学》2012年第6期，第130页。
⑤ 李斌：《能动司法与公诉制度改革》，中国人民公安大学出版社2012年版，第176-177页。
⑥ 冀祥德：《最新刑事诉讼法释评》，中国政法大学出版社，2012年版，第165页。

了程序的公正[①]。

2. 庭前会议的内容

本款中，明确列举了庭前会议针对回避、出庭证人名单、非法证据排除三项展开，其后又用“等”字兜底，意图包容与审判有关的其他问题。在庭前会议中解决上述三项问题，主要目的在于保证集中审理顺利进行，避免不必要的中断。而等字则表明，审判人员了解情况和听取意见不限于本条中明确列举事项，也包括与审判相关的，对于保证顺利进行审判有意义的其他程序性问题[②]。从法治发达国家的经验来看，诸如管辖权异议、起诉的效力和起诉罪名、适用法律等问题都可以包括在内[③]。对此，《解释》第一百八十四条大幅扩展了庭前会议的范围，可谓对学术观点的积极回应。根据该条规定，除法定内容外，审判人员可以就是否申请调取在侦查、审查起诉期间公安机关、人民检察院收集但未随案移送的证明被告人无罪或者罪轻的证据材料；是否提供新的证据；是否对出庭鉴定人、有专门知识的人的名单有异议等方面的问题向控辩双方了解情况，听取意见。还可以对附带民事诉讼部分进行调解。

3. 庭前会议的程序

庭前会议规定的进步性当然值得肯定，但是，庭前会议的操作程序还有待进一步探索。不过，有一点却是可以肯定的，那就是法院在审前会议中是当之无愧的“主角”，其他人只能是“配角”[④]。比如从理论上看，鉴于庭前会议处理的事项都是控辩双方存在或可能存在争议的重要事项，召集的前提必然是双方提出了有关解决争议的动议，或提交给法院的案卷信息表明，控辩双方存在类似争议。这就为控辩双方申请法院启动庭前会议提供了解释的余地[⑤]。单就法条文义而言，是否召集大家听取意见，审判人员实际上享有不受约束的自由裁量权：因为在我们的理解实践中，“可以”往往就意味着纵使有申请，不同意也是“可以”的。并且听取意见后的处理，法律也没有提及，这就使得这个程序可能会陷入过于形式化的泥潭。这一点，从本条第四款中仅仅要求审判人员和书记员签名可以很明显地发现，《解释》对此并无进一步规定，只是笼统要求庭前会议应当制作笔录[⑥]，至于如何制作以及各方是否有权签名确认，仍旧不得而知。

第一百八十三条　人民法院审判第一审案件应当公开进行。但是有关国家秘密或者个人隐私的案件，不公开审理；涉及商业秘密的案件，当事人申请不公开审理的，可以不公开审理。

不公开审理的案件，应当当庭宣布不公开审理的理由。

【主旨】本条规定了不公开审判案件的范围。

【释评】公开审判是审判活动的一项基本原则，本法第十一条已经强调了人民法院公开审判案件原则要求，因此，本条重点在于对另有规定的回应。

不公开审理的案件，分为法定不公开和依申请不公开两种。前者由人民法院依职权直接决定，后者则应依当事人申请才可能不公开审理。不过，前已提及，从法理上分析，是否公开审判自当事人观之，都可视之为一种权利，由此，当事人之申请与法院的职权行为完全可以并行不悖，易言之，当事人当然有权向人民法院申请案件不公开审理，这一点已经为《解

① ⑤ 汪建成：《刑事审判程序的重大变革及其展开》，载《法学家》2012 年第 3 期，第 91 页。

② 宋英辉：《中华人民共和国刑事诉讼法精解》，中国政法大学出版社 2012 年版，第 233 页。

③ 陈卫东：《2012 刑事诉讼法修改条文理解与适用》，中国法制出版社 2012 年版，第 252-254 页。

④ 法官的实证分析就表明：实践中，控、辩双方申请召开庭前会议的积极性不高，仅有的案件中，全部都是法官依职权召开的庭前会议。参见李勤、张艳秋：《庭前会议的相关程序》，载《人民司法（应用）》2013 年第 21 期。见 http://article.chinalawinfo.com/ArticleHtml/Article_82010.shtml。

⑥《解释》第一百八十四条第四款。

释》所明确肯定[①]。

在案件范围上，关键是确定何谓“国家秘密”“个人隐私”和“商业秘密”。对此，相关规定中也没有予以明确。立法机关人士认为，国家秘密应当根据《保守国家秘密法》的规定认定。个人隐私是指个人不愿公开的隐秘，这些隐秘的公开将会给个人的生活造成不好的后果，带来心理痛苦和压力，如两性关系、生育能力、收养子女等。商业秘密则可以根据《刑法》第二百一十九条的规定认定[②]。当事人提出案件涉及个人隐私或者商业秘密的，人民法院应当综合当事人意见、社会一般理性等因素，必要时征询专家意见，在合理判断基础上作出决定[③]。如果人民法院认定案件中没有国家秘密、个人隐私、商业因素，可直接决定公开审理。

另外，还应注意本法第二百七十四条之规定，即审判的时候被告人不满十八周岁的案件，也不公开审理。但是，经未成年被告人及其法定代理人同意，未成年被告人所在学校和未成年人保护组织可以派代表到场。相比较而言，本法对涉及未成年人的案件审判方式明显有诸多变化[④]。案件不公开审理的效果在于：不公开审理的案件，任何人不得旁听，但法律另有规定的除外[⑤]。不公开审理的案件，应当由审判长在开庭时宣布理由[⑥]。应当明确，案件审理虽然不公开，但宣判却应当一律公开（本法第一百九十六条第一款）。

第一百八十四条　人民法院审判公诉案件，人民检察院应当派员出席法庭支持公诉。

【主旨】本条规定了公诉案件中人民检察院的派员出庭义务。

【释评】本条文义很明确，就是要求公诉案件中人民检察院一律派员出庭，不再允许有些案件可以不出庭。人民检察院派员出庭，便于强化控辩双方在庭审中的举证和辩论，也有利于人民检察院法律监督职能的发挥。但任何事物都是利弊共存，强调检察官公诉案件的出庭义务，必然会遇到有限司法资源与诉讼效率方面的挑战。从目前实务部门的反馈意见看，检察院已经着手对适用简易程序的案件进行“集中起诉”，相应地，这也必然要求人民法院进行“集中审理”[⑦]。

第一百八十五条　开庭的时候，审判长查明当事人是否到庭，宣布案由；宣布合议庭的组成人员、书记员、公诉人、辩护人、诉讼代理人、鉴定人和翻译人员的名单；告知当事人有权对合议庭组成人员、书记员、公诉人、鉴定人和翻译人员申请回避；告知被告人享有辩护权利。

【主旨】本条规定了案件开庭时的调查程序。

【释评】审判长作为庭审活动的指挥者、主持者，有权力也有义务进行相应的调查和告知活动。本条中，开庭时调查程序的主体被限定为审判长，而《解释》第一百八十九条规定，开庭审理前，书记员受审判长委托，应当查明公诉人、当事人、证人及其他诉讼参与人是否到庭。

笔者认为，由于《解释》的适用时间为“开庭审理前”，也就是说，书记员的查明活动实

① 第一百八十四条第一款第（七）项。
② 朗胜：《<中华人民共和国刑事诉讼法>修改与适用》，新华出版社 2012 年版，第 329 页。
③ 宋英辉：《中华人民共和国刑事诉讼法精解》，中国政法大学出版社 2012 年版，第 235 页。
④ 1996 年的法律规定：十四岁以上不满十六岁未成年人犯罪的案件，一律不公开审理。十六岁以上不满十八岁未成年人犯罪的案件，一般也不公开审理。
⑤《解释》第一百八十六条第二款。这里的除外，当然就是指本法第二百七十四条之规定。
⑥《解释》第一百九十一条。
⑦ 此种集中审理，非作为审判原则的集中审理，而是指法院对适用简易程序的案件集中排期，在一定工作日内连续安排多个案件的开庭审理活动。从案件分配角度看，这可能导致检法机关的同一办案人员在同一时间段内，连续多次处理不同案件的情况出现，由此引发的有关问题尚需进一步研究。

际上属于“先行”调查，其与本条规定并无冲突，并且有实践基础：因为我国刑事诉讼不实行缺席审理制度，公诉人、当事人到庭是开庭的前提[①]。有关人员如果真的尚未到庭，审判长的后继查明、宣告均无实际意义。

第一百八十六条　公诉人在法庭上宣读起诉书后，被告人、被害人可以就起诉书指控的犯罪进行陈述，公诉人可以讯问被告人。

被害人、附带民事诉讼的原告人和辩护人、诉讼代理人，经审判长许可，可以向被告人发问。

审判人员可以讯问被告人。

【主旨】本条规定了有关人员对被告人的调查权。

【释评】被告人属于刑事审判活动的中心，有关人员对被告人进行讯问或发问具有重要意义。

（一）公诉人的直接讯问权

公诉案件中，出庭支持公诉的检察官居于程序原告的地位，由其宣读起诉书在前，被告人、被害人陈述在后，然后再由公诉人进行讯问，既有法理基础，也符合人民检察院的地位。依第一款规定，公诉人对被告人的讯问毋需审判长同意，即享有直接讯问权。

（二）被害人以及其他诉讼参与人经许可的发问权

第二款中，被害人、附带民事诉讼的原告人和辩护人、诉讼代理人分别承担不同的诉讼角色，有向被告人发问的必要，但为了保证庭审有序进行，只有经审判长许可后，才可以向被告人发问。

（三）审判人员的补充发问权

由于审判人员掌握诉讼进行的指挥权，并且最终的裁判也要由其作出，所以，审判人员存疑时，都可以直接讯问被告人。值得注意的是，审判人员的讯问是建立在各方陈述、讯问、发问的基础之上，有针对性地进行的。这就改变了过去那种由法官包揽审问的做法。在这一阶段，我们听到的更多的是控、辩各方的声音，审判人员则多听少说，认真听取各方发言，作出合乎理性的判断[②]。该讯问权具有补充性。

应当看到，本条中，公诉人和审判人员的行为称之“讯问”，而其他人员则称之为“发问”，这一不同文本表述，显示了庭审活动中不同主体身份背景的差异。公诉人、审判人员讯问同案审理的被告人，应当分别进行。必要时，可以传唤同案被告人等到庭对质[③]。另外，审判人员必要时，也可以向被害人、附带民事诉讼当事人发问[④]。最后，讯问和发问都应当受到限制。控辩双方的讯问、发问方式不当或者内容与本案无关的，对方可以提出异议，申请审判长制止，审判长应当判明情况予以支持或者驳回；对方未提出异议的，审判长也可以根据情况予以制止[⑤]。

第一百八十七条　公诉人、当事人或者辩护人、诉讼代理人对证人证言有异议，且该证人证言对案件定罪量刑有重大影响，人民法院认为证人有必要出庭作证的，证人应当出庭作证。

人民警察就其执行职务时目击的犯罪情况作为证人出庭作证，适用前款规定。

---

① 李昌林：《最新中华人民共和国刑事诉讼法释义》，中国法制出版社 2012 年版，第 385 页。
② 张军、郝银钟：《刑事诉讼庭审专题研究》，中国人民大学出版社 2005 年版，第 176 页。
③《解释》第一百九十九条。
④《解释》第二百零一条。
⑤《解释》第二百一十四条。

公诉人、当事人或者辩护人、诉讼代理人对鉴定意见有异议，人民法院认为鉴定人有必要出庭的，鉴定人应当出庭作证。经人民法院通知，鉴定人拒不出庭作证的，鉴定意见不得作为定案的根据。

【主旨】本条规定了证人和鉴定人出庭作证的义务。

【释评】本条系新增条款，涉及证据制度与庭审制度诸多方面的问题，需要结合相关规定全面理解。

（一）证人出庭作证的适用条件

第一款规定虽然适用于控辩双方，但由于刑事审判中辩方的证人很少， 该规定实质上主要是针对控方的。这实际上是从刑事诉讼法上保障被告人及其辩护人对控方证据的质证权。该规定对于法院和检察院都是考验[1]。依法条文义，证人出庭作证应满足三个条件，这些条件存在着多重判断标准。

首先，需要有关人员对证人证言有异议。其次，证人证言对案件定罪量刑有重大影响。也就是说，证人证言对定罪量刑能够起决定性作用。如果仅仅是证实一些细枝末节的问题，即便某一方或几方对证人庭前提供的证言有异议，也不需要证人出庭作证[2]。最后，还需要法院认可，否则证人仍然可能是不出庭的。由法院来决定证人是否出庭作证，一方面固然体现了法院的庭审指挥权，另一方面，不给予控辩双方申请证人出庭的权利，这无疑剥夺了控辩双方有效行使诉权的机会，使得法院在程序选择方面享有不受限制的裁判权。这在正当性上明显存在问题[3]。特别应注意的是，本法第五十九条规定：证人证言必须在法庭上经过公诉人、被害人和被告人、辩护人双方质证并且查实以后，才能作为定案的根据。法庭查明证人有意作伪证或者隐匿罪证的时候，应当依法处理。结合这两条规定看，颇有疑问的是，证人究竟需不需要出庭？

笔者认为，在第五十九条的语境中，强调证人证言必须在法庭上经过各方质证后才能作为定案的根据，而本条中，却说只有在符合法定条件下证人才出庭。二者显然有一定矛盾。因为，如果证人一般情况下不出庭，有关人员针对什么质证呢？如果把五十九条中的证人证言理解为书面证言，则问题似乎就迎刃而解了，但是，这种理解与该条目的以及证人证言的特质并不相符。加之在随后的第一百八十八条中，相关制裁措施的对象，也是经法院通知后没有正当理由不出庭的情况，综合这些规定看，立法实际上是承认，证人并非一定要出庭。

（二）警察出庭作证

1. 意　义

第二款规定警察作为证人出庭作证具有明显的进步性，其意义比较重大。因为实践中，办理刑事案件的公安机关经常以单位名义出具“抓获经过”“情况说明”，以此来对有关案件情况进行说明。这种“抓获经过”“情况说明”既不能归入书证，也不能归入证人证言等法定的证据形式。“抓获经过”“情况说明”以单位名义作出，案件开庭审理时一般无人出庭就该书面材料所须证明的案件情况进行说明，接受被告人、辩护人质证和法官的询问，但法院往往并不怀疑其效力而直接将其作为定案的根据，因而与直接言词原则、交叉询问原则等证据

① 顾永忠：《我国刑事辩护制度的回顾与展望》，载《法学家》2012 年 第 3 期，第 118 页。
② 李昌林：《最新中华人民共和国刑事诉讼法释义》，中国法制出版社 2012 年版，第 388 页。
③ 陈瑞华：《论证人证言规则》，载《苏州大学学报》2012 年第 2 期，第 6 页。

法的基本原理相悖，也不符合本法规定。警察走上法庭提供证言，抛弃过去以单位名义出具的“抓获经过”“情况说明”等书面说明材料，能够让证据还原其本来面目，从而促进我国证据制度的完善[①]。同时，与普通证人相比，让警察出庭作证有着更为有利的先天条件：警察出庭作证，对其人身保护和出庭保障的任务相对较轻；警察出庭证明侦查活动的合法性以及证实犯罪，与警察职务利益存在相关性。警察作为证人率先走上法庭，还将为以后普通证人出庭作证作出示范和表率，同时警察出庭作证将在证人出庭作证的配套制度和程序上进行探索和完善，从而为以后普通证人出庭打好制度和程序基础[②]。

2. 适用范围

警察作为证人出庭作证关键在于其适用范围。对此，立法机关人士认为：本款规定的“执行职务”目击犯罪的情况，包括作为侦查人员执行职务时目击犯罪情况，也包括执行其他职务如巡逻时目击犯罪的情况，这种情况下警察是作为目击者提供证言的，与其他证人没有区别，对于符合出庭条件的，应当出庭作证。但目击犯罪不包括因为勘验、检查等而知晓案件的情形[③]。而有学者则提出，本款“仅针对警察目击犯罪情况如控制下交付案件可作证，那么依此解释，对于犯罪后警察才介入没有目击的案件就不需要出庭作证。这显然是缩小了警察出庭作证的范围。因为，实践中许多案件发生后警察才赶赴现场处置。因此，此条款规定的意义本身又是有限的”[④]。相比较而言，笔者更倾向于立法机关人士的理解。由于警察作为一种具有特殊身份的人员，其对案件事实的认知和普通证人肯定有所区别。对本款的适用，笔者分析如下：

（1）人民警察的范围。在我国，警察是一个职业统称，根据《人民警察法》的规定，人民警察包括公安机关、国家安全机关、监狱、劳动教养管理机关的人民警察和人民法院、人民检察院的司法警察[⑤]。依体系解释和目的解释，本款中的人民警察范围应与之一致。

（2）目击犯罪的具体情形。如果警察在非执行职务期间目击了案件情况，或者警察在执行职务期间目击了非他自己办理的刑事案件的事实情况，那么警察与普通的证人出庭作证并没有什么区别，此时目击犯罪事实发生的警察，应当以目击证人的身份出庭作证。如果警察在接受侦查任务之前就目击了犯罪事实的发生，那么该警察不能再接受该案件事实的侦查任务，而应当适用回避的规定，以普通证人的身份出庭作证[⑥]。因为现代诉讼强调公安司法人员的中立性，强调亲身感知犯罪事实的公安司法人员，应当优先充当证人，而不应作为办案人员参与本案的处理[⑦]。而如果警察在执行职务过程中目击了他自己正在办理的刑事案件的事实情况，譬如，某警察在调查盗窃案件的过程中，正好目击了犯罪嫌疑人窝赃或销赃的情况，那么该警察应当以警察证人的身份出庭作证，而不能再以普通证人身份出庭作证了。另外，如果警察在接到举报或者受案以后赶赴犯罪现场，就很有可能亲身经历或者亲眼目睹犯罪行为发生的全部或者一部分，实践中公安机关通常会将此案交由该警察负责侦查，那么该警察也可以就其目击的案件情况出庭作证[⑧]。比如 2013 年 1 月 24 日，广州市海珠区法院审理了一起手机盗窃案，包括一名警察在内的两名广州市公安局反扒专业队队员出庭作证，证人斩钉

① ② 樊学勇：《评刑事诉讼法修正案（草案）中“警察出庭作证”条款的设置》，载《中国人民公安大学学报》（社会科学版）2012 年第 1 期，第 18 页、第 17-18 页。

③ 朗胜：《〈中华人民共和国刑事诉讼法〉修改与适用》，新华出版社 2012 年版，第 335-336 页。

④ 左卫民：《进步抑或倒退：刑事诉讼法修改草案评述》，载《清华法学》2012 年第 1 期，第 101 页。

⑤ 第二条。

⑥ ⑧ 王超：《警察作证制度研究》，中国人民公安大学出版社 2006 年版，第 158 页。

⑦ 吴宏耀：《诉讼认识论纲——以司法裁判中的事实认定为中心》，北京大学出版社 2008 年版，第 234 页。

截铁的回答，为案件定性提供了有力的证据[①]。

（3）本款中的警察出庭作证仅指向实体性事实。由于本法第五十七条第二款中已经规定，“现有证据材料不能证明证据收集的合法性的，人民检察院可以提请人民法院通知有关侦查人员或者其他人员出庭说明情况；人民法院可以通知有关侦查人员或者其他人员出庭说明情况。有关侦查人员或者其他人员也可以要求出庭说明情况。经人民法院通知，有关人员应当出庭。”此时，警察应当对证据合法性问题出庭说明情况。该规定明显与本款中的“目击犯罪”情况不太兼容，因此应排除在外。尽管如此，还是应当注意到，规则适用范围上的划分只是人们认识上的结果，而实际上，警察出庭对目击犯罪情况作证行为，不存在此种划分，警察作证内容很可能涉及证据的合法性方面的问题，如果符合条件，则会引发非法证据排除程序[②]。鉴于问题过于复杂，这里只能从略。

最后需要补充的是，警察出庭作证虽然具有较为积极的意义，但是考虑到我国警力严重不足的实际情况，在确定警察是否需要出庭作证时，应当审慎对待。比如，在涉及使用了有关特殊侦查措施时，如果确需该警察出庭作证，而存在危及其人身安全或暴露其身份的情况时，可以依照本法第一百五十二条之规定，由审判人员在庭外对证据进行核实。

（三）鉴定人出庭作证

第三款规定了鉴定人出庭作证的情况。本款产生的背景在于，在司法实践中，极少能看到鉴定人出庭作证对其所作出的鉴定接受法庭交叉询问，主要是因为鉴定往往更多地被公诉方作为书面证据当庭宣读，而这种质证的方式也被法庭所接受，其结果必然导致鉴定人出庭作证的责任观念淡漠，使质证的效果不理想。鉴定人出庭作证，就鉴定意见的作出过程接受控辩双方的交叉询问，将有助于法官对鉴定意见的证明价值进行评判和采信[③]。但是应当看到，本款并未肯定鉴定人一般的出庭义务，其出庭作证的前提仍然是有关人员对其有异议，并且法院也认为有必要，方才可能要求鉴定人出庭作证，这与证人出庭作证的情况基本相同。按照陈瑞华教授的观点，控辩双方对鉴定意见“提出异议”这一点比较容易理解，但是人民法院认为“有必要出庭”这一条件则是非常模糊的。这几乎等于将鉴定人出庭作证的决定权交给了法庭。然而，究竟哪些情况是指“有必要出庭”呢？法庭又在哪些情况下可以做出“鉴定人没有必要出庭作证”的判断呢？对于法庭任意以“没有必要”为由拒绝控辩双方所提出的鉴定人出庭作证之申请的，控辩双方究竟有哪些救济途径呢？尤其是被告人及其辩护人，对于法庭拒绝鉴定人出庭作证而任意允许公诉方宣读鉴定意见的，可否通过上诉途径来申请二审法院撤销原判、发回重审呢？对于这些问题，刑事诉讼法显然都没有确立可操作的程序规则，对于规范法官的自由裁量权也没有相应的对策[④]。

就法律效果来说，鉴定人经通知后拒不出庭的，一方面，是其鉴定意见不得作为定案的依据。相比较而言，其比证人证言的处理力度要大得多，而这又是与没有强制鉴定人出庭作证制度相呼应的。另一方面，鉴定人因不依法履行出庭作证义务，要承担相应的行政责任，根据《全国人民代表大会常务委员会关于司法鉴定管理问题的决定》第十三条的规定，对此

① 刘英团：《警察出庭作证，司法公正看得见》，载《检察日报》2013年1月30日，第6版。
② 根据《解释》第一百条之规定，法庭审理过程中，当事人及其辩护人、诉讼代理人申请排除非法证据的，法庭应当进行审查。经审查，对证据收集的合法性有疑问的，应当进行调查；没有疑问的，应当当庭说明情况和理由，继续法庭审理。
③ 刘晓农、彭志刚：《关于刑事鉴定的几个问题》，载《法学论坛》2013年第1期，第102-103页。
④ 陈瑞华、黄永、褚福民：《法律程序改革的突破与限度——2012年刑事诉讼法修改述评》，中国法制出版社2012年版，第92页。

可由省级人民政府司法行政部门给予停止从事司法鉴定业务三个月以上一年以下的处罚；情节严重的，撤销登记。不过，鉴于刑事诉讼程序中的鉴定人大都属于刑侦技术人员（具备警察身份），上述规定实际上对其"鞭长莫及"。

第一百八十八条　经人民法院通知，证人没有正当理由不出庭作证的，人民法院可以强制其到庭，但是被告人的配偶、父母、子女除外。

证人没有正当理由拒绝出庭或者出庭后拒绝作证的，予以训诫，情节严重的，经院长批准，处以十日以下的拘留。被处罚人对拘留决定不服的，可以向上一级人民法院申请复议。复议期间不停止执行。

【主旨】本条规定了人民法院强制证人出庭作证的条件与措施。

【释评】基于直接言辞原则，为了发现案件事实真相，实现程序公正，证人应当出庭作证，接受质询。本次修法针对既往证人出庭率过低的问题，设计了强制其出庭作证的制度。

（一）强制证人到庭的条件

依法条文义，在经人民法院通知后，证人没有正当理由拒不出庭，法院才能强制其到庭。强制证人出庭的，应当由院长签发强制证人出庭令[①]。此时，依反对解释，证人经法院通知，如果有正当理由，也可以不出庭。何谓正当理由，立法没有明确，根据《解释》第二百零六条的规定，证人具有下列情形之一，无法出庭作证的，人民法院可以准许其不出庭：在庭审期间身患严重疾病或者行动极为不便的；居所远离开庭地点且交通极为不便的；身处国外短期无法回国的；有其他客观原因，确实无法出庭的。具有前款规定情形的，可以通过视频等方式作证。笔者认为，在正当理由把握上应当从严，否则强制证人出庭将失去入法的意义。另外，强制措施与作证义务是可以并存的，换言之，即使被采取了措施，证人还是应当作证。不过，如果证人始终拒绝作证，那么从经验上判断，再多的强制也难有意义。立法上（当然包括之前学理上的诸多研究）进行如此规定的理论预设多少存有疑问，因为并不是有了强制，证人就一定会说，如果不能解决其顾虑，创造一个宽松的"环境"，"打死也不说"（强制到庭后仍然拒绝作证）的情形恐难杜绝。并且，从另一个角度说，强制措施越多，越严厉，证人恐怕更不会去作证，过于强调制裁，可能会在实践中导致大量证人"失踪"。

（二）近亲属的拒绝出庭作证权

第一款确定了法院不得强制被告人的配偶、父母、子女"出庭作证"，对此有学者将其称之为"拒证权"是不妥的[②]。因为法律免除的是他们强制到庭作证的义务，但是没有规定这些人有拒绝作证的权利，他们仍然应当作证，只不过是免予强制出庭作证。按照前面的分析，至少应当提供书面证言；如果他们拒绝出庭作证，但其在庭前接受侦查人员询问形成了书面证言，也可以作为证据使用；同时，上述人员也可以选择主动出庭作证[③]。

应当看到，立法在设计这一拒绝出庭作证权时，还存在一些欠考虑之处。比如，传统家庭关系中的亲属并不仅仅包括配偶、父母、子女，许多地方还存在几代同堂的情形，而且随着城市化进程的加快，留守儿童、隔代抚养的情形逐渐增加。刑诉法作出这样的规定显然是为维护家庭关系的稳定，但是享有出庭作证豁免权的范围过于狭隘，很可能在实践中效果不

① 《解释》第二百零八条。
② 王永杰：《完善我国刑事案件证人拒证权制度——以新〈刑事诉讼法〉为视角》中的相关分析，载《探索与争鸣》2012 年第 4 期。
③ 张军：《新刑事诉讼法法官培训教材》，法律出版社 2012 年版，第 184 页。

佳。本法第一百零六条把夫、妻、父、母、子、女、同胞兄弟姊妹都列入近亲属的范围，而在刑事诉讼程序中，委托辩护人、申请法律援助、申请变更强制措施等一系列活动，更是都赋予了近亲属相应的权利义务。但在强制出庭豁免方面却未能保持一致，把兄弟姊妹包括进去，难谓合理[①]。不过，与之相对，也有人主张：将享有豁免权的特定证人范围限定在小于法定的"近亲属"范围内，就是在于设防亲属包庇犯罪嫌疑人。此外，即使是小范围内的近亲属，其享有的特免权也仅限于庭审阶段，这也意味着法律不允许他们在其他诉讼阶段包庇犯罪嫌疑人，否则，仍可构成包庇罪[②]。笔者认为，后一种理解在文义上可能是成立的，但如前所言，违反了体系解释和目的解释原理。其可能导致的后果是，动摇了既有规范存在的社会根基，使不得强制有关人员出庭作证的规定形同虚设。展望未来，在条件成熟时，还是应适当扩大近亲属拒绝作证权的范围，以实现法律与社会发展的和谐统一。

此外，笔者还认为，近亲属是否享有绝对的强制出庭豁免权，这一点也需要重新考虑。当和谐的家庭关系已然不存在，或者有更大的法益需要保护时，这种豁免权就应当有所限制。这种例外的情形可以从这些方面考虑：影响家庭关系的犯罪，如虐待罪、遗弃罪、重婚罪等；近亲属之间有共同犯罪或关联性犯罪的；社会危害性严重的犯罪，如危害国家安全、公共安全的犯罪；放弃强制出庭作证豁免权的[③]。

这里值得思考的是，为什么对证人就可以强制到庭，并采取相应处罚措施，而对鉴定人却没有提及？从效果上看，否定其提供意见的作用，远比强制到庭效果还好，立法没有规定强制方法是明智的。但是，从体系解释看，由于刑事诉讼中的鉴定人许多情况下只能由侦查机关的人员担任（《全国人大常委会关于司法鉴定管理问题的决定》第七项），并且本法第一百八十七条还明确了警察作为证人出庭作证的要求，因此，一律认为不能强制鉴定人出庭，似不妥当。

（三）对证人拒绝出庭或者出庭后拒绝作证的制裁措施

第二款对证人拒绝行为设计了两项制裁措施：训诫与拘留。从其性质看，应当属于对妨碍诉讼进行的强制措施。就适用条件而言，一般情况下应予训诫，只有在情节严重时方可拘留。这里的"情节严重"可以理解为，包括但不限于以下情形：证人被训诫后仍拒绝出庭或者出庭后拒绝作证的，为拒绝出庭作证而故意逃避的或者出庭后扰乱法庭秩序的，保护机构已经提供了充足保护而证人仍以种种理由推脱的[④]，因拒绝出庭或者出庭后拒绝作证严重影响审判的顺利进行，或者导致被告人当庭翻供影响案件事实的认定的，等等。实践中可以结合个案具体情况予以认定[⑤]。应当注意到，强制证人出庭作证的唯一主体是人民法院，其他任何机关或者个人，包括人民检察院、公安机关均不得对证人采取直接或变相的强制措施，更不得采取惩罚措施。另外，强制措施的强度、拘留时间的长短要从严控制，应以能够迫使证人出庭作证为限。避免滥用强制措施或处罚措施[⑥]。当然，需要强调的是，惩罚不是目的，要让

① 冯金华：《强制证人出庭作证制度应再完善》，载 http://www.jcrb.com/procuratorate/procuratorforum/201206/t20120612_881712.html。
② 刘立：《惩罚犯罪与保障人权的对立统一——强制证人出庭制度中情与法之博弈》，载《湖北第二师范学院学报》2012 年第 10 期，第 40 页。
③ 詹安乐：《刑事证人强制出庭作证问题研究》，华东政法大学 2012 年度硕士学位论文，第 31 页。
④ 潘庸鲁：《证人强制出庭作证条款的理解与适用－以新〈刑事诉讼法〉第 188 条为视角》，载《东方法学》2012 年第 3 期，第 121 页。
⑤ 张军：《新刑事诉讼法法官培训教材》，法律出版社 2012 年版，第 183 页。
⑥ 童建明：《新刑事诉讼法理解与适用》，中国检察出版社 2012 年版，第 92 页。

证人出庭作证，消除证人的种种顾虑，加强保护才是关键。

第一百八十九条　证人作证，审判人员应当告知他要如实地提供证言和有意作伪证或者隐匿罪证要负的法律责任。公诉人、当事人和辩护人、诉讼代理人经审判长许可，可以对证人、鉴定人发问。审判长认为发问的内容与案件无关的时候，应当制止。

审判人员可以询问证人、鉴定人。

【主旨】本条规定了证人、鉴定人作证的基本程序。

【释评】从诉讼原理上讲，证人、鉴定人原则上都应当出庭接受质询，证人、鉴定人出庭作证应当遵守相应规则。

（一）询问权的主体

审判人员享有庭审指挥权（主导权），自然有权询问证人、鉴定人，公诉人、当事人和辩护人、诉讼代理人则需要经审判长许可后，才有权进行询问。不过，需要明确的是，庭审中，主要还是应当由公诉人、当事人和辩护人、诉讼代理人进行询问，审判人员只有在必要的时候才询问，避免包办代替，以保持法院的中立地位[①]。

（二）证人作证的程序

证人开始作证前，审判人员应当告知他要如实地提供证言和有意作伪证，或者隐匿罪证要负的法律责任。之所以有此规定，是因为证人证言具有较强的主观性，容易受到各种因素干扰，在开始作证前就“提醒”证人如实作证，以及有意作伪证或者隐匿罪证要负的法律责任，有利于对证人产生心理压力，减小虚假陈述的几率。从国外的立法与实践来看，多要求证人作证前宣誓，而本法对此没有明确要求。《解释》第二百一十一条第二款规定：证人、鉴定人作证前，应当保证向法庭如实提供证言、说明鉴定意见，并在保证书上签名。有学者据此认为，这就是我国的证人宣誓制度，其理由在于，证人宣誓制度就是在证人向法庭提供证据时为了保证其如实陈述，而要求证人作出正式保证的制度。它不一定具有宗教意义，也不要求使用宣誓的字眼[②]。证人陈述完毕后，相关人员经审判长许可后，有权对证人进行询问。本条对询问的具体方式未作规定，只是禁止与案件内容无关的发问。《解释》第二百一十二条规定：向证人发问，应当先由提请传唤的一方进行；发问完毕后，对方经审判长准许，也可以发问。此外，《解释》第二百一十三条还规定：发问的内容应当与案件的事实有关；不得以诱导方式提问，不得威胁证人；不得损害证人的人格尊严。这些规定虽然在一定程度上体现了交叉询问制度的精神，但还存在相当差距，在学理层面，学者多主张建立严格意义上的“交叉询问”制度，以利于发现案件事实真相[③]。

最后需要指出的是，本条没有规定鉴定人出庭作证时，是否需要履行告知程序。笔者认为，法庭应当对鉴定人进行告知。鉴定意见在本法中虽属独立证据种类，但究其性质，仍属言辞证据。因为鉴定意见是鉴定人就案件中的专门问题所作的科学鉴别意见，反映了鉴定人对特定专门问题的主观判断。与证人证言不同，鉴定意见不是鉴定人就其所了解的案件事实所作的陈述，而是对案件专门问题所作的判断，具有“意见证据”的属性。尽管如此，鉴定意见的科学性、真实性和权威性，在很大程度上不取决于鉴定意见本身，而依赖于鉴定人的

---

① 朗胜：《<中华人民共和国刑事诉讼法>修改与适用》，新华出版社 2012 年版，第 338-339 页。

② 郑旭：《刑事诉讼法学》（第二版），中国人民大学出版社 2010 年版，第 178-179 页。

③ 陈岚：《我国刑事审判中交叉询问规则之建构》中的相关论述，载《法学评论》2009 年第 6 期。

主体属性、鉴定过程和判断能力。如果说证人证言经常因为证人认识、记忆、表达的失误而出现问题的话，那么，鉴定意见也往往会由于鉴定人的资格、鉴定水平和职业操守等原因而发生错误。正因为如此，对鉴定意见的审查判断就不能仅仅通过当庭宣读书面意见的方式来进行，而应建立针对鉴定人的交叉询问程序，并借此来审查鉴定意见的证明力和证据能力[①]。所以，鉴定人出庭作证时，审判人员仍然需要“告知”。对此，《解释》在相关规定中均明确肯定，鉴定人应当与证人“一视同仁”[②]。

第一百九十条　公诉人、辩护人应当向法庭出示物证，让当事人辨认，对未到庭的证人的证言笔录、鉴定人的鉴定意见、勘验笔录和其他作为证据的文书，应当当庭宣读。审判人员应当听取公诉人、当事人和辩护人、诉讼代理人的意见。

【主旨】本条规定了控辩双方出示证据的基本要求。

【释评】本条分别就物证和文书形态的证据规定了不同的出示规则，并且强调了审判人员的听审义务。

物证属于实物形态，依法条文义，公诉人与辩护人均应当庭出示，如果不便移动或有特殊情况，也可通过展示照片、录像的方式替代。本条把证言笔录、鉴定人的鉴定意见、勘验笔录与书证并列，实际上也再次提醒我们，即便是立法中，证人、鉴定人也并不是一定要出庭的。

第一百九十一条　法庭审理过程中，合议庭对证据有疑问的，可以宣布休庭，对证据进行调查核实。

人民法院调查核实证据，可以进行勘验、检查、查封、扣押、鉴定和查询、冻结。

【主旨】本条规定了合议庭庭外证据调查核实权及其实现方式。

【释评】一般来说，刑事审判应当在固定地点进行，但有时因为各种原因，导致无法在有限空间内对证据作出认定，因此就需要庭外调查。

（一）调查权的适用条件

1. 时　间

第一款强调了“法庭审理过程中”，这是由现行刑事诉讼程序结构所决定的。控诉方向法院提出控诉，人民法院对案件审查后，符合条件的应予受理。在法庭审理前，承办案件的法官为了能公正裁判，不得就案件的实体问题调查取证，只有法庭审理开始后，控诉方向法庭提供了证据，审判人员才能对这些证据提出疑问，并调查核实。

2. 对　象

控辩双方已经提出证据是合议庭庭外调查的基础，证据存有疑问是庭外调查的前提。因此，合议庭不能就控辩双方都没有提出的证据进行调查，合议庭也不能偏向任何一方地去调查核实证据。但是，法庭在庭外调查时，有可能发现控辩双方均未提交的新证据，对此证据，当然也可成为定案根据，只不过需要履行法定程序[③]。

3. 主　体

对比这两款规定可以发现，第一款的主体是合议庭，第二款则为人民法院，二者明显存

① 陈瑞华：《鉴定意见的审查判断问题》，载《中国司法鉴定》2011年第5期，第3页。
② 详见第二百一十一条之规定。
③ 对此，《解释》第二百二十条第二款规定：对公诉人、当事人及其法定代理人、辩护人、诉讼代理人补充的和法庭庭外调查核实取得的证据，应当经过当庭质证才能作为定案的根据。但是，经庭外征求意见，控辩双方没有异议的除外。有关情况，应当记录在案。

在差异。根据我国法院体制，合议庭是具体审理案件的组织，而人民法院是作为一个机构存在的整体，合议庭属于人民法院的组成部分之一。第一款中合议庭有权宣布休庭，并决定对有疑问的证据进行调查核实，这是基于诉讼指挥权而言，而第二款中的人民法院是对进行调查核实时的人员归属而言。按笔者理解，合议庭成员有可能参与核实，也可能需要本院其他人员，甚至是其他法院的人员配合，因此，第二款中使用人民法院更为准确。

4. 方 法

第二款明确列举了人民法院有权采用勘验、检查、查封、扣押、鉴定和查询、冻结六种方法，并且没有概括性规定，这就意味着，除此之外的其他方法都属非法。尤其是，法律没有肯定人民法院有权询问，由此可见，本条规定的庭外调查仅仅适用于广义的物证，以及鉴定意见的调查，而不包括对证人的调查。如果法庭认为需要对证人进行询问的，应当通知证人出庭作证，而不是采取庭外调查的方式进行。即使确实因为证人无法出庭而需要外出询问的，也不应当适用本条规定，而应当在控辩双方到场的情况下，根据第一百八十九条的规定对证人进行询问[①]。

（二）庭外调查权之评析

本条设置的庭外调查权有着范围广、力度大的特点。除了不能采取通缉、侦查实验、询问、辨认等措施外，基本上，侦查机关有权采取的大部分侦查措施，法院都有权采取，如若全部行使，法院大有成为“超级侦查机关”之势。理论界在该项权力的必要性上存在较大争议。有人提出，庭外调查权混淆了侦查与审判的职能、破坏了法官的中立形象、有违控审分离原则、不利于查明案件事实真相、损害了被告人的合法权益，因此，应予以废除[②]。但是笔者认为，这种认识值得商榷。从比较法来看，两大法系几乎都允许法院对相关情况进行调查核实，只不过方式方法不同罢了[③]。保留人民法院的调查权，是为了探求案件事实真相，由于法院有相对于控辩双方较为超然的地位，其核实调查更为中立些，只要在程序上加强监督，基本上能够保证其客观性。事实上，赋予法官庭外调查权的国家均根据程序正义标准，对法官的庭外调查活动予以了程序规制，例如要求控辩双方直接在场，并可对证人、鉴定人进行询问和质证；对法官在庭外调查中制作的书面笔录，诉讼各方均有权阅览，并在庭审中就此证据进行辩论；等等[④]。一味要求法官消极中立，在遇有于被告方有重大利益而不予庭外调查，反而会造成对控方偏向，损害被告方利益，从实质上破坏控辩平衡。况且，该项权力属于备而不用的性质，实际上，在法院积案严重的情况下，让法院去实施上述核实行为基本上不现实，实践中法院也极少去调查。因此，保留法官庭外调查权是为一种现实选择。当然，应当看到，庭外调查毕竟是对正常庭审活动的补充，在适用时无疑应当受到限制，并且，现行法中的相关制度设计还存在不少缺陷，需要进一步完善。

第一百九十二条　法庭审理过程中，当事人和辩护人、诉讼代理人有权申请通知新的证人到庭，调取新的物证，申请重新鉴定或者勘验。

公诉人、当事人和辩护人、诉讼代理人可以申请法庭通知有专门知识的人出庭，就鉴定人作出的鉴定意见提出意见。

---

① 李昌林：《最新中华人民共和国刑事诉讼法释义》，中国法制出版社2012年版，第393页。
② 黄文：《法官庭外调查权的合理性质疑》，载《当代法学》2004年第2期，第130-132页。
③ 有关立法介绍，参见宋英辉：《刑事诉讼法修改问题研究》，中国人民公安大学出版社2007年版，第405页。
④ 陈瑞华：《刑事审判原理论》（第二版），北京大学出版社2003年版，第218页。

法庭对于上述申请，应当作出是否同意的决定。

第二款规定的有专门知识的人出庭，适用鉴定人的有关规定。

【主旨】本条规定了新证据的提出规则，以及重新鉴定或者勘验，申请有专门知识的人出庭。

【释评】本条第一款系原1996年法律中的内容，本次修法重点引入了“有专门知识的人”制度。

（一）新证据提出权

1. 新证据

我国刑事审判程序中，没有民事诉讼中所谓“举证期限”制度，采证据随时提出主义，因此，在法庭审理过程中，有关人员有权申请通知新的证人到庭，调取新的物证，申请重新鉴定或者勘验（为行文方便，将这些内容均简称为“新证据”）。既然刑事诉讼中不存在“举证期限”一说，新证据究竟是根据什么标准而言呢？目前尚未见到较为详细的探讨。笔者认为，“新”证据是针对当事人和辩护人、诉讼代理人在庭审过程中的举证活动而言，这一时空条件决定了“新证据”有两个标准：一是时间，二是主体。

对前者来说，新证据应当是法庭审理开始后才提交的证据，而不包括在开庭前已经提交给办案机关的证据[①]。至于是在什么时候发现、取得在所不问。对后者而言，新证据只能是由当事人和辩护人、诉讼代理人提出。结合这两点看，“新证据”实际上还意味着当事人和辩护人、诉讼代理人当庭提出的证据，不同于人民检察院提起公诉时向人民法院提交的证据。在范围上，第一款仅规定了新的证人、新的物证，以及申请重新鉴定或者勘验，而没有提及其他证据方法，据此能否认为，其他证据就不能提出呢？笔者认为，其他证据仍然可以提出，从立法目的看，允许提出新证据，是为了保证人民法院有足够的资料查明案件事实真相，如果存在这样的证据而拒绝其进入法庭审理，无疑与之相悖。

2. 公诉人能否提出“新证据”？

很明显，第一款中仅当事人和辩护人、诉讼代理人享有新证据提出权，而没有提及公诉人，依反对解释，这就意味着公诉人不得申请提出新证据。但是，仅据此规定还无法得出结论。从规范体系看，本款与前述第一百七十二条相照应，要言之，既然人民检察院在提起公诉时已经全案移送了材料，当然就毋需提出新的证据，并且，人民检察院在审查起诉期间要全面审查所有材料，当然就不再允许重新鉴定或者勘验了。然而，问题似乎并不如此简单。本法中设计了延期审理制度，根据第一百九十八条、一百九十九条之规定，检察人员在审判阶段有权以需要补充侦查为由提出延期审理申请，而《解释》又重申（因为与之前规定相同），对此申请，合议庭应当同意[②]，由此，在允许人民检察院补充侦查的情况下，如果人民检察院经过补充侦查收集到了新证据，难道不允许向法院提交吗？在延期审理制度下，案件审理程序并不更新，其法定效果仅是补充侦查后案件又移送至人民法院的，重新计算审理期限而已，案件仍然保持了同一性。从这个角度说，人民检察院的补充侦查与当事人和辩护人、诉讼代理人所提之新证据在性质上较为类似。

综上，本款虽然仅仅规定了当事人和辩护人、诉讼代理人的新证据提出权，但实际上，

---

① 比如依本法第四十条规定：辩护人收集的有关犯罪嫌疑人不在犯罪现场、未达到刑事责任年龄、属于依法不负刑事责任的精神病人的证据，应当及时告知公安机关、人民检察院。如果这些证据已经提交给了上述机关，法庭审理过程中自然不必再次提出了。

② 第二百二十三条。

人民检察院在补充侦查制度下，也有权提出新证据。当然，需要注意，综合相关规定来看，当事人和辩护人、诉讼代理人属于有权提出新证据，而公诉人则是在开庭前就应当全部提交已经掌握的证据，补充侦查后获取的证据再次提交法庭，与隐匿之前就已经掌握的部分证据，而在开庭时再行提交确实存在“质”的区别。

（二）有专门知识的人出庭

1. 有专门知识的人的法律地位

第二款中，控辩双方或被害人都有权申请有专门知识的人的出庭系新增规定。对此有专门知识的人，在之前民事诉讼证据与行政诉讼证据相关规定中已有涉及，在上述两个司法解释中，人们一般将其称之为“专家辅助人”，本法则明确使用了“有专门知识的人”这一称谓，从指向上看，二者应当没有差别。首先需要肯定的是，设计该制度具有一定积极意义。按照汪建成教授的看法：严格说来，专家辅助人并不是证人，而是就鉴定意见提出意见的人。但专家辅助人出庭制度的设立，可以弥补控辩双方对案件中某些专门性问题认识能力之不足，更好地发挥法庭审判中对鉴定意见的质证效果，对于法庭在鉴定意见的采信上也必将发挥重要作用。其制度性功能和价值可与证人出庭作证制度相提并论[①]。

然而，综合本条相关规定，“有专门知识的人”却存在着身份不明和选任资格、方法失范等问题。比如“有专门知识的人”出庭应当与鉴定人一样，成为刑事诉讼法中的诉讼参与人。而在第一百零六条“本法用语含义”中却没有将“有专门知识的人”纳入。此外，本法中，也没有其他法条能够与之印证使其在刑事诉讼中的诉讼地位得以明朗化，而“有专门知识的人”在被通知之前是如何被选任的则无任何法律依据。虽在第一百九十二条第四款又补充说明适用鉴定人的规定，但是依据本法第一百四十四条的规定，“为了查明案情，需要解决案件中某些专门性问题的时候，应当指派、聘请有专门知识的人进行鉴定。”即鉴定人出庭的选任方法是指派与聘请。“指派”具有很强的“行政命令”色彩，是指鉴定的主体是公安机关或人民检察院，被指派的对象是其内设的鉴定机构，与指派鉴定的主体形成一种行政隶属关系。而“聘请”虽是去了行政化，聘请公安机关、人民检察院内设机构之外的其他社会鉴定机构进行鉴定，但其主体依旧没有当事人和辩护人、诉讼代理人。即便到了庭审阶段，也只有在法庭对证据有异议时由法庭宣布休庭后进行鉴定。但是根据本法第一百九十二条第二款的规定，在申请主体上少了法庭，多了当事人、辩护人及诉讼代理人，并将决定权给予了法庭，显然，这样的设计模式是不同于鉴定人的[②]。出于庭审效率和秩序的考虑，《解释》对有专门知识的人员数量进行了一定限制：申请有专门知识的人出庭，不得超过二人。有多种类鉴定意见的，可以相应增加人数[③]。

对此，有学者从宏观上对这一制度进行了评价：“专家辅助人制度的确立，使得我国的司法鉴定制度呈现了一种不同于其他国家的崭新模式，即控方鉴定意见与辩方专家辅助人意见相互对抗的模式。在控方主导司法鉴定难以改变的情况下，专家辅助人则成为辩方质疑鉴定意见的技术辅佐人，同时，专家辅助人意见本身又需要鉴定人的质疑，因此，形成了鉴定人与专家辅助人相互对峙的鉴定格局。这一模式提高了辩方在司法鉴定制度中的地位，实践中

---

① 汪建成：《刑事审判程序的重大变革及其展开》，载《法学家》2012 年第 3 期，第 93 页。

② 吴高庆、齐培君：《论“有专门知识的人”制度的完善——关于新〈刑事诉讼法〉第 192 条的思考》中的相关论述，载《中国司法鉴定》2012 年第 3 期。

③ 第二百一十七条。

出现的鉴定意见不可靠和无法有效质证的问题有望得到解决，也将改善近年来不断出现的因鉴定错误而出现的冤假错案现象。但是，不同于英美法系专家证人制度，及大陆法系司法鉴定制度中控辩平等的模式设置，在我国，辩方的专家辅助人虽然可以挑战鉴定意见的权威，辩方也只是拥有了针对鉴定意见的质证权，而仍不具备就专门问题出具专家意见的权利，控辩双方在司法鉴定中的权力对比依旧悬殊。”[①]

2. 申请权人

依第二款规定，公诉人、当事人和辩护人、诉讼代理人都有权申请有专门知识的人出庭，申请有专门知识的人的出庭，性质上应当属于一方主体的举（质）证手段。由于人民检察院在公诉案件中占尽优势，并且公诉案件的鉴定权也被侦查机关垄断，因此一般情况下，都是当事人和辩护人、诉讼代理人提出申请。但是，既然法律允许公诉人也提出申请，那就意味着，在公诉方的鉴定意见遭到当事人和辩护人、诉讼代理人所申请的有专门知识的人的质疑时，也享有申请其他具有专门知识的人出庭，对遭受质疑的鉴定意见，另行提出意见的权利。如此一来，法庭审理活动的对抗将趋于激烈。值得注意的是，被害人的地位比较特殊，其有可能依附于控辩任何一方，也可能有自己的独立立场，因此其可能提出完全不同于控辩双方的意见。一旦被害人及其代理人也申请有专门知识的人出庭，庭审活动可能会变得复杂多变，难以预料。

此外，本款规定没有限定案件范围，因此不管是公诉案件、自诉案件，还是附带民事诉讼案件都有可能适用。然而，结合本法有关鉴定程序启动的规定看，由于被害人、被告人、诉讼代理人、辩护人是否具备启动鉴定程序资格不无争议，如果他们没有这个权利，或是实践中根本无法行使，那么，第二款规定公诉人有权“申请法庭通知有专门知识的人出庭，就鉴定人作出的鉴定意见提出意见”，就属于无法实现的“睡眠性”条款。

3. 有专门知识的人的意见

有关人员申请有专门知识的人出庭的目的，是为了查明鉴定意见所涉及的法律科学之外的其他专业问题的科学性、合理性，而就鉴定意见提出自己意见。具体说来，参照《解释》的相关规定，有专门知识的人，可以从鉴定人的主体资格、检材、鉴定程序、鉴定依据等方面[②]，提出自己的意见。但是应当明确，提出意见本身不是重新鉴定，只是具有专门知识的人从专业角度对鉴定意见提出质疑意见，作为法官甄别证据的参考。具有专门知识的人提出的意见如被采纳，则可能带来相关的鉴定意见不能采信的后果，该鉴定意见不能作为定案的根据。但是否需要重新鉴定还要根据案件情况和需要由法官决定[③]。

4. 程序与救济

依第三款规定，法庭对于上述申请，应当作出是否同意的决定。这强调了法庭的保障义务，即应当对此做出回应，否则相关人员的权利就形同虚设了。不过，法律并没有进一步规定，即法庭没有作出决定的后果及有关人员的救济途径[④]。对此，《解释》规定，有关人员申请有专门知识的人出庭，应当说明理由。法庭认为有必要的，应当通知有专门知识的人出庭[⑤]。在此情况下，可以认为，法庭享有几乎不受限制的自由裁量权。

第一百九十三条　法庭审理过程中，对与定罪、量刑有关的事实、证据都应当进行调查、

① 高洁：《论专家辅助人意见——以刑事辩护为视角的分析》，载《北方法学》2013 年第 6 期，第 157 页。
② 第八十四～第八十五条。
③ 朗胜：《〈中华人民共和国刑事诉讼法〉修改与适用》，新华出版社 2012 年版，第 344 页。
④ 公诉人可以考虑检察监督，而其他人员则就只能接受。
⑤ 第二百一十七条。

辩论。

经审判长许可，公诉人、当事人和辩护人、诉讼代理人可以对证据和案件情况发表意见并且可以互相辩论。

审判长在宣布辩论终结后，被告人有最后陈述的权利。

【主旨】本条规定了法庭调查、辩论的内容，以及被告人的最后陈述权。

【释评】本条分别规定了法庭审理三个不同阶段的内容。

（一）法庭调查和法庭辩论的内容

法庭调查和法庭辩论是我国刑事审判程序的核心阶段，这两个阶段完成后，刑事案件基本上也就“定型”了；因此，其内容至关重要。虽然目前的量刑程序改革已经全面展开，但时间毕竟还短，所以立法者选择了比较保守的方式对其规定。从法条文义看，应当是肯定了量刑应当成为调查、辩论的对象，这样一来，主要由司法机关主导的量刑程序改革举措在法律层面就获得了一定支持。按照立法机关人士的说法就是：本款规定的意图是要表达，在法庭审理中，不仅要对定罪相关的事实、证据进行调查、辩论，对与量刑相关的事实、证据也要调查、辩论，旨在为量刑规范化提供法律依据[①]。然而，这种立法规定还是存在很多问题，这表现为：至少在量刑程序的设计上将大大落后于量刑程序改革的现实，不仅对下一步的量刑程序改革难以起到积极的引导作用，而且还会造成一种客观上的“司法改革合法性的危机”。假如立法部门不同意最高人民法院和最高人民检察院主导的量刑程序改革，完全可以通过合法程序阻止这一改革的继续展开。这样，各级法院和检察院所推行的“相对独立的量刑程序”也就不必再冒“改革违法”的风险了[②]。当然，从另一个角度看，立法者虽然没有全面吸收目前量刑改革的成果，本条规定却可以视之为一个概括性总结，本条规定与《关于规范量刑程序若干问题的意见（试行）》不是对立与矛盾关系，各级人民法院在庭审程序中，对二者都应予以适用[③]。

第二款规定了相关人员的辩论权，当然，为使辩论有序进行，应以审判长许可为前提。

（二）被告人的最后陈述

被告人的最后陈述是其一项不可剥夺的权利。依第三款之规定，被告人最后陈述也是法庭审判的一个阶段，不能与法庭辩论混同进行。从功能上讲，在合议庭评议与判决之前，给被告人以最后陈述的权利，使其还有一次为自己充分辩解的机会，把自己要讲的话讲完，可以使合议庭进一步听取被告人的意见，有利于作出正确的判决，防止发生错判。另外，多数情况下，被告人通过庭审调查和辩论已认罪伏法，他在最后陈述中说明犯罪原因，认识危害，还可以扩大审判效果，搞好法制宣传教育。因此，必须切实保障被告人最后陈述的权利，审判人员应认真听取其陈述，在陈述的时间上一般不应加以限制，让被告人把话讲完。只有在陈述的内容重复或与本案无关的时候，才应当予以引导与制止。如果被告人借最后陈述之机，蔑视法庭、公诉人，损害他人及社会公众利益或者所言与本案无关的，应当制止。在公开审理的案件中，被告人最后陈述的内容涉及国家秘密或个人隐私的，也应当制止。如果借最后陈述翻供或提出新的证据，应即恢复法庭调查，待查清事实后，再行辩论和最后陈述[④]。

第一百九十四条　在法庭审判过程中，如果诉讼参与人或者旁听人员违反法庭秩序，审

---

① 朗胜：《<中华人民共和国刑事诉讼法>修改与适用》，新华出版社 2012 年版，第 346 页。
② 陈瑞华：《评<刑事诉讼法修正案（草案）>对审判程序的改革方案》载《法学》2011 年第 11 期，第 60 页。
③ 张军、陈卫东《新刑事诉讼法疑难释解》，人民法院出版社 2012 年版，第 280-281 页。
④《解释》第二百三十五～二百三十六条之规定。

判长应当警告制止。对不听制止的，可以强行带出法庭；情节严重的，处以一千元以下的罚款或者十五日以下的拘留。罚款、拘留必须经院长批准。被处罚人对罚款、拘留的决定不服的，可以向上一级人民法院申请复议。复议期间不停止执行。

对聚众哄闹、冲击法庭或者侮辱、诽谤、威胁、殴打司法工作人员或者诉讼参与人，严重扰乱法庭秩序，构成犯罪的，依法追究刑事责任。

【主旨】本条规定了对违反法庭秩序的制裁措施。

【释评】法庭是人民法院行使审判权的场所，法庭活动有序地进行，不但体现了国家审判活动的严肃性，对于保障审判活动中正确确认案件事实和适用法律也具有重要意义。最高人民法院制定了人民法庭审判纪律，对涉及法庭审判的不同人员，分别提出了不同要求，各有关人员必须严格遵守。

（一）制裁措施的适用对象

依法条文义，被制裁的对象包括诉讼参与人和旁听人员。旁听人员自不待言，而根据本法第一百零六条的规定，诉讼参与人包括当事人、法定代理人、诉讼代理人、辩护人、证人、鉴定人和翻译人员。很明显，公诉人被排除在外了，其原因何在？笔者推测，这可能源于对公诉人不可能“为非”的假设，以及对其法律地位、职权的尊重，但是如此规定，其实有违控辩平等之要求。一般来说，诉讼参与人在法庭上的过分举动十分罕见，即使偶尔发生，也是“一个巴掌拍不响”，其中有诉讼参与人不当言语的刺激，也有法官的不当刺激。《解释》所设定的处罚内容中，既无对法官的自律性规定，又无对公诉方的惩戒性规定，显然失于公平。这种不公平，容易造成不良后果[①]

（二）制裁措施的种类

从第一款规定看，制裁措施是有梯度的，与行为人的具体情节相适应。即先警告制止，对不听制止的，才可以强行带出法庭；情节严重的，处以罚款或者拘留。这种规则构造比较符合公法中的“比例原则”。从原理上分析，只要符合法定条件，违反法庭秩序都应当承担相应后果，不过，有三类主体值得关注：这就是被告人、辩护人与诉讼代理人究竟可以适用哪些制裁措施？如果说警告还可以接受，那么对这些主体能否直接强行带出法庭、拘留、罚款？从最高人民法院的相关规定看，答案是肯定的[②]。

笔者认为，对被告人的“过激”行为应予充分理解，宽容对待；换言之，被告人违反法庭秩序虽非正当行为，却也是“情有可原”。况且，对其适用除警告制止之外的其他措施可能与审判目的相冲突，即使适用，意义也不大。比如强行带出法庭恐怕是某些被告人“求之不得”的，而在羁押率居高不下的实际情况下，拘留更是意义不大。至于罚款，如果考虑到连罚金刑都难以有效执行，区区一千元以下罚款的意义不大。相比之下，对辩护人、诉讼代理人的制裁问题稍显复杂。辩护人和代理人在法庭上的作用，在于最大限度维护自己当事人的合法权益。由于将任何事实参与人逐出法庭、拘留，都会导致诉讼程序中断，既有碍于法庭秩序之维护，又不利于相关人员权利之保障，因此，非因极端事例发生，不宜采取此措施[③]。

---

① 曾粤兴：《法治视野下的律师辩护权——兼评高法刑诉法解释（征求意见稿） 第250条》，载《时代法学》2013年第1期，第50页。

②《解释》第二百五十条、二百五十一条。

③ 曾粤兴：《法治视野下的律师辩护权——兼评高法刑诉法解释（征求意见稿） 第250条》，载《时代法学》2013年第1期，第51页。

易言之，对辩护人、代理人之行为，法庭应有相当之容忍度。

（三）违反法庭秩序情况严重的，依法追究刑事责任

第二款中没有明确主体，从逻辑上看应当理解为与第一款相同，即只能是“诉讼参与人或者旁听人员”，但这又明显失之狭隘。从立法目的看，该款意图针对任何实施了“聚众哄闹、冲击法庭或者侮辱、诽谤、威胁、殴打司法工作人员或者诉讼参与人，严重扰乱法庭秩序”的人，实际上，我们没有任何理由排除“诉讼参与人或者旁听人员”之外的其他人员，也可能造成上述不良后果。另外，情节严重构成犯罪的情况究竟是何种罪，应当根据具体情况，结合《刑法》规定方能判定。

第一百九十五条　在被告人最后陈述后，审判长宣布休庭，合议庭进行评议，根据已经查明的事实、证据和有关的法律规定，分别作出以下判决：

（一）案件事实清楚，证据确实、充分，依据法律认定被告人有罪的，应当作出有罪判决；

（二）依据法律认定被告人无罪的，应当作出无罪判决；

（三）证据不足，不能认定被告人有罪的，应当作出证据不足、指控的犯罪不能成立的无罪判决。

【主旨】本条规定了刑事判决的种类。

【释评】法条文义很清楚，人民法院的刑事判决有三种，但依逻辑划分，实际上只存在“有罪”与“无罪”两种类型。另外，《解释》中还新设立了其他种类的判决，这就使得我国刑事判决的种类趋于复杂。

（一）有罪判决

有罪判决即案件事实清楚，证据确实、充分，依据法律认定被告人有罪的实体处理决定。有罪判决又可分为定罪处刑判决和定罪免刑判决两种。定罪处刑判决是人民法院作出的在认定被告人的行为构成犯罪的基础上，给予适当刑事处罚的判决。定罪免刑判决是人民法院作出的确认被告人的行为构成犯罪，同时又基于被告人具有法定免除处罚情节而宣布对被告人免除刑事处罚的判决。

（二）无罪判决

无罪判决是人民法院作出的，确认被告人的行为不构成犯罪或者因证据不足，不能认定被告人有罪的判决。无罪判决也分为两种：一是本条第（二）项规定的，“确定无疑”之无罪判决；二是本条第（三）项规定的，“存疑”的无罪判决。严格说来，后一种类型实际上并无独立性，因为即使是证据不足，也仍然是无罪判决。立法上强调证据不足，似乎暗指其仍有嫌疑，这与无罪推定的精神格格不入。

（三）其他种类的判决

除了上述法定判决类型外，《解释》第二百四十一条第（六）、（七）两项中还创设了另外一种判决：被告人因不满十六周岁，不予刑事处罚的，应当判决宣告被告人不负刑事责任；被告人是精神病人，在不能辨认或者不能控制自己行为的时候造成危害结果，不予刑事处罚的，应当判决宣告被告人不负刑事责任。对此，有学者认为，这种判决方式“比较符合大众话语解释方式，有利于社会接受”，有利于被告人认识到自己危害社会的行为，并且改过自新[①]。

---

① 陈光中：《刑事诉讼法实施问题研究》，中国法制出版社 2000 年版，第 238 页。

但是，根据《刑法》规定，如果被告人在行为时未达到刑事责任年龄，或者不具备正常的精神状态（即通常所称的无刑事责任能力），即使他们实施的行为对社会危害多么严重，我们也不能单纯为追求惩罚目的来追究他们的刑事责任，这是罪刑法定原则的基本要求。在一定意义上，行为人不承担刑事责任在本质上就是无罪的，二者实际上是一码事[①]。也就是说，不负刑事责任即是无罪。前面已经分析过，在我国《刑法》中，定罪免刑也是刑事责任的实现形式之一。但是，该规定给人的感觉就是上述人员的确是有罪，只不过不负刑事责任罢了，而这显然缺乏实体法依据。既然都是无罪，那么无罪判决形式完全可以包容上述情况，《解释》的规定反而导致问题复杂化（比如犯罪论上的争议）。

第一百九十六条　宣告判决，一律公开进行。

当庭宣告判决的，应当在五日以内将判决书送达当事人和提起公诉的人民检察院；定期宣告判决的，应当在宣告后立即将判决书送达当事人和提起公诉的人民检察院。判决书应当同时送达辩护人、诉讼代理人。

【主旨】本条规定了刑事判决的宣告和送达。

【释评】宣判是人民法院将判决的内容向当事人和群众宣告的诉讼行为。宣判有当庭宣判和定期宣判两种方式。本次修法增加了判决书应当送达给辩护人、诉讼代理人的规定，这有助于解决实践中辩护人、诉讼代理人被人为拒绝知悉案件情况的问题。

（一）宣判的两种方式

当庭宣判是被告人最后陈述后，经过合议庭休庭评议作出决定，立即复庭由审判长口头宣告判决主文或主要内容的活动。当庭宣判可以节省人力和时间，更好地发挥法庭审判的教育作用。当庭宣告判决的，应当在五日内送达判决书。定期宣告判决的，应当在宣判前，先期公告宣判的时间和地点，传唤当事人并通知公诉人、法定代理人、辩护人和诉讼代理人；判决宣告后，应当立即送达判决书。

判决书应当送达人民检察院、当事人、法定代理人、辩护人、诉讼代理人，并可以送达被告人的近亲属。判决生效后，还应当送达被告人的所在单位或者原户籍地的公安派出所，或者被告单位的注册登记机关[②]。

（二）公开宣判

本法中对宣判问题没有任何例外规定，强调不管是什么案件，宣判一律公开。然而问题在于，并不是什么判决内容都适合公开，同时，本法又没有明确公开的具体内容，因此，应当高度注意宣判在公开审判制度中的作用，并且一定要与其他制度协调配合。按照实务界人士的主张：不仅案件的判决应该公开，案件的裁定、调解书也应该公开，甚至案件审理过程中做出的有关审判文书都应该公开，只是方式有待于探索而已。对于公开审理的案件，应该将当事人的基本情况、案由、当事人讼争的事实和理由、法庭查清的事实和理由、法庭采信证据的情况和依据、法庭裁判的过程和理由、裁判结论等都予以公开；对于当事人约定不公开的部分，可以不公开；对于法定不公开的案件，相关内容可以简略。但任何案件审理终结以后，都必须公开当事人的基本情况、案由和裁判结论。公开宣判之后，为了保证社会公众

① 陈放、王焰明：《对“判决不负刑事责任”的质疑》，载《人民检察》2000年第8期，第54页。
②《解释》第二百四十七条。

可以查阅裁判文书，应该在指定地点存放裁判文书副本，方便社会公众备查，既提高对审判活动的监督效率，也可以长久维续审判裁判的教化作用。在条件合适的地方，所有裁判文书的结论都应当在指定网站上公布以供查阅[①]。宣判的公开是一方面，而另外一方面，笔者则认为，基于特殊利益的考量，我们应当明确规定一些不得公开的内容，比如根据本法第二百七十五条的规定，对犯罪的时候不满十八周岁，被判处五年有期徒刑以下刑罚的犯罪人，应当对相关犯罪记录予以封存。如果对此判决也要一律公开的话，犯罪记录封存制度几乎就没有实际意义了。

第一百九十七条　判决书应当由审判人员和书记员署名，并且写明上诉的期限和上诉的法院。

【主旨】本条规定了刑事判决书制作的基本要求。

【释评】判决书是人民法院行使国家审判权处理案件的重要法律文书，所以，必须认真制作。其制作基本要求是：叙述事实清楚，结论明确，证据充分，引用法律条文正确，行文逻辑严谨，繁简得当，用词准确，忌讳模棱两可的词语，标点符号正确。根据最高人民法院裁判文书格式的要求，刑事判决书的内容应当包括：首部，包括判决书名称、公诉人、当事人、辩护人、诉讼代理人；起诉的案由和控告的罪名；法庭认定的案件事实和证据；法庭对控诉方和辩护方意见取舍的情况和理由；据以作出判决的法律条文；判决结论；赃款赃物的处理；上诉的期限和法院；法庭组成人员和书记员及判决日期，加盖人民法院印章。

另外，需要注意的是，根据最高人民法院、最高人民检察院、公安部、国家安全部、司法部联合制定的《关于规范量刑程序若干问题的意见（试行）》第十六条的规定：人民法院的刑事裁判文书中应当说明量刑理由。量刑理由主要包括：已经查明的量刑事实及其对量刑的作用；是否采纳公诉人、当事人和辩护人、诉讼代理人发表的量刑建议、意见的理由；人民法院量刑的理由和法律依据。不过，从实践情况看，这一规定的实施效果并不理想。

第一百九十八条　在法庭审判过程中，遇有下列情形之一，影响审判进行的，可以延期审理：

（一）需要通知新的证人到庭，调取新的物证，重新鉴定或者勘验的；

（二）检察人员发现提起公诉的案件需要补充侦查，提出建议的；

（三）由于申请回避而不能进行审判的。

【主旨】本条规定了法庭审理阶段的延期审理制度。

【释评】延期审理属于审判程序中的特殊情况，该制度牵涉面广，需要仔细理解。

（一）延期审理的适用情形

《刑事诉讼法》本身并没有规定什么是延期审理，对延期审理的界定是通过学理来完成的。我国学者在论及该制度时一般认为：延期审理是指在法庭审理过程中，由于遇到了影响审判继续进行的情况，法庭决定将案件的审理推迟，待影响审理进行的原因消失后，再继续开庭审理。[②]同时，延期审理原则上应有一个确定的时间，不能无限期推延，因为延期审理的时间原则上要求计入审理期限。[③]既然延展的是开庭审理的日期，则只有在法庭审理过程中才可能延期审理，即宣布开庭后，合议庭评议之前的阶段。本条明确规定了三种情况下可以延期审理。

① 江西省高级人民法院课题组：《公开审判制度调查报告》，载《法律适用》2007年第7期，第41页。

② ③ 陈光中：《刑事诉讼法》（第五版），北京大学出版社、高等教育出版社2013年版，第348页。

第一种情况的主体不明。既可能是当事人和辩护人、诉讼代理人申请，也可能是人民法院依职权决定，这些活动都需要花费不少时间，审理活动当然无法顺利完成，因此需要延期开庭。第二种在语义上可能存在歧义。即检察人员建议的是补充侦查，还是延期审理。考察“两高”的相关规定，它们均把其理解为“需要补充侦查，提出延期审理建议”[①]。笔者认为，这是正确的。因为案件系属于法院后，法院对此有主导权，案件是否需要延期审理，应由法院来决定，因此，作为程序原告的公诉人只能建议，而补充侦查是侦控机关自己分内之事，与法院无涉。第三种情况则实际上包括了申请审判人员和出庭的公诉机关人员回避两种情况。

除此之外，“两高”在司法解释中分别规定了其他可以延期的情形。根据《解释》第八十六条第二款的规定，鉴定人由于不能抗拒的原因或者有其他正当理由无法出庭的，人民法院可以根据情况决定延期审理或者重新鉴定。鉴定人不出庭时可以延期审理，显然不属于第一种情况调整范围。根据《诉讼规则（试行）》第四百七十四条之规定，人民检察院在接到第二审人民法院决定开庭、查阅案卷通知后，可以查阅或者调阅案卷材料，查阅或者调阅案卷材料应当在接到人民法院的通知之日起一个月以内完成。在一个月以内无法完成的，可以商请人民法院延期审理。有人提出：“这一补充规定并不违反修改后的刑诉法的精神或者说超出了法律的规定，而是一种依据刑事诉讼程序和办案规律作出的当然解释。因为，检察机关查阅案卷是建立在法院‘决定开庭审理后’的背景下开展的，对一审来说，是处于对未生效判决进行再审判的情况，所以，检察机关查阅案卷仍属于‘法庭审判过程中’，由于检察机关补充侦查相关事实和证据需要花费时间，如果不作出‘延期审理’的规定，则可能影响审判顺利进行，进而损害当事人的合法权益，这与一审期间适用的办案基本规则并无不同。再者，如果新《诉讼规则》不予补充规定，司法实践部门就无法准确解读，在无法完成查阅案卷时有可能造成各地出现法律适用的乱象，严重损害法律的权威和统一实施。”[②]不过，这一自我授权规定由于缺乏法律依据，招致了学者的批判，因为其直接违背了法律关于阅卷期限一个月的明确规定，而且突破了关于延期审理的三种法定情形的规定[③]。

总体而言，延期审理的法定事项比较偏少，这可能导致该制度的适用空间受到限制，从而不利于其功能发挥。需要注意的是，法律把延期审理决定权赋予了法院，换言之，即使出现上述情况也不是“必须”要延期审理，如果法庭认为不影响庭审的话，可以不予同意，继续开庭[④]。

（二）延期审理的效果

1. 案件审理暂时停止，审理期限继续计算，部分情况下审理期限中断计算

审判的特质决定了各方主体应当“会合”为诉讼行为，因此，刑事案件一旦被宣布延期审理，审理程序暂时停止是当然效果。现行相关规定对此虽未明确肯定，但从诉讼法理上看，应作如是理解。对此《解释》规定，案件宣布延期审理后，只有符合法定情形才可报请上级法院延长审限[⑤]，依反对解释，这实际上就表明，一般情况下的案件审限应当继续计算。不过，考虑到本法第二百零二条规定的存在，应当认为，在检察院因补充侦查而导致的延期审理情况下，案件审限应当中断计算。

---

①《解释》第二百二十三条，《诉讼规则（试行）》第四百五十五条。

② 李俊：《论检察机关出席第二审法庭的机制构建及完善》，载《中国刑事法杂志》2013年第2期，第91页。

③ 龙宗智：《刑事诉讼法实施：半年初判》，载《清华法学》2013年第5期，第138页。

④ 但是对公诉人的延期审理建议，合议庭“应当”同意。见《解释》第二百二十三条之规定。

⑤ 第二百二十二条第二款。

2. *有关诉讼主体仍然可以为一定的诉讼行为*

根据延期审理的法定事由，除了因为当事人、辩护人、诉讼代理人申请回避而导致的以外，其他事项都因有新的主张或者要求而需为诉讼行为，也就是说，案件被延期审理时，仅仅是使审判程序暂时停止下来，那么随之而来的问题就是，此时各个诉讼主体能否继续为诉讼行为？

从诉讼原理上分析，即使处于审判程序停止期间，有关主体也并非不能进行任何诉讼行为，像对被告人的羁押当然是允许的，作为审判准备的收集证据、准备程序等，在不危害被告人的利益范围内也可以进行。①比如在德国刑事诉讼法中，延期审判决定的法律后果是随后的法庭审判程序必须完全重新开始。②因为在德国刑事诉讼中，发现事实真相显然优先于庭审应当是一个简短、持续的过程的理念，在诉讼中断期间，法官和双方当事人有机会搜集其他的证据。③再如，在美国刑事诉讼中，尽管有所谓迅速审判原则，但如果审判没有在规定的时间内开始，而检察机关又可以提出“正当理由”，那么法庭将不会撤销案件，而是给予检察官一定的期限做好准备。通常的做法是，检察官在迅速审判日期到达之前，通过动议要求法庭准予延期开庭。在法庭考虑了双方提出的理由后，做出准予或者不准延期的决定。一般来说，法庭会给予延期，有时还会给予多次延期。④在此问题上，本法未予涉及，实践中，除了无法进行正式的审判活动外，几乎任何行为都可以实施。

第一百九十九条　依照本法第一百九十八条第二项的规定延期审理的案件，人民检察院应当在一个月以内补充侦查完毕。

【主旨】本条规定了法庭审理阶段的补充侦查制度。

【释评】本条承接上条，规定了检察机关建议延期审理，得到人民法院同意后，应当及时展开补充侦查活动，补充侦查应当在一个月内完成。由于本条没有规定补充侦查的次数，检法两家在各自的司法解释中分别都规定了补充侦查以两次为限⑤。

（一）补充侦查的情形与方式

由于本条没有具体规定需要补充侦查的具体情形，只以“需要”一笔带过，这实际上就给了检察机关以相当大的自由裁量权。根据《诉讼规则（试行）》的规定，对于“事实不清、证据不足，或者遗漏罪行、遗漏同案犯罪嫌疑人，以及被告人揭发他人犯罪行为或者提供重要线索”，如果需要补充侦查的，可以建议法庭延期审理⑥。据此，可以认为，出现了上述情况即应补充侦查，“需要”一词并无实际意义。

不过，应当看到，提起公诉既以有罪追诉为目的，庭审中，检察人员认为需要补充侦查的动因，基本都系受外界压力所迫。总结实务中的情况，法庭审理时的出现补充侦查主要有三种可能：一是在法庭审判过程中，公诉人员发现事实不清、证据不足，或者遗漏罪行、遗漏同案犯罪嫌疑人，这就是前述检察院诉讼规则中提到的，由检察员主动发现的情况；二是在法庭审判过程中辩方收集的证据足以否定控方指控的罪行，此时公诉人员才发现事实不清、

---

① [日]松尾浩也：《日本刑事诉讼法（上卷）》（新版），丁相顺译，中国人民大学出版2005年版，第343页。
② 宋英辉、刘玫：《外国刑事诉讼法》，人民法院出版社、中国社会科学出版社2002年版，第27页。
③ [美]弗洛伊德·菲尼、[德]约阿希姆·赫尔曼、岳礼玲：《一个案例、两种制度——美德刑事司法比较》，中国法制出版社2006年版，第343页。
④ 李义冠：《美国刑事审判制度》，法律出版社1999年版，第72页。
⑤《解释》第二百二十三条，《诉讼规则（试行）》第四百五十六条。
⑥ 第四百五十五条第（一）（二）。

证据不足；三是在审查起诉时检察机关已作出退回公安机关补充侦查的决定，有的甚至已退回两次，但公安机关的侦查人员没有按要求补充侦查或根本就没有补充侦查，检察机关又不敢大胆作出不起诉的决定，勉强向法院提起公诉①。此时，经法庭审理后，案件事实无法达到法定标准，当然需要补充侦查。另外，审判期间，被告人提出新的立功线索的，人民法院可以建议人民检察院补充侦查②。应当说，该规定具有一定合理性，其与诉讼职能分立原则并不矛盾。这不仅是因为控诉机关的职责不应局限于只发现、收集和调取犯罪事实与控诉证据，而且还因为，法院通过积极方式，可以主动有效的实现控辩双方力量的均衡，以维护被告人的合法权益③。不过，如果人民检察院不同意的，可以要求人民法院就起诉指控的犯罪事实依法作出裁判④。

在这一阶段补充侦查的方式上，由于最高人民检察院规定，在审判过程中，对于需要补充提供法庭审判所必需的证据或者补充侦查的，人民检察院应当自行收集证据和进行侦查，必要时可以要求侦查机关提供协助；也可以书面要求侦查机关补充提供证据⑤。据此，人民检察院只能自行侦查，而不得将案件退回给公安机关或本院侦查部门。该规定对于防止“程序倒流”具有相当积极的意义。

（二）补充侦查的目的

综合有关规定以及实务中补充侦查的情况看，法庭审理补充侦查在目的上大致可以归结为两个：一是达到法院有罪裁判的依据不足，需要补充侦查；另一个则是，从有利于被告人的立场出发，需要调取其无罪或罪轻的证据。从我国法律对检察机关的定位和《诉讼规则（试行)》的规定看，两种解释都是成立的。但是，就补充侦查的实际运作而言，检察机关单纯为了被告人的利益而去补充侦查的动力似乎并不充足，并且一旦得到法院许可进入侦查阶段后，检察机关又一次取得了对被告人调查的机会，近乎本能的追诉愿望自然倾向于调取反驳那些对被告人有利的证据⑥，因此，从这个角度看，检察机关补充侦查的目的，更多的就在于获得法院的有罪判决，而法律实际上对此采取了默许的态度。在这种情况下，被告人无疑根据疑罪从无的原则有权直接要求法院下判，但法律却转而赋予检察机关补充侦查的机会，牺牲了被告人的这一权利。因为根据现行法律，补充侦查的启动并无明确限制，只要控方发现证据不足，哪怕法院已经行将做出“疑罪从无”判决，仍然可以建议补充侦查，并极有可能获得法院许可，即便不被许可，检察院也可以此为由提出上诉⑦。

（三）该阶段补充侦查存废之争

对此阶段的补充侦查，学理上普遍认为与诉讼原理不符，且容易产生诸多问题，进而主张废除。其主要理由在于：“依据审判中心主义，一旦进入法庭审理阶段，公诉人与被告人即处于一种平等对抗状态，法官只是居间中立裁断。如果公诉人对其控诉缺乏证据支持，将直接承担败诉后果，不可能再予以法律救济。中断庭审进行补充侦查势必会重新讯问被告人，

---

① 云山城：《完善补充侦查若干问题的思考》，载《中国人民公安大学学报》《社会科学版》2006年第6期，第77页。
② 《解释》第二百二十六条第二款。
③ 刘亚丽、安锐：《补充侦查制度的变革原则》，载《中国刑事法杂志》1999年第6期，第54页。
④ 《诉讼规则（试行)》第四百六十条。
⑤ 《诉讼规则（试行)》第四百五十七条。
⑥ 从审查起诉的要求看，检察院本来就应当全面考虑有关证据，现在被告人提出了对自己有利的证据，要让检察院在补充侦查中仅仅去调查核实似乎难以让人相信。
⑦ 孙远：《论检察官审理阶段强制取证权的废除——兼论法庭审判阶段的补充侦查》，载《烟台大学学报》（哲学社会科学版），2007年第3期，第24页注①。

在案件已进入审判阶段时再次将被告人置于被审查被强制的地位，使被告人处于被追究的诉讼客体地位，破坏了控辩双方平等状态，这显然与现代刑事诉讼的基本理念与价值相冲突。”[①]

笔者认为，上述观点尽管不无道理，然而从法律传统以及理论渊源上看，我们往往容易忽视的是，大陆法系国家中普遍存在着审判阶段允许补充侦查的规定，像德国、日本、俄罗斯、瑞典等国均存在庭审阶段的补充侦查制度。比如根据《德国刑事诉讼法典》第二百零二条的规定：“裁判是否开始审判程序之前，为了使案情更加臻明，法院可以命令收集一定的证据，对命令不得要求撤销、变更。”[②]该条构建了庭审阶段的补充侦查制度，法典明确规定了补充侦查的启动权由法院而不是由检察院行使。在日本，侦查也可以在起诉后进行，尽管也有不同观点，但学理上多认为，至少进行任意侦查是没有什么问题的，并且在第一次审理之前可以进行强制侦查，但在第一次审理之后的收集证据活动，应当属于法院的强制措施[③]。在俄罗斯，根据《俄罗斯刑事诉讼法典》第二百九十四条的规定，在庭审过程中的最后阶段，控辩双方均可能提出新的案件情节或者新证据，此时，法庭有权恢复法庭调查。待调查结束后，再次进入控辩双方的辩论以及让受审人进行最后陈述[④]。此时，既然允许控辩双方提出新证据，作为控方当然有权进行侦查，并且，实践中也大量存在着起诉后的补充侦查行为[⑤]。又如在瑞典，根据其《诉讼法典》的相关规定，公诉案件在起诉后，控辩双方均有权提出新证据，并且法典明确提到，起诉后发现必须补充侦查的，该类补充侦查，比照适用相关规定[⑥]。

从上述相关立法例可以看出，尽管补充侦查的程序构造，因其诉讼模式不同而有差异，但在庭审阶段多允许进行侦查是不争之事实。从中我们还要进一步追问的是，为什么这些大陆法系国家中会允许庭审阶段的补充侦查存在？这当然是一个仁者见仁，智者见智的问题，笔者认为，对此我们大致可以从以下方面予以解释：传统上的法官职权主义，以及在案件事实探求上采取“实质真实观”。这决定了法官在最终做出裁判时必须依据所有资料进行，否则即是失职。但考诸各大陆法系国家的职权主义刑事诉讼，对于检察官在提起公诉之后的取证行为，大致存在两方面的制约措施值得关注，其一，从诉讼阶段上加以规制，即在起诉之后、正式审理之前设置专门的起诉审查阶段，由法院审查提起公诉的案件是否达到起诉条件。在此阶段，若发现证据不足，检察官可以且应当依职权自行补充调查证据，否则将被法院驳回起诉。其二，从诉讼行为上加以规制，即一旦案件通过起诉审查进入审判阶段，检察官若想补充提供证据则不能再自行依职权为之，而必须与辩方一样，通过申请法庭调查取证的方式进行。上述两项措施相得益彰，一方面明确了控审之间的职能分离，二者尽管都表现为主动调查取证，但诉讼阶段不同，具体方式各异，而且可以实现互相制约的功效；另一方面在法庭审理过程中，控辩双方的诉讼地位和权利也趋于平衡，辩方权利得到较为有效的保障[⑦]。因此，可以说，“法庭审理阶段的补充侦查是来自于司法实践，是司法实践之需要。脱离实践空谈理论，主张废除法庭审理阶段的补充侦查，无异于纸上谈兵。对于存在的问题，可以通过

---

① 马方：《论刑事侦查的种类》，载《福建公安高等专科学校学报》2004 年第 2 期，第 83 页。

② 李昌珂译：《德国刑事诉讼法典》，中国政法大学出版社 1995 年版，第 88-89 页。

③ [日]田口守一：《刑事诉讼法》（第五版），张凌、于秀峰译，中国政法大学出版社 2010 年版，第 120 页。[日]松尾浩也：《日本刑事诉讼法（上卷）》（新版），丁相顺译，中国人民大学出版社 2005 年版，第 201 页。

④ 黄道秀译：《俄罗斯联邦刑事诉讼法典》（新版），中国人民公安大学出版社 2006 年版，第 246 页。

⑤ William Burnham，Jeffery Kahn. *Russia's Criminal Procedure Code Five Years Out*，*Review of Central and East European Law*，Volume 33，Number 1，2008，pp.60.

⑥ 刘为军译：《瑞典诉讼法典》，中国法制出版社 2008 年版，第 170 页、83 页。

⑦ 孙远：《论检察官审理阶段强制取证权的废除——兼论法庭审判阶段的补充侦查》，载《烟台大学学报》（哲学社会科学版），2007 年第 3 期，第 25 页

改革使其完善，但绝不能有弊言废，因噎废食”[①]。根据当事人主义诉讼模式的审判中心主义和当事人对等原则的要求，起诉后的侦查应当以任意侦查为原则，不宜再采用强制侦查手段，从我国的具体情况看，在对现行补充侦查制度进行重构时，可以考虑在时间和手段上对补充侦查予以制约[②]，而不是一律废除。

第二百条　在审判过程中，有下列情形之一，致使案件在较长时间内无法继续审理的，可以中止审理：

（一）被告人患有严重疾病，无法出庭的；

（二）被告人脱逃的；

（三）自诉人患有严重疾病，无法出庭，未委托诉讼代理人出庭的；

（四）由于不能抗拒的原因。

中止审理的原因消失后，应当恢复审理。中止审理的期间不计入审理期限。

【主旨】本条规定了刑事中止审理制度。

【释评】1996年法律中并无此制度，后由最高人民法院在司法解释中根据实践需要进行创设，本次修法将其法定化。中止审理制度法定化具有重要意义，其不仅可以进一步完善刑事诉讼立法，还可以切实有效地解决刑事诉讼中的一些实际问题，既有利于审判机关集中力量审理其他案件，也有利于保护被害人的合法权益[③]。

（一）中止审理的事由与程序

依本条规定，中止审理有四种法定事由，这些事由分别针对刑事部分中被告人或被害人的特殊情况[④]，或者除这些人员自身原因之外的客观情况。

由于我国不承认缺席审判，并且强调刑事审判的人身属性，因此被告人必须亲自到庭参加诉讼，如其无法到庭，审理活动则因失去对象而不得不停止；第（一）、（二）项便体现了这一要求。其中，“患有严重疾病”与“无法出庭”之间具有因果关系。“患有严重疾病”应当是严格的、狭义的，主要应当是因患有严重疾病无法辨认、控制自己行为，无法表达自己的真实意思，一旦出庭可能影响其生命安全等，而不是一患重病，即可中止审理[⑤]。被告人脱逃是为一种事实状态，其不限于刑法规定的脱逃罪，自诉案件中的被告人，以及一部分公诉案件中未被关押的被告人，都有可能因为脱逃导致诉讼无法正常进行[⑥]。在第（三）项中，自诉人“患有严重疾病，无法出庭”，应与第（一）项作同一解释，由于法律强调自诉人还未委托诉讼代理人出庭时，才可能中止审理。因此，可以认为，自诉人原则上应当亲自出庭，而在此特殊情况下，则可以委托诉讼代理人代为出庭。第（四）项中的不能抗拒的原因，用语较为模糊，弹性极大。应当认为，这是一个用以弥补上述规定不周延情形的条件，包括了刑事审判过程中，可能出现的所有无法预见、无法预防、无法避免和无法控制的情况，例如，自然灾害、发生战争等意外事故，致使当事人在较长时间内无法参加审判；以及因发生不可抗力的事由，致使审判机关不能发出开庭通知，无法庭审被告人，在较长时间内不能正常审

① 刘孟田：《补充侦查制度研究》，山东大学2008年度硕士学位论文，第12页。
② 谢佑平、万毅：《刑事侦查制度原理》，中国人民公安大学出版社2003年版，第328页。
③ 张军、陈卫东：《新刑事诉讼法疑难释解》，人民法院出版社2012年版，第296页。
④ 这是因为，附带民事部分本质上既属民事案件，当事人自是不必一定到庭。而在公诉案件而言，检察机关又负有出庭义务。
⑤ ⑥ 朗胜：《<中华人民共和国刑事诉讼法>修改与适用》，新华出版社2012年版，第355页。

理案件等，具体由法庭裁量确定，但是应当从严把握[1]。

通观本条规定，法定四种中止事由并非一旦出现，就一定要中止审理，而是“致使案件在较长时间内无法继续审理”，才“可以”中止审理。换言之，即使出现法定事由，若其能够在较短时间内消除，则应当继续审理；同时，虽然上述事由无法在短时内消除，但如果不影响审理，仍然应当继续审理。也就是说，对中止审理应当予以严控，而不能动辄中止。鉴于中止审理出现在审理阶段，是否中止的决定权在审判人员，其可以依职权主动决定中止审理。不过，公诉人、诉讼参与人也应有权申请或者建议中止审理。在裁判方式上，中止审理应当适用“裁定”[2]。

（二）中止审理的效果

依第二款规定，人民法院一旦裁定中止审理，中止的期间不计入审理期限。中止审理的原因消失后，应当恢复审理。从司法适用角度看，值得追问的是，如果法定中止事由永远无法消失怎么办？对此，当然不可能让案件永远中止下去（比如长达数十年），根据法定事由的不同情况可以裁定“终止审理”[3]。

第二百零一条　法庭审判的全部活动，应当由书记员写成笔录，经审判长审阅后，由审判长和书记员签名。

法庭笔录中的证人证言部分，应当当庭宣读或者交给证人阅读。证人在承认没有错误后，应当签名或者盖章。

法庭笔录应当交给当事人阅读或者向他宣读。当事人认为记载有遗漏或者差错的，可以请求补充或者改正。当事人承认没有错误后，应当签名或者盖章。

【主旨】本条规定了法庭审理笔录的制作程序。

【释评】法庭笔录是全面记载法庭审判活动的诉讼文书。它是法庭分析研究案情，进行评议并作出裁判的根据，也是以后对案件进行复查，以及上级人民法院检查下级人民法院办案质量，进行工作指导的依据。

（一）法庭笔录的制作程序

法庭笔录由法庭书记员[4]记载制作，目前很多地方的法院都采用计算机录入，也有一些法院因为各种原因，仍然采用手写记录方式。第一款要求全部法庭审判活动均应记入笔录，应当理解为全部有法律意义的活动，事实上，让书记员记载法庭上发生的所有活动，既不现实也无必要。实践中，由于各种因素影响，书记员的记载很可能出现误差、疏漏，因而就需要各个有关人员专门提示、核对、补正。

（二）法庭笔录制作上的几个问题

第一款中规定的是审判长签名，而非审判人员签名，如果是简易程序当无问题，但是由于我国刑事审判以合议制为原则，独任制为例外，仅由审判长和书记员签名显然存在一定问

① 樊崇义：《公平正义之路——刑事诉讼法修改决定条文释义与专题解读》，中国人民公安大学出版社2012年版，第88、490页。

② 参见《解释》第二百七十五条。另外，《民事诉讼法》第一百五十四条第（六）明确规定，诉讼中止适用裁定，鉴于审判程序的同质性，刑事诉讼中没有理由适用其他方式。

③ 如果被告人死亡，可以终止审理，也可以判决其无罪。参见《解释》第二百四十一条第（九）。但是，其他情况如何处理，尚待进一步研究。显然，中止审理与终止审理之间的协调配合，是未来需要认真对待的重要问题。

④ 有的法院因为工作需要而引入了“速录员”，其合法性不无疑问。应当明确，庭审笔录的制作主体只能是书记员，而非“速录员”。

题。结合本法第一百九十七条的规定看，在适用合议庭审理的案件中，不让其他审判人员在法庭笔录中签名根本没有正当理由，因此，这里需要把“审判长”扩张解释为“审判人员”[①]。

第二款中的证人签名或者盖章则与实践有不符之处。前已提及，证人在具体形态上只能为自然人，证人提供完证言后，按照传统以及惯例应当是签名并且按捺指印，证人在刑事诉讼中只能是自然人，即使其有私章，也不允许在法庭笔录上加盖。第三款中的问题与第二款相同。另外，虽然当事人中有可能是法人，但不管是被害人，还是被告人，其具体出庭的都只能是自然人，其应当注明自己的身份（法定代表人或者其他主要负责人）后签名并且按捺指印，而不能盖章。

最后，稍加注意就可以发现，本条没有规定公诉人、辩护人、诉讼代理人需要在法庭笔录中签名。既往实践中，这些人员的确是不在笔录中签名的。考察立法史，本条规定自 1979 年入法以来一直保持原样[②]，三十多年来，我国社会观念、法律制度已经发生了巨大变化，而这种排斥公诉人、辩护人、诉讼代理人签名的规定，却依然保留下来了。个中原因尚未见到有关解释。笔者推测，这可能源于当时的特殊历史背景，如果说该规定在当时还有些根据，那么，在审判方式、庭审结构已经转向部分对抗式的实际情况下，仍然保留这样的规定，难以找到充分理由。对此问题，《解释》已经进行了部分修正，其第二百三十九条规定，法定代理人、辩护人、诉讼代理人也有权在法庭笔录上签名了。不过，有关公诉人是否签名，仍不明确。

第二百零二条　人民法院审理公诉案件，应当在受理后二个月以内宣判，至迟不得超过三个月。对于可能判处死刑的案件或者附带民事诉讼的案件，以及有本法第一百五十六条规定情形之一的，经上一级人民法院批准，可以延长三个月；因特殊情况还需要延长的，报请最高人民法院批准。

人民法院改变管辖的案件，从改变后的人民法院收到案件之日起计算审理期限。

人民检察院补充侦查的案件，补充侦查完毕移送人民法院后，人民法院重新计算审理期限。

【主旨】本条规定了刑事一审公诉案件的审理期限。

【释评】审理期限是我国诉讼法上一项特有制度，近年来学界对此问题讨论较多。学者的观点大致可以分为两种，一种是彻底的废除论。该种观点认为，审限制度带来诸多的实践问题，需要彻底的将其废除，并辅之以一系列配套措施[③]。另外一种是保留修正论。该种观点认为，形式上，我国刑事诉讼遵循的案卷中心主义，案卷真实性一般能够得到保障；实质上，为实现犯罪控制目标而采用羁押的普遍化这两个特征，在一定程度上决定了审限制度存在的必要。但有必要区分被告人是否被羁押而设置不同的审理期限。[④]虽然争论较为激烈，审限制度还是保留下来了。本次修法大大延长了一审案件审理的期限。

（一）审理期限的计算

本条开篇即提出，审理期限的计算起点为人民法院受理案件之日。人民法院收到同级人民检察院移送过来的案件，由于要经审查才决定是否立案，因此，人民法院对提起公诉的案

① 当然，这样解释比较牵强。希望下次修法能修正这一明显瑕疵。
② 1979 年《刑事诉讼法》第一百二十四条，1996 年《刑事诉讼法》第一百六十七条。
③ 万毅、刘沛谞：《刑事审限制度之检讨》中的相关论述，载《法商研究》2005 年第 1 期。
④ 左卫民等：《中国刑事诉讼运行机制实证研究》，法律出版社 2007 年版，第 260、280 页。

件进行审查的期限，不应计入审限①。

第一款规定的审理期限，可以归纳为“2+1+3+X”模式。即一般情况下是受理以后二个月内宣判，本院可以自行决定延长一个月，长度达到三个月。对于可能判处死刑的案件或者附带民事诉讼的案件，以及有刑事诉讼法第一百五十六条规定情形之一的，经上一级人民法院批准，可以延长三个月，达到六个月。因特殊情况还需要延长的，报请最高人民法院批准。这里没有明确可以延长多久，可以认为是赋予了最高人民法院以相当大的自由裁量权。根据《解释》规定，因特殊情况申请最高人民法院批准延长审理期限，最高人民法院经审查，予以批准的，可以延长审理期限一至三个月。期限届满案件仍然不能审结的，可以再次提出申请②。

第二款、第三款分别规定了特殊情况下审理期限的计算方法。对改变管辖的案件来说，新受理案件的人民法院之前对案件一无所知，自然只能自其收到案件之日起计算审理期限③。对人民检察院补充侦查的案件而言，补充侦查完毕移送人民法院后，人民法院重新计算审理期限。这是因为补充侦查本身就应在一个月内完毕，由于此时法院已经决定延期审理，如果不重新计算审理期限的话，会导致法院审判时间非常紧张，影响案件办理。

（二）延长审理期限所带来的问题

前已提及，在审理期限存废问题上虽然多有争议，但从客观而言，一个案件的审理如果没有任何限制恐怕也是不妥当的。而原而有审理期限制度尽管也考虑疑难、复杂时的处理，但不详细区分案件性质和复杂程度，过于严格限制审理案件的时间，确实不利于案件公正处理以及诉讼效率提高。从这个角度说，本次修改大幅度延长审理期限有着较为积极的意义。不过，就像有阳光就有阴影一样，延长审理期限也不可避免地存在一些问题。

首先，以前的规定不尽合理是事实，但新法中大幅度延长审理期限却也仍然没有区分案件情况，一律都先行记为二个月，本院延长一个月还没有任何限制，这样规定的合理性又何在？恰如学者指出的：对一般案件而言，从第一审审判程序设计看，一个半月完全可以完成第一审审理任务，而以往的审判实践也表明，绝大多数案件都可以按期结案，并未出现严重超期现象。对于一般案件审判超期的主要原因并非审限设置不合理，而通常是法院案件数量多、办案人员不足，案件受理后一直搁置不办，待审限快到期时才匆匆办案，致使审判质量下降。这些问题的解决不应靠简单地延长审限，审限的延长并不必然能否提升审判质量④。

其次，审限大幅度延长可能导致诉讼程序运作的体系性“失调”。

通观本法相关规定，公诉案件的侦查、起诉、审判三大阶段中，除了侦查因为情况特殊没有规定办案期限外（拘留、逮捕后的羁押期限并不是侦查机关办理案件的期限），审查起诉和审理活动都有时间限制，而审查起诉时期限只能有一个月，至迟不超过一个半月，案件到了审判阶段后，法院的办案期限却“突然”起点就是两个月，然后自己还可以再行延长一个月，长达三个月。在我国审前羁押率居高不下的实际情况下，大幅度延长审理期限就意味着大幅度延长了羁押期限，尽量减少未决羁押，是世界法治国家的普遍做法和人权保障的基本原则。此次修法中，公诉案件第一审审理期限的大幅度延长及其带来的后果的确令人担忧⑤。

第二百零三条　人民检察院发现人民法院审理案件违反法律规定的诉讼程序，有权向人

① 但是，最高人民法院在原《解释》（1998）第一百一十八条中规定，该期限要计入审限，而在新《解释》中则删去了这一规定。

② 第一百七十三条第二款。

③ 只能是开始计算，还不能称作重新计算，因为对该法院而言根本没有计算过审理期限。

④ ⑤ 陈卫东：《2012 刑事诉讼法修改条文理解与适用》，中国法制出版社 2012 年版，第 258 页、第 259 页。

民法院提出纠正意见。

【主旨】本条规定了人民检察院对人民法院审判活动的检察监督权。

【释评】人民检察院作为专门的法律监督机关，对人民法院的审判活动当然应当进行监督，问题的关键在于如何监督，监督的效果如何。

（一）提出纠正意见的时间

对此法律没有明确规定。从保证审判活动的正常进行角度看，以事后提出较为稳妥。因为“审判权威是法律有效实施的前提条件，审判没有权威，法律就没有权威。检察机关的审判监督，应当坚持既要实现司法公正，又要维护审判权威的原则。目前审判权威及审判独立性不足，亟须强化，检察改革在加强监督的同时应当维护审判权威。具体包括抗诉权启动既要积极，又要慎重；出庭检察官要尊重法院的法庭指挥，审判监督意见应当在开庭后以人民检察院的名义向人民法院提出而不是当庭提出”[①]。对此，《六机关规定》中仍旧明确规定，人民检察院的纠正意见，应当在庭审后提出[②]。不过，监督意见庭审结束后再提出，其效果难免大打折扣。就根本而言，这是由于检察院在刑事诉讼程序中的特殊地位造成的。因为，公诉案件中检察机关既要提起公诉，出庭支持公诉，又要履行监督职能，一身兼二任。当庭提出纠正意见，与人民法院的诉讼指挥权相冲突，况且，对法院的监督，被追诉人、辩护人、被害人及其代理人，甚至公诉人都可以通过二审程序进行纠正。

（二）纠正意见的效力

法律并未明确其意见的具体效力与后果，导致了监督力度的“软化”。[③]对此，《解释》第二百五十八条规定：“人民检察院认为人民法院审理案件违反法定程序，在庭审后提出书面纠正意见，人民法院认为正确的，应当采纳。”

第二节　自诉案件

第二百零四条　自诉案件包括下列案件：

（一）告诉才处理的案件；

（二）被害人有证据证明的轻微刑事案件；

（三）被害人有证据证明对被告人侵犯自己人身、财产权利的行为应当依法追究刑事责任，而公安机关或者人民检察院不予追究被告人刑事责任的案件。

【主旨】本条规定了自诉案件的范围。

【释评】自诉是一种古老的（私人）控诉方式，其主要内容以金钱赔偿为主，但随着国家观念（思想）的发达，犯罪的预防与制裁也随之被视为公共利益的一环。随着时间推移，私

① 龙宗智：《理性对待法律修改慎重使用新增权力——检察机关如何应对刑诉法修改的思考》，载《国家检察官学院学报》2012 年第 3 期，第 56 页。

② 第三十二条。

③ 在我国诉讼实践中，口头纠正违法、纠正违法通知和抗诉都没有必然使监督者的意图得到贯彻的保障，一些案件在抗诉之后得不到改判（其中包括理由正确的控诉）甚至有些案件被长期搁置得不到回应。参见张建伟：《刑事诉讼法通义》，清华大学出版社 2007 年版，第 207 页。

人赔偿制裁方式逐渐转换为公法上的“刑罚”，此种刑罚之科处则须经过国家的刑事追诉程序始得为之[①]。刑事追诉权的具体行使方式，有以下两种：一种是国家垄断主义，即刑事案件全部要由专门机关进行侦查后，再由检察机关向法院提起公诉，不允许私人自诉，这以美国、日本、法国等为代表；另一种是公诉兼自诉制，即大部分刑事案件都要由检察机关代表国家提起公诉，对部分案件则允许公民个人提起自诉，包括中国、英国、德国、俄罗斯在内的大多数国家都采取这种方式。该种方式的基本特点是公诉为主，自诉为辅。法律对自诉案件的范围进行了严格限定，一般都只适用于涉及公民人格、名誉、健康、财产等个人权益方面的情节较为轻微、危害不大的案件。之所以允许自诉存在，是因为国家垄断主义的追诉形式也有其自身的一些缺陷：一方面，过于强调司法的一般性而忽视被害人及个案方面的特殊性，可能造成司法与民众意愿脱节，进而导致行使追诉权时背离被害人以及普通市民的心理情感；另一方面，国家“事无巨细”地包揽追诉，不仅不可避免地会增加国家司法资源负担，而且将影响国家司法效率提高。基于此，对一些主要是侵犯了受害人个人利益而对国家整体利益威胁不大的案件，适当地尊重受害人自己的选择，授权受害人自身通过直接起诉的方式以实现其诉求目的，不失为一种明智选择。因此，自诉以其具有一些不能为公诉所完全取代的特性，在刑事诉讼中的一定范围内长期存在，具有现实的合理性与正当性[②]。

（一）告诉才处理的案件

根据我国《刑法》规定，告诉才处理的案件共有四种：《刑法》分则第二百四十六条第一款规定的侮辱、诽谤案（但是严重危害社会秩序和国家利益的除外），第二百五十七条第一款规定的暴力干涉婚姻自由案，第二百六十条第一款规定的虐待案和第二百七十条规定的侵占他人财物案。一般认为，这四种案件，犯罪情节轻微，案情都比较简单，不需要侦查即可查清案件事实，所以适宜由人民法院直接受理。另外，从实体上看，告诉才处理强调没有“告诉”就不构成犯罪，因为“告诉”这一事实本身反映了被害人对危害行为的不可忍受，表明危害行为引起危害后果的严重程度足以使行为人受到刑事处罚，即“告诉”实际上是影响社会危害性程度，而为犯罪成立不可缺少的一个情节要件[③]。

本项属于最为典型的自诉案件，原则上只能由被害人亲自告诉，如果被害人因受强制、威吓无法告诉的，人民检察院和被害人的近亲属也可以告诉[④]。如果说被害人近亲属的“告诉”还可以理解为委托代理人的话，那么人民检察院的“告诉”则存在着定位尴尬的问题。因为从《刑法》规定中，看不出人民检察院这种告诉权的具体定位。作为一种“起诉承担”，公诉机关不可能以自诉一方参加到法庭中，因此当然不能理解为一种自诉权。而从另一角度看，条文中的告诉权似乎应理解为一种公诉权，虽然学理上多认为属于自诉转公诉。但是，由于本法并未明确对被害人这种救济的性质，加之公诉职能缺乏衔接依据，导致立案权、侦查权无法落实[⑤]，所以，理解为公诉权也存在着依据不足的难题。此时，必然引出“告诉才处理”究竟如何理解的问题。

如前所言，刑事诉讼立法以及我国学者一般将告诉才处理理解为向人民法院告诉，这当

① 林钰雄：《刑事诉讼法》（上册总论编），中国人民大学出版社 2005 年版，第 37 页。
② 罗智勇：《对我国公诉与自诉关系的理性思考》，载《中国刑事法杂志》2006 年第 2 期，第 56 页。
③ 夏勇：《定罪与犯罪构成》，中国人民公安大学出版社 2009 年版，第 385 页。
④ 详见《刑法》第九十八条之规定。
⑤ 高一飞、贺红强：《冲突与整合：公诉与自诉关系研究》，载徐静村：《刑事诉讼前沿研究》（第一卷），中国检察出版社 2003 年版，第 293 页。

然是可以的，但是如此一来必然会遇到上面的难题。因此，需要重新检视“告诉才处理的案件，是否只能向法院告诉”？对此，张明楷教授近年来提出，告诉才处理意指只有被害人向公安、司法机关告发或者起诉，公安、司法机关才能进入刑事诉讼程序。告诉才处理，强调的是不能违反被害人的意愿进行刑事诉讼。反之，在行为原本（可能）构成犯罪的前提下，只要被害人具有进入刑事诉讼程序的意愿，公安、司法机关就应当进入刑事诉讼程序。其一，被害人不告发的，公安、司法机关不得进入刑事诉讼程序；其二，被害人向公安机关告发的，公安机关应当立案侦查；事实清楚，证据确实、充分的，应当移送人民检察院审查起诉；其三，被害人向人民检察院告发的，人民检察院视情况，或者要求公安机关立案侦查，或者提起公诉。其四，被害人向人民法院起诉的，人民法院应当受理；人民法院认为证据不足的，应当视情况驳回起诉、建议被害人撤诉、宣告无罪或者移送公安机关立案侦查。与之相应，在任何阶段，只要被害人撤回告诉的，公安、司法机关就应当撤销案件，作出不起诉决定或者终止审理、宣告无罪①。这一观点得到了易延友教授“力挺”。易教授认为，告诉才处理的核心，是将追究刑事责任的主动权分配给被害人，也就是只有在被害人决定追究的情况下，才启动刑事诉讼，但这并不意味着被害人只能向人民法院告诉。告诉才处理当然也包括向公安机关、检察机关告诉。如果被害人向公安机关告诉，公安机关就应当侦查；如果被害人选择向检察机关告诉，检察机关应当代为告诉；只有当被害人选择向人民法院告诉的时候，它才是自诉案件。当被害人选择向公安机关或检察机关告诉时，它就不属于自诉案件②。笔者认为，上述分析颇具说服力，可值赞同。实际上，从比较法看，对一般犯罪而言，告诉的意义即“告发举发”，是发动侦查的来源。在多数国家，亲告罪的告诉不仅仅是发动刑事诉讼的来源，更是追诉犯罪的必要条件，没有告诉即无法启动刑事诉讼程序追诉犯罪、处罚犯罪人。总体而言，亲告罪中的告诉包括了自诉和公诉两种程序，即亲告罪可以由法院直接受理，也可以向检察机关提出控诉，由检察机关提起公诉③。我国传统理解有过于僵化之嫌。

（二）被害人有证据证明的轻微刑事案件

本项从性质上看应为公诉案件，但由于简单轻微，法律把控诉的权利赋予了被害人。这些案件范围在“两高”的司法解释中有相应规定。具体而言，这类刑事案件主要包括：故意伤害案（轻伤）；重婚案；遗弃案；妨害通信自由案；非法侵入他人住宅案；生产、销售伪劣商品案（严重危害社会秩序和国家利益的除外）；侵犯知识产权案（严重危害社会秩序和国家利益的除外）；属于刑法分则第四章、第五章规定的，对被告人可以判处3年有期徒刑以下刑罚的其他轻微刑事案件等。这类案件不仅案情比较轻微，而且事实明显，被告人明确，被害人有能够证明案件真实情况的事实，不需要动用侦查机关的力量去侦查，只需采用一般的调查方法，就可以查明案件事实，所以也适宜由人民法院直接受理。

上述八类案件中，被害人直接向人民法院起诉的，人民法院应当依法受理。对其中证据不足、可以由公安机关受理的，或者认为对被告人可能判处三年有期徒刑以上刑罚的，应当告知被害人向公安机关报案，或者移送公安机关立案侦查④。

---

① 张明楷：《对“告诉才处理”的另类解释》，载樊崇义教授70华诞庆贺文集编辑组：《刑事诉讼法学前沿问题与司法改革研究》，中国人民公安大学出版社2010年版，第240页。

② 易延友：《刑事诉讼法精义》，北京大学出版社2013年版，第50页。

③ 罗欣：《亲告罪原论——以刑事一体化为视角》，中国检察出版社2008年版，第135页。

④《解释》第一条。

（三）被害人有证据证明对被告人侵犯自己人身、财产权利的行为应当依法追究刑事责任，而公安机关或者人民检察院不予追究的案件

此类即所谓“公诉转自诉案件”。依据法条文义，这类公诉案件若要成为自诉案件，必须具备三个条件：一是被害人有足够证据证明；二是被告人侵犯了自己的人身、财产权利，应当追究被告人刑事责任的；三是公安机关或者人民检察院不予追究[①]。这类刑事案件的范围很广，既包括公安机关或检察机关不立案侦查或撤销的案件，也包括检察机关决定不起诉的案件。这样规定的目的，是为了加强对公安、检察机关立案管辖工作的制约，维护被害人的合法权益，解决司法实践中存在的“告状难”的问题[②]。但是，该规定由于与职能管辖和审判管辖均存在诸多不协调之处，模糊了公诉与自诉的界限，遭到了不少批评，不过在该制度的未来走向上，究竟是取消还是改良则存在一定分歧[③]。

第二百零五条　人民法院对于自诉案件进行审查后，按照下列情形分别处理：

（一）犯罪事实清楚，有足够证据的案件，应当开庭审判；

（二）缺乏罪证的自诉案件，如果自诉人提不出补充证据，应当说服自诉人撤回自诉，或者裁定驳回。

自诉人经两次依法传唤，无正当理由拒不到庭的，或者未经法庭许可中途退庭的，按撤诉处理。

法庭审理过程中，审判人员对证据有疑问，需要调查核实的，适用本法第一百九十一条的规定。

【主旨】本条规定了自诉案件的一般处理程序。

【释评】自诉案件性质既不同于公诉案件，在处理程序上也存在较大差异。

（一）立案阶段

人民法院对自诉人的起诉应当进行实质性审查。只有认为犯罪事实清楚，有足够证据的案件，才会开庭审判；同时，如果缺乏罪证，而自诉人又提不出补充证据，应当说服自诉人撤回自诉，或者裁定驳回起诉。

需要注意的是，从表面上看，本条第（一）、（二）项之间存在一定矛盾之处，因为第（一）项强调，只有足够证据才会开庭审判，而如果自诉人缺乏证据，那人民法院根本就不可能受理，既然没有受理案件，何来撤回自诉，或者裁定驳回一说呢？看来只有理解为，只要有自诉人的起诉，人民法院就一定要受理案件，才可能给第（二）项一个合理解释。对此，有学者就认为，本项实际上是指已经立案，但经审查缺乏罪证的情况[④]。这种观点虽能在一定程度上解释第（二）项的规定，但却与第（一）项之间存在不可调和的矛盾，并且会带来有关人民法院立案审查活动质量的质疑。在笔者看来，问题出在该项设定的法院裁判方式，并不符合诉讼法理以及实践中的情况。依《解释》第二百六十三条之规定：人民法院应当在收到自诉状或者口头告诉第二日起十五日内作出是否立案的决定，并书面通知自诉人或者代为告诉

---

① 值得注意的是，《解释》第一条仅要求被害人有证据证明曾经提出控告，而不再要求有不予追究的书面决定，这是出于保护公民告诉权的考虑。

② 陈光中：《刑事诉讼法》（第五版），北京大学出版社、高等教育出版社 2013 年版，第 117 页。

③ 有的主张取消，参见罗智勇：《对我国公诉与自诉关系的理性思考》，载《中国刑事法杂志》2006 年第 2 期，第 60 页；有的主张改良，参见马进保、张丽辉：《公诉转自诉的法律困惑与完善构想》，载《政治与法律》2009 年第 2 期，第 102-104 页。

④ 宋英辉：《中华人民共和国刑事诉讼法精解》，中国政法大学出版社 2012 年版，第 260 页。

人。据此，并不是只要有自诉人的起诉，法院就一定会受理案件。虽然刑、民事案件存在很大差别，但在审判程序上具有同质性却是不争之事实，对审判程序启动环节的立案阶段来说，参照《民事诉讼法》的相关规定可以认为，对不符合立案条件的自诉案件，应当直接裁定不予受理，而不是“有诉必审”，后来发现其证据不足的，再说服自诉人撤回自诉或者裁定驳回起诉。对此，《解释》第二百六十四条已经予以了“澄清”：“对已经立案，经审查缺乏罪证的自诉案件，自诉人提不出补充证据的，人民法院应当说服其撤回起诉或者裁定驳回起诉；自诉人撤回起诉或者被驳回起诉后，又提出了新的足以证明被告人有罪的证据，再次提起自诉的，人民法院应当受理”。此外，自诉人对不予受理或者驳回起诉的裁定不服的，可以提起上诉。第二审人民法院查明第一审人民法院作出的不予受理裁定有错误的，应当在撤销原裁定的同时，指令第一审人民法院立案受理；查明第一审人民法院驳回起诉裁定有错误的，应当在撤销原裁定的同时，指令第一审人民法院进行审理[①]。

（二）案件审理阶段

人民法院决定立案受理后，在审判过程中，自诉人经两次依法传唤，无正当理由拒不到庭的，或者未经法庭许可中途退庭的，按撤诉处理。之所以如此规定，是因为自诉人对控诉享有较大处分权，相关制度构建呈现出民事诉讼化的倾向。需要注意的是，依据本法第二百条第（四）项之规定，如果自诉人患有严重疾病，无法出庭，且未委托诉讼代理人出庭，致使案件在较长时间内无法继续审理的，人民法院可以中止审理。该项规定实际上部分修改了本条第二款的内容，即自诉人可以委托诉讼代理人参加诉讼。因此，自诉人不到庭的，也可以委托其诉讼代理人代为参加诉讼[②]。换言之，自诉人并非必须亲自到庭。不过应当强调的是，前面在分析中止审理法定事由时已经指出，自诉人一般情况下还是应当亲自出庭，委托代理人出庭仅限于其患有严重疾病无法出庭之情形，从这个角度说，上述观点也非完全妥当。

（三）审判人员的庭外调查核实权

由于自诉案件中毕竟是私人控诉，因为各种原因，有关证据极有可能存有疑问，为了实现诉讼公正，发现案件事实真相，赋予审判人员以庭外调查权无疑是必要的。另外，《解释》第二百六十八条还规定，自诉案件当事人因客观原因不能取得的证据，申请人民法院调取的，应当说明理由，并提供相关线索或者材料。人民法院认为有必要的，应当及时调取。

第二百零六条　人民法院对自诉案件，可以进行调解；自诉人在宣告判决前，可以同被告人自行和解或者撤回自诉。本法第二百零四条第三项规定的案件不适用调解。

人民法院审理自诉案件的期限，被告人被羁押的，适用本法第二百零二条第一款、第二款的规定；未被羁押的，应当在受理后六个月以内宣判。

【主旨】本条规定了自诉案件的特殊处理程序以及审理期限。

【释评】自诉案件因系私人控诉，实际上具有一定民事诉讼化倾向，所以在处理程序和审理期限上，都与公诉案件存在较大差异。

（一）自诉案件的调解、和解、撤回自诉

自诉案件之提起是基于被害人的选择权，因此第一款规定，人民法院可以对当事人进行

---

①《解释》第二百六十五条。

② 朗胜：《〈中华人民共和国刑事诉讼法〉修改与适用》，新华出版社 2012 年版，第 355 页。

调解，当事人之间也可自行和解。这里需要指出的是，和解并不是自诉案件的结案方式。因为从法理上讲，案件系属于人民法院后，人民法院取得了对案件的处理权，其针对自诉案件可以有判决、裁定、调解三种处理方式，并且有相应法律文书。而和解只是当事人之间的行为，并不必然直接作用于人民法院。易言之，当事人之间的和解对人民法院而言，并没有直接作用力，人民法院根本不能以“和解”方式结案。对此，立法机关人士和实务界人士均认为：当事人双方和解，自诉人应以书面或者口头方式向人民法院撤回自诉①。这种理解显然更符合自诉案件的性质，不过也不够全面，当事人和解后，实际上是可以转请人民法院出具调解书，或者是由自诉人撤回起诉。

另外，公诉转自诉案件的特性决定了该种自诉不适宜调解，因为其本质上属于应当追究被告人刑事责任的公诉案件，它们转为自诉的目的，是解决司法实践中公民告状难以及国家追诉机制不完善等问题。法律允许被害人针对这类案件提起自诉，既是为了确保宪法赋予被害人的控诉权得到落实，也是为了对追诉机关的追诉活动进行监督和制约。如果允许调解，受到侵害的国家利益难以得到修复，设置这种自诉的目的不能完全达到②。值得注意的是，本款只是禁止人民法院对该类案件进行调解，而没有涉及自诉人与被告人之间是否可以和解，以及自诉人的撤诉问题。结合本法第五编第二章的相关规定看，应当认为在第三类案件中，如果其符合公诉案件和解的要求，也可以和解③。另外，不管案件性质如何，在本条语境中，自诉人当然有权撤回告诉，人民法院没有理由加以拒绝。

（二）自诉案件的审理期限

本条第二款规定了自诉案件的审理期限，其区分被告人是否被羁押，分别规定了不同的审理期限。如果被告人已被羁押，则适用与公诉案件相同的审理期限，而如果被人未被羁押，则与一般民事案件相仿，审理期限较长，可达六个月。此次修法把司法解释的相关内容吸收进来，是对其实践效果的肯定。

第二百零七条　自诉案件的被告人在诉讼过程中，可以对自诉人提起反诉。反诉适用自诉的规定。

【主旨】本条规定了自诉案件中的反诉。

【释评】自诉案件的私人控诉性决定了反诉有存在空间，相关原理可以比照民事诉讼中的反诉进行理解。值得注意的是，对二百零四条第（三）项规定中的案件能否反诉，《解释》持否定态度（第二百七十七条），但笔者为，该规定既没有规范依据，也缺乏实践依据。因为本条只是强调反诉适用自诉的规定，并没有排除公诉转自诉就不能反诉，况且从实践情况看，比如在常见的互殴案件中，公安机关和检察机关很有可能对双方均“不处理”，此时，双方均可能不服，一旦一方提起自诉，当然有本条适用的空间，如果仅从案件性质出发，就否定反诉的可能，其理由难谓充分。

---

① 朗胜：《〈中华人民共和国刑事诉讼法〉修改与适用》，新华出版社 2012 年版，第 366 页。孙茂利：《新刑事诉讼法释义与公安实务指南》，中国人民公安大学出版社 2012 年版，第 422 页。

② 王清新、甄贞、李蓉：《刑事诉讼程序研究》，中国人民大学出版社 2009 年版，第 259 页。

③ 不过，这里明显存在一个悖论。因为本法第五编第二章适用于公诉案件，而本款第三项的案件却已经转换为了自诉案件，能否适用不无疑问。如果非要适用，大概只能解释为，此类案件本来就是公诉案件，只是因为公安机关与检察机关“失职”，才转换为自诉案件，既然性质上是公诉案件，当然就可以适用。对此，立法机关人士和实务界人士也都认为：自诉人在宣判前可以同被告人自行和解或者撤回自诉。参见朗胜：《〈中华人民共和国刑事诉讼法〉修改与适用》，新华出版社 2012 年版，第 366 页。孙茂利：《新刑事诉讼法释义与公安实务指南》，中国人民公安大学出版社 2012 年版，第 422 页。但他们显然没有意识到本法对公诉案件和解的限制。

第三节 简易程序

第二百零八条　基层人民法院管辖的案件，符合下列条件的，可以适用简易程序审判：

（一）案件事实清楚、证据充分的；

（二）被告人承认自己所犯罪行，对指控的犯罪事实没有异议的；

（三）被告人对适用简易程序没有异议的。

人民检察院在提起公诉的时候，可以建议人民法院适用简易程序。

【主旨】本条规定了适用简易程序审理案件的条件。

【释评】本条对原有规定进行了较大改革，并且吸收了相关解释的内容（尤其是“普通程序简化审”的规定）。

（一）适用简易程序审判的条件

依法条文义，应当理解为只有全部具备法定三项条件的案件，基层人民法院才可能适用简易程序[①]。

1. 案件事实清楚、证据充分

从诉讼逻辑看，该项条件相当于没有条件。实际上，只要人民法院经审查受理案件后，不管是什么类型，都完全可以达到该要求。

2. 被告人承认自己所犯罪行，对指控的犯罪事实没有异议

对此，立法机关人士认为应当从严解释，“承认自己所犯罪行”是指被告人对起诉书中对其所指控的罪名和犯罪行为供认不讳。“对指控的犯罪事实没有异议”是指被告人对起诉书中所指控的犯罪行为和犯罪证据都没有异议。如果被告人对罪名或者犯罪事实或证据提出异议，都不属于没有异议[②]。但实务界人士则主张对该项条件从宽解释：“承认自己所犯罪行”，是指被告人自愿承认其行为构成犯罪，但并不要求被告人完全承认被指控的罪名。有些情况下，被告人虽然知道其行为构成犯罪，但可能并不清楚其行为究竟构成何种罪名。况且，最高人民法院所作的法释〔2004〕2号《关于被告人对行为性质的辩解是否影响自首处理问题的批复》规定，被告人对行为性质的辩解不影响自首的成立。因此，被告人是否认同指控的罪名一般不影响简易程序的适用。同时，“对指控的犯罪事实没有异议”应当理解为，只要求被告人对被指控的基本犯罪事实无异议，而不要求其对被指控的全部犯罪事实均没有异议。实践中，有的被告人实施的犯罪行为较多或者较为复杂，如连续犯等，即使其自愿认罪，也可能交代不清全部的犯罪事实。对此，只要其能够对指控的基本犯罪事实无异议，不影响追究刑事责任的，即可适用简易程序进行审理[③]。相比较而言，前一种理解更符合语义，但趋于严格，而后一种理解则失之宽泛，有可能存在虽有个别“异议”，但仍会“强行”适用简易程序的问题。一般说来，简易程序的适用，意味着被告人选择了与公诉方合作、自愿认罪的道路，这等于放弃了无罪辩护权，并在一定程度上放弃了获得无罪判决的机会。法院一旦启动简易程序，

① 注意，不是就一定适用。因为即使符合本条的条件，还可能出现下一条中不适用简易程序的情况。另外，本条开头便把简易程序的适用主体限定为基层人民法院，这是在理解时不应忽视的主要前提。

② 朗胜：《〈中华人民共和国刑事诉讼法〉修改与适用》，新华出版社2012年版，第369页。需要指出的是，由于忽视了自诉案件完全可以适用简易程序，因此该书中仅提及起诉书中的指控并不准确，至少应当包括自诉状中的指控。

③ 徐松青、张华：《修正后刑事简易程序实务研究》，载《法律适用》2012年第6期，第67页。

就意味着对被告人的定罪过程将大大简化，甚至定罪程序流于形式，案件的争议点往往只剩下量刑问题。按理说，对简易程序的选择和适用，必须最大限度地出于被告人的自觉自愿和理性抉择，被告人必须是出自内心的自由意志，而不能有被强迫的成分；被告人必须了解选择简易程序的法律后果，而不能有明显不理性、不明智的意味[①]。因此笔者认为，在新法适用初期，还是严格控制简易程序的适用条件为好，待到积累了相当司法经验后再逐步放宽适用，这样可能更有利于发挥该制度的功能。

3. *被告人对适用简易程序没有异议*

该项条件要求，被告人对人民法院是否同意适用简易程序的询问明确表示同意，只有取得被告人同意后，人民法院才能决定适用简易程序；而不能先行决定适用后，再来询问被告人的意见。实务中，如果被告人系未成年人，人民法院应当征得被告人及其法定代理人的同意后，才能决定是否适用简易程序[②]。

值得注意的是，本条没有赋予被告人建议适用简易程序的权利。刑事审判涉及对被告人追究刑事责任的重大问题，而简易程序从某种角度讲，限制了被告人的一些诉讼权利，以换得从轻处罚的利益。这对被告人的辩护虽然不利，但“同意”与“要求”其实并无实质差异，均是对诉讼的一种选择权，只是前者被动而后者主动，而对选择简易程序的，法律规定可以酌情从轻处罚，所以，给予被告人程序建议权在诉讼理论上是可行的[③]。

全面分析上述条件可以发现，本次修法极大扩展了简易程序的适用范围。不再强调罪行轻重与案件性质（公诉与自诉均可），只要事实清楚、证据充分，被告人认罪，且同意适用简易程序的，就可以适用。这意味着，除判处无期徒刑或死刑案件以外，凡判处有期徒刑的案件，无论十五年，抑或数罪并罚超过十五年的，均可适用简易程序。其适用范围之大、可判刑期之高，是超乎常规的，堪称世界之最[④]。

（二）简易程序适用条件的确认

总体说来，适用简易程序的三项条件还算明确，但是这三项条件究竟如何确认，却并未引起人们的足够重视。1996 年《刑事诉讼法》中没有被告人同意和认罪的要求，并且强调人民检察院与人民法院都要同意。这就几乎不可能出现不符合适用条件的情况。而本法中，简易程序的适用必须要被告人认罪并且同意。从其实现途径上看，可能存在两种情况：一是人民检察院在提起公诉时，就应当询问被告人的意见，同时提出适用简易程序的建议；二是由人民法院受理案件后进行判断。这就要求法院在确定法庭组成人员，以及审理案件适用的程序之前，就应当先行确定该条件是否具备。显然，这种工作机制与确认简易程序的适用条件之间可能存在一定冲突，因为只有通过询问被告人，才能确定案件是否符合简易程序的适用条件，要求立案审查时确定不太现实，唯一可行的只有案件分派到具体承办法官手中后，再来确定案件的处理程序；即确定案件是否符合简易程序条件后，再进行后继诉讼行为，如组成法庭、排期、送达等。此前有学者提出：可以考虑把审前确认程序放在“庭前准备会议”中合并进行，也许更稳妥、合适。在实务中完全可以把有关询问、告知和确认被告人同意适用简易程序的内容作为“庭前准备会议”所要了解情况、听取意见的一项重要内容。在“庭前准备会议”中进行审前确认程序，这便于法官在开庭审判前及早明确被告人对适用简易程

---

① 陈瑞华：《评<刑事诉讼法修正案（草案）>对审判程序的改革方案》载《法学》2011 年第 11 期，第 59 页。
② ③ 徐松青、张华：《修正后刑事简易程序实务研究》，载《法律适用》2012 年第 6 期，第 68 页。
④ 柯葛壮：《刑事简易程序的立法修改和实务运作》，载《东方法学》2012 年第 3 期，第 99 页。

序的态度和意愿，进一步确定是否适宜适用简易程序或改用普通程序审理。在具体操作方法上，还可以采用书面的权利告知书的形式，将法律要求的告知内容以通俗易懂的文字一一载明，让被告人有较充分的时间阅读理解并签字确认。这些必要的询问、告知和确认等前续问题，在“庭前准备会议”中一并予以解决后，同样可以使简易程序的庭审节奏更为简洁明快，提高庭审的效率[①]。这个观点从体系上全盘考虑了相关规定，具有相当合理性，值得赞同。当然，主持审前会议的法官与承办案件的法官是否应为同一人，还有待进一步明确。不过，从诉讼效率角度考虑，似乎同一人可行性更大些。

然而，这一理解却并未得到《解释》的完全支持，其第二百八十九条规定：基层人民法院受理公诉案件后，经审查认为案件事实清楚、证据充分的，在将起诉书副本送达被告人时，应当询问被告人对指控的犯罪事实的意见，告知其适用简易程序的法律规定。被告人对指控的犯罪事实没有异议并同意适用简易程序的，可以决定适用简易程序，并在开庭前通知人民检察院和辩护人。对人民检察院建议适用简易程序审理的案件，依照前款的规定处理；不符合简易程序适用条件的，应当通知人民检察院。由于《解释》把庭前会议的适用范围限定为有特殊情况，作为一般性的简易程序条件确认，在绝大部分情况下也就无法纳入其中了。

最后应指出，人民检察院的建议，并非适用简易程序的必要条件。换言之，无论有无建议，人民法院都有权自行决定是否适用简易程序。但在本条中，人民检察院的建议对于人民法院判断案件是否满足简易程序的适用条件，却有着至关重要的作用。这是因为，严格说来，第（二）、（三）项条件都只有在案件被起诉到人民法院后才可能进行判断，如果仅由人民法院单方审查确定，势必使得工作程序繁杂，反而有可能导致简易程序“不简易”；而若是人民检察院在提起公诉时，即先行与被告人沟通，则人民法院在庭前审查案件时，就比较容易判断了。对此，《诉讼规则（试行）》明确规定了检察机关在审查起诉时的先行确认义务：“基层人民检察院审查案件，认为案件事实清楚、证据充分的，应当在讯问犯罪嫌疑人时，了解其是否承认自己所犯罪行，对指控的犯罪事实有无异议，告知其适用简易程序的法律规定，确认其是否同意适用简易程序。”[②]

第二百零九条　有下列情形之一的，不适用简易程序：

（一）被告人是盲、聋、哑人，或者是尚未完全丧失辨认或者控制自己行为能力的精神病人的；

（二）有重大社会影响的；

（三）共同犯罪案件中部分被告人不认罪或者对适用简易程序有异议的；

（四）其他不宜适用简易程序审理的。

【主旨】本条规定了不得适用简易程序审理的案件范围。

【释评】由于本条属于特别规定，因此应当优先于上一条而适用。对本条所规定各种情况可理解为：只要有任意一种情形出现，就不得适用简易程序。当然，本条完全可以与上一条配合起来理解，比如，在第二百零八条中，如果不具备任意一个或几个条件，当然也不能适用简易，这两条的有些规定只是出发点不一样而已，其实质都相同。

从具体情况看，这四项规定各不相同。第（一）项出于对生理上有残疾者权益的保护。第（二）项考虑的是案件处理的社会效果。第（三）项则再次强调了对被告人意愿的尊重，

---

① 柯葛壮：《刑事简易程序的立法修改和实务运作》，载《东方法学》2012年第3期，第103页。
② 第四百六十七条。

只要有人不同意，就不能适用简易程序。第（四）项表面上是一个兜底条款，是为了应对复杂多变的案件情况而设，不过在笔者看来，该项实际上再次重申了人民法院在是否适用简易程序上的主动权与决定权（当然被告人也有决定权），如果人民法院认为不适宜适用简易程序，即使被告人认罪，也不能适用。

第二百一十条　适用简易程序审理案件，对可能判处三年有期徒刑以下刑罚的，可以组成合议庭进行审判，也可以由审判员一人独任审判；对可能判处的有期徒刑超过三年的，应当组成合议庭进行审判。

适用简易程序审理公诉案件，人民检察院应当派员出席法庭。

【主旨】本条分别规定了简易程序案件的审判组织和人民检察院的出庭义务。

【释评】本条系新增内容，文义虽简，却也要从整体上予以把握。

（一）简易程序案件的审判组织

从第一款规定看，审判组织不再是区分简易程序和普通程序的标志，也就是说，简易程序的特质在于程序简化，而不在于是否适用了独任庭进行审理。按照樊崇义教授的说法：区分简易程序和普通程序仅根据审判组织是独任制还是合议制是不科学的，区分的标准不能仅仅是根据审判组织形式，而是要综合审判组织形式、审理程序、审理重点、证据规则等多方面来全面判断；同时，合议制审判组织形式不是普通程序的特有形式，绝不意味着适用合议制审判组织的审理程序就不简易[①]。

本款以三年有期徒刑为界，区分了不同情况下的法庭组成。如果可能判处三年有期徒刑以下刑罚的，人民法院在在合议庭与独任庭之间可以自由选择；可能判处超过三年有期徒刑的，则应当组成合议庭进行审判[②]。这里值得追问的是，人民法院如何判断案件是否可能超过三年有期徒刑？由于刑期问题属于量刑范畴，要求法院在开庭前进行判断既不合理，也不现实。因此，《解释》第二百九十六条规定，适用简易程序独任审判过程中，发现对被告人可能判处的有期徒刑超过三年的，应当转由合议庭审理。这一规定符合审判实际，值得赞同。通过该规定，我们也可以发现，人民法院在决定适用简易程序对案件进行审理时，实际上应优先选择独任庭，审理过程中可根据具体情况转换为合议庭。

（二）人民检察院的出庭义务

第二款规定了适用简易程序审理的公诉案件中，检察院应当派员出庭法庭，不再允许不出庭，有关分析已在本法第一百八十四条释评中提及，此处从略。从立法技术看，本款与第一百八十四条的规定有雷同之处，既然已经肯定了公诉案件中检察院都应派员出庭，这里再强调简易程序，似有些累赘，因为简易程序并不是根据案件性质进行的一种划分。

第二百一十一条　适用简易程序审理案件，审判人员应当询问被告人对指控的犯罪事实的意见，告知被告人适用简易程序审理的法律规定，确认被告人是否同意适用简易程序审理。

【主旨】本条规定了审判人员在适用简易程序时的告知义务与核实义务。

【释评】审判人员负这两项义务的前提，是人民法院已经决定适用简易程序案件。根据法庭审理的基本顺序，在宣布开庭后，审判人员就应当“询问被告人对指控的犯罪事实的意见，告知被告人适用简易程序审理的法律规定，确认被告人是否同意适用简易程序审理”。这里的

---

① 樊崇义、艾静：《简易程序新规定的理解与运用》，载《国家检察官学院学报》2012年第3期，第34页。
② 当然，出于效率的考虑，人民法院一般都会选择独任庭。

问题在于，适用简易程序审理的条件中本身就要求被告人认罪和同意，因此本条中的“询问”只能理解为“再次”，否则如何满足简易程序的适用条件呢？对此有学者从另一个角度也得出了基本相同的结论：确认被告人是否同意适用简易程序审理，实际上是“再次”（引号为笔者所加）赋予被告人否决程序适用的权利。经过确认程序后，如果案件确实符合《刑事诉讼法》第二百零八条规定的条件，则继续适用简易程序进行审理[①]。

第二百一十二条　适用简易程序审理案件，经审判人员许可，被告人及其辩护人可以同公诉人、自诉人及其诉讼代理人互相辩论。

【主旨】本条规定了简易程序中的法庭辩论。

【释评】简易程序仅是审理程序的简化，相关人员的辩论权还是应当保障的，与公诉案件普通程序相同，相关人员的法庭辩论需经审判人员许可。

第二百一十三条　适用简易程序审理案件，不受本章第一节关于送达期限、讯问被告人、询问证人、鉴定人、出示证据、法庭辩论程序规定的限制。但在判决宣告前应当听取被告人的最后陈述意见。

【主旨】本条规定了简易程序的基本要求。

【释评】依法条文义，简易程序的“简易”之处在于，“不受普通程序中关于送达期限、讯问被告人、询问证人、鉴定人、出示证据、法庭辩论程序规定的限制”。换言之，送达期限可以缩短[②]，法庭调查与辩论的顺序可以根据案件情况灵活安排[③]。具体说来，公诉人可以摘要宣读起诉书；公诉人、辩护人、审判人员对被告人的讯问、发问可以简化或者省略；对控辩双方无异议的证据，可以仅就证据的名称及所证明的事项作出说明；对控辩双方有异议，或者法庭认为有必要调查核实的证据，应当出示，并进行质证； 控辩双方对与定罪量刑有关的事实、证据没有异议的，法庭审理可以直接围绕罪名确定和量刑问题进行[④]。当然，被告人最后陈述意见的权利需要得到保障，不能省去，这是被告人诉讼主体地位的体现。

第二百一十四条　适用简易程序审理案件，人民法院应当在受理后二十日以内审结；对可能判处的有期徒刑超过三年的，可以延长至一个半月。

【主旨】本条规定了简易程序的审理期限。

【释评】本条根据案情不同，把审理期限分为两种。一是一般应当在受理后二十日以内审结，如果案情较为重大，可能判处的有期徒刑超过三年的，可以延长至一个半月。在没有明确批准机关的情况下，可以理解为就是本院[⑤]批准，即可延长。另外，比较前述普通程序的审理期限延长规定可以发现，本条没有再次延长的授权，这就意味着，不得再次延长。因为，如果适用简易程序审理的案件，经延长一次后仍不能结案的，说明该案可能根本不适宜用简易程序，应当依照下一条之规定，转换为其他程序后再行审理。

第二百一十五条　人民法院在审理过程中，发现不宜适用简易程序的，应当按照本章第

① 陈卫东：《2012刑事诉讼法修改条文理解与适用》，中国法制出版社2012年版，第274页。

② 无论如何仍应在开庭前送达。有学者提出，新《刑事诉讼法》第一百八十二条第三款规定了公开审判的案件，应当在开庭三日以前先期公布案由、被告人姓名、开庭时间和地点。对于这一点，即使在简易程序中也是必须做到的，并未允许突破。既然在三日以前必须先期确定开庭的时间并予公布，那么做到在三日以前送达传票和通知书也是同样具备条件的，有何理由需要突破这一期限呢？故在实务运作中，以不突破该期限为好。如若真有特殊情况，非要突破不可，则必须同样应该事先告知并征得被告人同意；否则，被告人可以据此反对适用简易程序。参见柯葛壮：《刑事简易程序的立法修改和实务运作》，载《东方法学》2012年第3期，第104页。

③ 调查和辩论的区分大致还是有的，只不过，调查过程中也允许辩论。实际上即使在普通程序中，调查与辩论的分离也是相对的，调查也可以认为是一种辩论活动的另类展开。当然更为常见的是，一些简单的“争执”本身即是辩论的表现。

④《解释》一百九十五条。

⑤ 参照《民事诉讼法》的相关规定，一般就是指院长批准。

一节或者第二节的规定重新审理。

【主旨】本条规定了简易程序与其他程序之间的转换。

【释评】从文义看，不宜适用简易程序涵盖面比较广，并无确切标准。综合前述相关规定，笔者认为，大致可能有两种情况：一是发现案件不符合简易程序的法定适用条件（积极条件与消极条件均有可能）；二是虽然形式上符合条件，但由于其他因素的介入（考虑），使得案件如果继续依照简易程序审理下去，将会有不利影响。这些情况当然比较繁杂，需要实践经验的积累方能全面认识。根据《解释》的规定，适用简易程序审理案件，在法庭审理过程中，有下列情形之一的，应当转为普通程序审理：（一）被告人的行为可能不构成犯罪的；（二）被告人可能不负刑事责任的；（三）被告人当庭对起诉指控的犯罪事实予以否认的；（四）案件事实不清、证据不足的；（五）不应当或者不宜适用简易程序的其他情形。转为普通程序审理的案件，审理期限应当从决定转为普通程序之日起计算[①]。

值得关注的是，“重新审理”究竟应当如何进行？对此，笔者认为：

首先，在一般意义上，重新审理可以理解为，以前所进行的所有程序归于无效，应当重新按照排期开庭、对被告人送达、开庭审理、评议和判决的步骤，对案件进行审理。

其次，本条提到应“按照本章第一节或者第二节的规定”重新审理，此处需要厘清的是，公诉案件与自诉案件的审理程序，以及简易程序之间在体系上的关系究竟如何。这应当是本章核心问题所在。笔者认为，这三种程序并非同一层次的概念，其在内涵和外延上关系较为复杂，特别是，实际上不存在一个通用的“普通程序”概念。

这是因为，本章第一、二节之规定，是根据案件性质的划分，而简易程序则是从形式上进行界定的，其与公诉、自诉的划分标准没有关系。由于简易程序的适用条件中，并无案件性质的要求，也就是说，简易程序当然可以适用于自诉案件，自诉案件的审理程序与简易程序根本就是“兼容”的，二者没有冲突[②]。这里，立法者把简易程序与公诉案件、自诉的审理程序并列起来，实际上表明其认为，本章第一、二节中确立的程序都属于“普通程序”，正因为普通程序与简易程序在逻辑上的对应关系，才可能出现本条中的转换问题。然而，通观本章规定可以发现，在第一审程序中，存在公诉案件普通程序、公诉案件简易程序，自诉案件简易程序，唯独没有“自诉案件普通程序”。对此，《解释》的规定可兹证明：自诉案件，符合简易程序适用条件的，可以适用简易程序审理。不适用简易程序审理的自诉案件，参照适用公诉案件第一审普通程序的有关规定[③]。“参照”一语非常清楚地告诉我们，自诉案件本身是不存在所谓“普通程序”一说的。

---

① 二百九十八条。

② 换言之，即使是适用了简易程序，也会因为案件性质问题而适用法律的特别规定，如调解、和解、撤诉等。此外。我们还需要再次明确以下问题：第一，本章第一节之规定，应当是结构最为完整的公诉案件普通程序。其奠定了后继所有程序的框架。第二，自诉案件审理程序与公诉案件普通审理程序的主要区别在于：首先，自诉案件中的控诉人变成了自诉人，自诉人不享有公诉人那样的讯问权，其（诉讼）行为应取得审判人员许可。其次，自诉案件可以调解、和解和撤诉，而公诉案件除了可能撤回公诉外，其他均不可能。最后，自诉案件允许被告人反诉，一旦反诉合法提起，法院将合并审理，此时，法院实际上同时处理了两个案件。

③《解释》第二百七十条，“参照适用”的着重号为笔者所加。

第三章　第二审程序

第二审程序一般又称上诉审程序①，在我国，是指第一审人民法院的上一级人民法院根据上诉权人的上诉，或者人民检察院的抗诉，依法对下一级人民法院未生效裁判进行重新审判的诉讼程序。第二审程序是一个独立的审判阶段，其启动依据是因为有合法的上诉或抗诉，它不是每一个刑事案件的必经程序，而是由法律设定的一种救济性程序。与第一审程序相比，第二审程序有诸多特点，本次修法对二审案件开庭审理范围、检察院阅卷期限，以及审限、发回重审制度进行了调整。研习本章，需要注意对一、二审，以及新旧法之间的区别进行适当比较。

第二百一十六条　被告人、自诉人和他们的法定代理人，不服地方各级人民法院第一审的判决、裁定，有权用书状或者口头向上一级人民法院上诉。被告人的辩护人和近亲属，经被告人同意，可以提出上诉。

附带民事诉讼的当事人和他们的法定代理人，可以对地方各级人民法院第一审的判决、裁定中的附带民事诉讼部分，提出上诉。

对被告人的上诉权，不得以任何借口加以剥夺。

【主旨】本条规定了引发第二审程序的上诉方式。

【释评】基于不告不理原则，第二审程序也需要有人提出请求，才能启动。我国立法把当事人不服第一审裁判，向上一级人民法院提出异议的行为称为“上诉”，与之相对应，人民检察院的行为则为“抗诉”。本条仅涉及上诉权的行使问题。

（一）上诉权人的范围

1. 上诉与上诉权

上诉是一种诉讼行为，其根据在于有关人员享有上诉权。从诉讼理论上讲，上诉权是诉权之一种，诉权这一概念虽然在具体涵义上不无争议，但从“司法审判请求权”层面予以理解，应当说相当有力。据此，所谓上诉权，就是一种不服一审裁判，向一审法院的上一级法院提出请求，要求重新审判的权利。权利往往具有抽象性，而上诉行为恰好就是该权利的表现，从这个角度可以说，上诉权是刑事诉讼法赋予当事人和其法定代理人等进行上诉活动的各种诉讼权利的总称，即为保障当事人与其法定代理人在不服地方各级人民法院的一审裁判时，向上一级人民法院提出对案件重新审理的请求的一种诉讼权能。它包括两个方面：其一，

① 严格说来，这一称谓并不准确，因为我国法中明确区分了上诉（当事人的行为）与抗诉（检察机关的行为）。“但相比被告人等当事人的上诉，抗诉而引起的二审程序在整个上诉案件中所占比例甚少，上诉制度设立的直接目的，在于对不服第一审法院作出的刑事裁判当事人，尤其是被告人给予救济的程序，因此包括检察机关抗诉的第二审程序统称为刑事上诉程序。”尹丽华：《刑事上诉制度研究——以三审终审为基础》，中国法制出版社2006年版，第15页。

这种权利的享有者有权按照自己的意愿，决定是否在法定范围内行使这种权利，作出相应实现权利的行为；其二，这种权利由国家法律所确认，受国家法律所保护。当上诉权利受到他人的限制、剥夺、干涉及侵害时，有权依法请求国家司法机关给予保护，以保障其合法权利的实施。司法机关有义务保障上诉权人行使上诉权，这种义务与上诉权相互联系、相互依存，共同构成上诉权完整的内容。综上，上诉是一种诉讼行为，是上诉权人行使上诉权的必要方式。上诉权是法律规定的当事人及其法定代理人所拥有的一种诉讼权能，是当事人及其法定代理人等实行上诉行为的法律依据。无权利人，即使作出提请上一级人民法院对一审裁判进行审理的行为，也无任何法律效力。[①]

2. 上诉权人

根据第一款规定，有权启动二审程序的主体有两类：一是被告人、自诉人和他们的法定代理人，他们享有独立的上诉权；二是被告人的辩护人和近亲属，经被告人同意，可以提出上诉。需要注意的是，后者的上诉权是不完整的，需要取得被告人同意才能提出上诉[②]，其上诉权受到一定限制。

这些人员中，被告人作为刑事诉讼主体之一，是刑事诉讼的中心，整个刑事诉讼都围绕其进行，“对他是否有罪，以及在有罪时应受何种处罚，作出合理合法的裁判。这种裁判与他们都有直接切身的利害关系。正同原被告人在刑事诉讼中所处的特殊地位。”[③]法律在赋予其广泛诉讼权利的同时，着重强调保护其上诉权。自诉人作为刑事案件的被害人，与案件结果具有直接利害关系，既然法律允许其在特定情况下作为原告提出控诉，对一审裁判结果不服，当然享有上诉权。法定代理人仅在被告人系未成年或不能完全控制和辨认自己行为的精神病人时才可能存在。此时，由于被告人行为能力受限，为了维护其合法权益，尽管其法定代理人并不是当事人，法律也把法定代理人的行为视为被代理当事人的行为，允许他们以自己名义独立上诉。

被告人的辩护人和近亲属的上诉权，则明显受到被告人是否同意的制约。由此引发出一个非常重要的问题，此时究竟谁是上诉人？有人认为，在辩护人和近亲属提出上诉的情况下，被告人为上诉人[④]。有人则认为，此时，辩护人和近亲属适宜作为上诉人。其理由在于：无论是上诉的提起，还是上诉状的起草、呈递都是他们依法进行的，整个上诉活动仅需征得被告人同意而已，而且，在被告同意后，以什么理由上诉亦由他们决定，而不为被告人的意思所左右。况且，他们上诉后毫无疑问要参加二审程序，这就需要有其相应的身份。如果不把他们作为上诉人，辩护人上诉后仍还可以辩护人的身份参加诉讼，但对于近亲属来说，由于其不是诉讼参与人，其本来无权参加刑事诉讼，这样，对于其参加二审程序的诉讼活动就难以找到其合适的身份[⑤]。笔者认为，前一种观点较为妥当。这是因为，辩护人与近亲属的上诉行为既然受到被告人意志制约，从这一意义上说，他们的上诉实质上是一种授权性的代行上诉权的行为[⑥]；也即，这种代为行使上诉权，所行使的仍然是被告人的权利，因而只能以被告人

① 陈卫东：《刑事二审程序论》，中国方正出版社 1997 年版，第 54 页。
② 根据本法第二百二十六条的规定，在取得被告人同意的情况下，被告人的辩护人或近亲属是以自己的名义提出上诉的。
③ 陈卫东：《刑事二审程序论》，中国方正出版社 1997 年版，第 110 页。原文明显存在表述不妥的问题。
④ 陈卫东：《刑事诉讼法》（第三版），中国人民大学出版社 2012 年版，第 293 页。
⑤ 陈卫东：《刑事二审程序论》，中国方正出版社 1997 年版，第 122 页。
⑥ 尹丽华：《刑事上诉制度研究——以三审终审为基础》，中国法制出版社 2006 年版，第 118 页。

的名义[①]。况且，在被告人必须参加二审诉讼的情况下，让提出上诉的辩护人或近亲属作为上诉人明显会产生冲突。由此，可以认为，被告人辩护人或近亲属提出上诉的效力仅在于提出上诉，启动上诉程序而已。

本条中，辩护人没有区分是否为律师，也未强调其产生时间，据此，依目的解释，只要是被告人委托的辩护人均可[②]，而无论其是否参加了一审活动。相比而言，被告人近亲属的上诉权牵涉面更广，也更为复杂。本条中，法定代理人与近亲属同时出现，结合本法第一百零六条的相关规定来看，应理解为除去被告人父母、养父母，以及实际担任了被告人监护人之外的其他近亲属[③]。近亲属的上诉权实践中非常尴尬，因为除去担任被告人的法定代理人或者辩护人外，他们在诉讼中没有身份。另外，立法也没有规定有关诉讼文书要送达给近亲属，其有可能根本不了解案件处理情况。加之，是否上诉要取得被告人同意，在被告人羁押率居高不下的实际情况下，近亲属又如何可能与被告人会见或通信呢？至此，他们的所谓上诉权虽然有法律依据，但是客观上存在几乎无法克服的障碍[④]，本条这一规定基本仅具有“象征意义”。

第二款中，附带民事诉讼的当事人和他们的法定代理人，对地方各级人民法院第一审的判决、裁定中的附带民事诉讼部分享有上诉权。值得注意的是，虽然附带民事诉讼当事人或法定代理人的上诉，其效力只能及于附带民事诉讼部分，但由于我国刑事二审采“全面审查原则”（本法第二百二十条），在此情况下，二审人民法院仍然应当对包括刑事部分在内的全案进行审查，因此，附带民事诉讼的上诉实际在一定程度上，“间接”达到了刑事部分上诉的效果[⑤]。另外，本款单独就附带民事诉讼部分的上诉问题进行了规定，结合上一款看，应当认为，被告人的辩护人或近亲属经被告人同意提出上诉时，仅能针对刑事部分，其上诉效力不及于附带民事部分。刑事附带民事诉讼案件，若只有附带民事诉讼当事人及其法定代理人上诉的，第一审刑事部分的判决在上诉期满后即发生法律效力[⑥]。

本条第三款直接确定了对被告人上诉权给予特殊法律保护的立法精神。保障被告人上诉权的核心，实质上是对被告人上诉自由的保障，行使和放弃上诉权，应由被告人依自己真实的意愿自主作出选择，保障上诉权原则首先就是尊重和保障被告人根据自己的意愿作出是否提起上诉的自由选择。保障上诉权原则对于其他行政机关、团体和个人而言，是一项禁止性义务，即禁止这些人限制和剥夺被告人等自由地行使上诉权；而对于司法机关而言，非但不能限制和剥夺被告人自由地行使上诉权，并且在出现各种限制和剥夺被告人上诉权行使的行为时，应当依职权纠正和制止。保障被告人上诉权原则，还要求国家司法机关或有关人员积极提供被告人上诉权行使上的有效帮助[⑦]。从实践情况看，本款执行比较良好，剥夺上诉权的

① 张军、陈卫东：《新刑事诉讼法疑难释解》，人民法院出版社 2012 年版，第 305 页。

② 根据现行相关规定，指定辩护人应除外。因为即便是法律援助，其也是以一审程序终结为限，具体就是指一审判决送达时，法律援助义务就已履行完毕，辩护律师不再享有辩护人身份。

③ 前面已经指出，本法第一百零六条在近亲属范围界定上，存在严重缺陷。

④ 有关分析参见陈卫东：《刑事二审程序论》，中国方正出版社 1997 年版，第 123 页。

⑤ 当然，二者实际上存在着许多不同。因为刑事部分在附带民事诉讼部分开始审理时可能已经生效了，此时，二审法院如果认为刑事部分确有错误，应当按照审判监督程序进行再审，并于附带民事部分一并审理。对此，详见《解释》第三百一十三条之规定。

⑥《解释》第三百一十四条。

⑦ 比如被告人的辩护人和近亲属需要为被告人利益提出上诉时，应当先征得被告人的同意，这就涉及辩护人和近亲属同在押的被告人会见的问题，羁押部门就应当及时地安排他们的会见，而不得以任何借口阻挠和限制。又如对于被羁押的被告人在书写上诉状有困难时，看守人员应当代写上诉状并及时向法院转交。有关分析参见尹丽华：《刑事上诉制度研究——以三审终审为基础》，中国法制出版社 2006 年版，第 124 页。

情况并不多见。另外，本款虽然只提及被告人，但应当将其扩张理解为本条前两款中的所有人员，绝对不能理解为，其他人员的上诉权就可以剥夺。

（二）上诉方式

依第一款规定，上诉权人上诉时，既可以提交书状，即刑事上诉状，也可以口头上诉。立法允许以两种方式上诉，是为了充分保障有关人员的上诉权。应当注意到，随着社会发展，口头上诉形式逐渐稀少，最高人民法院更是提出“人民法院受理的上诉案件，一般应当有上诉状正本及副本”[①]。但是，如果条件不具备，人民法院对有关人员的口头上诉，也应当接受，并记入笔录[②]。

（三）上诉对象

本条中，有关人员有权针对判决提出上诉自不待言，然而，本条对裁定并未加以限定，这是否意味着，有关人员对一切裁定都有权提出上诉呢？裁定是人民法院的一种重要裁判方式，但本法没有像《民事诉讼法》那样，明确规定究竟裁定适用于哪些事项，更没有言明哪些裁定不能上诉。依体系解释，应当认为所有一审人民法院的裁定，都可能成为上诉对象。不过，考察本法相关规定，这些“明文”[③]适用裁定者仅有“是否准许恢复期间”（第一百零四条），“驳回自诉”（第二百零五条）两种而已，可谓少之又少。

第二百一十七条　地方各级人民检察院认为本级人民法院第一审的判决、裁定确有错误的时候，应当向上一级人民法院提出抗诉。

【主旨】本条规定了引发上诉程序的抗诉方式。

【释评】抗诉只存在于公诉案件中。检察机关作为公诉案件的控诉方，认定一审判决、裁定确有错误时，应当向作出一审裁判法院的上一级人民法院提出抗诉。这是二审终审制的必然要求。相比上诉来说，“确有错误”的要求，明显高于当事人方因不服提出上诉，对后者而言，上诉实际上不需要明确理由，也就是说，就是单纯不服也可以引发上诉程序。当然，任何“不服裁判”的主张，总有一定理由，但“不服裁判”本身只是一种对裁判的表态而不是其根据，因此，我国法律对提出上诉实际上并没有对理由作任何限制，只要不服裁判，表明了要求进行二审的态度，人民法院即不能因为上诉人未提出具体的理由而否定上诉的效力，更不能因为裁判本身是正确的，而不准有上诉权的人上诉。对提起上诉不规定具体的理由甚至不要求说明理由，可能会带来滥用上诉权的问题，但是这样做不但有利于保证被告人、自诉人获得第二次审判的机会，也有利于实现诉讼民主，保证审判公正。

具体说来，根据《诉讼规则（试行）》的规定，下列情况可视为一审裁判确有错误的表现：认定事实不清、证据不足的；有确实、充分证据证明有罪而判无罪，或者无罪判有罪的；重罪轻判，轻罪重判，适用刑罚明显不当的；认定罪名不正确，一罪判数罪、数罪判一罪，影响量刑或者造成严重社会影响的；免除刑事处罚或者适用缓刑、禁止令、限制减刑错误的；人民法院在审理过程中严重违反法律规定的诉讼程序的[④]。这一规定除了体现较之上诉理由更高的要求外，实际还提醒我们，基于人民检察院的法律监督者地位以及检察官的客观义务，

---

① 《解释》第三百条。

② 从这个角度可以说，纯粹的口头形式实际上是不存在的，即提出可以口头，但接受必须书面。

③ 有的事项，比如终止审理、中止审理、不予受理等，从法理上讲都应适用裁定，但立法没有明确规定，因此在适用上难免存在疑问。

④ 第五百八十四条。

检察机关可能，并且也应当为了被告人利益而抗诉。

第二百一十八条　被害人及其法定代理人不服地方各级人民法院第一审的判决的，自收到判决书后五日以内，有权请求人民检察院提出抗诉。人民检察院自收到被害人及其法定代理人的请求后五日以内，应当作出是否抗诉的决定并且答复请求人。

【主旨】本条规定了被害人及其法定代理人的申请抗诉权。

【释评】本法中，被害人虽然取得了当事人地位，但却没有直接上诉权，仅可能对附带民事诉讼部分享有上诉权[①]。为了保护其合法权益，法律赋予了其申请检察院对判决抗诉的权利，依法条文义，被害人及其法定代理人仅能对判决（不包括裁定）申请抗诉，之所以如此，是考虑到刑事诉讼中裁定一般是就程序方面的问题作出的，通常不涉及认定事实适用法律的问题[②]。同时，还要求检察机关应对请求在法定时间内做出决定并且答复请求人。这里答复的方式并未限定，口头与书面均可。本条中对两个“五日”的要求，主要是与判决十日的上诉、抗诉期限相一致。应当注意，被害人及其法定代理人收到判决书超过五日，方才请求人民检察院抗诉的，由人民检察院决定是否受理[③]。据此，对此超过期限的抗诉请求，人民检察院享有一定自由裁量权。一般说来，若该请求确有理由，只要在法定期限内，也应当受理。

第二百一十九条　不服判决的上诉和抗诉的期限为十日，不服裁定的上诉和抗诉的期限为五日，从接到判决书、裁定书的第二日起算。

【主旨】本条规定了上诉与抗诉的期限及其计算方法。

【释评】依法条文义，不服判决的上诉和抗诉期限相同，都是十日，不服裁定的上诉和抗诉的期限也相同，均为五日。判决与裁定分别设定不同的上诉、抗诉期限，是基于这两种裁判方式的适用对象、效力等方面的考虑。不管是哪种裁判形式，该期限都从有关主体接到判决书、裁定书的第二日起算。尤其应注意，《解释》中规定，对附带民事判决、裁定的上诉、抗诉期限，应当按照刑事部分的上诉、抗诉期限确定。附带民事部分另行审判的，上诉期限也应当按照刑事诉讼法规定的期限确定[④]。显然，该规定统一了不同类型判决、裁定的期限计算，有利于提高诉讼效率，但附带民事诉讼本质上既属民事诉讼，在其另行审判时，也一律适用刑事部分之规定，难谓合理。在具体计算时，应当注意结合本法第一百零四条之规定进行理解，对当事人一方来说，如果因为不能抗拒的原因，或者有其他正当理由，可以在障碍消除后五日以内，向人民法院申请补救。

值得追问的是，为什么我国立法一直都选定了十日和五日作为判决、裁定的上诉期限标准呢？对此，由于没有相关立法理由作为参考，比照有关国家地区刑事诉讼立法，以及我国《民事诉讼法》《行政诉讼法》之规定，可以发现，本条规定实属“短期”，这可能不太利于有关主体进行充分的利益衡量，不过，考虑到长期以来居高不下的羁押率，不让上诉、抗诉期限过长，也情有可原。

第二百二十条　被告人、自诉人、附带民事诉讼的原告人和被告人通过原审人民法院提出上诉的，原审人民法院应当在三日以内将上诉状连同案卷、证据移送上一级人民法院，同

---

① 对于是否应赋予被害人上诉权，理论上存在很大争议，支持者与反对者都有许多具有相当说服力的理由。相关介绍可参见尹丽华：《刑事上诉制度研究——以三审终审为基础》，中国法制出版社 2006 年版，第 120-123 页。

② 朗胜：《〈中华人民共和国刑事诉讼法〉修改与适用》，新华出版社 2012 年版，第 384 页。当然，该解说可能没有注意到第二百二十五条中用裁定驳回上诉或抗诉，维持原判的规定。

③《诉讼规则（试行）》第五百八十八条第二款。

④ 第三百零一条第二款。

时将上诉状副本送交同级人民检察院和对方当事人。

被告人、自诉人、附带民事诉讼的原告人和被告人直接向第二审人民法院提出上诉的，第二审人民法院应当在三日以内将上诉状交原审人民法院送交同级人民检察院和对方当事人。

【主旨】本条规定了有关人民法院上诉移卷的程序。

【释评】为了充分保障上诉权，本条允许上诉权人选择向原审人民法院提出上诉，或者直接向第二审人民法院提出上诉。如果上诉是通过原审人民法院提出的，则原审人民法院应当在三日以内将上诉状连同案卷、证据移送上一级人民法院，同时将上诉状副本送交同级人民检察院和对方当事人。如果上诉是直接向第二审人民法院提出的，则第二审人民法院应当在三日以内将上诉状交原审人民法院送交同级人民检察院和对方当事人[①]。本条中的“对方当事人”，要根据具体案件中上诉人是哪一方来确定，其分别可能是被告人、被害人、自诉人、附带民事诉讼的原告人或被告人。

第二百二十一条　地方各级人民检察院对同级人民法院第一审判决、裁定的抗诉，应当通过原审人民法院提出抗诉书，并且将抗诉书抄送上一级人民检察院。原审人民法院应当将抗诉书连同案卷、证据移送上一级人民法院，并且将抗诉书副本送交当事人。

上级人民检察院如果认为抗诉不当，可以向同级人民法院撤回抗诉，并且通知下级人民检察院。

【主旨】本条规定了抗诉的程序与方式。

【释评】由于人民检察院系代表国家提起公诉，在其对一审裁判有不同意见时，应当以书面方式提出，加之也不存在抗诉权受到侵害的问题，因此只能通过原审人民法院提出抗诉，并且要将抗诉书抄送上一级人民检察院。原审人民法院收到抗诉材料后，应当将抗诉书连同案卷、证据移送上一级人民法院，并且将抗诉书副本送交当事人。

上级检察院有权直接向同级人民法院撤回抗诉的理由在于，上下级检察院之间是领导与被领导的关系，提出抗诉的是与作出一审裁判法院同级的检察院，而出庭支持抗诉的则是提出抗诉检察院的上一级检察院，考虑到这一点，本条第二款中的“上级”检察院应当限定为“上一级”检察院。否则，虽然级别更高的检察院也有权撤回，但囿于法院体制、审判制度的限制，事实上只有提出抗诉检察院的上一级检察院才有可能撤回抗诉。当然，其撤回抗诉时需要通知下级人民检察院，以示尊重。

第二百二十二条　第二审人民法院应当就第一审判决认定的事实和适用法律进行全面审查，不受上诉或者抗诉范围的限制。

共同犯罪的案件只有部分被告人上诉的，应当对全案进行审查，一并处理。

【主旨】本条规定了第二审程序中的全面审查原则。

【释评】我国刑事诉讼法学理论一般根据本条规定，把全面审查原则概括为，第二审人民法院审理上诉或抗诉的案件时，应当对案件事实和适用法律问题从实体到程序，进行全面的审查，不受上诉或抗诉范围的限制[②]。

---

① 法律之所以允许直接向第二审人民法院提出上诉，是为了打消被告人及其法定代理人的顾虑，保障其上诉权不受侵害。从实践情况看，由于侵害上诉权的情况并不多见，第二审法院直接受理上诉的情况也较为少见，其在接到上诉材料时，一般都直接告诉当事人及其法定代理人通过原审法院提出。

② 陈卫东：《刑事诉讼法》（第三版），中国人民大学出版社 2012 年版，第 298 页。

（一）全面审查原则的内容

具体说来，根据《解释》规定，第二审人民法院审理上诉、抗诉案件，应当就第一审判决、裁定认定的事实和适用法律进行全面审查，不受上诉、抗诉范围的限制。对上诉、抗诉案件，应当着重审查下列内容：第一审判决认定的事实是否清楚，证据是否确实、充分；第一审判决适用法律是否正确，量刑是否适当；在侦查、审查起诉、第一审程序中，有无违反法定诉讼程序的情形；上诉、抗诉是否提出新的事实、证据；被告人的供述和辩解情况；辩护人的辩护意见及采纳情况；附带民事部分的判决、裁定是否合法、适当；第一审人民法院合议庭、审判委员会讨论的意见。另外，共同犯罪案件，只有部分被告人提出上诉，或者自诉人只对部分被告人的判决提出上诉，或者人民检察院只对部分被告人的判决提出抗诉的，第二审人民法院应当对全案进行审查，一并处理。共同犯罪案件，上诉的被告人死亡，其他被告人未上诉的，第二审人民法院仍应对全案进行审查。经审查，死亡的被告人不构成犯罪的，应当宣告无罪；构成犯罪的，应当终止审理。对其他同案被告人仍应作出判决、裁定。刑事附带民事诉讼案件，只有附带民事诉讼当事人及其法定代理人上诉的，第二审人民法院应当对全案进行审查。经审查，第一审判决的刑事部分并无不当的，第二审人民法院只需就附带民事部分作出处理；第一审判决的附带民事部分事实清楚，适用法律正确的，应当以刑事附带民事裁定维持原判，驳回上诉①。

（二）全面审查原则评析

应当看到，全面审查原则是自1979年《刑事诉讼法》便有的规定，至今未作修改。立法者的这种坚持，显然有其内在原因。按照传统观点，之所以要奉行全面审查原则是因为：首先，不如此，就不能查明并全面、彻底地纠正第一审判决在认定事实和适用法律上存在的错误。因为上诉人与抗诉机关或因不懂法律，或更多地从自身角度提出上诉或抗诉，往往不能反映一审判决中存在的全部问题。其次，这是我国刑事诉讼中历来实行的实事求是、有错必纠方针的要求。再次，它有利于加强上级法院审判人员的责任心，也能够促使下级法院审判人员增强责任感，力求提高办案质量。最后，它能切实保护当事人的合法权益，从根本上维护国家和人民的利益②。

近年来，随着理论研究的深入，不少人对该原则的正当性提出了质疑，认为这一原则与司法活动的被动性、中立性，及不告不理的程序原则等存在冲突，进而主张予以废除，但也有一些学者主张该原则有其历史合理性，不应废除而应改良③。应当说，上述主张都一定说服力，相比较而言，笔者还是倾向于保留并改良的观点。其理由在于，过于强调司法审判活动应被动消极中立，实际上并不利于公正的实现。在大陆法传统下，法官虽然依职权调查案件，但仍不失其积极中立，考虑到我国固有司法理念以及社会发展状况的影响，保留并加以完善的观点更为稳妥。事实上，虽然法律规定的原则是“全面审查”，但司法实践中，也并非要对案件事实和法律适用不分主次，全部推倒重来，或者完全置上诉人的上诉理由和检察机关的抗诉理由于不顾。“不受限制”并非“不予考虑”。法律规定该原则的目的，是为了使一些一审判决中可能实际存在，但并未为上诉人及抗诉机关所提及的事实认定与法律适用方面的错误，也能得到二审重视，并能依法予以纠正。全面审查并不否定重点审查。对于上诉人上诉

① 上述内容详见《解释》第三百一十～三百一十三条、第三百一十五条。
② 陈光中：《中国刑事诉讼程序研究》，法律出版社1993年版，第257页。
③ 有关观点介绍参见王清新、甄贞、李蓉：《刑事诉讼程序研究》，中国人民大学出版社2009年版，第283-285页。

意见，及检察机关抗诉意见中明显提出异议的问题，当然应当作为重点问题进行审查[①]。

第二百二十三条 第二审人民法院对于下列案件，应当组成合议庭，开庭审理：

（一）被告人、自诉人及其法定代理人对第一审认定的事实、证据提出异议，可能影响定罪量刑的上诉案件；

（二）被告人被判处死刑的上诉案件；

（三）人民检察院抗诉的案件；

（四）其他应当开庭审理的案件。

第二审人民法院决定不开庭审理的，应当讯问被告人，听取其他当事人、辩护人、诉讼代理人的意见。

第二审人民法院开庭审理上诉、抗诉案件，可以到案件发生地或者原审人民法院所在地进行。

【主旨】本条第二审刑事案件的审理方式。

【释评】由于第二审程序的功能定位，以及第二审人民法院在资源配置方面均与一审人民法院存在较大差异，因此，二审案件的审理方式也与之有所不同。

（一）开庭审理

第一款规定了应当开庭审理的案件范围，从文义看，前三项相对比较明确，第四项则属于兜底条款。

1. 第一类案件显然只能是针对刑事部分的上诉

本类案件上诉理由的逻辑重心仅指向一审裁判的事实、证据认定。不过，由于法律与事实的不可分性，对一审事实、证据认定不服往往需要结合法律相关规定予以分析，因此，若上诉人单纯提出一审裁判法律适用错误也“可能”符合该项要求[②]。另外，此处的“事实”应作扩大解释，既包括定罪事实和量刑事实，也包括定罪情节和量刑情节[③]。提出上诉，自然意味上诉人对一审裁判有不同意见，从上诉人立场看，既然该异议指向事实或证据，无疑都会影响定罪量刑，但是本条以“人民法院”打头，这说明是否会影响定罪量刑，是由人民法院判断的，换言之，并不是只要被告人、自诉人及其法定代理人有异议，人民法院就要开庭审理，而是要其经过审查后，认为可能影响定罪量刑才会开庭。

2. 第二类案件是依一审裁判结果而定

对此，只要被告人提出上诉，二审法院就必须开庭。死刑案件必须开庭，是为了配合2007年死刑立即执行复核权的收回，提高二审审理质量，减轻最高人民法院死刑复核的压力，体现了慎用死刑原则。对此，《解释》第三百一十七条的规定值得关注：“对被告人被判处死刑立即执行的上诉案件应当开庭审理，被判处死刑立即执行的被告人没有上诉，同案的其他被告人上诉的案件，第二审人民法院应当开庭审理。被告人被判处死刑缓期执行的上诉案件，虽不属于第一款第一项规定的情形，有条件的，也应当开庭审理”。该规定让人喜忧参半：喜的一面在于，扩大了死刑立即执行上诉案件范围，有利于保障被告人的合法权益；忧的一面在于，故意曲解死刑案件范围，大大降低了死缓案件开庭的可能。从刑法规定看，我国死刑

---

① 张军、陈卫东：《新刑事诉讼法疑难释解》，人民法院出版社2012年版，第309页。

② 有学者提出，单纯对法律适用有异议的案件，对其中一些争议较大的，实际上又可以纳入“其他应当开庭审理的案件”范围中。参见张军、陈卫东：《新刑事诉讼法疑难释解》，人民法院出版社2012年版，第312页。

③ 张军：《新刑事诉讼法法官培训教材》，法律出版社2012年版，第360页。

包括了立即执行与缓期两年执行两种方式，刑法学界更是一直（至今）都强调，死缓是死刑的执行制度，而不是轻于死刑的刑种，它的适用必须以犯罪分子被判处死刑为前提[①]。然而，刑事诉讼立法似乎并未接受这种理解，比如从1979年至今，死刑复核程序就一直划分为死刑立即执行与缓期两年执行两种，而从根本上忽视了后者也是死刑，由此导致了诸多无谓论争。

3. 第三类案件是依启动二审程序的主体而定的

强调检察院抗诉案件必须开庭，是考虑到检察机关是国家的法律监督机关，应当充分保障其刑事法律监督职能，所以，对检察院抗诉的案件，第二审人民法院应当开庭审理[②]。另外，《解释》还规定，对上诉、抗诉案件，第二审人民法院经审查，认为原判事实不清、证据不足，或者具有刑事诉讼法第二百二十七条规定的违反法定诉讼程序情形，需要发回重新审判的，可以不开庭审理[③]。

对应当开庭审理的案件，除参照适用第一审程序的有关规定外，《解释》还根据案件特点，设计了一些特别规定[④]。

（二）不开庭审理

从逻辑关系看，除去应当开庭的案件外，其余都是“可以”不开庭的。第二款规定了二审人民法院决定不开庭时应当履行的程序。由于判断是否开庭需要对案件进行审查，因此，这里实际还存在一个“前置审查程序”。相比较之前的立法而言，没有提及二审人民法院是否需要阅卷，以及听取公诉人的意见。对前者而言，是应有之义，因为二审法院如果不阅卷，如何审查？阅卷是开展所有审理活动的基础和前提，是采用不开庭方式审理案件时必然要进行的程序。虽然此次修改删除了这一内容，但是，删除是为了行文简洁，并不是不需要[⑤]。对后者而言，如果系公诉案件，在只有被告人上诉的情况下，若不听取公诉人的意见，其结果难以想象[⑥]。

对比一、二款规定可以发现，上诉案件并非全部开庭，而对抗诉案件则一律开庭，这种“分别对待”，大有“厚”公诉方而“薄”当事人之嫌。很明显，二审开庭与否，对被告方或自诉人上诉案件而言，除涉及死刑外，需要对第一审认定的事实、证据提出异议，可能影响定罪量刑的才会开庭。而对抗诉而言，则全部开庭审理。这种立法的依据显然不够充分。开庭审理与不开庭审理都是一种案件审理方式，应当根据案件本身的需要而确定，这与是谁引发的二审程序没有关系。事实上，司法实践中，检察机关提出抗诉的案件，也并不都是重要的案件或严重的案件，也不乏被二审法院驳回的情况[⑦]。当然，如果考虑到实践中上诉案件占了二审案件的绝大多数[⑧]，出于对检察机关的尊重，规定抗诉案件一律开庭审理，也是可以理解的。

（三）审理地点

考虑到刑事案件的多样性，第三款规定，二审法院可以根据案情选择除本院以外的其他

① 赵秉志：《刑法》，高等教育出版社2012年版，第180页。
② 胡康生、李福成：《中华人民共和国刑事诉讼法释义》，法律出版社1996年版，第220页。
③ 第三百一十八条。
④ 详见三百二十二～三百二十三条。
⑤ 张军：《新刑事诉讼法法官培训教材》，法律出版社2012年版，第360页。
⑥ 不过，结合下一条规定可以发现，在二审法院决定不开庭审理（仅限于被告人上诉）的公诉案件中，原公诉机关没有资格出庭，而有资格出庭的检察机关却又不熟悉案件，由于没有出庭义务，实践中一般都是不出庭的，在其未阅卷的情况下，二审法院事实上存在“无人可问”的问题。
⑦ 顾永忠：《刑事上诉程序研究》，中国人民公安大学出版社2003年版，第182-183页。
⑧ 根据统计，约有95%以上的二审案件是被告人上诉案件。数据来源参见李斌：《能动司法与公诉制度改革》，中国人民公安大学出版社2012年版，第104-105页。

地方开庭审理：案件发生地或者原审人民法院所在地。这样一是方便诉讼，人民法院可以根据案件情况，从法律效率和社会效果的统一出发，选择审判地点；二是在案发地、原审地点进行二审，更便于了解案情，方便当事人应诉，节省人力、物力资源。开庭还能够起到更好的宣传法制，教育群众的效果[①]。

第二百二十四条　人民检察院提出抗诉的案件或者第二审人民法院开庭审理的公诉案件，同级人民检察院都应当派员出席法庭。第二审人民法院应当在决定开庭审理后及时通知人民检察院查阅案卷。人民检察院应当在一个月以内查阅完毕。人民检察院查阅案卷的时间不计入审理期限。

【主旨】本条规定了人民检察院二审开庭审理案件中的出庭义务以及阅卷时间。

【释评】依体系解释，本法强调在所有一审公诉案件中，检察机关都应派员出庭，这实际上就确定了检察机关公诉案件开庭审理的出庭义务，本条规定了与之相照应，规定人民检察院对二审开庭公诉案件都应当派员出席法庭[②]。人民检察院派员出庭，有利于查明事实，更准确地判定被告人是否有罪和罪行轻重，从而正确适用法律。也有利于人民检察院掌握审判活动情况，进行法律监督[③]。另外，《解释》第三百二十一条为该义务设定了一项制裁措施："抗诉案件，人民检察院接到开庭通知后不派员出庭，且未说明原因的，人民法院可以裁定按人民检察院撤回抗诉处理，并通知第一审人民法院和当事人。"

二审程序中，人民检察院之所以需要阅卷，是因为支持控诉（包括抗诉以及未抗诉，但被告人方提出上诉的情况）的检察院是原提起公诉机关的上一级检察院，其并未亲自办理案件，因此需要阅卷。在以往实践中，该上一级检察院（一般都是地级市及以上级的检察院）因为各种原因，二审阅卷时间过长，且没有限制，最高人民法院在1998年的解释中仅仅规定阅卷时间不计入审限，其余就无下文了。此次修法从提高效率出发，对检察院阅卷时间进行了限制。不过，考虑到二审案件的复杂性（比如案卷材料较多），人民检察院如在一个月以内无法完成的，可以商请人民法院延期审理[④]。另外，值得注意的是，"第二审人民法院应当在决定开庭审理后及时通知人民检察院查阅案卷"中的"及时"究竟是多久，并不明确，为了便于操作以及实现本条修改目的，可以考虑对此时间予以明确化[⑤]。

第二百二十五条　第二审人民法院对不服第一审判决的上诉、抗诉案件，经过审理后，应当按照下列情形分别处理：

（一）原判决认定事实和适用法律正确、量刑适当的，应当裁定驳回上诉或者抗诉，维持原判；

（二）原判决认定事实没有错误，但适用法律有错误，或者量刑不当的，应当改判；

（三）原判决事实不清楚或者证据不足的，可以在查清事实后改判；也可以裁定撤销原判，发回原审人民法院重新审判。

原审人民法院对于依照前款第三项规定发回重新审判的案件作出判决后，被告人提出上诉或者人民检察院提出抗诉的，第二审人民法院应当依法作出判决或者裁定，不得再发回原

---

①③ 朗胜：《〈中华人民共和国刑事诉讼法〉修改与适用》，新华出版社2012年版，第392页。

② 严格说来，"人民检察院提出抗诉的案件"或者"第二审人民法院开庭审理的公诉案件"在外延上是一种交叉关系，因为抗诉只能针对公诉案件，并且一定要开庭，而开庭审理的公诉案件中包括了抗诉案件和被告方上诉的案件两种，因此，关于抗诉案件的规定似无必要。

④《诉讼规则（试行）》第四百七十四条。

⑤ 比如，有学者建议，可以把"及时"限定为"3日"，从而使法律更具有权威性和准确性。参见冀祥德：《最新刑事诉讼法释评》，中国政法大学出版社2012年版，第201页。

审人民法院重新审判。

【主旨】本条规定了二审人民法院的裁判类型，以及限制发回重审义务。

【释评】二审人民法院对案件进行审理后，必须作出裁判，以终结程序。本条所规定的三种裁判类型，涉及了事实、证据与法律适用方面的诸多问题，需要全面理解。

（一）裁定维持原判

二审人民法院经审理后，认同一审裁判结果的，即所谓认定事实和适用法律正确，量刑适当的，自然应驳回上诉或抗诉。不过，应当看到，维持原判并不定意味着一审裁判就完全正确。因为实践中，虽然事实认定有一些问题，但属于细节方面，不影响定罪量刑，此时，二审以认定事实错误为由进行改判显然不当。此外，一审中确有违反法定程序的地方，但没有影响到实体裁判结果，如果以此为由发回重审，依据明显不足，而若以“正确”为由维持原判，则又不完全符合实际情况，上诉人难以接受。据此可以认为，立法对维持原判范围的设定的确存在问题，我们可以借鉴美国“无害过错规则”的做法，把那些并不影响判决结论，但在一审程序中，或一审判决书中确实存在一些问题而被提出上诉的情况予以纠正，纳入“维持原判”的适用范围中。这一方面坚持了原审判决的正确结论；另一方面，又明确指出了原审程序或原审判决中存在的问题，不仅有助于知道一审法院的工作，而且能使上诉人理解和接受二审裁判[①]。

特别注意，立法规定此项裁判用“裁定”形式。对此，应予高度注意。因为，从诉讼法理上分析，裁定主要用于程序性事项以及部分实体性事项。刑事二审中对一审判决经审理后，驳回上诉或者抗诉维持原判，实际上是经过了实体审理，用裁定形式难以有说服力，加之其他两大诉讼在此问题上均用判决，本法这一规定更显特别。考察立法史可以发现，早在 1963 年的《刑事诉讼法草案》（初稿）第一百六十四条中就曾规定，第二审人民法院上诉、抗议的案件经过审理后，应当按照下列情形分别处理：（一）原判决在认定事实和适用法律上都无错误的，应当用判决驳回上诉、抗议……[②]该初稿之后的若干修改意见应当也未提及对这种裁判方式的修改[③]。但是在 1979 年《刑事诉讼法》第一百三十六条中，“判决”失踪了，取而代之的是“裁定”，这一规定沿用至今。为什么弃“判决”而用“裁定”？由于史料匮乏，加之当初参与立法的“老人”们纷纷辞世[④]，个中缘由恐怕很难说清了。

（二）直接改判

从文义看，第二审人民法院对原审判决进行改判的案件有两类情形：一是，原判决认定事实没有错误，但适用法律有错误或者量刑不当的。对于这类案件，第二审人民法院应当在第二审判决中维持原判决对案件事实的正确认定，同时纠正原判决在适用法律或者定罪量刑方面的错误之处。二是，原判决认定事实不清或证据不足，第二审人民法院可以自行查清的。对于这类案件不是必须直接改判，可以在查清事实后直接改判也可以发回重审。鉴于后者在第（三）项中出现，其分析放在下面一并进行。

---

① 顾永忠：《刑事上诉程序研究》，中国人民公安大学出版社 2003 年版，第 221-222 页。

② 北京政法学院诉讼法教研室：《刑事诉讼法参考资料第一辑》（上册），1980 年印行，第 80 页。另外，当时尚无“抗诉”一语，将检察院引发二审程序的行为称之为“抗议”。

③ 至少，在笔者查阅资料范围内尚未发现修改的依据。

④ 2011 年 9 月，徐益初先生逝世；2012 年 9 月，江伟先生逝世；2013 年 4 月程荣斌先生逝世。这种情况下，抓紧时间，对哪些硕果仅存的前辈学人进行采访，保存相关口述史资料显得何其重要。

仔细分析，这种直接改判类型在法理上存在不足。因为，立法这种表述把“事实与法律”“定罪与量刑”分割开来，但二者实际上是密不可分的，甚至可以说是一个问题的两个方面。换言之，基本上不可能存在认定事实正确，而适用法律错误，以及量刑不当问题；即使存在，这二者的意义也完全不是在一个层面上展开。从刑事诉讼程序的实际过程看，自追诉程序启动，到案件经由有关机关审查，然后提交到法庭审判，有关机关需要依据实体法对社会生活事实进行处理，从而把原初形态的“纠纷事实”运用法律“格式化”成为“案件事实”。纠纷事实向案件事实的法律转化显然是一个比较复杂的动态过程。按照德国学者的说法，这个过程是“在大前提与生活事实间的眼光往返流转”。具体而言，以其描述的案件事实为起点，判断者必须进一步审查，可以适用在案件事实的法条有哪些，根据这些法条的构成要件再进一步补完案件事实，假使法条本身不适宜作立即的涵摄，便须针对案件情境作进一步的具体化。只有在考虑可能是判断依据的法条之下，成为陈述的案件事实才能获得最终的形式；而法条的选择乃至必要的具体化，又必须考量被判断的案件事实①。在上述事实与法律间的互动过程中，事实与法律事实上是相互影响、相互依存的。按笔者理解，案件事实如何，需要通过法律进行认定，而法律规定有何意义，则需要案件事实进行印证，也就是说，二者实际上是纠缠在一起而无法单独存在的。因此，只要认定事实“正确”，其适用法律就不可能错，如果认为其适用法律错误，也都是因为在认定事实上存在偏差或疏漏，即事实认定必然是有“错”的。

量刑不当的情况大致有两个类型：一是违反法律规定的量刑原则，无视案件中存在的法定量刑情节，或者在法定量刑幅度之上或之下量刑等，这当然属于量刑不当。但是，即使是在法定量刑幅度之内量刑，也可能存在明显不公，比如在职务犯罪中，经常出现涉案财产数额差距可能是数倍甚至数十倍，但量刑却一样，这很难认为量刑是公正的。就像英国学者指出的：法庭的职责是维护公正，而只有在一个判决与另一个判决之间维持某种程度的平衡，它才能在一个犯罪者和另一个犯罪者之间做到公正②。从法律适用角度看，在不同个案中，认定事实正确而量刑不当，更是一个存在较为严重问题的表述。首先，量刑当然属于法律适用范围，量刑实际上是一个法院（法官）认定量刑事实，同时适用量刑规定的有机过程，也就是说，量刑对应于定罪，都属于法律适用，既要认定事实，也要适用法律。在罪刑法定原则下，量刑必须要有依据（法律依据、事实依据），把适用法律与量刑并列，说明立法者仅仅把定罪作为法律适用的对象，量刑则被排除在外了。在量刑程序改革早已蓬勃展开的今天，这种观念已不合时宜。在相对独立的量刑程序中，量刑事实也属于案件事实不可分割的一部分，由于受到罪刑法定的限制，量刑事实主要围绕法定与酌定量刑情节展开，如果出现所谓量刑不当，那么有关量刑事实的认定，自然不可能是正确的。要出现事实认定正确而量刑不当的情况，只有解释为法官对量刑的有关法律规范理解不当，而这显然就已经属于适用法律错误范畴了。

综上，在解释上，本项应当缩限理解为，根据“已经查明”的案件事实，如果一审判决的法律依据不当，二审法院应当予以改判③。

---

① [德]卡尔·拉伦茨：《法学方法论》，陈爱娥译，商务印书馆2003年版，第162页。

② [英]J.C.史密斯、B.霍根：《英国刑法》，李贵方等译，法律出版社2000年版，第5页。

③ 需要指出的是，二审如果要改判，不可能对一审已经查明的案件事实不做任何改动。实践中，二审判决书在表述上往往会写：“对此事实，本院予以确认”，从表面上看，这是一审认定事实“正确”的表现，但是，由于二审并不认同一审裁判，在“本院认为部分”，必定话锋一转，提出一审在对法律理解上的不当之处。前已提及，由于法律与事实存在着密不可分的关系，一审法律适用错误一定在事实上有所反映，二审要改判，一定在一审认定基础上发现了新的事实，至少是事实的不同认识面。这一点在量刑不当问题上表现得更为突出。

（三）查清后改判，或撤销原判发回重审

在二审人民法院认定一审裁判事实不清或证据不足时，既可发回查清事实后改判，也可裁定撤销原判，发回重审。对于第二审人民法院发回重审的案件，原审人民法院应当另行组成合议庭依照第一审程序进行审理，所作出的判决，仍属于第一审判决，当事人可以上诉，同级人民检察院可以抗诉。这种类型与前面两种密切相关，应当看到，本条虽然把事实与证据并列起来，但从诉讼原理上看，案件事实属于已经过去的“历史事实”，其根本就无法独立存在，只能通过证据“构建”出来，事实不清自然就意味着证据不足，二者的判断标准并无二致。因为不可能存在“事实清楚，但证据不足”，或者“事实不清，但证据充足”的情况。

既往司法实践中，对于事实不清、证据不足的案件，往往多选择发回重审而很少直接改判，这其中的原因很多。有的地方法院还将上级法院对案件的改判作为考核法官办案质量好坏和业务能力高低的指标，如有的法院规定，一审判决被上诉法院改判三个以上的法官必须下岗，这无形中给上诉法院改判案件造成影响，使其不愿轻易改判案件，确有事实和证据认定的问题时，只有采取发回重审的迂回处理方式。由于法律对发回重审只是一种选择性的规定，这种规定缺乏程序性的约束力，因此在实践中，因各种原因被任意发回重审形成程序倒流的不正常现象时有发生[①]。据统计，2007 年至 2011 年期间，全国法院二审改判、发回重审的案件分别占二审结案的 14.17%、7.96%。5 年来发回重审的比例不断攀升，2011 年发回重审的案件比 5 年前增加了 0.70%；与此同时，二审改判的比例却下降了 0.89%。发回重审案件的不断上升，必然会浪费司法资源，降低诉讼效率，同时也会影响二审功能的充分发挥，损害司法权威[②]。有鉴于此，本条第二款限制了发回重审的次数，即只能发回一次。其目的在于能在法定时间结案，解决案件久拖不决的问题，提高诉讼效率，保障被告人权益[③]。需要注意的是，这种限制仅适用于一审裁判案件（实体）事实不清、证据不足的情形，而对违反法定程序的情况，则应一律发回重审，不受次数限制（本法第二百二十七条）。

第二百二十六条　第二审人民法院审理被告人或者他的法定代理人、辩护人、近亲属上诉的案件，不得加重被告人的刑罚。第二审人民法院发回原审人民法院重新审判的案件，除有新的犯罪事实，人民检察院补充起诉的以外，原审人民法院也不得加重被告人的刑罚。

人民检察院提出抗诉或者自诉人提出上诉的，不受前款规定的限制。

【主旨】本条规定了上诉不加刑原则。

【释评】所谓上诉不加刑，是指第二审人民法院审判只有被告一方上诉的案件时，不得以任何理由改判加重被告人刑罚。上诉不加刑原则在打消被追诉方疑虑，保障其上诉权方面具有非常重要的意义。

（一）上诉不加刑的具体内容

为了方便适用，《解释》第三百二十五条对上诉不加刑的具体情况进行了细化：同案审理的案件，只有部分被告人上诉的，既不得加重上诉人的刑罚，也不得加重其他同案被告人的刑罚；原判事实清楚，证据确实、充分，只是认定的罪名不当的，可以改变罪名，但不得加重刑罚；原判对被告人实行数罪并罚的，不得加重决定执行的刑罚，也不得加重数罪中某罪的刑罚；原判对被告人宣告缓刑的，不得撤销缓刑或者延长缓刑考验期；原判没有宣告禁止

① 尹丽华：《刑事上诉制度研究——以三审终审为基础》，中国法制出版社 2006 年版，第 260-261 页。
② 张军：《新刑事诉讼法法官培训教材》，法律出版社 2012 年版，第 373 页。
③ 朗胜：《<中华人民共和国刑事诉讼法>修改与适用》，新华出版社 2012 年版，第 395 页。

令的，不得增加宣告；原判宣告禁止令的，不得增加内容、延长期限；原判对被告人判处死刑缓期执行没有限制减刑的，不得限制减刑；原判事实清楚，证据确实、充分，但判处的刑罚畸轻、应当适用附加刑而没有适用的，不得直接加重刑罚、适用附加刑，也不得以事实不清、证据不足为由发回第一审人民法院重新审判。必须依法改判的，应当在第二审判决、裁定生效后，依照审判监督程序重新审判。上述规定多数严格贯彻了上诉不加刑精神，值得肯定；但是，其中也有一些与该原则相背离的地方。这表现在：

第一，可以在不加重刑罚的前提下，改变罪名。这样做，仍然对被告人造成了很不利的后果，违反了控审分离、不告不理的原则，并且势必影响上诉程序立法目的的实现。罪名不单单是某种犯罪的符号，从罪刑关系上来讲，不论是在立法上，还是司法上，罪名都是刑罚的前提和基础，没有罪名就没有刑罚。在立法上，刑罚轻重与罪名有着密切关系，严重的罪名，法定最高刑可以重至无期徒刑甚至死刑，较轻的罪名，法定最高刑可以是 2 年或 3 年有期徒刑。虽然在司法上，不同罪名可能被判处同样的刑罚，但不同的罪名，政治法律意义是不同的，社会道德评价是不同的，当事人及其家属的感受也是不同的[①]。二审法院将一审裁判变更为重罪名，有可能对被告人产生不利的社会评价或道德评价，从而招致被告人及其家属不满。

第二，对于事实清楚、证据充分，但是适用法律畸轻或者该适用附加刑而没有适用时，不得发回重新审判，但是可以按照审判监督程序重新审判后加刑。这一规定，对于纠正在司法实践中存在的假借发回重审，而加重被告人刑罚的违法做法有其实际意义。但是，该规定仍是对上诉不加刑原则的规避，这不仅是变相加刑的翻版，而且对于上诉人来说，会因此招致更加不利的后果。因为，被告人不仅要面对上诉法院的审判，还会面临被随后的审判监督程序加重刑罚的巨大风险，对被告人而言，这种貌似合法的加刑程序，还不如二审直接撤销原判、发回重审的做法可能对被告人有利一些，因为再审后被告人将丧失以普通程序再次救济的机会。这种通过再审改判加刑的做法，实际上是以牺牲上诉不加刑原则为代价，将司法机关适用法律的过错转嫁到被告人身上，让被告人承担法院错判的责任。这不仅背离了刑事上诉制度所蕴涵的对被告人的权利救济价值，也损害了刑事司法机关的威信和终审法院裁判的终局性的既判效力，而且由法院主动开启审判监督程序进行再审加刑，更违背了不告不理的现代司法原理和法院职权行使的被动性特点[②]。

（二）上诉不加刑的限制

本条中，上诉不加刑受到了一些限制。这表现在，其只适用于被告人或者他的法定代理人、辩护人、近亲属一方上诉的案件。为了防止变相加刑，法律还特别强调，第二审人民法院发回原审人民法院重新审判的案件，除有新的犯罪事实，人民检察院补充起诉的以外，原审人民法院也不得加重被告人的刑罚。这样，就使得上诉不加刑涵盖面大为扩张了[③]。这里“新的犯罪事实”和“人民检察院补充起诉”两个条件同时具备时，才能加重被告人的刑罚。“新的犯罪事实”是指原审人民法院在发回重审的判决中，没有认定的事实，包括之前的漏罪和所犯的新罪。“人民检察院补充起诉”是指人民检察院在发回重审前指控的犯罪事实基础上，

① 顾永忠：《刑事上诉程序研究》，中国人民公安大学出版社 2003 年版，第 90-91 页。
② 尹丽华：《刑事上诉制度研究——以三审终审为基础》，中国法制出版社 2006 年版，第 128-129 页。
③ 当然，从逻辑上看，仍有重大缺陷，因为既然已经考虑到了发回重审不得加刑，那么再审时呢？前已提及，从相关规定和实践来看，无疑还是可以加刑的。

又增加了新的犯罪事实，以及变更原指控事实的情况，但不包括未改变事实，仅补充新证据的情况[①]。

综合本条看，区分是否加刑的标准是启动二审程序的主体，如果是被追诉方就不加刑；而只要有公诉方或自诉人之一，则就可以加刑。之所以如此规定，是假定公诉方或自诉人上诉一律都是认为一审判决畸轻；显然，这种理解是片面的。实践中，不乏为了被告人利益而上诉或抗诉的事例，如果按照本条规定，人民检察院抗诉是认为一审判决畸重，那么是否二审人民法院还可以判决比一审更重的刑罚呢？完全脱离诉请来看待所谓上诉或抗诉明显缺乏实践基础，也与基本的正义观念相违背。

第二百二十七条　第二审人民法院发现第一审人民法院的审理有下列违反法律规定的诉讼程序的情形之一的，应当裁定撤销原判，发回原审人民法院重新审判：

（一）违反本法有关公开审判的规定的；

（二）违反回避制度的；

（三）剥夺或者限制了当事人的法定诉讼权利，可能影响公正审判的；

（四）审判组织的组成不合法的；

（五）其他违反法律规定的诉讼程序，可能影响公正审判的。

【主旨】本条规定了一审审理程序违反法定程序时的发回重审。

【释评】本条与第二百二十五条中规定的发回重审不同，其中各项基本上与案件事实无涉，而是直接指向审理程序本身合法与否。最为重要的是，这种发回重审没有次数限制，一经发现，一律发回重审[②]。其积极意义在于，极大地彰显了程序的重要性。当然，这些事项是否都应发回重审，还有待商榷。

从这些事项类型看，第（一）、（二）、（四）项属形式标准，比较容易判断。“违反本法有关公开审判的规定”是指应当公开审判而没有公开审判，或者不应公开审判而公开审判的[③]。“违反回避制度”是指法庭组成人员应当回避而没有回避，由于本条指向“第一审人民法院的审理”，故只能指法庭组成人员的回避，而不包括公诉案件中出庭支持公诉的检察员及其书记员。“审判组织的组成不合法”是指审判组织的组成人员人数不足，没有相应资格（不具备审案资格，不是正式工作人员等），或者应当回避而未回避等。

第（三）项“剥夺或者限制了当事人的法定诉讼权利，可能影响公正审判”则明显属于实质性标准，判断起来相对较难。审判过程中，当事人的法定诉讼权利较多，比如辩护权，最后陈述权、知悉指控权等。“可能影响公正审判”属于或然性判断，而从理论上讲，公正审判的表现当然包括了实体公正和程序公正，在一审审理活动限制或者剥夺了当事人法定诉讼权利的情况下，还强调可能影响公正审判，显然，这里的公正审判仅指向实体公正，也就是说，一审审理活动剥夺或限制了当事人的法定诉讼权利，导致了其实体裁判可能有误时，才会被发回重审。换言之，剥夺或限制了当事人的法定诉讼权利应以严重为限，“至于限制被告人的辩护权情节轻微、被告人申请传唤关键证人出庭作证被法院拒绝、法律手续不完善等情形，如果没有影响公正审判的，可以向第一审法院指出，并提出纠正意见，但不必因此而发

---

① 张军：《新刑事诉讼法法官培训教材》，法律出版社 2012 年版，第 382 页。

②《解释》第三百二十九条规定：第二审人民法院发现原审人民法院在重新审判过程中，有刑事诉讼法第二百二十七条规定的情形之一，或者违反第二百二十八条规定的，应当裁定撤销原判，发回重新审判。

③ 按笔者理解，具体标准可以细化为：法庭明确宣布的决定不符合法律规定，即公开与否没有法律依据；或者是虽然未明确宣布不公开审理，但禁止其他人员进入法庭旁听等；或者是明确宣布不公开审理，但是允许除法律规定范围外的人员进入法庭。

回重审。”[①]

第二百二十八条 原审人民法院对于发回重新审判的案件，应当另行组成合议庭，依照第一审程序进行审判。对于重新审判后的判决，依照本法第二百一十六条、第二百一十七条、第二百一十八条的规定可以上诉、抗诉。

【主旨】本条规定了案件被发回重审后的处理以及效力。

【释评】二审人民法院将案件发回一审法院重审后，案件处理程序又回到了一审阶段，由于原法庭的裁决已被二审法院全部否定，为了保证案件质量，慎重起见，当然只能另行组成合议庭[②]重新审理。由于案件仍为一审，因此对重审后的判决，依法可以上诉、抗诉。

特别注意，本条没有提及裁定，这当然不意味着对重审后的裁定不能上诉或抗诉。因为在本法第二百一十六条中，有关主体有权对裁定提出上诉或抗诉。比如对自诉案件来说，原审法院重审后，完全可能裁定驳回起诉，此时，自诉人当然有权对此裁定提出上诉。

第二百二十九条 第二审人民法院对不服第一审裁定的上诉或者抗诉，经过审查后，应当参照本法第二百二十五条、第二百二十七条和第二百二十八条的规定，分别情形用裁定驳回上诉、抗诉，或者撤销、变更原裁定。

【主旨】本条规定了第二审人民法院对裁定的裁判方式。

【释评】裁定是除判决之外的一种重要裁判方式，其主要适用于程序性事项；因此，针对一审裁定的上诉或抗诉，二审也只能用裁定形式。本条中的裁定裁判类型，显然参照了有关判决的规定，具体说来包括：裁定驳回上诉、抗诉，裁定撤销原裁定，裁定变更原裁定三种，其中撤销原裁定可能与变更原裁定并用。

本条中所谓参照本法第二百二十五条、第二百二十七条的规定，与这些裁判类型应当说还是匹配的，但值得思考的是，本条如何能够参照第二百二十八条进行裁判呢？很明显，第二百二十八条规定的是“已经发回重审后的处理方式及效力”，而本条是有关二审裁判方式的规定，诉讼阶段差距如此之大，根本不可能参照。结合此二条的内容与效果看，可以理解为，二审人民法院如果裁定撤销一审裁定，发回重审后，则应当参照第二百二十八条之规定，对新的裁判结果，仍然可以上诉、抗诉。这样，就在一定程度上弥补了上一条的缺陷[③]。

第二百三十条 第二审人民法院发回原审人民法院重新审判的案件，原审人民法院从收到发回的案件之日起，重新计算审理期限。

【主旨】本条规定了案件发回重审后审理期限的计算方式。

【释评】本条文义很简单，原审人民法院从收到发回的案件之日起，重新计算审理期限。之所以如此规定，是因为此时案件又回到一审阶段，在一审审限有限的情况下，如果不重新计算审理期限，将导致原审法院无法进行重审。

不过，需要注意的是，这里的两个“案件”涵义有所不同。在前者，指审判对象，是一种法律评价单位。我国立法没有进一步明确案件的意蕴，理论研究也较为薄弱，按照法律辞书的解释，案件是指司法机关依照法律规定的程序查究解决的诉讼事件[④]。从相关规定看，大体也是支持上述理解的。即可以认为，刑事案件就是指控诉的犯罪事实（在公诉案件则为所

---

① 张军：《新刑事诉讼法法官培训教材》，法律出版社 2012 年版，第 382 页。
② 法庭组成人员都应当更换，其中也包括书记员。
③ 不过，笔者对上一条的释评意见也不能算错。
④ 栗劲、李放：《中华实用法学大辞典》，吉林大学出版社 1988 年版，第 1568 页。

谓“公诉事实”)，其包括了控诉主体、被告人、被控犯罪事实和罪名等一系列要素[①]。在后者则指“案件材料”，否则怎么可能被收到呢？

第二百三十一条　第二审人民法院审判上诉或者抗诉案件的程序，除本章已有规定的以外，参照第一审程序的规定进行。

【主旨】本条规定了第二审程序的审理方式，即参照一审程序进行审理。

【释评】第二审程序虽然与第一审有许多不同，但毕竟都是审判程序，需要满足正当程序的要求，除本章已有特别规定外，参照一审程序进行审理是必然选择。由于“参照”属于较为弹性的用语，究竟如何进行实际上并不明确。笔者认为，参照显然不是按照，也就是说，二者基本阶段可以相同，但应当有别，对此，《解释》中的相关特别规定便是如此[②]。但是，应当注意的一个重大区别在于，一审案件一律开庭，而二审有开庭审理和不开庭审理两种方式，如果二审法院决定开庭审理，从目前的相关规定看，与一审程序的基本结构完全相同，即仍然要经过宣布开庭、法庭调查、法庭辩论、被告人最后陈述四个阶段[③]。如果二审法院决定不开庭审理，此时要参照一审（关于开庭）规定，难以实现。

根据本法第二百二十三条之规定，不开庭审理的案件，二审人民法院除了应当讯问被告人，听取其他当事人、辩护人、诉讼代理人的意见外，其余均无规定。按照之前的诉讼实践，其基本特点为：合议庭审阅案卷材料，讯问被告人，听取其他当事人、辩护人、诉讼代理人的意见，但是不开庭，也没有法庭调查、法庭辩论等活动；合议庭在完成上述工作的基础上进行评议，作出判决或裁定[④]。这种处理方式究竟如何参照一审规定，让人不解：此时二审法院究竟是单方审查，还是采取对审结构？由于缺乏公诉案件“征求”检察院意见的规定，二审法院采“对审结构”进行听审也难有空间[⑤]。很明显，开庭与不开庭存在天壤之别，不开庭审理方式要参照开庭审理的规定，存在着几乎无法克服的困难。因为一审程序是“审判”最典型的代表，其强调各方诉讼主体应当“会合”为诉讼行为，其本身就与不开庭是矛盾的，在没有对方参与的情况下，调查、辩论都只能异化为单方陈述。既然都是单方陈述，在二审合议庭组成后的后继案件处理过程中，根本不能参照一审的相关规定。从这个角度说，如果二审不开庭审理案件，实际上只能参照一审关于审前的相关规定。如此一来，仅仅参照告知和送达的程序，意义不大，或许未来将“审前会议”“参照”过来，并进一步强化，才能使本条得以实现。

第二百三十二条　第二审人民法院受理上诉、抗诉案件，应当在二个月以内审结。对于可能判处死刑的案件或者附带民事诉讼的案件，以及有本法第一百五十六条规定情形之一的，经省、自治区、直辖市高级人民法院批准或者决定，可以延长二个月；因特殊情况还需要延长的，报请最高人民法院批准。

最高人民法院受理上诉、抗诉案件的审理期限，由最高人民法院决定。

【主旨】本条规定了二审刑事案件的审理期限。

【释评】归纳起来，本条区分不同情况，对二审案件采取了“2+2+X”的模式。即一般案

---

① 例如，在本法第一百八十一条中，法院开庭审理的条件就是“起诉书中有明确的指控犯罪事实”。

② 第三百二十二～三百二十三条。

③ 参见《解释》第三百二十二条。该条中没有提及上诉人最后陈述的问题，只是再次强调参照一审程序规定，考虑我国在一审程序中对被告人最后陈述的重视程度，二审程序中当然应当保留上诉人的最后陈述，实践中也是如此操作的。

④ 万毅、林喜芬：《刑事诉讼法》，清华大学出版社 2010 年版，第 401 页。

⑤ 如果要采用对审结构，自然就要求合议庭在讯问被告人，听取其他当事人、辩护人、诉讼代理人的意见时，应当选择法院审判庭（室），并且全部成员到场，最为关键的是，还应当允许对方主体到场。

件应当在二个月以内审结，对于可能判处死刑的案件或者附带民事诉讼的案件，以及有本法第一百五十六条规定情形之一的，在二个月之内无法审结的，经省、自治区、直辖市高级人民法院批准或者决定[①]，可以延长二个月。此时，审限已达四个月。如果还有特殊情况还需要延长的，应当报请最高人民法院批准[②]；而最高人民法院批准延长的时间为一至三个月，若期限届满案件仍然不能审结的，可以再次提出申请[③]。最后，因为最高人民法院系最高审判机关，所以，其受理上诉、抗诉案件的审理期限，由其自行决定[④]。

第二百三十三条　第二审的判决、裁定和最高人民法院的判决、裁定，都是终审的判决、裁定。

【主旨】本条规定了第二审裁判以及最高人民法院裁判的法律效力。

【释评】我国诉讼法制都采用两审终审制，第二审判决或裁定都是发生法律效力的终审裁判。最高人民法院系最高审判机关，不管其审级如何，最高人民法院的判决、裁定都无法于法律上再寻求更高机关的救济，因此都是终审的裁判。但是，综观本法相关规定，所有这些所谓“终审裁判”都只是针对非死刑案件而言，如果案件涉及死刑，待正常程序终结后（一审或二审都有可能），自然启动死刑复核程序，只有经有复核权的法院核准，该裁判方能生效。从这个角度说，认为二审裁判一律是终审裁判是不妥的，应当把案件范围限定为针对非死刑案件。另外，更为“棘手”的问题在于，最高人民法院的死刑裁判是否也需要复核？对此，相关规范上没有特别明确的规定，理论上也鲜有探讨[⑤]。

第二百三十四条　公安机关、人民检察院和人民法院对查封、扣押、冻结的犯罪嫌疑人、被告人的财物及其孳息，应当妥善保管，以供核查，并制作清单，随案移送。任何单位和个人不得挪用或者自行处理。对被害人的合法财产，应当及时返还。对违禁品或者不宜长期保存的物品，应当依照国家有关规定处理。

对作为证据使用的实物应当随案移送，对不宜移送的，应当将其清单、照片或者其他证明文件随案移送。

人民法院作出的判决，应当对查封、扣押、冻结的财物及其孳息作出处理。

人民法院作出的判决生效以后，有关机关应当根据判决对查封、扣押、冻结的财物及其孳息进行处理。对查封、扣押、冻结的赃款赃物及其孳息，除依法返还被害人的以外，一律上缴国库。

司法工作人员贪污、挪用或者私自处理查封、扣押、冻结的财物及其孳息的，依法追究刑事责任；不构成犯罪的，给予处分。

【主旨】本条规定了涉案财物的处理方式。

【释评】刑事诉讼活动中，不仅要对被追诉人的人身进行约束、控制，对其财产（权）往往也要加以限制、剥夺。在实体法层面，我国《刑法》第六十四条同时规定了追缴、责令退赔、没收这三种在语义与性质上容易混淆的司法处理措施。由于法律规定过于原则，理论上

---

① 这里的高级人民法院批准或者决定，分别指高级人民法院是二审法院的上一级法院（批准），以及其本身就是二审法院的情况（决定）。

② 这里究竟由谁报请并不明确，从情理上看，应当为二审法院，但按照目前法院系统工作习惯，二审人民法院申请最高人民法院延长审理期限，应当是层报，而不能直接报请。

③《解释》第一百七十三条。

④ 但是，从法理上看，最高人民法院自己审理案件更应当遵守审理期限，自行决定审理上诉、抗诉案件的审理期限，其实并未凸显其最高性。

⑤ 这个问题将在下一章“死刑复核程序”中展开论述。

对三者之间的区别与联系研究较少，因而增加了辨析和运用这些处理措施的难度，一定程度上造成司法实践中追缴、没收与责令退赔适用的混乱局面①。而在诉讼法层面，长期以来的刑事诉讼立法、执法、司法活动，对财产权的重视程度都较为不足，其制度构建与实务操作基本都属行政性质，完全由办案机关自行决定，相对人难有参与机会和救济途径。

本条虽然位于二审程序部分，却对整个刑事诉讼程序中的涉案财物处理进行了规定。具体说来：

第一款规定了处理涉案财物的一般程序。妥善保管以及制作清单属于处理的基本要求，这里不赘。值得注意的是，“对被害人的合法财产，应当及时返还”作何理解？随着时代发展，对财产权的重视程度不断提高，但本法的一些规定却与其他法律规定之间存在一定矛盾。比如，本款以及本条第四款中返还被害人的规定就可能与民法中的善意取得制度发生冲突。

第二款规定了移送作为证据使用的实物的要求，即一般应当随案移送，对不宜移送的，应当将其清单、照片或者其他证明文件随案移送。此时，保管机关仍然应当遵守第一款中的相关规定②。

第三款规定了人民法院判决对涉案财物的处理。由于公诉案件中，检察机关的起诉只是针对被告人所犯罪行，对涉案财物一般没有提及，但是法院裁判必须对案件的全部情况进行处理，如果只是对被告人定罪量刑，而对涉案财物不加处理，日后还会有诸多争议，因此，人民法院的判决③应当对查封、扣押、冻结的财物及其孳息作出处理。

第四款规定了人民法院判决生效后对涉案财物的处理方式。此时，有关机关应当根据判决对查封、扣押、冻结的财物及其孳息进行处理。对查封、扣押、冻结的赃款赃物及其孳息，除依法返还被害人的以外，一律上缴国库。从本款规定看，法院判决生效后对涉案财物的处理方式只有两种：除依法返还被害人外，一律上缴国库。显然，本款完全排除了案外人取得涉案财物所有权的可能性。

第五款规定了司法工作人员贪污、挪用或者私自处理查封、扣押、冻结的财物及其孳息的法律责任。这里的“司法工作人员”，当然是指办理具体案件的公安司法机关工作人员。

① 李长坤：《刑事涉案财物处理制度研究》，上海交通大学出版社2012年版，第52页。

② 这里还需注意对“移送”的理解。移送应当结合我国刑事诉讼程序的基本流程加以理解，在公诉案件中，三机关基本上各管一段，公安机关侦查终结后应当移送检察机关审查起诉，检察机关审查后，认为应当起诉的，应当向法院提起公诉。上述过程中都存在证据移送问题。

③ 为什么本款没有提及裁定？这个问题值得深思。

第四章 死刑复核程序

死刑是剥夺犯罪分子生命的刑罚，是诸刑种中最严厉的一种。我国法律一方面把死刑作为打击犯罪、保护人民的有力武器，另一方面又强调严格控制死刑的适用。因此，除在实体法中规定了死刑不适用于未成年人、怀孕妇女等限制性要求外，还在程序法中对判处死刑的案件规定了一项特别的审查核准程序——死刑复核程序。它是人民法院对判处死刑的案件进行复查核准所遵循的一种特别程序，其以独特的审理对象和核准权的专属性等特征既区别于普通程序，又不同于其他特殊程序。这一程序设置充分体现了我国对适用死刑一贯坚持的“严肃与谨慎、慎杀与少杀”的方针政策，对于保证办案质量，正确适用死刑，坚持少杀，防止错杀，切实保障公民的人身权利、财产权利和其他合法权益，保障社会的长治久安均有重要意义。本次修法明确了死刑复核案件的处理方式，强调辩护方对死刑复核程序的参与，同时，也加强了人民检察院对死刑复核的监督；当然，其具体效果，还有待观察。

第二百三十五条　死刑由最高人民法院核准。

【主旨】本条规定了最高人民法院的死刑立即执行核准权。

【释评】由于最高人民法院的特殊地位，死刑核准权由其享有，能够保证死刑裁判的质量，并体现权威性。

本条实际上仅适用于死刑立即执行案件。从实体法看，死刑是最为严厉的刑罚措施。根据我国《刑法》规定，死刑有两种执行方式：一种是针对罪大恶极者适用的立即执行，另一种是对不那么严重者可以缓期两年执行。它们只是执行方式不同而已，而并非不同的刑罚种类。虽然目前学界公认，死刑缓期二年执行属于死刑之一种，但据统计，司法实践中，99%的死缓犯都会在二年考验期满后被减为无期徒刑或者有期徒刑，因抗拒改造而被变更执行死刑的只是极少数[①]，因此，死缓实际上空有死刑之名而无死刑之实。可能正是这种长期存在的情况，导致了在刑法规定与司法实践中，死缓与死刑立即执行被严格区分开来。如果犯罪分子“罪大”而“恶不极”，尚有教育改造、重新做人的可能，那么就被认定为“不是必须立即执行”，就适用死缓。换言之，在立法与司法实践中，死缓实际上被看做是比死刑立即执行低一个档次的刑罚[②]。

第二百三十六条　中级人民法院判处死刑的第一审案件，被告人不上诉的，应当由高级人民法院复核后，报请最高人民法院核准。高级人民法院不同意判处死刑的，可以提审或者发回重新审判。

高级人民法院判处死刑的第一审案件被告人不上诉的，和判处死刑的第二审案件，都应

① 李云龙、沈德咏：《死刑制度比较研究》，中国人民公安大学出版社1992年版，第263页。

② 黎宏：《死刑缓期执行制度新解》，载《法商研究》2009年第4期，第102页。

当报请最高人民法院核准。

【主旨】本条规定了死刑复核程序的一般流程[①]。

【释评】由于只有中级及其以上的人民法院才有权判处死刑，因此，死刑复核的起点就从中级人民法院开始。本条一、二款分别规定了三种不同情况下的复核程序。

（1）中级人民法院一审死刑判决→高级人民法院复核→最高人民法院核准。

（2）中级人民法院一审判决→高级人民法院二审死刑判决或裁定→最高人民法院核准。

（3）高级人民法院一审死刑判决→最高人民法院核准。

通过比对很容易发现，在逻辑上，本条明显还欠缺另外两种情况的处理。这就是：

（4）高级人民法院一审判决后，经最高人民法院二审死刑判决或裁定的，此时最高人民法院的裁判是否还需复核？

（5）最高人民法院的一审死刑判决如何复核？

这两种情况在实践中虽然非常少见，但是法典的逻辑理性，要求我们对其也要认真对待。对此，学术界存在不同看法。有学者主张，最高人民法院判决的死刑案件也应当经过死刑复核程序[②]。有学者则认为，只要死刑的最终决定权掌握在最高人民法院，就应当说死刑的适用是公正的，没有证据表明中级人民法院一审判决并经过高级人民法院二审和最高人民法核准的死刑案件，就一定比由最高人民法院一审或者二审判处死刑没有经过复核程序的案件更加公正和可靠。相反，由最高人民法院对死刑案件进行二审或者直接一审，不仅更加有利于保证案件的质量，而且更有利于限制死刑的适用[③]。笔者赞同第一种观点。其理由在于，第二种观点的立论基础本身就存在疑问，有什么证据证明最高人民法院的裁判能力就一定高于其他地方法院呢？事实上，由于人员组成、功能定位等原因，很难说最高人民法院的办案质量就一定比地方法院更高。

死刑复核程序的目的，既然是贯彻国家“少杀、慎杀”的刑事政策，最高人民法院地位虽高，却不能保证其裁判完全无误，那么，在死刑复核应当由另行审判员三人组成合议庭进行的情况下，完全能够在一定程度上发现该死刑裁判的不当之处。对此，有人可能会认为，本院审理的案件，再由本院复核，在效率和效果上都值得怀疑。这种观点不无道理，但是应当看到，死刑案件毕竟是少数，而且人命关天，人死不能复生，即使以后纠正，又有何意义？再者说，尽管可能效率不高，效果不好，可哪怕是只发现了一起错判或误判，也是善莫大焉。当然，综合起来看，建议还是取消最高人民法院、高级人民法院的一审受案权，这样既可保证审级、管辖顺畅，也可避免制度冲突，从而维护被追诉人的合法权益。

第二百三十七条　中级人民法院判处死刑缓期二年执行的案件，由高级人民法院核准。

【主旨】本条规定了高级人民法院对由中级人民法院判处死刑缓期二年执行案件的核准权。

【释评】本条属于授权性质，文义甚简。唯应注意者在于，对高级人法院判决或裁定的二审死缓案件也由其核准。实践中，高级人民法院一般是把第二审程序和死刑复核程序合二为一，这种做法无疑值得商榷。如果是高级人法院的第一审死缓判决，存在上诉或抗诉的，最高人民法院应当作出裁判，此时，最高人民法院若予以维持，则当然有权直接进行核准[④]。

① 注意，只是一般流程，从逻辑上分析尚存在严重缺陷。

② 陈光中：《刑事诉讼法实施问题研究》，中国法制出版社 2000 年版，第 273 页。

③ 杨文革：《死刑程序控制研究》，中国人民公安大学出版社 2009 年版，第 200-201 页。

④ 根据“举重以明轻”的法理，既然最高人民法院有权核准死刑立即执行案件，对相对较轻的死缓案件当然有核准权。

第二百三十八条 最高人民法院复核死刑案件，高级人民法院复核死刑缓期执行的案件，应当由审判员三人组成合议庭进行。

【主旨】本条规定了死刑复核程序中的合议庭组成方式。

【释评】由于死刑案件涉及案情重大，只能由审判员组成合议庭进行复核。当然，从合理性上看，三人似乎偏少，因为这是合议庭的最低要求，如果考虑到死刑案件在很多情况下可能较为复杂，而且还需要讯问被告人、听取辩护律师以及最高人民检察院的意见，由五人组成可能较为理想。

第二百三十九条 最高人民法院复核死刑案件，应当作出核准或者不核准死刑的裁定。对于不核准死刑的，最高人民法院可以发回重新审判或者予以改判。

【主旨】本条规定了最高人民法院复核死刑案件的裁判方式。

【释评】死刑复核程序作为特殊程序，其裁判方式也具有特殊性。

复核程序在本法中都是“由下而上”启动的程序，针对下级法院（各高级人民法院）的报请，最高人民法院应当正面进行回应，即是否核准，其裁判形式为裁定。在最高人民法院作出不核准死刑的裁定的情况下，发回重审问题都还不大，因为一份裁定中分别写明不核准死刑，发回重审完全是可行的。但若是需要改判的话，因为裁定与判决明显无法兼容，此时实际上只能是先作出一份不核准裁定，然后再对案件进行判决，然而随之而来的问题是，此时裁判文书号如何标注？

从立法渊源看，本条源自2007年《最高人民法院关于复核死刑案件若干问题的规定》第一条之规定，该条规定：最高人民法院复核死刑案件，应当作出核准的裁定、判决或者不予核准的裁定。相比较而言，本条对最高人民法院的规定作了不小改动，特别是在逻辑层次上有了很大调整。结合上述规定，笔者认为，本条可以简单理解为：最高人民法院复核死刑案件，应当作出核准的裁定，不予核准的裁定（含发回重审），或者直接改判[①]。

另外，本条仅规定了最高人民法院复核死刑案件的裁判方式，而没有提及高级人民法院复核死缓案件的处理，从法理上讲，后者应当参照适用。对此，《解释》第三百四十九条基本予以了肯定。

第二百四十条 最高人民法院复核死刑案件，应当讯问被告人，辩护律师提出要求的，应当听取辩护律师的意见。

在复核死刑案件过程中，最高人民检察院可以向最高人民法院提出意见。最高人民法院应当将死刑复核结果通报最高人民检察院。

【主旨】本条规定了死刑复核程序的审理方式。

【释评】相比其他程序而言，死刑复核程序因其特殊性而在法典中“着力不多”，本条系新增，重点对审理方式进行了规范。

（一）讯问被告人与听取辩护律师意见

第一款规定了最高人民法院对被告人的讯问义务，即必须讯问被告人，没有例外，这是保证案件质量的关键。在具体方式上，对于有能卡死是被告人作案的客观证据或直接证据的案件，可以通过视频方式提讯被告人。缺少将被告人与犯罪事实关联起来的证据，或者通过

① 从规范变化角度可以发现，立法者与司法者对规范的理解存在很大差异。

间接证据形成证据锁链定案的案件，或者被告人翻供的案件，应当到被告人羁押场所直接提讯被告人[①]。

另外，随着复核程序的启动，死刑裁判并未生效，因此，被告人仍然有权委托辩护人，本条规定了辩护律师有权向法院提出意见，并且在其提出要求的情况下，法院有“义务”听取意见。这里有一个问题值得注意，依本法第三十二、三十三条之规定，辩护人并不限于律师，只有在侦查阶段，犯罪嫌疑人才只能委托律师作为辩护人。然而，本条却仅规定辩护律师提出意见，这是否意味着死刑复核程序中，被告人只能委托律师作为辩护人？依体系解释，当然不能得出此结论。不过，依目的解释，规定辩护律师有权提出意见，主要是考虑到律师的职业属性。另外，尽管被告人可以委托其他人作为辩护人，但无法发表意见，从这个角度可以说，本条又无异于从反面否定了非律师辩护人参与死刑复核程序的可能性。因此，综合起来看，可以认为，在死刑复核程序中，被告人确实只能委托律师作为辩护人。

（二）最高人民检察院的监督权

从文义看，第二款规定可以有不同解读。一是将两句话合为一体，即最高人民检察院在复核死刑案件过程中的提出意见权，这一意见的后果为最高人民法院的“死刑复核结果通报”。二是将其分开来看，即提出意见与结果通报各自独立，互不干扰。目前，后一种理解得到了规范性文件的支持，因为《解释》中分别用两个条文规定了对最高人民检察院意见的听取，以及死刑复核结果的通报[②]。

（三）未来展望

总体而言，本条规定改变了以前死刑复核程序的诸多弊端，虽然还没达到公开审理的程度，但由于辩护律师与最高人民检察院都权提出意见，这就使得死刑复核案件的审理，不再是以前最高人民法院法院“独占”的地盘，由此初步形成了一个控、辩、审三方互动的“准司法化”式的构造[③]，死刑复核结果有望更加公正准确。但是，需要看到，该条仅针对最高人民法院的死刑立即程序的复核，而对高级人民法院对死缓案件的复核，却未有任何涉及[④]。此外，由于相关配套制度的欠缺，最高人民检察院与律师在死刑复核程序中的作用可能较为有限。比如，现行立法及有关司法解释，对死刑复核程序的审理期限均无明确规定。有人认为，立法者对死刑复核程序的审理期限不予具体规定，是为了给复核法院充足的时间对案件进行审核。这种理解或许有一定道理，但法律不明确规定复核的审理期限的弊端应当更为明显。案件久拖不决，不利于及时打击真正的罪犯，发挥死刑对潜在犯罪的预防作用；不利于对不应判处死刑的罪犯或无辜者的保护。同时，法律对复核期限不做明确规定，往往使被告人长期处于“待杀”状态，亦有违司法的人道性原则，当然，从提高诉讼效率的角度讲，案件久拖不决也是不足取的[⑤]。

对前者来说，由于死刑复核程序的报请权在各高级人民法院，被告人、辩护人及人民检察院均无报请复核的资格。显然，目前这种报请方式已然与司法权的被动、中立属性相违背，

① 张军：《新刑事诉讼法法官培训教材》，法律出版社2012年版，第388页。
②《解释》第三百五十七条规定：死刑复核期间，最高人民检察院提出意见的，最高人民法院应当审查，并将采纳情况及理由反馈最高人民检察院。第三百五十八条规定：最高人民法院应当根据有关规定向最高人民检察院通报死刑案件复核结果。
③ 冀祥德：《最新刑事诉讼法释评》，中国政法大学出版社，2012年版，第216页。
④ 笔者认为，死缓判决也属重刑，不能说因为被告人的脑袋保住了，复核时就不再予以保护。
⑤ 龙宗智：《徘徊于传统与现代之间——中国刑事诉讼法再修改研究》，法律出版社2005年版，第335-336页。

且此种制度设计也使检察机关因无从知晓复核程序开始时间，而无法进行检察监督。在审理方式上，法官审理时不公开开庭，主要通过阅卷审核，倘若发现事实认定方面存有疑问，无需控辩双方举证质证，而是由最高人民法院负责死刑复核的法官调取核实证据，甚至对合议庭的成员是否必须一起讯问被告人调取证据、阅卷评议，法律及司法解释都未作出规定。从整体看，死刑复核程序中制约法院的因素较少，被告人、辩护人及检察机关的主体参与性十分有限。鉴于此，若想落实检察机关的法律监督权，就必须进一步完善死刑复核的审理方式①。当然，最高人民检察院要切实担负起监督职责，还需要完善相关工作机制，加强与有关机关、人员的联系、沟通，加强机构设置和人员配置，等等②。对此，《诉讼规则（试行)》中进行了一定程度的细化，为该制度的完善奠定了基础③。

对后者来说，辩护活动究竟如何展开还存在着很多困难。因为法律没有明确复核程序的审理方式是否为开庭，只是要求要讯问，这就给复核程序的具体进行带来了一些不确定因素。比如，辩护律师一旦参与其中，法院对辩护律师的文书送达、相关权利告知、意见听取方式、复核决定中对辩护意见的表述等重要问题上基本都是空白。律师要在死刑复核程序中发挥作用还有很长的路要走。

值得注意的是，2013 年 6 月 17 日，最高人民法院在河北省黄骅市法院开庭，就被告人杨方振被二审判处死刑一案进行复核。这是自 2007 年 1 月 1 日最高院收回死刑核准权以来，首次参照二审的庭审程序开庭。据报载，由于本法并未就死刑复核阶段如何开庭审理作出明确规定，在开庭之前，检察官询问按什么程序开，法官回答参照一审和二审的程序开。于是，检察官又去请示领导，经过一个小时的等待，下午 3 点半才开始庭审。杨方振的辩护人、北京汉卓律师事务所的谢通祥律师介绍说，昨天的庭审主要是由新证人出庭作证，陈述其所了解到的杨方振被刑讯逼供的情况，然后由检察官、辩护人、法官分别发问，再由书记员打印出庭审笔录，由证人签字确认④。该案件的复核程序可谓进步巨大，从传统上的根据情况审阅案卷、赴案发地实地查看现场、讯问有关证人、向侦查人员了解核实情况，到如今开庭审理，最高人民法院的这一举动，完全符合刑事诉讼法的精神，预示着未来死刑复核程序的改革方向。

---

① ② 刘仁文、郭莉：《论死刑复核法律监督的完善》，载《中国刑事法杂志》2012 年第 6 期，第 99 页、第 102-103 页。

③ 其第六百零三条规定，最高人民检察院死刑复核检察部门负责承办死刑复核法律监督工作。随后在相关条文中对诸多工作细节进行了规定，具体详见第六百零四～六百一十三条。

④ 详细报道见《承认抢劫杀人是因刑讯逼供？——辩护律师提出多点质疑 最高法对死刑案首次开庭复核》，载《北京晚报》2013 年 6 月 18 日第 8 版。

第五章　审判监督程序

审判监督程序，一般又称再审程序[①]，在我国是指人民法院、人民检察院对于已经发生法律效力的判决和裁定，发现在认定事实或者适用法律上确有错误时，予以提出并由人民法院对该案重新审判所应遵循的步骤和方式、方法。审判监督程序是一种特殊程序，是整个刑事诉讼的重要组成部分，但它并不是每个案件的必经程序，只有对已经发生法律效力而且确有错误的判决和裁定才能适用。设立审判监督程序，并依此程序撤销、变更已经发生法律效力的错误判决、裁定有利于贯彻实事求是、有错必纠的方针；有利于切实保护公民的合法权益，稳定社会秩序；有利于加强上级人民法院对下级人民法院，以及上级人民检察院对下级人民法院审判工作的监督。

本章对原有再审制度诸多方面都进行了修正。比如对再审事由进行了调整；规定了指令再审中原审法院的管辖权转移；强调开庭审理案件时，检察官有出庭义务；等等。这些修改当然有很多积极意义，但这种修改较为初步，对审判监督程序的核心问题，比如再审事由的合理构造、当事人申诉的效力以及再审程序体系安排等涉及较少。

第二百四十一条　当事人及其法定代理人、近亲属，对已经发生法律效力的判决、裁定，可以向人民法院或者人民检察院提出申诉，但是不能停止判决、裁定的执行。

【主旨】本条规定了当事人及其法定代理人、近亲属的刑事申诉。

【释评】本条中，当事人及其法定代理人、近亲属对已经发生法律效力的判决、裁定“可以”申诉。学理上多认为，本条规定的是“可以”而不是“有权”，因此，申诉仅仅是当事人及其法定代理人、近亲属希望引起再审的诉讼行为，并不必然导致再审[②]。笔者认为，这种认识不妥。显然，可以就意味着一种行为自由，既为自由，为何不是一种权利呢？至于申诉效力弱，没有必然引发再审的作用，只能说明法律过于注重“程序安定性”，对申诉的权利属性没有给予足够尊重而已。比如，本条中，相关人员究竟向哪个人民法院、人民检察院申诉其实并不明确，加之，还强调申诉不能停止判决、裁定的执行，这就使得申诉的法律意义大为降低。

在具体申诉程序上，《解释》规定：申诉由终审人民法院审查处理。但是，第二审人民法院裁定准许撤回上诉的案件，申诉人对第一审判决提出申诉的，可以由第一审人民法院审查处理。上一级人民法院对未经终审人民法院审查处理的申诉，可以告知申诉人向终审人民法院提出申诉，或者直接交终审人民法院审查处理，并告知申诉人；案件疑难、复杂、重大的，

① 关于审判监督程序与再审程序的关系问题，诉讼法理论上存在不同看法。有人认为，审判监督程序就是再审程序；有人认为，二者是一种包容关系，但具体关系上又有不同主张；还有人认为二者是并行关系，审判监督程序是再审程序的前置程序。相关介绍参见黄士元：《刑事再审制度的价值与构造》，中国政法大学出版社2009年版，第1页。

② 李昌林：《最新中华人民共和国刑事诉讼法释义》，中国法制出版社2012年版，第477页。

也可以直接审查处理。对未经终审人民法院及其上一级人民法院审查处理，直接向上级人民法院申诉的，上级人民法院可以告知申诉人向下级人民法院提出[①]。《诉讼规则（试行）》规定：当事人及其法定代理人、近亲属认为人民法院已经发生法律效力的刑事判决、裁定确有错误，向人民检察院申诉的，由作出生效判决、裁定的人民法院的同级人民检察院刑事申诉检察部门依法办理。当事人及其法定代理人、近亲属直接向上级人民检察院申诉的，上级人民检察院可以交由作出生效判决、裁定的人民法院的同级人民检察院受理；案情重大、疑难、复杂的，上级人民检察院可以直接受理。当事人及其法定代理人、近亲属对人民法院已经发生法律效力的判决、裁定提出申诉，经人民检察院复查决定不予抗诉后继续提出申诉的，上一级人民检察院应当受理。不服人民法院死刑终审判决、裁定尚未执行的申诉，由监所检察部门办理[②]。

第二百四十二条　当事人及其法定代理人、近亲属的申诉符合下列情形之一的，人民法院应当重新审判：

（一）有新的证据证明原判决、裁定认定的事实确有错误，可能影响定罪量刑的；

（二）据以定罪量刑的证据不确实、不充分、依法应当予以排除，或者证明案件事实的主要证据之间存在矛盾的；

（三）原判决、裁定适用法律确有错误的；

（四）违反法律规定的诉讼程序，可能影响公正审判的；

（五）审判人员在审理该案件的时候，有贪污受贿，徇私舞弊，枉法裁判行为的。

【主旨】本条规定了人民法院因当事人及其法定代理人、近亲属申诉引发再审的条件。

【释评】如上所言，申诉具有一定权利属性，申诉人提交了符合形式的材料后，人民法院应当审查，并在三个月内作出决定，至迟不得超过六个月[③]。如果经审查后符合本条规定，则应当决定重新审判。值得注意的是，《解释》第三百七十一条第二款中，允许案外人在认为已经发生法律效力的判决、裁定侵害其合法权益时，提出申诉。该规定扩宽了申诉人的范围，有利于案件的妥善处理，值得肯定。

综合各项情形看，申诉引发再审的情形大致可以归为四类。

（一）裁判事实基础不牢或丧失

证据是认定案件事实的基础，如果证据出现问题，无异于破坏了司法大厦的根基。本条确定了两种应当再审的情形：一是存在重要的新证据，二是既有定案证据应予排除，或相互之间存在矛盾。

根据《解释》规定，新证据包括了以下情况：(1) 原判决、裁定生效后新发现的证据；(2) 原判决、裁定生效前已经发现，但未予收集的证据；(3) 原判决、裁定生效前已经收集，但未经质证的证据；(4) 原判决、裁定所依据的鉴定意见，勘验、检查等笔录或者其他证据被改变或者否定的[④]。因新证据引发再审，要求同时具备两个条件：能够证明原裁判认定事实确有错误，并且可能影响定罪量刑。这样一来，实际上就严格限制了再审的启动，缩小了再审案件的范围。因为，若新证据仅是证明原判决、裁定认定的事实确有错误，其情形较为宽泛，其中既包括了可能影响定罪量刑的情形，也包括了对于案件的定罪量刑没有丝毫影响的情况。

① 第三百七十三条。
② 第五百九十三条。
③《解释》三百七十五条第一款。
④ 第三百七十六条。

对案件的定罪量刑没有影响的错误，一般而言，属于较小的错误，可以通过其他途径予以解决，即使不能够予以解决，从维护判决既判力，限制再审程序启动角度而言，也没有必要启动再审程序予以纠正的迫切需要。因此，对这种情形不予再审，是再审纠错与维护判决既判力之间衡平的结果，有益于社会关系的稳定，也避免了司法资源的浪费[①]。

本法第五十三条明确了认定被告人有罪的标准，第二项中的两种情况分别与之违反，即不符合“据以定案的证据均应经法定程序查证属实”，以及“综合全案证据，对所认定事实已排除合理怀疑”的要求，此时，对原裁判当然应启动再审程序予以纠正。毕竟，公正是法律的生命，在证据基础本身便不牢靠的情况下，程序安定只能让位于实体公正。另外，该规定明确将据以定罪量刑的证据“依法应当予以排除”，作为法院应当启动再审的事由，客观上加重了法院排除非法证据的责任，如果非法证据得不到排除，那么原审法院将面临着生效裁判被废除或者改判的风险，无疑，该规定成为悬在法官头上的一把利剑，增强了非法证据排除规则适用的刚性[②]。

（二）法律适用错误

裁判适用法律错误，是现代法治国家的主要的再审理由之一，很多大陆法系国家和地区，如法国、日本、意大利和我国台湾地区，都专门规定了针对法律错误的再审程序。英国和美国也有类似制度[③]。从逻辑上分析，第（三）项中原审裁判适用法律确有错误，应当以认定事实正确为前提，否则可以直接适用前面两项。然而，正如前面已经指出的，适用法律与认定事实，实际上存在着难以分割的密切关系，适用法律错误，其实也就意味着与该法律（规定）对应的事实认定存在问题，加之确有错误属于一种价值判断，并且是当事人及其法定代理人、近亲属的一种主观判断，在本项没有进一步明确错误类型（实体法抑或诉讼法）、大小的情况下，实际上就使得原审裁判法律适用是否有错误的决定权，完全由法院掌控，从而在一定程度上失去了再审事由约束法院，以及救济一方当事人的功能。

（三）严重程序瑕疵

第（四）项中，“违反法律规定的诉讼程序，可能影响公正审判”，是两项需要同时成立的条件。原审程序中，违反法律规定程序的表现形式多样，后果也各不相同，出于维护生效裁判稳定性的考虑，本项把人民法院应启动再审程序的条件，限制为可能影响公正审判，由于公正审判当然包括审判程序公正，在已经违反法定程序的情况下，强调可能影响公正审判，自然仅指案件实体裁判结果。由此可以发现，本项中的违反法定程序应以“严重”为限，并且附加影响实体裁判的条件，这样，就可能在相当程度上缩小因程序违法而导致再审的事项范围，这里，笔者建议尽量把程序违法类型化、具体化。结合本法相关规定以及实践情况看，法院无管辖权，审判组织不合法，审判人员应当回避而未回避，案件应当公开审理而未公开审理；未合法传唤当事人而缺席判决，剥夺了当事人的辩护权；等等[④]，都可包括在内。

（四）审判人员的不当行为

第（五）项中，审理案件的审判人员只要有“贪污受贿，徇私舞弊，枉法裁判行为”中任意之一种，就应当启动再审程序。从正当性看，该规定无疑成立。因为审判人员的上述行为

① ② 陈卫东：《2012刑事诉讼法修改条文理解与适用》，中国法制出版社2012年版，第320页、第320-321页。
③ 黄士元：《刑事再审制度的价值与构造》，中国政法大学出版社2009年版，第102-103页。
④ 陈卫东：《刑事诉讼程序论》，中国法制出版社2011年版，第342-344页。

已经让人感受不到司法权威了。不过，在可操作性与准确性上，该规定较为欠缺。这表现在：

首先，上述三种均属不当行为，其认定标准不明，即究竟以何时、何人认定为准？法律并未言明，相关规定中也无涉及。

其次，就行为内容来说，“徇私舞弊，枉法裁判”本身是一个包括了诸多方面的复合概念，审判人员如果有这些行为，当然会影响案件的公正处理，但“贪污受贿”未必尽然。对于审判人员的贪污受贿行为当然必须与徇私舞弊，枉法裁判一样，受到严厉查处，但如果并未影响案件公正处理的，人民法院对于该案件未必“应当重新审判”了[①]。

基于法的指引性，当事人及其法定代理人、近亲属在申诉材料中一般都会明确指出生效裁判究竟错在何处，即是符合法定情形的具体哪一项或几项。结合本条与上一条看，当事人及其法定代理人、近亲属的申诉并不当然启动再审程序，由此，其申诉是否符合法定条件不是自己认为即可，而是需要法院经审查后认定。由于不同主体视角差异以及利益指向不同，加之审查程序的秘密性、单方性，直接导致了实践中虽然大量存在申诉，而真正启动再审程序的比例、数量其实相当之低[②]。对比民事再审程序的构造可以发现，过于严苛的启动程序，公权力在再审启动程序上的“垄断地位”，在一定程度上造成了再审程序的“失灵”。

第二百四十三条　各级人民法院院长对本院已经发生法律效力的判决和裁定，如果发现在认定事实上或者在适用法律上确有错误，必须提交审判委员会处理。

最高人民法院对各级人民法院已经发生法律效力的判决和裁定，上级人民法院对下级人民法院已经发生法律效力的判决和裁定，如果发现确有错误，有权提审或者指令下级人民法院再审。

最高人民检察院对各级人民法院已经发生法律效力的判决和裁定，上级人民检察院对下级人民法院已经发生法律效力的判决和裁定，如果发现确有错误，有权按照审判监督程序向同级人民法院提出抗诉。

人民检察院抗诉的案件，接受抗诉的人民法院应当组成合议庭重新审理，对于原判决事实不清楚或者证据不足的，可以指令下级人民法院再审。

【主旨】本条规定了刑事再审的启动程序。

【释评】前面两条所规定的申诉，只是人民法院、人民检察院发现错误裁判的材料来源之一，至于再审能否因此而启动，则取决于“两院”对申诉的审查结果，从这个意义上讲，我国再审程序的启动主体只有人民法院和人民检察院。

（一）本院决定再审

在第一款中，各级人民法院对自己作出的已经发生法律效力的判决和裁定，在认为确有错误时，可由院长提交审判委员会讨论决定是否再审。需要注意的是，如果原一审属于本院，后来又经过二审终审的案件，发现确有错误，则一审人民法院及审判委员会无权提交和决定再审，只能向第二审人民法院提出意见，由二审法院决定是否提起再审[③]。人民法院的“错案”信息来源，除去检察机关抗诉外，不外乎三个途径：一是上两条规定中的申诉；二是法院系统内部的自查，包括本院自查以及上级法院检查、抽查等方式；三是其他机关或个人转交的

① 张军、陈卫东：《新刑事诉讼法疑难释解》，人民法院出版社 2012 年版，第 326 页。

② 比如，据最高人民法院提供的统计数据，2011 年共受理 3055 件刑事再审案件，2012 年 1 月～9 月，共受理 2 100 件刑事再审案件。数据来源：http://www.court.gov.cn/qwfb/sfsj/index_1.html，http://www.court.gov.cn/qwfb/sfsj/index.html。2013 年 7 月 10 日访问。再审案件数量如此之少，原因很多，但可以肯定，再审事由构建不合理有着重要影响。

③ 陈光中：《刑事诉讼法》（第五版），北京大学出版社、高等教育出版社 2013 年版，第 395-396 页。

申诉案件[①]。很明显，“确有错误”这一表述极不确定，带有浓厚主观色彩，几乎不具有可操作性。其一方面可能刺激当事人无限申诉，另一方面却又为法院自行再审大开方便之门。

需要看到，法院主动提起再审时，法院院长的地位非常突出，不仅不经院长提请，审委会不得讨论案件是否应被再审，而且院长本人也是审判委员会的成员，要主持审判委员会对案件的讨论。这种对法院院长职能的强调，更为强烈地显示出我国再审启动中的职权监督性、行政性。目前法院系统内存在较为严重的行政化倾向，法院院长提请审判委员会讨论决定再审，以及再审案件审理结果的最终决定权，仍掌握在审判委员会手中的规定，使得再审审判法院在审判过程中，不可能不考虑院长和审判委员会的态度。这就意味着，凡被提起再审的案件，最终大都会以“有错”并被“纠正”而结束。要求再审法官无视院长、审判委员会的态度而独立地作出判决，对他们来说，近乎苛求[②]。

（二）上级人民法院提审或指令再审

由于上下级法院之间为监督与被监督关系，因此，上级法院在发现下级法院的判决、裁定确有错误时，有权提审，或者指令下级人民法院再审。另外，从逻辑上看，最高人民法院相对于地方各级法院而言当然属于上级人民法院，因此第二款单列最高人民法院对各级人民法院的判决、裁定有提审权或指令再审权似无必要。该规定仍然比较强烈地体现了再审程序启动时的职权监督性和行政性。总体说来，对这种法院自行主动启动再审程序的规定与做法，学理上普遍认为属于“控审不分，不告而理”，严重缺乏正当性[③]。

（三）人民检察院抗诉

人民检察院之所以能够对已生效裁判提出抗诉，其依据显然不在于控诉权，而是基于其享有的法律适用监督权。检察院提出再审抗诉的目的，主要不在于救济当事人（当然，效果可能及于当事人），而在于所谓统一法律适用。这就决定了检察机关的抗诉范围极其宽泛，无论是事实问题，还是法律问题，也不管是否有利于被告人，只要其认为“确有错误”，便可提出抗诉。

再审程序是针对已生效判决、裁定的一种特殊程序，加上检察机关上下级之间是领导和被领导关系，因此，检察机关的抗诉只能是原生效裁判作出法院的上级检察院向自己的同级法院提出，最高人民检察院只能向最高人民法院提出抗诉。出于对法定监督者的尊重，对检察院的抗诉，接受抗诉的人民法院应当组成合议庭重新审理，易言之，有抗诉必有再审，这显然是当事人方之申诉无法比拟的。

值得注意的是，对“接受抗诉的法院应当组成合议庭重新审理与指令下级法院再审”之间的关系如何理解？单就文义而言，可能有两种解读：一是接受抗诉的法院直接指令下级法院再审，二是接受抗诉的法院组成合议庭重新审理后再视情况指令再审。笔者赞同后一种理解。因为接受抗诉的法院并非原审法院，其对案件只有经过审理后，才能得出是否属于“原判决事实不清楚或者证据不足”的情况，因此，不管案件最终处理结果是接受抗诉的法院直接下判，还是指令下级法院再审，接受抗诉的法院都必须先组成合议庭重新审理，然后才能

① 正因为诉讼法上的申诉没有必然引发再审程序的效力，而宪法中又肯定了公民的一般申诉权，第三种类型中的申诉，在严格意义上讲属于民主权利范畴，应与第一种类型区别开来。

② 黄士元：《刑事再审制度的价值与构造》，中国政法大学出版社 2009 年版，第 77 页。

③ 相关文献非常之多，这里就不再具体引用了。

对案件进行裁判，所以指令再审只是接受抗诉法院进行重新审理后的处理结果之一[①]。从这个角度看，相对于原审而言，接受抗诉的法院事实上已经对案件进行了一次“再审”，而指令下级法院再审实际上已经演变为“二次再审”了。

另外，只有针对原判决事实不清楚或者证据不足的，才“可以”指令下级人民法院再审，并不是“应当”指令下级法院再审；换言之，接受抗诉的人民法院当然有权自行审理该抗诉案件。如果指令再审，则无疑应当受到下一条（二百四十四条）的限制。特别应注意的是在规范意义上，如果接受抗诉的法院认为下级法院的生效裁判认定事实正确，只是适用法律错误，或者量刑不当，则其应当自行审理，不得指令下级法院再审。

第二百四十四条　上级人民法院指令下级人民法院再审的，应当指令原审人民法院以外的下级人民法院审理；由原审人民法院审理更为适宜的，也可以指令原审人民法院审理。

【主旨】本条规定了上级人民法院指令再审时应受到的限制。

【释评】再审案件由原审法院审理存在诸多障碍，不仅公正性备受质疑，而且由于案件结果与法院自身存在密切关系，要求自己纠正自己，有些“强人所难”。为了保证再审案件得到公正处理，本条对上级人民法院指令下级人民法院再审进行了限制。

依法条文义，一般应由原审人民法院以外的其他同级人民法院审理，但若有特殊情况，也可以指令原审人民法院审理。应当承认，本条前半段非常值得称赞，再审的主要目的在于实现案件的公正处理，效率应放在其次。然而，后半段话锋一转，规定了特殊情况下，也可由原审法院再审，其依据何在？因为实践中，指令原审人民法院以外的同级人民法院再审，势必意味着检察机关的变更与羁押人员的提审。本身检察机关和羁押机关的更换就是一个非常复杂的问题，加之指令再审确定的再审法院驻地，较之原审人民法院而言，一般路途遥远，这无疑为提审在押人员增加了很多困难，也增加了很多风险[②]。因此，本条规定特殊情况下，仍然由原审法院再审，也是可以的，不过应当注意严格限制，否则容易让修法成果毁于一旦。另外，上级法院在指令原审法院以外的其他下级法院再审时，虽然被指定的法院不可能符合地域管辖的要求，但是由于再审时要么适用一审程序，要么适用二审程序，因此应当受到级别管辖的拘束，否则，管辖制度就形同虚设了。

第二百四十五条　人民法院按照审判监督程序重新审判的案件，由原审人民法院审理的，应当另行组成合议庭进行。如果原来是第一审案件，应当依照第一审程序进行审判，所作的判决、裁定，可以上诉、抗诉；如果原来是第二审案件，或者是上级人民法院提审的案件，应当依照第二审程序进行审判，所作的判决、裁定，是终审的判决、裁定。

人民法院开庭审理的再审案件，同级人民检察院应当派员出席法庭。

【主旨】本条规定了再审程序的具体进行方式。

【释评】审判监督程序的核心在于对已决案件再次进行审判。已决案件情况不同，决定了再审时的适用程序、效果也有所差异。

（一）适用不同程序审理

再审案件进行审理时，要么适用一审程序，要么适用二审程序。根据第一款规定，如果是由原审人民法院审理的，则应当另行组成合议庭进行。如果是其他法院进行了再审，则只

---

① 立法机关人士也是如此解释的。参见胡康生、李福成：《中华人民共和国刑事诉讼法释义》，法律出版社 1996 年版，第 245 页。

② 陈卫东：《2012 刑事诉讼法修改条文理解与适用》，中国法制出版社 2012 年版，第 323 页。

需要组成合议庭即可。如果原来是第一审生效的案件，又由原审法院再审或者被上级法院指令其他法院再审的，应当依照第一审程序进行审判，所作的判决、裁定，可以上诉、抗诉。如果原来是第二审生效的案件，或者是上级人民法院提审的案件，应当依照第二审程序进行审判，所作的判决、裁定，是终审的判决、裁定。具体在进行审理时，人民法院应当重点针对申诉、抗诉和决定再审的理由进行审理。必要时，应当对原判决、裁定认定的事实、证据和适用法律进行全面审查[①]。再审案件经过重新审理后，应当按照下列情形分别处理：（1）原判决、裁定认定事实和适用法律正确、量刑适当的，应当裁定驳回申诉或者抗诉，维持原判决、裁定。（2）原判决、裁定定罪准确、量刑适当，但在认定事实、适用法律等方面有瑕疵的，应当裁定纠正并维持原判决、裁定。（3）原判决、裁定认定事实没有错误，但适用法律错误，或者量刑不当的，应当撤销原判决、裁定，依法改判。（4）依照第二审程序审理的案件，原判决、裁定事实不清或者证据不足的，可以在查清事实后改判，也可以裁定撤销原判，发回原审人民法院重新审判。原判决、裁定事实不清或者证据不足，经审理事实已经查清的，应当根据查清的事实依法裁判；事实仍无法查清，证据不足，不能认定被告人有罪的，应当撤销原判决、裁定，判决宣告被告人无罪[②]。

（二）检察机关的派员出庭义务

依第二款规定，人民法院开庭审理的再审案件，同级人民检察院有派员出席法庭的义务。本款系新增规定，其立法理由主要有以下两点：一是检察机关是我国法律监督机关，监督并促使人民法院纠正错误的生效裁决是法律监督的重要内容。派员出席法庭可以促进再审案件的公正审理。二是避免盲目、错误抗诉[③]。笔者认为，这种解释虽有其道理，但全面性有待商榷。

在公诉案件范围内，尤其是在检察院抗诉引发的再审案件时，适用本款规定的正当性当无疑问。此时，同级检察院派员出席法庭也不会有什么问题。然而问题在于，如果是法院自行决定再审的案件，以及案件系自诉案件时，要求同级检察院派员出席法庭，面临着既无动力，也无能力的尴尬境地。在前者来说，法院主动再审虽说是针对法院“自己”的裁判，但在公诉案件占据了绝大部分的实际情况下，原审裁判确有错误，原公诉机关基本上也脱不了干系，加之上下级检察院之间又系领导和被领导关系，要求其派员出席法庭，颇为“尴尬”。对后者而言，自诉案件本来就与检察院无甚关系，除去所谓公诉转自诉案件外，检察院对案件一无所知，大概也没有兴趣知晓，法院再审自诉案件，检察人员出庭的身份算什么呢？单纯的出席明显与制度目的不符，如果非要发表意见，恐怕又会令法官很不愉快，确实为难。

第二百四十六条　人民法院决定再审的案件，需要对被告人采取强制措施的，由人民法院依法决定；人民检察院提出抗诉的再审案件，需要对被告人采取强制措施的，由人民检察院依法决定。

人民法院按照审判监督程序审判的案件，可以决定中止原判决、裁定的执行。

【主旨】本条规定了再审案件中强制措施的决定权，以及人民法院可以中止执行原判决、裁定。

【释评】再审案件面临着许多复杂情况，对被告人人身的控制，以及原审裁判是否继续执

①《解释》第三百八十三条。
②《解释》第三百八十九条。
③ 宋英辉：《中华人民共和国刑事诉讼法精解》，中国政法大学出版社2012年版，第299页。

行是为重中之重[①]。

（一）对（原审）被告人的强制措施决定权

依第一款规定，由谁发动再审，就由谁采取强制措施，这样就避免了相互推诿，能够保证案件的顺利推进。准确地说，这里的被告人应当理解为“原审被告人”，因为再审程序启动时，原裁判已经生效，而原裁判情况又比较复杂，其结果有可能是有罪，也有可能是无罪，还有可能是不负刑事责任，甚至是终止审理。此时，不分具体案件情况，一律将原审裁判承受主体称之为“被告人”有所不妥。

（二）中止原判决、裁定执行

第二款规定了人民法院再审时，可以决定中止原判决、裁定的执行。中止原判决、裁定的执行以其正在执行为前提，如果原判决、裁定已经执行完毕，则无需作出中止执行的决定[②]。另外，之所以要中止原判决、裁定的执行，是考虑到在再审程序中，虽然还未作出新的生效裁判，但现有情况表明原生效裁判属于冤假错案可能性较大的，如果及时中止原判决、裁定的执行，可以避免在再审期限内继续执行原判决、裁定所造成的不必要损害[③]。

最后应当注意者在于，第二款中的“决定”应作何解释？笔者认为，“决定”一语在本法中可以有两种不同涵义，其一是一般意义上的用法，意指法院的处理结论，其二是指作为裁判方式的“决定”。显然，本款中两种理解都成立，但是都存在一定问题。如果理解为一般意义上的处理结论，则显得不够规范。而如果理解为裁判方式，则在体系上以及法理上都无充足依据[④]。

通过统计可以发现，本法中大量使用了“决定”一词，归纳起来看，其用法不外乎就是前述两种涵义。其中，作为裁判方式而言，“决定”的具体适用范围及其效力都不甚明了。就法院常用的三种裁判方式来说，判决和裁判有较为明确的规定，而决定只用于单方决议，其主要针对一些特殊事项，考虑到这一点，用决定来中止原判决、裁定的执行显得太不正式。同时，从横向看，同样是审判监督程序，我国现行《民事诉讼法》第一百八十五条便规定：按照审判监督程序决定再审的案件，裁定中止原判决的执行。裁定由院长署名，加盖人民法院印章。案件性质虽然不同，但诉讼规律都一样，同样的法院，在同样诉讼阶段，无疑都应当采用同样的裁判形式。因此，笔者主张，本款中的“决定”应当理解为一种结论，而在裁判方式上，“决定”应当用“裁定”表现出来，这样既有法理依据，又与其他法律规定相协调。当然，也有学者提出，人民法院中止原判决、裁定执行的形式为“决定”，而非“裁定”，这也就意味着对于中止原裁判执行的决定不能够上诉、抗诉[⑤]。这种观点应当说具有一定说服力，因为我们在法理上，形成了一种思维定式：“裁定”可以提出上诉，而上诉就要停止所涉及的事项的执行；“决定”则不能提出上诉，充其量可以申请复议，而申请复议并不影响“决定”所涉及事项的执行。于是，尽可能多地把诉讼活动所涉及的事项采用“决定”的方式处理，而不愿采用“裁定”的方式[⑥]。不过，若是这样理解，则显然无法解释笔者上面指出的问题。

---

① 因为无论是“轻改重”，还是“重改轻”，它们都将严重影响再审效果。
② 冀祥德：《最新刑事诉讼法释评》，中国政法大学出版社 2012 年版，第 222 页。
③ 宋英辉：《中华人民共和国刑事诉讼法精解》，中国政法大学出版社 2012 年版，第 299 页。
④《解释》中，坚持使用了“决定”一语，见第三百八十二条。
⑤ 陈卫东：《2012 刑事诉讼法修改条文理解与适用》，中国法制出版社 2012 年版，第 327 页。
⑥ 顾永忠：《刑事上诉程序研究》，中国人民公安大学出版社 2003 年版，第 250 页。

第二百四十七条　人民法院按照审判监督程序重新审判的案件，应当在作出提审、再审决定之日起三个月以内审结，需要延长期限的，不得超过六个月。

接受抗诉的人民法院按照审判监督程序审判抗诉的案件，审理期限适用前款规定；对需要指令下级人民法院再审的，应当自接受抗诉之日起一个月以内作出决定，下级人民法院审理案件的期限适用前款规定。

【主旨】本条规定了再审案件的审理期限。

【释评】审理期限是审判制度的重要组成要素，再审案件虽然特殊，也应受其调整。

依第一款规定，再审案件一般应当在作出提审、再审决定之日起三个月以内审结。这里注意，再审程序虽然要么适用一审程序，要么适用二审程序，但毕竟案件已经过了至少一次审理，其不可能等同于正常的一审或二审案件，再加上再审程序又有发现案件事实真相的考虑，因此，在审理期限上势必有不同的安排。三个月的期限显然与一审、二审的审限起点均不相同。另外，一律要求所有案件都要在三个月内审结，明显不太现实，因此应当允许延长。本款规定可以再延长三个月，延至六个月结案，即最长不得超过六个月。相比较一、二审审限延长程序而言，本款没有言及延长的条件和程序，《解释》中也没有明确规定再审审限延长问题。从法理上分析，可以参照二审审限延长的相关规定，即如果是地方各级人民法院再审的案件，只有在重大复杂[①]的情况下，经省、自治区、直辖市高级人民法院批准或决定才可以延长至六个月内结案。最高人民法院受理的再审案件，是否延长，由其自行决定。这里应特别指出的是，本款规定没有例外，因此，哪怕是最高人民法院审理的再审案件，也应受到审理期限的限制，而非像一、二审案件中那样，完全游离于法律之外，自行决定审限，从而变为实际上没有审限。同时，本款没有提及延长至六个月后，是否还允许再次延长的问题，因此应理解为不允许再次延长，即必须在六个月内结案。

依第二款规定，因抗诉引发的再审，以及下级法院依据上级法院指令再审案件时，适用前款审理期限之规定。本款特别强调，如果需要指令下级法院再审，需要在一个月内作出决定。根据反对解释，如果接受抗诉的法院在一个月内没有作出指令再审决定，就应当自行再审，并在法定期限内审结案件。

① 重大复杂的标准仍需明确，否则范围不定，会使特殊排斥一般，导致“三个月”的规定形同虚设。

第四编 执 行

刑事诉讼中的执行，我国主流观点认为，是指有关主体将已经发生法律效力的判决、裁定所确定的内容付诸实施的诉讼活动。刑事执行中属于诉讼活动范畴的内容，只包括交付执行，变更执行以及执行过程中对新罪、漏罪和申诉的处理。至于执行机关对罪犯所进行的监管、教育、改造等工作，是一种司法行政活动，不属于刑事诉讼的范畴①。但是应当看到，刑事执行不能等同于“刑罚执行”，实际上，非刑罚方法、无罪判决和免除刑罚判决，以及对犯罪被害人的救助等都属于执行范畴。同时，把刑罚执行依据仅限于人民法院作出的判决和裁定也是不全面的，因为其他有关机关作出的相关决定，也可以成为刑罚执行依据。例如本法第二百五十四条第五款中的“暂予监外执行决定”，也是开展相关刑罚执行工作的法律依据②。

刑事执行不仅是刑事诉讼活动不可缺少的组成部分，而且是最终实现刑事诉讼目标的必要手段，因此，刑事执行在刑事诉讼中具有重要意义。长期以来，刑事执行问题在立法以及理论研究中并未受到足够重视，以致实践中问题频发(比如社会高度关注的不当减刑、假释现象)，严重损害了法律的权威性和统一性。本次修法主要完善了暂予监外执行，加强了检察机关对刑罚执行的法律监督，同时还增加了社区矫正的规定。

① 陈光中：《刑事诉讼法》(第五版)，北京大学出版社、高等教育出版社 2013 年版，第 402 页。
② 吴宗宪等：《刑事执行法学》(第二版)，中国人民大学出版社 2013 年版，第 4 页。

第二百四十八条　判决和裁定在发生法律效力后执行。

下列判决和裁定是发生法律效力的判决和裁定：

（一）已过法定期限没有上诉、抗诉的判决和裁定；

（二）终审的判决和裁定；

（三）最高人民法院核准的死刑的判决和高级人民法院核准的死刑缓期二年执行的判决。

【主旨】本条规定了刑事执行的条件和对象。

【释评】依第一款规定，刑事判决和裁定只能在发生法律效力后才能执行，这是逻辑的自然展开，毋须多言。本条第二款规定了生效判决和裁定的具体范围。综合起来看，第（一）项是指第一审人民法院的判决和裁定；第（二）项和第（三）项的关系相对复杂，需全面理解。一般情况下，终审判决和裁定应当发生法律效力，但在绝大多数死刑案件中，不管是死刑立即执行还是缓期两年执行的判决或裁定，会自然启动死刑复核程序，因而不能当然发生法律效力，故此，第（二）项应当理解为："除法律有规定的死刑案件外的终审判决和裁定"。第（三）项则是对第（二）项的补充，该项中，被核准的死刑判决，既可能是一审判决，也可能是二审判决，但无论如何，其都优先于第（二）项适用。

第二百四十九条　第一审人民法院判决被告人无罪、免除刑事处罚的，如果被告人在押，在宣判后应当立即释放。

【主旨】本条规定了第一审无罪判决、免除刑事处罚判决的"执行"方式。

【释评】本条自 1979 年被写入《刑事诉讼法》以来，至今未做任何改动。笔者认为，本条当然有其积极意义，就像立法机关人士所言：一审判决在宣判后并不立即发生法律效力，但无罪或者免除刑事处分的判决一经宣判，就要释放在押被告人，这是对执行问题的特殊规定。这样规定，主要是考虑：审判阶段羁押的目的是防止被告人逃避审判和继续进行犯罪、危害社会。人民法院判处无罪或免除刑事处分的前提是被告人行为不构成犯罪，不应当受到刑事追究或者被告人的行为虽然已构成犯罪，但依法应当免予刑罚的，这就失去了对被告人继续羁押的条件和法律上的根据[①]。然而，从法理上分析，本条却存在以下问题。

第一，第一审判决并不当然是生效判决，本条出现在执行部分完全缺乏正当性（甚至有自相矛盾之嫌）。实际上正如有人指出的，本条中的"立即释放"，只是刑事诉讼强制措施的撤销，而不是生效判决的执行[②]。

第二，第一审判决既然尚未生效，其效力就无从谈起。况且，如果第一审判决后存在抗诉或上诉[③]的情况，将被告人立即释放势必会带来未来裁判难以执行的风险，尤其是在公诉案件情况下，有关机关往往是不敢"彻底"释放，而是转而采取"取保候审"方式，等待生效裁判作出。应当说，这种做法并不违背法律规定，待第一审人民法院的判决生效，或者第二审人民法院作出维持原判终审裁定后，对原审被告人适用的取保候审措施，同时予以撤销[④]。

综上，本条虽然历经三十余年未作修改，但在法理上和实践中都遇到很大障碍，理应首

① 胡康生、李福成：《中华人民共和国刑事诉讼法释义》，法律出版社 1996 年版，第 249 页。

② 杨斌华：《对一审无罪判决当庭释放的几点认识》，载《人民检察》2000 年第 12 期，第 49 页。

③ 主要指自诉人提出上诉，但也不排除被告人对无罪判决理由不服而提出上诉的情况

④ 陈光中：《刑事诉讼法》（第五版），北京大学出版社、高等教育出版社 2013 年版，第 415 页。需要说明的是，该书中尚有可以"监视居住"的表述，由于监视居住措施明显与释放存在无法调和的矛盾，况且，即使是取保候审也未得到相关规定肯定。从实务角度看，原则上应当无条件释放，只有在非常特殊情况下，方才允许"取保候审"，但不能监视居住。

先让其“归位”，回到“强制措施”部分。对此，有不少人提出，应当把本条放至“一审程序”中，笔者认为，这不妥。首先，即使是上述主张者也赞同，本条规定的是强制措施的变更（撤销），而非生效判决的执行[①]，既然属于强制措施，那么归入“强制措施”一章自属顺理成章。其次，根据本条适用对象以及目的，应当修改为“……在宣判后，人民法院应当根据不同情况采取取保候审或者监视居住措施”[②]。需要说明的是，笔者并不认为人民法院在一审无罪判决或者免予刑事处罚判决宣判后，就可以直接释放被告人，虽然这样确有其积极意义。因为羁押在我国根本不需要司法审查，审判前阶段的羁押是由公安机关和检察院决定或者批准的，而一审判决宣告后，在公诉案件中，“我国把检察机关设置为具有法律监督权的司法机关（不仅仅只有公诉权），并且规定提起公诉的人民检察院有对法院一审判决的抗诉权。由此，如果我们也像欧美国家一样规定在一审宣判后立即释放被告人而绝对不保留关押的可能，将难以保障检察机关抗诉权的有效行使和二审终审制的实现，并且产生严重的程序漏洞而妨碍司法公正”[③]。同时，由于一审无罪判决或免予刑事处罚判决，毕竟在相当程度上直接否定了公诉或自诉请求，若继续关押确有不妥，此时根据案件情况，解除羁押，转为取保候审完全可行[④]。

第二百五十条 最高人民法院判处和核准的死刑立即执行的判决，应当由最高人民法院院长签发执行死刑的命令。

被判处死刑缓期二年执行的罪犯，在死刑缓期执行期间，如果没有故意犯罪，死刑缓期执行期满，应当予以减刑，由执行机关提出书面意见，报请高级人民法院裁定；如果故意犯罪，查证属实，应当执行死刑，由高级人民法院报请最高人民法院核准。

【主旨】本条规定了死刑立即执行判决执行程序的启动。

【释评】死刑作为最为严厉的刑罚，其需要经过复核程序后方能付诸执行，出于慎重考虑，死刑立即执行的启动程序也较为严格。

（一）死刑执行命令

由于死刑立即执行核准权，已于2007年起全部收归最高人民法院，因此，最高人民法院判处和核准的死刑立即执行的判决，应当由最高人民法院院长签发执行死刑的命令。“死刑执行命令是死刑案件质量保证的传统办法，其签发程序是死刑确定后到死刑实际付诸实施的关键性程序环节， 因而死刑执行命令是死刑可以付诸实施的关键性标志，也是死刑交付执行的启动根据。”[⑤]之所以有此要求，主要还是为了体现死刑执行的慎重与权威性[⑥]。应当看到，立法者进行这一制度设计，其目的是希望起到最后把关的作用。院长签发死刑执行令，虽然所根据的是经审判委员会讨论决定后作的死刑决定，但在必要时，院长在签发命令之前，仍有权对案件进行最后的审核。尤其对某些杀与不杀有争议的案件，审判委员会决定判处死刑并非实行一致通过原则，在依多数意见定夺的情况下，院长也可能属于主张不杀的少数意见。在这种情况下，院长不仅可以进行最后审核，而且必须进行最后审核。如果院长在最后审核

---

① 杨斌华：《对一审无罪判决当庭释放的几点认识》，载《人民检察》2000年第12期，第49页。陈咏梅：《刑事诉讼法第二百零九条解析》，载《天中学刊》2008年第4期，第23页。

② 陈咏梅：《刑事诉讼法第二百零九条解析》，载《天中学刊》2008年第4期，第24页。

③ 孙勇：《一审判决无罪应否立即释放在押被告人》，载《检察日报》2007年4月3日第3版。

④ 考虑到本法中监视居住措施替代羁押的立法目的，释放与监视居住，尤其是指定居所监视居住方式更是难以调和，因此不能采用。

⑤ 孙洋：《论死刑执行命令》，载《江西公安专科学校学报》，2009年第4期，第114页。

⑥ 根据现行《法官法》的规定（第十八条），最高人民法院院长是共和国首席大法官，由其签发死刑执行命令，具有政治上和法律上的双重意义。

中，发现了更为充足的理由说明可以不杀，可以将案件提请审判委员会复议。这样做，不仅可以赋予“签发死刑执行令”这一诉讼行为以实质性的意义，使之不仅仅是履行一个法律手续，对于慎用死刑和限制死刑也是有利的[①]。

（二）死刑缓期二年执行的程序

根据《刑法》规定，死刑缓期二年执行的罪犯，根据不同情况可能被依法减刑为无期徒刑，二十五年有期徒刑，或者变更为立即执行死刑。在死缓的变更程序中，罪犯服刑地高级人民法院的作用至关重要，其既有权直接裁定减刑为无期徒刑，或者二十五年有期徒刑[②]，也可在查证罪犯故意犯罪属实后，报请最高人民法院核准立即执行死刑。

由于本条以及《刑法》对故意犯罪类型未作限制，这就在刑法理论界引发了较大争议。有学者主张，“故意犯罪”就是指 1997 年《刑法》第十四条所规定的故意犯罪，至于故意犯罪性质如何，是直接故意犯罪还是间接故意犯罪，故意犯罪是否完成，均在所不问。也有一些学者认为，对这里的“故意犯罪”应作限制解释，故意犯罪应限于比较严重的故意犯罪。至于如何限制则又有不同的意见[③]。笔者认为，依文义解释和目的解释，前一种观点更为合理，也便于操作。其理由在于，“死缓犯本来已经犯下应当被判处死刑的重罪，之所以对其不立即执行死刑，是因为有各种情节表明其主观恶性不是极为深重，还有教育改造的可能。但是，如果死缓犯在明知其最终的生死取决于其被判死缓之后二年间的表现的特殊时期，仍然实施比一般的过失犯或者违反监规的违法行为更为严重的故意犯罪，那么，就无法让人相信其主观恶性不是极为深重，尚有悔过自新、具有回归社会的现实可能”[④]。此时，对其立即执行死刑，实属正当。

在死缓变更执行程序中，人们讨论较多的另一个问题是，死缓犯变更为立即行死刑的期间如何把握？因法无明文，理论界和实务界产生了相当分歧。有人认为，死缓犯在死刑缓期二年执行期间故意犯罪经查证属实的，应及时核准执行死刑，不必等到二年以后。有学者则认为，为了减少死刑的执行，应承认故意犯罪二年期满以后再执行死刑的合理性。另外，还有学者持折中观点：如果死缓犯再犯的故意犯罪本身是应当判处死刑立即执行的，就不必等到二年期满以后，而在大部分情况下，还是应在二年期满以后[⑤]。笔者认为，上述观点各自有其合理性，不过，它们共同的缺陷在于，没有从程序实际运作角度予以分析。

从字面意思看，死缓犯减刑必须要等到二年期满以后，依反对解释，若其在考验期间故意犯罪，则不可能被减刑，如此一来，这就意味着死缓犯只能被执行死刑。从此角度看，第一种观点具有相当说服力。然而，问题在于，法律只是规定故意犯罪发生于死刑缓期执行期间，并且强调应对此故意犯罪“查证属实”后，方能执行死刑。不言而喻，对死缓犯的任何犯罪行为，除受追诉时效限制外，一经发现，都应立即展开调查，不可能等到二年期满后才进行，当然，即便是过了两年才发现的，也应启动调查程序。但显然，这需要一个过程，而很多时候，这可能就是一个“漫长”过程。《解释》第四百一十五条规定：被判处死刑缓期执行的罪犯，在死刑缓期执行期间故意犯罪的，应当由罪犯服刑地的中级人民法院依法审判，所作的判决可以上诉、抗诉。认定构成故意犯罪的判决、裁定发生法律效力后，应当层报最

① 李云龙、沈德咏：《死刑制度比较研究》，中国人民公安大学出版社 1992 年版，第 256 页。
② 详见《刑法》第五十条之规定（2011 年修正）。
③ ⑤ 有关介绍参见高伟：《刑事执行制度适用》，中国人民公安大学出版社 2012 年版，第 140-141 页，第 141-142 页。
④ 黎宏：《死刑缓期执行制度新解》，载《法商研究》2009 年第 4 期，第 104 页。

高人民法院核准执行死刑。[①]鉴于从死缓犯实施危害行为，到该行为被生效裁判认定为构成故意犯罪，以及层报最高人民法院核准死刑的时间长度，具有相当大的不确定性[②]，因而该死刑犯实际被核准，以及执行死刑的具体时间，根本难以确定。考虑到这一点，上述论争基本上仅具理论意义，而缺乏现实基础。

第二百五十一条 下级人民法院接到最高人民法院执行死刑的命令后，应当在七日以内交付执行。但是发现有下列情形之一的，应当停止执行，并且立即报告最高人民法院，由最高人民法院作出裁定：

（一）在执行前发现判决可能有错误的；

（二）在执行前罪犯揭发重大犯罪事实或者有其他重大立功表现，可能需要改判的；

（三）罪犯正在怀孕。

前款第一项、第二项停止执行的原因消失后，必须报请最高人民法院院长再签发执行死刑的命令才能执行；由于前款第三项原因停止执行的，应当报请最高人民法院依法改判。

【主旨】本条规定了死刑立即执行案件的交付执行与停止执行程序。

【释评】依上一条规定，死刑立即执行以最高人民法院院长签发死刑执行命令作为启动标志。本条中，死刑立即执行是通过下级人民法院执行的，但具体如何执行，并不明确。

（一）执行法院与时间

对此，《解释》规定，最高人民法院的执行死刑命令，由高级人民法院交付第一审人民法院执行。第一审人民法院接到执行死刑命令后，应当在七日内执行。在死刑缓期执行期间故意犯罪，最高人民法院核准执行死刑的，由罪犯服刑地的中级人民法院执行[③]。显然，最高人民法院一般不自己执行死刑，即使是最高人民法院自己的死刑裁判也是如此。比如在轰动一时的“刘涌案”中，最高人民法院对辽宁省高级人民法院的二审判决提审后，直接改判刘涌死刑立即执行。随后，辽宁省铁岭市中级人民法院遵照最高人民法院下达的执行死刑命令，当日便对刘涌执行了死刑[④]。在具体实施主体上，应当由人民法院的司法警察负责执行[⑤]。

下级人民法院执行的时间期限，是接到最高人民法院执行死刑的命令后的七日内，之所以限定为较短的七日，主要是为了避免罪犯坐以待毙的痛苦。需要看到，这个时间是确定执行死刑的时间，但是，因为死刑复核程序本身缺乏期限要求，那么最高人民法院的命令什么时候发出就不得而知了。实践中，最高人民法院的核准死刑文书一般是和执行死刑命令同时下达，而有关机关则根据已确定的执行日期来决定何时对罪犯送达法律文书，出于安全方面的考虑，通常做法是提前一天送达，但不告知罪犯具体执行时间，也有的当天送达，当天就执行[⑥]。

（二）停止执行死刑

鉴于死刑立即执行的不可逆性，为了慎重起见，本条规定了停止执行死刑制度。

---

① 显然，该规定并未对公诉与自诉案件进行区分，并且在案件管辖上适用了“牵连管辖”，在一定程度上提高了死缓犯所故意犯罪管辖法院的级别。笔者认为，不予区分公诉案件和自诉案件是正确的。

② 从案件类型划分看，罪犯所犯罪行如果属于公诉案件，则应由所在监狱进行侦查，侦查终结后移送人民检察院审查起诉并向服刑地中级人民法院提起公诉，该中级人民法院判决可以上诉、抗诉。即便有关机关查处得力，诉讼迅速，但还必须充分注意到，我国死刑复核程序本身便是没有期限要求的。

③ 第四百一十七条。

④ 从该案中我们可以发现，最高人民法院自己的死刑裁判的确没有进行复核。

⑤ 见《人民法院司法警察暂行条例》第七条第（七）项。

⑥ 高伟：《刑事执行制度适用》，中国人民公安大学出版社 2012 年版，第 108 页。

1. 具体情形

总体说来，临刑前停止执行的情形都属可能会影响死刑执行的重大事项，一旦发现即应先停止，然后“听候”最高人民法院裁定处理。

第一种情况是指判决本身存在问题，可能影响死刑执行的正确性。根据《解释》第四百一十八条之规定，“有错误”主要包括以下三种情形：（1）发现罪犯可能有其他犯罪的；（2）共同犯罪的其他犯罪嫌疑人归案，可能影响罪犯量刑的；（3）共同犯罪的其他罪犯被暂停或者停止执行死刑，可能影响罪犯量刑的。应当明确，本条中强调“有错误是可能而不是确实，即发现判决在认定事实上或者适用法律上可能有错误，这种错误足以影响死刑判决的正确性。因为这种可能性需要一定的时间去查实，所以应当停止死刑的执行。这一规定体现了法律对死刑执行的慎重要求。人民法院的审判人员一定要本着对人的生命高度负责的精神，联系接到执行命令后出现的新情况，对判决所认定的事实和适用的法律进行详核，无论是发现判决确有错误还是可能有错误，都应由执行死刑的人民法院决定停止执行死刑，然后上报[①]。当然，这是一项非常主观的情形，一般很难临场做出判断。因为对同一被告人，第一审程序、第二审程序和死刑复核程序等如此严密的程序都未能发现“可能有错误”，而在短短的七天之内，执行人员在不接触证据的情况下，除非发生像滕兴善和佘祥林案件那样被害人“复活”的奇迹，或者发生像魏清安案件和晋永恒案件那样真凶落网的侥幸，一般是很难发现判决“可能有错误的”[②]。

第二种则是罪犯临刑前有立功表现，而可以给予其的“奖励”。立功可以参照《刑法》中的相关规定确定。第三种则是基于人道考虑。我国《刑法》第四十九条第一款规定，对怀孕的妇女不适用死刑。同时，为了保证妇女的权益，最高人民法院在批复中还规定：“怀孕妇女因涉嫌犯罪在羁押期间自然流产后，又因同一事实被起诉、交付审判的，应当视为‘审判的时候怀孕的妇女’，依法不适用死刑。”[③]需要注意的是，上述规定是针对审判阶段而言的，也即是人民法院只要发现被告人怀孕，或者自然流产的，就不得对其适用死刑（作出死刑判决）。但执行阶段情况则显然有所不同，由于已经存在死刑判决，这表明审判（至少是一审判决）时，人民法院尚未发现被告人存在怀孕或流产的情况，那么执行阶段如何会出现罪犯怀孕的情况呢？依照人类生殖规律，女性孕期一般为十个月左右，在生理反应方面存在较多个体差异。结合刑事诉讼程序进程看，按笔者理解，大致有两种可能：一是，罪犯本已怀孕，但因为程序推进较快（比如一些所谓需要“从重从快”处理的特殊案件），其生理特征尚不明显（本人可能也未察觉），直至执行阶段方才显现出来。这种情况下停止执行，报请最高人民法院依法改判实属正当。二是，罪犯至少在一审判决时没有怀孕，而是在二审或死刑复核期间才怀孕的，这恐怕就需要全面分析了。实践中，曾经发生过死刑犯在女监中怀孕而被改判的事例[④]。此时，对罪犯改判虽然可以接受，但仍应判处较重刑罚，并对有关人员进行严肃处理。

从死刑执行的具体环节看，上述情况的发现途径大致有如下一些：罪犯本人主动提出，罪犯近亲属提出，人民检察院提出。这些途径中，前两种的发生几率更大，也更为现实。不过不应忽视的是，在现行执行体制中，下级人民法院很难对这种“情况反映”进行实质性审

① 陈卫东：《刑事诉讼法》（第三版），中国人民大学出版社 2012 年版，第 349 页。
② 杨文革：《死刑程序控制研究》，中国人民公安大学出版社 2009 年，第 211-212 页。
③《最高人民法院关于对怀孕妇女在羁押期间自然流产审判时是否可以适用死刑问题的批复》（1998 年）
④ 参见《死囚竟在女监中怀孕》，载 http：//news.eastday.com/epublish/big5/paper12/20000712/class001200010/ hwz106008.htm。《死刑犯监狱致女囚怀孕 江西一看守所负责人被诉》，载 http：//www.sznews.com/n/ca545618.htm。

查，因为我国死刑执行在实践中的做法，是由主审法官亲自到场负责指挥整个执行过程[①]，这种"审执一体"的情况几乎架空了本条之规定。加之出于求生本能，死刑犯"虚报情况"实属人之常情，要判断其请求是否成立，只有进行调查才可能确认，而这样一来，执行无疑会被长时间"搁置"下来，如果死刑案件都这样，还怎么执行？尤其是死刑立即执行的核准权收归最高人民法院后，要出现暂缓执行就难上加难了。以往的经验告诉我们，临刑前的"枪下留人"实在是太少发生，即便发生，死刑判决被纠正的可能性也太低。比如在2002年轰动全国的"董伟案"中，虽然经过辩护律师努力，罪犯董伟得以多活了130天，最后仍旧被执行了死刑[②]。

2. 停止执行后的处理方式[③]

第一审人民法院在接到执行死刑命令后、执行前，发现有相关情形的，应当暂停执行死刑，并立即将请求停止执行死刑的报告及相关材料，层报最高人民法院审批。最高人民法院经审查，认为不影响罪犯定罪量刑的，应当裁定下级人民法院继续执行死刑；认为可能影响罪犯定罪量刑的，应当裁定下级人民法院停止执行死刑。下级人民法院停止执行后，应当会同有关部门调查核实，并及时将调查结果和意见层报最高人民法院审核。对下级人民法院报送的停止执行死刑的调查结果和意见，由最高人民法院原作出核准死刑判决、裁定的合议庭负责审查，必要时，另行组成合议庭进行审查。

最高人民法院对于依法已停止执行死刑的案件，依照下列情形分别处理：最高人民法院对停止执行死刑的案件，应当按照下列情形分别处理：（1）确认罪犯怀孕的，应当改判[④]；（2）确认罪犯有其他犯罪，依法应当追诉的，应当裁定不予核准死刑，撤销原判，发回重新审判；（3）确认原判决、裁定有错误或者罪犯有重大立功表现，需要改判的，应当裁定不予核准死刑，撤销原判，发回重新审判；（4）确认原判决、裁定没有错误，罪犯没有重大立功表现，或者重大立功表现不影响原判决、裁定执行的，应当裁定继续执行死刑，并由院长重新签发执行死刑的命令。

这里隐藏的关键问题是，停止执行后的程序究竟如何界定，是又恢复到死刑复核程序，还是启动再审程序？法律规定不很明确。并且，最高人民法院所进行的"审查"属于什么程序？仍然是复核程序，还是再审程序？这也不明确。如果说最高人民法院的"审查"仍然属于死刑复核程序，还有些道理，因为最高人民法院享有死刑复核权。但是"下级人民法院会同有关部门调查核实"属于什么程序？由于下级人民法院没有死刑复核权，自然不能算复核程序。对此，有学者便认为，这种调查核实实际上就是，也应该是再审程序[⑤]。

第二百五十二条　人民法院在交付执行死刑前，应当通知同级人民检察院派员临场监督。

死刑采用枪决或者注射等方法执行。

死刑可以在刑场或者指定的羁押场所内执行。

指挥执行的审判人员，对罪犯应当验明正身，讯问有无遗言、信札，然后交付执行人员执行死刑。在执行前，如果发现可能有错误，应当暂停执行，报请最高人民法院裁定。

---

① 张智辉、谢鹏程：《中国检察》（第一卷），中国检察出版社2003年版，第370页。

② 关于董伟案，网络上有许多介绍。相关介绍评论可以参见：《枪下留人——法学专家拷问死刑复核》，载http：//www.people.com.cn/GB/shehui/44/20020718/779233.html；《对陕西"枪下留人"案的再调查》，载http：//news.sina.com.cn/c/2002-09-19/1732733648.html。

③ 本部分内容详见《解释》第四百一十八条～四百二十二条。

④ 注意，只能改判为死刑以下的刑罚，并且，当然不能改判为死刑缓期二年执行。

⑤ 杨文革：《死刑程序控制研究》，中国人民公安大学出版社2009年版，第212-213页。

执行死刑应当公布，不应示众。

执行死刑后，在场书记员应当写成笔录。交付执行的人民法院应当将执行死刑情况报告最高人民法院。

执行死刑后，交付执行的人民法院应当通知罪犯家属。

【主旨】本条规定了死刑临场执行的程序和方式。

【释评】根据前面的规定，执行法院收到最高人民法院死刑立即执行命令后，应当在七日内执行，本条属于对最后阶段的规定。

（一）人民检察院对死刑执行的监督

在第一款中，相关法院有义务通知同级人民检察院现场监督死刑执行过程，人民检察院作为法定监督机关，对该刑罚执行进行监督，无疑非常有必要。“检察人员通过严格执法，不仅可以检察纠正执行过程中的违法问题、防止意外事件的发生，以保障死刑判决的正确执行，而且可以更有效地落实国家尊重和保障人权的宪法原则，切实保障犯罪嫌疑人、被告人的合法权益，避免因为剥夺或者限制犯罪嫌疑人、被告人的合法权益而导致冤错案件的发生。”[①]

根据《解释》规定，第一审人民法院在执行死刑三日前，应当通知同级人民检察院派员临场监督。[②]人民检察院收到同级人民法院执行死刑临场监督通知后，应当查明同级人民法院是否收到最高人民法院核准死刑的裁定或者作出的死刑判决、裁定和执行死刑的命令。死刑执行临场监督由人民检察院监所检察部门负责；必要时，监所检察部门应当在执行前向公诉部门了解案件有关情况，公诉部门应当提供有关情况。执行死刑临场监督，由检察人员担任，并配备书记员担任记录。临场监督执行死刑的检察人员应当依法监督执行死刑的场所、方法和执行死刑的活动是否合法[③]。从这些规定看，人民检察院对死刑执行的监督主要限于临场阶段，并且短短三天难以保障监督的有效实现，未来要想要把好死刑“最后一关”，还需要进一步加强检察监督的力度。

（二）死刑执行方式与地点

死刑执行方式中，枪决与注射是一种选择关系，即或者用枪决，或者用注射。从目前的实践情况看，注射已经占了相当比例。这是因为传统枪决方式效果不够理想，甚至有些残忍[④]。自 1997 年 3 月云南省昆明市中级人民法院率先试点用注射执行死刑以来，这一方式在全国的适用面正在不断扩大。另外，根据《解释》规定，实际上还允许其他方式执行死刑，不过事先需要报请最高人民法院批准[⑤]。从死刑执行方式的发展史看，其他方式恐怕在短时期内很难出现，因为其要么过于昂贵，要么过于残忍。

容易发现的是，本条第二款未涉及行刑方式究竟由谁确定的问题。对此，理论上存在两种观点，一种是认为，死刑的执行是人民法院的法定职责，采取何种方法执行死刑当然也应由人民法院决定。另一种观点认为，法律既然规定了死刑采取枪决或者注射等方法执行，而死刑犯在法律面前都是平等的，在适用执行死刑的方法上也应当是平等的。因此，应当赋予被执行人对死刑执行方法一定的选择权。否则，易使被执行人及社会公众产生厚此薄彼、程

---

① 吴宗宪等：《刑事执行法学》（第二版），中国人民大学出版社 2013 年版，第 109 页。
② 第四百二十四条。
③《诉讼规则（试行）》第六百三十五～六百三十七条。
④ 马克昌：《刑罚通论》，武汉大学出版社 1999 年版，第 529 页。
⑤ 第四百二十五条第三款。

序不公的不良影响，影响执行工作的权威性[①]。相对来说，笔者倾向于赞同后一种观点，在目前死刑执行还无法统一的情况下，应赋予死刑犯一定的申请权，至于是否得到允许，则还需要行刑法院根据具体情况确定[②]。

在第三款中，死刑执行场所是刑场或指定的羁押场所，即执行死刑应当在专门场所内进行。由于传统的死刑执行方法是枪决，所以，为了减少社会负面效果，传统意义上的“刑场”，通常设在比较偏僻的地方，远离繁华地区、交通要道和旅游胜地。所谓“指定的羁押场所”，是指人民法院指定的监狱或者看守所。在大部分情况下，往往是指看守所，因为根据我国刑事司法实践，判处死刑立即执行的罪犯被羁押在看守所，在死刑判决生效之后，即迅速执行死刑，而不移送到监狱[③]。

由于死刑是最严厉的刑罚，不管采用哪种执行方式都带有相当的残忍性。就像外国学者所言：“在任何体制之下，用任何执行方法执行死刑都是无法掩饰的残暴行为。要用暴力夺取一个人的生命，非残暴手段是达不成的。”[④]因此，本条第五款规定了死刑执行应当公布，即告知，而不允许示众[⑤]，更禁止游街示众或者其他有辱罪犯人格的行为[⑥]。本款有关告知的规定，意味着执行死刑的法院负有公开死刑执行相关信息的法律职责。死刑执行信息的公开，既是司法透明、司法公开的具体体现，也体现了立法者防止死刑的公开透明走向“示众”的立法精神，体现了立法者对死刑犯基本人权的尊重和保障。具体说来，执行法院公布死刑时，可以通过公开宣判、召开公判大会、新闻发布会、张贴判决书、发布布告等方式。以布告方式进行公布的，布告的内容应当简要叙述死刑罪犯的犯罪事实、性质、情节和危害后果，写明判决主文、法律依据及执行情况，但不得透露国家秘密，不得引用反动言语，不得指出隐私案件中的被害人姓名和案件的具体情节，以免产生不良影响。布告由执行死刑人民法院制作，应当在执行死刑完毕后 3 日内发布。布告只在罪犯的作案地、执行死刑地点和法院的布告栏内张贴[⑦]。

（三）临场执行程序

第四款规定了临场执行程序，该程序有助于在最后阶段发现错误，保证死刑裁判的准确性。验明正身是一项极其严肃的司法工作，也是防止错杀的最后一道程序。负责验明正身的审判人员，必须以高度的责任感和职业精神，认真细致地做好这项工作，以免发生错杀事件，造成无可挽回的悲剧性后果。另外，在执行死刑前讯问罪犯有无遗言和信札，体现了刑罚执行工作中的人道主义精神。负责讯问的审判人员应当态度和蔼、语气平静、言语清晰，准确表达讯问的意思，让罪犯明确讯问的内容[⑧]。审判人员对罪犯的遗言和信札，应及时审查，并根据不同情况予以处理[⑨]。

本款中的“暂停执行”与第二百五十一条中的 “停止执行”既有联系，也有区别。二者

---

① 胡常龙：《死刑案件程序问题研究》，中国人民公安大学出版社 2003 年版，第 306 页。

② 就全国而言，在广东等经济发达的地区一般采用注射死亡的方式，而在一些经济落后的地区，一般较少或没有采用注射方式，而是采用枪决方式（因为实行注射方式需要一定的财政投入）；就局部地区而言，有的法院的做法不尽公平、透明，对死刑执行方式和适用，不是由死刑犯自己选择，而是由法院因人而异作出决定。这种死刑执行方式的分配不公平、不透明，引发了社会民众的质疑，损害了法律面前人人平等原则的公信力。相关介绍参见陈卫东：《刑事诉讼程序论》，中国法制出版社 2011 年版，第 462 页。

③ ⑧ 吴宗宪等：《刑事执行法学》（第二版），中国人民大学出版社 2013 年版，第 362 页，第 361 页。

④ [德]布鲁诺·赖德尔：《死刑的文化史》，郭二民编译，生活·读书·新知三联书店 1992 年版，第 126 页。

⑤ 当然，单从本法允许执行死刑的地点看，是具备示众条件的，比如刑场。

⑥《解释》四百二十六条。

⑦ 李昌林：《最新中华人民共和国刑事诉讼法释义》，中国法制出版社 2012 年版，第 500-501 页。

⑨ 有关规定详见《解释》第四百二十八条。

的共同之处在于，都是附条件的停止执行死刑。其区别在于，停止执行的原因不尽相同，停止执行的时间阶段和场合、决定停止执行的主体不同[①]。

（四）死刑执行后的程序

依第六款、第七款和最高人民法院的相关规定，执行死刑后，应当由法医验明罪犯确实死亡，在场书记员制作笔录。负责执行的人民法院应当在执行死刑后十五日内将执行情况，包括罪犯被执行死刑前后的照片，上报最高人民法院。执行死刑后，负责执行的人民法院应当办理以下事项：（1）对罪犯的遗书、遗言笔录，应当及时审查；涉及财产继承、债务清偿、家事嘱托等内容的，将遗书、遗言笔录交给家属，同时复制附卷备查；涉及案件线索等问题的，抄送有关机关。（2）通知罪犯家属在限期内领取罪犯骨灰；没有火化条件或者因民族、宗教等原因不宜火化的，通知领取尸体；过期不领取的，由人民法院通知有关单位处理，并要求有关单位出具处理情况的说明；对罪犯骨灰或者尸体的处理情况，应当记录在案。（3）对外国籍罪犯执行死刑后，通知外国驻华使、领馆的程序和时限，根据有关规定办理[②]。

这里需要注意一个问题，本条第七款规定的人民法院通知罪犯家属义务，仅限于死刑执行完毕后；而《解释》第四百二十三条规定：第一审人民法院在执行死刑前，应当告知罪犯有权会见其近亲属。罪犯申请会见并提供具体联系方式的，人民法院应当通知其近亲属。罪犯近亲属申请会见的，人民法院应当准许，并及时安排会见。这样一来，就可能引发一定冲突，即如果罪犯不申请会见家属，或者提供联系方式不实，或者法院通知不力（甚至不愿通知），以及罪犯家属不申请会见，都可能导致这“最后一面”无法实现。当然，问题的关键还在于，法律根本就没有规定执行机关在执行前要通知家属，因此，家属可能压根儿就不知道罪犯具体什么时候被执行死刑，刑前申请见面当然无从谈起。比如 2013 年 7 月 12 日，湖南商人曾成杰被执行死刑后，其家属质疑长沙中院行刑之前，未通知其见面而引发的争议，即属此类。

第二百五十三条　罪犯被交付执行刑罚的时候，应当由交付执行的人民法院在判决生效后十日以内将有关的法律文书送达公安机关、监狱或者其他执行机关。

对被判处死刑缓期二年执行、无期徒刑、有期徒刑的罪犯，由公安机关依法将该罪犯送交监狱执行刑罚。对被判处有期徒刑的罪犯，在被交付执行刑罚前，剩余刑期在三个月以下的，由看守所代为执行。对被判处拘役的罪犯，由公安机关执行。

对未成年犯应当在未成年犯管教所执行刑罚。

执行机关应当将罪犯及时收押，并且通知罪犯家属。

判处有期徒刑、拘役的罪犯，执行期满，应当由执行机关发给释放证明书。

【主旨】本条规定了死刑缓期二年执行和其他剥夺自由刑的执行程序。

【释评】在我国刑罚体系中，死刑缓期二年执行虽然也属死刑，毕竟没有立即执行，而是给予了二年考验期。这期间，犯罪人是关押在监狱进行考验，其与剥夺自由刑具有相当的同质性。除此之外，直接剥夺自由的刑罚种类还有无期徒刑、有期徒刑和拘役。本条对这些刑罚的执行程序一并进行了规定。

① 具体分析参见陈光中：《刑事诉讼法》（第五版），北京大学出版社、高等教育出版社 2013 年版，第 408 页。

②《解释》第四百二十七～四百二十八条。

（一）人民法院交付执行

根据本法第十二条之规定，只有人民法院才有定罪权，其生效裁判是执行的主要依据，因此应由人民法院交付执行，为了避免出现判决生效后，罪犯长期关押在看守所，交付执行久拖不决的情况，本条第一款规定了人民法院应在判决生效后十日以内，将有关法律文书送达执行机关，使罪犯能够被及时送监执行[①]。这里的有关法律文书，是指判决书、裁定书、起诉书副本、自诉状复印件、执行通知书、结案登记表[②]。以上四种法律文书必须同时具备，缺一不可。送达这些法律文书，有利于执行机关了解罪犯的犯罪性质、诉讼过程、罪犯的认罪态度等，以便有针对性地进行卓有成效的教育和改造，发挥刑罚执行的作用[③]。至于“其他执行机关”，依体系解释，应指看守所、拘役所、未成年犯管教所等。

（二）公安机关送交执行

将罪犯送交服刑监狱需要一定警力，由公安机关交送更为便利，因此，第二款规定了公安机关的送交执行。其中，对被判处死刑缓期二年执行、无期徒刑、有期徒刑的罪犯，应送交监狱执行。“对被判处有期徒刑的罪犯，在被交付执行刑罚前，剩余刑期在三个月以下的，由看守所代为执行”。1996 年《刑事诉讼法》曾规定，余刑在“一年”以下由看守所代为执行。本次修法对这种情况的执行进行了限制。其立法理由在于，从性质上看，看守所的主要职责是临时羁押依法被逮捕、刑事拘留的犯罪嫌疑人、被告人。将余刑时间缩短为“三个月”以下，在客观上减轻了看守所代为执行的罪犯数量，也减少了司法实践中存在的，由看守所代为执行的有期徒刑罪犯和看守所内未决犯混合关押的情形，不仅有助于减少交叉感染，较好地防止串供行为，更便于侦查和管理，也比较符合看守所的法律定位[④]。值得注意的是，本款没有规定公安机关将罪犯交付监狱执行的期限，根据《监狱法》第十五条之规定，公安机关应当自收到执行通知书、判决书之日起一个月内将该罪犯送交监狱执行刑罚。从理论上看，这一规定势必造成不当留所服刑，既不利于保障罪犯的权利，也不利于解决看守所执行功能不足的问题，不利于罪犯改造。因此，有学者建议，可以参照第一款规定，把这一期限限定为十日[⑤]。

（三）未成年犯在特殊地点执行

本法第二百六十九条规定，执行刑罚的未成年人与成年人应当分别关押、分别管理、分别教育，其目的在于保护未成年人的身心健康。本条与之相照应，规定对未成年犯应当在未成年犯管教所执行刑罚。

（四）执行机关的通知义务和出具释放证明书义务

第四款和第五款中的这两项义务，相辅相成。“收押”对罪犯来说，意味着刑罚实际执行的开始，而对执行机关来说，则意味着监管工作的开始。执行机关收押时，应当审查相关法律文书，并对罪犯仔细进行检查；决定收押后，及时通知家属。本条没有明确“及时”的具体时间，根据《监狱法》第二十条的规定，罪犯收监后，监狱应当通知罪犯家属。通知书应当自收监之日起五日内发出。这一规定较为合理，其他执行机关也可参照执行。执行机关发出的收押通知有两方面作用：一是告知家属相关信息，二是证明罪犯正在执行机关处服刑。

---

① 朗胜：《〈中华人民共和国刑事诉讼法〉修改与适用》，新华出版社 2012 年版，第 441 页。
②《解释》第四百二十九条。
③ 陈光中：《刑事诉讼法》（第五版），北京大学出版社、高等教育出版社 2013 年版，第 409 页。
④ 宋英辉：《中华人民共和国刑事诉讼法精解》，中国政法大学出版社 2012 年版，第 307 页。
⑤ 李昌林：《最新中华人民共和国刑事诉讼法释义》，中国法制出版社 2012 年版，第 503 页。

剥夺自由刑执行期满后，执行机关应当发给罪犯释放证明书[①]。该义务与通知义务相互配合，实现了程序的“有始有终”。

第二百五十四条　对被判处有期徒刑或者拘役的罪犯，有下列情形之一的，可以暂予监外执行：

（一）有严重疾病需要保外就医的；

（二）怀孕或者正在哺乳自己婴儿的妇女；

（三）生活不能自理，适用暂予监外执行不致危害社会的。

对被判处无期徒刑的罪犯，有前款第二项规定情形的，可以暂予监外执行。

对适用保外就医可能有社会危险性的罪犯，或者自伤自残的罪犯，不得保外就医。

对罪犯确有严重疾病，必须保外就医的，由省级人民政府指定的医院诊断并开具证明文件。

在交付执行前，暂予监外执行由交付执行的人民法院决定；在交付执行后，暂予监外执行由监狱或者看守所提出书面意见，报省级以上监狱管理机关或者设区的市一级以上公安机关批准。

【主旨】本条规定了暂予监外执行的条件与程序。

【释评】暂予监外执行是针对被判处自由刑者，因出现了法律规定的某种特殊情形，不适宜在监狱或其他执行场所执行刑罚时，暂时采取的一种变通执行方法。其主要特点在于：只是行刑方式变更，并不改变罪犯身份，一旦情形消失，便应及时收监，即属于暂时变更。

（一）暂予监外执行的条件

综合本条看，暂予监外执行需要满足两个方面的条件。

1. 具备积极条件

第一款将适用对象的刑罚条件表述为“判处”，单从文义看，应指人民法院生效裁判所确定的刑罚，然而，依目的解释和体系解释，被死刑缓期二年执行或无期徒刑的罪犯若被减刑为有期徒刑的，也可以适用暂予监外执行[②]。第一款中的三项条件属于选择性质，被判处有期徒刑或者拘役的罪犯，若要监外执行应当至少具备三项条件之一，如果同时具备二项及其以上，犯罪人暂予监外执行的可能性将会更大。第二款规定了被判处无期徒刑的罪犯只有在属于“怀孕或者正在哺乳自己婴儿的妇女”时，才可能被暂予监外执行。显然，该规定的目的在于保障人权。被判处无期徒刑的犯罪人在具备其他条件的情况下，仍然不能暂予监外执行。

2. 没有禁止性条件

保外就医属于暂予监外执行的条件之一，一旦认定犯罪人符合保外就医的情况，就有可能让其在监外执行，如果罪犯在狱外可能发生社会危险性，或者自伤自残的，当然不得保外就医。认定罪犯是否符合保外就医的必备条件，应由省级人民政府指定的医院诊断并开具证明文件。需要注意到，该规定只是要求鉴定的医院应当具有相应资质，但对医院受委托后如何组织鉴定、实施鉴定的医生应当具有何种条件、鉴定人有何权利义务、鉴定的过程如何监督、出具虚假鉴定应承担的法律责任等，都没有明确规定[③]。

从制度实现角度看，监外执行当然需要监狱外有关主体配合，如果没有源于监狱外的帮

① 从具体刑罚种类上看，应当包括依法减刑为有期徒刑以及被判处有期徒刑、拘役的情况。参见孙茂利：《新刑事诉讼法释义与公安实务指南》，中国人民公安大学出版社 2012 年版，第 511 页。

② 有关分析可参见侯启舞：《论暂予监外执行的适用对象》，载《北京人民警察学院学报》2010 年第 4 期。

③ 高伟：《刑事执行制度适用》，中国人民公安大学出版社 2012 年版，第 372 页。

助，罪犯不可能在监狱外生活。正因为如此，有关规定（《罪犯保外就医执行办法》）要求，对要求保外就医的罪犯，监狱应当联系罪犯亲属办理取保手续[①]。但本法对取保人、保证人的条件、义务及法律责任均没有作出规定；同时，对如果没有提供取保人，罪犯能否被准许保外就医，也是语焉不详[②]。

（二）暂予监外执行的决定程序

根据程序阶段不同，第五款分别规定了不同的负责主体。在交付执行前负责主体为人民法院，因为此时由人民法院直接决定，效率更高，也更人道[③]。根据2014年4月24日全国人大常委颁布的立法解释，“罪犯在被交付执行前，因有严重疾病、怀孕或者正在哺乳自己婴儿的妇女、生活不能自理的原因，依法提出暂予监外执行的申请的，有关病情诊断、妊娠检查和生活不能自理的鉴别，由人民法院负责组织进行。”对于被告人可能被判处拘役、有期徒刑、无期徒刑，符合暂予监外执行条件的，被告人及其辩护人有权向人民法院提出暂予监外执行的申请，看守所可以将有关情况通报人民法院。人民法院应当进行审查，并在交付执行前作出是否暂予监外执行的决定[④]。人民法院决定暂予监外执行的，应当制作暂予监外执行决定书，写明罪犯基本情况、判决确定的罪名和刑罚、决定暂予监外执行的原因、依据等，通知罪犯居住地的县级司法行政机关派员办理交接手续，并将暂予监外执行决定书抄送罪犯居住地的县级人民检察院和公安机关[⑤]。而在交付执行后，由监狱或者看守所就暂予监外执行提出书面意见，报省级以上监狱管理机关或者设区的市一级以上公安机关批准。其中，监狱管理机关是批准机关，是指罪犯在监狱执行的情况；而公安机关是批准机关，是指罪犯在看守所或少年犯管教所执行的情况。

第二百五十五条　监狱、看守所提出暂予监外执行的书面意见的，应当将书面意见的副本抄送人民检察院。人民检察院可以向决定或者批准机关提出书面意见。

【主旨】本条规定了人民检察院对暂予监外执行的检察监督。

【释评】本次修法加强了检察机关对监外执行的监督力度。依法条文义，监狱、看守所提出暂予监外执行的书面意见时，检察机关即可介入进行监督。本条要求有关机关应当同时将书面意见的副本抄送人民检察院。人民检察院可以向决定或者批准机关提出书面意见，这是一种同步监督，较之以前有明显进步。

第二百五十六条　决定或者批准暂予监外执行的机关应当将暂予监外执行决定抄送人民检察院。人民检察院认为暂予监外执行不当的，应当自接到通知之日起一个月以内将书面意见送交决定或者批准暂予监外执行的机关，决定或者批准暂予监外执行的机关接到人民检察院的书面意见后，应当立即对该决定进行重新核查。

【主旨】本条规定了人民检察院对暂予监外执行决定的检察监督。

【释评】本条规定承接前条，在暂予监外执行的决定环节进一步强化了检察监督。要求决定或者批准暂予监外执行的机关[⑥]在作出决定后，应当将该决定抄送人民检察院，人民检察院

---

① 吴宗宪等：《刑事执行法学》（第二版），中国人民大学出版社2013年版，第377页。
② 高伟：《刑事执行制度适用》，中国人民公安大学出版社2012年版，第318页。
③ 避免了先送到有关执行机关后，再往返的折腾。
④《六机关规定》第三十三条。
⑤《解释》第四百三十二条。
⑥ 根据本法第二百五十四条第五款的规定，这些机关包括人民法院、省级以上监狱管理机关或者设区的市一级以上公安机关。

经审查后，认为暂予监外执行不当的，应当自接到通知之日起一个月以内将书面意见送交上述机关，这些机关接到人民检察院的书面意见后，应当立即对该决定进行重新核查。从既往司法实务看，该种书面意见表现为《纠正违法通知书》《检察建议书》《建议纠正函》等不同形式的法律文书，实践中，上述书面意见对执行监督尤其是事后监督起到了一定的作用。新法强化了检察机关对刑罚执行的监督，为了切实提高执行监督的权威性，在运用“纠正违法通知书”等书面意见时，还应当注意纠正违法通知的效果反馈[①]。另外，根据制度完整性的要求，重新核查后的结果应当及时通报人民检察院，否则监督的效果便大打折扣了。

综合本条以及前面两条看，检察监督的实际效果，以及批准暂予监外执行决定效力问题尤其值得重视。虽然本法强化了检察监督，但因知情渠道不畅通，人民检察院不参与决定过程，很难发现问题，又如何向决定或者批准机关提出书面意见呢？还有，如果在法定期限过后，人民检察院才发现决定不当，是否应当提出纠正意见呢？最后，监狱管理局关于批准暂予监外执行的决定究竟何时生效、执行？如果不能立即生效、执行，那这个批准决定又有何意义？如果立即生效、执行，人民检察院在法定期限内又提出了认为暂予监外执行不当的书面意见，批准暂予监外执行的监狱管理局经重新核查，如果认为该意见正确，就要把已经生效并在执行的决定收回，将罪犯重新收监。刚生效、执行不久又宣布作废，势必大大降低决定的严肃性。如果认为原决定正确，这时又应当如何处理呢？法律对此未作进一步规定[②]。

第二百五十七条　对暂予监外执行的罪犯，有下列情形之一的，应当及时收监：

（一）发现不符合暂予监外执行条件的；

（二）严重违反有关暂予监外执行监督管理规定的；

（三）暂予监外执行的情形消失后，罪犯刑期未满的。

对于人民法院决定暂予监外执行的罪犯应当予以收监的，由人民法院作出决定，将有关的法律文书送达公安机关、监狱或者其他执行机关。

不符合暂予监外执行条件的罪犯通过贿赂等非法手段被暂予监外执行的，在监外执行的期间不计入执行刑期。罪犯在暂予监外执行期间脱逃的，脱逃的期间不计入执行刑期。

罪犯在暂予监外执行期间死亡的，执行机关应当及时通知监狱或者看守所。

【主旨】本条规定了暂予监外执行的收监执行、收监后以及罪犯死亡时的处理。

【释评】暂予监外执行带有明显的人道主义性质，在罪犯不具备相应条件时，应当及时取消。

（一）及时收监的情形与程序

第一款规定中的三种情形分属不同性质。第（一）项是指被暂予监外执行的罪犯根本就不符合条件，因此在暂予监外执行决定作出后，以及在此期间，无论何时发现，均应及时收监执行。第（二）项则只能出现在暂予监外执行期间，严重违反有关暂予监外执行监督管理规定，说明罪犯具有一定危险性，已经不适合再在监狱外执行，当然应收监执行[③]。第（三）项出现在暂予监外执行期间结束时，因为暂予监外执行仅是行刑方式变更，一旦情形消失，

① 陈卫东：《2012 刑事诉讼法修改条文理解与适用》，中国法制出版社 2012 年版，第 389 页。

② 高伟：《刑事执行制度适用》，中国人民公安大学出版社 2012 年版，第 380 页。

③ 根据《解释》第四百三十三条之规定，严重违反相关规定的情形有：未经批准离开所居住的市、县，经警告拒不改正，或者拒不报告行踪，脱离监管的；因违反监督管理规定受到治安管理处罚，仍不改正的；受到执行机关两次警告，仍不改正的；保外就医期间不按规定提交病情复查情况，经警告拒不改正的；保证人丧失保证条件或者因不履行义务被取消保证人资格，不能在规定期限内提出新的保证人的。

而刑期未满，当然应当收监执行。

如果是由人民法院决定暂予监外执行的罪犯，也应当由法院作出收监执行决定，并将有关法律文书送达公安机关、监狱或者其他执行机关；然后再由这些机关将罪犯收监执行。具体说来，人民法院应当将收监执行决定书送交罪犯居住地的县级司法行政机关，由其根据有关规定将罪犯交付执行。收监执行决定书应当同时抄送罪犯居住地的同级人民检察院和公安机关[①]。根据 2014 年 4 月 24 日全国人大常委颁布的立法解释："对人民法院决定暂予监外执行的罪犯，有刑事诉讼法第二百五十七条第一款规定的情形，依法应当予以收监的，在人民法院作出决定后，由公安机关依照刑事诉讼法第二百五十三条第二款的规定送交执行刑罚。"另外，本条虽未明确规定其他情况下的收监执行决定如何作出，但从本法第二百五十四条之规定可以推知，省级以上监狱管理机关或者设区的市一级以上公安机关，既然有权批准，当然也有权撤销该决定，同时决定将罪犯收监执行。

（二）对非法取得暂予监外执行，以及在此期间脱逃的惩戒

第三款规定，采用非法手段取得暂予监外执行"待遇"的，其在监外执行的期间不计入执行刑期，以示惩罚。另外，罪犯在暂予监外执行期间应当接受监管，如果脱逃，脱逃的期间不计入执行刑期。

（三）执行机关在暂予监外执行期间罪犯死亡时的通知义务

依第四款规定，罪犯在暂予监外执行期间死亡的，执行机关应当及时通知监狱或看守所，因为死亡意味着执行程序终止。这里的"通知"仅是一种形式上的告知，除此之外，还应根据具体情况进行后继处理。实践中，自然人死亡的原因比较复杂（可以分为正常死亡和非常死亡两种），正常死亡自不待言，如系非正常死亡，则应当根据不同情况进行处理（比如追究相关人员的责任）。

第二百五十八条　对被判处管制、宣告缓刑、假释或者暂予监外执行的罪犯，依法实行社区矫正，由社区矫正机构负责执行。

【主旨】本条规定了对被判处管制、宣告缓刑、假释或暂予监外执行的罪犯实行社区矫正。

【释评】社区矫正是一种新型刑罚执行方式，我国从大约十年前开始试点，试点期间取得了很大成绩[②]。2011 年的《刑法修正案（八）》，以及本法相继肯定了社区矫正的合法性。特别是，有关部门于 2012 年 1 月 10 日正式颁布了《社区矫正实施办法》，对社区矫正机构的组成、地位、职责等进行了较为详细的规定。从理论上看，社区矫正相比监禁矫正，具有明显优势，但是其自身也存在一些问题。社区矫正的优势在于，有利于服刑人员保持与社区的联系，降低行刑成本，体现刑罚人道化，合理配置社会资源，等等。同时，社区矫正也存在着诸如刑罚威慑功能不足，社区安全难以保障，差别适用无法避免等弊端[③]。

（一）社区矫正的适用对象

本条明确了四种罪犯可以适用社区矫正。其中，前三种与《刑法》规定相同，而适用暂予监外执行的罪犯可能与这三种情形存在一定交叉，可以说，本条在一定程度上扩展了社区

---

①《解释》第四百三十四条。
② 具体情况介绍参见吴宗宪等：《刑事执行法学》（第二版），中国人民大学出版社 2013 年版，第 266-269 页。
③ 相关具体分析参见吴宗宪：《社区矫正导论》，中国人民大学出版社 2011 年版，第 12-16 页。

矫正的适用范围。需要看到，被判处剥夺政治权利的罪犯，明确被法律排除在社区矫正适用范围之外，其合理性值得商榷。

应当承认，对被剥夺政治权利的罪犯实施社区矫正在法理上的确存在问题：第一，从权利的内容上讲，社区矫正是非监禁自由刑的执行方式，限制的是罪犯的人身自由。而剥夺政治权利中并不包含对人身自由的限制。我国《刑法》第五十四条第（二）项规定的“言论、出版、集会、结社、游行、示威自由”，是政治性自由而非人身自由。第二，从权利性质上讲，为了对人身自由进行限制，可以采取必要的手段，比如定期报到、设定活动范围、禁止出入特定的场所等，因此限制人身自由的社区矫正存在真正意义上的“执行”。而剥夺政治权利，相当于国外的褫夺公权，权利丧失后，不再行使即可，国家机关无需再采取其他措施，如果罪犯违反此规定行使政治权利，一来无效，二来属于另一违法行为，有关机关对此应依照其他法律予以处罚，不存在真正意义上的“执行”。第三，社区矫正试行工作中，对被剥夺政治权利的罪犯实施社区矫正存在较大困难，由于缺少法律规定，此类罪犯公开抗拒社区矫正，不遵守监督管理规定，不参加学习和公益劳动的现象较为突出①。上述观点颇有道理，立法没有将剥夺政治权利罪犯纳入社区矫正范围，大概也有这些方面的考虑。但是，从我国审判机关适用剥夺政治权利刑罚的情况来看，单独适用的数量很少，在大多数情况下，都是判处附加剥夺政治权利，罪犯服完主刑并从监狱释放之后，才开始在社会上执行剥夺政治权利刑罚。此时，该类罪犯尽管与假释犯相似，立法却没有将他们纳入社区矫正范围，使其得不到应有管束，特别是他们中一些需要帮助的人，得不到相应的帮困扶助②。另外，被剥夺政治权利而在社会上服刑的罪犯，毕竟都在各自社区中生活，这符合社区矫正的前提条件。同时，如果不对其适用社区矫正则缺少监督，刑罚执行效果反而不好，而适用社区矫正则可以利用社会力量使其在社区中得到教育矫正③。

（二）社区矫正机构的形态

本条没有明确社区矫正机构的具体称谓、构建，以及具体权限，这可能是考虑到我国开展社区矫正时间不长，加之社区矫正本身又是一个牵涉面广的复杂活动，因此不宜简单作出规定。根据上述《社区矫正实施办法》第三条的规定：县级司法行政机关社区矫正机构对社区矫正人员进行监督管理和教育帮助。司法所承担社区矫正日常工作。社会工作者和志愿者在社区矫正机构的组织指导下参与社区矫正工作。有关部门、村（居）民委员会、社区矫正人员所在单位、就读学校、家庭成员或者监护人、保证人等协助社区矫正机构进行社区矫正。

（三）社区矫正的程序

综合相关规定看，目前社区矫正的程序大致分为以下几个阶段：适用社区矫正前的调查评估→接受服刑人员→实施社区矫正→解除社区矫正。应当看到，我国相关规定中虽有涉及，但具体各个机关如何开展工作还缺乏详细规定，加上各种配套制度、资源相对匮乏，社区矫正要充分发挥作用，还有很长的路要走。

第二百五十九条　对被判处剥夺政治权利的罪犯，由公安机关执行。执行期满，应当由执行机关书面通知本人及其所在单位、居住地基层组织。

---

① 司绍寒：《社区矫正立法基本问题研究》，载《中国司法》2011年第4期，第76页。
② 吴宗宪等：《刑事执行法学》（第二版），中国人民大学出版社2013年版，第269页。
③ 吴宗宪：《社区矫正导论》，中国人民大学出版社2011年版，第76页。

【主旨】本条规定了剥夺政治权利的执行。

【释评】剥夺政治权利，是一种剥夺犯罪分子参加国家管理和政治活动权利的刑罚方法。剥夺政治权利的效果在于，罪犯在服刑期间，不能享有选举权和被选举权，以及言论、出版、集会、示威、游行等政治权利。当然，实际执行时，由于法律与理论上对剥夺政治权利的具体内涵未予明确，加之这些权利不仅具有政治意义，而且还与人的基本生存息息相关，客观上难以剥夺。因此，司法实务中，罪犯编辑报纸、设立广播站、学习知识、参加考试、出版著作等活动并没有一律受到禁止，相反，在一定条件下还被提倡和鼓励。

剥夺政治权利是一种附加刑，根据《刑法》相关规定，除了无期徒刑和死刑外，剥夺政治权利都是相应有期限的。因此，这种刑罚执行期满后，公安机关应当书面通知本人及其所在单位、居住地基层组织。这种通知有两个内容：一是刑罚已经执行完毕，二是自执行完毕之日起政治权利恢复。

第二百六十条　被判处罚金的罪犯，期满不缴纳的，人民法院应当强制缴纳；如果由于遭遇不能抗拒的灾祸缴纳确实有困难的，可以裁定减少或者免除。

【主旨】本条规定了罚金刑的执行。

【释评】罚金属于我国刑罚体系中的附加刑，既可以独立适用，也可以附加适用。这就使其根据案情既可以单处，也可以并处，具有较大灵活性[①]。罚金刑的执行具有及时性和经济性，并且不再考察犯罪人的人身危险性，其重形式上的金钱收缴，而轻内容上的教育改造[②]。基于此，罚金刑的执行在世界上都是一个难题，其执行率普遍偏低，并且教育改造效果也乏善可陈[③]。本条中规定了不同种类的执行方式。

（一）按期缴纳与强制缴纳

根据本条以及《解释》的规定，罚金刑由第一审人民法院负责裁判执行的机构执行。人民法院的裁判生效后，罪犯对所判处的罚金应当在指定期限内主动向人民法院缴纳[④]，如果期满不缴纳的，人民法院应当依职权强制其缴纳。“强制缴纳的方法有查封、变卖被判刑人的财产，或通过被判刑人所在单位扣发工资等。”[⑤]如果犯罪人抗拒缴纳，可以对其直接采取一定的人身强制措施。对那些故意抗拒不缴纳罚金且情节严重的，如隐藏、转移、变卖、毁损已被法院查封、扣押的财产，致使判决无法执行，或者暴力抗拒执行的，甚至可以以拒不执行判决、裁定罪追究刑事责任[⑥]。

当然，从执行实务角度看，并非犯罪人一旦不能按期缴纳就一定要强制缴纳，虽然法律没有规定罚金能否延期缴纳，但法学界主流观点是认为，在一定条件下可以延期缴纳。如果犯罪人在规定期限内暂时无力缴纳的，经犯罪人提出正当理由，人民法院可以裁定准予延期缴纳[⑦]。对此，司法界人士也表示赞同[⑧]。

---

① 比如，《解释》第四百三十九条第二款就规定：行政机关对被告人就同一事实已经处以罚款的，人民法院判处罚金时应当折抵，扣除行政处罚已执行的部分。

②③ 邵维国：《罚金刑论》，吉林人民出版社 2004 年版，第 286-287 页、第 287-289 页。

④ 实践中大量存在着预缴罚金现象，这虽对该种刑罚的履行具有一定意义，但无疑缺乏法律依据，并且危害也较大。

⑤ 马克昌：《刑罚通论》，武汉大学出版社 1999 年版，第 568 页。

⑥ 高伟：《刑事执行制度适用》，中国人民公安大学出版社 2012 年版，第 165-166 页。

⑦ 高铭暄：《刑法学原理》（第三卷），中国人民大学出版社 1994 年版，第 157 页。

⑧ 刘家琛：《刑法总则及配套规定新释新解》，人民法院出版社 2000 年版，第 522 页。

（二）减免缴纳、分期缴纳与随时追缴

如果罪犯由于遭遇不能抗拒的灾祸缴纳确实有困难的，人民法院可以裁定减少或者免除。为保证罚金刑的功能发挥，其减免条件应当从严掌握。另外，根据《刑法》第五十三条的规定，在具体方式上，罚金也可以分期缴纳。采取分期缴纳方式，主要是考虑到有些犯罪人具备缴纳罚金的经济实力，但一时又难以一次缴齐的实际情况。这种规定有利于根据犯罪人的实际支付能力，采取灵活的缴纳方法，在时间上有一定的伸缩性，使经济状况较差的犯罪人也有可能缴纳罚金[①]。

"罪犯期满无故不缴纳或者未足额缴纳的，人民法院应当强制缴纳。经强制缴纳仍不能全部缴纳的，在任何时候，包括主刑执行完毕后，发现被执行人有可供执行的财产的，应当追缴。"[②]据此，这里的"随时追缴"实际上有三层含义：一是任何时候都可以去调查被执行人有无可执行的财产；二是不论什么时候，只要发现被执行人有可供执行的财产，就可以追缴；三是每次能追缴到多少就是多少，并在应执行的罚金数额中予以扣除[③]。当然，需要看到，"随时追缴"的规定较为理想化，实务中往往难以做到。由于条件限制和配套制度缺乏，法院无法对被执行人自由刑服刑期满的时间、出狱后的去向、财产的变更情况进行跟踪管理，随时追缴制度陷入了看似严厉实则乏力的困境。法院对正在服刑的被执行人进行财产查证后，发现无财产可供执行的，有关案件就实际处于中止执行状态。在被执行人刑满释放后，法院基本没有采取随时追缴的措施，也极少再予过问其罚金刑执行情况[④]。

第二百六十一条　没收财产的判决，无论附加适用或者独立适用，都由人民法院执行；在必要的时候，可以会同公安机关执行。

【主旨】本条规定了没收财产判决的执行。

【释评】没收财产也属于我国刑罚体系中附加刑的一种，依本条以及《解释》的规定，没收财产与罚金刑一样，均由第一审人民法院负责裁判执行的机构执行，但没收财产与罚金不同，一般不存在主动履行问题。只要在判决前查明被告人有合法财产，并且在判决中作出相应判决的，人民法院即可直接予以没收，并通过拍卖等形式变现后上缴国库[⑤]。

不过，应当注意，根据《刑法》第五十九条之规定，没收财产是没收犯罪分子个人所有财产的部分或者全部，不得没收属于犯罪分子家属所有或者应有的财产。因此，在执行没收财产的判决时，首先应对犯罪人与其家属或者与其他公民的共有财产依法予以分割，以确定其个人财产的范围。同时，《刑法》第六十条还规定，对于没收财产以前犯罪分子所负的正当债务，需要用被判决没收的财产予以偿还的，经债权人请求，应当偿还。因此，在执行没收财产判决时，还应清理犯罪人的债务关系，对于依法应当清偿的正当债务，人民法院应依法作出处理，以保护债权人的合法权益。本条中所谓"必要的时候"，主要是指人民法院执行没收财产可能遇到干涉、阻挠、妨碍判决执行的情形，需要采取强制措施的时候。人民法院可以会同公安机关执行，这样有利于保证没收财产判决的顺利执行[⑥]，公安机关在执行中仅起辅助作用。

实践中，没收财产判决的执行面临诸多障碍。比如缺乏执行时效、执行中止或执行终结

① ④ 高伟：《刑事执行制度适用》，中国人民公安大学出版社 2012 年版，第 165 页、第 171 页。
② 《解释》第四百三十九条第一款。
③ ⑤ 王洪青：《附加刑研究——经济刑法视角下的刑罚适用与改革路径》，上海社会科学院出版社 2009 年版，第 105-106 页、第 106 页。
⑥ 孙茂利：《新刑事诉讼法释义与公安实务指南》，中国人民公安大学出版社 2012 年版，第 523 页。

的制度设计，没有法定共有财产分割程序，犯罪人财产调查难以落实，等等。这些因素叠加在一起，导致了没收财产判决执行上的困难甚至混乱[①]。

第二百六十二条 罪犯在服刑期间又犯罪的，或者发现了判决的时候所没有发现的罪行，由执行机关移送人民检察院处理。

被判处管制、拘役、有期徒刑或者无期徒刑的罪犯，在执行期间确有悔改或者立功表现，应当依法予以减刑、假释的时候，由执行机关提出建议书，报请人民法院审核裁定，并将建议书副本抄送人民检察院。人民检察院可以向人民法院提出书面意见。

【主旨】本条分别规定了罪犯在服刑期间犯有新罪和发现有漏罪情况的处理程序，以及减刑、假释的程序。

【释评】相比较而言，剥夺自由刑的执行时间往往较长，罪犯在服刑期间，有可能出现两种情况：坏的一面，改造不利，又犯新罪，或者被发现尚有漏罪未作处理；好的一面，则是积极改造，表现良好。本条分别对此进行了规定。

（一）又犯新罪或发现有漏罪

第一款规定较为简略，仅提及此时由执行机关移送人民检察院处理，其他均无涉及。结合相关规定看，有必要明确这样几个问题：

1. 服刑期间是针对哪些刑罚而言？

法条没有进行限制，依文义，似乎可以理解为全部刑罚种类都有可能。不过，考虑到第一款强调“服刑期间”，其意指在执行过程中；而鉴于死刑立即执行案件的特殊性，这里无疑应排除在外。当然，由于死刑案件处理周期一般较长，在死刑实际执行之前，死刑犯确有可能再犯新罪或发现漏罪，此时，根据《解释》的规定，应当停止执行，并进行相应处理[②]。

2. 新罪或漏罪的类型

与前面相同，本款中的“犯罪”也未有任何限定，但从移送检察机关处理的表述看，这里罪犯所犯新罪或发现的漏罪应属于公诉案件范围[③]，笔者认为这不妥。诚然，自诉案件范围是比较狭小，况且罪犯在服刑期间，受到执行机关严密监管，触犯的可能性很小；但仔细分析，似乎又没有充足理由将其排除。比如“侮辱案”“诽谤案”就完全可能发生。从反面看，既然一般意义上社会危害性更为严重的公诉案件都有可能发生，自诉案件为何就不能出现呢？

本法中，执行机关包括监狱、看守所、公安机关、未成年犯管教所、社区矫正机构等。根据相关规定，只有监狱、公安机关（国家安全机关）才有侦查权。本款中的“又犯新罪”与“发现漏罪”性质有所不同，其具体处理程序也存在较大区别。本款中的“犯罪”或“罪行”大致可以有两种解读：一种是从形式上理解，把新罪与漏罪限定为一种线索或可能性，执行机关一旦发现“可能”存在新罪或漏罪情况的，即应移送检察机关处理。另一种则是做实质性理解，即需要查证属实后，方能移送检察院处理。相比较而言，第一种理解有文义基础，不过结合本法以及《监狱法》的相关规定看，第二种观点更为合理。具体而言：如果罪

---

① 高伟：《刑事执行制度适用》，中国人民公安大学出版社 2012 年版，第 207-208 页。刑事判决书中对此一般笼统表述为“没收全部财产或部分财产”，但究竟没收犯罪人哪些财产，可能没人清楚。

② 对此，前面已有介绍，此处不赘。

③ 当然，如果把“处理”广义化，即由执行机关移送检察院处理，不等于由执行机关侦查后移送检察机关处理。如果需要侦查，最后应落实到有管辖权的有关机关侦查。换言之，这里的“处理”方式是多样化的，不仅指确定侦查机关、提起公诉，也包括其他方式。这样似乎也可包容笔者提出的自诉案件问题。但是考虑到自诉，尤其是典型的自诉案件，是否向法院提出告诉，完全由自诉人自行决定，检察机关根本没有处理权，甚至说，执行机关将其移送给检察院都有强人所难之嫌。

犯在监狱服刑期间，又犯属于公诉案件范围之新罪的，则应由监狱侦查，并在侦查终结后写出移送起诉意见书，连同案卷材料、证据一并移送人民检察院审查处理[①]。如果罪犯不是在监狱服刑，在上述情况下，则只能由公安机关或国家安全机关侦查，待侦查终结后再移送人民检察院审查处理[②]。对于发现有遗漏罪行的情况，处理程序较为复杂。笔者认为，不管罪犯是否在监狱中服刑，只要是在服徒刑期间发现的漏罪，执行机关均应把案件线索移送执行机关所在地的检察院，由检察机关按照案件职能管辖范围决定交由公安机关侦查或者自行侦查[③]，或者告知自诉人是否提起自诉。若是公诉案件，待侦查终结后，则由检察机关根据审判管辖规定提起公诉。

（二）减刑与假释的程序

根据《刑法》规定，减刑与假释是两种特殊的刑罚执行方法。减刑是对被判处管制、拘役、有期徒刑、无期徒刑的犯罪分子，在刑罚执行期间有悔改或立功表现，而适当减轻刑罚的行刑制度。减刑是对罪犯的一种奖励，有助于激励其积极改造。假释是对被判处有期徒刑、无期徒刑的犯罪分子，在执行一定刑罚后，因认真遵守监规，接受教育改造，确有悔改表现，不致再危害社会，因而附条件地将其提前释放的制度。假释能够调动罪犯的改造积极性，可以弥补自由刑量刑不当，也可实现行刑的经济性。最高人民法院在《解释》、2012 年 7 月 1 日起实施的《关于办理减刑、假释案件具体应用法律若干问题的规定》，以及 2014 年 6 月 1 日起施行的《关于减刑、假释案件审理程序的规定》（为简便起见，以下简称为《审理程序规定》）中，对减刑、假释的认定、裁判等问题进行了明确，限于主旨与篇幅，这里仅简单归纳如下：

1. 提请与审理

根据第二款规定，在符合《刑法》所规定的减刑、假释条件时，由执行机关提出建议书，报请人民法院审核裁定。另据《刑法》第七十九条、八十二条之规定，对于犯罪分子的减刑、假释，由执行机关向中级以上人民法院提出建议书。人民法院应当组成合议庭进行审理。

综合相关规定看，执行机关不仅应当提交减刑、假释建议书，还应当提交终审法院的裁判文书、执行通知书、历次减刑裁定书的复印件；证明罪犯确有悔改、立功或者重大立功表现具体事实的书面材料；罪犯评审鉴定表、奖惩审批表等；罪犯假释后对所居住社区影响的调查评估报告；以及根据案件情况需要移送的其他材料[④]。人民法院经审查后，应当按照下列情形分别处理：（1）对被判处死刑缓期执行的罪犯的减刑，由罪犯服刑地的高级人民法院在收到同级监狱管理机关审核同意的减刑建议书后一个月内作出裁定；（2）对被判处无期徒刑的罪犯的减刑、假释，由罪犯服刑地的高级人民法院在收到同级监狱管理机关审核同意的减刑、假释建议书后一个月内作出裁定，案情复杂或者情况特殊的，可以延长一个月；（3）对被判处有期徒刑和被减为有期徒刑的罪犯的减刑、假释，由罪犯服刑地的中级人民法院在收到执行机关提出的减刑、假释建议书后一个月内作出裁定，案情复杂或者情况特殊的，可以延长一个月；（4）对被判处拘役、管制的罪犯的减刑，由罪犯服刑地中级人民法院在收到同级执行机关审核同意的减刑、假释建议书后一个月内作出裁定。对暂予监外执行罪犯的减刑，

---

① 这可能是大多数情况，这也才是本款规定的典型代表。

② 比如罪犯在被收缴罚金的过程中或者在被没收财产刑的过程中又犯新罪的，由于不是在监狱内犯罪，应该按照一般职能管辖确定案件的侦查机关。

③ 注意，监狱对漏罪没有侦查权。

④《解释》第四百五十条，《审理程序规定》第二条。需要看到，由于执行机关提请减刑、假释之前必然也有一个程序，因此最高人民法院才要求其提交诸多材料。一般说来，执行机关提请减刑、假释的程序包括了提名、评审、公示、提请等几个环节。当然，执行机关不同，具体步骤也有所区别。相关介绍参见翟中东：《减刑、假释制度适用》，中国人民公安大学出版社 2012 年版，第 30-55 页、108-115 页。

应当根据情况，分别适用前款的有关规定[①]。另外，被宣告缓刑的罪犯，在缓刑考验期限内确有重大立功表现，需要予以减刑，并相应缩短缓刑考验期限的，由居住地县级司法行政机关提出减刑建议书并附相关证明材料，经地（市）级司法行政机关审核同意后提请社区矫正人员居住地的中级人民法院裁定[②]。

人民法院审理减刑、假释案件，应当在立案后五日内将执行机关报请减刑、假释的建议书等材料依法向社会公示。公示内容应当包括罪犯的个人情况、原判认定的罪名和刑期、罪犯历次减刑情况、执行机关的建议及依据。公示应当写明公示期限和提出意见的方式。公示期限为五日[③]。这种公示的价值在于，使人民法院能够独立了解罪犯减刑、假释是否公正的信息。人民法院在公示罪犯减刑、假释信息后，应当到罪犯所在监狱、看守所、接受社区矫正的社区居委会、村委会积极了解情况，可以召集罪犯、公民进行座谈、单独讯问（询问）或通过其他方式听取罪犯、公民对执行机关提请减刑、假释的意见，调查核实提请减刑、假释罪犯在执行期间的改造表现[④]。

在审理方式上，人民法院审理减刑、假释案件，应当依法由审判员或者由审判员和人民陪审员组成合议庭进行。人民法院审理减刑、假释案件，可以采取开庭审理或者书面审理的方式。但下列减刑、假释案件，应当开庭审理：（1）因罪犯有重大立功表现报请减刑的；（2）报请减刑的起始时间、间隔时间或者减刑幅度不符合司法解释一般规定的；（3）公示期间收到不同意见的；（4）人民检察院有异议的；（5）被报请减刑、假释罪犯系职务犯罪罪犯，组织（领导、参加、包庇、纵容）黑社会性质组织犯罪罪犯，破坏金融管理秩序和金融诈骗犯罪罪犯及其他在社会上有重大影响或社会关注度高的；（6）人民法院认为其他应当开庭审理的。人民法院开庭审理减刑、假释案件，应当通知人民检察院、执行机关及被报请减刑、假释罪犯参加庭审[⑤]。另外，《审理程序规定》还对人民法院审理减刑、假释案件的具体审理方式进行了规范[⑥]。

2. 减刑、假释建议的检察监督

为了加强对减刑和假释的监督，本款将检察机关介入时间大大提前了：人民检察院收到执行机关抄送的减刑、假释建议书副本后，应当逐案进行审查，发现减刑、假释建议不当或者提请减刑、假释违反法定程序的，应当在十日以内向审理减刑、假释案件的人民法院提出书面检察意见，同时也可以向执行机关提出书面纠正意见[⑦]。从程序运作实践看，这里的人民检察院应当根据上述法院管辖情况予以确定，即应当是各该人民法院的同级人民检察院。检察机关提出书面意见，主要是指罪犯是否符合减刑、假释条件方面的意见[⑧]。

第二百六十三条　人民检察院认为人民法院减刑、假释的裁定不当，应当在收到裁定书副本后二十日以内，向人民法院提出书面纠正意见。人民法院应当在收到纠正意见后一个月以内重新组成合议庭进行审理，作出最终裁定。

【主旨】本条规定了人民检察院对减刑、假释裁定的监督。

---

①《审理程序规定》第一条。

②《社区矫正实施办法》第二十八条。

③《审理程序规定》第三条。

④ 翟中东：《减刑、假释制度适用》，中国人民公安大学出版社 2012 年版，第 64 页、118-119 页。

⑤《审理程序规定》第四百五十三条。

⑥ 详见《审理程序规定》第七～十五条。

⑦《诉讼规则（试行）》第六百四十九条。

⑧ 详见《诉讼规则（试行）》第六百五十条、六百五十二条之规定。

【释评】上一条规定了检察机关对减刑、假释建议的监督，本条承接该条，就人民法院相关裁定的监督进行了规定。

《解释》第四百五十四条规定：人民法院作出减刑、假释裁定后，应当在七日内送达提请减刑、假释的执行机关、同级人民检察院以及罪犯本人。人民检察院经审查认为人民法院减刑、假释的裁定不当，应当在收到裁定书副本后二十日以内，报经检察长批准，向作出减刑、假释裁定的人民法院提出书面纠正意见①。纠正意见的主要内容是指向应当减刑、假释而未减刑、假释，或者是不当减刑、假释②。人民法院应当在收到纠正意见后一个月以内重新组成合议庭进行审理，作出最终裁定。"最终裁定"意味着该裁定直接发生法律效力。之所以如此规定，笔者认为，主要还是出于程序效率（效益）方面的考虑，毕竟对此等"小事"，不值得再纠缠下去。但是，人民检察院认为最终裁定不符合法律规定的，仍然应当向同级人民法院提出纠正意见③。不过，由于该裁定已是最终裁定，人民检察院的意见并不具有必然"重审"的效力。人民法院发现本院已经生效的减刑、假释裁定确有错误的，应当依法重新组成合议庭进行审理并作出裁定；上级人民法院发现下级人民法院已经生效的减刑、假释裁定确有错误的，应当指令下级人民法院另行组成合议庭审理，也可以自行依法组成合议庭进行审理并作出裁定④。

第二百六十四条　监狱和其他执行机关在刑罚执行中，如果认为判决有错误或者罪犯提出申诉，应当转请人民检察院或者原判人民法院处理。

【主旨】本条规定了执行机关对错判和罪犯申诉的处理。

【释评】依本条规定，对原判有错误或罪犯对原判提出申诉的情况，执行机关没有直接处理权限。而根据本法其他相关规定，仅有人民检察院或人民法院才有权决定是否启动审判监督程序，因此，执行机关发现有法定情况时，应当转请人民检察院或者原判人民法院处理。对此，《监狱法》第二十四条规定：监狱在执行刑罚过程中，根据罪犯的申诉，认为判决可能有错误的，应当提请人民检察院或者人民法院处理，人民检察院或者人民法院应当自收到监狱提请处理意见书之日起六个月内将处理结果通知监狱。同时，《程序规定》第二百九十三条规定：公安机关在执行刑罚中，如果认为判决有错误或者罪犯提出申诉，应当转请人民检察院或者原判人民法院处理。这里的人民检察院应当是服刑地的人民检察院，该服刑地人民检察院收到案件材料后，经审查再做相应处理。

第二百六十五条　人民检察院对执行机关执行刑罚的活动是否合法实行监督。如果发现有违法的情况，应当通知执行机关纠正。

【主旨】本条规定了人民检察院对执行机关执行刑罚活动的检察监督。

【释评】人民检察院是法定法律监督机关，当然有权对执行机关执行刑罚的活动是否合法实行监督。执行刑罚合法性的内容，既包括前面相关条文中规定的暂予监外执行、减刑、假释等行为，也包括本法中未予明确的，诸如执行机关的日常监管是否合法，是否存在侮辱人格、体罚虐待等等情况。如果发现有违反情况，应当通知执行机关纠正。

具体说来，对于有关机关违法行为情节轻微的，检察人员可以口头提出纠正意见；发现严重违法行为，或者提出口头纠正意见后，有关机关在七日以内未予以纠正的，应当报经检

①《诉讼规则（试行）》第六百五十三条。
②《诉讼规则（试行）》第六百五十二条。
③《诉讼规则（试行）》第六百五十五条。
④《审理程序规定》第二十一条。

察长批准，向有关机关发出纠正违法通知书，同时将纠正违法通知书副本抄报上一级人民检察院并抄送其所属机关的上一级机关。人民检察院发出纠正违法通知书十五日后，有关仍未纠正或者回复意见的，应当及时向上一级人民检察院报告。上一级人民检察院应当通报同级有关机关并建议其督促予以纠正[①]。很明显，此种监督措施仍然“偏软”，其把效果寄希望于有关机关自行纠正，以及该机关系统内部之间的领导、监督关系，而缺乏必要的刚性。

---

① 参见《诉讼规则（试行）》第六百六十条、六百三十二条。

第五编　特别程序

特别程序是普通程序的对称。所谓普通程序，是指适用于一般案件的诉讼程序；而特别程序是指适用于特别类型案件或特定人员的诉讼程序[①]。本次修法增设的四种特别程序，分别针对未成年人、精神病人、逃匿或死亡的犯罪嫌疑人、被告人等特殊主体，以及公诉案件中犯罪嫌疑人、被告人与被害人之间的和解事项。特别程序与普通程序虽然性质有别，但在具体操作上，二者又密切联系在一起，不可分割。尤其是未成年人刑事案件程序和公诉案件当事人和解程序，它们本身就建立在普通刑事程序基础之上，所谓“特殊”，仅是因为有些特殊规则罢了。相比较另外两种特别程序而言，其特殊性要“弱”很多。此外，即使是后两种特别程序也需要依附于普通程序而存在，如果没有普通程序的启动和运行，它们也根本不可能存在，如果特别程序所涉事项被否决，还会面临着继续进行原普通程序的问题。从这个角度可以说，二者实际上是相互衔接的。

特别应予注意的是，本法增设特别程序虽然有其积极意义，但通观这些规定可以发现，这些程序在形式上存在一个共同缺陷，即其程序规定均为框架式。以“依法不负刑事责任的精神病人的强制医疗程序”为例，该程序的规定总共有 6 条，其内容包括强制医疗程序的适用对象、申请程序、审理程序、法律援助、救济程序以及法律监督等，对于精神病的司法鉴定机关、鉴定程序、鉴定期限，公安机关采取临时保护性措施的时间和审批程序，强制医疗案件的具体审判程序、方式、被申请人、被告人、被害人及其法定代理人和近亲属的权利义务以及法院驳回强制医疗申请的情形、申请复议的期限、理由、复议的程序，检察机关如何具体监督该程序等，法律均未提及。对于这些问题，如果不进一步进行解释，强制医疗程序在司法实践中将无法操作。”[②]

① 陈卫东、张弢：《刑事普通程序》，人民法院出版社 1994 年版，第 1 页。
② 汪海燕：《刑事诉讼法解释论纲》，载《清华法学》2013 年第 6 期，第 9 页。

第一章　未成年人刑事案件诉讼程序

近年来，随着社会发展，未成年人犯罪日趋严重。未成年人身心尚未发育成熟，与成年人存在重大差别，为了充分保护其权益，针对未成年人的诉讼程序，自然需要特别设计，考虑周全。本章之规定需要联系之前的普通刑事诉讼程序加以理解，尤应注意比较被追诉人的特殊性而带来的特殊程序构建。

第二百六十六条　对犯罪的未成年人实行教育、感化、挽救的方针，坚持教育为主、惩罚为辅的原则。

人民法院、人民检察院和公安机关办理未成年人刑事案件，应当保障未成年人行使其诉讼权利，保障未成年人得到法律帮助，并由熟悉未成年人身心特点的审判人员、检察人员、侦查人员承办。

【主旨】本条规定了公安司法机关办理未成年人刑事案件的一般要求。

【释评】在我国，未成年人是一个法律概念，是指未年满十八周岁的公民。刑事诉讼领域中的未成年人，因受到刑事责任年龄限制，在范围上仅限于年满十四周岁不满十八周岁的公民。另外，基于程序法的特性，本章中的未成年人是指刑事诉讼程序启动后作为犯罪嫌疑人、被告人的那些未成年人，而不是指实施涉嫌犯罪行为时是未成年人的人[①]。对于实施涉嫌犯罪行为时未满十八周岁，而在诉讼过程中已满十八周岁的犯罪嫌疑人、被告人，办案机关可以根据具体案情适用有关规定[②]。

（一）办案方针和原则

由于未成年人身心尚未发育成熟，因此第一款规定，对犯罪的未成年人应实行实行“教育、感化、挽救”的方针，并坚持“教育为主、惩罚为辅”的原则。这是我国一贯的做法[③]。其中，“持教育为主、惩罚为辅”原则要求教育优先，只有在犯罪的严重程度表明教育不足以达到矫正、改造罪犯的实际效果时，才适当适用惩罚手段[④]。该原则不仅是人民法院、人民检察院、公安机关办理未成年人刑事案件应当遵循的程序性原则，也是法律对未成年人特别保护的实体法要求，其他有关未成年人的法律对此也存在相应规定与要求[⑤]。

第一款中，“犯罪的未成年人”这一表述需要厘清。从文义看，明显指向已经被确认构成犯罪后的未成年人。有学者提出，从程序法理上看，这是不妥的，因为明显违反了“无罪推定原则”：同时，本款规定主要属于刑罚适用的原则和方针，将其规定在特别程序部分明显存

---

① 李昌林：《最新中华人民共和国刑事诉讼法释义》，中国法制出版社 2012 年版，第 530 页。
②《诉讼规则（试行）》第五百零八条，《解释》第四百七十五条。
③ ④ 温小洁：《我国未成年人刑事案件诉讼程序研究》，中国人民公安大学出版社 2003 年版，第 29-31 页，第 141 页。
⑤ 王敏远：《中国刑事诉讼法教程》（第二版），中国政法大学出版社 2012 年版，第 423 页。

在结构上不协调的问题[①]。笔者认为，上述观点不无道理，综合体系解释和目的解释看，本款中所谓“犯罪的”应当理解为涉嫌实施犯罪行为，只有这样才能符合程序法之特质，以及本法设计此种特别程序的初衷。

（二）办案人员

为了贯彻上述方针和原则，本条要求人民法院、人民检察院和公安机关在办案过程中，应当保障未成年人行使其诉讼权利，保障未成年人得到法律帮助，并由熟悉未成年人身心特点的审判人员、检察人员、侦查人员承办。从这一规定中可以看出，在我国，未成年人案件仍然是由普通刑事司法系统操办的，只是强调由有专长者办理。

从目前的制度实践看，法院和检察院系统大都已经建立了专门办理少年案件的机构，其比例在全国总数的70%到80%左右[②]；比如法院内部各种形式的“少年法庭”[③]，检察院内部的“少年检察科”“未成年人起诉科”“少年检察科”等[④]。但目前，我国并没有专门的未成年人侦查机构或专业的少年警察队伍，而且在学术研究及司法实践中，更多地关注于具体侦查程序的构建和完善，侦查主体这一问题并没有得到应有的重视[⑤]。好在，根据中央综治委预防青少年违法犯罪工作领导小组、最高人民法院、最高人民检察院、公安部、司法部、共青团中央等六部门联合出台的《关于进一步建立和完善办理未成年人刑事案件配套工作体系的若干意见》（以下均简称《若干意见》）第一条第一、二、三款的规定，公安部、省级和地市级公安机关应当指定相应机构负责指导办理未成年人刑事案件。区县级公安机关一般应当在派出所和刑侦部门设立办理未成年人刑事案件的专门小组，未成年人刑事案件数量较少的，可以指定专人办理。最高人民检察院和省级人民检察院应当设立指导办理未成年人刑事案件的专门机构。地市级人民检察院和区县级人民检察院一般应当设立办理未成年人刑事案件的专门机构或专门小组，条件不具备的，应当指定专人办理。最高人民法院和高级人民法院应当设立少年法庭工作办公室。中级人民法院和基层人民法院一般应当建立审理未成年人刑事案件的专门机构，条件不具备的，应当指定专人办理。

第二百六十七条　未成年犯罪嫌疑人、被告人没有委托辩护人的，人民法院、人民检察院、公安机关应当通知法律援助机构指派律师为其提供辩护。

【主旨】本条规定了公安司法机关对未成年犯罪嫌疑人、被告人的法律援助义务。

【释评】诉讼属于重大事项，尤其是刑事诉讼更是关系到当事人的生命、财产和自由，未成年人的身心特点决定了其无法独自行使诉讼权利，因此需要有关人员帮助。根据本法相关规定，未成年人犯罪嫌疑人、被告人的法定代理人、近亲属有权代为委托辩护人，如果没有委托辩护人的，人民法院、人民检察院、公安机关应当通知法律援助机构指派律师为其提供辩护，以充分保障其诉讼权利。

第二百六十八条　公安机关、人民检察院、人民法院办理未成年人刑事案件，根据情况可以对未成年犯罪嫌疑人、被告人的成长经历、犯罪原因、监护教育等情况进行调查。

---

① 冀祥德：《最新刑事诉讼法释评》，中国政法大学出版社2012年版，第243页。

② 温小洁：《我国未成年人刑事案件诉讼程序研究》，中国人民公安大学出版社2003年版，第66页。

③ 根据《最高人民法院关于审理未成年人刑事案件的若干规定》第六条的规定：中级人民法院和基层人民法院可以建立未成年人刑事审判庭。条件尚不具备的地方，应当在刑事审判庭内设立未成年人刑事案件合议庭或者由专人负责办理未成年人刑事案件。高级人民法院可以在刑事审判庭内设立未成年人刑事案件合议庭。未成年人刑事审判庭和未成年人刑事案件合议庭统称少年法庭。《解释》第四百六十二条延续了这一规定。

④ ⑤ 赵国玲：《未成年人司法制度改革研究》，北京大学出版社2011年版，第123-124页、第109页。

【主旨】本条规定了公安司法机关对未成年犯罪嫌疑人、被告人的社会调查制度[①]。

【释评】出于保护未成年人权益的考虑，公安司法机关办理案件时，不仅需要对事实和证据进行调查，而且应对犯罪主体的周边信息进行了解。确立这种社会调查制度的目的，是为了找出诱发未成年人犯罪的主客观根源，并予以拆除，确保未成年人得到彻底的矫治，不再犯罪[②]。

（一）调查主体与对象

未成年人刑事案件社会调查主体，是未成年人刑事案件社会调查的核心所在。由谁进行调查，是多方协力，还是择一而为？如果由多个主体进行未成年人刑事案件社会调查，会不会造成重复调查、浪费司法资源，若出现多份不同结论的社会调查报告又该如何认定？如果择一主体而为，如由法官进行未成年人社会调查，会不会影响法官的中立性[③]？显然，本条中，社会调查的主体是公安机关、人民检察院、人民法院，即三机关都有权直接进行调查。但实际上，他们未必就是制作调查报告的主体，换言之，他们是可以适用调查报告的主体，而不是真正进行调查的主体。可以说，本条规定并未明确三机关该如何调查未成年人的相关信息；是依据职权调查，还是委托中立第三方进行调查，抑或是通过控辩双方举证，法律并没有详细规定，依然模糊[④]。

根据前述《若干意见》第三条第一款第一项的规定：社会调查由未成年犯罪嫌疑人、被告人户籍所在地或居住地的司法行政机关社区矫正工作部门负责。司法行政机关社区矫正工作部门可联合相关部门开展社会调查，或委托共青团组织以及其他社会组织协助调查。据此，三机关实际上也可以委托其他组织或机构进行调查[⑤]。在委托相关部门或社会组织调查方面，各地做法不同。上海长宁地区委托社区矫正工作机构进行，山东东营河口区法院规定社会调查组织，主要是共青团、妇联、工会、学校、未成年人保护组织等，河南兰考地区由法官担任社会调查员，在少年法庭内、合议庭外设立相对独立的社会调查员[⑥]。另外，本条中，对公安司法机关来说，是“可以”进行社会调查，这就意味着进行调查的对象并不要求针对全部的未成年人刑事案件，可以根据情况而定，不是强制性、义务性的“应当”进行调查[⑦]。

（二）调查内容与方法

从法条文义看，社会调查的内容主要是反映未成年犯罪嫌疑人、被告人的成长经历和接受帮教的条件等，而不是直接反映案件本身的犯罪事实[⑧]。基于保障未成年人合法权益的目的，以及案件的复杂性考虑，这里的“等”应理解为等外等，即包括但不限于法条所列举的内容。应当看到，由于公安司法机关均可以进行社会调查，而在不同诉讼阶段，它们都可能根据自

① 学理上，也有不少学者称之为“全面调查原则”。该原则意指司法机关在办理未成年人刑事案件过程中，既要对案件事实进行调查，还要查清导致未成年人犯罪的主客观因素的形成、发展、演变以及有关未成年人特殊性格的详细情况。参见陈光中等：《联合国刑事司法准则与中国刑事法制》，法律出版社 1998 年版，第 411 页。从制度层面上来说，全面调查与社会调查具有相当同义性，但仔细分析，二者还是有诸多不同；况且，官方文件中一般都称之为“社会调查”。参见《诉讼规则（试行）》第四百八十六条。因此，笔者认为，将其命名为“社会调查”更为妥当。

② 陈光中：《刑事诉讼法》（第五版），北京大学出版社、高等教育出版社 2013 年版，第 431 页。

③ ④ ⑦ 李兰英、程莹：《新刑诉法关于未成年人刑事案件社会调查规定之评析》，载《青少年犯罪问题》2012 年第 6 期，第 10 页、第 11 页、第 11 页。

⑤ 宋英辉：《中华人民共和国刑事诉讼法精解》，中国政法大学出版社 2012 年版，第 325 页。

⑥ 高洁如：《未成年人刑事案件社会调查制度之完善》，载《湖南社会科学》2013 年第 2 期，第 118 页。

⑧ 郑瑞平、程雷：《未成年人刑事案件诉讼程序评析》，载《浙江工商大学学报》2012 年第 3 期，第 25 页。

身利益需求，启动调查程序，制作相应调查报告（其侧重点也各不相同）[①]。在方法上，社会调查一般由社会调查员直接到未成年人生活、学习、工作的地方进行调查，调查方式有调查问卷、谈话、观察、电话、书信、委托；不定期地对未成年被告人进行访谈；见被告人的父母或所在单位的领导；深入学校、社区、村委会了解未成年人的平时表现；等等[②]。

就范围来说，社会调查内容的深度和广度都已经远远超过了案件事实的范围，由此而形成的调查报告如何在诉讼中使用不无疑问。有学者提出：社会调查报告应当具有证据效力。两院三部联合颁布的《关于规范量刑程序若干问题的意见（试行）》第十一条明确规定将其作为证据使用，并须在法庭上宣读和接受质证。新《刑事诉讼法》虽然未明确规定其效力，但参考这一规定可以认为，其具有证据效力[③]。笔者认为，由于社会调查报告涉及面广，其中包括的事项可能与定罪与量刑都有关系，《量刑意见规定》中提出的所谓可以作为证据，主要还是量刑程序角度考虑的，然而从定罪层面来看，社会调查中的成长经历、犯罪原因、监护教育等情况，一般而言没有影响，自然也就不宜作为证据使用，否则可能会适得其反。比如，有的未成年人因自身家庭原因而沾染上了不良习气，进而实施了危害社会的行为，显然，在定罪问题上，这些都不能成为影响因素，至少不应过多考虑。对此，《解释》第四百八十四条便规定：对未成年被告人情况的调查报告，以及辩护人提交的有关未成年被告人情况的书面材料，法庭应当审查并听取控辩双方意见。上述报告和材料可以作为法庭教育和量刑参考。

第二百六十九条　对未成年犯罪嫌疑人、被告人应当严格限制适用逮捕措施。人民检察院审查批准逮捕和人民法院决定逮捕，应当讯问未成年犯罪嫌疑人、被告人，听取辩护律师的意见。

对被拘留、逮捕和执行刑罚的未成年人与成年人应当分别关押、分别管理、分别教育。

【主旨】本条规定了对未成年人犯罪嫌疑人、被告人采取强制措施以及执行（包括刑罚）时的特别要求。

【释评】法律对未成年人的关怀体现在刑事诉讼各个阶段，本条重点对未成年犯罪嫌疑人、被告人人身自由方面的保障进行了规定。

（一）限制适用逮捕措施

逮捕在我国刑事诉讼程序中意味着长时间的羁押，对于未成年人来讲，可能会产生很多问题，所以，第一款强调应限制适用。所谓“限制适用”主要是指比照成年人刑事案件，更加严格地适用本法第七十九条规定的逮捕条件，对于可捕可不捕的，一般不要逮捕。对于采取取保候审、监视居住等方法，能够防止发生社会危险性的，应当尽量适用取保候审、监视居住措施[④]。对此，《诉讼规则（试行）》在第四百八十八条、第四百八十九条中进行了细化规定（限于篇幅，这里就不再引用了）。

第一款后半段要求，人民检察院审查批准逮捕和人民法院决定逮捕时，应当讯问未成年犯罪嫌疑人、被告人，并且听取辩护律师的意见。比较成年人刑事案件而言，人民检察院在

① 根据前述《若干意见》的相关规定，侦查阶段，公安机关应当认真审查社会调查报告，综合案情，作出是否提请批捕、移送审查起诉的决定；审查起诉阶段，人民检察院应当认真审查全面社会调查报告，掌握案情和未成年人的身心特点，作为教育和办案的参考，并决定是否提起公诉；审判阶段，人民法院应当全面审查社会调查报告，将之作为教育和量刑的参考；执行阶段，执行机关应当根据社会调查报告执行刑罚，对未成年罪犯进行个别化教育矫治。

② 陈立毅：《我国未成年人刑事案件社会调查制度研究》，载《中国刑事法杂志》2012 年第 6 期，第 81 页。

③ 宋英辉：《中华人民共和国刑事诉讼法精解》，中国政法大学出版社 2012 年版，第 327 页。

④ 孙茂利：《新刑事诉讼法释义与公安实务指南》，中国人民公安大学出版社 2012 年版，第 538 页。

准逮捕时讯问犯罪嫌疑人、听取辩护律师的意见已经成为一项法定义务，其不再享有选择权。对人民法院决定逮捕未成年人被告人而言，讯问被告人不存在问题，听取辩护律师意见则应扩张理解为“辩护人的意见”，即不应局限于辩护律师。因为我国并未实行律师强制代理主义，根据本法第三十二条的规定，非律师者也可能在审判阶段担任辩护人。

（二）分案处理

考虑到未成年人身心的特殊性，在“教育、感化、挽救方针”指引下，第二款规定了对被拘留、逮捕和执行刑罚的未成年人与成年人应当分别关押、分别管理、分别教育。这样规定可以让未成年人在羁押过程中，免受成年人的不良影响，防止发生对未成年人的不法侵害，更有利于对未成年人教育、矫正工作的开展[①]。

第二百七十条　对于未成年人刑事案件，在讯问和审判的时候，应当通知未成年犯罪嫌疑人、被告人的法定代理人到场。无法通知、法定代理人不能到场或者法定代理人是共犯的，也可以通知未成年犯罪嫌疑人、被告人的其他成年亲属，所在学校、单位、居住地基层组织或者未成年人保护组织的代表到场，并将有关情况记录在案。到场的法定代理人可以代为行使未成年犯罪嫌疑人、被告人的诉讼权利。

到场的法定代理人或者其他人员认为办案人员在讯问、审判中侵犯未成年人合法权益的，可以提出意见。讯问笔录、法庭笔录应当交给到场的法定代理人或者其他人员阅读或者向他宣读。

讯问女性未成年犯罪嫌疑人，应当有女工作人员在场。

审判未成年人刑事案件，未成年被告人最后陈述后，其法定代理人可以进行补充陈述。

询问未成年被害人、证人，适用第一款、第二款、第三款的规定。

【主旨】本条主要规定了讯问、审判未成年人犯罪嫌疑人、被告人的特殊要求。

【释评】未成年人由于身心方面的局限性，在诉讼过程中难以充分行使其诉讼权利。本条的一系列规定，一方面可以弥补未成年人诉讼能力局限的不足，消除未成年人心理上的恐惧和抗拒，有利于刑事诉讼的正常开展；另一方面，还可以防止在诉讼活动中，由于违法行为对未成年人合法权益造成侵害[②]。此外，有学者提出，侦查阶段对未成年犯罪嫌疑人、被告人进行讯问时，应当在讯问方法、态度、语言、要求等方面采取与成年犯罪嫌疑人不同的方法。在不违背《刑事诉讼法》等有关规定的前提下，可采取一些特殊的、灵活的讯问方式、方法：一是用于上要用通俗易懂的语言，使少年犯罪嫌疑人能够听明白、听清楚并完全理解问话的意思，对法律条文要深入浅出地进行解释；提问不能含糊其辞，不得含有任何暗示、诱导。二是努力创造一个良好的讯问气氛，在讯问中语气要尽量和缓，改变过于严厉的问话方式，以谈话方式进行[③]。这些建议切实可行，在审查起诉和审判期间都可适用。

（一）相关成年人在场

第一款中，公安司法机关有义务保证未成年犯罪嫌疑人、被告人的法定代理人，或相关人员到场。合适成年人在场有助于案件尽快、顺利解决，因为合适成年人在场的一个重要作用是稳定未成年人的情绪，协助未成年人与司法人员进行沟通，以使讯问和程序能够尽快、顺利进行；而且，在很多情况下，由于公安司法人员通过讯问所获得的未成年犯罪嫌疑人、

①② 朗胜：《〈中华人民共和国刑事诉讼法〉修改与适用》，新华出版社2012年版，第468页、第469页。
③ 温小洁：《我国未成年人刑事案件诉讼程序研究》，中国人民公安大学出版社2003年版，第160-161页。

被告人的供述将作为定罪判刑的证据，而合适成年人的在场，能够使这些证据更加令人信服[①]。只有在法定代理人因法定事由不能到场的，才可以通知未成年犯罪嫌疑人、被告人的其他成年亲属，所在学校、单位、居住地基层组织或者未成年人保护组织的代表到场。为了保证规定落实，法律要求，办案机关应把上述情况记录在案，这就意味着在讯问笔录中，应当有法定代理人到场或不到场的记载，从制度完整性上考虑，到场人员应当在笔录上签名并按捺指印，以便确认[②]。但是，应当看到，本款规定了法定代理人应当到场，但其他成年人却是“可以”通知到场。合适成年人是否在场，对于审讯机关来说是个“两可”制度，审讯机关可以通知合适成年人到场，但若不予通知，亦不算违法。这难免使得该项制度流于形式，无法落到实处，会侵害到未成年人的权益。因为合适成年人到场制度对未成年人而言，意味着获得了一项权利。如果成年人不到场，怎么救济，法律并没有规定[③]；而且，目前相关解释中也没有加以规定，这是我国以后制度构建需要加强的地方。

第二款中，到场的有关人员对不当讯问、审判有提出意见权。该权利是对办案人员讯问、审判的监督。结合第一款规定可以发现，尽管办案机关应将法定代理人或其他人员到场的情况记录在案，但本款中，办案人员仅需将讯问笔录、法庭笔交给到场的法定代理人或者其他人员阅读或者向他宣读而已，换言之，对到场者而言，实际上只有知悉权而已。问题的关键在于，如果其提出了意见，或者对具体的讯问、审判内容有疑义、异议时，能否像对审判笔录[④]那样，核对无误后签字确认？若有权提出意见，却无权核对签字，那提出意见还有什么意义呢？不过，《解释》第二百三十九条明确赋予了法定代理人签字确认权，这在一定程度上弥补了上述缺陷。然而，其他在场人员的签字确认权在规范层面仍难见踪影（尽管在解释论上这毫无疑义）。

第三款要求，讯问女性未成年犯罪嫌疑人，应当有女工作人员在场。这是为了进一步保障女性未成年犯罪嫌疑人的权益，也有利于讯问工作顺利进行。本款中，应注意两个问题：第一，其适用范围仅限于审判前程序，即侦查和审查起诉阶段，审判阶段不适用[⑤]；第二，女工作人员的范围如何确定？显然，工作人员并非一个确定的法律概念，而且本款对其也没有任何限制，从我国刑事审前程序的实际操作看，女工作人员与具体办案人员之间不能简单画等号。换言之，只要是办案机关的女性工作人员，均得在场[⑥]。

第四款中，法定代理人在审判程序中享有补充陈述权。法定代理人的该项权利只能在未成年人被告自己陈述完毕后方能行使，因为其毕竟不是案件当事人，对某些事实问题客观上无法发表意见。值得注意的是，第一款中规定了非法定代理人也可到场，此时，这些人员是否也有陈述权呢？从法理上看，依类推解释，这项权利之目的在于保障未成年被告人的合法权益，既然到场，无论是否为法定代理人，均得准用本款规定。

从目前实践反馈情况看，相关成年人在场制度在执行过程中反映出两个问题。一是有些

① 王敏远：《论未成年人诉讼程序》，载《中国法学》2011年第6期，第67页。

② 参见《程序规定》第三百一十二、三百一十四条。《诉讼规则（试行）》第四百九十条。《解释》第四百六十条。

③ 郑瑞平、程雷：《未成年人刑事案件诉讼程序评析》，载《浙江工商大学学报》2012年第3期，第28页。

④ 本法第二百零一条第三款规定：法庭笔录应当交给当事人阅读或者向他宣读。当事人认为记载有遗漏或者差错的，可以请求补充或者改正。当事人承认没有错误后，应当签名或者盖章。当事人显然不包括法定代理人，依体系解释，法定代理人当然无权签名。

⑤ 不适用的理由至今尚未见到解释。笔者以为，立法者可能有两个考虑：一是审判程序属于收尾工作，不存在审前程序那样的障碍。另外，审判程序中已经针对未成年人设计了诸多保护措施，再强调女性工作人员没有必要。

⑥ 当然，深究起来，还是应当有所限定，并不是任何在该办案机关工作的女性人员都有在场资格，否则极易使该规定失去意义。

案件因为案件侦讯的急迫需要，或者“合适成年人”一时难以找到，而影响对这一制度的有效执行。二是某些法定代理人到场后，通过语言、动作等方式对未成年人进行暗示，导致未成年人不认罪、悔罪，严重的甚至妨碍侦查活动进行。这种情况也与法律法规对“合适成年人”在场的言行无明确规范有关①。

（二）询问未成年被害人、证人准用前述规定

第五款规定了询问未成年被害人、证人，适用第一款、第二款、第三款的规定。虽然被害人、证人与犯罪嫌疑人、被告人的诉讼地位有别，但同为未成年人，都应当受到国家同等保护，准用本条有关各款规定实属顺理成章。

第二百七十一条　对于未成年人涉嫌刑法分则第四章、第五章、第六章规定的犯罪，可能判处一年有期徒刑以下刑罚，符合起诉条件，但有悔罪表现的，人民检察院可以作出附条件不起诉的决定。人民检察院在作出附条件不起诉的决定以前，应当听取公安机关、被害人的意见。

对附条件不起诉的决定，公安机关要求复议、提请复核或者被害人申诉的，适用本法第一百七十五条、第一百七十六条的规定。

未成年犯罪嫌疑人及其法定代理人对人民检察院决定附条件不起诉有异议的，人民检察院应当作出起诉的决定。

【主旨】本条规定了对未成年人附条件不起诉的适用条件、程序、救济方式，以及异议处理。

【释评】附条件不起诉在理论上也可称为“暂缓起诉”，是不少法治发达国家都有的一项制度。本法之前并没有法律明确规定，只是作为一种制度试验，主要由检察机关推动并实践的，由于符合我国宽严相济的刑事政策，以及未成年人刑事案件的特性，附条件不起诉的运作取得了良好的社会效果。本次修法将其法定化，具有重要意义。

（一）适用条件

依第一款文义，对未成年犯罪嫌疑人适用附条件不起诉需要满足以下四个条件：涉嫌罪名属于刑法分则第四章、第五章、第六章规定的范围，即属于侵犯公民人身权利、民主权利罪、侵犯财产罪、妨害社会管理秩序罪中的个罪；可能判处一年有期徒刑以下刑罚；符合起诉条件；有悔罪表现。这四项条件中，除了第一项比较明确外，其他在理解上都可能存在一些疑难之处。

第二项刑罚条件，是对可能被附条件不起诉行为范围的缩限。因为《刑法》分则第四章、第五章、第六章中，可能判处刑罚在一年以下的罪名实在太少，而未成年人所涉嫌的犯罪大都掺杂暴力因素，这样，该项制度很可能会流于形式。正如有学者指出的，《刑法》分则中法定最高刑为一年以下有期徒刑的只有两条，一条是刑法第二百五十二条规定的侵犯公民通信自由罪，另一条是刑法修正案（八）规定的危险驾驶罪。在实践当中可能判处一年以下的案件也是比较少的，这样写意义不大②。如果要扩大适用范围，势必涉及对“一年”期限的理解。

---

① 郝秀兰：《未成年人检察运行机制》，载山西省检察官培训学院编：《刑事诉讼法、民事诉讼法贯彻实施研讨会论文集》，2013年6月印行，第283页。转引自龙宗智：《新刑事诉讼法实施：半年初判》，载《清华法学》2013年第5期，第139页。

② 戴玉忠：《常委委员：扩大未成年人犯罪附条件不起诉范围》，载 http://news.xinhuanet.com/edu/2011-09/26/c_122089829.htm，2012-07-02。

本条中的"一年"显然属于"硬杠子"，但一运用"可能"则使具体范围摇摆不定了[①]。由于检察院毕竟没有法院那样的定罪权，而"一年"之期在客观上，又无法通过法院判决予以验证，对具体承办案件检察院的判断如何进行有效监督，是未来的重要课题。

第三、四项条件实际上是相辅相成的。在笔者看来，符合起诉条件主要指证据条件，即所谓"犯罪事实清楚，证据确实、充分，依法应当追究刑事责任"；因为前面两项已经把罪责明确化了。但是，至于何种表现为悔罪表现，是犯罪嫌疑人向被害人认罪道歉，还是向被害人积极赔偿损失，或者两者兼具，均没有明确。这难免会造成适用上的混乱。并且，对于符合上述前提条件的案件，检察院也只是"可以"而不是"应当"作出附条件不起诉的决定。也就是说，尽管案件符合适用附条件不起诉的条件，检察机关也可以作出起诉的决定。此种自由裁量权的存在可能导致附条件不起诉适用上的障碍，也会使得该制度的功能大打折扣[②]。笔者认为，上述批评确有道理，悔罪表现并不是一个法律上的概念。实务中，只能结合经验法则进行理解。悔罪首先是一个主观范畴，仅凭犯罪嫌疑人口说"我后悔，希望给我机会赎罪"，这是不行的，关键在于有实际行动.比如，向被害人道歉，赔偿损失，努力学习、工作，并有成效等等。另外，笔者还认为，悔罪表现只能是犯罪嫌疑人本人的悔罪，而非其法定代理人、近亲属的"代表行为"[③]，这个在实践中一定要仔细区分。

（二）适用程序

附条件不起诉属于一项新制度，为了慎重起见，以及对检察权的监督，法律要求检察机关在作出决定前，应当听取公安机关、被害人的意见，以便全面评估案件的影响、后果等，从而保证决定的合理性。容易发现，本条并未明确要求附条件不起诉须以被害人谅解为前提。这可能是考虑到，一则有的犯罪没有被害人，二则，有的被害人提出不合理要求，从而导致谅解协议无法达成等可能存在的复杂情况[④]。然而，正如前面所提及的，在有被害人的情况下，如果不考虑被害人是否谅解，又如何判断犯罪嫌疑人是否有悔罪表现呢？并且，第三款中，被害人还有申诉权，因此，实践中，检察机关应当对此予以重点关注。从原理上讲，听取意见的过程、内容都应当记入笔录，其中，公安机关可提供书面材料[⑤]，被害人可提供书面或口头意见，该意见应由其签名确认。如果被害人无行为能力或死亡的，则由其法定代理人或近亲属提出意见。

（三）救济方式

附条件不起诉虽然是在符合起诉条件下的暂缓起诉，其效果毕竟也是不起诉，出于对该制度慎重适用的目的，第二款仍就赋予了公安机关在"提起公诉"一章中，针对普通不起诉决定的复议、复核权，以及被害人对此决定的申诉权。这种救济性权利虽然存在滞后性，但对检察机关的自由裁量权无疑还是具有相当制约作用。另外，根据 2014 年 4 月 24 日全国人大常委颁布的立法解释："人民检察院办理未成年人刑事案件，在作出附条件不起诉的决定以及考验期满作出不起诉的决定以前，应当听取被害人的意见。被害人对人民检察院对未成年犯罪嫌疑人作出的附条件不起诉的决定和不起诉的决定，可以向上一级人民检察院申诉，不

---

① 在审查起诉阶段，不可能存在宣告刑，而如果要适用刑法分则中的法定刑，基本上也不可能，那样会导致几乎没有罪名可以附条件不起诉了。因此一年只能是一种检察机关（人员）的"估计"，从这个角度说，超过一年有期徒刑也是可能的。

② 刘少军：《附条件不起诉制度的改革与完善》，载《东方法学》2012 年第 3 期，第 116 页。

③ 由此，犯罪嫌疑人的法定代理人、其他近亲属代为道歉、代为赔偿都很难算作悔罪的表现。

④ 张军、陈卫东：《新刑事诉讼法疑难释解》，人民法院出版社 2012 年版，第 382 页。

⑤ 可以考虑由办案人员书写，单位负责人审批，并加盖办案单位公章（派出所也可以）。

适用刑事诉讼法第一百七十六条关于被害人可以向人民法院起诉的规定。”

（四）未成年犯罪嫌疑人及其法定代理人的异议权

第三款中，未成年犯罪嫌疑人及其法定代理人的异议，乍一看有些令人费解。由此，必须直面的问题在于，未成年犯罪嫌疑人及其法定代理人的异议与人民检察院起诉决定之间的关系如何理解。

1. 异议的内容与意义

从前述附条件不起诉的适用条件看，异议的内容只可能是，他们认为犯罪嫌疑人的行为不构成犯罪，或者犯罪情节轻微，依照刑法规定不需要判处刑罚或者免除刑罚，因而对检察机关附条件不起诉决定持有异议①。这种理解当然有其道理，但失之狭隘：既没有把“异议”的意义充分挖掘出来，也忽视了实践中异议可能存在的复杂形态。

按照柯葛壮研究员的观点，该异议条款的目的在于，尽量保障未成年犯罪嫌疑人的诉讼权益，在附条件不起诉程序中赋予未成年犯罪嫌疑人“异议”权，凡未成年犯罪嫌疑人及其法定代理人不同意适用附条件不起诉的，检察机关就不能适用附条件不起诉。换言之，检察机关要适用附条件不起诉，应征得未成年人一方同意②。也就是说，该异议只能在附条件不起诉决定作出之前行使。由于异议即是不同意，未成年犯罪嫌疑人及其法定代理人异议的内容，可能是前述有关不起诉性质和种类的认定；当然，还可能是对附条件不起诉中的“不起诉”无异议，只是对“附条件”有异议，包括对考验期限的长短有异议和对检察机关附加的全部或部分义务有异议，比如，有的对要求赔偿的金额大小有异议，有的对指定的矫治措施有异议，有的对限制其自由的程度有异议，有的对强制性公益劳动的具体内容及其时间有异议，等等③。显然，这些不同形态的异议，都将影响附条件不起诉的运作效果。

2. 异议的效果

依第三款文义，只要存在异议，检察机关唯有起诉一条路。但是，由于异议内容不同，一律改为起诉，未必符合立法目的。因此，有必要对“异议”范围进一步予以明确。前已提及，就立法本意来看，“异议”为了防止检察机关将应当不起诉的案件作附条件不起诉处理，以防止对未成年犯罪嫌疑人的合法权益造成侵犯。由于应当不起诉的条件立法规定明确而具体，检察机关违反的可能性不大，此种情形发生的几率很小。相较而言，检察机关对符合条件的未成年犯罪嫌疑人不适用附条件不起诉处理，倒是存在可能性较大的一种情形。因为本条明确规定，即使对于符合条件的未成年犯罪嫌疑人，检察机关也可以选择作出附条件不起诉的决定，弹性极大。由于在此种情形下，法律并未赋予未成年犯罪嫌疑人对不适用附条件不起诉决定不服的异议权利，可能导致相同或类似的案件出现不同的处理结果，既有违平等原则，也对未成年犯罪嫌疑人的合法权益保障产生有害影响④。考虑到这一点，把“异议”理解为：未成年人一方对人民检察院决定附条件不起诉有异议，（经审查异议不成立的）人民检察院应当作出起诉的决定⑤，可能更为妥当。

第二百七十二条　在附条件不起诉的考验期内，由人民检察院对被附条件不起诉的未成年犯罪嫌疑人进行监督考察。未成年犯罪嫌疑人的监护人，应当对未成年犯罪嫌疑人加强管教，配合人民检察院做好监督考察工作。

---

① 朗胜：《〈中华人民共和国刑事诉讼法〉修改与适用》，新华出版社2012年版，第472页。

②③⑤ 柯葛壮：《附条件不起诉中“异议”权之保障》，载《法学》2013年第1期，第132页，第136页，第136页。

④ 刘少军：《附条件不起诉制度的改革与完善》，载《东方法学》2012年第3期，第117页

附条件不起诉的考验期为六个月以上一年以下，从人民检察院作出附条件不起诉的决定之日起计算。

被附条件不起诉的未成年犯罪嫌疑人，应当遵守下列规定：

（一）遵守法律法规，服从监督；

（二）按照考察机关的规定报告自己的活动情况；

（三）离开所居住的市、县或者迁居，应当报经考察机关批准；

（四）按照考察机关的要求接受矫治和教育。

【主旨】本条规定了附条件不起诉的考验期限与内容。

【释评】附条件不起诉虽名为不起诉，但实质上是在符合起诉条件下，对未成年犯罪嫌疑人的一种“优惠”待遇，其“体现宽严相济刑事政策；通过非刑罚手段实现了刑罚目的”[①]。有鉴于此，本条设计了相应考验期。

（一）相关主体的监管职责

由于是否起诉由检察机关决定，因此，第一款赋予考验期内检察院的监督考察权（义务）。为了履行职责，检察机关应当积极进行监督考察，人民检察院可以会同未成年犯罪嫌疑人的监护人、所在学校、单位、居住地的村民委员会、居民委员会、未成年人保护组织等的有关人员，定期对未成年犯罪嫌疑人进行考察、教育，实施跟踪帮教[②]。因附条件不起诉不能在羁押场所执行，这必然要求监护人对未成年犯罪嫌疑人加强管教，配合人民检察院做好监督考察工作。

（二）考验期

考验期要达到目的，太短肯定不行，无法验证犯罪嫌疑人是否真心悔改；而如果太长则不利于犯罪嫌疑人看到希望，反而使其自暴自弃。第二款综合各方面因素，将其确定为六个月以上，一年以下是合适的。该期限的起点为，人民检察院作出附条件不起诉决定之日，具体长度则可在法定期限范围内，根据案件情况确定。

（三）被不起诉人在考验期内应当遵守的规定

第三款规定了被附条件不起诉的未成年犯罪嫌疑人，应当在考验期内遵守的规定。这些规定比较简单，这里就不再赘述了。唯有第（四）项义务值得注意，这是因为，前面三项义务明显刚性有余，效果不足；而该项则正好弥补了它们的缺陷，是考验期成效关键之所在。对此，《诉讼规则（试行）》在第四百九十八条中进行了细化，人民检察院可以要求被附条件不起诉的未成年犯罪嫌疑人接受下列矫治和教育：完成戒瘾治疗、心理辅导或者其他适当的处遇措施；向社区或者公益团体提供公益劳动；不得进入特定场所，与特定的人员会见或者通信，从事特定的活动；向被害人赔偿损失、赔礼道歉等；接受相关教育；遵守其他保护被害人安全以及预防再犯的禁止性规定。

第二百七十三条　被附条件不起诉的未成年犯罪嫌疑人，在考验期内有下列情形之一的，人民检察院应当撤销附条件不起诉的决定，提起公诉：

（一）实施新的犯罪或者发现决定附条件不起诉以前还有其他犯罪需要追诉的；

---

① 2007 年 12 月 1 日，在由中国人民大学诉讼制度与司法改革研究中心、蓬莱市检察院联合举办的附条件不起诉理论与实践研讨会上，中国人民大学诉讼制度与司法改革研究中心主任、博士生导师陈卫东教授，中国政法大学教授、博士生导师樊崇义教授，北京师范大学刑事法律研究院教授、最高人民检察院研究室副主任、博士生导师宋英辉教授等均持有这种观点。参见高斌、王惠：《专家聚焦“附条件不起诉”》，载《检察日报》2007 年 12 月 7 日第 3 版。

②《诉讼规则（试行）》第四百九十六条第二款。

（二）违反治安管理规定或者考察机关有关附条件不起诉的监督管理规定，情节严重的。

被附条件不起诉的未成年犯罪嫌疑人，在考验期内没有上述情形，考验期满的，人民检察院应当作出不起诉的决定。

【主旨】本条规定了撤销附条件不起诉决定的情形，以及考验期满的后果。

【释评】附条件不起诉考验期的目的在于，通过一定时间观察未成年犯罪嫌疑人是否已经真正有所悔改，其结果无非就是：合格或不合格，此二者后果截然不同。

（一）撤销附条件不起诉决定

第一款中，撤销附条件不起诉决定有两种情形：一是犯有新罪或者还有其他漏罪。本款对罪名、犯罪类型均无限制，即“在这种情况下，无论新实施的犯罪或者被发现的漏罪是否属于严重罪行，检察机关都应当依法撤销对该未成年犯罪嫌疑人的附条件不起诉决定，提起公诉，由人民法院依据刑法的规定对其判处相应的刑罚。[①]”从制度目的看，“实施新的犯罪”，并非需要人民法院作出有罪判决为前提，而只要有相关机关[②]的立案决定即可，因为，如果等到法院判决才认定该事项成立的话，撤销不起诉决定、提起公诉已无意义。二是违反治安管理规定和监督管理规定需要情节严重[③]。如果只是一般性违反，也不应撤销。对此两种情形，检察机关一经发现，即有权撤销附条件不起诉决定，提起公诉，而毋须等到考验期限届满。

（二）不起诉决定

如果未成年犯罪嫌疑人考验期满合格，则人民检察院应当作出不起诉决定。这种不起诉显然不同于本法提起公诉一章的三种不起诉类型，应当认为是属于一种新型不起诉，其实质在于公诉权消灭。依文义解释和目的解释，对这种不起诉决定，公安机关不得复议或者提请复核，被害人也不得通过申诉或者提起自诉的自诉获得救济[④]。

从制度完整性看，本条值得注意的问题在于，无论是检察机关撤销附条件不起诉的决定，还是后面作出不起诉的决定，都没有规定相关监督制约机制，尤其没有为附条件不起诉的相关当事人的权利设置必要的救济程序，这极易导致检察机关滥用权力，侵害犯罪嫌疑人与被害人的合法权益。例如，对于犯罪嫌疑人而言，如果其并未实施新的犯罪，或者违反治安管理规定或者考察机关有关附条件不起诉的监督管理规定，情节并不严重的，就没有任何救济渠道，对检察机关撤销附条件不起诉的决定表达异议，以维护自身合法权益。同样，被害人如果对检察机关在考验期结束后作出不起诉的决定不服，也无从发表意见，对权利进行救济[⑤]。

第二百七十四条　审判的时候被告人不满十八周岁的案件，不公开审理。但是，经未成年被告人及其法定代理人同意，未成年被告人所在学校和未成年人保护组织可以派代表到场。

【主旨】本条规定了对未成年被告人的特殊审理方式。

【释评】公开审判是审判活动的一般原则，但是公开审判很容易对未成年人带来各种不利影响，因此各国均规定了对未成年人的审判不公开进行[⑥]。对此，本条也规定了原则上不公开

---

① 朗胜：《〈中华人民共和国刑事诉讼法〉修改与适用》，新华出版社 2012 年版，第 472 页。

② 从逻辑上分析，公检法机关均有可能。比如犯罪嫌疑人可能被自诉人向法院提起自诉，要求追究其刑事责任；该犯罪嫌疑人还可能成为职务犯罪的共犯而被检察机关立案侦查

③ 根据《诉讼规则（试行）》第五百条的规定，违反考察机关有关附条件不起诉的监督管理规定，造成严重后果，或者多次违反考察机关有关附条件不起诉的监督管理规定的，可以认定为情节严重。

④ 李昌林：《最新中华人民共和国刑事诉讼法释义》，中国法制出版社 2012 年版，第 546 页。

⑤ 刘少军：《附条件不起诉制度的改革与完善》，载《东方法学》2012 年第 3 期，第 117 页。

⑥ 一定不能忘记的是，不公开审理只是对旁听人员、媒体而言，无论如何，开庭都是必须的。

审理，但也设计了相应例外。

（一）不公开审理的适用范围

本条适用的一个先决问题在于，“审判的时候”究竟是指什么时候？从审判实务角度看，可能存在两个个时间，一个是案件起诉到人民法院的时间（公诉和自诉均有可能）；另一个是法院具体开庭审理的时间。对此，《解释》第四百六十七条规定：开庭审理时被告人不满十八周岁的案件，一律不公开审理。笔者认为这是不妥的。根据前面审判程序的基本流程可以发现，虽然公诉案件和自诉案件的处理程序有一定差异，人民法院决定开庭审理和实际开庭之间必定存在一个时间差，尤其是在适用普通程序审理的公诉案件中，法律还特别要求至迟在“开庭前十日”向被告人送达起诉书和开庭传票等。如果把审判的时间理解为开庭审判时，就有可能使得一部分被告人无法享受不公开审理所带来的利益。因此，笔者原则上赞同这样的理解：人民法院对检察机关提起公诉的涉及未成年人的案件进行审查时，应当对证明该未成年人年龄的材料认真进行核实，如果该被告人在人民法院决定开庭审理时，未满十八周岁的，不公开审理[①]。但是仔细分析，笔者发现这一观点还是存在问题。因为法院对起诉的审查无疑是需要时间的，按照《解释》的相关规定，人民法院（立案庭）对案件进行审查时，有七天的时间来决定是否受理，如此一来，仍然会有部分未成年人因为法院工作时间问题，而不得不面对公开审判。从充分保护未成年人的合法权益出发，笔者认为，本条中的“审判的时候”，理解为检察院提起公诉的时候，换言之，只要是被告人未满十八周岁，便应不公开审理。当然，周岁的认定，应当按照公历的年、月、日计算，从周岁生日的第二天起算。

（二）不公开审理的例外

案件不公开审理的效果在于，除了当事人以及其他诉讼参与人之外，其他人员均不得旁听案件审理，新闻媒体更不能对案件进行报道。法律之所以允许未成年被告人所在学校和未成年人保护组织可以派代表到场旁听案件，主要是为了便于他们了解案件有关情况，在审判结束后对未成年人罪犯进行法制教育[②]。也有人认为，其目的在于便于教育、感化未成年被告人，有利于审判工作的开展[③]。这些人员虽然可以到场旁听，但必须对案件情况保密，不得泄漏相关信息。需要强调的是，上述人员到场的前提是，“经未成年被告人及其法定代理人同意”，也就是说，必须二者同时同意才行，如果他们因为各种原因不同意的话，未成年被告人所在学校和未成年人保护组织就不能派代表到场。根据笔者的生活经验，实践中恐怕极少有人会同意，对此法院应当高度尊重，并且不得为了某种目的，给未成年被告人及其法定代理人“做工作”，从而变相强迫其“同意”有关人员到场旁听。最后，值得关注的是，未成年被告人所在学校和未成年人保护组织所排除的“代表人员”范围。可能在不少人心目中，这些代表有意无意地又被限定为了“未成年人”。笔者认为，尽管法律未做限制，但从制度设计目的，以及案件审理的实际内容、过程看[④]，这些机构派出的代表不宜为未成年人，否则极有可能“适

① 朗胜：《〈中华人民共和国刑事诉讼法〉修改与适用》，新华出版社 2012 年版，第 476 页。当然，这种理解也忽略了自诉案件的情况。

② 朗胜：《〈中华人民共和国刑事诉讼法〉修改与适用》，新华出版社 2012 年版，第 476 页。

③ 宋英辉：《中华人民共和国刑事诉讼法精解》，中国政法大学出版社 2012 年版，第 337 页。

④ 可以想象的是，学校或者有关组织的未成年人如果到场旁听，不可能不接触到有关犯罪方法、过程的内容，要求这些同为未成年人的人员承担保密义务基本不现实，而且在接触到上述内容后，谁又能保证他们会正确对待，而不会心生邪念，走上犯罪道路呢？因此，为了保护未成年被告人以及旁听人员的利益，派出代表的资格应予限制。

得其反”。

第二百七十五条　犯罪的时候不满十八周岁，被判处五年有期徒刑以下刑罚的，应当对相关犯罪记录予以封存。

犯罪记录被封存的，不得向任何单位和个人提供，但司法机关为办案需要或者有关单位根据国家规定进行查询的除外。依法进行查询的单位，应当对被封存的犯罪记录的情况予以保密。

【主旨】本条规定了犯罪记录封存的条件和效果。

【释评】犯罪记录封存是一种在符合法定条件的未成年人刑事案件中，有关机关和部门对该未成年人的相关犯罪资料予以保密的制度，这一制度的主要价值在于使未成年犯罪人免受歧视。

（一）犯罪记录封存的条件

依第一款文义，犯罪记录封存需要满足两个条件：一个是犯罪的时候不满十八周岁。显然，“犯罪的时候”是指未成年人实施犯罪行为的时候。因此，“犯罪的时候”不是指进入刑事诉讼的时候，也不是指判决生效的时候[①]。二是最后被法院依法判处五年以下有期徒刑刑罚。在我国刑罚体系中，徒刑以下的主刑刑罚有拘役、管制两种，由于附加刑也可独立适用，因此，这里的五年以下有期徒刑的刑罚，应当包括五种情况：五年以下的有期徒刑，拘役、管制、单处罚金、驱逐出境。此外，根据举轻明重的法理，对免予刑事处罚被告人，其犯罪记录也应当予以封存[②]。如果任意一个条件不满足，未成年犯的相关犯罪记录都不需要封存。

本法对犯罪记录封存的条件规定比较简单，是不是只要符合这两个要求，就一律适用该制度？有学者提出，应当设定严格的限制条件，否则会使社会公众心存疑虑，失去安全感。对此可以通过制订司法解释或者相关规范性文件予以明确。比如，可以进一步规定，对犯有危害国家安全罪，或者无悔改迹象，或者社会调查结果不佳的未成年人，无论罪行轻重，都不宜适用这一制度[③]。这种观点有一定道理，但有失偏颇。因为法律已经对能够适用犯罪记录封存的案件范围进行了限制，尤其在刑罚条件中，更是强调法院宣告刑较低，鉴于法院在量刑活动中，必然要对上述因素进行考量，因此，待宣告刑确定后，再以此为由否定犯罪记录可以封存，难谓合理，也与制度目的相悖。

（二）犯罪记录封存的内容

犯罪记录封存以人民法院生效裁判为前提，被封存的犯罪记录包括在侦查、审查起诉和审理过程中形成的与未成年人犯罪相关的各种材料[④]。依反对解释，案件如果没有进入审判程序，自然也就无法适用这一制度。不过，为了充分保障未成年人的利益，在附条件不起诉中，也应封存相关记录。对此，《诉讼规则（试行）》便规定：人民检察院对未成年犯罪嫌疑人作出不起诉决定后，应当对相关记录予以封存。具体程序参照本规则第五百零四条至第五百零六条的规定[⑤]，即有关犯罪记录封存的相关规定。本款没有明确封存记录主体，从犯罪记录的内容看，主要是指办理案件的有关机关及其工作人员。对此，公安司法机关在相关规定中都

① 李佑标：《试论未成年人犯罪记录封存制度》，载《武警学院学报》2013年第3期，第37页。
② 张军：《新刑事诉讼法法官培训教材》，法律出版社2012年版，第90页。
③ 陈卫东：《2012刑事诉讼法修改条文理解与适用》，中国法制出版社2012年版，第362页。
④ 朗胜：《〈中华人民共和国刑事诉讼法〉修改与适用》，新华出版社2012年版，第477页。
⑤ 第五百零七条。

明确了各自的封存义务[①]。根据这些规定，在犯罪记录封存上，采取的是依职权启动方式，而无需申请。当然，有关人员可以提出申请，但是否封存的决定权仍然在于公安司法机关。

在封存主体上，有学者提出，应对此作广义理解，只要是知晓未成年人犯罪记录的所有机关和其他单位都应当封存未成年人的犯罪记录[②]。笔者认为，如此泛化理解封存义务主体，实际上不具有可操作性。因为除办案机关及其工作人员外，对其他单位根本缺乏有效措施进行监控，要求他们也负担封存义务意义不大。实际上，笔者一直都很怀疑，在现代资讯如此发达的情况下，封存犯罪记录究竟能够在多大程度上保障未成年人的合法权益？尤其是，本法中对此制度并没有考虑那么周全，审理活动虽然不公开，犯罪记录也可以封存，但是我们的宣判却是“一律公开进行”，宣判公开进行就意味着所有之前的努力都可能付之东流。当然，根据《解释》的规定，对未成年人刑事案件宣告判决应当公开进行，但不得采取召开大会等形式。对依法应当封存犯罪记录的案件，宣判时，不得组织人员旁听；有旁听人员的，应当告知其不得传播案件信息[③]。不过，问题在于，法院既不能阻止有关人员主动旁听，自然也无权对传播案件信息行为予以制裁。由此，可以说，犯罪记录封存与公开宣判制度之间，的确存在难以缓解的紧张关系，如何保证它们“各得其所”，是一个需要认真对待的课题。

（三）犯罪记录封存的效果

依第二款规定，犯罪记录被封存效果在于，不得向任何单位和个人提供，其具体表现为：不仅要对未成年犯罪嫌疑人、被告人、犯罪人的材料采取保密措施，妥善保存，非因法定事由不得向外界提供；在有关方面要求为未成年人出具有无犯罪记录时，司法机关不应当提供有犯罪记录的证明[④]。

本条中，封存效果并非绝对。对此，有两个例外：司法机关为办案需要或者有关单位根据国家规定可以进行查询。据此，查询的主体必须为单位，个人无权查询。在世界上绝大多数国家，也不允许个人查询包括未成年犯罪记录在内的犯罪记录。其主要是基于保护个人隐私权的需要，同时，在无罪推定原则下，公民个人没有证明自己有罪的义务，因而也不需要查询[⑤]。不过，综合起来看，本款颇有些值得检讨之处。

首先，依体系解释，本款中的“司法机关”实际上是泛指公安司法机关，有学者认为司法机关仅指检察机关和法院[⑥]，这是不对的。综合本法看，对司法机关应当作扩大解释，既包括人民检察院、人民法院和军事检察院、军事法院，也应当包括公安机关、国家安全机关、监狱和军队保卫部门[⑦]。其次，“办案需要”并未言明是什么案件，“司法机关”的范围决定了其必定有限的，根据我国法律相关规定，可以大致理解为三大诉讼案件和公安机关在治安管理过程中查办的案件。再次，有关单位的范围也不明确。因为“单位”不是一个法律概念，依文义，其只与个人相对。有学者提出，可以参照《刑法》第三十条关于单位犯罪的规定，单位的范围应当包括“公司、企业、事业单位、机关和团体”[⑧]。这种观点虽不无道理，却可能失之狭隘。因为“司法机关”一语和我们对单位的一般理解并无冲突，司法机关办案时固

① 参见《程序规定》第三百二十条。《诉讼规则（试行）》第五百零三条。《解释》第四百九十条。
② 宋英辉：《中华人民共和国刑事诉讼法精解》，中国政法大学出版社 2012 年版，第 339 页。
③《解释》第四百八十七条。
④ 朗胜：《<中华人民共和国刑事诉讼法>修改与适用》，新华出版社 2012 年版，第 477 页。需要说明的是，该解释遗漏了犯罪人的资料。
⑤ ⑦ 李佑标：《试论未成年人犯罪记录封存制度》，载《武警学院学报》2013 年第 3 期，第 39 页。
⑥ ⑧ 宋英辉：《中华人民共和国刑事诉讼法精解》，中国政法大学出版社 2012 年版，第 338 页。

然有权查询，其在非办案时就并非就不需要查询，如果恰好“有关规定”提及需要查询的话，他们也当然有权进行查询。不过，若照此理解，几乎任何单位都有可能很可能查询，这就会使犯罪记录封存制度形同虚设。因此，最后有必要对“有关规定”进行严格限制。“有关规定”也并非一个严格意义上的法律概念，其外延比较模糊，若从严解释，只能限定为“法律规定”，而不包括法规、规章、政策和文件[①]。为了保护未成年人的利益，依法进行查询的单位，应当对被封存犯罪记录的情况予以保密。

第二百七十六条　办理未成年人刑事案件，除本章已有规定的以外，按照本法的其他规定进行。

【主旨】本条规定了办理未成年人刑事案件的法律适用

【释评】本条属于准用性规定。未成年人刑事案件虽然有诸多特殊之处，但毕竟仍然是在普通刑事诉讼程序的框架下展开，因此，除本章已有规定外，“按照”本法其他规定进行，即直接适用本法其他规定。

① 宋英辉：《中华人民共和国刑事诉讼法精解》，中国政法大学出版社 2012 年版，第 338 页。

第二章　当事人和解的公诉案件诉讼程序

长期以来，我国在公诉案件中奉行国家垄断主义，强调依职权推动，而对被害人利益考虑不足，由此导致诸多问题。刑事和解在我国，是作为一种司法实践的民间探索而出现的，经过十余年的准备，无论是物质基础还是精神准备，都已成熟。公诉案件和解程序的设立，在保护被害人权利，贯彻宽严相济刑事政策，构建和谐社会等方面均有重要意义。同时，由于立法相对概括，对许多重要问题未予明确，因此，贯彻落实本章规定，对公安司法机关也提出了更高要求。

第二百七十七条　下列公诉案件，犯罪嫌疑人、被告人真诚悔罪，通过向被害人赔偿损失、赔礼道歉等方式获得被害人谅解，被害人自愿和解的，双方当事人可以和解：

（一）因民间纠纷引起，涉嫌刑法分则第四章、第五章规定的犯罪案件，可能判处三年有期徒刑以下刑罚的；

（二）除渎职犯罪以外的可能判处七年有期徒刑以下刑罚的过失犯罪案件。

犯罪嫌疑人、被告人在五年以内曾经故意犯罪的，不适用本章规定的程序。

【主旨】本条规定了公诉案件中当事人和解的适用条件。

【释评】一般而言，诉讼法上的“和解”是一种纠纷解决方式，指发生纠纷的双方通过自愿达成协议的方式来解决纠纷的行为和结果[①]。我国刑事诉讼领域中，自诉案件早就允许和解，而公诉案件中的和解，则是本法方才确立的新制度。立法本身并未对什么是当事人和解进行界定，其表述也存在着明显的逻辑错误（循环定义）。虽然在理论研究层面，关于“刑事和解”制度的成果较多，但存在较多不同看法，实践中的做法也不尽相同。根据法条文义，可以把公诉案件当事人和解界定为，指“犯罪嫌疑人、被告人真诚悔罪，通过向被害人赔偿损失、赔礼道歉等方式获得被害人谅解后，并在被害人自愿的基础上，由公安司法机关在刑事诉讼程序中给予犯罪嫌疑人、被告人轻缓化处理的制度。”[②]

（一）刑事和解的积极条件

1. 案件范围符合要求

结合我国实际情况，本条确定了不同的案件范围。

一是因民间纠纷引起，涉嫌刑法分则第四章、第五章规定的犯罪案件，可能判处三年有期徒刑以下刑罚的公诉案件。这一类中的罪名比较简单，其他方面则稍显复杂。比如，“民间纠纷”究竟是什么纠纷，便很不明确。因为民间纠纷并不是一个严格意义上的法律概念，按

① 葛琳：《刑事和解研究》，中国人民公安大学出版社 2008 年版，第 16 页。
② 童建明：《新刑事诉讼法理解与适用》，中国检察出版社 2012 年版，第 263 页。

笔者理解，其大致是指客观上不需要或者主观上排斥政府权力介入的领域[①]，即至少排除了公务执法活动。这一点可在立法排除渎职犯罪可以和解中得到印证。在具体范围上，可以参照《最高人民法院关于贯彻宽严相济刑事政策的若干意见》的规定，对于实践中常见的恋爱、婚姻、家庭、邻里等矛盾而引发的纠纷，都可视为民间纠纷[②]。《程序规定》在第三百二十三条中从反面排除了民间纠纷的范围：有下列情形之一的，不属于因民间纠纷引起的犯罪案件：（1）雇凶伤害他人的；（2）涉及黑社会性质组织犯罪的；（3）涉及寻衅滋事的；（4）涉及聚众斗殴的；（5）多次故意伤害他人身体的；（6）其他不宜和解的。不过，我们也不能把视野局限于于此，结合前面的理解看，对民间纠纷应作较为宽泛的解释，凡是不包含公权力行使因素，在日常生活中较多出现，对社会关系破坏程度较轻微的各种纠纷都可纳入其中[③]。

此外，可能判处三年有期徒刑以下刑罚中的“可能”，完全可以参照前述关于未成年人犯罪嫌疑人适用附条件不起诉中关于刑罚轻重的判断，即可能只能是指公安司法机关根据案件情况对犯罪嫌疑人、被告人最终判处刑罚轻重的“主观估计”，既非法定刑，也不是宣告刑。

二是除渎职犯罪以外的，可能判处七年有期徒刑以下刑罚的过失犯罪案件。一般说来，“过失犯罪大多主观恶性较小，社会危害性不大，具有刑事和解的基础，也比较容易受到被害方和社会的理解。以最为典型的符合条件的交通肇事案件为例，从加害方角度讲，通过给被害方的及时补偿，一是希望减小伤害程度，二是争取宽缓处理；从被害方角度讲，伤害已经造成，即使肇事司机马上被判入狱也于事无补，重要的是获得及时救治和物质补偿；从司法实践角度讲，交通肇事案件在赔偿以后，大多被判处缓刑，刑事和解可以将决定非监禁化的环节前移，较早消解矛盾，节约司法资源”[④]。需要看到，这一范围强调了犯罪类型为过失犯罪，由于标准重叠，其与上一类型存在一定交叉之处，即此类案件很可能也属于因民间纠纷引起，涉嫌刑法分则第四章、第五章规定的犯罪案件，因为这些犯罪中的很多罪名，对行为人的主观状态并无限制，故意、过失均可成罪。

2. 犯罪嫌疑人、被告人真诚悔罪，通过向被害人赔偿损失、赔礼道歉等方式获得被害人谅解

很明显，“真诚悔罪”要以自愿认罪为前提，公安司法机关对其认定时，既可以是当事人口头的表示，也可以体现为书面悔过书的形式[⑤]。真诚悔罪的表现形式，主要包括语言和行动等，犯罪嫌疑人、被告人积极配合司法机关处理案件，或者积极赔偿，都是真诚悔罪的表现形式，甚至向第三人忏悔也是犯罪后的态度，但需要注意的是，只有被告人向被害人以一定形式表达自己对犯罪的受谴责态度才能体现真诚悔罪。如果是非常轻微的刑事案件，可适当采取口头悔罪方式，但一般仍应采取书面、公开形式加以悔罪为宜。至于悔罪的内容，除了包括承认犯罪行为已经发生，承认自己行为已经构成犯罪，承认自己行为应该负有法律责任，还要包括表达悔恨以及担保未来不再犯罪的悔过表示[⑥]。

笔者认为，“真诚悔罪”属于一个主观范畴，犯罪嫌疑人、被告人仅凭口说，或者书面表达是真诚悔罪，可能无人相信，因此其实际上没有独立性。是否真诚悔罪，只能通过是否向被害人赔偿损失、赔礼道歉，是否获得被害人谅解等外在行为加以证明。从本条规定看，真

---

① 董小红：《民间纠纷变化对人民调解制度的挑战》，载《湖北社会科学》2011年第6期，第43页。
② ⑤ 张军：《新刑事诉讼法法官培训教材》，法律出版社2012年版，第420页、第424页。
③ 张军、陈卫东：《新刑事诉讼法疑难释解》，人民法院出版社2012年版，第394页。
④ 张书铭、张晓晓：《刑事和解几个问题思辨》，载《中国刑事法杂志》2011年第11期，第68-69页。
⑥ 程荣斌、王新清：《刑事诉讼法》（第五版），中国人民大学出版社2013年版，第416-417页。

诚悔罪与获得谅解之间是通过赔偿损失、赔礼道歉两种方式连接起来的。在目前的社会状况下，赔礼道歉客观上的"软弱无力"，以及成本太低，让人难以对其有较高认同感。要想获得被害人谅解，基本上只能通过赔偿损失的方式，而这又很可能陷入我们所极力反对的"拿钱买刑"的怪圈。对于赔偿在刑事和解中的意义，不少人担心这会助长社会中贫富不公甚至仇富现象的进一步蔓延。这种顾虑有一定道理，也符合人们对现实的观感。如果在赔偿的问题上，不仅考虑赔偿数额是否充分，而且考虑赔偿数额与加害人赔偿能力之间的关系，即通过此来判断加害人在赔偿问题上是否尽力，并以是否尽力作为认定是否真诚悔罪的标准，这样做有可能避免被害人漫天要价、富人花钱买刑现象，有可能会减少刑事和解带来的贫富不公的顾虑，但绝不会完全消除①。从长远来看，只有建立起以伦理、道德等社会规范作为支撑的社会关系，才能是真正稳固和健康的。刑事和解的本质就是强调双方当事人心灵的沟通、交流，相互理解、包容，主要强调情感方面，而不单单是金钱问题。因此，应当建立多元化的、因案制宜、因人制宜的和解义务履行方式②。

3. 被害人自愿和解

此处的自愿应该是严格意义上的自愿，即刑事和解的提出是在无任何的第三方压力影响下（第三方压力应当包括物质上的压力与精神上的压力），由受害方完全自主提出的和解③。从逻辑上分析，被害人自愿和解可能有主动和被动两个类型。一般而言，被害人主动提出和解，较为少见，因为不合常理。就常识来讲，当面临极有可能的牢狱之灾，而如果可以通过赔偿等方式得到更轻处理（这一结果得到了正式制度和实践经验双重可能性的保证），与被害人和解会是加害人经过理性计算后的优势策略，加害人也倾向于作出这种选择，所以加害人自愿和解应是常态④。由此，被害人的自愿和解大部分都属于被动性，是为对加害人和解意愿的回应。站在社会现实立场看，被害人自愿和解总得有依据，除非存在特殊情况，比如近亲属之间的犯罪，可能赔礼道歉也会觉得够了，在其被犯罪嫌疑人、被告人"伤害"的情况下，如果没有物质上的赔偿，恐怕不太会"自愿"与对方和解。从这个角度可以说，被害人自愿和解也难有多少独立性。

4. 证据条件

对此，法律没有明确规定。理论界和实务界对刑事和解应否设定这一条件，以及设定何种条件存在不同意见⑤。在公安司法机关的相关规定中，均要求事实清楚，其中，"两高"还强调证据充分⑥。笔者认为，上述规定可能是基于公安司法机关办案严肃性的考虑，如果案件事实不清楚，证据有疑问，如何判断被追诉人与被害人之间和解是否符合法定条件？从这个角度看，它们都具有合理性。因为从诉讼逻辑上分析，对案件事实认定，以及犯罪嫌疑人、被告人悔罪表现，被害人是否谅解等问题，都需要证据支撑。不过，由于刑事和解范围已经受到较为严格限制，在证据条件上可以适度放宽，除了对悔罪表现和自愿和解应严格审查外，在案件事实方面则大可不必要求"确实、充分"，否则很可能达不到和解的应有效果。

---

①④ 李浩：《公诉案件刑事和解的生效要件》，载《江苏警官学院学报》2013年第1期，第20页、第21页。
② 李斌：《能动司法与公诉制度改革》，中国人民公安大学出版社2012年版，第155-156页。
③ 由此，也在一定程度上排除了法院有权主动建议和解。具体分析参见陈深棠：《刑事和解适用范围研究》，载《宁波广播电视大学学报》2013年第1期，第72页。
⑤ 相关观点和做法介绍参见张军：《新刑事诉讼法法官培训教材》，法律出版社2012年版，第430页。
⑥ 参见《程序规定》第三百二十四条，《诉讼规则（试行）》第五百一十条，《解释》第四百九十六条。

（二）刑事和解的禁止条件

第二款规定了不得和解的情形。即犯罪嫌疑人、被告人在五年以内曾经故意犯罪的，就不得与被害人和解。本款中关键点有两个：一是五年的起算点如何把握；二是曾经故意犯罪如何认定。

立法机关人士认为，这里的“五年以内”指的是犯前罪的时间距离犯后罪的时间不超过五年①。具体而言，可以认为是犯罪嫌疑人、被告人实施此次涉嫌犯罪行为之日起前五年内②。“曾经故意犯罪”可以有两种解读：一是公安司法机关依法认定的故意犯罪，即已决犯；二是正在处理过程中的故意犯罪，即未决犯，这两种理解在适用时都会遇到一定难题。这是因为，如果指未决犯，既然被追诉人只是涉嫌犯罪，那么有关犯罪行为实施的时间、地点等要素就有可能难以确定，此时，如何能够认定五年期限是否超过呢？仅仅凭借公安司法机关的部分材料就排除了当事人之间可以和解，其妥当性颇值怀疑。如果指已决犯，要求有人民法院生效裁判确认其曾经故意犯罪的话，上一次犯罪行为实施时间固然确定，但由于本案处理尚需一定程序，这样就可能导致本案侦查、起诉、审判阶段据其时间间隔不一，从而带来能否进行和解的疑问。相比较而言，笔者倾向于主张从形式上理解犯罪，即只要是犯罪嫌疑人、被告人前罪涉嫌的是故意犯罪即可，并不非要有人民法院的生效裁判，这样更便于操作，避免无谓争论。

从司法实务角度看，前罪之发现，极可能是在和解协议签订或履行之后，此时如何处理？对此，最高人民法院人士提出：如果该故意犯罪行为在达成和解协议之前未被发现，但在和解协议达成后，公安司法机关作出相应处理前被发现的，应当认定该和解协议无效，并依法对案件作出处理。如果该故意犯罪行为是在达成和解协议，并据此对案件作出生效处理之后被发现的，在被害人已经获得赔偿的情况下，从维护被害人合法权益方面考虑，可以认定该和解协议有效，并依法对案件作出处理。对于后一种情况，检察机关事先基于当事人和解而决定不起诉的情形，后因情况变化而决定重新提起公诉后，可以将当事人和解作为对该罪从宽处罚的量刑情节考虑③。该观点较为合理，可值赞同。

第二百七十八条　双方当事人和解的，公安机关、人民检察院、人民法院应当听取当事人和其他有关人员的意见，对和解的自愿性、合法性进行审查，并主持制作和解协议书。

【主旨】本条规定了当事人和解的程序。

【释评】由于本法强调当事人和解必须双方自愿，因此，在刑事诉讼程序中，公安司法机关原则上不能积极推动和解，只在当事人均有和解意愿时，才进行审查④。审查时，听取当事人的意见自不待言，“有关人员”指哪些人员？不无疑问。从理论上讲，凡是受到涉嫌犯罪行为影响和与案件处理有关的人员，都可以酌情听取他们的意见⑤。从目前的社会生活状况看，主要是指双方当事人的近亲属，以及诉讼代理人、辩护人等有实际“利害关系”的人。当然，其他人员也可能对案件的处理有影响，比如公安司法机关的案件承办人，犯罪嫌疑人、被告人所在社区的代表等，在有必要的情况下，也应听取他们的意见。办案机关审查的内容包括和解自愿性和合法性两方面。其中，自愿性是和解的前提，合法性主要强调符合和解的法定条件，比如案件范围，被害人是否谅解，有无具体的赔偿方案、行动等。但是，因为案件性

---

① 朗胜：《〈中华人民共和国刑事诉讼法〉修改与适用》，新华出版社 2012 年版，第 480 页。

②⑤ 陈卫东：《2012 刑事诉讼法修改条文理解与适用》，中国法制出版社 2012 年版，第 342 页，第 344 页。

③ 张军：《新刑事诉讼法法官培训教材》，法律出版社 2012 年版，第 427 页。

④ 当然，为了达到案件快速、妥当处理的效果，一些必要的促和工作还是可以进行的，比如和解建议，意见传达等。如果一味消极等待，和解恐怕难以实现。对此，《诉讼规则（试行）》第五百一十四条便规定：人民检察院对于本规则第五百一十条规定的公诉案件，可以建议当事人进行和解，并告知相应的权利义务，必要时可以提供法律咨询。不过，这样一来，就可能出现前面所说的影响当事人“自愿”。

质毕竟是公诉案件，所以，当事人之间不得对案件的事实认定、证据采信、法律适用和定罪量刑等依法属于公安机关、人民检察院、人民法院职权范围的事宜进行协商[①]。公安司法机关经审查，认为符合法定条件，应当主持制作和解协议书。该和解协议书的制作可以参照民事合同的制作方式。此时，应由双方当事人亲自签字确认并按捺指印，如果被害人死亡或者丧失行为能力的，可由其法定代理人代为签署，该协议书至少应当一式三份，双方当事人各持一份，办案机关留存一份[②]。

这里值得探讨的是，主持制作和解协议书的公安司法机关是否应在该协议书上签署意见？笔者认为，应当签署。尽管公安司法机关并非和解主体，但其既然是主持制作者，在如此重要的材料中如果不签署意见的话，难谓妥当。然而，公安司法机关的相关规定却并不支持这种理解。其中，《解释》第五百零一条规定：和解协议书应当由双方当事人和审判人员签名，但不加盖人民法院印章。和解协议书一式三份，双方当事人各持一份，另一份交人民法院附卷备查。对和解协议中的赔偿损失内容，双方当事人要求保密的，人民法院应当准许，并采取相应的保密措施。但是，最高人民检察院和公安部的规定却与之存在差别。对此，《诉讼规则（试行）》第五百一十六条第二款规定：和解协议书应当由双方当事人签字，可以写明和解协议书系在人民检察院主持下制作。检察人员不在当事人和解协议书上签字，也不加盖人民检察院印章。《程序规定》第三百二十五条第一款规定：达成和解的，公安机关应当主持制作和解协议书，并由双方当事人及其他参加人员签名。这两个规定都强调办案人员不在和解协议书上签名，既然不能签名，当然就更不能盖章了。综合这三家规定，个中差别颇值玩味。有学者提出，这是基于不同办案机关在刑事诉讼中的不同地位，并与不同机关办案人员能否主持和解过程相一致。公安人员和检察人员处于控方地位，故不应签名、盖章；而审判人员基于其中立地位，应当签名，但不加盖法院印章[③]。在笔者看来，这种解释值得商榷。立法既然要求公安司法机关主持制作和解协议书，“主持”一语除体现其权威性外，更重要者还在于强调其参与性，公安司法工作人员在和解协议上署名，意味着对协议内容的认可，不签字、盖章实质上与法律赋予三机关的审查义务（权力）相悖。当然，如果考虑到和解毕竟主要是当事人之间的事情，若公安司法机关在和解协议上加盖公章，一旦协议无法履行，当事人找上门来，恐怕很难收场，基于趋利避害的本能，主持机关不盖章也是可以理解的。上述规定中，没有肯定“盖章”，恐怕便是基于此种考虑。

第二百七十九条　对于达成和解协议的案件，公安机关可以向人民检察院提出从宽处理的建议。人民检察院可以向人民法院提出从宽处罚的建议；对于犯罪情节轻微，不需要判处刑罚的，可以作出不起诉的决定。人民法院可以依法对被告人从宽处罚。

【主旨】本条规定了当事人刑事和解的效力。

【释评】从法条文义看，对达成和解协议的案件，仍然需要按照正常流程，依次向后进行。本条核心在于，当事人达成和解协议后，对犯罪嫌疑人、被告人而言，究竟可以“从宽”到什么程度？

应当看到，“依照这一规定，刑事和解多数情况下还是要追究刑事责任的，只是对于犯罪情节轻微，不需要判处刑罚的，才能不追究刑事责任[④]。这一规定实际上意味着，修正后的刑

① 《诉讼规则（试行）》第五百一十三条。
② 孙茂利：《新刑事诉讼法释义与公安实务指南》，中国人民公安大学出版社 2012 年版，第 557 页。
③ 宋英辉、甄贞：《刑事诉讼法学》（第四版），中国人民大学出版社 2013 年版，第 445 页。
④ 需要指出的是，这里的追究刑事责任，实际是指被判处的刑罚。对于刑事责任，追究刑事责任的涵义，本书前已涉及，此处不赘。

事诉讼法虽然对刑事和解制度作了明确规定，但是就和解以后的法律后果而言，其在制度化后和制度化前并无差别。因为在刑事和解制度化前，对于犯罪情节轻微，不需要判处刑罚的刑事和解案件，也可以不追究刑事责任；对于除此以外的其他刑事和解案件，也可以以具备酌定从宽情节为由从宽处理。从这一点而言，刑事和解制度化还是非制度化并不存在什么实质意义上的差别。究其原因，在于刑事和解不仅仅涉及程序问题，也涉及实体问题。程序法和实体法的关系决定了，刑事诉讼法所建构的刑事和解制度必须以刑法有关犯罪、刑事责任和刑罚的规定为基础。而当前刑法中对刑事和解并无相应的制度设计和规定，《刑法》中可以为刑事和解不追究刑事责任提供依据和支撑的，只有第三十七条所规定的“犯罪情节轻微不需要判处刑罚的，可以免予刑事处罚”这一规定。这表明，刑事和解制度的科学建设，非刑事诉讼法一己之力所能解决的，刑法对刑事和解所涉及的实体问题也应作出明确的规定”[①]。

笔者对上述观点深表赞同。刑事诉讼程序总是针对具体案件展开，而具体案件处理不可能脱离刑事实体法的规定，在和解效果上，我们无法绕开其实体法上的根据。所谓“从宽处理”，从刑法维度分析，实际上就相当于将“达成和解协议”作为一项法定从宽量刑情节，而在“情节轻微”的情况下，更是法定免予处罚情节。从对犯罪人追究刑事责任角度看，该条实际上是一条有关刑事责任的规定，其承载的法律规范属于实体性规范，而非程序性规定。这样的法律规范通过《刑事诉讼法》直接加以确立，是不妥当的[②]。因为在《刑法》中，根本没有提及当事人之间的和解可以作为量刑情节考虑，在罪刑法定原则之下，办案机关实际上难以找到合适的刑法规定作为其处理依据，其无论是引用《刑法》第十三条还是第三十七条之规定，都没有说服力[③]。

从处理程序看，本条强调，人民法院和人民检察院才有实质性处置权，公安机关仅有从宽处理建议权，可能是基于这种考虑，许多人都认为，公安机关不得在侦查阶段因双方当事人达成和解协议而作出撤销案件的决定[④]。笔者认为，这种观点值得商榷。在当事人之间已经达成和解协议的情况下，公安机关视情况，可以撤销案件[⑤]。此时，若仍就按部就班地继续进行诉讼程序，这与设计和解制度的初衷多少有些背离，其弊端首先表现在不经济：既然在公安机关主持下已经制作了和解协议书，还要把案件移送给检察院再次审查，这不是浪费有限的司法资源吗？本来可以和解的案件范围就已经比较小了，再加上较为严格的审查，势必在一定程度上限制该制度适用。其次，从当事人角度考虑，撤销案件对被追诉人来讲，其好处不言而喻，而如果收到的是人民检察院的（酌定）不起诉决定书的话，其已经难以摆脱“犯罪分子”的阴影，同时，如果是法院的定罪免刑判决，对被追诉人来说，尽管免除了刑罚，但毕竟还是被定罪了，这在目前社会环境中，其影响不可谓不大。一旦被追诉人明白了这一点，他可能就没有和解的动力了。同时，对被害人一方而言，只要其是自愿和解，对是否追究对方刑事责任实际上并不关心，甚至会有某种程度的“反感”，公安机关撤销案件，只要被害人接受，“刑事纠纷”就得到了解决，何乐而不为？最后，在我国特有的诉讼体制下，如果公安机关果真撤销案件，其他机关事实上缺乏有效制约手段，与其在形式上禁止，还不如正面予以承认，并予以规制。

---

① 郑丽萍：《新刑诉法视域下的刑事和解制度研究》，载《比较法研究》2013 年第 2 期，第 85 页。

② 时延安：《刑事诉讼法修改的实体法之维——以刑法为视角对〈刑事诉讼法修正案（草案）〉增设三种特别程序的研析》，载《中国刑事法杂志》，2012 年第 1 期，第 15 页。

③ 相关分析可参见时延安：《刑事诉讼法修改的实体法之维——以刑法为视角对〈刑事诉讼法修正案（草案）〉增设三种特别程序的研析》，载《中国刑事法杂志》，2012 年第 1 期，第 16 页。

④ 朗胜：《〈中华人民共和国刑事诉讼法〉修改与适用》，新华出版社 2012 年版，第 484 页。陈卫东：《2012 刑事诉讼法修改条文理解与适用》，中国法制出版社 2012 年版，第 345 页。宋英辉：《中华人民共和国刑事诉讼法精解》，中国政法大学出版社 2012 年版，第 348 页。

⑤ 当然，必须要有实体法上的依据。

第三章　犯罪嫌疑人、被告人逃匿、死亡案件违法所得的没收程序

贪污贿赂犯罪、恐怖活动犯罪等是世界各国普遍遭遇的司法难题。我国没有规定针对被追诉人刑事责任的缺席审判制度，为了贯彻《联合国反腐败公约》以及有关反恐问题决议的要求，本章规定了犯罪嫌疑人、被告人逃匿、死亡案件违法所得没收程序（以下均简称为没收程序），既有利于打击犯罪，又有利于保护国家利益和其他有关人员利益。没收程序牵涉面广，利益主体众多，现有相关规定在不少方面还需要进一步完善。

第二百八十条　对于贪污贿赂犯罪、恐怖活动犯罪等重大犯罪案件，犯罪嫌疑人、被告人逃匿，在通缉一年后不能到案，或者犯罪嫌疑人、被告人死亡，依照刑法规定应当追缴其违法所得及其他涉案财产的，人民检察院可以向人民法院提出没收违法所得的申请。

公安机关认为有前款规定情形的，应当写出没收违法所得意见书，移送人民检察院。

没收违法所得的申请应当提供与犯罪事实、违法所得相关的证据材料，并列明财产的种类、数量、所在地及查封、扣押、冻结的情况。

人民法院在必要的时候，可以查封、扣押、冻结申请没收的财产。

【主旨】本条规定了没收违法所得程序的适用条件与启动程序。

【释评】随着社会发展，人们对财产权日益重视，对违法所得以及其他涉案财产进行没收，是在被追诉人不在案，并且也未就其刑事责任作出终局判决的情况下，对其违法所得、其他涉案财产进行永久性处置，其显然属于对重大权益的剥夺。为了保障相关主体利益，本法对此程序采取了诉讼构造。

（一）适用条件

依第一款文义，没收程序适用于两种不同情况：即“贪污贿赂犯罪、恐怖活动犯罪等重大犯罪案件中，犯罪嫌疑人、被告人逃匿，在通缉一年后不能到案，依照刑法规定应当追缴其违法所得及其他涉案财产”；以及“犯罪嫌疑人、被告人死亡，依照刑法规定应当追缴其违法所得及其他涉案财产”[①]。其中，后者没有罪名限制，这样就有可能与前者存在交叉关系。理解没收程序需要厘清以下几个关键要素：

1. 贪污贿赂犯罪、恐怖活动犯罪等重大犯罪案件的范围

其中，前两种属于明确列举，而“等重大犯罪案件”如何理解，成了关键所在。显然，贪污贿赂犯罪、恐怖活动犯罪不见得都是重大犯罪，若强调重大，就需要对上述两种犯罪类

① 公安司法机关也是如此理解的，详见《程序规定》第三百二十八条；《诉讼规则（试行）》第五百二十三条；《解释》第五百零七条。不过，并不意味着这种理解就一定“正确”。

型进行限制，至少应明确追诉标准。对此，最高人民法院将其确定为：（1）犯罪嫌疑人、被告人可能被判处无期徒刑以上刑罚的；（2）案件在本省、自治区、直辖市或者全国范围内有较大影响的；（3）其他重大犯罪案件[①]。该规定除了第一项相对明确外，其余均存在很大弹性，要想进一步确定具体范围，可能还需要较长时间的实践积累。另外，“等”字的理解仍就重要，前已经多次提及，不同理解会产生不同结果；笔者认为，依文义解释和目的解释，本款中的“等”理解为“等外等”是适宜的，因为重大犯罪案件肯定不止列明的两种，其他类型案件中（尤其是财产犯罪），犯罪嫌疑人、被告人逃匿的情况也较为普遍，如果不能适用这种程序，会带来很多问题。当然，现阶段可以仅限于这两种。

2. 犯罪嫌疑人、被告人逃匿

逃匿是一种客观状态，顾名思义，就是逃跑隐匿，其反面即是犯罪嫌疑人、被告人不在案[②]，在广义上，也可以理解为办案机关对其无法控制的情况。

3. 通缉一年后不能到案

这是指公安机关依法发布通缉令，经过一年时间，仍未抓获犯罪嫌疑人、被告人的情形[③]。鉴于通缉令的发布有着较为严格的要求，因此，没有发布通缉令的网上追逃、协查通报等追捕措施都不应包括在内[④]。同时，因通缉是侦查期间公安机关对应予逮捕的犯罪嫌疑人采取的强制措施，故而，这一条的适用前提应为：上述类型的刑事案件已经立案，犯罪嫌疑人符合逮捕条件而在逃。对于那些虽属于上述案件范围，但未立案、或尚未达到逮捕条件的犯罪嫌疑人和被告人不能适用本章规定[⑤]。

4. 犯罪嫌疑人、被告人死亡

“死亡”属于一种客观事实，判断本无难处；然应注意者在于，基于犯罪嫌疑人、被告人本身生理、心理的复杂多样性，死亡之判断可参考民法学理论中有关死亡标准的判断[⑥]。因刑事诉讼强调人身属性，故死亡应是指生理死亡（自然死亡），而不包括宣告死亡。在死亡状态判断上，除了遵循我国理论与实践中公认的呼吸、心跳停止标准外，由于对脑死亡者事实上也无法进行追诉（比如常见的植物人），故此处对“死亡”应进行扩张解释，即犯罪嫌疑人、被告人如出现医学上死亡或被视作死亡的状态，都属于本条中的“死亡”。

5. 依照刑法规定应当追缴其违法所得及其他涉案财产

该项涉及没收的实体法依据。考察《刑法》相关规定，与之最相关者只有第六十四条，即“犯罪分子违法所得的一切财物，应当予以追缴或者责令退赔；对被害人的合法财产，应当及时返还；违禁品和供犯罪所用的本人财物，应当予以没收。没收的财物和罚金，一律上缴国库，不得挪用和自行处理。”但相比较而言，二者明显存在很大不同。因为《刑法》的规定只能适用于“犯罪分子”，如果考虑到本法第十二条赋予了法院唯一定罪权，那么，对犯罪嫌疑人、被告人显然无法适用该条之规定，虽然我们可能会提出对《刑法》第六十四条中的“犯罪分子”做实质解释的观点，即只要确实实施了犯罪（行为），即便没有进入审判阶段或

① 《解释》第五百零八条。

② 当然，犯罪嫌疑人、被告人死亡也会导致其客观上不在案。不过，由于死亡会导致刑事追诉终止，其意义与逃匿不可同日而语。

③ 孙茂利：《新刑事诉讼法释义与公安实务指南》，中国人民公安大学出版社2012年版，第561页。

④ 张军：《新刑事诉讼法法官培训教材》，法律出版社2012年版，第99页。

⑤ 汪建成：《论特定案件违法所得没收程序的建立和完善》，载《国家检察官学院学报》2012年第1期，第95页。

⑥ 民法学上对死亡标准有脉搏停止和心脏鼓动停止两种学说，参见郑玉波：《民法总则》，中国政法大学出版社2004年版，第108页。我国则一般以脉搏、心脏停止跳动为生理死亡的时间，另外近年来，我国学者也多主张应当采用脑死亡的标准。参见王利明：《民法学》（第五版），中国人民大学出版社2010年版，第47页。

者是刑事诉讼过程中死亡的犯罪嫌疑人、被告人，也属于刑法中的“犯罪分子”。如此理解，自然可以化解上述法律用语之间存在的矛盾。不过，如此解释无法解决与刑事诉讼法第十二条所确定原则之间的冲突[①]。

当然，如果单就内容看，本章法条以“违法所得”为核心范畴，除了两处提及其他涉案财产之外，其余都直接以“违法所得”表述，加之章名便是“违法所得的没收程序”，因此，这里的客体范围以“所得”为核心范畴—强调的是“得”，即财产增值的过程和结果；与此相比，并不强调对作为犯罪工具的财物的处理。因此，似将“供犯罪所用的本人财物”排除在外为宜[②]。

最后，应当看到，该条规定的“可以”，意味着检察机关可以提出申请，也可以不提出申请，即是否提出申请的裁量权，完全掌握在人民检察院的手中，并且不受法院的监督和制约，基于利益的考虑，检察机关往往不愿意向法院提出没收的申请，而是更愿意由本部门对犯罪嫌疑人的违法所得进行没收，这样的结果可能会使检察机关肆意地规避这个独立的没收程序，结果导致该程序被架空[③]。有鉴于此，未来对这种程序的监督需要重点加强。

（二）启动程序

1. 基本流程

综合本条看，对于公诉案件，公安机关在侦查阶段发现存在第一款规定情形的，应当写出没收违法所得意见书，并与相应证据材料一道移送人民检察院。公安机关只具有提出意见的权力，不具备实质上启动没收程序的职权[④]。根据《程序规定》的要求，没收违法所得意见书应当包括以下内容[⑤]：（1）犯罪嫌疑人的基本情况；（2）犯罪事实和相关的证据材料；（3）犯罪嫌疑人逃匿、被通缉或者死亡的情况；（4）犯罪嫌疑人的违法所得及其他涉案财产的种类、数量、所在地；（5）查封、扣押、冻结的情况等。人民检察院直接受理立案侦查的案件，犯罪嫌疑人逃匿或者犯罪嫌疑人死亡而撤销案件，符合刑事诉讼法第二百八十条第一款规定条件的，侦查部门应当启动违法所得没收程序进行调查。侦查部门进行调查应当查明犯罪嫌疑人涉嫌的犯罪事实，犯罪嫌疑人逃匿、被通缉或者死亡的情况，以及犯罪嫌疑人的违法所得及其他涉案财产的情况，并可以对违法所得及其他涉案财产依法进行查封、扣押、查询、冻结。侦查部门认为符合刑事诉讼法第二百八十条第一款规定条件的，应当写出没收违法所得意见书，连同案卷材料一并移送有管辖权的人民检察院侦查部门，并由有管辖权的人民检察院侦查部门移送本院公诉部门[⑥]。

人民检察院在接到公安机关或侦查部门移送的没收违法所得意见书后，由公诉部门进行审查，并应当在三十日以内作出是否提出没收违法所得申请的决定。三十日以内不能作出决定的，经检察长批准，可以延长十五日。对于公安机关移送的没收违法所得案件，经审查认为不符合刑事诉讼法第二百八十条第一款规定条件的，应当作出不提出没收违法所得申请的决定，并向公安机关书面说明理由；认为需要补充证据的，应当书面要求公安机关补充证据，

① 时延安：《刑事诉讼法修改的实体法之维——以刑法为视角对〈刑事诉讼法修正案（草案）〉增设三种特别程序的研析》，载《中国刑事法杂志》2012年第1期，第19页注①。
② 汪建成：《论特定案件违法所得没收程序的建立和完善》，载《国家检察官学院学报》2012年第1期，第96页。
③ 亢晶晶：《美国民事没收制度的启示——兼评新《刑事诉讼法》中违法所得的没收程序》，载《上海公安高点专科学校学报》2012年第6期，第84页。
④ 宋英辉、甄贞：《刑事诉讼法学》（第四版），中国人民大学出版社2013年版，第452页。
⑤《程序规定》第三百二十九条。
⑥《诉讼规则（试行）》第五百三十三条。

必要时也可以自行调查。公安机关补充证据的时间不计入人民检察院办案期限[①]。

在人民检察院审查起诉过程中，犯罪嫌疑人死亡，或者贪污贿赂犯罪、恐怖活动犯罪等重大犯罪案件的犯罪嫌疑人逃匿，在通缉一年后不能到案，依照刑法规定应当追缴其违法所得及其他涉案财产的，人民检察院可以直接提出没收违法所得的申请。人民法院在审理案件过程中，被告人死亡而裁定终止审理，或者被告人脱逃而裁定中止审理，人民检察院可以依法另行向人民法院提出没收违法所得的申请[②]。另外，在审理案件过程中，被告人死亡或者脱逃，符合刑事诉讼法第二百八十条第一款规定的，人民检察院可以向人民法院提出没收违法所得的申请。人民检察院向原受理案件的人民法院提出申请的，可以由同一审判组织依照本章规定的程序审理[③]。

2. 没收违法所得申请书与相关材料

从理论上看，没收违法所得申请书是类似于起诉书的一种法律文书，主要起到告知、提示的作用。根据《诉讼规则（试行）》的规定，该申请书的主要内容包括：（1）犯罪嫌疑人、被告人的基本情况，包括姓名、性别、出生年月日、出生地、户籍地、身份证号码、民族、文化程度、职业、工作单位及职务、住址等；（2）案由及案件来源；（3）犯罪嫌疑人、被告人的犯罪事实；（4）犯罪嫌疑人、被告人逃匿、被通缉或者死亡的情况；（5）犯罪嫌疑人、被告人的违法所得及其他涉案财产的种类、数量、所在地及查封、扣押、冻结的情况；（6）犯罪嫌疑人、被告人近亲属和其他利害关系人的姓名、住址、联系方式及其要求等情况；（7）提出没收违法所得申请的理由和法律依据[④]。

相比较而言，没收申请所应附证据材料的范围更值得关注。从法条文义上分析，提出没收申请的人民检察院必须分别提供"与犯罪事实相关的证据材料"和"与违法所得相关的证据材料"，这意味着，作为举证方的人民检察院除了需要证明申请没收的财物与犯罪行为之间存在实质联系之外，尚需要证明犯罪事实的客观存在（为此才需要提供"与犯罪事实相关的证据材料"）[⑤]。需要看到，本款中的"违法所得"与第一款中的"违法所得"有所不同。第一款中的表述是"违法所得及其他涉案财产"，既然立法用语上采用的是表并列之意的"及"字，那就意味着，立法者试图区分两种不同的没收类型：一是"违法所得"的没收；二是"其他涉案财产"的没收[⑥]。而在本款中，却只要求提出申请的人民检察院提供"违法所得相关的证据材料"，"其他涉案财产"却消失了，从后文看，法律还要求列明"财产的种类、数量、所在地及查封、扣押、冻结的情况"，单就这点而言，还是能够包容其他涉案财产的。为了达到制度的广泛适用，笔者主张对违法所得进行扩张解释，即本款中的违反所得实际上包括第一款中的"违法所得"和"其他涉案财产"[⑦]。

3. 人民法院的财产保全权

依第四款规定，人民法院可以在必要的时候，查封、扣押、冻结申请没收的财产。本款没有提及是否需要申请，可以理解为人民法院有权主动对审查没收的财产采取保全措施。这

① 《诉讼规则（试行）》第五百二十八～五百二十九条。
② 《诉讼规则（试行）》第五百三十四条。
③ 《解释》第五百一十九条。
④ 第五百二十六条。
⑤ 万毅：《独立没收程序的证据法难题及其破解》，载《法学》2012 年第 4 期，第 80 页。
⑥ 万毅：《独立没收程序的证据法难题及其破解》，载《法学》2012 年第 4 期，第 81 页。
⑦ 从理论上讲，违法所得与其他涉案财产的范围本身就值得分析，本法这一表述与《刑法》以及有关国际条约中的相关规定存在一些抵触。

是因为，在没收程序中，人民法院与检察机关承担的任务是一致的，即保护国家的财产。而由于犯罪嫌疑人、被告人外逃或死亡，导致违法所得的财产出于一种不明的状态。侦查机关、检察机关一直在对案件进行侦查，很可能发现新的违法所得，如果不及时采取措施，则会导致财产流失[①]。

第二百八十一条　没收违法所得的申请，由犯罪地或者犯罪嫌疑人、被告人居住地的中级人民法院组成合议庭进行审理。

人民法院受理没收违法所得的申请后，应当发出公告。公告期间为六个月。犯罪嫌疑人、被告人的近亲属和其他利害关系人有权申请参加诉讼，也可以委托诉讼代理人参加诉讼。

人民法院在公告期满后对没收违法所得的申请进行审理。利害关系人参加诉讼的，人民法院应当开庭审理。

【主旨】本条规定了没收违法所得案件的管辖与审理方式。

【释评】没收程序既然采取了诉讼构造，有关审判要素自然需要予以明确，本条没有面面俱到，而是仅就其中几个问题进行了规定。

（一）案件管辖和审判组织

考虑到没收程序的特殊性，为了慎重起见，本条提高了受理案件法院的级别，规定只有犯罪地或者犯罪嫌疑人、被告人居住地的中级人民法院才有管辖权。这二者是并列关系，并无优先选择的次序[②]。与前面审判组织的规定相照应，受理案件的中级人民法院只能组成合议庭对案件进行审理[③]。

（二）审前公告

依第二款规定，人民法院受理没收违法所得申请后，应当先行发出公告。由人民法院发布公告，主要有两个目的，一是敦促潜逃的犯罪嫌疑人、被告人自动归案，主张自己的合法财产权利；二是告知其他与申请没收的财产有利害关系的任何人，有权在公告的期间内提出异议，并依法向法院提出参加诉讼的请求[④]。人民法院的公告应当写明以下内容：案由；犯罪嫌疑人、被告人通缉在逃或者死亡等基本情况；申请没收财产的种类、数量、所在地；犯罪嫌疑人、被告人的近亲属和其他利害关系人申请参加诉讼的期限、方式；应当公告的其他情况。公告应当在全国公开发行的报纸或者人民法院的官方网站刊登，并在人民法院公告栏张贴、发布；必要时，可以在犯罪地、犯罪嫌疑人、被告人居住地、申请没收的不动产所在地张贴、发布。[⑤]该公告期为六个月的时间，能够在一定程度上保障犯罪嫌疑人、被告人的近亲属和其他利害关系人知悉案件情况，从而决定是否参与审理活动。应当明确，这些人员既有权申请亲自参加诉讼，也可以委托诉讼代理人参加诉讼。关于委托诉讼代理人问题，在分析本法第一百零六条相关规定时已有阐述，此处不赘。

这里值得注意的是，在没收程序中，只有控方，由于犯罪嫌疑人、被告人已死亡或潜逃，因此没有被告方。虽然犯罪嫌疑人、被告人近亲属或其他利害关系人对没收的违法所得因“利

---

① 张军：《新刑事诉讼法法官培训教材》，法律出版社 2012 年版，第 447 页。
② 陈光中：《刑事诉讼法》（第五版），北京大学出版社、高等教育出版社 2013 年版，第 455 页。
③ 本法第一百七十八条规定：基层人民法院、中级人民法院审判第一审案件，应当由审判员三人或者由审判员和人民陪审员共三人组成合议庭进行。
④ 陈雷：《论我国违法所得特别没收程序》，载《法治研究》2012 年第 5 期，第 36 页。
⑤《解释》第五百一十二条。

益”关系可以参加诉讼，但却是以类似民事诉讼中有独立请求权或无独立请求权“第三人”的身份参加诉讼[①]。不过，根据《解释》之规定，对申请没收的财产主张所有权的人，应当认定为刑事诉讼法第二百八十一条第二款规定的“其他利害关系人”[②]。据此，“其他利害关系人”实际上只限于类似于民事诉讼程序中有独立请求权的第三人了。犯罪嫌疑人、被告人的近亲属和其他利害关系人申请参加诉讼的，应当在公告期间提出。犯罪嫌疑人、被告人的近亲属应当提供其与犯罪嫌疑人、被告人关系的证明材料，其他利害关系人应当提供申请没收的财产系其所有的证据材料。犯罪嫌疑人、被告人的近亲属和其他利害关系人在公告期满后申请参加诉讼，能够合理说明原因，并提供证明申请没收的财产系其所有的证据材料的，人民法院应当准许[③]。

（三）审理方式

综合本条看，人民法院审理没收违法所得案件时，可以采取开庭审理或不开庭审理两种方式。公告期满后，如果有利害关系人申请参加诉讼的，合议庭的审理方式为开庭审理。根据第二款规定，审理前的公告为必经程序，不经公告或者公告期未满，均不得审理。依反对解释，可以认为，如果利害关系人不参加诉讼，则不开庭审理。此时，人民法院可以书面审理，但也必须组成合议庭进行[④]。另外，如果利害关系人接到通知后无正当理由拒不到庭，或者未经法庭许可中途退庭的，案件可以转为不开庭审理，但还有其他利害关系人参加诉讼的除外[⑤]。

值得注意的是，本条没有指明人民检察院是否需要派员出庭，以及出庭后处于何种地位。有学者提出：如果公示期间并没有利害关系人申请参加诉讼，那么人民法院可以书面审理，检察机关无需派员莅临法庭。但是，如果犯罪嫌疑人、被告人的近亲属和其他利害关系人申请参加诉讼的，案件就成为检察机关和犯罪嫌疑人、被告人的近亲属和其他利害关系人之间的财产争议，此时则要按照诉讼程序的规定进行开庭审理，检察机关则要派员莅临法庭[⑥]。该观点得到了《诉讼规则（试行）》的支持[⑦]。

第二百八十二条　人民法院经审理，对经查证属于违法所得及其他涉案财产，除依法返还被害人的以外，应当裁定予以没收；对不属于应当追缴的财产的，应当裁定驳回申请，解除查封、扣押、冻结措施。

对于人民法院依照前款规定作出的裁定，犯罪嫌疑人、被告人的近亲属和其他利害关系人或者人民检察院可以提出上诉、抗诉。

【主旨】本条规定了没收程序的裁判以及救济途径。

【释评】没收违法所得案件经审理后，就需要作出裁判，以终结程序。在诉讼构造下，对此裁判适用二审终审制，允许上诉、抗诉。

（一）裁判方式与类型

基于不告不理原则，对检察机关的申请，人民法院应给予回应，对此，本条规定应当用裁定

---

① 陈雷：《论我国违法所得特别没收程序》，载《法治研究》2012 年第 5 期，第 36 页、第 35 页。
② 第五百一十三条第一款。
③《解释》第五百一十三条第二、三款。
④ 朗胜：《<中华人民共和国刑事诉讼法>修改与适用》，新华出版社 2012 年版，第 489 页。
⑤《解释》第五百一十五条第二款。
⑥ 陈卫东、杜磊：《刑事特别程序下的检察机关及其应对》，载《国家检察官学院学报》2012 年第 3 期，第 41-42 页。
⑦ 其第五百三十五条第二款规定：人民法院对没收违法所得的申请开庭审理的，人民检察院应当派员出席法庭。

形式。没收案件的审理结果只有两种：一是符合没收条件，裁定予以没收；二是不属于应当追缴财产的，裁定驳回申请。在没收的情况下，则应当优先返还被害人，以保护其权利。依字面意思，没有第三种情况存在，即不能直接裁定被申请没收的财产归犯罪嫌疑人、被告人近亲属，或者利害关系人所有，如果他们提出的理由确实成立，其效果只能是导致人民检察院的申请被驳回，财产归属问题可另行通过民事诉讼程序解决。按笔者理解，法院裁定驳回申请后，解除对财产的查封、扣押、冻结措施，实际上就为下一步的民事诉讼提供了便利条件。当然，在具体问题上，还存在较多疑难之处，限于主题和篇幅，这里只能从略。

本条没有规定具体审理程序和审理期限。就案件内容而言，没收违法所得程序所要解决的是被申请人违法所得的没收问题，而非犯罪嫌疑人、被告人的刑事责任问题，是一种见"物"不见"人"的制度安排。同时，也应当看到，没收违法所得程序存在的前提是存在贪污贿赂、恐怖活动犯罪等重大犯罪案件，所要解决的是犯罪嫌疑人、被告人逃匿或者犯罪嫌疑人、被告人死亡后的违法所得以及涉案财产的追缴问题。因此，没收违法所得程序所要解决的尽管不是刑事责任问题，但却与刑事责任有着千丝万缕的联系[①]。可能是基于此种考虑，《解释》中对没收程序的具体审理方式和审理期限相关规定，都"参照"了公诉案件第一审普通程序和第二审程序的相关规定[②]。在案件性质上，有学者提出，独立没收程序所处理的涉案财物权利归属问题，虽然亦是由犯罪行为引起的、可归责于犯罪行为的一种责任追究，但没收裁定的作出并不以认定行为人的刑事责任为前提。换言之，独立没收程序并不直接处理行为人的刑事责任，而仅仅是确认涉案财物的权利归属，因此，其本质上仍然是一种财产性质的纠纷，与民事诉讼程序的标的具有同质性，类属于民事诉讼中的确权之诉[③]。笔者认为，从表面上看确实如此，但通观本章规定，立法实际上已经有意无意地把犯罪嫌疑人、被告人当作了确定无疑的"犯罪人"，追究其刑事责任的意图非常明显。而且，不能忽视的是，没收程序以刑事追诉程序启动为前提，根据本法规定，刑事立案的条件包括了有犯罪事实，需要追究刑事责任两个方面，抛开这一条件是否合理不说，有一点是可以肯定的，那就是确定某人为犯罪嫌疑人、被告人，至少需要有证据指向其有可能实施了犯罪行为，在这种情况下，能够认为没收财产与刑事责任无关，仅是一种民事案件吗？由此可以说，该程序仍然是一种证实犯罪过程的刑事诉讼程序，通过该程序审理的案件仍然属于公诉案件[④]。对此，熊秋红研究员通过对比较法的详细考察，并结合我国法律体系的基本建构以及立法中的具体规定，也认为特别没收程序的性质应属于刑事诉讼程序，尤其是带有保安处分属性的刑事诉讼程序[⑤]。

（二）救济方式

依第二款规定，对人民法院的上述裁定，检察院或者犯罪嫌疑人、被告人的近亲属和其他利害关系人有权提出上诉或抗诉，该上诉、抗诉的期限为五日以内[⑥]。允许上诉或抗诉，是因为没收程序采取了诉讼化的审理方式，并且还可能关系到利害关系人之权益。对不服第一审没收违法所得或者驳回申请裁定的上诉、抗诉案件，第二审人民法院经审理，应当按照下列情形分别作出裁定：（1）原裁定正确的，应当驳回上诉或者抗诉，维持原裁定；（2）原裁

① 陈卫东、杜磊：《刑事特别程序下的检察机关及其应对》，载《国家检察官学院学报》2012 年第 3 期，第 42 页。
② 其第五百一十五条、五百一十八条、五百二十一条。
③ 万毅：《独立没收程序的证据法难题及其破解》，载《法学》2012 年第 4 期，第 78 页。
④ 陈雷：《论我国违法所得特别没收程序》，载《法治研究》2012 年底 3 期，第 35 页。
⑤ 具体理由参见熊秋红：《从特别没收程序的性质看制度完善》，载《法学》2013 年第 9 期，第 75-78 页。
⑥《解释》第五百一十七条。

定确有错误的，可以在查清事实后改变原裁定，也可以撤销原裁定，发回重新审判；（3）原审违反法定诉讼程序，可能影响公正审判的，应当撤销原裁定，发回重新审判[①]。

第二百八十三条　在审理过程中，在逃的犯罪嫌疑人、被告人自动投案或者被抓获的，人民法院应当终止审理。

没收犯罪嫌疑人、被告人财产确有错误的，应当予以返还、赔偿。

【主旨】本条规定了没收程序的终止，以及没收错误时的处理。

【释评】没收案件是特殊情况下对不在案被追诉人财产的强制处置，除犯罪嫌疑人、被告人已经死亡外，案件审理过程中，有可能因其归案而导致没收程序失去意义。同时，已经作出的没收财产裁定有可能存在错误，对此有错裁判，也应当予以纠正。

（一）没收程序终止

没收程序中，犯罪嫌疑人、被告人可能逃匿或死亡，对后者而言，不存在逆转可能；而在前者，则有可能出现变化。如果在案件审理过程中，在逃犯罪嫌疑人、被告人自动投案或者被抓获，则没收程序就失去了基础，当然应终止审理。参考本法第十五条的有关规定，此时人民法院的裁判方式应为“裁定”。

本条没有规定后没收程序终止后，案件如何处理。从诉讼法理上分析，可以认为，在启动没收程序之前，原有普通刑事追诉程序需要有确定的处理结果，其要么终止（死亡），要么中止（逃匿）。不过，结合本法相关规定可以发现，要作出上述处理可能存在一些难题。对犯罪嫌疑人、被告人死亡的情形而言，问题不大，刑事追诉部分终止即可。而对犯罪嫌疑人、被告人逃匿情况而言，如果案件尚处在侦查、审查起诉阶段（这才是常态），其“中止”显然缺乏法律依据。尤其是本法仅肯定了审判阶段的中止，这就给两种程序的衔接带来了一定困难。终止没收程序后，是否自然恢复原来的普通刑事诉讼程序，不无疑问，如果法院只管自己阶段终止，完全不顾及后继如何处理，显然与其地位不相符合。如果要裁判恢复原有程序，又欠缺依据。对此，《解释》规定，人民检察院向原受理申请的人民法院提起公诉的，可以由同一审判组织审理[②]。

（二）返还、赔偿

第二款规定了错误没收的情况下，应当返还、赔偿。本款过于简略，有许多问题需要明确。

首先，没收确有错误的认定，只可能出现在二审程序或者再审程序中，因为只有先被裁定没收，尔后才可能被认定为没收错误[③]。其次，返还和赔偿的关系应理解为，能够返还的优先返还，不能返还的才予以赔偿。最后，在原没收财产裁定被撤销或部分撤销后，返还、赔偿的主体究竟是谁？由于纠错只能出现在二审程序或者再审程序中，那么相对之前的裁定而言，可能涉及移送没收的公安机关，提出申请的检察机关、作出原裁定的法院；参照国家赔偿的相关规定，可以认为，在不能返还的情况下，这些机关都是赔偿义务主体。

---

① 《解释》第五百一十八条。
② 《解释》第五百一十九条。
③ 需要注意的是，本法“审判监督程序”一章中的规定，基本上都围绕着普通刑事追诉程序展开，没有考虑到后面新增程序的内容，实际上很难适用。

第四章　依法不负刑事责任的精神病人的强制医疗程序

与物质生活日益丰富多彩相反，人们的精神生活并没有同步发展，因精神卫生健康引发的社会问题层出不穷，在数量巨大的精神病患者中，带有暴力倾向者不在少数，既往法律中仅有一条实体性规定[①]，而缺乏具体配套程序制度，导致强制医疗无法实现。强制医疗特别程序的构建，对于防卫社会、保障精神病人的合法权益都有重要意义。本法依据权力制衡理论，以特别程序的形式，把依法不负刑事责任的精神病人的强制医疗纳入司法化轨道，把强制医疗的申请权和监督权赋予检察机关，把决定权交由法院行使，把执行权赋予强制医疗机构；实现了从启动权、决定权、执行权的三位一体的行政化，到申请权、决定权、执行权的三权分立的司法化的转变[②]。当然，本章构建的强制医疗程序，缺陷明显，未来还需要进行花大力气完善；对此，前面已有提及，此处从略。

第二百八十四条　实施暴力行为，危害公共安全或者严重危害公民人身安全，经法定程序鉴定依法不负刑事责任的精神病人，有继续危害社会可能的，可以予以强制医疗。

【主旨】本条规定了强制医疗程序的适用对象。

【释评】从性质上讲，强制医疗属于一种剥夺自由的保安处分，它通过将处分者收容于一定设施之中，在治疗改造的同时，实现社会保安的处分[③]。由于保安处分以行为人具有社会危险性为基础，而不以犯罪事实为要件，该危险是为对行为人将来的犯行预测，并不一定能客观地加以判断，保安处分既以限制剥夺被处分者的人权为内容，故而侵犯人权的可能性极大[④]。有鉴于此，本条对强制医疗的适用对象进行了严格限制。具体说来，其应满足以下三个条件：

第一，实施了暴力行为，该行为危害了公共安全或者严重危害公民人身安全。这是结果性要求。

第二，属于经法定程序鉴定依法不负刑事责任的精神病人。对法定鉴定程序的强调，就意味着刑事诉讼程序已经启动（立案以后），在后继程序（侦查、起诉、审判三阶段均有可能）中依法对其进行了精神病鉴定，鉴定结果为该人不负刑事责任。对此，我们应明确精神病鉴定程序具有“前置性”和“独立性”。“前置性”是指判定犯罪嫌疑人、被告人刑事责任能力的精神病鉴定程序应当在强制医疗程序之前进行，包括在侦查阶段、审查起诉阶段和审判阶段进行的精神病鉴定程序。“独立性”是指精神病鉴定程序和强制医疗程序是两个相互独立的程序。在侦查阶段，对于经鉴定患有精神病的犯罪嫌疑人，公安机关应当撤销案件，随后向人民检察院提出强制医疗的申请。在审查起诉阶段，对于经鉴定患有精神病的犯罪嫌疑人，

①《刑法》第十八条第一款规定：精神病人在不能辨认或者不能控制自己行为的时候造成危害结果，经法定程序鉴定确认的，不负刑事责任，但是应当责令他的家属或者监护人严加看管和医疗；在必要的时候，由政府强制医疗。

② 刘延祥、李兴涛《检察机关强制医疗法律监督问题研究》，载《中国刑事法杂志》2013年第5期，第108页。

③ ④ 参见[日]大谷实：《刑事政策学》（新版），黎宏译，中国人民大学出版社2009年版，第160页、第161-162页。

人民检察院应当作不起诉处理，随后向人民法院提出强制医疗的申请。在审判阶段，对于疑似精神障碍患者，人民法院不能在强制医疗程序中一并解决精神病鉴定和强制医疗问题，因为这有违司法公正，变相剥夺了犯罪嫌疑人、被告人申请重新鉴定的权利，而且疑似精神障碍患者在未经依法鉴定之前即被公安机关采取临时的保护性约束措施，有侵犯人权之嫌。人民法院应当作出被告人不负刑事责任能力的裁定，随后依职权启动强制医疗程序[①]。

第三，该精神病人有继续危害社会可能。该项条件属于评估性质，面向未来。在认定上应着眼现在，如果该精神病人已经或正在实施危害社会行为的，则更符合该条件。从实际操作角度看，由于精神病的特殊性，人民法院在对精神病人进行评估时，需要经过精神病专家的专业鉴定，不能完全依赖法官的个人经验。精神病人的风险评估可以引入精神病学专家的专业知识，综合评判精神病人的人身危险性，法官才能据此作出科学判定[②]。

上述条件必须同时具备，才可能对精神病人进行强制医疗。这三个条件的设置，实际上表明了立法者对强制医疗程序适用的审慎态度。也就是说，只有属于上述范围的犯罪嫌疑人、被告人，才被视为有进行强制医疗的需要。这一方面是出于节约司法、医疗资源和防止社会安全被再度危害的成本权衡的考虑；另一方面则是因为，强制医疗程序在性质上虽不属于刑罚，但确系违背（忽视）被追诉人意愿的强制程序，其适用必须有充分且正当的理由[③]。

第二百八十五条　根据本章规定对精神病人强制医疗的，由人民法院决定。

公安机关发现精神病人符合强制医疗条件的，应当写出强制医疗意见书，移送人民检察院。对于公安机关移送的或者在审查起诉过程中发现的精神病人符合强制医疗条件的，人民检察院应当向人民法院提出强制医疗的申请。人民法院在审理案件过程中发现被告人符合强制医疗条件的，可以作出强制医疗的决定。

对实施暴力行为的精神病人，在人民法院决定强制医疗前，公安机关可以采取临时的保护性约束措施。

【主旨】本条规定了强制医疗的决定主体和程序。

【释评】既往司法实践中，强制医疗都由公安机关单方面决定并实施，缺乏必要的救济途径。如上所言，强制医疗对被医疗者影响甚大，考虑到这一点，本条对强制医疗决定主体和程序进行了规制。

（一）人民法院的决定权

依第一款规定，只有人民法院才有权依法对决定精神病人强制医疗。之所以把这项权力授予人民法院，是基于其中立地位以及职能的考虑。由人民法院决定能体现慎重公正的原则，有利于防止“被精神病”，或假冒精神病人逃避刑事处罚的情况发生，有利于维护当事人合法权利，保护司法公正[④]。人民法院强制医疗裁决结果应使用“决定”形式。

（二）强制医疗的程序

综合第二款看，强制医疗程序采取了“申请+决定”模式。具体而言：

---

① 陈卫东、柴煜峰：《精神障碍患者强制医疗的性质界定及程序解构》，载《安徽大学学报》（哲学社会科学版） 2013 年第 1 期，第 131-132 页。

② 张军：《新刑事诉讼法法官培训教材》，法律出版社 2012 年版，第 458 页。

③ 汪建成：《论强制医疗程序的立法构建和司法完善》，载《中国刑事法杂志》2012 年第 4 期，第 65 页。

④ 朗胜：《<中华人民共和国刑事诉讼法>修改与适用》，新华出版社 2012 年版，第 495 页。

对于公安机关（在侦查阶段）发现精神病人符合强制医疗条件的，“应当写出强制医疗意见书，移送人民检察院”。由此可见，对于公安机关发现精神病人符合强制医疗条件的，也应当由人民检察院承担申请的职责，公安机关并不能直接向人民法院提出强制医疗的申请。此外，本条还规定，对于公安移送的或者在审查起诉过程中发现的精神病人“符合强制医疗条件的”，人民检察院应当向人民法院提出强制医疗的申请，这无疑表明，人民检察院对于公安机关移送的精神病人具有初步审查的职责，以确定是否符合强制医疗的条件。这种审查职责是申请强制医疗职责的当然延伸[①]。

对于“第一审人民法院在审理案件过程中发现被告人可能符合强制医疗条件的，应当依照法定程序对被告人进行法医精神病鉴定。经鉴定，被告人属于依法不负刑事责任的精神病人的，应当适用强制医疗程序，对案件进行审理。”[②]如果是“人民法院在审理第二审刑事案件过程中，发现被告人可能符合强制医疗条件的，可以依照强制医疗程序对案件作出处理，也可以裁定发回原审人民法院重新审判。”[③] 需要补充的是，对人民法院来说，案件性质不限于公诉案件，在自诉案件中，若符合法定条件，也可能启动强制医疗程序。

（三）公安机关的临时保护性约束措施权

出于对社会利益的保护，第三款授权公安机关对实施暴力行为的精神病人，在人民法院决定强制医疗前，可以采取临时的保护性约束措施。从实效性考察，这里的临时保护性约束措施并不是一种处罚措施，而是为了保障精神病人和社会公众安全而采取的一种带有保护性的约束措施，既要对行为人实施控制，又要对其进行保护，在必要的时候还应当进行一定的治疗。“临时的”，是指非正式的、较短时间的[④]。从我国实际情况看，临时保护性约束措施主要有是指交由精神病人的监护人严加看管，以及送交医疗机构进行治疗，而不能进行拘留、逮捕，因为他们既然不负刑事责任，当然不符合采取强制措施的条件[⑤]。最后，需要注意的是，本款没有提及公安机关权力的来源问题，笔者认为，如果在侦查阶段发现的，公安机关可以自行决定是否采取；如果是在审查起诉期间或者审判期间，则应由人民检察院、人民法院作出决定，由公安机关执行[⑥]。

第二百八十六条　人民法院受理强制医疗的申请后，应当组成合议庭进行审理。

人民法院审理强制医疗案件，应当通知被申请人或者被告人的法定代理人到场。被申请人或者被告人没有委托诉讼代理人的，人民法院应当通知法律援助机构指派律师为其提供法律帮助。

【主旨】本条规定了强制医疗程序中的特殊保障性要求。

【释评】由人民法院决定是否应对行为人予以强制医疗，体现了立法者诉讼化建构程序的意向，基于正当程序以及特别保护的需求，本条对审判组织和相关人员的参与进行了规定。

（一）由合议庭对强制医疗案件进行审理

据第一款规定，人民法院受理人民检察院强制医疗的申请后，应当组成合议庭进行审理。这是因为，强制医疗案件除了要查明行为人是否实施了暴力行为，还要查明行为人实施暴力

① 陈卫东、杜磊：《刑事特别程序下的检察机关及其应对》，载《国家检察官学院学报》2012 年第 3 期，第 43 页。
②《解释》第五百三十二条。
③《解释》第五百三十四条。
④ 朗胜：《<中华人民共和国刑事诉讼法>修改与适用》，新华出版社 2012 年版，第 490 页。
⑤ ⑥ 李昌林：《最新中华人民共和国刑事诉讼法释义》，中国法制出版社 2012 年版，第 560 页。

行为时，是否患有精神病、是否因精神病而无刑事责任能力、是否现在仍因精神病而具有社会危险性，必须予以强制医疗。这些情况的判断往往比较疑难、复杂，由法官一人独任审理显然不合适[①]。综合前一条以及本条看，这里有三个问题需要注意。

第一，有管辖权的法院。根据《解释》规定，人民检察院申请对依法不负刑事责任的精神病人强制医疗的案件，由被申请人实施暴力行为所在地的基层人民法院管辖；由被申请人居住地的人民法院审判更为适宜的，可以由被申请人居住地的基层人民法院管辖[②]。

第二，审判组织的转换。对于人民法院在审理案件过程中，才发现被告人符合强制医疗条件的，审理该案的审判组织是否有权直接作出决定？根据《解释》规定，强制医疗程序独立于原普通刑事诉讼程序，在被告人已经法定程序鉴定属于依法不负刑事责任的精神病人的情况下，事实上只得对该普通程序"中止审理"[③]，如果认定被告人具有完全或者部分刑事责任能力，依法应当追究刑事责任的，则应当依照普通程序继续审理[④]。但是，《解释》没有明确强制医疗程序启动后的审判组织问题。从提高诉讼效率出发，对一审程序来说，如果原审判组织已是合议庭，由同一审判组织对强制医疗进行审理较为可行；如果是独任庭，则需要更换审判组织，独任法官无疑应当继续担任合议庭成员。对二审程序来说，如果是法院对于检察院依照普通程序起诉的案件，发现被告人可能有精神疾病，需要依据强制医疗程序处理的，或者是二审人民法院发现被告人可能具有精神病，自行依据强制医疗程序作出处理的，此时可以考虑仍由原合议庭进行审理。 因为根据直接审理原则，合议庭在案件审理过程中由于对证据的查证，逐渐会对案件事实有更清晰的认识。如果根据证据表明行为人可能有精神病的，可以委托有资质的鉴定机构进行鉴定，并由控辩双方对证据进行质证，从而最终做出是否强制医疗的决定。这也是诉讼效益原则的要求，如果换由其他合议庭对案件进行审理，那么势必会导致案件需要从头再走一遍程序，影响诉讼效率，使当事人无法获得及时审判，得到及时治疗[⑤]。

第三，审理方式。合议庭审理案件是否开庭，以及是否公开的问题，本款均未明确。根据《解释》规定，审理强制医疗案件，应当组成合议庭，开庭审理。但是，被申请人、被告人的法定代理人请求不开庭审理，并经人民法院审查同意的除外[⑥]。笔者认为，这一规定符合立法目的，不过，其没有涉及是否需要公开审理的问题。对此，最高人民法院人士提出，案件是否公开审理不能一概而论，法院需要根据案件情况，区分是否涉及被申请人的个人隐私，如果是有关个人隐私的案件，则不公开审理[⑦]。

（二）人民法院的通知义务和法律援助义务

依第二款规定，人民法院审理强制医疗案件时，负有通知和法律援助两项义务。

通知义务是指应当通知被申请人或者被告人的法定代理人到场。立法这一表述实际上就是要求，人民法院审理强制医疗案件应当采用开庭形式，否则法定代理人"到场"就没有意义，直接改为当面询问可能更好。这里没有明确被申请人、被告人本人，以及人民检察院是

---

① 陈光中：《刑事诉讼法》（第五版），北京大学出版社、高等教育出版社 2013 年版，第 465 页。
②《解释》第五百二十五条。
③ 很明显，这种中止审理并没有为法律所认可，但从法理上分析，此时只能"中止审理"。
④《解释》第五百三十三条第（三）项。
⑤ 朱晋峰、宫雪：《强制医疗程序的诉讼化建构——基于强制医疗程序行政化色彩的分析》，载《证据科学》2013 年第 2 期，第 163-164 页。
⑥ 第五百二十九条。
⑦ 张军：《新刑事诉讼法法官培训教材》，法律出版社 2012 年版，第 461 页。

否需要到场。人民法院通知被申请人或被告人法定代理人到场的前提，必定是有人民检察院的申请，或者审理过程中发现有证据证明被告人符合强制医疗条件，此时，被申请人、被告人本人已有证据指向其精神状态异常，在依法通知了其法定代理人到场的情况下，本人不宜到庭，如其到庭可能会产生诸多问题。当然，强制医疗毕竟涉及被申请人切身利益，若其要求出庭，人民法院经审查其身体和精神状态，认为可以出庭的，应当准许。出庭的被申请人，在法庭调查、辩论阶段，可以发表意见[①]。对人民检察院来讲，其具有申请人的地位，若人民法院对强制医疗案件开庭审理的，则应当派员出席法庭[②]。

法律援助义务是指在被申请人或者被告人没有委托诉讼代理人的情况下，应当通知法律援助机构指派律师为其提供法律帮助。这一义务的前提，是被申请人或者被告人没有委托诉讼代理人，如果他们委托了诉讼代理人，则不必通知法律援助机构指派律师为其提供法律帮助。该规定隐藏了两个重要问题。第一，被申请人或被告人有权委托诉讼代理人，该种诉讼代理人未被本法第一百零六条之规定所包容，但其明显属于刑事诉讼代理的范围，对此前面已有分析。第二，本法中的法律援助扩展到了被申请强制医疗的精神病人以及被告人，由于被申请人、被告人不负刑事责任，这种援助显然不属于“指定辩护”，这提醒我们，应从体系角度全面理解本法中的法律援助范围。

第二百八十七条　人民法院经审理，对于被申请人或者被告人符合强制医疗条件的，应当在一个月以内作出强制医疗的决定。

被决定强制医疗的人、被害人及其法定代理人、近亲属对强制医疗决定不服的，可以向上一级人民法院申请复议。

【主旨】本条规定了强制医疗案件的审理期限，以及强制医疗决定的效力。

【释评】强制医疗事关公民的人身自由，在已有精神病鉴定的情况下，确定被申请人或被告人是否需要强制医疗必须有一个明确的期限；同时，这一决定牵涉到多方利益，对被决定强制医疗的一方来讲，尤其应解决其权利救济问题。

（一）审理期限

依第一款规定，人民法院对符合条件的被申请人或被告人，应在一个月内作出强制医疗决定。很明显，这一期限当然也适用于人民法院经审理，认为其不符合条件，作出驳回强制医疗申请决定的情形。概言之，一个月就是人民法院审理强制医疗案件的期限。按照一般案件处理流程，“一个月”应自收到人民检察院的申请之日，或者自人民法院决定采用强制医疗程序之日起计算。

（二）被强制医疗一方的复议权

第二款中，被决定强制医疗的人、被害人及其法定代理人、近亲属享有复议权。被决定强制医疗的人、被害人及其法定代理人、近亲属对强制医疗决定不服的，可以自收到决定书之日起五日内向上一级人民法院申请复议[③]。虽然复议权主体较多，但不同主体的申请复议理由却无甚差别。从逻辑上分析，只有在被申请人或被告人被决定强制医疗后，上述人员才享有复议权；其不服决定的理由归结起来，无非是不符合强制医疗条件，不应被强制医疗。不

①《解释》第五百三十条第二款。
②《诉讼规则（试行）》第五百四十九条。
③《解释》第五百三十六条。

过，从常理看，被害人及其法定代理人、近亲属提出复议的可能性相对较大些。另外，依反对解释，人民检察院对人民法院作出的驳回强制医疗申请决定不服的，不能申请复议[①]。

另外，本款没有规定上一级人民法院审理和裁判的方式。对此，《解释》第五百三十七条规定：对不服强制医疗决定的复议申请，上一级人民法院应当组成合议庭审理，并在一个月内，按照下列情形分别作出复议决定：被决定强制医疗的人符合强制医疗条件的，应当驳回复议申请，维持原决定；被决定强制医疗的人不符合强制医疗条件的，应当撤销原决定；原审违反法定诉讼程序，可能影响公正审判的，应当撤销原决定，发回原审人民法院重新审判。

本款中的复议性质比较特殊，需要仔细分析。有学者在提及该种复议制度时认为，在强制医疗程序中，考虑到时间的紧迫性以及案件本身的非讼性质，没有规定上诉审程序，实际上是一审终审。但考虑到对上述有关人员权利的充分保护，特设立复议程序[②]。但是，即使是该学者也承认：问题的关键是，本法中并没有任何一个地方规定强制医疗实行一审终审制，也没有对复议的效力作出规定，这会导致实际执行过程中发生理解上的偏差，迫切需要司法解释予以界定[③]。对此，《解释》第五百三十六条明确规定：复议期间不停止执行强制医疗的决定。同时，该《解释》第五百三十五条还规定：人民法院决定强制医疗的，应当在作出决定后五日内，向公安机关送达强制医疗决定书和强制医疗执行通知书，由公安机关将被决定强制医疗的人送交强制医疗[④]。然而，同样是在《解释》中，对法院依职权启动的强制医疗案件，检察机关如认为法院作出的被告人不负刑事责任的判决和强制医疗的决定不当提出抗诉的，且被决定强制医疗的人、被害人及其法定代理人、近亲属也申请复议的，上一级法院必须依照第二审程序审理。该条实际上是有条件的承认了检察机关对法院强制医疗的决定有抗诉的权力[⑤]。不过，《解释》第五百四十三条却又规定，人民检察院认为强制医疗决定或者解除强制医疗决定不当，在收到决定书后二十日内提出书面纠正意见的，人民法院应当另行组成合议庭审理，并在一个月内作出决定。据此，检察机关对强制医疗决定本身只能提出纠正意见。

综合起来看，在规范层面，“强制医疗决定”的效力较为复杂，难以得出统一结论。

首先，对复议效力的规定不尽合理。考察本法相关规定可以发现，除本款外，规定复议的共有七处。总体而言，这些复议大致可以分为两类：一类是对有关机关的处罚决定不服，被处罚人申请复议；另一类是对有关机关的程序性决定不服，申请（要求）复议。这些复议虽然形式各异，却都有一个共同特点，即是有关机关单方面作出的决定，根本不存在所谓“对审结构”。在本款中，按照前面的分析，该程序应当采用开庭审理方式，而且根据实践中的一般情况，发现行为人是否为精神病人是侦查程序的核心问题，因此，依申请启动才是常态，故而，强制医疗决定大部分都是在有检察院和被申请人法定代理人、诉讼代理人到场的情况下作出的，此时的程序结构明显具有对审特点，对这种决定采用“复议”的方式进行救济，而非上诉，其法理依据并不充足。实际上，“复议”主要是一种针对行政化（或者类行政化）处理方式的救济途径，既然强制医疗决定采取了类似“诉讼化”的审理方式，再采用复议方

① 张军：《新刑事诉讼法法官培训教材》，法律出版社 2012 年版，第 107 页。

②③ 汪建成：《论强制医疗程序的立法构建和司法完善》，载《中国刑事法杂志》2012 年第 4 期，第 66 页、第 68 页。

④ 这种做法明显不妥。鉴于精神病的复杂性，在有关人员已经提出异议的情况下，还直接送交强制医疗机构进行治疗可能会产生诸多问题，比如被决定者客观上可能没有精神病，在强制医疗机构治疗后反而会“变成”精神病，以往频频出现的“被精神病”现象警示我们，的确要小心对待精神病的鉴定和强制治疗。此时，可以要求被决定强制医疗者的法定代理人或者近亲属严加看管。

⑤ 刘延祥、李兴涛《检察机关强制医疗法律监督问题研究》，载《中国刑事法杂志》2013 年第 5 期，第 113 页。

式进行救济，无异于虎头蛇尾。另外，也有学者从裁判类型角度，指出这种做法不妥。其认为，从强制医疗程序的立法构造来看，刑诉法、最高法司法解释、检察机关诉讼规则中的有关规定，无论是强制医疗的决定，移送检察机关申请，法院特别组成合议庭对案件进行审理，还是明确要求被申请人或者被告人的法定代理人到场，法律援助机构指派律师为其提供法律帮助，双方进行法庭调查、辩论等程序的设计来看，都无疑符合一般诉讼程序最终做出“判决”的要求。相反，如果法院最终仅仅以“决定”作为最终结果的形式，那么这些强制医疗程序的设计，恐怕有些许“劳师动众”的嫌疑①。

其次，检察机关对强制医疗决定抗诉缺乏依据。根据本法第二百八十五条之规定，人民法院对强制医疗的处理方式是“决定”，而非判决或者裁定，这也就意味着人民检察院不能够以抗诉的形式来履行监督职责，只能够“提出纠正意见，通知有关机关予以纠正”②。《解释》有关检察机关抗诉的规定，既没有法律依据，也使规范之间相互矛盾，将会影响实践操作。

第二百八十八条　强制医疗机构应当定期对被强制医疗的人进行诊断评估。对于已不具有人身危险性，不需要继续强制医疗的，应当及时提出解除意见，报决定强制医疗的人民法院批准。

被强制医疗的人及其近亲属有权申请解除强制医疗。

【主旨】本条规定了强制医疗机构的定期诊断评估义务，及时提出解除强制医疗意见义务，以及被强制医疗的人及其近亲属的申请解除强制医疗权。

【释评】前已提及，强制医疗作为保安处分，其目的不在于惩罚，而在于保护，给予被强制医疗者必要治疗，使其早日解除痛苦。因此，一旦强制医疗条件消失，就应及时解除。

（一）强制医疗机构的两项义务

第一款中，法律科以强制医疗机构对被强制医疗者的定期诊断评估义务，以及在发现其已不具有人身危险性，不需要继续强制医疗时及时提出解除意见的义务。这两项义务都要求强制医疗机构要密切关注被强制医疗者的状况，一旦发现被强制医疗者不符合强制医疗条件，应当及时提出解除意见，报决定强制医疗的人民法院批准。这都说明，立法者希望慎用强制医疗措施，因为它毕竟对人身自由的约束限制程度较大，运用不当，为祸甚烈。

值得关注的是，本章相关规定均没有明确强制医疗机构的主体范围。目前，我国有能力收治精神病人的医疗机构，有专门的精神病院和综合医院的精神病专科。由于强制医疗具有保安处分性质，普通医疗机构实际上难以承担强制医疗的重任，加之精神病患者数量与医疗机构资源之间的巨大鸿沟，使得强制医疗机构的确定和完善，成为强制医疗程序构建的当务之急。

（二）被强制医疗的人及其近亲属的申请解除权

依第二款规定，被强制医疗的人及其近亲属有权申请解除强制医疗。由于本款中省去了申请对象，结合上一款看，显然也只能向原作出决定的人民法院提出申请。赋予他们以申请权，其目的在于为了保障被强制医疗的人的合法权益，防止强制医疗措施被滥用或者不必要的延长强制治疗时间③。申请解除的理由主要有两类：一是被强制医疗的人根本不应当强制医

① 朱晋峰、宫雪：《强制医疗程序的诉讼化建构——基于强制医疗程序行政化色彩的分析》，载《证据科学》2013年第2期，第165页。
② 臧铁伟：《中华人民共和国刑事诉讼法解读》，中国法制出版社2012年版，第644页。
③ 朗胜：《〈中华人民共和国刑事诉讼法〉修改与适用》，新华出版社2012年版，第501页。

疗，二是被强制医疗的人经过医疗已经治愈。如果被强制医疗的人及其近亲属提出的解除强制医疗申请被人民法院驳回，六个月后再次提出申请的，人民法院应当受理[①]。

（三）人民法院审查批准的程序

本款没有规定人民法院适用何种程序来决定是否批准相关机构或人员的申请。根据《解释》的相关规定，强制医疗机构提出解除强制医疗意见，或者被强制医疗的人及其近亲属申请解除强制医疗的，应当附有对被强制医疗的人的诊断评估报告。被强制医疗的人及其近亲属向人民法院申请解除强制医疗，强制医疗机构未提供诊断评估报告的，申请人可以申请人民法院调取。必要时，人民法院可以委托鉴定机构对被强制医疗的人进行鉴定。对上述申请，人民法院应当组成合议庭进行审查，并在一个月内，按照下列情形分别处理：被强制医疗的人已不具有人身危险性，不需要继续强制医疗的，应当作出解除强制医疗的决定，并可责令被强制医疗的人的家属严加看管和医疗；被强制医疗的人仍具有人身危险性，需要继续强制医疗的，应当作出继续强制医疗的决定。 人民法院应当在作出决定后五日内，将决定书送达强制医疗机构、申请解除强制医疗的人、被决定强制医疗的人和人民检察院。决定解除强制医疗的，应当通知强制医疗机构在收到决定书的当日解除强制医疗[②]。

第二百八十九条　人民检察院对强制医疗的决定和执行实行监督。

【主旨】本条规定了人民检察院对强制医疗决定和执行的监督权。

【释评】人民检察院作为专门的法律监督机关，对此当然有监督权。但是，检察监督在这种程序中如何实现，却值得关注。检察机关发现公安机关、法院、强制医疗机构有违法情形的，就会启动相应的监督程序，向被监督者提出检察建议和纠正意见，并希望被监督者作出某种程序性的反应来纠正错误。然而，由于本质上没有强制性的司法效力，检察机关提出的检察建议和纠正意见除非被监督对象的主动配合，否则无法引起相应的“程序反应”[③]。

应当看到，本条仅是宣示性地规定，人民检察院对强制医疗的执行进行监督，却未构建起有效的监督机制。强制医疗机构，作为一种强制医疗活动的执行机关，具有封闭性的特点。如果没有一个科学、合理的监督机制，人民检察院对强制医疗执行的监督就难有实质意义。例如，对于已不具有人身危险性，不需要继续强制医疗而解除强制医疗情形的监督，从现有法律规定来看，人民检察院缺乏必要的信息来源，即使能够监督，也仅仅是一种事后的监督，从既有经验来看，这种监督可能难以达到预期效果[④]。

---

① 《解释》第五百四十条第二款。
② 详见《解释》第五百四十一～五百四十二条。
③ 刘延祥、李兴涛《检察机关强制医疗法律监督问题研究》，载《中国刑事法杂志》2013 年第 5 期，第 109 页。
④ 陈卫东、杜磊：《刑事特别程序下的检察机关及其应对》，载《国家检察官学院学报》2012 年第 3 期，第 44 页。

附 则

第二百九十条　军队保卫部门对军队内部发生的刑事案件行使侦查权。

对罪犯在监狱内犯罪的案件由监狱进行侦查。

军队保卫部门、监狱办理刑事案件，适用本法的有关规定。

【主旨】本条规定了军队保卫部门和监狱的侦查权。

【释评】在立法理论上，法典附则是在法典整体中作为法典总则和分则辅助性内容而存在的一个组成部分[①]。附则的内容一般是关于重要名词术语的定义、解释权限、施行、废止时间等方面的规定。不过，本条并没有涉及上述问题，而是规定了军队保卫部门和监狱的职权，从体系上考虑，本条与本法第四条规定在一起可能更为恰当。

由于部门特殊，人员特殊，公安机关和检察机关难以对发生在军队内部和监狱内的犯罪行为展开侦查，如果将其交由军队保卫部门和监狱分别自行查处，能够达到准确、及时的效果。军队保卫部门和监狱虽然享有侦查权，但也必须严格遵照本法有关规定执行，不得违反。

本条尽管规定了军队保卫部门和监狱享有直接立案侦查权，但是没有明确具体哪些案件应由上述机关管辖。从我国实际情况看，发生在军队内部的普通刑事案件，以及刑法分则中的聚众冲击军事禁区罪，聚众扰乱军事管理区秩序罪，战时造谣扰乱军心罪，以及分则第十章违反职责罪中的罪行，都应当归军队保卫部门管辖[②]。对监狱而言，法律规定是以罪犯为对象并以犯罪地点为监狱的标准划分的，因此，狱中罪犯所犯的任何犯罪案件均应由监狱侦查[③]。当然，狱内犯罪比较复杂，根据案件具体情况，监狱可能会遇到与其他机关密切配合的问题，比如监狱内外人员勾结作案的情况。

① 周旺生：《立法论》，北京大学出版社 1994 年版，第 615 页。

② ③ 李忠诚：《职能管辖若干问题研究》，载《政法论坛》1999 年第 4 期，第 96-97 页、第 97 页。

参考文献

鉴于正文中所引用的文献已经尽可能标注出来，加之参考文献数量较多，这里仅列出部分参考文献。

一、释义书

[1] 朗胜.《中华人民共和国刑事诉讼法》修改与适用[M]. 北京：新华出版社，2012.
[2] 孙茂利. 新刑事诉讼法释义与公安实务指南[M]. 北京：中国人民公安大学出版社，2012.
[3] 冀祥德. 最新刑事诉讼法释评[M]. 北京：中国政法大学出版社，2012.
[4] 宋英辉. 中华人民共和国刑事诉讼法精解[M]. 北京：中国政法大学出版社，2012.
[5] 李昌林. 最新中华人民共和国刑事诉讼法释义[M]. 北京：中国法制出版社，2012.
[6] 陈卫东. 2012刑事诉讼法修改条文理解与适用[M]. 北京：中国法制出版社，2012.
[7] 樊崇义. 公平正义之路——刑事诉讼法修改决定条文释义与专题解读[M]. 北京：中国人民公安大学出版社，2012.
[8] 童建明. 新刑事诉讼法理解与适用[M]. 北京：中国检察出版社，2012.

二、体系书

[1] 陈光中. 刑事诉讼法[M]. 5版. 北京：北京大学出版社、高等教育出版社，2013.
[2] 程荣斌，王新清. 刑事诉讼法[M]. 5版. 北京：中国人民大学出版社，2013.
[3] 王国枢. 刑事诉讼法学[M]. 5版. 北京：北京大学出版社，2013.
[4] 宋英辉，甄贞. 刑事诉讼法学[M]. 5版. 北京：中国人民大学出版社，2013.
[5] 易延友. 刑事诉讼法精义[M]. 北京：北京大学出版社，2013.
[6] 陈卫东. 刑事诉讼法[M]. 3版. 北京：中国人民大学出版社，2012.
[7] 陈光中，徐静村. 刑事诉讼法[M]. 4版. 北京：中国政法大学出版社，2010.
[8] 张建伟. 刑事诉讼法通义[M]. 北京：清华大学出版社，2007.

三、专书

[1] 张军. 新刑事诉讼法法官培训教材[M]. 北京：法律出版社，2012.
[2] 张军，陈卫东. 新刑事诉讼法疑难释解[M]. 北京：人民法院出版社，2012.
[3] 陈卫东. 刑事诉讼程序论[M]. 北京：中国法制出版社，2011.
[4] 陈卫东. 刑事诉讼制度论[M]. 北京：中国法制出版社，2011.
[5] 宋英辉. 刑事诉讼法修改问题研究[M]. 北京：中国人民公安大学出版社，2007.

[6] 陈瑞华，黄永，褚福民．法律程序改革的突破与限度——2012 年刑事诉讼法修改述评[M]．北京：中国法制出版社，2012．
[7] 陈瑞华．量刑程序中的理论问题[M]．北京：北京大学出版社，2011．
[8] 刘思达．割据的逻辑：中国法律服务市场的生态分析[M]．上海：上海三联书店，2011．
[9] 顾永忠，程滔，等．刑事诉讼法治化与律师的权利及其保障[M]．北京：中国人民公安大学出版社，2010．
[10] 左卫民，等．中国刑事诉讼运行机制实证研究[M]．北京：法律出版社，2007．
[11] 刘方权．侦查程序实证研究 [M]．北京：中国检察出版社，2010．
[12] 潘金贵．刑事预审程序研究[M]．北京：法律出版社，2008．
[13] 许永强．刑事法治视野中的被害人[M]．北京：中国检察出版社，2003．
[14] 张军，郝银钟．刑事诉讼庭审专题研究[M]．北京：中国人民大学出版社，2005．
[15] 陈光中．刑事诉讼法实施问题研究[M]．北京：中国法制出版社，2000．
[16] 谢佑平，万毅．刑事侦查制度原理[M]．北京：中国人民公安大学出版社，2003．
[17] 熊秋红．刑事辩护论[M]．北京：法律出版社，1998．
[18] 李宝岳．律师参加辩护、代理存在问题及对策[M]．北京：中国政法大学出版社，2006．
[19] 陈世和．法律的尴尬——刑事法律理论与实践的冲突[M]．北京：法律出版社，2011．
[20] 顾永忠．刑事上诉程序研究[M]．北京：中国人民公安大学出版社，2003．
[21] 尹丽华．刑事上诉制度研究——以三审终审为基础[M]．北京：中国法制出版社，2006．
[22] 高伟．刑事执行制度适用[M]．北京：中国人民公安大学出版社，2012．
[23] 吴宗宪，等．刑事执行法学[M]．2 版．北京：中国人民大学出版社，2013．
[24] 吴宗宪．社区矫正导论[M]．北京：中国人民大学出版社，2011．
[25] 翟中东．减刑、假释制度适用[M]．北京：中国人民公安大学出版社，2012．
[26] 闫召华．口供中心主义研究[M]．北京：法律出版社，2013．
[27] 李斌．能动司法与公诉制度改革[M]．北京：中国人民公安大学出版社，2012．
[28] 杨文革．死刑程序控制研究[M]．北京：中国人民公安大学出版社，2009．

四、译著（含法典）

[1] [德]克劳思·罗科信．刑事诉讼法[M]．24 版．吴丽琪，译．北京：法律出版社，2003．
[2] [德]汉斯·普维庭．现代证明责任问题[M]．吴越，译．北京：法律出版社，2000．
[3] [德]托马斯·魏根特．德国刑事诉讼程序[M]．岳礼玲，温小洁，译．北京：中国政法大学出版社，2004．
[4] [日]田口守一．刑事诉讼法[M]．5 版．张凌，于秀峰，译．北京：中国政法大学出版社，2010．
[5] [日]松尾浩也．日本刑事诉讼法（上卷）[M]．丁相顺，译．北京：中国人民大学出版社，2005．
[6] [日]大谷实．刑事政策学[M]．黎宏，译．北京：中国人民大学出版社，2009．
[7] [德]卡尔·拉伦茨．法学方法论[M]．陈爱娥，译．北京：商务印书馆，2003．
[8] [前苏联]И·В·蒂例切夫，等．苏维埃刑事诉讼[M]．张仲麟，韩延龙，等，译．北京：

法律出版社，1984.
[9] [俄]К·Ф·古岑科. 俄罗斯刑事诉讼教程[M]. 黄道秀，王志华，等，译. 北京：中国人民公安大学出版社，2007.
[10] 李昌珂译. 德国刑事诉讼法典[M]. 北京：中国政法大学出版社，1995.
[11] 黄道秀译. 俄罗斯联邦刑事诉讼法典（新版）[M]. 北京：中国人民公安大学出版社，2006.

五、期刊文章

[1] 汪建成. 刑事证据制度的重大变革及其展开[J]. 中国法学，2011，6.
[2] 王敏远. 论我国刑事证据法的转变[J]. 法学家，2012，3.
[3] 汪海燕. 刑事诉讼法解释论纲[J]. 清华法学，2013，6.
[4] 汪建成. 论强制医疗程序的立法构建和司法完善[J]. 中国刑事法杂志，2012，4.
[5] 龙宗智. 新刑事诉讼法实施：半年初判[J]. 清华法学，2013，5.
[6] 龙宗智. 中国法语境中的“排除合理怀疑”[J]. 中外法学，2012，6.
[7] 左卫民. 进步抑或倒退：刑事诉讼法修改草案述评[J]. 清华法学，2012，1.
[8] 黎宏. 死刑缓期执行制度新解[J]. 法商研究，2009，4.
[9] 程雷. 检察机关技术侦查权相关问题研究[J]. 中国刑事法杂志，2012，10.
[10] 李忠诚. 职能管辖若干问题研究[J]. 政法论坛，1999，4.
[11] 孙末非. 论多元主体对非法证据的排除[J]. 四川大学学报（哲学社会科学版），2013，2.
[12] 王超. 非法证据排除调查程序难以激活的原因与对策[J]. 政治与法律，2013，6.
[13] 叶青. 非法证据合法排除的程序思考[J]. 东方法学，2012，3.
[14] 高洁. 论专家辅助人意见——以刑事辩护为视角的分析[J]. 北方法学，2013，6.
[15] 熊秋红. 从特别没收程序的性质看制度完善[J]. 法学，2013，9.
[16] 郑丽萍. 新刑诉法视域下的刑事和解制度研究[J]. 比较法研究，2013，2.
[17] 陈瑞华. 未决羁押制度的理论反思[J]. 法学研究，2002，5.
[18] 陈永生. 逮捕的中国问题与制度应对——以 2012 年刑事诉讼法对逮捕制度的修改为中心[J]. 政法论坛，2013，4.

后　记

曾经想了许多个后记版本，由于诸多原因都被否定，最终留下的，仅有现在这些文字。只能这样说，在弥补一些缺憾的同时，却又留下了其他缺憾，真心希望还有机会让缺憾再少些。

这是我的第一本书，它融入了我这些年来对刑事诉讼法文本的一些理解和思考。这是一本很多人都能写，却可能不愿意写的书（毕竟吃力不讨好）。我一直以为，对法条的阅读与理解，应当是法律人“安身立命”之本；无论学术研究还是实务操作，都离不开这一貌似简单，实则需要痛下苦工，方能有所成的“技能”。本书出版之际，恰逢西华大学法学系获批 2013 年四川省本科院校“专业综合改革试点”省级立项建设项目，作为其中一员，愿本书能对这一改革有所助益。

写作时，原希望能够明确地表达，清楚地表达，简洁地表达。然而漫长的写作过程中，却不得不承认，对目前的我而言，上述任意一个标准都难以企及；于是，只好任由读者去评判了。当再也无法忍受永无休止的修改时，我决定终止写作，毕竟“残缺”也是一种美。从 2012 年 3 月 14 日《刑事诉讼法》修正通过之时动念开始，原以为可以短时间“搞定”的，哪知一拖再拖之后，竟然花了两年时间方才完成！在此期间，曾因严重怀疑写作意义而数度放弃，但因教学与律师业务需要，不得不反复仔细研读法律文本，这一过程中，又一次次发现写作本书的价值所在，于是便坚持了下来。写作过程很是艰辛，然而，通过对法典的逐一检视，收获却也颇丰：不仅弥补了诸多知识上的缺陷，而且还发现了一些至少在自己看来具有相当意义的学术选题。

按照“惯例”，后记中应当有相当篇幅的致谢，本书自不例外。这里，最该感谢的应是自己，因为对没有博士学位和高级职称的我来讲，肯花如此多的时间、精力、金钱写作本书，若没有一种坚强的信念支撑，恐怕很难完成。其次，无疑应当感谢我的妻子、女儿和父母。他们给了我太多支持，让我能有足够空间来面对世事纷扰。最后，还应该感谢所有关心、支持、参与本书出版的人士，谢谢你们，我会继续努力。

夏永全

二零一四年三月于西华大学